Cold War Casual
Простая холодная война

Anna Krushelnitskaya
Анна Крушельницкая

Cover art and design by Sara Kendall
Illustrations by Sara Kendall
www.sarakendall.net

Published by
Front Edge Publishing
www.FrontEdgePublishing.com
42807 Ford Road, Suite 234
Canton, Michigan

Front Edge Publishing specializes in speed and flexibility in adapting and updating
our books. We can include links to video and other online media. We offer discounts
on bulk purchases for special events, corporate training, and small groups. We are
able to customize bulk orders by adding corporate or event logos on the cover and we
can include additional pages inside describing your event or corporation. For more
information about our fast and flexible publishing or permission to use our materials,
please contact Front Edge Publishing at info@FrontEdgePublishing.com.

Оглавление

Contents

Предисловие

В 2009 году я стала брать интервью у рядовых граждан стран с обеих сторон железного занавеса, по-русски и по-английски, с целью составить двуязычный полифоничный рассказ о том, что думают люди о своём опыте жизни на протяжении десятилетий холодной войны. Полученные свидетельства призваны были документировать не исторические события как таковые, а индивидуальные внутренние реакции, вызванные у людей данными событиями и сопутствующей правительственной пропагандой. Я задавала респондентам вопросы, касающиеся чувств страха или беспечности, оптимизма или пессимизма, открытости или ксенофобии, вины или уверенности в собственной правоте, искренности или цинизма, превосходства, неполноценности или равенства, доверия или недоверия к правительству и ощущения гордости либо стыда за свою нацию, вне зависимости от того, имели ли эти чувства временный характер или закрепились, став основой сознательных долгосрочных убеждений.

Из накопленного материала я отобрала двадцать записей. Я перевела их с русского на английский и с английского на русский с тем, чтобы получить зеркальный текст, доступный любому, кто уверенно читает на одном из этих двух языков. Для того, чтобы прочесть эту книгу, не требуются ни специальные знания о холодной войне, ни научный интерес к этой эпохе. Культурные и исторические явления, которые я сочла потенциально требующими разъяснений, аннотированы при первом появлении в тексте.

Все интервью, включённые в книгу, датированы 2010 и 2011 гг. С тех пор много воды утекло под мостом международной политики; вполне вероятно, что те же самые респонденты сегодня могли бы ответить на те же самые вопросы совсем по-другому.

Здесь я собиралась вставить абзац о том, чем не является эта книга, но передумала. Вышло бы очень длинно.

Эта книга – акт народной дипломатии.

Кое-что в ней смешно.

И то, и другое – неплохо.

Foreword

In 2009 I began interviewing ordinary citizens from countries on both sides of the Iron Curtain, in Russian and in English, with a view of putting together a bilingual polyphonic narrative of what living through the Cold War decades meant to people. The testimony was to document not historical events, but the individual internal responses that the events and the attending government propaganda evoked. The questions I asked touched upon the sentiments of fear or nonchalance, optimism or pessimism, openness or xenophobia, righteousness or guilt, earnestness or cynicism, superiority, inferiority or egalitarianism, trust or mistrust in the government, and a sense of national pride or shame, whether those feelings were experienced by the respondents as passing, or were solidified into lasting conscious stances.

Out of the collected material I selected 20 recordings. I translated them, Russian to English and English to Russian, to create mirroring text accessible to persons who comfortably read in either language. Reading the book requires no special knowledge of, or scholarly interest in, the Cold War era. Cultural and historical references I deemed possibly requiring clarification are annotated at first appearance.

All the interviews included in the book date back to the years 2010 and 2011. It's been a lot of water under the bridge of world politics since then; it is very possible the same respondents could give different answers to the same questions today.

I almost included a paragraph on what this book is not; I decided against it. It would run too long.

This book is an act of citizen diplomacy.

It has its funny parts.

Both those things are good.

I

Пригнись и укройся

Сегодня 14 апреля 2010 года, я беседую сразу с несколькими прекрасными людьми. Пожалуйста, представьтесь по очереди и для потомства укажите, в каком году вы родились.

Джоун: Джоун Перроуз, 1937.

Фил: Фил Серрат, 1937.

Дик: Дик Графф, 1928.

Джин: Джин Графф, 1928.

Энн: Энн Серрат, 1937.

Так, многие здесь одного возраста! (Смех) В научных целях хотелось бы узнать, все ли вы родились и выросли в США?

(Одновременные утвердительные реплики)

Хорошо, а где именно в США?

Джин: Кливленд, Огайо.

Дик: Пасадена, Калифорния.

Фил: Это Фил говорит. Индиана.

Энн: Это Энн. Индиана.

Джоун: Джоун, Цинциннати, Огайо.

Огайо, отлично! Когда вам было по... Нет, начну не так. Когда вы слышите словосочетание «холодная война», какие оно у вас вызывает ассоциации, мысли, чувства?

Дик: У меня... Это Дик Графф говорит, тут на меня смотрят стальным взором, чтобы я начал говорить, так что я и начну... Для меня «холодная война» — знакомое словосочетание ввиду моего возраста, и по моим понятиям холодная война началась примерно после окончания войны в Корее[1]. Мне кажется, в течение всего корейского конфликта США и Российская империя, хотя и были не в ладах, официально не держали друг друга на прицеле, при том, что Россия оказывала значительную поддержку Северной Корее, а США, конечно, отправляли бойцов на

---

1 Война между Северной Кореей, которую поддерживал СССР, и Южной Кореей, пользовавшейся поддержкой США; 25 июня 1950 – 27 июля 1953 г.

Duck and Cover

Today is April 14, 2010, and I am talking to a bunch of wonderful people today. If you guys could go around and please introduce yourselves, and state your year of birth, for posterity.

Joan: Joan Perrows, 1937.

Phil: Phil Surrat, 1937.

Dick: Dick Graff, 1928.

Jean: Jean Graff, 1928.

Ann: Ann Surrat, 1937.

Yes, there is a lot of people of the same age! (Laughter.) For the purposes of science: were you guys all born in the US and grew up in the US?

(Multiple answers of "yes.")

OK, which parts of the US?

Jean: Cleveland, Ohio.

Dick: Pasadena, California.

Phil: This is Phil; Indiana.

Ann: Ann, Indiana.

Joan: Joan, in Cincinnati, Ohio.

In Ohio; OK. Fantastic! When you were ... scratch that: when you hear the expression "the Cold War," what associations or thoughts or feelings do you have that are related to that expression?

Dick: I'm getting—this is Dick Graff, and I'm getting the steely-eyed look to start, so I'll just come up and talk ... The Cold War rings a bell for me, in view of my age, and I would roughly initiate my concept of the Cold War at the conclusion of the Korean War.[1] It seems to me as, all the actual Korean conflict, while the US and the Russian

---

1 A war between North Korea, supported by the USSR and China, and South Korea, supported by the US; June 25, 1950 to July 27, 1953.

помощь Южной. Насколько я помню, участие России было довольно агрессивным, хотя пехотные войска они туда ни в каком количестве не отправляли. А вот лётчики, военные лётчики в некотором числе участвовали в боях. Но я не считаю этот период частью холодной войны, я бы сказал, что война в Корее была горячей, или продолжением её, без каких-то дополнительных оттенков... А после корейской войны начался более ясный и неприкрытый конфликт, насколько я помню, он был идеологическим, равно как и практическим, конфликтом между двумя великими державами, который был главным в общих представлениях о международных отношениях. Правда и то, что между окончанием большой мировой войны и началом корейской было более чем достаточно враждебности, но, что касается именно холодной войны, я бы датировал её начало концом корейской.

И что вы думали об этой открытой враждебности между двумя великими державами, что чувствовали?

Дик: Лично я, и наши друзья и коллеги, я думаю, тоже, чувствовали, что мы в серьёзной опасности. Тогда занималась, так сказать, заря ядерной угрозы и войны, и воздействие подобного конфликта было бы просто невообразимым. Вот что интересно: я тогда только что ушёл из армии, где я был в некоторой степени ответствен за ядерное воздействие на мирное население. Также, я в своё время проходил соответственное обучение. За нашими повседневными делами всё время таился непреодолимый страх. Я не скажу, что мы были такими уж параноиками, что не могли функционировать, мы функционировали нормально, но страх всё время шёл фоном. Я тут смотрю на свою жену Джин, жду, что она добавит пару комментариев, потому что мы были женаты в то время, да и до сих пор женаты, между прочим. *(Смех)*

Джин: А про какие годы ты сейчас думаешь и говоришь?

Дик: Про середину 50-х. Ну, и... Страх всё время присутствовал. Я думаю, дня не проходило без того, чтобы я не переживал и не волновался хоть немного о вероятности открытого конфликта. Я могу потом рассказать об этом подробнее в ходе нашего разговора.

Джин, а Вы согласны с тем, что, действительно... Ощущали ли Вы сами эту вероятность, боялись ли её?

Джин: Очень сильно. Мы даже дошли до того, что стали подумывать, не построить ли нам в подвале дома бомбоубежище, и мне кажется, что мы никогда не чувствовали себя в безопасности в отношении России, хотя мы недостаточно знали о России. Мы настолько боялись России, что не прилагали никаких усилий к тому, чтобы побольше узнать о русских. А русских вокруг тогда и не было! Так что я соглашусь с тем, что сказал Дик; у нас был определённый страх за своих детей, был, у нас было маленькое хранилище с запасами воды... Как я уже сказала, мы всё же не зашли настолько далеко, чтобы построить бомбоубежище, но у нас был угол в подвале дома, где мы могли спрятаться, и там хранились консервы и

Empire were at odds, they weren't really officially at gunpoint with one another, although there was considerable Russian support for North Korea, and, of course, active troops on the ground of the US for the South, but the Russian participation, as I recall it, was fairly aggressive, though not by the ground troops, in any numbers. But quite a few pilots, combat pilots, were in action. But I don't consider that part of the Cold War. I would call Korea still part of the hot war, an extension, without any connotations to it ... But after the Korean war, there was a much more overt and understood conflict, in my memory, ideological as well as practical, between two great powers, and it dominated everyone's concept of international relations. It is true that between the end of the Big War and the Korean War there was more than little hostility, but for the Cold War aspect, I would date it from the end of the Korean War.

So that overt hostility between the two great powers, what did you think of it, or how did you feel about it?

Dick: Personally, and I think I speak for our group of friends and colleagues, we were considerably threatened. That was sort of the dawning of the nuclear potentiality, and war, and the impact of any such conflict was really beyond comprehension. Of some interest: I had just gotten out of the service, and I had some responsibility of the nuclear conflict impact of the civilian population. So, my training was related there, too, and it was an overwhelming fear that lurked behind daily activity; I'm not saying we were so paranoid we couldn't function, we were functioning in the normal way, but it always kind of lurked back there, and I'm looking over my wife Jean, waiting for her to make a comment or two, since we were married at the time, and still are, by the way. *Laughter.*

Jean: Now, what time are you thinking about, or talking about?

Dick: Middle '50s. And ... It was always present. And I think, not a day I didn't have a little bit of worry and concern about the potentiality of open conflict. And I can explain a little bit more of that as we go on, later.

Jean, so do you concur that, actually ... Did you also feel that potentiality or have that fear?

Jean: Very much so. We went so far as to consider building a bomb shelter in our basement, and I don't think we were ever comfortable with Russia; but we didn't know enough of Russia. Because we had so much fear, we never made the effort to get to know Russian people. But there weren't Russian people around at that time! So, I agree with what Dick has said; but we had a certain fear for our children, we did, and we had a little storage area with water and ... As I said, we didn't go as far as to build a bomb shelter, but we had a place in the basement of our home that we would go to and that had canned goods and water.

Would you know, or did you have an idea how to build a bomb shelter, what it should have in it, how well it should be protected?

Jean: We did, because Dick was in the service, and was a physician on a boat, a ship, for two years. We did know.

Dick: Yes, this is Dick again. There were sources of information on the construction,

вода.

Знали ли вы, имели ли какое-нибудь понятие о том, как строить бомбоубежище, что там хранить, насколько оно должно быть защищено?

Джин: Да, знали, так как Дик служил в армии, он два года служил медиком на корабле, на судне. Знали.

Дик: Да, это снова Дик говорит. Существовали источники информации о том, как его строить, где располагать, как вентилировать, как оборудовать канализацию, как запасаться водой и продуктами, и так далее. Мы их изучали и всё обдумывали. Мне кажется, поворотным моментом, той малой деталью в наших беседах, тем поворотным моментом, после которого мы решили не осуществлять свой план, было осмысление практичности постройки убежища в плане длительного действия радиации, о котором я узнал во время обучения в военном флоте. В доступной нам литературе открыто освещалось то, что опасное воздействие радиоактивных осадков на незащищённое население продлилось бы так долго, что вызвало бы невероятное хаотическое разрушение человеческих связей и чувства социальной ответственности, такое сильное, что нам в бункере потребовалось бы оружие для того, чтобы защищаться от других. И вот тут у нас мотивация пропала. Как-то трудно было себе представить, как мы останавливаем соседей, окружающих наше убежище, на расстоянии тридцати ярдов! *(Смех)* Это показалось нам нереалистичным, и поэтому мы решили просто принять то, что уготовано судьбой. Мы ожидали, что, если что-то случится, мы не выживем, и принимали это как данность.

Вы сказали, что тогда в наличии имелась информация о постройке и содержании бомбоубежищ. Вы имели в виду, что она была доступна Вам как человеку, ранее служившему в военном флоте, или она была также доступна и гражданским лицам? Если она была доступна гражданским лицам, где её можно было взять?

Дик: Общий ответ – и то, и другое. В частности, относительно гражданских лиц я... Не требуйте от меня полной достоверности сведений, не ловите меня на неточностях, но, насколько я помню, даже такие издания для неспециалистов, как журнал «Популярная механика»[2] и всякие другие в этом роде печатали статьи о том, как самому построить бомбоубежище. По-моему, даже можно было купить наборы для самостоятельной сборки бункера, в смысле, самое основное, то, что нужно, брёвна, брезент с вентиляционными отверстиями, хотя тут у меня память уже сдаёт.

Джин: Точно можно было пойти в библиотеку и взять там инструкции для постройки. Я даже не поручусь, что их не печатали в местной газете.

Джоун: Я бы сказала, в газете точно об этом писали, а внизу полосы специально для тех, кто хотел узнать побольше, были указаны адрес и номер телефона, чтобы те, кто действительно хотел построить бомбоубежище, могли по ним обратиться.

---

2 Американский научно-популярный журнал, издаётся с 1902 года.

location, ventilation, food stuffs, water supply, sewage processing and so forth. And we studied those, and thought it through, and I think the turning point, the small segment of this dialogue, the turning point of not going ahead with it was the practicality, from my education with the Navy that, as to the long duration of radioactivity, and there was open discussion in the literature that we had available that the fallout, the danger to the population who were not protected, was at such a duration that there would be an unbelievable, chaotic breakdown of human relationships and social responsibilities to a point of arms in the shelter to protect your own well-being, and that sort of broke our momentum. It's a little hard to envision stopping your neighbors in a 30-yard circle around your protective shelter! *He laughs.* And it didn't seem, like, practical, so we just took it as predestined; if it happened, we didn't anticipate survival, and accepted it.

When you say there were sources available on how to build and maintain a bomb shelter, do you mean they were available to you, as you were in the Navy, or were they available to civilians as well, and if they were available to civilians, then where could that information be gotten from?

Dick: The overall answer is yes, both; the specific answer, the civilian side, I … don't hold me too tightly on research or prove me right or wrong, but my recall was, even such popular publications as *Popular Mechanics*, or something of that nature, would have a chapter on how to build your bomb shelter. And I even think there were some pre-fab shelters commercially available, that is, the basics, what you need to do it, with some logs and a ventilated tarp, but I'm reaching beyond my memory on that.

Jean: You could certainly go to the library and find instructions on how to build. And I'm not even sure that they didn't have it in the Ann Arbor newspaper.

Joan: I might say in the newspaper they did write about it, and then in the bottom, if you want more information, you get an address and a phone number so if you really wanted to build a bomb shelter, this is who you contacted.

Ann: And there were people that did it!

Joan: Oh, I'm sure there were!

Are you personally familiar with any people, do you know people, or were friends with people who built a bomb shelter?

Dick: I don't. I anticipated that question, on the way over here, and though it was an open conversation at cocktails get-togethers and social gatherings, and many people were at about the same level of interest as we were at the time, I don't know of a single person that had gone ahead with the construction. On balance, if we had gone ahead with the construction, I don't think we would have announced it, for practical purposes, not because of philosophical purposes, but, everybody, report to the Graffs' home, they've got enough supplies for two for 45 days, and for 16—for four minutes! *He laughs.*

You would not advertise that.

Dick: Yeah.

Энн: И ведь были люди, которые их строили!

Джоун: Не сомневаюсь, что они были!

Знали ли вы лично кого-нибудь, дружили ли с кем-нибудь, кто построил собственное бомбоубежище?

Дик: Я – нет. Когда я сюда шёл, я ждал этого вопроса. Хотя люди открыто обсуждали эту тему, когда собирались на вечеринках за коктейлями в компании друзей, и многие были так же серьёзно заинтересованы, как и мы, я не знаю ни одного человека, который бы взял и построил бункер. В то же время, если бы мы всё же собрались его строить, я думаю, что мы бы не стали никого об этом оповещать, из практических соображений, а не из философских. А то вдруг было бы так: «Все идём домой к Граффам, у них припасов хватит на двоих на сорок пять дней, а если на шестнадцать человек, тогда на четыре минуты!» *(Смех)*

Вы бы не стали ничего рекламировать.

Дик: Ага.

(Остальным респондентам) А кто-нибудь из вас подумывал о постройке бункера?

Джоун: Нет.

(Одновременные отрицательные реплики)

Ни разу не задумались?

Фил: Я не задумывался! У меня на это дело денег не было.

Однако, если я правильно поняла, несмотря на то, что Вы так и не построили собственно само убежище, вы всё же организовали в подвале склад консервированных продуктов?

Дик: Да, правда.

(Одновременные отрицательные реплики)

Джоун: Мы – нет. Когда я приехала из Цинциннати работать сюда в медицинский центр при Мичиганском университете[3], как-то раз нам всем раздали длинную инструкцию по поводу того, что нам делать в случае ядерного удара, что нам следовало предпринимать у себя в клинике, и все мои знакомые посмотрели на эту бумажку и рассмеялись! Ведь, если ты оказался поблизости, ничего сделать ты уже не сможешь, и всё тут, конец разговора! То есть, у нас была разработана система сортировки пострадавших, которая не менялась годами; у нас была система оповещения, все должны были являться на работу, потому что мы иногда имели дело с авиакатастрофами и подобными вещами. Но вот ту инструкцию никто не принял всерьёз! Все сочли подобную ситуацию невозможной! Если бы на тебя сбросили бомбу, ты бы, скорее всего, не выжил! Энни, а ты помнишь, как и что на тебя повлияло?

Энн: В младших классах мы делали упражнение, которое называлось «пригнись и укройся» или, может, «укройся и пригнись»! Его надо было делать при

---

3 Мичиганский университет (University of Michigan) расположен в городе Энн-Арбор, штат Мичиган, и является одним из ведущих учебных и научных центров США.

(To the other participants) Did any of you guys flirt with the bomb shelter construction?

Joan: No.

(Multiple answers of "no.")

Never thought of it?

Phil: I didn't! I didn't have the money to do it.

But if I understand it correctly, even though you did never build the actual structure, you did stockpile some canned food there in the basement?

Dick: True.

(Multiple answers of "no.")

Joan: No, did not. When I came up here from the Cincinnati area to UM Hospital,[2] one day we got this big bulletin, saying what we should do in the case of a nuclear hit, how we should handle it at the hospital, and everybody I knew looked at the piece of paper and laughed! Because it was impossible to do anything if you got it anywhere near, and that was the end of the discussion! I mean, we had a triage system that had been in place for years, a call system, and you all went in, because we did airplane accidents and stuff like that; but nobody took it seriously! They just regarded it as an impossible situation! You probably weren't gonna survive if somebody dropped a bomb on you! Annie, are you remembering any of your influences?

Ann: We did the "duck and cover," or "cover and duck" in grade school! And I think that was for bombs, I mean it was for bombs or something, and you were supposed to get under your desk, there was a saying for that, it was "cover and duck," and we went under, and we practiced that. Not a lot.

Joan: I missed that thing.

Ann: But even, who was gonna … Middle of Indiana, I don't think so! *Laughter*. I mean, it just didn't seem like a realistic thing.

So, to you, it did not; you did not have that pervasive fear that you are not waking up tomorrow.

Ann: No! No! Not at all!

Joan: And I think that's the difference in ages!

Ann: Oh, yeah. Ten years, you knew more.

Joan: And I didn't get to know all this stuff till I got to be 45 and started reading. (Jean: Isn't that interesting!) And well, I was doing other things, you know. FDR[3] died when I was 7, and I ran home, like nobody else knew it but the second-grader, and my father was in tears. That time I remember perfectly! But then I don't know when the war ended, World War II, found newspapers when I got older in the closet. But you just don't have those things; then you go to school, and you get married, and you have kids, and it's only when

---

2 The University of Michigan hospital is located in Ann Arbor, Michigan.

3 Franklin Delano Roosevelt, the 32nd US President, died in 1945.

бомбёжке, кажется. Нужно было забраться под парту, это называлось «укрыться и пригнуться», и мы забирались туда, мы тренировались. Не очень часто.

Джоун: А мне не довелось.

Энн: Да и кто бы стал вообще... Посреди Индианы, ну да! *(Смех)* В смысле, мне всё это не представлялось реалистичным.

Значит, именно Вам не представлялось. Вас не преследовал страх того, что завтра Вы можете не проснуться.

Энн: Нет! Нет! Нисколько.

Джоун: Я думаю, дело тут в разнице в возрасте.

Энн: Да. У нас разница в десять лет. Вы знали больше нас.

Джоун: А я ничего такого не знала лет до сорока пяти, пока не начала читать книги. *(Джин: «Интересно!»)* Знаете, в то время я была занята другими вещами. Рузвельт умер[4], когда мне было семь лет, и я побежала домой с этой новостью, как будто никто, кроме меня, второклассницы, её не слышал, прибежала – а мой отец в слезах. Вот этот случай я прекрасно помню! Но я не помню, как закончилась война, Вторая мировая война, я уже позже нашла газеты в шкафу, когда подросла. Просто живёшь и ничего не знаешь: сначала учишься в школе, потом выходишь замуж, рожаешь детей, и только позже, когда у тебя появляется возможность спокойно сесть и почитать, тогда да, тогда у тебя появляется багаж знаний. А в те годы...

Энн: Я с этим согласна, Джоун.

Значит, помимо бумажки про то, что делать в случае нападения, которую распространяли у Вас на работе, у Вас не было никакого обучения сотрудников, ничего в подобном роде? Или что-то было?

Джоун: Ну, система сортировки пострадавших в случае чрезвычайного происшествия у нас была. При Мичиганском университете большая больница, так что система уже была разработана. У нас была, как её там, база телефонных номеров работников, мы все должны были явиться и занять предписанное место, мы все отправлялись к месту исполнения своих рабочих обязанностей.

Хорошо.

Джоун: Но чтобы нам сказали, «Так, все собираемся на пастбище у дороги, в том месте, куда бомба не попала!» — такого не было.

Понятно, у Вас такого не было. Ни у кого из вас такого не было?

Дик: Это снова Дик. Вообще-то существовали такие центры, были значки «Радиация», помечавшие разбросанные по всей стране хранилища и возможные места укрытия. Хотя я не помню, было ли здесь в Энн-Арборе что-то подобное, во многих крупных населённых пунктах имелись укрытия и были обозначены склады продуктов питания и питьевой воды.

Джоун: А где они у нас были, как правило? В подземке, насколько я помню?

---

4 Франклин Делано Рузвельт, 32-й президент США, умер в 1945 году.

you can sit down and read something that you find, yes, now you are very knowledgeable, but those years …

Ann: I agree with that, Joan.

So, other than that piece of paper that got distributed at work, on what to do in case of an attack, you did not get any workplace training, or anything like that? Or did you?

Joan: Well, we already had a triage in case there is a big emergency, and the UM is a big hospital, so we had that system in place, and that there was a phone—what-do-you-call—bank, and then you went in and everybody had their own spot, they went to what their job was going to be.

OK.

Joan: But as far as, "OK, we are all gonna meet in the pasture over the side of the road where the bomb didn't hit,"—no.

OK, you did not have that. Not one of you have ever had that?

Dick: Well, this is Dick again, and actually there were centers, and there were radiation icons, or insignia, that would mark storage areas, scattered throughout the country, and, hypothetically, places to go, although I never remember one in Ann Arbor, but many major metropolitan areas had places to go and identified storage of fresh water and food.

Jen: Where did we usually have this? Subways, as I remember?

Dick: I can't answer that, but I would say that not the least of this was sort of touch-and-feel propaganda, trying to calm the hypothetical response of the population to an attack. Most of the reasoning went that it was sort of predestined that part of the population would die, and that part had the potential of survival, and that part would remain untouched, that is, by the radiation exposure itself. I'm not talking about the subsequent outcome, but the radiation exposure itself, both the immediate and the subsequent, driven by the winds and the normal currents. And the people … the people, those who have been schooled in, sort of, the next step up on the public health aspect of it, were schooled in how to identify, within 24 hours, those people who would die no matter what you do, and how to identify those who would potentially live if you gave them some sort of support. By that, I mean providing them nourishment and water. And that they, who have the potentiality of recovering … If you ask me to sit down at the blackboard or stand at the blackboard and put down the criteria, I would have a little bit of difficulty today, but I had a little difficulty today driving a car over here … *Laughter.* But, being serious about it, one of the key points was just simply the distance from the epicenter would tip you off, and, additionally, the white cell count level in the blood, and certain levels would be predestined deaths, and made no sense in wasting your time and resources. I don't know if this is what you want to hear.

This is. Everything you say is what I want to hear. So, um, other than maybe knowing where some shelters would be in the subway, knowing how to build a bomb shelter, um … I guess I'm specifically interested in

Дик: На это я ответить не могу, но скажу, что тогда было немаловажно создать некую наглядную агитацию, чтобы попытаться смягчить гипотетическую реакцию населения на нападение. В основном рассуждали так: то, что одна часть населения погибнет, предрешено. У второй части будет шанс выжить, и это будут те люди, которых не коснётся радиация, я имею в виду не отдалённые последствия радиации, а именно её непосредственное воздействие, как немедленное, так и постепенное, вызванное обычными потоками и ветрами. И те, кто... Люди, которых обучали принимать соответствующие здравоохранительные меры, учились выявлять в течение 24-х часов тех, кто погибнет в любом случае, и тех, кто потенциально сможет выжить, если им окажут помощь. Под помощью я подразумеваю выдачу воды и питания. И те, у кого был шанс справиться... Если Вы меня сейчас поставите или посадите у доски и попросите назвать критерии выживания, мне это будет непросто сделать, но мне и за рулём сюда приехать сегодня было непросто... *(Смех)* А если серьёзно, то в основном говорилось, что одним из индикаторов было собственно расстояние от эпицентра взрыва, а дополнительным – уровень лейкоцитов в крови; определённый уровень лейкоцитов предвещал неизбежную смерть и на такого человека не имело смысла тратить время и ресурсы. Я не знаю, это ли Вы хотели услышать.

Да, это. Я хочу слушать всё, что Вы рассказываете. Значит, помимо того, что вы все знали, что укрытия есть где-то в подземке, знали, как строить бомбоубежище... Наверное, меня сейчас интересуют именно школьные годы: младшие классы, старшие классы. Рассказывали ли вам, что такое ядерная атака, как она происходит, чего в её случае ожидать, каковы её стадии? Может быть, вам показывали фильмы, слайды или что-то в этом роде?

Энн: Ну, наверное, учили «пригибаться и укрываться», что, ясное дело, было бы абсолютно неэффективно...

Фил: Ну... Это было во времена Второй мировой войны.

Энн: Однако уже ближе... Почти пересекалось. Но я не помню ничего такого в школе. Никакой информации. То есть, она, наверное, была, но... Я даже той инструкции в больнице не помню. Я не сомневаюсь, что я её прочитала...

Джоун: Да, я просто вспомнила, что сочла её совершенно ненужной, потому что все читали и знали про радиоактивные осадки, и никто бы не смог ничего с ними поделать!

Джин: Вот именно. А Вы помните результаты бомбёжки в Японии?[5]

Джоун: В то время – нет. И на этом всё основывается.

Джин: Вы не помните?

Джоун: Нет.

Джин: А вот я помню явственно, как будто она была вчера.

---

5 США сбросили атомные бомбы на японские города Хиросиму и Нагасаки 6 и 9 августа 1945 года.

school, middle school, high school. Did you get any education on what a nuclear attack is, how it develops, what to expect, what the stages are, you know, films, maybe, slides, things like that?

Ann: I suppose the duck-and-cover, which obviously would have been totally ineffectual …

Phil: But … That's Second World War.

Ann: But that was toward … and it sort of overlaps … But I don't remember getting anything at school. Any information. I mean, I suppose it was there, but … I don't even remember the bulletin that came around at the hospital. I'm sure I read it …

Joan: Yeah, I just remembered [thinking] that you don't need it, that anybody read and had knowledge of nuclear fallout but—there wasn't anything you could do!

Jean: Exactly. What about you—*She turns to Joan*—do you remember the result of the bomb falling in Japan?[4]

Joan: Not at the time; and everything is based on that.

Jean: You don't remember?

Joan: No.

Jean: See, I remember it like it was yesterday.

Joan: But see, I was 7 or 8 years old and I lived on a farm! *Laughter.*

Ann: So, well … and in the middle of the country!

Joan: Yeah!

Jean: I still …

Ann: I think it would make a difference.

Joan: You were in California.

Jean: No, no.

Joan: You were back here?

Jean: Well, yeah … No, I was in Cleveland! When they bombed!

'45?

Jean: Yeah! I was in Cleveland!

And what did you remember about the bomb? What did you know about it that time?

Jean: Well, I knew absolutely nothing about it until it fell down …

Well, I did mean—after …

Jean: And then I knew a lot of people were killed! But I remember it very vividly and I remember the children running, you know, burned all over their body, in that *March* … what was that?

---

4 The US detonated two nuclear bombs in Japan over the cities of Hiroshima and Nagasaki on August 6 and August 9 of 1945, respectively.

Джоун: Видите ли, мне тогда было лет семь-восемь, и я жила на ферме! *(Смех)*

Энн: Ну, да... И в глубинке, к тому же!

Джоун: Да!

Джин: Но всё равно...

Энн: Я думаю, это оказало своё влияние.

Джоун: Вы жили в Калифорнии.

Джин: Нет, нет!

Джоун: Вы жили тут?

Джин: Ну, да... Нет! Я жила в Кливленде в то время, когда сбросили бомбу!

В 45-м году?

Джин: Да! Я жила в Кливленде.

И что Вы помните про бомбу? Что Вам тогда было о ней известно?

Джин: Мне абсолютно ничего не было известно до того, как она упала...

Я имею в виду — после того.

Джин: Я узнала, что погибло много людей! И я помню это очень ярко, помню, как бежали дети, знаете, с ожогами по всему телу, в том «Марше», как его там...

Дик: Это показывали в новостях и в «Марше времени»...[6]

Джоун: Так там об этом говорилось?

Дик: Взрыв показывали в кинотеатрах.

Джин: Вы этого не видели, не помните?

Джоун: Нет, в том возрасте мне, наверное, и не разрешали такое смотреть.

Джин: Дик, тогда же была кинохроника! Кажется, она называлась «Марш»...

Дик: И новости в восемь.

Энн: Новости я помню.

Джин: Да, знаете, Энн должна помнить... Я помню.

Дик: Это Дик. Я перебью на минутку, мы с Джин часто друг друга перебиваем... *(Смех)* В Нагасаки и Хиросиме после капитуляции Японии проводились исследования, туда приезжали военные на экспертизу, делали анализы, в ходе которых и была в основном собрана та информация, о которой я говорил раньше. Так были получены все данные: число погибших после первого взрыва, которое, насколько я помню, составляло восемьдесят тысяч, и расстояния, на которых действовал взрыв. Кстати, один наш профессор из Мичиганского университета, патолог Джим Френч[7], ездил в составе первой группы, которая отправилась туда

---

6 Альманах «Марш времени» (The March of Time) показывали в кинотеатрах США с 1935 по 1951 год. Фильм «Атомная энергия», описывающий создание атомной бомбы и позднее номинированный на премию «Оскар», вышел на экраны 9 августа 1945 года.

7 Доктор А. Джеймс Френч (1912 – 1985).

Dick: That's the news, and the *March of Time*[5] ...

Joan: Is that what they talked about?

Dick: The movie houses showed the impact.

Jean: You didn't remember that, or see that?

Joan: No, and at my age I probably wouldn't be allowed to see that.

Jean: Dick, we used to have a newsreel! I think it was called *Marching* ...

Dick: And past-eight news.

Ann: The news I remember.

Jean: Yeah, and you know, Ann Surrat should remember ... I can remember that.

Dick: Dick, interjecting here just for a minute, we kind of do that, Jean and Dick ... *He laughs.* The studies of Nagasaki and Hiroshima that came after the Japanese surrender, forces went in with expertise and did an analysis, upon which much of the information I talked about earlier was generated, that's how they got the data. The number killed, I recall, was 80 thousand after the first bomb, and the distances involved, and actually one of the professors here at the University of Michigan, Jim French,[6] a pathologist, was on that first team that went in and determined a great deal of the information we have about the physiology of the impact of radiation, the distances involved, and what are the potential ways of shielding, so forth, and so on. And that information led us to at least think of it in terms of survival potentiality that could be augmented by protective environment, shelters, and home shelters, that the country would ready for a major investment in overall shelters. So that led to some optimism because not everybody in Hanchu[7] died from those two bombs, so that means maybe even people in Cleveland might survive if adequately protected. But in the meantime, the impact, the technology, the bombs changed so much that it became less and less optimistic. That depended particularly on how close you were to the major metropolitan areas that survival would be possible.

If, let's say, in the '50s, someone would ask each of you this question: if there is a nuclear attack, or if there is an active conflict between the US and the USSR, what do you think will happen to you personally? Usually, the answers range from "Oh, nothing, we would have won," to "oh my gosh, we'd be dead completely, one hundred percent." What were you imagining would happen to you?

Joan: This is Joan, and I think I had no thought along those lines! It was not something ... All I can remember about the Korean war is some kid who was two years older than I made a really sexist remark to me, and I was 10 years old, and I said, "I wish you'd die!"

---

5 *The March of Time*, a short film series, was shown in American movie theaters from 1935 to 1951. The film *Atomic Power*, depicting the making of the atomic bomb, was released on August 9, 1945, and later nominated for the Academy Award.

6 A. James French, M.D. (1912-1985).

7 Although Hanchu is one of the names for the Empire of China, it is unclear why the respondent refers to it.

и выяснила очень многое о физиологии радиационного воздействия, о значении расстояния, о возможных способах защиты, и так далее, и тому подобное. Имея эту информацию, мы, по крайней мере, уже могли обдумывать потенциал выживания, который можно было повысить при помощи создания защитной среды, убежищ, личных убежищ и готовности страны сделать крупные вложения в постройку убежищ в целом. Это вселяло некоторый оптимизм, потому что не все жители Ханьчу[8] были убиты теми двумя бомбами, и значит, даже жители Кливленда имели бы шанс выжить при адекватном уровне защиты. Но время шло, технология, конструкция бомб и их воздействие так сильно изменились, что оптимизма становилось меньше и меньше. Возможность выживания особенно сильно зависела от близости человека к крупным населённым центрам.

Представьте себе, что, допустим, в 50-х кто-то спросил каждого из вас: если будет ядерное нападение или активный конфликт между США и СССР, что, по-Вашему, случится лично с Вами? Обычно ответы разнятся от «ой, ничего, мы бы победили!» до «Боже мой, мы бы точно погибли, сто процентов». Как вам тогда казалось, что произошло бы с вами?

Джоун: Это говорит Джоун. По-моему, у меня не было никаких мыслей по этому поводу! Об этом просто... Всё, что я помню о войне в Корее, так это как один парень, на два года меня старше, сказал мне что-то очень сексистское, а мне было десять лет и я ему ответила: «Чтоб ты сдох!» А он потом погиб в Корее! И это всё, что я запомнила из личного опыта, до той поры, повторюсь, пока я не начала читать книги и слушать рассказы мужа, который был старше меня.

Значит, Вы каким-то образом совершенно выпали из массовой истерии.

Джоун: Ну, частично оттого, что мои родители этим вопросом не интересовались, мои бабушка и дедушка им не интересовались, а были ведь люди, которые очень сильно... А мы – нисколько, ни на газеты внимания не обращали, ни на радио. Мы об этом...

Понятно. Не думали совсем!

Джоун: Да! Просто нас всё это не волновало.

Фил: Это Фил говорит. Лично о себе и о большинстве окружавших меня людей я явственно запомнил то, как мы в середине 50-х начали с совершенно наивного представления о том, чего нам ожидать в случае подобного конфликта, а потом... Лично я перешёл к абсолютному фатализму за пять последующих лет, тогда до меня уже дошло, как обстояла ситуация на самом деле, дошло, что нам можно было бы уже с собой прощаться навсегда, потому что радиация, нависшая над страной, добралась бы до всех нас. Неважно, было у кого-то убежище или нет, ведь в нём нельзя было продержаться столько, сколько времени требовалось, чтобы пережить, пересидеть радиацию.

Хорошо. Энн, а Вы что думали?

---

8 Ханьчу – одно из названий Китайской империи; неясно, почему респондент обращается здесь к этому термину.

And he died in Korea! And that's all I can remember, again, until I read, or listened to my husband talk, who was older than I was.

So, you somehow completely fell out of this whole mass hysteria.

Joan: Yeah, well, part of it was, my parents weren't into it, my grandparents weren't into it, there were some people who were very … It was nothing, they didn't pay attention to the newspapers, or the radio. But it was not something …

OK. Did not think of it at all!

Joan: No! It was just not something we worried about.

Phil: This is Phil. The overpowering memory I have of that period was me personally and most of the people around me going from, say, in the middle '50s, a total naiveté as to what could have happened if we got into that kind of conflict, going to … For me, anyway, going from that to a totally fatalistic feeling five years after that, when it had sunk in what this was really all about, that we all might as well kiss ourselves goodbye, because the radioactivity looming around the country was gonna get us all, and whether you have a bomb shelter or not, you couldn't live long enough in that bomb shelter to survive the radiation, to outlive the radiation.

OK. Ann, what did you think?

Ann: Again … Oh, and then also selective service[8] came in, and in the '50s, we were getting out of high school, and so then that became a much more real thing because some of the boys were gonna be going … Nevertheless, I pretty much either blocked it, or my parents didn't talk about it, which may have been protective, I don't know about that, but it was just … It was not something I really thought about, I was in high school until 1955, so that was a very protective thing. And then I kind of got out to the real world, but until then I thought very little of it. I wasn't threatened at all.

Phil: This is Phil again. I think all the civil defense activity and all of that kind of stuff that went on, it was all window dressing, and I thought that it was like, the government is doing this to make people feel like something's being done. But it would have been so ineffective.

Jean: And Phil, you never, you never thought about where the bomb would fall? For instance, we never thought they would bomb Ann Arbor.

Phil: Ha! No.

Jean: But we did think they would bomb New York, Washington D.C., and we were …

Phil: And Detroit.

Jean: Yeah. But we felt that we were far enough away that we would maybe have a chance.

---

8 The Selective Service System is a US government agency that maintains a database of potential subjects to military conscription. On December 1, 1969, the Selective Service System conducted two lotteries to determine the order of call to military service in the Vietnam War for men born from 1944 to 1950.

Энн: Опять же... Кстати, тогда же ввели избирательный призыв[9], а мы в 50-х выпускались из школы, так что всё это стало для нас гораздо актуальней, потому что некоторые наши мальчики попали бы в армию... Тем не менее, либо я отключалась от всего этого, либо мои родители никогда об этом не говорили; возможно, они стремились меня оградить, не знаю, но просто... Я ни о чём таком по-настоящему не думала. Я до 1955-го была школьницей и это меня ограждало. А потом я, скажем так, очутилась во взрослом мире, но до того момента я очень мало думала над этими вопросами. У меня совсем не было ощущения угрозы.

Фил: Это снова Фил говорит. Я считаю, что все те мероприятия по гражданской обороне и всему прочему были просто декоративными. Я тогда думал, что правительство проводило их для того, чтобы создать у граждан впечатление, будто принимаются какие-то меры. Но всё это было бы настолько бесполезно!

Джин: Фил, а ты никогда – это Джин, и я задаю такой вопрос, потому что мы-то сами задумывались о нём, – ты никогда не думал о том, куда могут сбросить бомбу? Мы, например, считали, что Энн-Арбор бомбить не будут.

Фил: Ха! Нет.

Джин: Мы думали, бомбить будут Нью-Йорк, Вашингтон, а мы-то были...

Фил: И Детройт.

Джин: Ага. Но нам казалось, раз мы были от него достаточно далеко, может быть, у нас были шансы.

Фил: Это Фил. Я как-то быстро перешёл от подобного ложного чувства безопасности к осознанию того факта, что ветер будет дуть с запада на восток и, если бомба упадёт к западу от нас, нам всё оттуда принесёт! Понимаешь, может, это займёт месяц, но всё равно...

Джин: Да.

Дик: Это Дик. Мы, собственно, обсуждаем переходный период между тем моментом, когда в мире существовало всего две бомбы и они обе были детонированы, и тем быстро-быстро наставшим моментом, когда обе стороны произвели буквально сотни бомб – а это было уже другое дело. Правда и то, что из шестидесяти миллионов японцев, в то время живших на Японских островах... Эту цифру я взял с потолка.

Фил: Хорошая цифра.

Дик: Потери, исчисляемые парой сотен тысяч людей, для Японии в общем и целом не имели такого уж большого значения, но, если помножить это число на сотни, тут уже можно задуматься. Конечно, при облучении общие потери были бы

9 Воинская повинность для отдельных граждан. Государственная служба избирательного призыва США ведёт воинский учет мужчин на случай возникновения необходимости военного призыва. Первого декабря 1969 г. служба избирательного призыва провела две призывные лотереи для отправки мужчин, родившихся в период с 1944 по 1950 г., на фронт во Вьетнам.

Phil: This is Phil. I very quickly got from that kind of false feeling of safety to the fact that the wind was gonna blow from west to east, so if they bomb anything west of here, we're gonna get it! You know, it may take a month, but …

Jean: Yeah.

Dick: This is Dick. We are actually discussing a transition time period, between when there were only two bombs in the world and they both exploded, to, very, very quickly, there were literally hundreds of bombs on both sides, and that made the difference. It's true that of the 60, at the time, 60 million Japanese who lived in the Japanese islands… I made the number up.

Phil: It's a good one.

Dick: The loss of a couple hundred thousand, in the Japanese overall picture, didn't make a whole lot of difference, but if you multiplied that times hundreds, it might catch your attention. And of course, the sum total of the radiation would be catastrophic. And in answer to your question from my perspective, it was fatalistic. I came to the conclusion that, why waste a lot of your personal strength and energy and resource on something that's highly unlikely to have any impact? That's why you simply try to suppress the concept and go on with life. I tend to do this; but we seem to be focused on, and it might be my fault, on the '50s …

Well, that was a very interesting time. We'll get to other decades as well.

Dick: I'll be quiet.

(Laughter.)

So, I do have to ask you guys about the Cuban Missile Crisis:[9] if you noticed it, paid any attention to it, what you thought of it.

Phil: This is Phil. I have very vivid memories of that, I was … I can't remember what year it was, but I had …

Ann: '63,[10] wasn't it?

Phil: Yes, yeah. A circle of friends at the time who were really aware of what was going on, and I can remember hearing little snippets on the radio about troop trains that were headed for Florida and having a feeling that … Having a feeling that the world had no idea, hadn't really considered what the outcome would be if someone started to fire missiles at each other. It was just… I was terrified.

So, you felt that the threat was real, that this was it?

Phil: Oh, I felt everything. And history has proven that was true. Yeah.

---

9 The Cuban Missile Crisis (October 16 – 28, 1962) was a confrontation between the United States and the Soviet Union concerning American ballistic missile deployment in Italy and Turkey, with consequent Soviet ballistic missile deployment in Cuba.

10 1962.

катастрофическими. Я отвечу на Ваш вопрос так: моя позиция была фаталистской. Я пришёл к заключению, что незачем тратить личные силы, энергию и ресурсы на действия, которые, по всей вероятности, ни к чему не приведут. В таких случаях люди просто стараются заглушить свои мысли и продолжать жить как обычно. Я сам имею склонность так поступать. Но мы, похоже, слишком сконцентрировались на 50-х, и в этом может быть моя вина...

Ну, это было очень интересное время. Мы доберёмся и до других десятилетий.

Дик: Я помолчу.

(Смех)

Я непременно должна спросить вас всех о Карибском кризисе[10]. Заметили ли вы его, обратили ли на него внимание, что вы о нём подумали?

Фил: У меня о нём остались очень яркие воспоминания. Мне было... Я не помню, какой это был год, но у меня был...

Энн: 63-й, правильно?[11]

Фил: Ага, да. В то время мы в кругу друзей пристально следили за происходящим, и я помню, я услышал по радио какие-то обрывочки новостей о том, что во Флориду направляются военные поезда, и у меня возникло такое чувство... Что мир не имеет никакого понятия, что никто совсем не подумал о том, чем всё закончится, если мы начнем стрелять друг в друга боеголовками. Я просто... Я был в ужасе.

Значит, Вы ощущали реальность угрозы, близость конца?

Фил: Ой, я всё ощущал. И история подтвердила, что всё было правдой. Да.

Джоун: Это Джоун, и я помню только Хрущёва, стучащего ботинком![12] *(Смех)* Ни на что больше я тогда не отреагировала. Я как будто жила в волшебной стране. В каком-то смысле я там и жила. Район, в который мы переехали, был очень изолированным от других и очень богатым. Когда начиналась какая-нибудь война, папаши просто выкупали своих сыновей из призыва в резерв, и всё тут! Поэтому окружающая действительность на жизнь нашего сообщества влияла мало.

То есть, Вы были... Вы были совсем ни при чём? И всё, что где-то там происходило, не имело к Вам отношения?

Джоун: Нет, не имело.

Хорошо.

Джоун: Возьмём даже Вьетнам, мы до сих пор ссоримся по этому поводу... Мой

---

10 Карибский кризис (16 октября 1962 – 28 октября 1962) – политическое, дипломатическое и военное противостояние между СССР и США, вызванное размещением ядерного оружия США в Турции и Италии и воспоследовавшим размещением СССР своих боеголовок на Кубе.

11 1962.

12 Широкоизвестная, но часто оспариваемая история гласит, что на пленарном заседании Генеральной ассамблеи ООН 12 октября 1960 г. Генеральный секретарь Н.С. Хрущёв постучал ботинком по столу в знак протеста против выступления делегата от Филиппин.

Joan: This is Joan, and all I remember is Khrushchev pounding his shoe![11] *Laughter.* And not reacting to anything else. I feel like I've lived in Never-Never Land. And in some ways, I did. The community we moved to was a very insulated, very wealthy community, and when it came to wars, daddies bought their sons into the reserve, thank you! So, there was little impact in our community, that of reality.

So that was not all about … That was not about you at all? Those things that were happening somewhere? They would not affect you?

Joan: No, no, they would not.

OK.

Joan: And even in Vietnam, you know, we are still arguing with each other … My dad bought my brother out of it! Nobody went who had money.

Dick: It's Dick. Uh, we are talking about what now I would also consider a tipping point of a relationship, and the intellectual assessment as to the deterring … I'm not using the correct phrase for it … Anyway, I remember it vividly, too, and I watched every move, night and day, on the television, and I could see every shot of the missiles and the American destroyer turning back the cargo ship with the missiles on board, and every second of that could have been a detonation of world angst, and basically, as I look back on it now, now, and even then, I thought us giving up our Turkish intermediate missiles, based in Turkey, and then Russians giving up the Cuban base missiles, was a very logical payoff. It was seen by many people, many our friends considered it an act of cowardice on our part, lack of macho, giving way in the face of a challenge, and I remember thinking that that was probably the wisest move that could have been made, and I still think that. But I think, most importantly, I think of it as the time that both sides of the dilemma basically decided that it would have been an impossibility to launch that altercation, and so far, that's held. They saw their face-off, their give-and-take, even the Vietnam war, and other, smaller activities, all could have historically led to a world face-off. I mean, there was much less in 1914 that triggered off World War I than in the war between North and South Vietnam, and Nicaragua, and all of those things. But, anyway, this is what I've heard as ever considered a nuclear confrontation in those days. I was thinking about that in different terms than what I was thinking about, and I … You know, when the dust settled after the Missile Crisis, I remember having a feeling that the Cold War changed dramatically, when that event happened. Prior to that, everybody was Doctor Strangelove[12] and they had their guns out, they were ready to go …

Phil: Exactly.

---

11 According to a widely quoted but contested account, during the October 12, 1960 plenary session of the UN General Assembly, the Soviet leader Nikita Khrushchev pounded his shoe on his delegate desk in protest to a speech made by a Philippine delegate.

12 *Dr. Strangelove or: How I Learned to Stop Worrying and Love the Bomb* is a 1964 black comedy film that satirizes the Cold War fears of a nuclear conflict between the Soviet Union and the United States.

отец заплатил и брат не пошёл воевать! Все, у кого были деньги, не пошли.

Дик: Это Дик. Мы сейчас говорим о поворотном, я бы сказал, моменте в наших отношениях и об интеллектуальной оценке предотвращения... Я неправильно выразился... В общем, я тоже ярко помню кризис, я тогда следил за всеми подвижками по телевизору днём и ночью. Я видел все кадры, в которых показывали ракеты, видел американский эсминец, разворачивающий грузовой борт с боеголовками обратно. Мировая напряжённость могла в любую секунду разрешиться взрывом, и я припоминаю, что так же, как и сейчас, я уже тогда считал, что наш отказ от размещения своих ракет средней дальности в Турции в обмен на отказ русских от размещения их ракет на кубинской базе был очень логичным решением. Многие люди, многие наши друзья сочли его проявлением трусости, недостатком мачизма, капитуляцией перед трудностями, а я, как помню, считал такое решение самым, вероятно, мудрым из всех возможных, и до сих пор я так думаю. Но самое главное, по-моему, в том, что в то время обе противные стороны решили, что не видят возможности вступить в бой, и это решение пока всё ещё действительно. Они увидели, что их противостояние в стиле «око за око», и даже война во Вьетнаме и другие, менее значительные боевые действия могли исторически привести к конфликту мирового масштаба. То есть, причины, приведшие в 1914 г. к Первой мировой войне, были куда незначительнее, чем война между Северным и Южным Вьетнамом, чем конфликт в Никарагуа и всё такое. Ну, в общем, в те дни я впервые услышал о ядерной конфронтации. Я определял её по-другому, в отличие от... Знаете, когда пыль после Карибского кризиса уже улеглась, я помню, у меня появилось ощущение, что сама холодная война после этого события резко изменилась. Сначала всякий вёл себя как Доктор Стрейнджлав[13] с оружием наизготовку...

Фил: Точно.

Дик: А после бои стали скорее политическими, чем военными. И даже когда они были военными, в последующие двадцать лет ядерные действия... *(Неразборчивые восклицания двух респондентов)* Хрущёв оказался очень ответственным главой государства. Мне кажется, что из-за ботинка никто этого не заметил. *(Смех)*

Фил: Меня, Дик, больше всего беспокоило то, что... То ли во время самого кризиса, то ли уже по прошествии времени, но я опасался, что Кеннеди будет настолько оскорблён событиями в Заливе Свиней[14], что впоследствии у него сможет возникнуть стремление бросить вызов врагу и показать, на что он способен. Вопрос в том, каким образом в то время можно было бросить вызов врагу, не прибегая к

---

13 Фильм «Доктор Стрэйнджлав, или Как я перестал бояться и полюбил бомбу» (1964), сатирическая комедия, высмеивающая панику по поводу ядерного столкновения СССР и США времён холодной войны.

14 Безуспешное военное вторжение США в Залив Свиней на Кубе в 1961 г. привело к Карибскому кризису.

Dick: And after that it became a political, rather than a military, battle. Or if military, for 20 years, nuclear military … *Unintelligible interjections from two participants.* Khrushchev turned out to be a really responsible leader. And I don't think anybody saw that, with the shoe. *Laughter.*

Phil: The biggest worry that I had, Dick, was that … It's hard to tell you whether it was at the time, or looking in retrospect, that Kennedy had been so burned by the Bay of Pigs,[13] that the apprehension that I felt was that he would feel compelled to prove his mettle and face down the adversary and, uh, to what point are you going to face down the adversary, short of a war with the use of … I thought that was a very important time in history, and I think my thoughts have not changed over the 40 or 45-year period of time since then, but I may be cloudy currently …

Jean: Joan talked about Khrushchev taking his shoe and holding it, and the confrontation, and isn't it funny! I still, in the back of my mind, can remember thinking, and still feel that way, "how awful of him!" I mean, you don't do things like that!

So, you were focusing on the social graces of it all?

Jean: Uh-m, perhaps. I mean, I just do remember watching that, and thinking, "My gosh, that's like a little kid!" I mean, we don't, you know, you don't talk to a President with your shoe pounding on at that table, I could just see it! Vividly! And thinking, ooh, goodness! That's like a 6-year-old! It's not like a 66-year-old!

Phil: And the rest of it is, my God, if he thinks that way now, he has the power to push the button!

Jean: Exactly! But that's fun, I haven't thought of that in years.

Ann: This is Ann, and in '63, I remember being scared. I was pregnant at the time, Nance was …

Dick: That's a scary ride right there!

(Laughter.)

Ann: Well, and it was—what to do? And the choices were so overwhelming that, just as well, you know … OK, whatever's gonna happen?

Phil: Smoke a cigar and wait.[14]

Ann: And we talked about … yeah! But I remember being at Arborland[15] one night, why I remember that I don't know, but there we were, talking about "what should we do?" One of the questions was, should we take off and go up north, figuring that that was farther

---

13 The 1961 failed US military invasion of the Bay of Pigs in the Communist Cuba set the stage for the Cuban Missile Crisis.

14 "Smoke a cigar and wait" is a reference to an obsolete hospital practice in the US. When a woman was in labor, the expectant father was to smoke cigars and wait in the lobby rather than go in the delivery room.

15 Arborland is a shopping strip in Ann Arbor, Michigan.

военным действиям с использованием... Я считал тот исторический момент очень важным, и моя точка зрения, по-моему, не изменилась за прошедшие сорок, сорок пять лет, хотя мои воспоминания могут быть смутными...

Джин: Джоун упоминала Хрущёва, который снял с себя ботинок и держал его в руке, и всю ту конфронтацию – правда же, смешно! Я до сих пор помню, как про себя подумала: «Как он ужасно себя ведёт!» И до сих пор я так считаю. То есть, люди так себя не должны вести!

Значит, Вы тогда сосредоточились на невежливости его поведения?

Джин: Может быть. В смысле, я помню, как смотрела на него и думала, «Боже, он же как маленький ребёнок!» Нельзя же так с президентами разговаривать, стуча ботинком по столу! Я как сейчас помню! Ярко! Я подумала: «О-о-о, Господи!» Будто ему шесть лет! А не шестьдесят шесть.

Фил: А ко всему прочему думаешь, «Господи, у него сейчас такой настрой, и при этом у него есть доступ к ядерной кнопке!»

Джин: Именно! Забавный случай, я о нём много лет не вспоминала.

Энн: Это Энн говорит. Я помню, в 63-м мне было страшно, я была тогда беременна...

Дик: Что само по себе страшно!

(Смех)

Энн: Да, ну и – что мне было делать? Все варианты были такими неподъёмными, что думаешь, мол, какая разница... Ну, будь что будет, так?

Фил: Сиди и жди, кури сигару[15].

Энн: И мы поговаривали о том, что... да! Ну, я помню, как однажды вечером мы поехали в «Арборлэнд»[16], не знаю, почему мне именно это запомнилось. В общем, мы там стали обсуждать, что нам делать. В частности, мы стали говорить о том, не сняться ли нам с места и не поехать ли на север штата, он ведь находится подальше, и тут мы поняли – ладно, а дальше-то что? В смысле, всё равно и там пришлось бы покупать продукты, всё равно пришлось... Всё было настолько неподъёмно, что мы такие – ладно, Бог с ним со всем.

Джин: То ли на север, то ли в Канаду мы собирались ехать. Меня посещали такие мысли.

Энн: Мы пытались... Мы, кажется, собирались поехать в Петоски[17].

Фил: Ага.

Энн: Кажется, у нас там были... У нас там жили друзья, вот бы они обрадовались: «Здрасьте, а мы к вам!»

---

15 Согласно устаревшей практике, ранее принятой в американских больницах, отцы не допускались в родильные палаты и им оставалось только курить сигары в фойе, ожидая рождения ребенка.

16 Торговый центр в Энн-Арборе, штат Мичиган.

17 Маленький городок на берегу озера на севере штата Мичиган.

away, and it was just like, well, *then* what do you do? I mean, you still have to buy groceries, you still … It was just overwhelming, so—OK, whatever.

Jean: Up north, or did we think about going to Canada? That's what I had at the back of my mind.

Ann: Well, we were trying … I think we were talking about going to Petoskey.[16]

Phil: Yeah.

Ann: But we must have had… We had some friends there, oh, they would love to see us—here we are! *She laughs.*

Phil: Along with a hundred other good friends.

Ann: Yeah! Yeah. So, you know, you just make that stressful wait, there is nothing you can do, it's … It'll sort out.

So, in conjunction with all that panic and fear and the assured mutual destruction, what were your ideas about, or images of, the USSR, Soviet Russia?

Phil: This is Phil. They were all negative. Russians were … They were the enemy. They were much the way the Japanese had been represented to us during the Second World War, and I even remember that kind of propaganda, you know, we were led to believe that, you know, that they were just above bestiality in their personalities, and …

Dick: Not you, Anna!

(Laughter.)

No, no, please continue.

Phil: It was what I would consider wartime mentality, about Russia in general. (Ann: Agreed!) And the people, the government, the military … the other thing, I think, is we have a false evaluation of how powerful that country really was. Because it turned out, Russia was not as powerful as I thought they were, and of course their economy has gone to hell in the intervening years and all that … That, nonetheless, would not have, you know, that would not have kept the world from having been destroyed in a nuclear fight, so.

So, those Russians that are pretty much beasts, would that include the government, the military, or also the everyday, you know, your common folk, everybody who's working in the fields?

Phil: It was first the government and the military, but the people in general were on a much lower plane than the Americans were, so to speak.

Ann: Propaganda! Yes, exactly. And the atrocities that may have occurred, nothing about the Americans doing anything awful, we were just so …

Phil: No-no-no.

Ann: We were so … yes, they are the bad guys.

---

16 Petoskey is a small lakeshore town in Northern Michigan.

(Смех)

Фил: Мы и сотня других близких друзей.

Энн: Да! Да. Знаете, просто сидишь, напряжённо ждёшь и сделать ничего не можешь... Ждёшь, что всё само собой решится.

В связи со всякими страхами, паникой и гарантированным взаимным уничтожением, каковы были ваши понятия или представления о СССР, о Советской России?

Фил: Это говорит Фил. Они были только отрицательными. Русские были... Они были врагами. Нам почти совсем так же описывали японцев во время Второй мировой войны, и я даже помню ту пропаганду. Знаете, нас заставляли верить в то, что они были по характеру чуть лучше зверей...

Дик: Не Вы, Анна!

(Смех)

Нет-нет, продолжайте.

Фил: Я считаю, что это ментальность военного времени, наше отношение к России вообще. *(Энн: «Согласна!»)* Люди, правительство, армия... А ещё, я считаю, у нас было ложное представление о действительной мощи этой страны. Ведь позже выяснилось, что Россия была вовсе не так сильна, как мы себе воображали, и её экономика, конечно, полетела к чертям за прошедшие годы... Хотя само по себе это всё равно не смогло бы уберечь мир от разрушения в ядерной войне, вот.

Значит, в число практически звероподобных русских входили только правительство и армия, или к тому же ещё и обычные, нормальные люди, те, кто трудится в полях?

Фил: В первую очередь правительство и армия; но и весь народ в целом находился, как говорится, на гораздо более низком уровне, чем американцы.

Энн: Пропаганда! Да, именно. И про зверства, которые, может быть, и правда творились, говорили так, как будто американцы никогда не делали ничего ужасного, будто мы сами никогда...

Фил: Нет-нет-нет.

Энн: Мы были такие... А они были плохие, да.

Хорошо. Каковы были характеристики того более низкого уровня, который Вы упомянули? Агрессивность? Чем люди были плохи?

Фил: Они были плохи своей агрессивностью, необразованностью, крайней бедностью, из-за которой им было нечего терять, когда их призывали в армию, и всем прочим в этом духе.

Хорошо. Откуда Вы почёрпывали эти сведения? Из каких образов?

Фил: С небес.

С небес?

Фил: Нет, если серьёзно, из пропаганды, воздействию которой нас всех подвергали и тогда, и позже...

OK, so when you say they were on a lower level, what are the characteristics of that lower level? Is that being aggressive? What was the bad stuff?

Phil: Yep, the bad stuff was being aggressive, being uneducated, living in severe poverty, so they had little to lose if they were called into the military, things like that.

Alright. Where did you derive that knowledge from? Is it from the images … ?

Phil: From the clouds.

From the clouds?

Phil: No, seriously, from the kind of propaganda that we were all subjected to, and have been …

Right, but is it something that you saw in the paper, pictures, maybe, photos?

Phil: Can't say; can't recall.

Jean: Well, probably.

Phil: Or photos!

Jean, Ann: Yeah!

Ann: Well, the Khrushchev thing, pounding the shoe.

Jean: The shoe, yeah.

Ann: It registered.

Jean: And from going to the movies, seeing, well, the …

Phil: Watching the newsreels.

Jean: Of course! Yeah!

Yes, that's what I'm interested in. What were those images? The newsreels? What were those photos that projected those ideas?

Jean: The Red Guard marching.

OK, good!

Jean: Over and over and over, until you …

The changing of guards?

Jean: No, they were just marching.

Oh, marching.

Phil: Military parades.

Military parades!

Everyone: Yes, exactly!

Dick: Dick here. I had a little different perspective on it. Again, date of birth, '28, I was a teenager during the war. And they were involved in World War II, but as teenagers, particularly boys, being that at the time I followed that war so closely you wouldn't believe

Понятно. Однако, где Вы её видели? В газетах, фильмах, может быть, на фотоснимках?

Фил: Не могу ответить. Не помню.

Джин: Ну, наверное, да.

Фил: Или на фотографиях!

Джин и Энн: Да!

Энн: Вот как в случае с Хрущёвым, стучащим ботинком.

Джин: Ботинком, да.

Энн: Это произвело впечатление.

Джин: И ещё мы ходили в кино, видели там...

Фил: Кинохронику смотрели.

Джин: Конечно! Да!

Вот, именно это меня и интересует. Что это были за образы? Какая хроника? Какие фото наводили на подобные мысли?

Джин: Где Красная гвардия марширует.

Хорошо.

Джин: Снова и снова и снова, пока у тебя...

Смена караула?

Джин: Нет, они там просто ходили строем.

Понятно. Они ходили строем.

Фил: Военные парады.

Военные парады! (Все: «Да, именно!»)

Дик: Это Дик. У меня был немного другой взгляд на это. Опять же, год рождения у меня 28-й, во время войны я был подростком. Русские участвовали во Второй мировой и я, как все подростки, в частности, мальчишки, в то время следил за военными действиями так пристально, что Вы даже не поверите, и немножко жалел, что сам не на фронте... Я не был на фронте и сейчас задним числом благодарю Господа за то, что не был, но даже в то время, когда мне было четырнадцать лет, на меня произвело очень сильное впечатление то, что исход войны определила битва под Сталинградом. Мы до сих пор говорим, мол, то битва за Британию определила исход войны, то вмешательство Америки определило исход войны в Европе, но всё, что я помню, так это Красную армию и ту бойню. Нам говорили и, как выясняется, не врали, что там была настоящая мясорубка, что Гитлера остановили в России и Россия, практически, победила в той войне. К чему это я? Я никогда не увлекался так сильно, как, похоже, Фил, Энн и Джин, этакой этнической интерпретацией разницы между нашими двумя народами. Я помню фотоснимки того, как русские входили в Берлин и как они там буйствовали. Похожее поведение, только в меньшей степени, было и у второй стороны. Ковровые бомбёжки, концентрационные лагеря и тому подобное. Но

it, and a little bit of wishing I had been there … But I wasn't there, thinking back I thank God I wasn't, but I was very much impressed even then, at the age of 14, I guess, it would be, that the War turned in the battlefield of Stalingrad.[17] And to this day we say, the battle of Britain turned the corner, the Americans turned the corner, in Europe, and all I can remember was the Red Army, the slaughter, and that we were informed of, that turned out to be, that information turned out to be true, just a meat-grinder, and Hitler was stopped in Russia, and Russians basically won that war. What am I getting at? I never got caught up as much as, evidently, Phil and Ann, and Jean did, in that sort of ethnicity type of interpretation of the variance between the two populations. I remember pictures of the Russians coming in Berlin, and the rampage that went on there; comparable things on a lesser scale happened from the other side too. The carpet bombing, the concentration camps, things of that nature. But it did seem like they were more savage, en masse, as the troops went through. Those were combat troops that lost over a million in Stalingrad alone. Hey, I think I would have pillaged too! But, it was a different country, and a different people. From my personal remembrance, set by the propaganda, but also from watching it and trying to interpret it, in that the population seemed to be deprived; I think that's a little less pejorative. And so, they were able to be lined up and ordered into that grinder by the government under circumstances that I will never be able to imagine, and seemed to participate more aggressively than the other side; what is the other side, we were both on the same side at the time, but more than the British and the Americans did. And so, this seems to me as, the confrontation seemed to be more of the … Less of an ethnic, for want of another word, conflict, than I heard here to be; it seemed like a more of historical, economic, contest, but with basic political differences that could be irreconcilable. It was nothing like my memory. I was raised in California and we were anticipating an invasion; can you believe it? As a little kid I worried about the invasion and the Pacific conflict with the Japanese there … My memory was, exactly what you said, my memory was that they were not … Were even some sort of subhuman people. That's certainly not true now, I mean I think of Japan as a power.

Jean: It's been ages. It's stuff I don't remember, I don't know if I'd read it or if … I remember the pictures: they were cold, and they were starving! I didn't remember aggression, but that was my feeling about the Russian people.

Phil: You didn't see the guts hanging out of there?

Ann: NO! *Laughter.*

Jean: I missed that part, Phil. But that was … Those scenes.

Phil: I take that that was another phase of it, time phase … I don't know if this, what this has got to do with the Cold War, I think it just sets the stage for the Cold War after the

17 The Battle of Stalingrad (July 17, 1942 to February 2, 1943) was the largest confrontation in WW2. The fight for the city of Stalingrad lasted for five months, one week and three days, and ended in the Soviet victory over the Nazi forces. The loss of human lives on both sides was tremendous; the German forces had to withdraw from the Western Front.

в массе их войска, идущие через город, выглядели более жестокими. Эти войска только в одном Сталинграде потеряли более миллиона бойцов. Я бы на их месте тоже стал грабить! Но всё равно это была другая страна, другой народ. По моим личным воспоминаниям, из пропаганды и моих собственных попыток её освоить и интерпретировать я почерпнул то, что её население, похоже, терпело лишения. Думаю, такое мнение звучит несколько менее оскорбительно. И поэтому её население можно было выстроить и отправить в мясорубку по команде правительства при обстоятельствах, которые я никогда не смогу себе представить, и оно, казалось, действовало более агрессивно, чем противная сторона. То есть, не противная сторона, ведь мы воевали на одной стороне в то время, а просто более агрессивно, чем британцы и американцы. И поэтому, мне кажется, конфронтация была скорее... Не этническим конфликтом, за неимением лучшего слова, как её тут характеризовали, а скорее историческим и экономическим соревнованием при непримиримых базовых политических различиях. Совсем не такими были мои воспоминания о своём детстве в Калифорнии, ведь мы тогда ожидали нападения, верите? Ребёнком я боялся вторжения и тихоокеанского конфликта с японцами... В этом отношении мои воспоминания ничем не отличались от ваших; я помню, что считал их... Считал их даже какими-то недочеловеками. Сейчас, конечно, это не так, сейчас я считаю Японию сильной державой.

Джин: Целая вечность прошла с тех пор. Я ничего этого не помню, не знаю, читала ли я об этом или что ещё... Я помню фотоснимки: им там было холодно и голодно! Я не помню ничего про агрессивность, но вот такие у меня были чувства в отношении русского народа.

Фил: Не видели фото вываливающихся кишок?

Энн: Нет! *(Смех)*

Джин: Эту часть я пропустила, Фил. А ту помню... Те картины.

Фил: Я полагаю, тогда уже настала другая фаза, другая фаза времени... Я не знаю, какое отношение это всё имеет к холодной войне, я думаю, это просто создало условия для холодной войны после абсурдной игры мышцами на мировой арене, потому что, в конце концов, во время мировой войны русские были нашими союзниками, и тем не менее впоследствии мы разработали концепцию того, что...

Энн: Что они опасны. *(В адрес АК: «Я думаю, Вам нужно привести к нам в гости своего отца, было бы интересно послушать и вторую сторону».)*

Я бы его привела, если бы он пошёл. Значит, давайте пока оставим Россию в стороне. Что вы думали о социализме как о системе? А также о коммунизме? Если вообще что-то думали? Если ничего, стало быть, ничего. А если что-то думали, например, мол, ну, и дурацкая у них там система...

Джин: Ну, я не думаю, что это была дурацкая система, чуть-чуть того, чуть-чуть другого. А потом, когда я поступила в колледж, у меня была преподавательница английского и она рассказывала, что в тридцатых годах у нас очень многие

surreal posturing throughout the world, because, after all, Russians were allies during the Big War, yet subsequently we developed this concept that …

Ann: It's dangerous. (To interviewer) I think you'll need to bring your dad over, it would be so interesting to hear the other side now.

Yeah. I would if he'd come. So, Russians a little bit aside, what did you think of socialism as a system? And communism as well? If at all? If nothing, then nothing! If something, if you thought, boy, they sure have a stupid system there …

Jean: Well, I don't think it was a stupid system, the bits and pieces; then when I went to college I had an English teacher who said in the '30s lots joined the Communist party because of the Depression!

Phil: Sure.

Jean: And she was very matter-of-fact about it, and I thought, oh dear, a real one! And it was a human being that I liked very much, and then she explained it, and then when I had come to Ann Arbor, many of the Jewish people became Communists because they thought that was sociologically the way to go. It was a … It wasn't communism that was the bad people, it was the government, maybe? It was separate from a political … I didn't think of it that way. Socialism might be, you know, I could kind of comprehend, but communism seemed to be just a name they gave it in Russia. But it wasn't at all like what I thought communism was. I guess I thought the original idea sounded kind of idealistic: everybody got what they wanted. And I understood why people joined during the Depression. But that isn't what was making the whole thing work. It had become, what? Bastardized? I don't know. But the concept didn't work like what my idea of… (*Unintelligible interjections referencing McCarthy.*)

Yeah, that was my next question: the McCarthy era,[18] and how that all worked out.

Jean: How awful!

Phil: That was frightening.

Ann: That was scary.

Jean: That was absolutely, I think, the worst as far as I'm concerned. I don't think any of us, women … Now I'm just leaving you, guys. I don't think women were as involved in the political aspect.

Joan: Unfortunately. Unfortunately.

Jean: What I'm saying is I don't think we were as knowledgeable, us women, as we should have been. And then I look at that McCarthy era, in our country, and I cannot believe we lived through that! We were persons on this Earth, in this country, listening to that awful

---

18 After US Senator Joseph McCarthy; known as the Second Red Scare (1950-1957) and characterized by heightened political repression and fear of Communist influence on American institutions. Hundreds of US citizens were interrogated as suspected Communists or Soviet spies, arrested, or fired from their jobs; anti-Communist federal and state legislation was adopted.

вступали в коммунистическую партию из-за Великой депрессии![18]

Фил: Конечно.

Джин: Она говорила об этом так обыденно, и я подумала: «Ой, живая коммунистка!» Как человек она мне очень нравилась, и потом она всё объяснила. А когда я позже переехала в Энн-Арбор, узнала, что многие евреи здесь становились коммунистами потому, что считали правильным так поступать с социологической точки зрения. Ведь не... Ведь не сам как таковой коммунизм был плохим, а правительства, наверное? Это были разные вещи с политической точки... Я об этом так не думала. Социализм я, наверное, могла как-то понять, и мне казалось, что его просто называли коммунизмом в России. А выглядел он не так, как, по моему понятию, должен был выглядеть коммунизм. Наверное, начальная идея мне казалась идеалистичной: всем раздают то, что им хочется. И я понимала, почему люди вступали в партию во время Великой депресии. Но на деле сама идея перестала быть движущей силой. Её, как это называется? Извратили? Не знаю. Но она работала не так, как, по моим представлениям... *(Неразборчивые упоминания имени Маккарти.)*

Да, это и есть мой следующий вопрос: эпоха маккартизма[19] и как она для вас прошла.

Джин: Такой кошмар!

Фил: Это было страшно.

Энн: Пугающе.

Джин: По-моему, ничего хуже абсолютно нельзя было придумать. Я не думаю, что мы, женщины... О мужчинах я просто не буду говорить, но я не думаю, что женщин так уж волновали её политические аспекты.

Джоун: К сожалению, нет. К сожалению.

Джин: Я хочу сказать, что мы, женщины, не были настолько образованны, насколько должны были быть. Когда я вспоминаю эпоху Маккарти в нашей стране, я не могу поверить, что нам довелось её пережить! Мы, люди Земли, граждане своей страны, вынуждены были слушать этого ужасного человека! Просто поверить невозможно. Я думаю, это оттого, что женщины просто не ввязывались в политику, не могли вступить в диалог и сказать: «Это отвратительно!»

Дик: Мне кажется, в то время я мог, и сейчас, собственно, могу, принять социализм

---

18 Мировой экономический кризис (1929 – 1939).

19 Маккартизм (1950 – 1957) – антикоммунистическое движение в общественной и политической жизни США, названное так по фамилии сенатора Джозефа Маккарти; характеризовалось усилением политических репрессий и нагнетанием страха коммунистического влияния на общественные институты США. Во время маккартизма сотни граждан США подверглись допросам, арестам и увольнениям по подозрению в шпионаже по заданию Советского Союза; также были приняты антикоммунистические законодательные акты федерального и местного действия.

man! I just can't believe it. But I think it's because women just didn't become political and didn't join in and say, you know, "This is terrible!"

Dick: I think, during that period of time and still, matter of fact, I remember being able to accept socialism and capitalism as two different approaches to societal existence. And, one, we felt ours was better and the Russians thought theirs was better, and each had appeal. I think the differential comes to a head when, then, as my memory goes to it, the effort of the socialistic/communistic need to expand, desire to expand, and impress upon neighboring countries and the world at large, if possible, the social system. And that was more, as I would interpret even now, the more communistic approach, to coerce other countries to subject themselves to a different philosophy of mutual existence and economic process. And now, of course, it seems to me as though we're at the height of just the reciprocal. We're trying to impress everyone with democracy, by book or by rifle. But it didn't and still doesn't seem possible to me that the two concepts can't coexist in the world.

Joan: I would think so.

Dick: And I don't know what the overwhelming fear is, I guess, on both sides. But on our side, as I interpret it, socialism ...

Phil: Since we already had it, and it didn't work! *Laughter.*

Dick: History is sort of unfolding on some of this and maybe there will be a combination of different parts of the two. Anyway, I'll just be quiet for a minute. *Laughter.* You are a catalyst, you know. These people all said, I don't remember, I won't have anything to talk about. And I said, just you wait!

Ann: Yeah, you listen, and then things come back.

Joan: But you're not sure where they came back from.

Yeah, that's right. As we are moving from the '50s to the '60s to the '70s through the '80s, has your image of the USSR and its people changed at all, and if yes, then how?

Phil: The Russian people became, if I understand your question, became totally human to me in the '70s.

OK. When did that happen? In the '70s? OK.

Phil: Yeah, in the late '70s, early '80s. Mikhail Gorbachev[19] was the perfect ...

Jean: Oh, I loved him.

Phil: I mean he carried the Russian image so far in the time he was in office.

But that's the '80s, though. Late '80s.

Phil: I did jump ahead a little bit. So, maybe it's the '80s that I'm talking about instead of the '70s.

---

19 Mikhail Gorbachev was the eighth and last leader of the USSR. His leadership facilitated the political change that eventually brought about the dissolution of the Soviet Union.

и капитализм как два разных подхода к жизни общества. Ну, во-первых, мы думали, что наш подход лучше, а русские думали, что их лучше, хотя и тот, и другой имели свои привлекательные стороны. Я думаю, наши противоречия вошли в фазу конфликта, если мне не изменяет память, из-за социалистической, коммунистической потребности распространиться, желания распространиться и навязать свою общественную систему соседним странам и по возможности всему миру. И я даже сейчас считаю такой подход скорее коммунистическим; я имею в виду принуждение других стран принять новую философию сосуществования и внедрить новые экономические процессы. А теперь, конечно, как мне кажется, мы на пике совершенно обратного процесса. Мы сами пытаемся везде ввести демократию при помощи не книги, так ружья. Но я и тогда не считал, и сейчас не считаю, что эти две системы не способны сосуществовать в мире.

Джоун: Должны быть способны.

Дик: И я не знаю, какие страхи сейчас довлеют над обеими сторонами. Но с нашей стороны, по моему истолкованию, социализм...

Фил: Его уже пробовали, он не работает! *(Смех)*

Дик: История ещё не подвела все итоги; может, нас еще ждёт некая комбинация разных составляющих обеих систем. Ладно, я помолчу минутку. *(Смех)* Вы знаете, Вы для нас послужили катализатором. Все тут говорили, мол, я ничего не помню, мне нечего будет сообщить. А я сказал: «Погодите, сами увидите!»

Энн: Да, послушаешь других, и всплывают собственные воспоминания.

Джоун: А откуда они всплывают, непонятно.

Да, верно. Мы сейчас движемся от 50-х к 60-м, потом к 70-м, а потом — к 80-м. Изменились ли ваши понятия о СССР и его гражданах за тот период, и если да, то как?

Фил: Если я правильно понял Ваш вопрос, то для меня русские полностью обрели человеческий облик в 70-х.

В 70-х? Хорошо.

Фил: Да, в конце 70-х, начале 80-х. Михаил Горбачёв был совершенно...

Джин: Ой, он мне очень нравился.

Фил: Я хотел сказать, что, пока он был у власти, он настолько сильно улучшил образ русских!

Но это уже были 80-е годы, поздние 80-е.

Фил: Да, я немного заскочил вперёд. Возможно, я о 80-х и говорю, а не о 70-х.

Значит, от зверей русских как будто повысили до таких же, как Вы, людей. Я правильно Вас понимаю?

Джин: К тому же мы съездили в Россию и эта поездка изменила наше мнение о ней. Что-то там оказалось хорошим, что-то плохим.

Дик: Я хорошо помню ту поездку.

So, from beasts, Russians got promoted to fellow humans, sort of. Right?

Jean: We also went to Russia and that changed it. Some was good, and some was bad.

Dick: I remember that trip well.

Joan: When was that?

Dick: I'm trying to remember. I think it was the '70s, though it could have been the '60s. I remember it very well. The first incident that started our minds whirling was when we disembarked off the ship in St. Petersburg, and came down the brow, and there was a kid that looked like he was 10 years old with a submachine gun, and he was collecting our passports. And I had a great deal of difficulty handing over my United States passport to a teenage kid with a submachine gun! *Laughter.* I did! That was step one. The next step, after the magnificent time in St. Petersburg—we were tourists—was on the train from St. Petersburg to Moscow, and we stayed up all night looking at one little village after another, some of which ... Poor old women, carrying on yokes buckets of water down mud roads. And I said ... I'm embarrassed to tell you what my memory was. I turned to Jean and I said, "And we're supposed to be scared of this country?" I thought there were going to be big jets, and missiles, and power! And here, the villages were probably something you could find in Appalachia now, here. And then the next thing was, Jean was at lunch, and she turned to the waiter and she said, "May I have another cup of coffee, please?" and the waiter looked at her and said, "No." *Laughter.* And then we got on the jet to fly back to the ship in Moscow, and here's some lady sweeping the jet out with a broom! And there was a pickup truck with a big line, a big rope tied to the back of the pickup truck around the nose wheel of the jet, pulling us towards our gate. And we get on, there are about 20 extra seats unfilled, and they open the door, and here come the people with chickens! And dogs! And pigs! And they all sat down next to us. I thought that was quite impressive. What the hell was the question? *Laughter.*

Jean: And lining up to see Stalin, I guess they still are, to this day. I could never, ever understand that.

Lenin. [20]

Jean: Lenin! Stalin. Lenin. I still don't understand.

Well, they don't line up anymore. He's still there. (Laughter.)

Phil: When I listened to your question and you were answering, I was following you right down the line, but we were a decade too soon in our thinking. But it's almost impossible to separate it in that once the Great Russian Empire started to fragment, too late in your sequence, but all of a sudden it seemed to me that it was more recognizable that Russia was not what I imagined Russia to be, but was more a confederation of a multitude of different peoples, economies and ethnic groups, and up to that point in time I hadn't really been smart enough to think of it that way. We have the North and the South, the

---

20 The Lenin Tomb, or Mausoleum, in Moscow has been housing the preserved body of the Soviet leader Vladimir Lenin since 1924. The Tomb is open to the public.

Джоун: Когда вы туда ездили?

Дик: Попытаюсь вспомнить. Кажется, в 70-х, хотя, может, и в 60-х. Я помню эту поездку очень хорошо. Первое происшествие, от которого у нас в головах завертелись мысли, случилось, когда мы сходили с борта корабля в Санкт-Петербурге. Я подошёл к трапу, а там стоял пацан на вид лет десяти с полуавтоматом и собирал паспорта. И мне было очень трудно отдавать свой американский паспорт какому-то подростку с полуавтоматом! *(Смех)* Трудно было! Это был первый этап. А вторым, после великолепного тура по Санкт-Петербургу, куда мы ездили как туристы, был поезд из Петербурга в Москву. Мы всю ночь не спали, смотрели из окна на деревеньки, одну за другой, и в некоторых из них... Бедные старые женщины, они несли вёдра с водой на коромыслах по немощёным дорогам. Мне сейчас стыдно признаться в своих мыслях. Я тогда повернулся к Джин и сказал: «И эту страну нам положено бояться?!» Я-то думал, мы увидим большие сверхскоростные самолёты, ракеты, мощь! А на самом деле деревни кругом были такие, какие у нас можно увидеть в Аппалачах, наверное. А ещё Джин за обедом обратилась к официанту и попросила: «Можно мне ещё одну чашку кофе, пожалуйста?» Официант посмотрел на неё и ответил: «Нельзя». *(Смех)* Потом мы в Москве сели на самолёт, чтобы лететь обратно на корабль, а там тётя подметала кабину самолёта метлой! Рядом стоял грузовик с большим тросом, с большой верёвкой, привязанной к кузову и обмотанной вокруг носового шасси самолёта, и он повёз нас к выходу. Мы садимся в самолёт, в нём примерно двадцать мест пустых, и тут открываются двери и заходят люди с курами! С собаками! Со свиньями! И все они садятся рядом с нами. Я был под большим впечатлением. А какой у нас вопрос сейчас обсуждается, вообще-то? *(Смех)*

Джин: Ещё там люди становились в очередь, чтобы посмотреть на Сталина. Они и до сих пор, может, стоят. Я этого никогда, никогда не понимала.

На Ленина.

Джин: Ленина! Сталин. Ленин. До сих пор не понимаю.

Ну, в очередь уже не встают. Он сам все ещё на месте. (Смех)

Фил: Когда я слушал Ваш вопрос и ответы на него, я следил за ходом беседы, но мы ведь в своих мыслях забежали вперёд на целое десятилетие. Тут почти невозможно провести границу, в том смысле, что, когда великая Российская империя стала распадаться, для меня вдруг, хотя и слишком поздно, стало проясняться то, что Россия на самом деле была непохожа на ту Россию, которую я себе до того представлял. Она была, скорее, конфедерацией многочисленных народов, экономик, этнических групп, но до определённого момента у меня не хватало ума подумать о ней в таком ключе. Здесь у нас есть Северные и Южные штаты, Западное и Восточное побережья, но в основном мы довольно компактная страна.

Джоун: Спорим, русские все эти годы так не думали.

East and the West coast, but basically, we're relatively compact.

Joan: I bet he Russians didn't think so through all those years.

Dick: For us?

Joan: For us. I think they thought of us as some evil empire.

Dick: I'm sure they did.

Phil: I can accept that, I can accept that. But I was thinking more about the ethnicity. We have Hispanics, we have blacks, and so forth and so on. But there's a lot of difference between Quasiworkakhan,[21] or whatever it is, and Russia and Belarus and the Crimea and then it got Manchuria, or whatever …

We have everything. Manchuria is Chinese, though. (Laughter.)

Phil: I see!

No-no-no! So, if the horrific images of Russia gradually came to be replaced by more humane … Maybe, feeling less fear, more …

Jean: Oh, definitely. Yes.

Pity, or compassion, or? I don't know. What were the feelings?

Ann: Well, as people started to travel more over there, then these stories came back about just how impoverished … And then people would take clothing that was sought after and, I mean, it was just a whole change. They weren't the enemy anymore, they were poor people, and it just seemed like their borders, all the Russia's, were all together … And they were no longer the enemy, they had their own inner conflicts which, obviously …

Yes, they still do.

Ann: And it changed. They aren't the bad guys anymore.

Phil: I'm sorry to interrupt you, but I have to. There is a period there that one other thing conceptually was happening, and that was, the two empires were not facing each other so much with bayonets, but they may have had states that they were supporting, one against the other. Russia in Afghanistan, now we are in Afghanistan![22] I was gonna say, Korea. Russia was supporting North Korea, the US had troops on the ground in South Korea. I mean, that was, essentially, bayonet made the Sabre jet![23] I mean, there wasn't a question about that being a problem: inflaming the relationship, the interpretation of propaganda. Almost the same thing down in Vietnam.[24] Russian pilots there? Hey, how about, our troops are there! The pilots said, ships are coming in through the harbor up North: hey,

---

21 The respondent may be referring to Kyrgyzstan, Tajikistan, Kazakhstan, or some amalgamation thereof.

22 The Soviet–Afghan War, a Cold War proxy conflict, lasted from December 1979 to February 1989.

23 The North American F-86 Sabre is a transonic jet fighter aircraft.

24 In the Vietnam War (1955-1975) the US supported the South Vietnamese army, and the USSR supported the North Vietnamese army.

Дик: О нас?

Джоун: О нас. Я полагаю, они думали, что мы какая-то империя зла.

Дик: Не сомневаюсь.

Фил: Я могу это принять, я могу это принять. Но я имел в виду, скорее, этнические группы. У нас тут есть испаноговорящие, есть чёрные и так далее. Но между Квазиворкастаном[20], или как его там называют, и Россией, Беларусью, Крымом существует большая разница. А там же ещё и Манчжурия или что-то вроде того...

У нас есть всё. Манчжурия, однако же, находится в Китае. (Смех)

Фил: Понятно.

Нет, нет, всё в порядке! Значит, чудовищный образ России понемногу сменялся более человеческим... Может быть, стало меньше страха и больше...

Джин: О да, это точно.

Больше чего? Жалости, сочувствия? Не знаю. Какие у вас были чувства?

Энн: Ну, когда люди стали туда чаще ездить, начали появляться рассказы о том, какая там бедность... Потом туда начали отправлять одежду, она оказалась там сильно нужна; то есть, всё полностью изменилось. Русские перестали быть врагами, они стали просто бедным народом, казалось, что внутренние границы по всей России стали совсем... Они уже не были больше врагами, у них шли собственные внутренние конфликты, которые, очевидно...

Они и сейчас случаются.

Энн: Всё изменилось. Русские перестали быть злодеями.

Фил: Извините, что перебиваю, но приходится. Был период, когда происходило нечто концептуально другое, в то время обе империи не то, чтобы шли друг на друга со штыком, а как бы поддерживали другие государства в войне друг против друга. Россия была в Афганистане, а теперь мы в Афганистане![21] Я хотел упомянуть Корею. Россия поддерживала Северную Корею, а США послали войска в Южную Корею. То есть, по сути, там штык заменил истребитель «Сэйбр»![22] В смысле, нам пока не задавали вопроса про эти проблемы: нагнетание конфликта, истолкование пропаганды. И почти то же самое было во Вьетнаме[23]. Ах, туда пришли русские лётчики? Так теперь там будут и наши войска, получите! Лётчики доложили, что на Севере в гавань входят чьи-то суда: эй, это же русский флот! А вот и наши войска идут! Почти штыком к штыку! Потом всё это немного увяло. Мы перестали

---

20 Под этим вымышленным названием респондент может подразумевать Кыргызстан, Таджикистан, Казахстан или некое гибридное образование из вышеперечисленных.

21 Советское участие в войне в Афганистане, которая была одним из суррогатных конфликтов периода холодной войны, продлилось с декабря 1979 по февраль 1989 г.

22 Американский реактивный истребитель F-86 «Сэйбр».

23 В время войны во Вьетнаме (1955 – 1975) США поддерживали армию Южного Вьетнама, в то время как СССР поддерживал армию Северного Вьетнама.

those are Russian ships coming in! Hey, we got our troops there! That's almost bayonet to bayonet! That sort of faded. We stopped having those total confrontations. Subtle. And the satellite states that supported the ... That was an extremely important transition. And that was happening in '60s, '70s, and not so much in the '80s. Confrontational? Yeah, to some extent, but not rifle slugs.

So, the years, the decades, where the fear began to dissipate and then disappear, and then became replaced with something else, how would you place that? Would it be the '60s, the '70s, early '70s, late '70s?

Phil: Late '70s, '80s.

Late '70s, '80s for you, Phil.

Joan: Yeah, because Vietnam was still going. When did Vietnam, when did they ...? I had it through the '60s.

Phil: Early '70s. Yeah, it was over about '75. Right, Anna?

I do not know, this is not multiple choice. It's different for everybody. The answer is different for everybody. One last question I have for today is, at this point, would you say there is anything to be afraid of between the current Russia and the current US?

Ann: No. No.

Dick: I don't think so.

Jean: I think there are thinking, reasonable people on each side. Which isn't ... Each side was taught the other one was unreasonable. So now I think it's given us all more of a sense of security.

OK. Is that the same for you, Phil?

Phil: Yeah.

There's nothing now to be afraid of; it's all gone.

Phil: Just one last thing I think needs to be thrown into this. It's hard today to think about the amount of information that was available to you, and how it was controlled, 40 or 50 years ago, compared to what we have today. And I think, for me, black and white turned into various shades of grey as the Internet grew. And information is, you know, you can't say how much more is available to us now than was at that time.

Ann: Yeah, there aren't that many secrets and the media is much more involved in just, the world, what's going on. Now that may be biased, I think it probably is. Still and all, there's information getting out.

Phil: Now we get the good stuff and the crackpot stuff.

Jean: We get a lot of the crackpot stuff.

From where we are sitting now, would it be fair to suppose that there will be really no mutually assured destruction ever again?

Phil: I don't think so.

вступать в тотальные конфронтации. Начались тонкие. И государства-союзники, которые поддерживали... Это был очень важный переход. Это всё происходило в 60-х, в 70-х, и уже куда реже в 80-х. Противоборство? Да, в какой-то степени оно существовало, но без патронов.

Значит, то время, когда страх начал рассасываться, а потом испарился и сменился чем-то новым – какие это были годы или десятилетия, по-Вашему? 60-е, 70-е, начало 70-х, конец?

Фил: Конец 70-х, 80-е.

Для Вас, Фил, это был конец 70-х и 80-е годы.

Джоун: Да, потому что война во Вьетнаме всё ещё шла. В каком году был Вьетнам, когда они там..? По-моему, она длилась все 60-е годы.

Фил: До начала 70-х. Она закончилась где-то в 75-м, правильно, Анна?

Не знаю. Тут нет единого правильного ответа, у всех по-разному. Ответ у каждого свой. Последний вопрос на сегодня такой: есть ли нам чего бояться в данное время в отношениях между современной Россией и современными США?

Фил: Не расслышал.

Стоит ли нам чего-то бояться, опасаться, в отношениях между Россией и США?

Энн: Нет. Нет.

Дик: Думаю, что нет.

Джин: По-моему, думающие, разумные люди есть и здесь, и там. Чего не было... Каждую сторону раньше учили, что вторая сторона неразумна. А теперь, я думаю, у нас больше чувства безопасности.

Хорошо. Верно ли это и для Вас, Фил?

Фил: Да.

Бояться больше нечего; всё прошло.

Фил: Я думаю, надо сюда вставить ещё одну последнюю деталь. Сегодня нам трудно осмыслить, какое количество информации нам стало нынче доступно, и насколько сильнее её контролировали сорок-пятьдесят лет тому назад по сравнению с нынешней ситуацией. Для меня лично чёрное и белое превратились в различные оттенки серого вместе с развитием интернета. Знаете, даже трудно описать, насколько больше информации нам теперь доступно в сравнении с прежними временами.

Энн: Да, теперь не так много секретов, и СМИ гораздо больше освещают, что происходит в мире. Может быть, они освещают события предвзято; скорее всего, так и есть. И всё же информация к нам поступает.

Фил: Теперь у нас сведения делятся на качественные и поступившие от разных психов.

Джин: От психов – много.

С нашей сегодняшней позиции было бы обоснованным предположить, что нам больше никогда

Jean: Not from Russia and the United States.

Not from Russia and the United States.

(All talking over each other, expressing assent.)

Phil: Pakistan, Iran, Iraq, Israel.

Joan: Boy, when that busts loose! *Laughter.*

Jean: And I think it's small groups of people in those countries. I'm not saying, be worried about all of them.

Phil: But it's awfully easy to say about this difficult geographic framework, I'm not so worried about them, they are way over there! That's like Cleveland and New York City! Where would …?

Joan: You know, you're gonna have to … Say that question again, because I didn't quite hear exactly what you asked.

The last one?

Joan: Yes, the last question.

Would you say we are done with hostilities forever, there is no threat coming to you from Russia, and never will be?

Joan: Oh, I don't think that's true. I mean, certainly, this nuclear thing, maybe it's settled. But maybe it isn't. I don't think that I worry any more about Russia than I do Japan, than I do Germany. But I don't think hostilities between the US and Russia … I think there still could be. I'd like to think that there wouldn't be, but I think it's still possible that there could be.

It is possible.

Joan: Yes.

All right. Well, if we don't have any more opinions on that, I'd like to take this opportunity to thank you all for your time today. And it was very, very informative, and enlightening. Thanks!

Dick: Our pleasure!

Jean: It was interesting today.

Ann: And Anna was able to keep quiet, because she grew up on, sort of, the other side of what we're talking about. And you heard from your family and your dad.

Oh yes, I'm interviewing you. Now, if you want to interview me, that's a separate occasion!

(Laughter.)

All right, thank you!

не будет угрожать взаимно гарантированное уничтожение?

Фил: Думаю, не будет.

Джин: России и США – нет.

Не России и США.

(Перебивая друг друга, выражают согласие.)

Фил: Пакистан, Иран, Ирак, Израиль.

Джоун: Вот когда там рванёт! *(Смех)*

Джин: Я думаю, это же просто маленькие группы людей в тех странах. Я не скажу, что мы должны всех подряд опасаться.

Фил: Ну, это чересчур просто, так говорить о такой сложной географической схеме: «Они меня не беспокоят, они вон как далеко!» Как Кливленд и Нью-Йорк! Где бы…?

Джоун: Знаете, Вам нужно повторить вопрос, потому что я точно не услышала, что Вы спрашивали.

Последний?

Джоун: Да, последний вопрос.

Готовы ли вы утверждать, что враждебные действия окончены навсегда, что от России не исходит и больше не будет исходить угроза?

Джоун: Я не думаю, что это верно. В смысле, конечно, сам ядерный вопрос, наверное, решён. А может, и нет. Я бы не сказала, что Россия меня сейчас беспокоит больше, чем Япония или Германия. Но я не думаю, что враждебные действия между США и Россией… Мне кажется, они ещё могут быть. Мне бы хотелось верить, что их не будет, но я думаю, они ещё возможны.

Ещё возможны…

Джоун: Да.

Ладно. Если у нас нет других мнений по этому вопросу, я бы хотела поблагодарить вас всех за то, что вы уделили мне сегодня время. Беседа получилась очень, очень информативной и познавательной. Спасибо!

Дик: Пожалуйста!

Джин: Нам сегодня было интересно.

Энн: А Анна ничего не говорила, потому что она выросла на другой, как бы, стороне предмета нашей беседы. Она слушала то, что говорили её семья и отец.

Ну, ведь я беру интервью у вас! А если вы захотите взять интервью у меня, это будет отдельное мероприятие!

(Смех)

Хорошо, всем спасибо!

Студебеккеры

Так, сегодня у нас...

А: День строителя!

День строителя, 8 августа 2010 года. Я разговариваю с Аркадием Михайловичем. Здравствуйте, Аркадий Михайлович!

А: Здравствуйте!

Аркадий Михайлович, в интересах истории скажите, пожалуйста, в каком году Вы родились?

А: Я в знаменательный год родился, в год Великой Победы Советского Союза над фашистской Германией, в 1945-м.

В 45-м году. И где Вы родились?

А: Я – здесь, коренной забайкалец. В городе Чите родился я.

В городе Чите. Детство Вы тоже провели в городе Чите?

А: Всё здесь, только вот три года службы в армии, а так всё время в Чите.

Детство Вы провели в городе Чите. Значит, если мы обратим свои мысли в Ваше детство, ну, скажем, времена начальной школы, лет семь, восемь Аркадию – скажите, если Вы сможете вспомнить, что Вы на тот момент времени знали об Америке и какое у Вас было о ней понятие? Если было какое-нибудь вообще.

А: Ну, может, в семь-восемь лет об Америке единственные воспоминания – это студебеккеры[24].

Студебеккеры?

А: Да, бегали по улицам, может, несколько, прошло восемь лет после Победы, машин трофейных было много, и в общем где-то ездило…Ну, а больше об Америке… Потом уже в школьные года – это у нас союзник наш был, помощь оказывали, потом открыли второй фронт, ну, правда, немножко поздненько они там – ну,

---

24 Грузовые автомобили, поставленные США по ленд-лизу в Советский Союз и другие страны-союзники во время Второй мировой войны.

Studebakers

OK, here we go, today is ...

A: Today is Construction Worker Day!

Construction Worker Day,[25] *August 8, 2010. I am talking to Arkadii Mikhailovich: Hello, Arkadii!*

A: Hello!

Arkadii, for history's sake, please tell us in what year you were born?

A: I was born in the great year of USSR's victory over the fascist Germany, in 1945.

In '45; where were you born?

A: I was born here, I am a born Trans-Baikal native. In the city of Chita.[26]

In Chita; was this where you spent your childhood as well?

A: Yes, everything was here except for the three years I was in the army. The rest of the time I spent here.

You spent your childhood in Chita. If we look back at your childhood, then, perhaps at the elementary school years, when Arkadii was 7 or 8—please tell me if you are able to remember what you knew at the time about the US, and what idea you had of the US, if you had any.

A: Perhaps, at age 7 or 8, my only memory of America would be Studebakers.[27]

Studebakers?

A: Yes, we had several running in our streets, it was about eight years since the Victory[28] and we had many trophy cars driving around. But as to anything else to do with America... Later, when I was a schoolkid, it was the idea America had been our ally in the War,[29]

---

25 Soviet professional holiday established in 1956.

26 Chita is a city in the Trans-Baikal region of Russia.

27 A six-wheel truck lent to the Soviet Union (and other allies in WWII) through the Lend-Lease program.

28 The victory of the Soviet Union over Nazi Germany, celebrated on May 9.

29 The Great Patriotic War, the term used by the USSR and its successors, save some Baltic states, to describe the conflict between the Soviet Union and Nazi Germany and the allies (1941-1945).

ничего. Помощь была всякая. По последним документам больше открывают, а в то время — очень мало было.

Ну, то есть, когда Вы учились в школе, Вы знали, что Америка была нашим союзником, а мы были их союзником в Великой Отечественной, во Второй мировой войне. В общем, это положительная информация, это, вроде, хорошо с стороны Америки, да?

А: Да, вот... Ещё, по-моему, отрицательных в то время и не могло быть.

Отрицательных в то время никаких у Вас понятий не было.

А: В то время — да, мы вообще просто так знали, что вот, американский студебеккер, да и всё. Про какие-то бродвеи, продукты не знали и понятия не имели. Может быть, единственно, то, что американские студебеккеры были, вот и всё.

Понятно.

А: И пленные японцы.

Пленные японцы. Но они к Америке не особенно относятся.

А: Нет.

Хорошо. Словосочетание «холодная война» у Вас какие вызывает ассоциации, если какие-нибудь вызывает вообще?

А: Ну, сейчас, когда мне 65 лет, я может быть, по-своему понимаю это дело. Ну, а так — холодная война в моём понимании была, есть и будет.

Была, есть и будет.

А: Даже близкие родственники где-то всё равно... Где-то всё равно есть какие-то напряжённости, могут быть, так что... Холодная война есть, была и будет она. Даже просто взять любые спортивные соревнования.

Так...

А: Тоже ведь — стремление быть лучшим! Узнать эти, секреты, новые допинги там — это всё же холодная же война, это не то, что шпионаж, но просто выведывание, познание нового, так что это и есть.

Соперничество, состязательность.

А: Соперничество, да. Вот это всё, да. Так оно и есть, и будет, и здесь скрывать нечего.

Вы говорите, что холодная война была. Какая она была, по Вашим воспоминаниям?

А: Ну, вот что я? Откуда мог? У нас же был такой занавес железный[25], что информация только случайно; «Голос Финляндии», голос «немецкой

---

25 Термин «железный занавес», впервые использованный премьер-министром Великобритании Уинстоном Черчиллем в Фултонской речи в 1946 г., со временем стал применяться в значении «политический, идеологический и военный барьер между странами советского и западного блоков».

they had helped us, they opened the second front. A little too late, true, but still they did. According to the new documents that have been becoming available lately, we had more help, but at the time we knew little.

So, when you were a school student you knew that America had been our ally and we theirs in the Great Patriotic War, or WW2, so in general this is a positive fact; this seems to be a good thing that America had done, right?

A: Yes, right ... I think at that time there could not have been anything negative yet.

So, you had no negative images of the US at the time.

A: At the time, all we knew was that Studebakers were American, and that was it. We knew nothing of their Broadways, or consumer goods, we had no idea, and we knew nothing. Perhaps the only thing was that Studebakers were American.

I see.

A: And the Japanese POWs.

And the Japanese POWs, though they are not particularly related to the US.

A: Right.

OK. What associations do you get when you hear the words "Cold War," if any?

A: Well, now that I am 65, I may have my own understanding of this thing, but overall, in my view Cold War existed, exists and will continue to exist.

It was, it is, and it will be.

A: Even if we take close relatives, even those may have tensions between them here and there, so yes, Cold War existed, exists and will exist. Take sports competitions as an example, even.

OK...

A: Those are about the same thing: striving to be the best! Learning all those secrets, all the doping they use, it's the same thing, the same Cold War, it's not exactly spying, but investigating, gathering intelligence, finding out new info, that's what it is.

It's about competition and the competitive spirit.

A: Yes, competition. Yes, right. That's how it was and will be, and that is nothing to hide.

So, you say there was Cold War. What was it like, in your recollection?

A: Well, what could I possibly say? How would I know? We had the Iron Curtain,[30] so information could leak only by accident; you'd listen to the Voice of Finland or the

---

30 The term Iron Curtain came to mean "the ideological, political and military barrier between the Soviet and the Western bloc" after it was used in 1946 by the British Prime Minister Winston Churchill in his Fulton speech.

волны»[26] услышишь, возле балкона, там, подстроишь этот, какой-то приемник был... Ну, что-то, может, раскрывалось, а просто суть в чём: гонка вооружений, ну, может, борьба за базы какие-то, 61-й год[27], Куба там, Карибский кризис...

Вот когда Карибский кризис...

А: Мы знали очень ограниченно и только с подачи наших СМИ. А больше ничего и не знали, и считали – всё правильно, как говорит наше государство и правительство, так оно и есть.

И что Вам сообщали СМИ? Ну, допустим, если мы посмотрим на этот острый момент, на Карибский кризис? Что показывали, что рассказывали?

А: Ну, что? Что всё равно Америка хочет быть гегемоном во всём мире, доллар у них главный, ну, ещё что! Доллар главный у них, и вообще везде, где наши солдаты ушли, американцы опять там! Иран, Ирак, Вьетнам, ну, везде, допустим, они хотят, американцы, доминировать, и это нам внушалось. Может, и Советское государство тоже где-то пыталось, но говорили – ну, Африка там, допустим, Лаос с Камбоджей, Вьетнам[28], но мы односторонне получали информацию и считали, что да, Америка, конечно, богатая страна, очень богатая, и вот они всё-таки стараются держать лапу на пульсе всей планеты. И сейчас где-то продолжается вот это же, тот же Афганистан, Иран там, Северная Корея – ну, наши, Россия, несколько...В ядерном оружии, действительно, доверили этим арабам, чуркам всяким, эту ядерную дубинку, они начали размахивать. И ещё 11 сентября в Америке устроили. Помните?

Конечно, прекрасно помню.

А: И поэтому... Но и в то же время, в то же время всё же мы суверенные, самостоятельные: почему у тебя есть мобильный телефон, а у меня не должно быть мобильного телефона? Так что контролировать – да, МАГАТЭ[29], чтобы контролировало в мирных целях, там, атом. Ну, вы работайте, работайте, но не так, чтобы вот – эмбарго там, всё, всех ограничить! Нет, конечно. Надо... Китай спокойненько запускает в космос и чихал на всех. Он член Совета Безопасности, конечно, может и это даже быть, а так он... Поэтому здесь... Надо подход, не знаю. Чтобы – все разрабатывают ядерное оружие, все, но использовали чтобы не оружие, а именно...

Технологии.

А: Да, ядерные технологии, мирный атом.

26 Deutsche Welle, западногерманская радиослужба, начавшая вести вещание на русском языке в 1962 г. Иностранное радиовещание на СССР, осуществлявшееся такими станциями, как «Немецкая волна», «Голос Финляндии», «Голос Америки», «Радио Свобода», «Радио Ватикан» и так далее, называлось «вражескими голосами» и тщательно глушилось.

27 Респондент имеет в виду Карибский кризис 1962 года.

28 Выборочно перечислены страны, пользовавшиеся поддержкой и помощью СССР.

29 Международное агентство по атомной энергии.

German radio,[31] if you fiddle with your radio next to the balcony door, whatever radio you had. So maybe some information was available about the arms race, and fighting over some military bases in 1961,[32] about Cuba, the Cuban Missile Crisis …

OK, the Missile Crisis …

A: We had limited knowledge, only what was given to us by our mass media. We knew nothing more and thought that everything our state and government told us was true.

What did the mass media report? If we take this tense moment, for instance, the Cuban Missile Crisis, what did they show and what did they tell?

A: What? Well, that the US wanted hegemony in the world, no matter what, and dollar was king there, and what else … Dollar was king, and in general, whatever place our army had left, Americans showed up there immediately. Iran, Iraq, Vietnam, everywhere, let's say. Americans wanted dominance, and that's what we were told. Perhaps the Soviet government tried their hand somewhere else, as well, but they said … OK, there were Africa, Laos, Cambodia,[33] but we got one-sided information, and we believed that America was, of course, a rich, very rich country, and it tried to keep its paw on the pulse of the entire planet. And it goes on today, still, just take Afghanistan, Iran, North Korea …Well, us too, Russia, to a degree … These Arabs and other dark ones got entrusted with the nuclear stick and they started to shake it in the air. And then they made 9/11 happen in the US, do you remember that one?

Of course, I remember it perfectly.

A: And that's why … But at the same time, at the same time we are all separate and sovereign: if you have a cell phone, why shouldn't I have a cell phone? So, they want control, yes, IAEA,[34] so they can control the peacetime usage of the atomic energy. So yes, you can do your work, but don't do it the way it's done now, when you impose embargos and sanctions, don't do that! You have to … China sends things into space undeterred and doesn't give a crap what anyone says. It's a member of the Security Council,[35] maybe that's why, and so … That's why in this matter you must have the right approach, or something. So that, though everyone works on nuclear arms, they could never use them for military purposes, but only …

Nuclear technologies.

A: Yes, nuclear technologies and the peaceful atom.

Have you, at any time during the course of Cold War, through the '60s, '70s and '80s, had any concerns

31 Deutsche Welle, German international broadcaster, began its Russian-language service in 1962; its broadcasts, as well as those of the Voice of Finland, the Voice of America, Radio Liberty, Radio Vatican, etc. were termed "enemy voices" and thoroughly jammed in the USSR.

32 Here the respondent is actually referring to the Cuban Missile Crisis of 1962.

33 Some of the countries supported and aided by the USSR.

34 International Atomic Energy Agency.

35 The United Nations Security Council.

Когда-нибудь, за всю историю холодной войны, в какие-нибудь годы, 60-е, 70-е, 80-е, у Вас не было опасений, что может разразиться реальный военный конфликт между СССР и США?

А: Нет. Я даже близко не допускал. Просто как в 49-м мы, как Хрущёв говорил, показали кузькину мать — ну, что у нас тоже есть кое-что[30], и сразу стало спокойнее. Единственно, что по книгам я читал, что у американцев уже было двадцать городов намечено для бомбёжки, таких...

Крупных.

А: Центров, ага. Индустриальных. Но они понимали, что...Они видели, они же сбросили на Нагасаки, на Хиросиму и Нагасаки, они видели эти последствия, им достаточно одной, и Америка такой миролюбивый народ, что они сразу поняли, как это неприятно. У них же ни одной бомбы не взорвалось, только два самолёта, и если они законопослушные, они сразу поняли, что воевать — ни к чему это. Один даже самолёт долетит туда через Северный полюс, и там же будет такая паника! Так что воевать они — нет, у меня не было опасений, близко даже. Будет какая-то война, мелкие конфликты будут, локальные какие-то стычки там — в Корее подрались, во Вьетнаме подрались, в Афганистане, — и сейчас даже близко нету, что там будет что-то. Я уверен в этом.

Значит, я правильно понимаю, что Вы считали, что мощь ядерного оружия такова, что все достаточно умные люди будут сохранять паритет и не лезть никуда?

А: Конечно. Конечно. Если у меня есть оружие, тот, кто полезет, получит отпор — может, конечно, и неадекватно, но всё равно он получит что-то, без наказания не останется. Эта ядерная война — это же крах всей... Я не знаю, в Японии они до сих пор ещё...

Ну, там уже немножко, немножечко уже отошло.

А: Ну, последствия-то всё равно, наверное, есть.

Конечно.

А: Так что холодная война — есть, будет, ну, а ядерная...

Холодная будет, а горячей нет.

А: Нет, это бесполезно.

Когда Вы учились в школе... Про школу, да?

А: Как давно это было...

Как давно это было... Была у Вас военная подготовка, начальная военная подготовка?

А: В школе? Нет, наверное. Общее физическое развитие.

Общее физическое развитие было.

А: Спорт тоже, спорт. Ну, у нас время было практически послевоенное, мы сами, без этих, играли в войнушку, лазили по заборам, физически мы все были подвижные и развитые.

---

30 Респондент говорит об испытаниях первой советской атомной бомбы.

that an actual military conflict between Russia and the US would occur?

A: No, I did not even consider it. It's just that in 1949 when we, as Khrushchev put it, taught them a lesson, meaning that we showed them we also had something up our sleeve,[36] things immediately calmed down. One thing that I read in books was that Americans had their missiles pointed to 20 cities.

Large ones.

A: Yes, the industrial centers. But they understood that ... They bombed Hiroshima and Nagasaki and they saw the effects, once was enough, and Americans are a peace-loving nation, they immediately understood how unpleasant it would be. They had zero bombs go off on their territory, just two planes, and as law-abiding people they understood right away that war was pointless. If only one plane gets there via the North Pole, they will be in such a panic! So, as far as them going to war with us—no, I had no fears, not even remotely. There could be some military action, small local conflicts, stand-offs, like when they got into a fight in Korea, got into a fight in Vietnam and in Afghanistan, but right now it is not even a remote possibility that something will happen. I am sure of it.

Do I understand it correctly that you thought that nuclear weapons were so powerful that both the sides would be smart enough to keep the parity and not get involved in anything?

A: Certainly. Certainly. If I have a weapon, then whosoever starts with me will get his comeuppance. Perhaps it would be an asymmetrical response, but he will get it, and will not go unpunished. Nuclear war is the collapse of everything. I don't know. In Japan, they are still ...

Well, it got a little better, a little bit better there.

A: But the after-effects must be there still.

Of course.

A: So, Cold War remains and will remain, but a nuclear one ...

There will be a cold war but not a hot war.

A: No, that would be pointless.

When you were a schoolkid ... Let's talk about school, OK?

A: That was so long ago ...

That was long ago. Did you have any paramilitary training?

At school? Probably not. We did have gym.

You had gym.

A: And sports, also. It was right after the war, and we ourselves, just by ourselves, played war. We climbed fences, we were all well-developed and agile.

OK. So, you were not taught how to wear a gas mask and did not have target practice.

---

36 The respondent speaks about the time the Soviet Union detonated its first atomic bomb.

Так. То есть, Вас не учили ни противогаз надевать, ни стрельб не было.

А: Нет, в школе нет. Я окончил семь классов и потом ушёл в техникум, четыре года в техникуме учился, потом в армию.

Ага, в техникум. И в техникуме не было?

А: Ну, в общем, как таковой военной подготовки не было. Допризывной... Допризывниками мы стали... Но не помню, не отложилось в памяти, чтобы нас где-то муштровали, даже, по-моему, военного дела в техникуме не было. Может, общие такие познания, но так – не помню. Спортивная, спорт был у нас, да. Лыжи там, бег, такое вот.

То есть Вы, если Вас в техникуме за воротник бы поймать, Вы и не знали, как надеть противогаз правильно, что делать в случае газовой атаки, как устроено бомбоубежище...

А: Нет, в принципе, хотя бомбоубежищ было очень много в Чите, они и сейчас есть. Но тогда было много, мы даже с пацанами находили склады различные, военные склады, землянки засыпанные там, даже аптечные склады, бинты различные, ампулы, капсулы, находили такие. А так – не было никакой у нас подготовки особой. Время было такое, знали, что мы победили, уж кого-кого – Германию, и решили все немного отдохнуть от войны, от этих дел.

Понятно. А потом, когда Вы уже работали, взрослый человек, на работе?

А: Я три года же отслужил.

Три года отслужили. Это само собой; армия – это армия.

А: Да, да, и я ж спортивный был, спортивный, имел разряды различные, я и сейчас ещё с пацанами в теннис играю, хоть мне и 65, они обыграть меня в настольный теннис не могут!

Когда Вы работали на разных работах, были ли там у Вас учебные процедуры различные: что делать в случае воздушной тревоги, где Ваше ближайшее бомбоубежище, всякие такие штуки?

А: Ну, может быть, что-то организованное было, но тоже вот...

В памяти не сохранилось.

А: Вот в институте я когда работал уже потом, был председателем спорткомитета, председателем профкома был даже, хотя, в общем, это...Но у нас ни резолюций, ни указаний, что там какие-то где-то противогазы или тревоги, не было.

Ничего не было.

А: Нет, уже спокойно всё было.

И в 80-е годы не было?

А: В 70-е, 80-е не было, ага.

Понятно.

А: Единственно, недавно была против террористов тревога учебная, ну, вдруг террористы, это было связано со всеми...

Недавно совсем было?

A: No, not at school. I finished seventh grade and went to a vocational school where I stayed for four years, and then I joined the army.

Oh, a vocational school. Did you have no training at the vocational school either?

A: Well, no paramilitary training as such. Now the pre-draftee training ...When we got to be almost the draft age[37] ... But I don't remember it, it's not part of my memories whether we had any kinds of drills, I don't even think they taught this subject at the vocational school. Maybe there was some general overview, but I do not recall it. We had sports, yes, skiing, track, things like this.

So, when you were at the vocational school, if one were to grab you by the collar and ask, you would not have known how to wear a gas mask properly, what to do in a gas attack, or how a bomb shelter was constructed.

A: Generally, no, although we had a lot of bomb shelters in Chita. We still have several now, but at the time we had lots of them. I and the other guys even found buried ammo warehouses, dugouts, even medical supply storage dugouts, with bandages and ampules and capsules and such, and yet we had no special paramilitary training. The times were such that we knew we had won, that we had defeated Germany, which was no small victory, and everyone wanted to get some rest and forget about the war, and to relax.

OK. What about later, when you joined the workforce, when you were a grown-up ...

A: I served in the army for three years.

Three years in the army. Well, that goes without saying; army is army.

A: Yes, and I was very athletic. I had several Mastery level badges[38] for different sports, and even now I play ping-pong with boys. I am 65, and they still can't beat me at ping-pong!

I see. When you were employed at your various jobs, did you have any training sessions then, regarding what to do in an air strike, the location of your nearest bomb shelter, and all those things?

A: There may have been some organized training, but still ...

You have no memory of it.

A: Later, when I worked at the Institute, I was the chair of the sports committee, the head of the trade union, even, and so then ... But we had no directives nor resolutions about anything having to do with air strikes or gas masks.

Nothing like that.

A: No, things got quiet by then.

Not in the '80s, either?

A: Not the '70s, not the '80s, no.

I see.

---

37 Although the draft age changed throughout Russian history, at that time it would have been 18.

38 In the USSR, one of the ranks granted in the United All-Union Athletic Classification, for athletic prowess.

А: Это совсем недавно, это уже в двухтысячных, недавно. Когда они взрывали метро и все эти...

Интересно, чему же Вас учили на ней, на противотеррористической подготовке?

А: Ну, просто быть очень внимательным и сразу сообщать, если где-то что-то не так, ну, вот это...

Если увидел какую-нибудь сумку...

А: Да, предмет какой-то, да. Было такое просто общепознавательное.

А где бомбоубежище в городе, Вы знали?

А: Знали и знаем.

И знаете, и знали. Вы откуда знали? Просто так, потому что с пацанами лазили?

А: Нет, там просто были указатели.

Просто указатели были.

А: Ну да. Левая сторона обстреливается сильней.

Да-да... У нас-то как раз, когда мы были детьми в 80-е годы, были все эти учения и мы знали, куда маршировать, и что бомбоубежище по нашему району находится под кинотеатром, и по каким улицам идти, и как гудок загудит на машзаводе, и что мы должны делать, и в какие...

А: Ну, в 80-м — я не помню. Нет, у нас не было. Я уже в институте работал. А, нет! В 80-м я уже перешёл на завод. Я съездил на год в Краснокаменск, город у нас есть урановый. Там... Я-то поехал надолго, квартиру дали, а ни жене, ни [дочери] Маринке не было места. Через год я вернулся и здесь пошёл работать. Выдали не лучше.

После периода студебеккеров какие у Вас были понятия об американском народе и откуда они брались?

А: Мне всё равно, как бы там ни было... Я думал, они — ну, может, не все, — богатые, а мы бедные. А богатые бедных...

Не любят?

А: Не разумеют, как и бедные богатых. Так что, если они все там живут богатые, то хоть старайся — не получается. Всё равно какая-нибудь неприязнь будет. Ну, и я так думал, что очень зажиточные, самодовольные. Не знаю. Я не общался с ними.

Это откуда такое — из прессы, из «Мистер Твистер, бывший министр».[31]

А: Нет, вот последнее у меня было впечатление, уже лет пятнадцать назад... Мой племянник, внук, племянницы сын, он с таким гонором, ох-хо-хо...Я ему говорю: «Ты чё, как разговариваешь-то?» Он: «У нас так в Америке не разговаривают с детьми!» Я ему говорю: «Вон, бери-ка, вон там намусорил, иди убери». Он так это, а я говорю: «Щас возьму ремень, да и все дела». А вот потом приехал он, уже старше стал, взрослее, Максим — нормальный человек. Видно, с возрастом. А там

---

31 Сатирическое стихотворение Самуила Маршака, повествующее о визите американского банкира и министра в Советский Союз (1933).

A: The only thing we had was anti-terrorist training, in case of terrorism. That was because of all the ...

Was it recent?

A: It was very recent, in the 2000s, not long ago. After they blew up metro stations and all that.

It's interesting to find out what you were taught at that anti-terrorist training session.

A: Just to be very alert, and to immediately report if something seems wrong, that kind of thing.

Like, if you saw a bag ...

A: Yes, some items like it, yes. It was just about general knowledge.

Did you used to know where the bomb shelters were in your city?

A: We did, and we do.

You did, and you do. How did you find that out, was it just from playing around with other kids?

A: No, there were signs.

There were signs.

A: Right. The left side of the street is more dangerous during an air strike.

Yes, yes. When we were kids in the '80s we had all those trainings, and we knew where to march to, and that the bomb shelter for our neighborhood was under the movie theater, and which streets we would take, and how the factory siren would sound, and what we were to do in which situations.

A: In the '80s? No, I don't remember. No, I didn't have that. I worked at the Institute then. Actually, no. In 1980 I started working at the factory. I went to work in Krasnokamensk[39] for a year, they have a uranium facility there; I went for what I thought would be long term, and they gave me an apartment so small that neither my wife nor [my daughter] Marina would fit. After a year I came back and started working here. They gave me another apartment, which was not any better.

After the Studebaker period, what idea did you have of the people of America, and where did the ideas come from?

A: I still, no matter what ... I thought they were rich, although, perhaps, not all of them were, and we were poor. And between the rich and the poor ...

There is no love?

A: There is no understanding. So, if they are all rich over here, then, however much you try, it won't work. There will still be an aversion of some kind. So that was what I thought, they were wealthy and self-satisfied. I don't know. I never had any contact with them.

---

39 City in the Trans-Baikal region of Russia.

общение, свой круг, и – да.

У Вас случилось столкновение культур.

А: Ну, это воспитание.

Да, воспитание другое.

А: У нас одно слово взрослого раньше было – всё! Хочешь, не хочешь, а уважай. Может, тебе и не нравится. Ну, и я не говорю о родителях, родители – это конечно. Отец – один взгляд, и уже всё, делаешь. Мамка-то скажет ещё два раза... Ну, в футбол гоняем, Бабушкина улица ещё была песчаная – мол, сбегай за хлебом! Щас, говорю, мама, щас, ну, я там голый... А отец – на двадцать копеек, и за хлебом! И всё, бежишь, голый там, не голый. И опять играть. Всё. Было такое воспитание.

А Вы смотрели какие-нибудь американские фильмы, видели какие-нибудь?

А: Ну, я многое видел. Практически мы смотрели то, что показывали.

Ага. Что-нибудь запомнилось? Отложилось?

А: Ну, практически, если напомните, я вспомню, а последние всякие блокбастеры – одни убийства и халтура.

Нет, я спрашиваю про «давно».

А: Давно смотрел, конечно. Показывали. И в кинотеатры ходили. Но так, чтобы конкретно сказать, что вот – не могу.

Музыкой не интересовались?

А: Интересовался, почему же, музыкой.

Западной?

А: Ну, такой джазовой – нет. Джазовой особо нет. А приятной музыкой, лёгкой, хорошей... Сейчас вот этот, как его, умер-то, или убили его? Я его не понимал. Все – о-о-о, кумир миллионов! А я думаю – ну, выскочил какой-то...

Это Майкл Джексон, наверное.

А: Ну да, Майкл Джексон. Я боялся ошибиться, да. Все боготворят его, ну, как-то скачет, козлит там, не моя это жизнь уже. Мы были закрыты от этого и не знали. У нас было: «сегодня любит джаз, а завтра Родину продаст»[32]. Было такое.

Ну, Вы не любили джаз? Поэтому Родину тоже не продали?

А: Нет, конечно.

От саксофона до ножа Вам тоже не пришлось?[33]

А: Хотя саксофон я обожаю. Музыку... Ну, музыку, если я не поленился, привёз всего Чайковского из Саратова, восемьдесят винилов долгоиграющих, если я спокойно Лиде напел «Капри» Чайковского и оперу [неразборчиво]... Не всего, конечно, но тема основная идет, мелодия там, вспоминаешь, что там... Мусоргский

---

32 Цитата из агитационного плаката о вреде западной музыки.

33 Имеется в виду высказывание советского идеолога Жданова «От саксофона до ножа – один шаг!».

Where did that idea come from: the press, or "Mister Twister the Former Minister?"[40]

A: No, I have a recent impression, from about 15 years ago ... My grand-nephew, the son of my niece, he was so full of himself, whoa ... I said to him, watch how you talk to your elders. He said, no one talks like this to children back home in America! I said, hey, you made a mess there, grab a mop and go clean up after yourself. He talked back to me, and I said, "I am going to grab my belt now and that will be the end of discussion!" But then later, when he came to visit, he was older and more mature, so he was a normal kid then. His name is Maxim. It comes with age, I guess. But back over there he had his own circle, his own friends, and that was that.

It was a culture clash.

A: It's all in the upbringing.

Yes, it's a different style.

A: In the old days, one word from a grown-up meant everything to us. You had to respect it whether you wanted to or not, even if you did not like it. I am not even talking about parents, it just went without saying, one look from your father, and you do what he says. Your mom might have to say it twice. We'd be playing soccer on Babushkin Street, it was unpaved at the time, and then it was my chore to buy bread. Wait up, mom, I'd say, give me a second, I am not wearing a shirt! My father would be like, here is your 20 kopecks, and off you go. And I would run off to buy bread, shirt or no shirt. And then be back to playing ball. Such was our upbringing.

Did you watch any American films, any at all?

A: I have seen many. We watched what they would show us.

Anything memorable? Anything that stuck with you?

A: Well, if you remind me of any, I may remember, but as of now, the most recent blockbusters are just murders and shlock.

No, I am asking about the old days.

A: In the old days, of course, I did watch films. We had them, we used to go to the movies, but I cannot recall anything specific.

Were you interested in music?

A: Of course, I was interested in music.

I mean Western music.

A: Oh, jazz? No. Not really interested in jazz. Just nice music, some easy listening ... Now this guy died recently, or was he killed? I did not get him. Everyone was saying, oh, he is an idol for millions! And I thought, just some guy jumping around.

It must have been Michael Jackson.

---

40 Reference to a popular Soviet satirical poem about an American government minister and banker who comes to visit the USSR (Samuil Marshak, 1933).

ли, Чайковский...

За границу Вы ездили когда-нибудь, в 70-е, 80-е годы? Не доводилось?

А: Ездил!

В Болгарию?

А: Нет! На Украину!

На Украину? Ну, вот!

А: Почему-то сейчас говорят – в Украину.

В Украину. А так, вообще, даже в соцлагерь?

А: Не-ет. Я оформил документы в Монголию поработать в 74-м, а в 75-м Маринка родилась, ну, и всё, я не поехал.

А не хотелось?

А: Нет, мне заработать, только именно заработать, а так...

Ну, посмотреть что-нибудь? Мир?

А: Не-е, нет-нет.

Италия, Франция? Ничего?

А: Не-е. И сейчас меня позовите – не поеду никуда. Нет. Я не люблю эти... Вокзалы.

Перемещаться.

А: Вот если б Дания, я бы уже раз десять, наверное, слетал в командировку, на Украину тоже в командировки... Да у нас ещё такой был сервис ненавязчивый... Четверо суток просидеть в Свердловске, когда я до Москвы мог спокойно поездом доехать – вот, через четыре часа, через четыре часа, и вот, четверо суток! Мне этот вокзал вообще... В Китай вот я последнее время зачастил. Ну, здесь спокойно поездом доехал, там всё организовано получше. Не связано с этими электричками.

То есть, если бы Вам предложили путёвку в капстрану, допустим, в 80-м году, сказали бы «поезжайте, Аркадий Михалыч», Вы бы отказались?

А: Да, по всей вероятности.

Потому что хлопотно?

А: Да, а то получится, как у Высоцкого, «Инструкция перед поездкой за границу»[34].

Да, я смутно помню. Такая песня хорошая.

А: Хорошая, ага.

А были знакомые, которые ездили? Привозили оттуда личные впечатления, говорили – ах, вот там...

А: Ну, раз с Польши приезжали к соседу. Поляки. А моя фамилия – она тоже польских корней. Ну, это, поговорили. Ну, везде хотел я съездить. Но я исхожу

---

34 Песня В.Высоцкого сатирически описывает инструктаж Комитета государственной безопасности, который герой песни, простой рабочий, проходит перед поездкой по путёвке за рубеж.

A: Yes, Michael Jackson. I was afraid to make a mistake here. Everyone worships him, and he is just prancing and wiggling around ... I don't know; that's not from my life. We were walled off from all this and knew nothing. There was a saying we had, "Today he plays jazz, tomorrow he will sell his Motherland."[41] That's what they used to say.

But you did not like jazz, and therefore you did not sell your Motherland.

A: Of course not.

You did not have to take that fateful step from the saxophone to a knife.[42]

A: I do love saxophone music, though. Talk about music: if I spared enough effort to bring home an entire Tchaikovsky[43] set on vinyl from Saratov, all 80 LPs; if I can hum to my wife Lida, without much difficulty, Tchaikovsky's Capri, and the opera (unintelligible), not the entire thing, of course, but the main theme, the melody ... Be it Mussorgsky[44] or Tchaikovsky ...

Have you even been abroad, at any time, the '70s, the '80s? Were you lucky enough to?

A: I have!

To Bulgaria?

A: No! To the Ukraine!

Ukraine? I see.

A: For some reason, they don't say "the Ukraine"[45] anymore.

To Ukraine. But what about other countries, even just the socialist ones?

A: Nope. I had paperwork done to go work in Mongolia in 1974, and then I had a daughter in 1975 and that was it. I did not go.

Did you want to go?

A: I wanted to go there to make money, only to make money, and nothing else.

What about seeing the world?

A: No-no-no.

Not Italy, not France, nothing?

A: Nope. And if you offer me to travel now, I won't go anywhere. I hate those train stations.

You hate to move.

A: Maybe if it were to Denmark, I would have made 10 business trips by now, or to Ukraine, also on business ... Plus, the kind of customer service we had then ... I spent

---

41 A quote from an old propaganda cartoon warning against the dangers of Western music.

42 A quote from Andrei Aleksandrovich Zhdanov, a Soviet ideologist.

43 Pyotr Ilyich Tchaikovsky, a well-known Russian composer.

44 Modest Petrovich Mussorgsky, another Russian composer.

45 This is in reference to a political and linguistic debate regarding the naming of Ukraine. The Ukraine, the designation used for a Soviet territory, is no longer used as Ukraine is now a sovereign country.

всё-таки из другого принципа. Я всем рассказываю. Если у меня дома плохо, то я не иду жить к соседу. Я делаю так, чтобы у меня было дома хорошо. Благоустраиваю так, чтобы все и ко мне не лезли в дом, а сами, глядючи, тоже благоустраивались. Вот Лида-то – она-то была в трех ли, в пяти странах, в Японии, в Испании, в Финляндии, в Швеции, по-моему, у неё впечатлений больше, может быть, она с удовольствием сейчас бы в Америку рванула, или не в Америку, а куда в Китай. Она ездит часто. Она ездила вообще раз пятьдесят. Я в том паспорте чуть ли не сорок пять меток насчитал.

Если бы Вам сейчас выдали живого американца, что бы Вы ему про Россию хотели показать, рассказать? О себе, о людях?

А: Ну, сначала выпил бы с ним, поиграл бы в шахматы, в карты, в теннис, вот так-то. Свозил бы на озеро, на рыбалку, допустим.

На природу.

А: Хотя на рыбалку я сейчас состарился, наверное, что ли. Уже лет десять не езжу. Ну, а так, что показал бы? Просто посидели бы, поболтали. Я бы показал свои коллекции, ну, а что ещё больше?

О чём бы хотели узнать, о чём бы хотели спросить?

А: Ни о чём.

Ни о чём?

А: Ну, может, так, по мелочи... Ну, вот у меня брат три раза был в Америке. Он в этом году опять вернулся. Он показывает эти фильмы, слайды, фотографии, ну – всё прекрасно. Прекрасно. Ну, и ради Бога. Живите. Будем стремиться; может, лет через сколько тоже и у нас будет получше. Ну, спросил про рыбалку, как он там сходил, порыбалил – всё прекрасно, всё замечательно. Ну, там всё такое коррумпированное; нет, не коррумпированное. Денежное всё.

То есть, Вы полагаете, что в Америке отношения строятся на материальной основе?

А: Только, только, да. Там нет таких вот, что я просто так тебе могу что-то показать, рассказать, сделать просто так вот, душевно.

Это Вам рассказывал брат... Брат, Вы сказали, да?

А: Нет, но он тоже говорил, что приехал – всё хорошо. Вот он заплатил тридцать долларов – сел на катер, заплатил ещё сколько-то – за тебя подкормку сделают, дадут снасть. Порыбачил, выловил сколько-то – всё, пожалуйста! Так у нас такого сервиса нету, но ещё может быть, и тоже можно было бы заплатить...

Ну, то есть, по Вашему мнению, они там золотому тельцу поклоняются.

А: Да, да. И только. По моему, ещё с тех времен, с Тома Сойера, по-моему, идёт так всё.

А Тома Сойера-то интересно было читать?

А: Ну, естественно. Книги была моя стихия, вот и теперь. Читал, конечно. У меня и сейчас три с половиной тысячи книг. И сейчас, если и не читаю, но приходит,

four days delayed in the airport of Sverdlovsk, while it would have taken me shorter to get to Moscow on the train. They kept saying it would be four hours, then it would be another four hours, and then before I knew it, it was four days. I hate train stations as such. Although, I have been going to China[46] a lot recently. But it's easy to do when you take the train, everything is better organized. You don't have to rely on the suburban trains.

So, if someone offered you a tour of a capitalist country in 1980, for instance, and said "go and enjoy yourself, Arkadii Mikhailovich," would you have refused to go?

A: In all probability, I would have refused to go.

Because of the hassle?

A: Because it would turn out to be like in Vysotsky's song "Foreign Travel Memo."[47]

Yes, I remember parts of it. That's a good song.

A: Yes, it's a good one.

Did you have friends who had gone abroad? Anyone who brought personal impressions, anyone who said, oh, let me tell you how they live over there …

A: One time my neighbor had houseguests from Poland. They were Polish. My last name is Polish, so we talked a little. OK, I wanted to go everywhere. But my personal principle is different. I tell it to everyone. If something is not good in my home, I do not move into my neighbor's house. I make sure my own house is nice. I make it a nice place to live so others, like me, would not come to move in with me, but instead looked at me as a good example, and took care of their own homes in their turn. My wife Lida, she has been to three or five countries, to Japan, Spain, Finland, and Sweden, I think. She has more impressions than I do, and maybe she would take off for the United States now gladly; or maybe not the States, but to China. She travels often. She must have had about 50 trips abroad. I looked at her travel passport and counted about 45 stamps there.

If you had a real live American visit you right now, what would you want to show and tell him about Russia, yourself and our people?

A: First I'd have a few drinks with him, play a game of chess, cards, or ping-pong, and stuff like that. I'd take him fishing to a lake.

To see the nature.

A: I might be too old for fishing now, though, I have not gone in 10 years or so. Well, what else would I show him? I'd just sit down and have a chat. I would show my collections; what else could I offer?

What would you like to ask about, what would you like to learn?

46 Many citizens of Russia can now travel to China for shopping trips or vacations more easily due to a simplified visa process.

47 Vladimir Vysotsky (1938-1980) was an influential Soviet singer and songwriter. The satirical song referred to depicts a KGB instruction session for potential tourists leaving the USSR to visit a foreign country.

занимаюсь такой литературой, заказываю всё равно.

Понятно. Если Вас спросят: «Аркадий Михайлович, какая страна самая хорошая в мире?» Что скажете?

А: Ну, естественно, в которой родился, пусть она там... Ну-у – Советский Союз.

Советский Союз, по-прежнему?

А: Ну, я же сделан в Советском Союзе. И какая бы она ни была, страна – мы родителей не выбираем. Мы не выбираем цвет глаз, форму носа. Так что, как бы там ни было, будем... *(Гуканье младенца. Младенцу: «О-о, красавица моя!»)*

Ладно! Спасибо большое за предоставленную информацию!

А: Пожалуйста. Конечно.

A: Nothing.

Nothing?

A: Maybe a few small things. My brother has been to the US three times. This year he went again. He showed us photos, slides, videos: everything looks great. OK. So, it's all great. Everything's fine there. Who cares? If we strive, maybe in a few years we'll have it better too. I asked him about fishing there, how his fishing went: he said it was fine, everything's great, super. But it is all corrupt; no, not corrupt, it's just money-based.

So, you think American relationships are all profit-based?

A: Ever and only. There are no people who will do things for you for free, out of the goodness of their heart, like, show you something or tell you something or do something for you.

Was that what your brother told you?

A: No, he told me that he went there, and everything was great. He paid 30 dollars and got on a boat; he paid some more, and they gave him fishing gear and helped him with the bait; he fished for a set amount of time, caught a certain amount of fish, and that was it. We don't yet have that type of service, but it could still appear, and we could also be paying money ...

So, in your opinion, they worship the golden calf[48] *over there.*

A: Yes, yes, and nothing more. From the times of Tom Sawyer to this day.

Did you like reading about Tom Sawyer?

A: Yes, naturally. Books were my world and are now. I read a lot, of course. I have three and a half thousand books in my personal library right now. And I still order books, and even if I don't end up reading them, they still come.

I see. If someone asked you what the best country in the world is, what would you say?

A: Naturally, the country I was born in, even if it was ... Well, I would say, the Soviet Union.

Still the Soviet Union?

A: Well, I was made in the USSR. Whatever the country was like, we do not choose our parents. We do not choose our eye color or the shape of the nose. So, whatever may come... *A baby coos nearby. Arkadii, to the baby: "Oh, you, my pretty one!"*

OK, thank you very much for the information you shared!

A: Sure. You are welcome.

---

48 Biblical reference to the idol worshipped by the Israelites during Moses' absence.

Спорт и игры

Сегодня 11 апреля 2010 года, я разговариваю с Амандой. Здравствуйте, Аманда!

А: Привет!

Аманда, для установления контекста скажите мне, пожалуйста, в каком году Вы родились?

А: В 1964-м.

В 1964-м. И где именно Вы родились?

А: Я родилась в Остине, Техас, США.

Хорошо. Детство своё Вы провели там же?

А: Да. Я родилась в Остине и выросла в Остине.

Давайте обратимся к Вам в возрасте семи лет. Если бы кто-нибудь спросил Вас в детстве, пока Вы жили в Остине, какая страна в мире самая лучшая, что бы Вы сказали?

А: Техас. *(Смеётся)*

Техас?

А: США. Если бы я что-то вообще сказала, если бы вообще ответила... Не думаю, что меня бы кто-то спросил.

Ну, гипотетически, если бы я Вас спросила, Вы бы ответили, что США. Почему? Какие эмоции, мысли, рассуждения поддерживали такой вывод?

А: Его поддерживали такие чувства: это была единственная страна, о которой я хоть что-то знала в свои семь лет. Я не думаю, что я много знала о России – ха, Россия! Или об Американской революции[35], или о том, что Америка была в своё время против Англии, или... Я бы просто назвала единственную страну, которую знала.

Если бы в то же время Вас попросили назвать какие-нибудь другие страны, смогли бы Вы их назвать, и если да, то какие?

А: Наверное, Мексику. Или, может, Францию, потому что Техас, то есть, часть Техаса и Луизиана раньше принадлежали Франции...

---

35 Американская революция 1775 – 1783 гг. привела к отделению североамериканских британских колоний от Великобритании и образованию США как независимого государства.

Sports and Games

Today is April 11, 2010, I am talking to Amanda. Hello, Amanda!

A: Hi!

Amanda, to establish context, could you please tell me the year that you were born?

A: 1964.

1964; in what country and where specifically were you born?

A: I was born in Austin, Texas, in the United States.

Alright, is that where you spent your childhood?

A: Yes. I was born in Austin and I grew up in Austin.

As you were growing up in Austin, let's look at you at age 7, if somebody asked you what's the greatest country in the world, what would you have said?

A: Texas. *She laughs.*

Texas?

A: United States. If I said, if I responded … I don't think anyone would have asked me.

Well, hypothetically, if I asked you that, you would have said, the United States. How come? What would be your supporting emotions, reasons, ideas?

A: Supporting emotions would be, it's the only country that I really knew anything about, at 7. I don't think I even really knew much about Russia—Russia, hah!—or the American Revolution, or to think if it is the US versus England, or … I would have just said what was the only country I knew.

If somebody at that time asked you to name some other countries, would you be able to name any and what would they be?

A: Probably Mexico. Or maybe France, because Texas, part of Texas and Louisiana, were France …

Хорошо.

А: Значит, я могла уже знать про шесть флагов над Техасом[36], и одним из них был... У нас был парк аттракционов, большой, как Сидер-Пойнт[37], он назывался «Шесть Флагов». Так вот, одним из шести флагов там был французский. Поэтому я о нём знала.

Ладно. Значит, вот где Вы почёрпывали свои познания в географии: в парке аттракционов.

А: Ага! *(Смеётся)*

Отлично! А когда Вам было десять лет? Если бы Вас в десять лет попросили назвать несколько стран, Вы смогли бы назвать больше?

А: Да. Потому что тогда я уже смотрела Олимпийские игры. И тогда бы уже... Я бы знала гораздо больше, главным образом, о Европе, Восточной Европе и Советском Союзе.

Значит, Вы смогли бы назвать кое-какие страны Восточной Европы, правильно?

А: Наверное, Чехословакию, Восточную Германию и Польшу.

Почему именно эти?

А: Я запомнила их потому, что они участвовали в Олимпиаде.

О какой именно Олимпиаде мы говорим?

А: Наверное, 72-го года?

72-го? И где она проводилась?

А: Она была в Мюнхене.

В Мюнхене.

А: И на той Олимпиаде выступала Ольга Корбут[38].

Вы смотрели какие-то определённые соревнования?

А: Гимнастику.

Гимнастику. Вы болели за американских спортсменов?

А: Я, кстати, и не помню никаких американских спортсменов, я помню только русских гимнастов.

Хорошо. Значит, Ваши понятия о мировой географии были в то время связаны с миром спорта?

А: Ага.

Здорово. Если бы Вас спросили в десятилетнем возрасте о том, что Вы думали о Советском Союзе помимо того, что в нём, по всей видимости, имелись отличные спортсмены — надеюсь, Вы считали спортсменов отличными, ведь СССР очень сильно вкладывался в спорт, — какие

36 Название парка аттракционов «Шесть флагов над Техасом» отсылает к тому факту, что в разное время Техасом управляли Испания, Франция, Мексика, Республика Техас, Конфедеративные Штаты Америки и Соединённые Штаты Америки.

37 Парк аттракционов в Сандаски, штат Огайо.

38 Белорусская советская гимнастка, выигравшая четыре золотых и две серебряных медали на летних Олимпийских играх в Мюнхене в 1972 г.

OK.

A: So, I might have known about six flags over Texas,[49] and one of them was … There was a big theme park, like Cedar Point,[50] and it was called Six Flags, and one of the six flags over Texas was France. That's how I knew.

So, OK, that's where your knowledge of world geography came from. From a theme park.

A: Yeah! *She laughs.*

Great! OK, how about when you were 10? If somebody asked you at 10 to name a few countries, would you be able to name more?

A: Yes. Because at that point I would have been watching the Olympics. And that would have been … I would have known a lot more about, primarily, Europe, Eastern Europe and the Soviet Union.

So, you would be able to name a few countries in Eastern Europe, is that correct?

A: Probably Czechoslovakia, East Germany, and Poland.

Why those?

A: I remembered them as being part of the Olympics.

Now, what particular Olympics are we talking about?

A: Probably '72?

'72? And where was that?

A: That was in Munich.

In Munich.

A: And that was the Olympics with Olga Korbut.[51]

Did you watch a particular sport?

A: Gymnastics.

Gymnastics. Were you rooting for American athletes?

A: I don't remember any American athletes, actually, I remember just Russian gymnasts.

OK. So, your understanding of international geography at the time came through sports?

A: Uh-huh.

Cool. If somebody asked you at age 10 what you thought of the Soviet Union, apparently, other than them having great athletes—I hope you thought they had great athletes, 'cause they really put a lot of stock in

---

49 International theme park chain originating in Texas. The name "Six Flags Over Texas" refers to the flags of the six different nations that at one point or another have governed Texas: Spain, France, Mexico, the Republic of Texas, the United States and the Confederate States of America.

50 Amusement park in Sandusky, Ohio.

51 A Belorussian gymnast, "the Sparrow from Minsk," who won four gold and two silver medals in the Munich Summer Olympics in 1972.

бы у Вас возникли ассоциации, чувства, мысли?

А: Я не припомню конкретных дат, но в десять лет, или сколько мне тогда было, я была примерно в четвёртом классе... Я бы подумала о Брежневе, о его внешнем виде. Я не помню, когда он приезжал в США[39], или, может, Никсон к нему ездил...[40] Я не знаю, ездил ли Никсон в Советский Союз, но, знаете, я тогда смотрела новости, и единственным человеком, которого я могла бы узнать в лицо, был Брежнев. Можно с уверенностью сказать, что это оттого, видимо, что он внешне сильно походил на моего деда.

Правда? Так это был некий хороший Брежнев или плохой Брежнев?

А: Это был хороший Брежнев, хороший Брежнев, у нас в семье ходила шутка о том, как сильно он был похож на отца моего отца, у них обоих были очень широкие брови... И очень тёмные волосы.

Значит, услышав словосочетание «Советский Союз», Вы представляли себе лицо деда.

А: Ага.

Хорошо.

А: Я, кстати, сохранила со времён визита Брежнева, думаю, это был 75-й, где-то так, 75-й, 76-й уже вряд ли... Может, это был Форд[41], который был президентом примерно в 75-м году, 74, 75... Я сохранила вырезки из газет с фотографией Брежнева вместе с медведем Мишей[42], тем сувениром, который он привёз нашему народу. Так вот, на одном снимке он был в шляпе вроде панамы, в какой-то соломенной шляпе и с мишкой...

Вы следили за Олимпиадой в 1980-м?

А: Нет, не следила, на меня как-то подействовало то, что муж моего тренера по гимнастике, штангист, не смог поехать из-за бойкота Джимми Картера...[43] То есть, все сведения о политических махинациях времён холодной войны поступали ко мне из мира спорта.

В связи с Олимпийскими играми, с возможностью участвовать в Олимпиаде...

А: Да, и в связи с тем, что происходило позже, с отходом от, знаете... С попытками деполитизировать Олимпийские игры...

---

39 Официальный визит в Вашингтон и Сан-Клементе, 18-26 июня 1973 г.

40 Президент Никсон приезжал на переговоры в Москву в 1972 г. Это был второй президентский визит в СССР; первый совершил Франклин Делано Рузвельт.

41 Президент Форд встречался с Л.И. Брежневым в 1974 г. во Владивостоке на переговорах по ограничению стратегических вооружений.

42 Символ Олимпиады в Москве.

43 Бойкот Олимпиады-80 в Москве в ответ на ввод советских войск в Афганистан был инициирован США и поддержан другими государствами: 65 стран отказались участвовать, 80 государств отправили своих спортсменов на соревнования, но многие из них выступали под нейтральным олимпийским флагом.

that—what associations, feelings, ideas would you have had?

A: I don't remember the actual dates, at 10, how old would I have been, I would have been in fourth grade, something like that … But it would be Brezhnev, his image. I don't know when he came to the US,[52] or maybe Nixon went to … I don't know if Nixon ever went to the Soviet Union,[53] but, you know, watching the news, and the only, kind of, people that I would have recognized would have been Brezhnev, and it is safe to say that probably it was because he looked a lot like my grandfather.

Oh? So, was he a good Brezhnev or a bad Brezhnev?

A: It was a good Brezhnev, it was a good Brezhnev, because it was kind of a family joke that he looked a lot like my dad's dad, and they both had really big eyebrows, so … And very dark hair.

OK, so, the words "Soviet Union" brought forth the image of your grandfather.

A: Yeah.

OK.

A: And I actually saved from Brezhnev's visit, and I think it was 1975, or something, '75, '76 seems too late … It might have been with President Ford,[54] which was president in 75-ish, I think, '74, '75. I saved newspaper clippings with a picture of Brezhnev with a little Misha Bear,[55] like, a gift that he was giving to people, so in one of the pictures he had a kind of a panama hat on, some kind of a straw hat, and a little Misha Bear …

Did you follow the Olympics, the 1980 Olympics?[56]

A: No, I didn't, I was impacted, sort of, by that because my gymnastics coach's husband was a weightlifter who didn't get to attend because of Jimmy Carter boycotting[57] … So, yeah, most of my knowledge of the machinations of Cold War politics or whatever was all through sports.

Through the Olympics, whether we will be able to play in the Olympics …

A: Yeah, and the things that were kind of happening afterwards, with the break with, you know, to kind of get the Olympics de-politicized …

---

52 June 18-26, 1973, an official visit to Washington and San Clemente.

53 President Nixon went to the Moscow Summit in 1972. He was the second president (after Franklin D. Roosevelt) to visit the USSR.

54 Ford actually visited Brezhnev at the Vladivostok Summit Meeting on Arms Control, in 1974.

55 The Soviet mascot for the 1980 Olympics.

56 The Summer Olympics held in Moscow in 1980.

57 In a US-led boycott of the 1980 Olympics in response to the Soviet invasion of Afghanistan, 65 nations refused to attend, and 80 countries sent athletes to compete, but many did so under the neutral Olympic flag.

А Олимпиада в Атланте?[44]

А: Я за ней совсем не следила.

Совсем не следили?

А: Нет. То есть, позже, когда я начала изучать русский язык более активно, я перестала заниматься гимнастикой и вообще спортом, поэтому мои интересы поменяли направление. Сначала, когда я впервые услышала о Советском Союзе и что-то узнала о международной политике, причиной тому был спорт.

Значит, если мы вернёмся во времена Вашего детства в Техасе, и нам не обязательно будет точно привязывать ответ к определённому возрасту, десять ли Вам было лет, пятнадцать, хоть сколько... Но на тот момент Вы знали, что в Советском Союзе есть, во-первых, какой-то Брежнев, похожий на Вашу бабушку...

А *(смеётся)*: На дедушку!

Ой, дедушку! Простите меня. Во-вторых, там есть хорошие спортсмены, скажем, гимнасты... Знали ли Вы о Советском Союзе что-либо помимо этого?

А: Ну, я начала изучать русский в старших классах и... Тут будет немного сложно объяснить, что случилось. В то время, в 74-м и 75-м, в Техасе был введён басинг[45] и мои родители были не особо довольны некоторыми явлениями, некоторыми связанными с преступными бандами событиями, происходившими в шестом классе, в который я собиралась идти. Поэтому меня забрали из государственной школы и на два года отправили в католическую, на весь седьмой и восьмой класс, а сами-то мы не католики, так что это было очень...

Ничего себе! Это предмет отдельного разговора.

А: Да, и из-за этого, когда пришло время... В католических школах у нас обучали детей только до восьмого класса. Примерно в то время я узнала, что в другой школе предлагали русский язык в качестве предмета по выбору, и перевелась в школу за пределами своего района, чтобы учиться русскому. И вот там у меня была учительница русского языка, которая на самом деле по происхождению была полячкой. Она была очень расположена не именно к советскому правительству, а к идее народной, так сказать, дипломатии, и для меня началась новая стадия обучения русскому на уроках; мы стали читать литературу, понимать, что народ и правительство не одно и то же, добывать адреса... Адрес российского консульства, куда можно было обратиться... Она предложила нам всем написать в российское консульство с просьбой прислать русскоязычные учебные материалы. Они присылали нам русские газеты, всякие-разные памфлеты, карты, забавные штуки,

44 Олимпиада в Атланте прошла в 1996 году. Интервьюер намеревалась задать вопрос об Олимпиаде 1984 года в Лос-Анджелесе, которую бойкотировал СССР.

45 Перевозка детей на автобусах из одного района в школу другого района, например, детей из «чёрных» районов в «белые», с целью достижения расового равновесия и возмещения ущерба, нанесённого политикой сегрегации. Введение басинга вызвало сопротивление граждан, особенно сильное в южных штатах.

What about the Atlanta games?[58]

A: I didn't follow that at all.

Did not follow that at all?

A: Yeah. I mean, once I actually started studying Russian more actively, then I was not doing gymnastics or being involved in sports, so my interests started to take other turns. Initially, when I first learned about the Soviet Union, learned about international politics, it was all through sports.

So, if we go back a little bit to your growing up in Texas, and we are not married to a particular age now, not 10, not 15, just whatever comes to mind, what you know about the Soviet Union is A) it has a Brezhnev person that looks like your grandmother …

A: *She laughs.* Grandfather!

Oh! Grandfather, I apologize! B) it has some good athletes in the gymnastics, sort of, program, and … Was there anything else that you knew about the Soviet Union?

A: Well, I started taking Russian in high school, and … It's kind of a hard thing to explain; there was busing[59] in Texas in 1974 and '75, and so my parents were not real happy with some of the things that were happening, and whatever gang things were happening in the sixth grade that I was going to, so they pulled me out of public schools and put me in a Catholic school for two years, for seventh and eighth grade, and we are not Catholic, so it was very …

Oh no, this is a separate conversation!

A: Yeah, but out of that, when it was time … The Catholic school where I went to only went to eighth grade, and so about that time I found out that you could take Russian at this other high school, and so I got a transfer to go to a high school outside of my district to take Russian. And that's where I had a Russian teacher who was actually of Polish descent, and she was very favorably disposed to not so much the Soviet government but the idea of people's, kind of, diplomacy, and so that was kind of the next stage of me taking Russian in high school in Russian class, and learning about literature, and how people are different from governments, and getting addresses … The address of the Russian consulate to get … To encourage us all to write to the Russian consulate to ask for Russian materials. They would send us Russian newspapers, and different kinds of pamphlets and maps, and fun things, and so that was just really neat; they had all kinds of language learning materials that they would send to anyone who asked them for stuff about the Soviet Union.

Why did you select Russian as a foreign language to study?

---

58 The 1996 Summer Olympics held in Atlanta; the interviewer meant to ask about the 1984 Los Angeles games, which the USSR boycotted.

59 The act of busing students to and from designated schools to redress segregation policies, i.e. taking children from predominantly black neighborhoods to predominantly white ones and vice versa to achieve racial balance. It was met with fierce opposition, especially in the South.

и это было прямо здорово. У них имелись разные учебные материалы, которые они отправляли всем, кто просил прислать чего-нибудь о Советском Союзе.

Почему Вы выбрали русский язык как иностранный в качестве предмета изучения?

А: Из-за гимнастики, из-за того, что я ей очень тогда интересовалась. Моя сестра принесла из городской библиотеки домой самоучитель русского, я его увидела, увидела алфавит, подумала, что он классный, а потом узнала, что на русский можно было записаться. Я попросила у родителей разрешения и они мне его дали. Я подала заявление на перевод в ту школу; тогда были такие правила, что, если в районной школе не было определённого предмета, а в какой-то другой был, можно было подать заявление на перевод.

Какого содержания были те учебные материалы, которые Вам прислало советское консульство?

А: В основном это были газеты и инструкции, как правильно читать газету. Для моей головы это было, знаете, чересчур сложно; с моей точки зрения это всё было совершенной экзотикой, потому что до того момента я ни разу в жизни не видела русскоязычных печатных материалов, и у нас вообще не было книжных магазинов, в которых продавались бы книги на русском. Хотя в магазине при университете они наверняка были, в Остине, при Техасском университете. Кроме университетского книжного магазина, их не было нигде. Мои родители в своё время учились в этом университете.

Помните ли Вы содержание газет, которые Вам предлагали читать?

А: Нет. Не помню.

Совсем нисколько?

А: Не-а.

Как Ваша... Как Ваша семья отнеслась к Вашему интересу к Советскому Союзу?

(Аманда отвечает на телефонный звонок.)

Так, снимем с паузы... Мы начали говорить о том, как Ваша семья рассматривала Ваш интерес к Советскому Союзу и русскому языку.

А: Я не припомню, чтобы они меня хоть раз о нём спросили или что-либо сказали. Они считали его немного необычным, но на самом деле у них не было никакой особой реакции, что было несколько... Сейчас, когда я об этом вспоминаю, обратив свой взгляд в прошлое, мне это кажется несколько странным, но мы не были особо политизированной семьёй, такой, которая рассаживается за обеденным столом и беседует о политике. Ничего подобного мы не делали и, наверное, поэтому они не знали, что и подумать. В то же время, когда мы чем-то начинали интересоваться, родители поощряли наши интересы, такими они были людьми, вот.

Когда Вы учились русскому в старших классах, как бы Вы могли ответить на вопрос о том, что такое Советский Союз?

А: Я бы сказала... Я была бы очень... Я бы сказала, что он не такой, как о нём думают. На самом деле не все там плохие, и так далее... В общем, народ и правительство

A: Because of the gymnastics, because I was really interested in it, and my sister brought home a teach-yourself-Russian book from the public library, and I saw it, and I saw the alphabet, and I thought it was really neat, and then I found out you could actually take it, and I asked my parents and they said yes. I applied for the transfer; the way the transfer system worked was, if there was a class that is offered at one school that is not offered in your school, you can apply to go there.

The learning materials, the training materials that the Soviet consulate sent you, what sort of content did they have?

A: It was mainly newspapers and how to read a newspaper. And it was way over my head, you know, it was just exotica from my perspective, because I had never seen, really, published materials in Russian, or, there weren't bookstores that you could go to that would have books in Russian, although they were probably in the university bookstore, the University in Austin, University of Texas, but nowhere but the university bookstore. Where my parents went to college.

Do you remember the content of the newspaper articles that you were encouraged to read?

A: No. I don't.

Not at all?

A: Uh-uh.

Did your … How did your family view your interest in the Soviet Union?

(Amanda takes a phone call.)

Alright, un-paused. We were talking about how your family viewed your Russian/Soviet interests.

A: I don't recall them ever asking me or talking to me about it. They thought it was a little unusual, but they didn't really have a response one way or another, which was a little … When I think back about it, look back on it, it's a little strange, but we weren't a very political family, we weren't the kind of family who sat around the dinner table talking about politics, or anything like that, so they probably didn't really know what to make of it. But they were the kind of people, if we were interested in something, they just encouraged us to do it, so …

So, if at the time that you were taking those Russian lessons at a high school, somebody asked you, "so, what's the Soviet Union like?"—what would you have thought at the time?

A: I would have said … I would have been very … I would have said, it's not what you think. And not everyone is really bad, that kind of… Being general, people are different from governments. Or in that … I would have talked about all the different cultural things, like literature and the Moscow Circus,[60] and scientists, and writers, and stuff like that.

So, you would say that you, through the teacher who favored the people-to-people approach, got to view the Soviet Union from the more humane standpoint. Throughout your interest in the Soviet Union, from the

60 In this case probably referring to a number of Soviet circuses banded under one name to tour the US. The circus at that time became a point of cultural pride for the USSR.

– это не одно и тоже. Или взять... Я бы стала рассказывать о разных культурных явлениях, о литературе и о московском цирке, об учёных, писателях и всём таком.

Значит, Вы бы могли сказать, что при помощи своей учительницы, предпочитавшей обучать предмету посредством народной дипломатии, Вы сформировали более человеческое мнение о Советском Союзе. В годы, когда Вы интересовались Советским Союзом, сперва представленным гимнастикой и бровями, а позже, на более сложном уровне, литературой и людьми, отличными от правительства, были ли Вы осведомлены о существовании международного напряжения и возможности вооружённого конфликта, беспокоились ли по этому поводу?

А: Я по-настоящему никогда не верила, что будет конфликт. Мы с мужем немного обсуждали этот вопрос и он сказал, что он сам жил в страхе, а он на несколько лет старше меня, на три-четыре года... Но его семья сильно увлекалась политикой, они были убеждёнными демократами[46]. Они совсем не были консервативны, ни в коем случае, они были не из тех, кто верил в «империю зла»[47], но они были достаточно политически подкованы, чтобы понимать, скажем, всю сложность ситуации. А я не устаю повторять, что моя семья совсем не интересовалась политикой. Мой отец был за республиканцев, мама за демократов, они обычно не ходили голосовать, так как знали, что их голоса аннулируют один другой...

Поэтому между ними был уговор просто не являться на выборы.

А: Ну, вообще-то, мама тайком от отца выскальзывала из дома и всё равно шла голосовать, вот...

Ничего себе! Хитрая!

А: Наверное, отец лучше держал свое слово, он бы никогда не пошёл голосовать за её спиной, а мы сами просто... Я думаю, мне позволяли иметь своё детское понятие обо всём, что мне попадалось на глаза, мне никто ничего не объяснял, большинство образов у меня в голове были почёрпнуты из средств массовой информации. Да, ещё у меня было не очень-то лестное мнение о правительстве США, потому что во втором классе во время летних каникул я посмотрела... Кажется, было лето, хотя, может, я смотрела слушания по Уотергейтскому скандалу[48] во время рождественских каникул. И у меня сложилось очень негативное мнение о США.

Значит, Вы уже понимали, что происходит. Вы были в состоянии осмыслить Уотергейт во втором классе.

А: Я знала, что... Я знала, что подслушивать и записывать разговоры политического оппонента – это незаконно. И я знала, что...

Кто Вам сказал об этом, СМИ? Родители?

---

46 Члены или сторонники Демократической партии США.

47 Впервые Советский Союз назвал «империей зла» президент США Рональд Рейган.

48 Крупный политический скандал в США начала 70-х; администрация Никсона была обвинена во взломе и незаконной установке прослушивающей аппаратуры в вашингтонском комплексе «Уотергейт», где располагался штаб кандидата в президенты от Демократической партии.

early stages of gymnastics and eyebrows, and on to the more sophisticated understanding of the literature and people not being government, were you at all aware or concerned about the international tension and the possibility of a conflict, an armed conflict?

A: I never really believed that that would happen. My husband and I talked about it a little bit and he said that he lived in fear, and he is a few years older than I am, like, three or four, and ... But his family were very political, they were strong Democrats, they weren't conservatives by any means, not the Evil Empire[61] type of people, but they were politically tuned in enough to realize, maybe, the severity of the situation, but I can't emphasize enough how politics was not a part of our family. My Dad was a Republican and my Mom was a Democrat and they didn't usually vote because they knew they just canceled each other's vote out, so ...

So, they had this understanding that they are just not gonna go.

A: Well, actually, my Mom would sneak out behind my Dad's back and go vote anyway, so ...

Oh, wow! Clever!

A: So, I think my Dad was probably more true to his word, he would never vote behind her back, but we just ... I guess I was just allowed to have a child's view of whatever came my way, and didn't have anyone really telling me, and most of my images were media images. Yeah, and I didn't have that great of a view of the US government, because of watching, in second grade, over the summer, watching the ... I think it was the summer, though maybe over Christmas break, watching the Watergate[62] hearings. And I had a very negative view of the US.

So, you did have an understanding, you were able to process what the Watergate hearings were, in second grade.

A: I knew that ... I knew that breaking into, and recording, an adversary, his political adversary, was illegal. And I knew that ...

Who told you that, the media? The parents?

A: Yeah.

The media? OK.

A: It was all very ... The news was a lot better than it is now, and there wasn't so much noise, so, I think the news was very good, and probably more liberal than it is now. You saw a lot of images that you could react to, that anyone could react to, a child could react to.

So, once in second grade, you figured it out that if Watergate's possible and the American government is not what it's all cracked up to be, so then, am I understanding it correctly that it made you more resistant to the

---

61 A phrase first applied to the Soviet Union by Ronald Reagan.

62 Major political scandal in the US in the early 1970s, involving the burglary and illegal wiretapping of the Democratic National Committee at the Watergate Office Complex by the Nixon administration.

А: Ага.

СМИ? Ладно.

А: Всё это было сильно... Новости тогда подавали гораздо качественнее, было меньше всякой чепухи, поэтому, я думаю, новости подавались лучше и в более либеральном ключе, чем сейчас. Нам показывали много съёмок, на которые мог отреагировать любой человек, даже ребёнок.

Значит, во втором классе Вы сообразили, что, раз Уотергейт оказался возможным, стало быть, американское правительство не такое замечательное, каким его рисуют, и тогда, если я правильно Вас понимаю, Вы стали более устойчивы к негативному изображению стран Восточного блока.[49]

А: Да, я думаю, так и было. Ну, я его не идеализировала; если взять, к примеру, спорт, у меня было ощущение, что раз война, холодная война с идеей непременного превосходства одной стороны над второй так сильно всех волновала, то советский блок мог... Например, нельзя было с точностью утверждать, что их женщины-пловчихи были и правда женского пола. Было ощущение, что обе стороны прибегали к грязным трюкам, чтобы добиться выигрыша. Поэтому я не идеализировала советское правительство, не считала, что оно будто вело себя честно, а наше – нечестно; я думала, мол, правительства вообще ведут себя как ненормальные.

Значит, Вы рассматривали ситуацию как склоку между правительствами, что-то вроде дворовой игры, в которой надо победить, а не как глобальный Армагеддон, который вот-вот случится со всеми нами?

А: Правильно.

Хорошо. Значит, когда Вы... Значит, Вам никогда не было страшно за свою жизнь, за благополучие своих семьи, города, страны?

А: Только в старших классах, когда избрали Рейгана[50].

Когда избрали Рейгана?

А: Потому что он... Я тогда впервые попала в компанию ребят в школе, которые были довольно политизированы, больше размышляли о политике и, опять же, в то время Рейган пытался инициировать конфронтацию более активно, чем советская сторона.

Значит, когда Рейган пришёл к власти, у Вас возникло некоторое беспокойство, да? Вы говорили о медийных образах Советского Союза, которые были Вам знакомы. Не могли бы Вы описать некоторые из них?

А: Медийные образы... Смена караула у Мавзолея Ленина, вечное присутствие военных на Красной площади...

В каком контексте их показывали?

---

49 СССР и социалистические страны Восточной и Центральной Европы.

50 Рональд Рейган был президентом США с 1981 по 1989 г.

negative images of the Eastern bloc?[63]

A: Yeah, I think so. Well, I didn't idealize it, I felt like with, again, sports events, that because this war, Cold War, was so important, this idea that one had to be better than the other, that the Soviet bloc would … That you never knew that female swimmers were really female, for example. You just felt like both sides were doing kind of dirty tricks to win this game. That's why I didn't idealize the Soviet government to be playing fair and our government didn't play fair; I was, kind of, like, just, governments do all these crazy things.

So, your understanding of the situation was that it's an intergovernmental tussle that is sort of like a backyard game where you have to win, not as in, you know, this is a global Armageddon that is about to happen to us all?

A: Right.

OK. Alright. When you … So, you were never afraid for your life, or the well-being of your family, your city, your country?

A: Only when Reagan was elected, in high school.

When Reagan was elected?

A: Because he's … I think it was the first time that I was around people, kids at school, who were kind of politicized or more political-thinking, and again, it was, Reagan was trying to initiate a confrontation, more than the confrontation was coming from the Soviet side.

So, when Reagan came to power there was a little bit of a concern, right? When you talk about those media images that you had of the Soviet Union, could you name a few?

A: Uh, media images … Changing the guards at the Lenin's Tomb, there always being military at the Red Square …

In what context were they shown?

A: On nightly news; it would have had to have been just on the nightly news. Something going on in Russia, blah-blah-blah …

And then you'd see the guards change.

A: Right. And I still, I mean, I look at the … I never remember feeling afraid looking at those images, I just … It seemed to me just like theater.

Theater? Huh!

A: That it was just a show, a display of … Again, this is playing out of "one side is gonna do this and the other side is gonna do that," and it's all for prestige or for image. I don't know, I didn't ever feel like any of those people really would be …

That none of this is real.

A: Yeah! Somehow it just didn't seem real to me, and it was real in the sense that obviously it was happening, and it could be that my Russian teacher had a very wry sense of humor,

---

63 Name for a group of socialist states in Eastern and Central Europe, including the USSR.

А: В вечерних новостях. Скорее всего, только в вечерних новостях: «В России происходит то-то и то-то», и т.д.

И тут показывают смену караула.

А: Точно. И всё равно я рассматриваю это... Я не помню, чтобы мне становилось страшно при просмотре этих кадров, мне просто... Мне всё это казалось театральным представлением.

Представлением? Надо же!

А: Как будто это просто шоу, демонстрация своих... Так разыгрывается сценка «одна сторона сейчас сделает то-то, а вторая сторона в ответ сделает это», и это делается просто для имиджа или престижа. Не знаю; я совсем не верила, что кто-то из этих людей на самом деле сможет...

Что это всё по правде.

А: Да! Как-то мне всё казалось невзаправдашним, хотя, конечно, оно было правдой в том смысле, что действительно имело место. Может быть, причина в том, что у моей учительницы русского было мрачноватое чувство юмора, в её изложении всё выглядело абсурдом. Может, это подходящее объяснение. В смысле, мы... Наверное, абсурд – это уместный термин. Мы в школе читали «Нос», и сама мысль, что можно написать рассказ о бегающем по городу носе, означала, что вообще всё может оказаться на поверку безумием, вообще всё... Все бегают туда-сюда и разговаривают с носом.

Ага. Что Вы подумали в школе об этом рассказе? Очень любопытно. Этот рассказ в мировой литературе относится к разряду эксцентричных, и мне легко вообразить, что американские школьники могли его не очень хорошо принять.

А: Я думаю, я поняла ту простую интерпретацию, которую она нам предоставила, в смысле, как высмеивание бюрократии, привилегий и старого режима... Но это был такой необычный образ! Мне это ужасно смешно и, я бы сказала...

Неожиданно.

А: Неожиданно и, я не знаю, может, я как следует не думала об этом, может, юмор в этом абсурдном рассказе про нос означал, что всё остальное ещё более абсурдно... Возьмём главу России, главу Советского государства, который в гневе стучит башмаком, собирается напасть на мир, знаете ли...

Этот образ прямо как из «Носа»!

А: Да, всё это как бы одинаково абсурдно.

Явления одного порядка.

А: Да, было такое чувство. Или, например, возьмём не сам рассказ как таковой, я имею в виду рассказ Пушкина «Выстрел», который мы читали, не сам по себе рассказ, а то, что мы его ставили в классе как мелодраматическую пьесу. Многие текущие события у меня ассоциировались с мелодрамой, казались наигранными, так что, когда выходили разные политические лидеры и что-то говорили, всё

and so she had a way of making it all seem absurd. Maybe that fits well. I mean we ... I guess "absurd" is good; we read "The Nose"[64] in high school, and just the idea that you could have a story about a nose running around town seemed like this whole thing must be crazy, this whole thing must be ... Everyone running around, talking to the nose.

Uh-huh ... What did you make of that story in high school? I'm just really curious to find out. That's one of the outré stories of the world, so I would imagine American teenagers not really receiving it well.

A: I mean, I guess I kind of understood it in a very simple way that she explained it, you know, it was making fun of, you know, bureaucracy and privilege and the old regime, and ... But it was such an unusual image! It's just the funniest thing to me, and I guess it's ...

Unexpected.

A: Unexpected, and I just, I don't know, maybe I hadn't really thought about it, maybe just having a sense of humor in this absurd story of the nose, maybe, that just kind of made the whole thing seem even more absurd, just ... You'd have a Russian leader, or a Soviet leader, who would bang his shoe out of anger, and that would just attack the world, you know ...

The image is so like "The Nose!"

A: Yeah, it's just all kind of absurd.

Of the same order; events of the same order.

A: Yeah, it kind of felt like that, yeah. Or, for example, not so much the story itself, but we read Pushkin's "The Shot"[65] and it wasn't the story so much but that we did the play in class as a melodrama, so my association with a lot of the events going on was kind of melodramatic, and overplayed, and so when these political leaders would come up and say something, it would just all fit into "Oh, that's another melodrama."

It's puppet theater ... I think you had an exceptional teacher.

A: Yes, she was really great.

Did you have, or were you exposed to, or did you develop on your own any positive images of the Soviet Union and its people?

A: She took us to the Moscow Circus when it was in town.

Can you approximately remember the year it would have been?

A: It would have been 1979-'80, at the latest. And she was able to take the ... You know, they would do horseback riding in circles and stuff, and she had it somehow arranged for us to go afterwards and meet the horseback riders. And the leading horseback man—God!—was extraordinarily handsome, an unbelievably handsome person, and so I always

---

64 A classical work of Russian literature, Nikolai Gogol's "The Nose" (1863) tells a tale of a St. Petersburg petty functionary whose nose leaves his face and embarks on a life of its own.

65 The plot of Aleksandr Pushkin's short story "The Shot" (1831) deals with the themes of honor and revenge in the 19th century Russian Imperial army.

определялось как очередная мелодрама.

Кукольный театр. По-моему, у Вас был исключительный преподаватель.

А: Да, превосходный.

Показывали ли Вам какие-нибудь положительные образы Советского Союза и его народа, или, может, Вы сами до таких додумались?

А: Она водила нас в московский цирк, когда он был у нас на гастролях.

Вы помните, какой примерно это был год?

А: Это был 79-й, самое позднее, 80-й. И у неё получилось нас провести... Знаете, там ездили верхом на лошадях, по кругу и всякое такое, и она как-то смогла нас провести за кулисы после представления, чтобы мы встретились с наездниками. Самый главный наездник был – Боже! – чрезвычайно красив, невероятно красивый человек, и я всё хотела вырасти и выйти замуж за кого-нибудь с такой же внешностью. Так что вот это и было у меня на уме: «Господи Боже, какой человек!» А он был такой величественной внешности!

Ладно.

А: Наверное, это был первый русский, с которым я лично познакомилась, тот цирковой артист.

Крупнее обычных...

А: Крупнее, чем в натуральную величину! Циркач.

Да, это даёт свой эффект. Потом всю жизнь девушке будут нравиться русские.

А: Я вся такая, «Боже мой!» А к тому же, знаете, балетные танцовщики тоже были очень красивые.

Балетные танцовщики?

А: Ага. Мой брат в старших классах поехал на экскурсию, он изучал русский и поехал в Нью-Йорк вместе со своей группой, которая училась журналистике. Они там ходили на Нуреева[51] в «Петрушке»[52]. Ему было не положено фотографировать, но он был фотожурналистом, поэтому он сделал снимок и вставил его для меня в рамку, снимок Нуреева в роли Петрушки, он у меня до сих пор где-то есть, так что это, опять же, было вроде.... Презрением к правилам, он презирал правила, и не то, чтобы он был асоциальным или антисоциальным типом, нет, все правила жёстко соблюдаются, помимо тех, которые регулируют фотосъёмку. В таких случаях он переходит границы...

Границ не видит.

А: Он и до сих пор фотожурналист, он всегда им был. Так что у меня был опыт <u>знакомства с красивыми спортивными русскими мужчинами</u>. И женщинами.

51 Рудольф Нуреев (1938-1993), которого считают одним из величайших артистов мирового балета, во время гастролей в 1961 г. отказался возвращаться в СССР.

52 Балет-бурлеск Игоря Стравинского; первая редакция партитуры закончена в 1911 г., новая редакция в 1947 г., первая постановка осуществлена балетмейстером Михаилом Фокиным.

wanted to grow up and marry someone who looks like that, so that was kind of on my mind: oh my God, this person! And so he was, like, so majestic-looking!

OK!

A: So that was probably the first Russian I ever met, that circus performer.

Larger than usual …

A: Larger than life! A circus performer.

That'll do it to ya; that'll turn a girl on to Russians for life.

A: I was like, oh my God! But then, you know, the ballet dancers, they were very handsome too.

The ballet dancers?

A: Yeah; my brother, in high school he took this trip, because I was taking Russian he took a trip with his journalism class to New York, and he saw Nureyev[66] in *Petrushka*,[67] and he was supposed not to take pictures, but he was a photojournalist, so he took a picture and he mounted it for me, a picture of Nureyev as Petrushka, that I still have somewhere, and it was, again, it was kind of that … Thumbing your nose, or how he thumbed his nose at the rules, and he's not, like, an asocial or anti-social person, it's very rule-bound except when it comes to taking pictures, then he knows no boundaries …

No boundaries.

A: And he is a photojournalist to this day, he's always been. So, I had that experience of attractive athletic Russian men. And women.

Women?

A: Women. Early on, Olga Korbut.

So, that's what Russians are.

A: Maybe. And funny, and clever.

Oversimplifying it, we have these pretend Russians with eyebrows and shoes and the changing of guards, and that is all of the "Nose" kind of paradigm, and then we have the attractive athletic people! (Laughter.) This is really nice. You said your parents were apolitical; does it mean you also were apolitical?

A: No, because I was always very moved by images I saw on television, whether it was busing, or the civil rights movement, and POWs, and things like that. They were never interpreted for me, but they were images that were always very moving, whether it's POWs returning, greeting their kids, and … So …

Did you ever get involved in any political activism, social activism?

---

66 Rudolf Nureyev (1938-1993), famous Russian ballet dancer, who defected from the Soviet Union in 1961, is often seen as the world's greatest male ballet dancer.

67 A ballet burlesque, composed in 1911 and revised in 1947; score by Igor Stravinsky, originally choreographed by Michel Fokine.

Женщинами?

А: Женщинами. Первой была Ольга Корбут.

Значит, русские вот такие.

А: Возможно. И с чувством юмора, и умные.

Если чрезмерно всё упростить, с одной стороны, бывают поддельные русские с бровями, ботинками и сменой караула, они все относятся к парадигме рассказа «Нос», а с другой стороны, бывают красивые спортивные люди! (Смех) Очень славно. Вы упоминали, что Ваши родители были аполитичны. Значит ли это, что Вы тоже были аполитичны?

А: Нет, потому что меня всегда трогали съёмки, которые я видела по телевизору, будь они про басинг, движение за гражданские права[53], про военнопленных и так далее. Мне их никто никогда не истолковывал, но меня всегда задевали за живое такие съёмки, где показывали, например, как военнопленные возвращаются домой и встречаются со своими детьми, так что...

Занимались ли Вы когда-либо политическим или общественным активизмом?

А: Нет, не занималась. Однажды в старших классах, может быть, во время президентского срока Рейгана...

Когда шёл президентский срок Рейгана, стало быть.

А: Я тогда пошла смотреть штаб предвыборной кампании Джона Андерсона[54] и купила там себе майку с Джоном Андерсоном, но, опять же, это было аполитичное действие, потому что он баллотировался как независимый кандидат. То есть, я не присоединялась ни к одной политической партии вплоть до предвыборной кампании Обамы. Тогда я единственный раз пожертвовала деньги на кандидата.

Ладно. Поскольку у Вас был собственный, очень интересный и очень индивидуальный взгляд на Советский Союз, какой Вам показалась начавшаяся перестройка, как Вы её встретили и что о ней подумали?

А: Ну, моя первая поездка в СССР случилась как раз накануне, это был 1986 год, перед самым её началом, как раз примерно за неделю до антиалкогольной кампании...[55]

Так...

А: И вот законы... Когда стали проводить антиалкогольную кампанию за неделю до её официального начала, и перестали продавать... Я не помню, какие там были с этим связаны законы, но моя первая реакция была – «Так нечестно!»

Почему?

А: Потому что, когда собираются вводить сухой закон, нельзя принуждать людей

---

53 Массовое движение против расовой дискриминации в США в середине XX века.

54 Джон Б. Андерсон выдвигался в президенты США как независимый кандидат в 1980 г.

55 Последняя, «горбачёвская» советская антиалкогольная кампания проводилась в 1985-1987 годах и сопровождалась рядом мер, ограничивающих производство и продажу алкогольных напитков.

A: No, no, I didn't. Once in high school, I think it might have been during the Reagan administration …

Yes, when the Reagan administration occurred.

A: I went down to see a John Anderson[68] campaign headquarters and I bought a T-shirt, a John Anderson, but again, now, it was kind of apolitical because he was running as an independent. So, it wasn't in alignment with any political parties, I haven't done it until the Obama campaign. That was the only time I ever contributed financially to a campaign.

OK, so since you were, since you had this very individual and very interesting view of the Soviet Union, what did you make of perestroika, once it was going on, how did you greet it, what did you think of it?

A: Well, my first trip to the Soviet Union was on the eve of it, it was in 1986, and it was on the eve, it was like the week before the anti-alcohol campaign[69] …

Yes …

A: And so … and the rules … when they started to enforce the anti-alcohol campaign one week before it was officially started, they stopped selling to … I don't remember all the laws that were associated with it, but my first experience of it was, "That's cheating!"

Why?

A: Because, if you are gonna have an anti-alcohol campaign, you can't start all the laws before, you know, it just didn't seem fair!

OK.

A: So, it was kind of like another one of these, I was immediately suspicious of it because instead of bringing something that was more truthful or honest, it was somehow devious.

So, it wasn't very perestroika-like.

A: No, it didn't seem like in the spirit of turning a …

A new leaf!

A: Yeah, no, no.

How long was that first trip that you made?

A: It was six weeks. And it was Leningrad, Moscow, and in the Caucasus, we went to Azerbaijan, Armenia, and Georgia. And then we came back to Moscow for a little bit and then we took a train to Leningrad, Leningrad to Helsinki.

What was the trip for?

A: It was just a cultural tour, one of my college Russian teachers … I had a conversation

---

68 John B. Anderson, former Republican representative of Illinois and 1980 independent presidential candidate.

69 Soviet leader Mikhail Gorbachev initiated a campaign against alcohol consumption in the USSR, backed with a series of measures against alcohol production and sales.

соблюдать его до начала кампании. Вышло нечестно!

Хорошо.

А: То есть, опять всё было то же самое, и у меня сразу возникли подозрения, так как вместо того, чтобы предложить людям что-то более правдивое и честное, их в некотором смысле обманули.

Как-то не по-перестроечному вышло.

А: Нет, непохоже было, чтобы там что-то пытались начать с чистого...

С чистого листа!

А: Ага, непохоже, нет.

Сколько длилась Ваша поездка?

А: Шесть недель. Ленинград, Москва и Кавказ; мы ездили в Азербайджан, Армению и Грузию. Потом мы вернулись в Москву ненадолго, сели на поезд до Ленинграда, а из Ленинграда до Хельсинки.

Какова была цель поездки?

А: Просто культурное ознакомление. Одна из моих преподавательниц русского в колледже... У меня была преподавательница по устной практике, она была американка, замужем за русским. Потом они развелись, но она и её подруга, ещё одна преподавательница русского, которая тоже вышла замуж за русского эмигранта... В общем, там была такая...

Такая история.

А: Такая история, такие дела, и вот они хотели съездить домой. Для того, чтобы оплатить свою поездку, они собрали на экскурсию группу студентов, а сами они вдвоём до того никогда не ездили. Поэтому поездка вышла такой длинной. Она стоила совсем недорого; наверное, тысячу пятьсот или тысячу восемьсот за все шесть недель, включая гостиницу, питание и всё прочее. Они сами практически заплатили только за... Они с нас взяли немного, просто хотели сами съездить бесплатно, и та, которая развелась, потом вышла замуж за профессора марксистской экономики, он преподавал в Техасском университете, а вторая так и осталась замужем за русским, хотя он и был её вторым русским мужем.

Значит, Вы на шесть недель поехали в государство, где ситуация быстро ухудшалась. Ваши родные, друзья, семья не беспокоились о Вас?

А: Бабушка.

Ваша бабушка.

А: Ага, её беспокоило, вдруг я выйду замуж за русского.

Ой! Это плохо. Этого допускать нельзя!

А: Это она просто не видела того циркового артиста, которого видела я! Она бы сразу передумала, правда же? Если бы встретилась с ним. Так что такие волнения присутствовали.

teacher who was American but who had been married to a Russian. And they were divorced, but she and her girlfriend, another Russian teacher, had married another Russian who had immigrated … It was just one of these …

One of these arrangements.

A: One of these arrangements, one of these things, and they wanted to take a trip back, and so in order to pay for their trip they had put a student tour together, and they had never taken a tour together, that's why it was so long. It was very inexpensive; I think it might have been 1,500 dollars or 1,800 dollars, for six weeks, that's including hotel and food and everything. They just basically covered … They didn't charge us very much and just wanted their free trips, and the one who had divorced re-married a professor of Marxist economics at the University of Texas, and the other one remained married, still remained married to the Russian husband, even though he was her second Russian husband.

So, when you went for six weeks into this quickly deteriorating state, were your loved ones, friends, family, at all concerned with you going?

A: My grandmother.

Your grandmother.

A: Yep, who was worried that I was gonna marry a Russian.

Oh! That is bad. We cannot have that!

A: She actually did not see the circus person I saw! She would have changed her mind, right? If she had met him. So, there was that concern.

Any safety concerns?

A: My mom would say things like, "Don't get in trouble!"

What sort of trouble?

A: "Do what you are told, don't get in trouble, don't get thrown in jail" kind of things.

Oh, OK.

A: Don't get in jail by breaking any rules, like, "You don't listen to us, make sure you listen to them," that kind of thing.

Did anybody bring up the KGB?

A: I'm sure there were jokes about, "Oh, you are gonna be listened to by the KGB?" and it was like, oh, well.

Were you?

A: I don't know, we were in Western-oriented hotels, and we assumed that our rooms were bugged and that kind of thing, but …

Nothing overtly Cold War-related happened to you there. Or did it?

Волновались ли о Вашей безопасности?

А: Мама говорила что-то вроде: «Не попадай в неприятные ситуации!»

Какие именно ситуации?

А: Делай, что тебе говорят, не ищи неприятностей, не попади в тюрьму – всякое такое.

Понятно.

А: Не попади под арест за нарушение правил, «нас не слушаешься, а их обязательно слушайся!» и прочее.

Никто не упоминал КГБ?

А: Несомненно, шутки по поводу того, что меня будет прослушивать КГБ, были. Я думала – ну, что поделаешь...

И прослушивало?

А: Не знаю, мы останавливались в гостиницах для западных туристов и полагали, что у нас в комнатах были установлены «жучки» и подобные вещи, но...

Ничего, открыто связанного с холодной войной, с Вами там не произошло. Или произошло?

А: Нет! Нет, опять же, я не могу сказать, что... Я уже записывала эту историю на видео для клуба Toastmasters[56], и снова её рассказывать странно.

Ну, я не смотрела те записи, так что...

А: Действительно.

Расскажите, пожалуйста.

А: Я в первый раз поехала на метро. Раньше я никогда не бывала в метро, моя первая поездка в метро случилась в Москве. Был час пик, знаете, и меня затолкали в вагонетку...

В вагон.

А: В вагон, а в нём ехал кто-то вроде советского генерала.

В подземке? В подземке?! Генерал?!

А: Ну, было похоже, что да, не знаю, был ли он генералом, но на нём много было навешано, много разных...

Регалий.

А: Регалий всяких, так что я предположила... Не знаю, был ли он на самом деле генералом, он выглядел как советский военный, офицер, вот что я пытаюсь сказать. Офицер. И я буквально висела у него на руке, я старалась уцепиться за что-нибудь и еле-еле дотягивалась, я ведь не особо высокая. В общем, я держусь, и я совсем не привыкла ещё к движению вагона метро, оно меня несколько дезориентирует, и к тому же я стою рядом, совсем рядом с советским офицером! И мне, опять же... Мне это показалось абсурдным: можно ли бояться этого человека, если вот она я,

---

56 Некоммерческая организация, целью которой является развитие у её членов навыков общения и публичных выступлений.

A: No! No, uh-m, again, I can't say … Uh, I told that story on the Toastmasters[70] videos, so it feels weird to tell that story again …

Well, I have not seen the videos, so…

A: That's right.

So please do.

A: Uh-m, it was my first Metro ride, I have never been on the Metro before, first time I was on Metro was when I went to Moscow, and it was "chas pik"[71] and you know, I was crammed into this wagon …

Car …

A: Car, and, you know, there's, like, a Soviet general …

Riding the subway? Riding the subway?! The general?!

A: Well, he looked like it, I don't know if he was really a general, but he had a lot of stuff on him, right, a lot of …

Regalia.

A: Regalia, that sort of thing, and I just assumed … I don't know if he was really a general but he looked like a Soviet soldier, officer type, that's what I am trying to say, officer, and I was literally clamped up onto his arm, like, I was trying to hold on and barely reaching, 'cause I'm not really tall, and I am holding on, and not used to the moving of a subway car at all, so it was very, kind of, disorienting, and then to be just right here, close to this Soviet officer! Again, I … It just seemed absurd, like how, could this person be so scary when here I am, nose to pit with this scary Soviet Army? They just get on the Moscow subway just like everybody else, they are pushed around, they have to deal with people cramped right next to them. They didn't seem so powerful, they just seemed so tired and like people coming home at the end of the day.

So, that was some sort of a revelation?

A: Yeah, I guess, behind the theater of marching on Red Square, I guess, I still kind of felt like there was a distance, or a … I guess, here is how I think about it: before, I kind of could separate the military from people; military and government were together. But now, military and people were together, so that even made them less scary, in a way, 'cause even as we had to worry about the military and government doing their, kind of, power displays … But the reality is, they all go home, they got their little briefcase, and one arm up, and there is me crammed in there, trying not to go, "Can I touch you? Are you real?" It just seemed like someone like that should not be just out and about, or something, and then just seeing them … What struck me about it was that, what seemed so different was, just, all over the place was the militia in the street, and they all had guns, and everything was really guarded, and what a real police state kind of looks like …

70 US nonprofit promoting communication, public speaking and leadership skills.

71 Rush hour.

стою, упёршись носом в подмышку страшной Советской армии! И вот она, так же ездит в московском метро, как и все остальные, её пихают, ей приходится терпеть давку. Вид у офицера был не особо победный, вид у него был очень усталый, какой бывает у людей, возвращающихся вечером домой.

Значит, для Вас это стало откровением?

А: Ага. Наверное, за театральным задником, изображающим парады на Красной площади, я всё же ожидала некой дистанции... Я, наверное, думаю вот как: до этого случая я как-то отделяла армию от народа, при этом армия и правительство были для меня единым целым. А тут армия и народ слились в одно целое, и от этого армия стала менее страшной в некотором смысле, несмотря на то, что правительство и армия пугали нас своими демонстрациями силы... А в реальной жизни они все едут по домам, все держатся за свои портфельчики, а другой рукой – за поручень, и я еду рядом, едва впихнувшись, еле удерживаясь от вопроса: «Можно Вас потрогать? Вы настоящий?» Мне казалось, что человек такого ранга не должен был просто так ходить по улицам, и когда я его увидела... Меня поразило, мне показалось необычным то, что кругом везде стояла милиция, все с оружием, всё подряд было под охраной, как в настоящем полицейском государстве.

Значит, государство всё же было похоже на полицейское.

А: Да, действительно, похоже на полицейское на вид и по ощущениям.

Всё было так, как Вы и ожидали, или совсем не так, как ожидали? До приезда у Вас, само собой, должны были быть какие-то ожидания.

А: Я не ожидала, что люди будут вступать с нами в беседы так часто, как они это делали. Я не ожидала, что людей начнёт беспокоить то, как мы себя ведём... Мне показалось, что люди меньше соблюдают чужие границы, и в то же время существуют более жёсткие рамки. Нам делали замечания: «У Вас шнурок развязался, зашнуруйте ботинок, сядьте прямо...»

«Наденьте шапку».

А: «Зачем ты горбишься!» Когда мы сутулились или слишком громко разговаривали, нас призывали к порядку, а я этого совсем не ожидала! Я думала, что люди будут смотреть сквозь нас, а не взаимодействовать с нами, и уж точно не ждала, что они начнут нас воспитывать! Я не ожидала, что поеду домой лучше, чем была прежде! Исправившимся членом общества!

Вот Вам и полицейское государство.

А: Например, мы как-то сели на какие-то ступени возле Кремля, а к нам подошёл милиционер и велел нам встать, не рассиживаться на лестнице, на ступеньках. Там нельзя было сидеть так, как у нас сидят на ступеньках у мемориала Линкольну[57], когда хочется. Этого делать не разрешалось. Так что такая слежка за поведением,

---

57 Мемориальный комплекс в центре Вашингтона, открыт круглосуточно и является одной из самых посещаемых достопримечательностей США.

OK, so it did look like a police state.

A: Yeah, definitely, it felt and looked like a police state.

Was it at all like you expected it to be, or like nothing that you expected? Before you came in, you obviously may have had some expectations.

A: I did not expect people to talk to us as much as people talked to us. I didn't expect the concern that people had that we were, like … It seemed like there were fewer boundaries, even though it was more rigid. People would tell us, your shoe is untied, tie your shoe, sit up straight, you know …

You should wear a hat.

A: Why aren't you sitting up straight! If we were slumping, or we were talking too loud, we'd be kept in line, and I didn't really expect that, I expected people to just look through us but not interact with us, but certainly not improve our behavior! I didn't expect to go home a better person! A better citizen!

That is a police state for you.

A: You know, we sat down on some steps in the Kremlin area and, you know, a militia person came up and told us to stand up, not just go sitting on the stairs, you know, the steps, and you just could not sit there like you could at the Lincoln Memorial, on the stairs, if you wanted to. You couldn't do that, so that kind of behavior vigilance about some small pieces of behavior was very startling to me.

In a bad way or in a good way?

A: Yeah, it wasn't very pleasant, I have to say, you kind of felt like a child, being corrected all the time.

Right; kept within bounds.

A: Kept within bounds.

Did anything startle you in a good way?

A: The art, and seeing pictures that I could only see in books, at the Hermitage[72] and the Pushkin Museum,[73] just being astonished at how beautiful the palaces were … I'd never been in a real museum before, a real art museum, and so I associate that first trip with really, I wouldn't say understanding, but experiencing art in three dimensions, right? I could have just told you, oh, that's a picture of this, picture of that, slides of this, famous artists, I could have described it to you, but I never would have seen art before; so that was extraordinary.

So, you spent six weeks traveling, hither and yon; after this trip was done, did you think to yourself, man, I'm sure coming back, or did you think to yourself, man, I am sure not coming back?

---

72 Art and culture museum in St. Petersburg, the second largest museum in the world.

73 Fine art museum in Moscow, housing a vast collection of European art.

за мелкими особенностями поведения людей меня сильно поразила.

В хорошем или в плохом смысле?

А: Не-а, было не очень приятно, скажу я Вам. Чувствуешь себя ребёнком, когда тебя всё время поправляют.

Да. Держат в рамках.

А: Держат в рамках.

А что-нибудь по-хорошему Вас поразило?

А: Искусство, картины в Эрмитаже и Пушкинском музее, которые я раньше могла увидеть только в альбомах. Я была просто потрясена красотой дворцов... До того я никогда не бывала в настоящем музее, в настоящем художественном музее, поэтому для меня та поездка ассоциируется с первым опытом не то, чтобы понимания, а встречи с трёхмерным искусством, да? Я в то время могла сказать, мол, одна картина называется так, другая этак, а вот – слайды третьей, а вот это – знаменитые художники; я могла всё описать, но вживую искусства до тех пор не видала, так что это был экстраординарный опыт.

Значит, Вы провели шесть недель в путешествиях туда-сюда. По окончании Вашей поездки что Вы решили: «ого, я точно сюда ещё вернусь» или «ого, я точно сюда больше не вернусь»?

А: Я не знала, что думать, пока мы не приехали на Кавказ. Там я снова смогла как-то прийти в себя, потому что в культурном отношении Кавказ показался мне ближе Москвы и Ленинграда.

Отчего? В чём он оказался культурно ближе?

А: Там было теплее, пища была вкуснее и лучше мне знакома, с более привычными приправами, люди были более общительны и больше смеялись, хотя некоторую роль там сыграло то, что один местный житель был нашим знакомым. Друг мужа одной моей преподавательницы жил в Тбилиси, мы к нему ходили ужинать с его семьёй. Я там чуть-чуть расслабилась. В первой половине поездки было очень холодно, хотя был уже июнь-июль, всё равно было очень холодно. Для меня это было шоком, к тому же пришлось привыкать к гостиницам, еде и автобусам, что меня тоже несколько дезориентировало, а потом мы поехали на Кавказ, и вот там уже... Мне показалось, что люди там уже не были такими напряжёнными, города не были такими большими, гулять по ним не было такой перегрузкой. Что интересно, сначала я мало фотографировала, а когда я приехала на Кавказ, у меня появилось ощущение, что я обретаю свой собственный, особый взгляд фотографа. После этого я стала делать снимки уже не издалека, скорее стремилась к центру действия. С более близкого расстояния.

Вам стало спокойно.

А: Да, а потом я снова приехала на следующее лето, а потом на весну и лето, и всё не могла наездиться. А потом я поступила в магистратуру и долго туда не возвращалась...

A: I wasn't so sure until we went down to the Caucasus.[74] That was kind of where I got my bearings again, because the Caucasus was more culturally familiar to me than Leningrad and Moscow.

How so? How was it more culturally familiar?

A: It was warmer, food was tastier, more familiar to me, the spices were more familiar, people were more outgoing and laughing, although that was partly because we knew one of them, one of my teacher's husband had a friend who lived in Tbilisi, and so we went and had dinner with his family … But it was relaxing to me, kind of, like, the first part of the trip was very cold, it was in June or July but it was still very cold, and so that was a shock to me, and getting used to being in the hotels, and the food, and being on the buses; it was a little disorienting, and then we went down to the Caucasus, and that was … It seemed like people were more relaxed, and the cities were smaller, so walking around seemed less overwhelming, and it was interesting because I didn't take many pictures when I first got there, but once I came to the Caucasus, I felt like I found my photographic voice, and the pictures I took after were much more jumping into the scenes rather than faraway; just coming in closer.

You were comfortable.

A: Yeah, and then I came back there next summer, and I went back in the spring and the summer, and I just couldn't get back enough, and I then went to graduate school, and haven't been going in a long time …

How many times have you been to Russia altogether?

A: Probably eight or 10 times.

Eight or 10 times. Did you ever find yourself, throughout your life, as a child learning Russian, or as an adult visiting Russia and living there, staying there, did you ever find yourself in the position of advocating for Russia and Russians to your fellow Americans, or educating them about what Russia really is?

A: Yeah. I had to defend why I was studying Russian, why I had a Russian major.

And what did you say then?

A: I said I was going to be a high school Russian teacher because that got me what I wanted to do. And my ex-husband's parents, or his father, to be exact, weren't that thrilled about it, they kind of chipped away at being a high school teacher, like it's not a good thing to do.

They did not mind the Russian thing, but they did mind the high school thing?

A: Yeah.

OK.

A: That wasn't important enough or prestigious enough for them, and they were much

---

74 Referring to the Soviet Republics in the Caucasus Mountain Range in East Asia, mainly Armenia, Azerbaijan and Georgia.

Сколько раз Вы были в России?

А: Наверное, восемь или десять.

Восемь или десять раз. За всю Вашу жизнь, будучи ребёнком, изучавшим русский, или взрослым человеком, посещавшим Россию и живишим в ней, приходилось ли Вам когда-либо защищать Россию и русских перед своими соотечественниками-американцами или просвещать последних в отношении того, что такое Россия на самом деле?

А: Да. Мне приходилось объяснять, почему я учу русский язык, почему выбрала такую специальность в колледже – русский.

И что Вы тогда говорили?

А: Я говорила, что собираюсь стать школьным учителем русского языка, и тогда мне позволялось делать то, что я хочу. Родители моего бывшего мужа, то есть, его отец, были не в восторге, они как бы немного издевались над учительской специальностью, будто бы это плохая карьера.

Они не были против русского языка, они были против учительства?

А: Да.

Ладно.

А: Они считали эту работу недостаточно важной, недостаточно престижной, и сильно повеселели, когда я поступила в магистратуру. Хотя они так и не поняли, зачем мне понадобилась русская история, я всё же поступила в Стэнфорд[58], в более солидное место, поэтому они меня вроде бы поддержали. Моим родителям было всё равно. Я думаю, если бы у меня были другие родители, я бы, наверное, стала школьным учителем русского.

Задавали ли Вам когда-нибудь о России вопросы, которые определённо можно классифицировать как дурацкие?

А: Да, моя бабушка. Она спрашивала: «И как у тебя так рот шевелится?» Знаете, такое очень южное отношение...[59] А я отвечаю: «Я продала душу дьяволу!» И тут она просто... *(Смех)* Она как начнёт, а я говорю: «Бабушка, да не продавала я душу дьяволу! Просто нужно упражняться, то, сё...» Но у меня была двоюродная сестра, которая ездила в Россию с церковной миссией. Моя поездка бабушке казалась несколько подозрительной, потому что я ездила с классом, а не при содействии церкви, а когда двоюродная сестра поехала с церковным хором, это было нормально. Ладно, наверное, её Бог охранял, так что всё было нормально. Ещё мне задавали вопросы о религии, например, правда ли, что там запрещено исповедовать религию. И, знаете, было совершенно ясно, что религия не

---

58 Стэнфордский университет является одним из самых авторитетных и престижных частных учебных заведений в США.

59 Здесь респондент подразумевает, что для жителей южных штатов США более типично консервативное и осторожное отношение к иностранцам.

happier when I went to graduate school, even though they still didn't understand Russian history, or the reason, but it was Stanford, and it seemed more important, and so they were kind of on board. My parents didn't care. I think, had I had different parents, I would have probably been a high school Russian teacher.

Did you ever have people ask you questions about Russia that you could classify, definitely, as inane?

A: Yeah, my grandmother. They were just, "How do you get your mouth to move like that?" You know, this really Southern thing, and it would just … I would say, "Oh, I sold my soul to the Devil!" and she would just … *Laughter.* She would start, and I would say "Grandma, I didn't sell my soul to the Devil! This takes practice, blah, blah, blah …" But I had a cousin who went through church. My trip was always a little suspicious to her because we went through school vs. through church, and my cousin, who went on a choir tour, that seemed to be OK. OK, I guess, she had God protecting her, and that was alright. But there were questions about religion: can people really not practice religion? And so, you know, it was very clear that religion was not encouraged, and I had the museum postcards from the museum of the History of Atheism and Religion.[75]

Oh? That's a good museum!

A: The postcards were really small and black-and-white. You would go to all the other museums and the postcards would be these beautiful things, but the ones from that museum, if you put them side by side, it was obvious that they had less interest in developing an appreciation for that.

That's still a pretty valid question, though. I was thinking more along the lines of bears walking the streets, and vodka …

A: Oh, vodka, people asked a lot about vodka, "Did you have to drink a lot of vodka?" And I said no, I drank wine instead, and educated a lot of people about Georgian wine, Armenian cognac, that is not allowed as cognac[76] …

Well, we can still call it here, now.

A: Beer, you know, Russian beer, I brought back bottles of Russian beer when they actually started to have Russian beer production, like the Baltika beer. I brought beers, samples, I brought my ex-father-in-law a loaf of Borodinsky khleb,[77] which was my favorite, a little coriander in it, and everyone was fascinated, they wanted to know about Russian bread. I was telling them how you can survive a siege with Russian bread, it is that dense and healthy, and nutritious, and I'd bring back bread; I'd bring back food from the Caucasus

---

75 Now simply the Museum of History of Religion in St. Petersburg, the museum used to be tasked with promoting atheism in the USSR.

76 Technically, Armenian "cognac" is brandy, as the term cognac is reserved for brandy produced in Cognac, France.

77 *Khleb* is the Russian word for bread. Borodinsky bread is a dark brown slightly sweet sourdough rye flavored with molasses, caraway and coriander.

поощрялась. Я привозила открытки из Музея атеизма и истории религии[60].

Да? Хороший музей!

А: Открытки были очень маленькие и чёрно-белые. Пойдёшь в другие музеи, там продают очень красивые открытки; если сравнить их с открытками из этого музея, сразу становится очевидно, что меньше усилий было приложено к тому, чтобы люди его ценили.

Всё же это довольно разумный вопрос. Я имела в виду скорее вопросы о водке и о том, не ходят ли по улицам медведи...

А: О, о водке спрашивали много, «Тебе много водки пить приходилось?» Я отвечала, мол, нет, я пила вместо неё вино, я многим рассказывала о грузинских винах, об армянском коньяке, который нельзя называть коньяком...

Ну, тут нам между собой можно.

А: О пиве, знаете, о русском пиве, я привозила домой русское пиво в бутылках, когда уже начали производить русское пиво типа «Балтики». Я привозила пиво на пробу, а своему бывшему свёкру я привезла булку бородинского хлеба, моего любимого, с кориандром, и все им очень интересовались, задавали вопросы о русском хлебе. Я им рассказывала, что на одном русском хлебе можно пережить блокаду, настолько он плотный, полезный и питательный. Так что я привозила хлеб, кавказскую пищу, аджику, армянский кетчуп, он немного острый...

Значит, Вы знакомили людей со страной при помощи еды?

А: Да, я устраивала большие вечеринки, когда возвращалась из России. Я в чемодане провозила маринованный чеснок; меня спрашивали, везу ли я продукты питания, я отвечала, что не везу, а они тогда носом так *(принюхивается в подражание)*... Я просто жила в страхе, вдруг попадётся кто-нибудь с отличным обонянием! Говорила, мол, нет, нет никаких продуктов!

Никаких продуктов нет!

А: Продуктов нет.

Но в целом, как я понимаю, Ваш глубоко южный круг общения был на удивление хорошо образован и не зашорен в отношении Советского Союза, или, как минимум, не особенно о нём беспокоился?

А: Думаю, скорее второе.

Хорошо; второе. Спасибо! Было очень познавательно!

А: Пожалуйста!

Спасибо!

---

60 Сейчас Музей истории религии, находится в Санкт-Петербурге.

and the adjika sauce,[78] and Armenian ketchup that was kind of spicy …

So, you were introducing the country through food?

A: Yeah, I would have big parties when I came back, and pickled garlic in my suitcase; they would ask "Do you have any food?" and I would say no, and they would just go … *She sniffs the air in imitation.* … And I would just live in fear of someone who could really smell! And I would just go, no, no, no, no food!

There is no food!

A: No food.

But overall, from what I am gathering, your deeply Southern surroundings were surprisingly well-educated and open-minded about the Soviet Union, or at least did not care enough?

A: I think it would probably be the latter.

The latter; OK! Thank you! This was very edifying.

A: Sure!

Thank you!

---

78 Adjika is a Georgian-Abkhaz spicy paste or dip.

Жвачка

Сегодня у нас 12 августа 2010 года, я разговариваю с Ольгой. Здравствуйте, Ольга!

О: Здравствуйте, Анна!

Ольга, скажите, пожалуйста, в каком году Вы родились?

О: В 66-м.

В 66-м. И где?

О: Здесь, в Чите.

В Чите. Детство Вы тоже провели в Чите?

О: В Чите.

Очень хорошо. Если мы начнем трясти Ваши детские воспоминания, какое понятие у Вас было об Америке?

О: Абсолютно никакого.

Никакого?

О: Никакого.

А вообще о, там, загранице?

О: И о загранице никакого. Абсолютно никакого.

А о том, что Вы живете в хорошей социалистической стране, а все остальные прозябают?

О: А, ну да, ну, не то, чтобы прозябают. Они были абстрактными, и всё. Ну, абсолютно, там понятия – абсолютно, где-то там, так же, как космос, так и заграница.

Так же, как космос, так и заграница.

О: Ну, наши хорошие были. Наши, в России. Еще немцы там, чехи, поляки, а все остальные там – ну, они или марсиане, или американцы.

Понятно. Но – хорошие или нет?

О: Да никакие. Ну, не очень хорошие, говорили взрослые дядьки-тётки, говорили – плохие они, а я откуда же знала, какие они? Не знала, да и всё.

4

Bubble Gum

Today is August 12, 2010, and I am talking to Olga. Hello, Olga!

O: Hello, Anna.

Olga, would you tell me in what year you were born?

O: 1966.

1966. And where?

O: Here in Chita.

In Chita; did you spend your childhood in Chita as well?

O: Yes, in Chita.

Very well. If we start combing through your childhood memories, what idea did you have of America?

O: None at all.

No idea?

O: None.

What about, say, foreign countries in general?

O: None about foreign countries either. Absolutely nothing.

What about the idea that there you were, living in a nice socialist country, and the rest of them were miserable?

O: Oh, not that they were really miserable ... They were an abstract idea and that's all. Absolutely. Foreign countries were of the same order as the outer space.

Same as the outer space.

O: Well, we were the good guys. We, Russians. As well as Germans, the Czech, the Polish; the rest of them were either Martian or American.

Got it. But were they good or not?

O: They weren't anything. Well, not very good; grown-up aunts and uncles said they were bad, and how would I myself know what they were? I knew nothing, and that was it.

Хорошо.

О: Первый раз я с ними столкнулась — читала книгу, как же... «Одноэтажная Америка»?

«Одноэтажная Америка»? Ильф и Петров.[61]

О: Нет-нет-нет. Ладно, не буду. «Ветка сакуры»[62] он же написал.

А, это не «Одноэтажная Америка», это другая книга.

О: А какая?

Господи, как же она...

О: Ну, ты, в общем, поняла, о чём я говорю? Вот там какая-то информация появилась.

Овчинников?

О: Овчинников, да. Объективная более-менее.

Так это уже какой год?

О: Ну, какой это был год? Семьдесят какой-то.

А какая там именно информация?

О: А в шестьдесят каком-то мне вообще до Америки дела не было. Нет, ну я знала, что они там хорошо живут, что у них жвачка есть.

Откуда? Откуда такие жвачные сведения?

О: А вот была как-то в Луна-парке в Запорожье — тогда здесь в Чите же вообще ничего такого не было, — и там вот стреляла в тире, и достался мне, понимаешь, «Дирол» или «Стиморол», подушечка. Волшебная, до сих пор помню! Ну, сказали вот, что да, это там у них за границей такое есть.

А как же она в Запорожье попала в Луна-парк, эта волшебная подушечка?

О: А потому что он чешский был, Луна-парк.

Он с гастролями приезжал...

О: Он с гастролями приезжал, да, он был не наш, не отечественный.

Это была чешская жвачка.

О: Возможно, да, я не помню. Она была за границей, там, за границей.

А местная жвачка бывала? Как класс?

О: Местная жвачка после Олимпиады[63] появилась, в 80-х. Мы от неё собирали фантики. Они причём были одинаковые абсолютно все, апельсиновые, но мы собирали на количество, чтобы поразить друг друга. *(Смех)* Этих жвачек! В альбом складывали их, из-под марок.

---

61 Советские писатели-сатирики Илья Ильф и Евгений Петров путешествовали по США во время Великой депресии и написали о своей поездке две книги.

62 Книга о Японии (1980), автор Всеволод Овчинников.

63 Имеется в виду Олимпиада в Москве в 1980 г.

OK.

O: The first time I became aware of them was when I read a book ... *One-Story America?*

One-Story America by Ilf and Petrov?[79]

O: No, no, no ... OK, I won't ... The author also wrote *The Sakura Branch.*[80]

Oh, that's not One-Story America, that's something else.

O: What?

Oh, gosh, I am not sure.

O: But do you pretty much understand what I'm talking about? I got some information from that book.

Was it by Ovchinnikov?

O: Ovchinnikov, yes. More or less objective.

What year was that?

O: What year? Seventy-something.

What particular information was in it?

O: In the year 60-something, I could not care less about America. Well, I knew that they lived well there, and that they had chewing gum.

How? Where'd the chewing gum intel came from?

O: I was once in a Luna-Park[81] in Zaporozhye,[82] we had nothing like that here in Chita at the time. There, I went to a shooting range, and I won a piece of gum, it was either Dirol or Stimorol,[83] a small pellet. It was magical, as far as I remember! And people said that yes, they have this kind of stuff abroad.

How did the magical gum pellet end up in Zaporozhye in an amusement park?

O: The amusement park was Czech.

It was a touring one ...

O: Yes, it came on a tour; it was not our domestic park.

So, it was Czech gum.

O: Possibly, yes, I do not remember. It was from abroad, yes, from abroad.

Was there any domestic chewing gum? Did it exist as a class of objects?

O: The domestic gum appeared after the Olympics, in the '80s. We collected its wrappers.

---

79 Soviet satirists, active in the 1920s-'30s, who traveled the Depression-era America and wrote two books about the experience.

80 A book written in 1980 by Vsevolod Ovchinnikov about Japan and its people.

81 An amusement park.

82 City in Ukraine.

83 Danish brands of gum.

Где, в магазине покупали?

О: Нам из Москвы присылали.

Кому больше пришлют.

О: Сестра, а у кого родители ездили. А ещё у нас был источник доходов какой? Естественно, номенклатурные работники. У них почему-то в буфете она была просто так.

Понятно. Во всяком там обкоме...

О: В обкоме, да, в горисполкоме. Они имели возможность её купить, да.

Ну, когда жвачка есть – это же хорошо?

О: Конечно, хорошо.

То есть, американцам там, всем этим марсианам, было там хорошо, да?

О: Да, и джинсы у них были, как уже потом пошло-то, и музыка у них была!

Понятно. А в журнале «Крокодил»[64] писали, что плохо. Или Вы не читали ничего такого?

О: Да как-то оно мимо проходило, честно говоря. Возможно... Нет, ну, на самом деле в конце 70-х, начале 80-х годов на эту тему не очень-то проезжались. У нас как бы отношения потеплели тогда, холодной войны-то не было уже, и железного занавеса, как такового, просто, ну, как вот...

В конце 70-х? Был.

О: Не обращали внимания мы на них. Не акцентировали. И до нас это особо не доводили, чтобы молодежь, видимо, особо не нервничала, не было такой истерии, как она раньше была, и как она потом была.

В 80-х...

О: Америка да Америка, ну, и Бог с ней, с Америкой. Они там у себя, в Америке, мы здесь у себя, нам хорошо, комсомол там. Девушка с веслом и всё прочее.

Кстати, о комсомоле. Вы же, наверное, были комсомолкой?

О: Ну, конечно, конечно.

Принимали активное участие?

О: Конечно.

В чём?

О: Член комитета комсомола, школьного.

Делали-то что?

О: Культмассовый сектор.

Увеселениями занимались?

О: Как все номенклатурные работники, ничего [не делали]. Видимость создавали.

У Вас были какие-нибудь политпросветительские меропрятия?

О: Конечно. Политинформация у нас была каждую неделю.

---

64 Советский сатирический журнал (1922 - 2008).

The wrappers were all the same, by the way, from the orange-flavored kind, but we collected them for sheer amount, to thwart each other! *Laughter.* This gum! We saved the wrappers in albums made for collecting stamps.

Did you buy gum in the store?

O: It was mailed to us from Moscow.

A competition: who gets mailed the most gum.

O: My sister mailed me some; also, certain kids' parents traveled there. And another source of gum income we had was, of course, what? The Party[84] officials. For some reason, it was sold in their cafeteria freely.

I see. The regional Party committee ...

O: Yes, the regional committee, the municipal authorities ... They had the opportunity to buy it, yes.

OK, is it a good thing to have gum?

O: Of course, it is good.

So, Americans and the other Martians had it good?

O: Yes, and they also had jeans, such as became popular later, and they also had music!

I see. Well, Krokodil Magazine[85] wrote that their life was bad. Or did you not read anything of the kind?

O: It kind of went right past me, to be honest. Perhaps ... no, actually, at the end of the '70s and the beginning of the '80s, they did not really provide much criticism on this topic. Our relations got warmer then, there was no Cold War anymore, and there was no Iron Curtain as such, and so ...

At the end of the '70s? Yes, there still was.

O: We paid no attention to them. We did not emphasize such things. And we were not really brought up to speed on that stuff, to prevent the youth from getting nervous, maybe. There was no such hysteria as had been before that, or after.

In the '80s.

O: Yes, America was America and we let it be, that America over there. Americans live in their America, and we live here, and our lives are good: we have Komsomol[86] and the maiden with an oar,[87] etc.

Speaking of Young Communists, were you a Komsomol member?

---

84 The Communist Party.

85 Soviet satirical magazine published 1922-2008.

86 The All-Union Leninist Young Communist League, essentially the youth branch of the Communist Party.

87 Mass-produced gypsum-alabaster statues of young women with sports equipment, promoting sportsmanship, were on ubiquitous display in public spaces in the USSR. Here, the reference is sarcastic.

Про что?

О: Обзор событий. А вообще, последняя тема, на которой всё закончилось – это 26-й съезд КПСС[65].

А потом уже ничего не было?

О: А потом – он был последний – потом уже ничего не было. Вот этот апофеоз, это как всегда: подготовка к съезду (мы жевали эти сопли полгода), потом обсуждали тезисы съезда, кто там помнит...

Какой тезис? Хоть какой-нибудь помните? Хоть один, хоть какого-нибудь съезда?

О: Хоть какого-нибудь? Нет, наверное.

Ну, вот на политинформациях Вы как сидели? Проникнувшись и слушая внимательно, или ворон считали, думали про мальчиков?

О: Да, конечно, про мальчиков. Кто там слушал-то? Уже таких не было в моё время.

А кто их проводил, политинформации?

О: По очереди все. По партам.

По разнарядке.

О: Да, так просто.

«Сегодня Вы будете проводить...»

О: Нет, вот просто пошли с первого ряда, первая парта – и всё. Так и пошли друг за другом.

Ну, и как вот Вы, когда очередь до Вашей парты дойдет, как готовились?

О: Ну, вот идёшь утром в школу, вспоминаешь – сегодня же четверг, политинформация. Хватаешь газету вчерашнюю, выдираешь из неё какую-нибудь заметочку поменьше, потому что побольше вырвешь, и народ тебя порвёт потом, как ту газету.

Ну, то есть, по размеру.

О: Ну, по размеру, да, чтобы буквально для галочки.

А кто нибудь следил там?

О: Классный руководитель чтобы видел, что ты вышла с каким-то источником.

Чего-то.

О: Да. Что не совсем из головы ты несёшь отсебятину. А люди чтобы быстро прослушали. Не послушали, а прослушали, именно пропустили мимо ушей, и всё. Такие у нас были политинформации.

Ну, никто сильно не следил за содержимым того, что вы там рассказываете.

О: Нет, вот этого не было, когда это стало просачиваться, появляться после того, как закончился Советский Союз, все эти жуткие рассказы про «чёрного ворона», про репрессии, про диссидентов – вообще это было всё открытием.

---

65 Последний «брежневский» съезд КПСС прошёл в 1981 г.

O: Of course, of course.

Did you actively participate?

O: Of course.

In what way?

O: I was a member of the school Komsomol committee.

Did you do anything?

O: I was the mass culture sector person.

The one responsible for entertainment?

O: Like all officials, we did nothing. We created the appearance of activity.

Did you have any political education events?

O: Of course. We had political information sessions weekly.

What were they about?

O: Current events. And the last and ultimate topic, which brought everything to its end, was the 26th Party Congress.[88]

Was there nothing after that?

O: And then—that was the last one—then there was nothing at all. It was the apotheosis. It was business as usual: the preparations for the Congress—we chewed on that booger for six months—then the main theses of the Congress, not that anyone would remember them ...

Do you remember any, even just one, Party Congress thesis? From any congress?

O: Any one? Probably not.

So, how did you spend those political information sessions? Deeply caring and listening attentively, or counting crows and thinking about boys?

O: Thinking about boys, of course! Was there anyone who listened? Not in my day anymore.

Who was conducting the sessions?

O: We took turns, desk by desk.

By assignment.

O: Yes, simply like that.

"Today it is your turn."

O: No. We started counting down from the first row: first the front desk, and then the desks further down. And then there you went, one after another.

So, when it was your turn, your desk's turn, in what way did you prepare?

88 26th Congress of the Communist Party of the Soviet Union in 1981, the last one with Party leader Leonid Brezhnev in office.

Не было у нас в Чите такого, ни диссидентов, ни «чёрного ворона», ни репрессий...

О: Не вызвало каких-то там... Когда это было на западе, оно просто не доходило до нас, мы здесь как в вате жили. Не слышала ничего я про них абсолютно. Что там удирали за границу, заграница их ещё куда-то выкидывала, как того же Солженицына – вообще этих фамилий не знали. И никого не знали, кто сидел.

И не знали знакомых, или знакомых знакомых, родственников знакомых...

О: Нет! Нет! И не сталкивалась с КГБ никогда абсолютно. И не пытались меня заставить стучать на кого-то. Не было такого.

Родители партийные были?

О: Нет.

Беспартийные. Они с какими-нибудь сталкивались, например, карьерными препятствиями по этому поводу?

О: Ну, я не знаю, по какому поводу мой отец не защитил докторскую диссертацию. Я не осведомлена в этом. Возможно, по национальному признаку. Не знаю, может быть. Ну, это не муссировалось у нас абсолютно.

Не обсуждалось. Вообще дома велись беседы на политические темы?

О: Нет.

О чём вообще разговаривали?

О: Ну, о том, что мы поедем в отпуск, например. На море. Или как мы приехали из отпуска. Или, там, сестра в Москве, как она живёт. Или поехали за грибами. Вот такое...

Ну, это всё безотносительно, там, застоя, правительства...

О: Безотносительно.

Безотносительно парткома.

О: Ни хорошо, ни плохо, нет, никак, вообще. Они нас не трогали и мы их не трогали. Как-то так у нас вышло.

Понятно. В школе военная подготовка была?

О: Да.

Что делали?

О: Автоматик собирали.

И разбирали; противогазик надевали и снимали. Все, девочки, мальчики?

О: Бомбоубежище изучали, как устроено.

Помните, как устроено бомбоубежище?

О: Нет, конечно.

Во сколько накатов крыша должна быть?

О: Не помню.

А сколько банок тушёнки надо с собой нести на взрослого и на ребёнка?

O: OK, so there you are, getting ready for school in the morning, and then you remember: it is Thursday, I gotta do political information. You grab yesterday's paper and tear off some article, the smaller the better, because if you choose a big one then your classmates will rip into you like you are that very paper.

So, you select material according to size.

O: Yes, by size, literally just to check it off the list.

Did anyone supervise that?

O: The class supervisor needed to see that you came to the front with a news source.

A source of something.

O: Yes, that you were not simply making stuff up. And that it was suitable for people to quickly listen through. Not listen, just listen through, in one ear and out the other, and that was all. Such were our political information sessions.

Meaning, no one paid any special attention to what you were saying?

O: No, we didn't have any of that. When it all started seeping through, after the Soviet Union collapsed, all those horrible stories about dissidents, repressions and the Black Raven[89] were a revelation to us.

You did not have anything like that in Chita, not the dissidents, not the repressions, nor the secret police vans.

O: It did not ring a bell ...When all of that was happening in the western part of Russia, the news simply did not make it to us. We lived as though we were wrapped in cotton balls. I heard nothing about that whatsoever. People fleeing abroad, foreign countries throwing them out like they did Solzhenitsyn, for instance—we did not even recognize the last names. And we did not know anyone who was imprisoned.

No acquaintances, no acquaintances of acquaintances, no relatives of acquaintances ...

O: No! None! And I have absolutely never come in contact with the KGB. And no one tried to make me report on anyone. Nothing like that.

Were your parents Party members?

O: No.

No Party affiliation. Have they ever had any obstacles, for instance, in their careers because of this fact?

O: Well, I do not know why my father was not able to defend his Doctor's thesis. I was not informed. It could have been because of his ethnicity.[90] I don't know, maybe. Well, we did not discuss it, ever.

You did not discuss it. Did you ever discuss politics in your house?

O: No.

What did you generally talk about?

---

89 Slang term for secret police vans, associated with imprisonment and punishment by the government.

90 A roundabout way of saying "because he was Jewish."

О: Не помню.

А где бомбоубежище ближайшее находилось, помните?

О: В школе.

В школе прямо? Удобно.

О: Очень.

А на случай какой ядерной войны Вы это всё изучали?

О: Ну, вот какой-то. Когда оттуда проклятые американцы на нас бомбу скинут.

Так они же не проклятые, у них же жвачка? Или они всё-таки злые?

О: Жвачка — это у нас жвачка в голове, а у наших руководителей-то они проклятые. Хотя я не думаю, что они не жевали эту жвачку.

Понятно. То есть, предполагалось, что война — она может состояться.

О: Да.

А Вы лично серьёзно относились к этой перспективе или думали: «Ну, какая там война-шмойна, я лично пойду в кино?»

О: Ну, вот никак не относилась.

Вообще не занимала она, эта война, потенциально никакого участка?

О: При малейшей возможности, конечно, я уходила в кино.

Понятно. С войны.

О: С войны. Ну, война-то была серьёзная, в «Зарницу» играли-бегали.

О, что это такое? Расскажите.

О: «Зарница» — игра, военная.

Военно-полевая.

О: Советских детей в период 70-х, 80-х годов.

Да, мы тоже играли. Но это же не сам играешь, это школа тебе велит играть, ты и играешь.

О: Как мы, старшие классы, девятые-десятые, ну, то есть, когда военная подготовка начинается, когда нам уже показали, что такое автоматик, противогазик, вот мы и бегали там, мы и синие, и красные, и надо там какой-то флаг или штаб завоевать, я уже не помню.

Где бегали?

О: А вот, возле первой школы, какая она, Батарейка? Да, Батарейка.

На Батарейной сопке. В лесу.

О: Ну, там раньше был лес, почти.

Это весело было, или это было: «Опять, ёлки-палки, надо...»?

О: Это весело было, потому что шефы там бегали. Они потом нас гречневой кашей кормили с тушёнкой, вообще классно было.

А кто такие шефы?

О: Солдаты, часть военная.

O: Well, planning vacations, for instance. How we were going to the seaside. Or coming back from vacation. Or about how my sister's doing in Moscow. Or about picking mushrooms. Things like that.

All of this went on regardless of the stagnation,[91] of the government …

O: Regardless.

Regardless of the regional Party committee.

O: Nothing good, nothing bad, nothing at all. They did not bother us, we did not bother them. Somehow it worked out this way.

I see. Did you have paramilitary training at school?

O: Yes.

What did you do?

O: Assembled our little machine guns.

Assembled and disassembled guns; put on gas masks and took off gas masks. Did all of you do it, both boys and girls?

O: We learned how to make a bomb shelter.

Do you remember how a bomb shelter is made?

O: Of course not.

How many layers does one need for the roof?

O: Don't remember.

How many cans of beef to bring per adult and per child?

O: Don't remember!

Do you remember where your nearest bomb shelter was?

O: Inside our school.

Right inside the school? That's convenient.

O: Very.

So, which nuclear war would you need to learn all of this for?

O: Some kind of war. For when those evil Americans dropped their bomb on us.

Wait, why were they evil? They had gum! Or were they vicious, nonetheless?

O: Gum was what we had on our minds; our leaders, meanwhile, called them evil. Although I do not imagine that they themselves refrained from chewing that same gum.

I see. So, it was suggested that a war might take place.

---

91 The Era of Stagnation, approx. 1964-1985, a term coined by Soviet leader Mikhail Gorbachev to describe the policies of the period, characterized by revocation of some of the relatively liberal reforms of Khrushchev's Thaw and a partial rehabilitation of more Stalinist policies.

Военная часть.

О: Военная часть. Связисты. Мы им песни пели на всяких смотрах.

Хорошенькие?

О: А Бог их знает, какие они там были. Они тогда солдаты просто были, и всё. У нас как-то...

Ну, мне просто кажется, девчонки, старшеклассницы...

О: Почему-то было стыдно, непрестижно было с солдатами общаться в моё время. Солдат – он солдат, он изгой почти что.

Чуть не нечеловек такой?

О: Да-да.

Как будто в тюрьме сидит?

О: Ну, не как будто в тюрьме сидит, а он без образования же, солдат. Неграмотный почти что.

Понятно.

О: В сапогах кирзовых вонючих.

А были ли у Вас какие-нибудь знакомые, которые как-то очень серьёзно во всём этом деле участвовали, например, хотели продвигаться по комсомольской линии?

О: Они такие были, как бы, но поскольку...

Или искренне верующие во всё это?

О: Ну, не было уже таких. Не было. Я не знакома с такими. Даже если они делали вид, что они искренне верят, сейчас выясняется, что это был всё-таки вид, на самом деле. Потому что мы сейчас встречаемся по прошествии стольких лет, и такие вещи выясняются, что волосы дыбом встают. Чем эти самые верующие занимались после того, как мы разъехались из школы. То есть, они там из последнего держались идейно...

В школе...

О: А потом уезжали учиться в другие города и пускались во все тяжкие.

Ну как же, а если они хотели продвигаться по комсомольской линии?

О: У нас таких не было.

Не было?

О: У нас никто из школы, из класса моего, никто не ушёл в номенклатуру. Не успели они, в 83-м году школу закончили.

Ну, можно было ещё чуть-чуть успеть, немножко.

О: Не успели, нет. Там реально не успеешь, даже если через райком комсомола идти. Это года два-три надо было, чтобы в передовых куда-то выслужиться. А тут уже и перестройка началась, всё уже, комсомолу хана пришла. Может быть, из них кто-то и был бы таким, но не дали возможности.

В школе не участвовали ли Вы в каких-нибудь специализированных мероприятиях, например,

O: Yes.

Did you personally take that prospect seriously? Or did you think, war-schmar, I, personally, am going to the movies?

O: I had no attitude toward it at all.

So, war as a potentiality did not occupy any part of your brain?

O: With every opportunity I, of course, went to the movies.

I see. Away from the war.

O: From the war. Well, we had a serious war going on among ourselves; we ran around playing *Zarnitsa*.[92]

Oh, please tell me what it was.

O: *Zarnitsa* was a war game.

A field-and-war game ...

O: Of the Soviet kids of the '70s and '80s.

Yes, we had it too. But we did not want to play it by ourselves, it was more like, the school tells you to play, and so you play.

O: As we were in the senior grades, grades nine through 10, that's when the paramilitary training began. They had already showed us their little machine guns and gas masks. Then we would run around. We were the Reds, or the Blues, and we had to capture some flag, or some headquarters, I don't remember now which.

Where did you run around?

O: Next to the school. What is it called that we have there, the Batareiny Hill? That's what it was.

The Batareiny Hill, in the woods.

O: Well, it used to be nearly all wooded in the old days.

Was it fun, or was it, like, here we go, they are making us do stuff again, gosh ...

O: It was fun because our counselors ran around, too. Then they would feed us buckwheat porridge with canned beef, and it was major fun.

Who were the counselors?

O: Soldiers; they were an army troop.

An army troop.

O: Yes, the army radio guys. We sang for them at all kinds of concerts.

Were they cute?

O: I can't even tell if they were. They were drafted soldiers, and that's it. We kind of ...

Well, I just thought, teenage girls, senior grades ...

92 The word *zarnitsa* means summer lightning, or heat lightning.

за мир во всем мире? Петиции, там, в поддержку Анджелы Дэвис?[66]

О: Ну, а как же! Принуждали же всех.

Принуждали? А что происходило там, как это выглядело?

О: Ну, вот, собирали на линейке, объявляли, что сегодня мы должны подписать ту самую петицию. Ну, не важно уже, я не буду говорить конкретно, я не помню...

Какая это была петиция...

О: Какая это была петиция.

То ли это был Нельсон Мандела...

О: Да, вот принесут бумагу в класс, и вы должны расписаться. Приносили бумагу в класс, нас собирал классный руководитель, мы расписывались.

Понятно.

О: Или что сегодня вот у нас день будет посвящён борьбе за мир.

И что тогда?

О: День проходил в обычном порядке, но он был посвящён борьбе за мир. И мы это знали, и якобы мы должны были этим гордиться.

А как лицу, ответственному за культмассовый сектор, Вам, наверное, доводилось сталкиваться со смотрами художественной самодеятельности: смотр-конкурс плаката, ещё какая-нибудь такая штука?

О: Нет-нет, нет, не было таких смотров. У нас по поводу праздников несколько вечеров организовывалось. Надо сказать, что всё-таки активность политическая наших официальных структур в тот момент – она нулю была равна, действительно. Не было такого. Вот когда ещё в пионерах мы были, я помню, как нас трясли, как грушу. И макулатуру мы собирали, и эти самые плакаты рисовали, да-да. А вот когда в комсомоле, там уже тихо было. Там был застой.

В пионерском возрасте про что плакаты рисовали, например? Ну, вот я помню, мы всё время рисовали глобусик, голубя Пикассо, разломанные бомбы атомные.

О: Ну, вот такого типа рисовали, у кого содрать.

Срисовать.

О: Потому что своей фантазии-то не у многих найдется.

С открыток?

О: С открыток, да, конечно, не было тогда никакого интернета, вообще источников мало было. «Крокодил», оттуда. Бидструп[67] ещё был. У него сдирали.

---

66 Политическая активистка, коммунистка Анджела Дэвис (США) пользовалась большой популярностью в СССР. Тысячи советских граждан подписали петицию с требованием освободить Дэвис из-под ареста в 1970 г., и советские школьники отправляли открытки президенту США в её поддержку. В 1972 г. Дэвис посетила Советский Союз.

67 Херлуф Бидструп (1912-1988), датский карикатурист и художник-иллюстратор, убеждённый коммунист.

O: For some reason it was shameful and not cool to mingle with drafted soldiers in my day. A private was a private, which meant almost an outcast.

Nearly not human?

O: Yes, yes.

Similar to an inmate in prison?

O: Not an inmate in prison, but a person without an education. Almost an illiterate.

I see.

O: Wearing those crude stinky leather boots.

Did you have any friends who took part in this rather seriously, perhaps because they wanted to advance their Komsomol careers, for instance?

O: They did exist, sort of, but since ...

Or maybe someone who was earnest about this?

O: Well ... Not, not at that time anymore. I did not know anyone like that. Even if they did pretend to be true believers, it is now clear that it was for appearances only. Because we meet sometimes, and after so many years such things come to light that would make your hair stand on end. Like, what those true believers did after we graduated from school. So, they tried to look ideologically sound with all their might ...

At school ...

O: And then they went off to college to other cities, and just really went to town there.

But what about the advancement of their Komsomol careers?

O: We didn't have anyone like that.

Did not?

O: In my school, not one person from my class became a Party functionary. They ran out of time; we graduated in 1983.

Well, they still could catch the tail end of it.

O: They didn't make it, no. It was really impossible to make it, even if they went through the regional Komsomol committee. You had to put in two to three years of exemplary service to be promoted. Then perestroika started, and Komsomol was kaput. Perhaps someone could become one of them, but they were not given the opportunity.

At school, did you have to take part in any special events, such as speaking for peace in the world, or petitioning to support Angela Davis?[93]

O: Of course, I did! Everyone was made to.

Made to? How did it look; what events took place?

93 US political activist Angela Davis became a Communist icon in the Soviet Union; after her arrest in 1970, thousands of people petitioned for her release and schoolchildren wrote postcards to the President of the United States on her behalf. In 1972 Davis visited the USSR.

Это такой продвинутый, прогрессивный художник. Картунист.

О: Да.

Так. И потом что со всеми этими плакатами делается?

О: Ну, что делается? Валялись где-то у них на складах, у наших преподавателей.

Ну, их вывешивали сначала?

О: Их вывешивали, да.

Это было посвящено..?

О: Ну, какие поводы были: Первое мая там, День Победы, День борьбы за мир, например, День защиты детей. Висели они, да, вроде как конкурс устраивали, только наград никаких я не припомню за участие в этих конкурсах. Стенгазеты рисовали, да, тоже классами.

Ну, тоже это всё как-то, я понимаю, в каком-то не то, что сне, на автомате, но как-то так всё рисуется... Без всяких...

О: Ну, это было так, ни шатко, ни валко, да. Для галочки рисовали, да и всё.

Ну, это такой ритуал, надо делать...

О: Это такой ритуал, да, надо утром зубы почистить и нарисовать стенгазету в честь Первого мая. Ну, не хочется, лень – можно поспать подольше, ладно. Завтра почищу зубы, нарисую газету.

Ха! Классно.

О: Будет счастье за это. Что-нибудь обещали иногда такое, корыстное.

Например? Ну, вот я, например, из своего детства помню, что можно выиграть на конкурсе плаката два килограмма печенья и две банки сока с мякотью.

О: Нет, такого у нас не было.

Это у нас в лагере пионерском было.

О: Ну, в пионерском, возможно, и было. В пионерском – конечно.

Там еда на вес золота.

О: Там очень голодные дети. *(Смех)* Ну, например, я не знаю, билет в драмтеатр давали какой-то, такого морального плана поощрения. Конечно, никто не отпускал на неделю с уроков из-за того, что ты выиграл конкурс. Естественно, а как ещё?

Билет в театр – это реально.

О: Билет, или что-то такое ещё, участие в какой-то областной пионерской конвенции.

А там что?

О: А вот там, возможно, был бы буфет, где можно было купить тот же сок с мякотью, которого не было в магазинах. Или жвачку, например.

Жвачку? Ну, нет.

О: Ну, типа этого что-то, может, фломастеры какие-то. Сколько у нас дефицитов

O: Well, they would gather us at the assembly, and declare, "Today we must sign this petition." It's not even important which, I could not say which specific one.

Which particular petition it was …

O: Yes, which particular petition.

Could have been for Nelson Mandela …

O: Yes, so they would bring this paper to class, and you had to sign it. They brought the paper to class, the class supervisor had us all come up, and we all signed it.

I see.

O: Or, they would declare that the day would be devoted to struggle for peace.

And what then?

O: The day went on as usual, but it was devoted to struggle for peace. We all knew it, and we were all supposed to take pride in it, I guess.

As a person responsible for the mass culture sector, you perhaps have happened to participate in amateur performance contests, poster exhibits, and other such things?

O: No, we had no exhibits such as those. We did have evening parties to celebrate holidays. It must be said that the political activity levels of our official structures at that point were at zero. There wasn't any. While I was still a Young Pioneer, then, I remember, they shook us down like we were pear trees. We collected old newspaper, we drew those posters you mentioned, yes, we did; but when we were in Komsomol, it had all died down. Things became stagnant.

When you were Young Pioneers, what posters did you make? I, for one, remember we always used to do the same ones, with the globe, and fractured atom bombs, and Picasso's dove.

O: Yes, that was the type of stuff we drew, we looked for placcs to steal ideas from.

To copy images?

O: Because not many people had a good imagination.

What about postcards?

O: Yes, we copied from postcards, of course, we had no internet, and very few sources overall. We had the *Krokodil* magazine, plus there was Bidstrup,[94] and we plagiarized his drawings.

He was a forward-thinking progressive artist, a cartoonist.

O: Yes.

What happened to all those posters afterwards?

O: What could happen to them? They lay around our teachers' storage rooms.

But were they displayed first?

---

94 Herluf Bidstrup (1912 - 1988), a Danish cartoonist/illustrator and a devoted Communist.

было в то время! Даже цанговые карандаши были за счастье.

Были ли у Вас какие-нибудь знакомые, какие-нибудь у семьи знакомые, «друзья и знакомые Кролика», которые ездили за границу либо жили за границей? И могли что-нибудь про эту самую заграницу рассказать?

О: Не-а, не было.

Не было?

О: Они вот, как бы... Опять же, в начале 80-х родственники уезжали в Запорожье, они уезжали – билеты в один конец. Они ничего уже не могли рассказать.

Эмигрировали? Это в каком году?

О: В начале 80-х.

В начале 80-х. Ну, да, это было вообще-то жёстко в это время.

О: Массовый исход был, они уезжали вообще косяками. Москва, Украина.

Как вообще у Вас...Это родственники Ваши?

О: Родственники.

Как в семье у Вас относились к тому, что у Вас кто-то в семье эмигрирует, вообще к факту эмиграции?

О: Они там у нас, в Запорожье, то есть, на Марсе. То же самое, примерно. Вот, мы их видели...

Запорожье тоже на Марсе? То есть, никаких морально-этических оценок этому не давали?

О: Да мы и не знали их. Родители их, может, и лучше знали, а я раз пять их видела за всю жизнь, мне фиолетово было, что они уезжают.

Ну, родители не говорили, мол, уезжают, предатели Родины? Или, мол, уезжают, хорошо им?

О: Нет, нет, не было у нас таких разговоров – «предатели Родины». Вообще никаких.

Понятненько. У Вас, ребёнка, потом молодой девушки, наверное, были какие-то вещи – давайте ещё пока в застое останемся, мы ещё в перестройку не пойдем, – какие-то вообще политико-идеологические убеждения? «В самой ли лучшей я стране живу? Что я думаю про социализм?»

О: Убеждения... Убеждения, как бы, они в начале школьной жизни были, да, наивные эти: «Как закалялась сталь»[68], «Молодая гвардия»[69], слёзы умиления. А потом она, ложь – она же полезла отовсюду, ты же видишь всё равно, хотя все и молчат вокруг. Вот такое ощущение с тех пор и осталось, что ложь, всюду ложь. Двойные стандарты. Что требуют от народа одно – те, кто что-то могут, – а сами себе позволяют совершенно другое. Такие знакомые потому что были, и можно

---

68 Полуавтобиографический соцреалистический роман Николая Островского, изображающий жизнь образцового большевика; впервые издан в 1932 г.

69 «Молодая гвардия» (1946, 1951) Александра Фадеева (1901 – 1956) повествует о действиях подпольной молодёжной организации антифашистского сопротивления в самом разгаре Второй мировой войны.

O: Yes, they were displayed.

On what occasions?

O: Well, what occasions did we have ... May 1st, Victory Day, Day of Struggle for Peace, for instance, or International Children's Day.[95] They hung them up, yes, they were supposed to be entered in contests, but I do not remember any awards, for some reason. We made wall newspapers, as well, our entire class did.

So, as far as I understand, all of those were created not exactly in a sleepwalking state, but sort of automatically, without much thought.

O: Yes, it was all neither here nor there, only done to check the box.

It is a kind of a ritual you have to perform.

O: Yes, it is a ritual: you gotta brush your teeth in the morning and make a wall newspaper in honor of May 1st. If I don't feel like it, if I am feeling lazy, I'll sleep in, and brush my teeth and do the paper tomorrow.

Ha! Great.

O: Occasionally, they promised something in return, they dangled a carrot, something the kids wanted.

Like what? From my own childhood, I remember that it was possible to get two kilos of crackers and two jars of juice with pulp for winning the poster contest.

O: No, we had nothing like that.

We had that in summer camp.

O: Well, in summer camp it was possible, for certain.

It's just that food was worth its weight in gold there.

O: Kids in summer camps were very hungry. *She laughs.* OK, maybe they would give us, I don't know, theater tickets. The awards were supposed to boost our morale. Of course, no one would let us stay home from school for a week for winning the contest. That goes without saying.

Tickets to the theater are a tangible thing.

O: A ticket, or something else, like taking part in the regional Pioneer convention.

What was good about that?

O: There, for instance, would perhaps be a vending counter where one could buy that same juice with pulp which was not sold in stores. Or gum, for example.

Gum? I don't think so.

O: Well, something like it, like felt tip markers, maybe. We had so many kinds of shortages

---

95 May 1 is International Worker's Day, May 9 is Victory Day marking the surrender of Nazi Germany in 1945, June 1 is International Children's Day, and Day of Struggle for Peace here may refer to the International Day of Peace celebrated each year on September 21.

было сравнивать, как мы жили и как жили они.

То есть, разница в материальном положении?

О: В материальном положении, да, и в возможностях разница большая.

И к какому возрасту этот скептицизм, если он выработался, к какому возрасту он выработался?

О: Вот как раз к тому моменту, как в комитете комсомола заседала, он и выработался! Он там и заточился!

Понятно. А самой не хотелось побывать за границей, посмотреть, что там, как жвачки местные поживают?

О: Да хотелось, конечно. В какой-то момент, да, и жвачки захотелось, а потом просто интересно стало, а сейчас и ещё как интересней. Но сейчас опять денег почему-то нету, хотя жвачка есть. Жвачка есть, а наша верхушка по-прежнему не дает нам высовываться. Только вот так. На пять сантиметров, и щас тебе по макушке сразу: «Сиди там и не рыпайся». Только поднимаешься до ста долларов в месяц, и тут раз тебе кризисом опять!

А в какую заграницу хотелось? Что там смотреть, что там делать?

О: Ой, мне бы сейчас хотелось в Европе побывать очень сильно, в старой Европе, в Испанию, например, съездить.

А тогда?

О: А тогда? И тогда хотелось. Ну, мне никогда не хотелось поехать в Диснейленд, это однозначно, даже за жвачкой. Это неинтересно и, честно говоря, в Америку ехать не хочется, потому что у меня сейчас представления об этой стране... Несколько хуже, чем во времена застоя, скажем так.

Понятно.

О: Хотелось бы просто какие-то культурные истоки навестить. В Америке это в принципе невозможно.

По музеям и выставочным залам.

О: Да, как бы, не по музеям бы. Вот в простом общении лучше было бы, со знакомыми какими-то, вот так окунуться в чужую культуру, а не просто ходить по этим музеям, таращиться. Что там увидишь за два часа?

Так, пожить, как люди живут?

О: Да, посмотреть, познакомиться. Причем без всякой помпы, какой-нибудь маленький город, деревушка, где тихо, спокойно. Если в Грецию, то там, где козы, пастухи. Море.

Понятно.

О: И оливки.

И маслины.

О: И маслинки.

И маслёнки. Но маслёнки – это тут. Ладно. Вот раз в райкоме, нет, в комитете комсомола

then. Even obtaining mechanical pencils took a stroke of fortune.

Have you had any friends, family friends, any acquaintances, in general, friends and relations who had gone abroad, either to visit or to stay? And who could tell you anything about life abroad?

O: Nope, we did not.

None?

O: They were, sort of ... The same relatives who went to Zaporozhye in the '80s left with a one-way ticket. They were not able to tell us anything.

They emigrated? What year?

O: In the early '80s.

The early '80s. Yes, it was tough at that time.

O: There was a mass exodus then, from Moscow, from Ukraine.

Those were ... those were your relatives, right?

O: Relatives.

How did your family view their emigration, or emigration in general?

O: They lived in Zaporozhye, which was the same as Mars, pretty much. So, we saw them...

Was Zaporozhye like Mars as well? So, there was no moral or ethical evaluation of their leaving.

O: We did not even know them well. My parents may have known them better, but I personally saw them maybe five times in my life, and I did not care that they were leaving.

Did your parents make any comments, as in: they are leaving, they are traitors? Or: they are leaving, good for them?

O: No, we did not have any conversations about traitors of Motherland, or anything.

I see. You, as a child, then a young woman, must have had things you believed in; let's stay in the Brezhnev years for now, without stepping into perestroika. Did you have any political or ideological thoughts? As in, do I live in the best country in the world? What do I think about socialism?

O: Convictions ... I had convictions in the beginning of my school life; they were naive, as in *How Steel Was Tempered*,[96] *The Young Guard*,[97] tender tears and all that. Later, lies started coming out of the woodwork; we saw things the way they were, even though no one ever mentioned anything. That is the feeling I still have, that it is all lies, we're surrounded by lies. Double standards. That those who have power demand that the common people live

---

96 Influential socialist realist novel written by Nikolai Ostrovsky, first published serially in 1932; a semi-autobiographical portrayal of the perfect Bolshevik man.

97 Young adult historical novel written by Alexander Fadeyev in 1946 and revised in 1951. The novel tells a tale of a group of young people, "the Young Guard", who operate in the Eastern Ukrainian city of Krasnodon as an anti-German resistance group during WW2 and sacrifice their lives to the cause. Eventually the book became required reading for secondary school.

выработался уже некий скептицизм, то какие были чувства по поводу перестройки, если какие-то вообще были?

О: Чувства какие были? То, что время пришло на крыло вставать, и тут вырвали из-под ног всю почву.

Ага, вот так.

О: Вроде бы, с одной стороны, возможность-то есть, а поскольку база отсутствует, накопленная предыдущими поколениями, то и возможности эти, они пропадают.

То есть, по поводу экономического краха были сожаления и тревоги?

О: Очень тяжело было. Тяжело было выживать.

А по поводу свобод, информационных потоков?

О: А когда нету материальной базы, она, свобода, на фиг не нужна. Она хуже, чем несвобода.

Ага, понятно.

О: Иди куда хочешь, а крыльев нету. Толку-то от этой свободы?

Какие-нибудь представления о мире кардинально поменялись в перестройку или нет?

О: Ну да, поменялись, конечно, оказалось, что там, вокруг, такие же люди живут, как и мы. Не лучше и не хуже. Такие же абсолютно. И в общем-то цивилизация – это не самое большое благо на свете, на самом деле. Что в ваших проклятых Америках люди уже задыхаются от этой цивилизации. Уже загоняют себя в тупик практически, и мы по дороге в это светлое будущее шагаем, хватаем всё самое худшее, что можно взять, что лежит сверху. То есть, не вкладываемся ни в какое будущее, а просто рвём, берём пример с Америки...

Цветы удовольствия.

О: Не цветы, а то, что подешевле, побыстрее. Если у нас ещё какие-то бизоны остались в России, то мы их скоро добьём, так же, как в Америке сделали в своё время. И мы идём этой дорогой семимильными шагами, не задумываясь ни о чём.

А по социализму не скучаете?

О: Нет.

Вообще вот сейчас, из прекрасного далёка, из будущего?

О: Нет.

Нет? Не кажется, что вот были такие достоинства у него, и сякие достоинства?

О: Не было у него никаких достоинств. Он отбросил нас больше чем на сто лет назад. Мы бы сейчас, наверное, другой дорогой шли, более правильной, если бы не случилось этой революции. И не прийти бы нам ещё к одной революции таким образом. Некультурным.

К некультурной революции.

О: Нет, некультурным сейчас образом жизни.

Понятно. То есть, получается, что у социализма не было достоинств.

a certain way, and yet allow themselves a completely different lifestyle. Because we knew people like that, and we had the opportunity to compare the ways they lived and the way we did.

Do you mean, differences in material well-being?

O: Differences in material well-being, yes, as well as big differences in the opportunities we had.

So, this skepticism, if it appeared, at what age did it appear?

O: Right by the time I started to be part of the Komsomol staff, that's when it appeared, and that's where it was honed!

I see. Did you want to go abroad, see how things were, and what the situation with chewing gum was like over there?

O: I wanted to, of course. At one point. I wanted gum, and then later it was simply interesting, and it is ever more interesting now. But right now, for some reason, we don't have any money again, although we do have gum. We have gum, but our ruling class still won't let us rise. It's just like that. You rise five centimeters above your old station and then they hit you on the head: sit still and don't make noise. You get a pay raise, now you are making a hundred dollars a month and then wham!—they are serving you an economic crisis.

Which foreign country did you want to go to? What did you want to see or do there?

O: Oh, right now I would really love to go to Europe, the old Europe, to see Spain, for instance.

What about back then?

O: Back then? Then, I wanted the same. Well, I never wanted to see Disneyland, even to buy chewing gum, no doubt about it. It is not interesting, and honestly I do not want to go to the US because right now my idea of that country is, so to speak, worse than it was in the times of stagnation.

I see.

O: I would want to see some culture and history, which is impossible in the US, in principle.

Museums and galleries.

O: Not even museums, I guess. It would be better to just have some simple exchanges with people, with someone you know, to be immersed in a different culture, and not just walk around museums, staring. What can one possibly see in two hours?

So, to live like the locals do?

O: Yes, to see how they live, to get exposed. Without any pomp and circumstance, just go to a small town or a village where it is nice and quiet. If it's Greece, then somewhere with goats and goatherds. And the sea.

I see.

О: Не было.

У капитализма их, получается, тоже не особо.

О: Ну, капитализм я сейчас приемлю, потому что в данный момент уже призрак голодной смерти меня не преследует. Конечно, возможностей у меня таких нету, как было бы, когда мне было двадцать лет. Ну, нормально я сейчас живу, мне достаточно удовлетворения и гармонии с окружающим миром.

Понятно. По отношению к Америке... Ну, я уже поняла, что Вы считаете, что американский образ жизни – он какой-то такой не очень хороший, да?

О: Да не то, чтобы он нехороший... Но мне не нравится. Мне он не нравится. Я не говорю, хороший или плохой.

Чем? Какие конкретно черты?

О: Вот какое-то оно всё такое искуственное, за уши притянутое, и разобщённость такая сумасшедшая в обществе, на самом деле. Все друг другу мило улыбаются, а каждый одинок безумно просто. И это очень хорошо видно во всяких фильмах и во всём прочем. Хотя понятно, что это идея, но доходит всё равно информация, её всё равно видно. Какие-то бесконечные проблемы эти судебные и прочее, уже просто смешно. Не так посмотрел, не туда плюнул, не туда дунул. Хорошо, конечно, возможно, когда ты знаешь, что тебя защитят в любой момент. Но это уж чересчур как-то. Чересчур.

Ага, то есть, индивидуализм американский с такими его производными, как разобщённость и одиночество.

О: Да. И то, что в Америке истоков нету, вот это мне не нравится. Вот оно, может быть, одно из другого и вытекает как раз. То есть, это такой шикарный коктейль внешне, от которого потом по утрам бывает несварение желудка.

У Вас знакомые американцы есть?

О: Не-а.

Друзей нет?

О: Нет.

То есть, это из фильмов почёрпнуто, это видение?

О: Из фильмов, из книг. Из музыки как-то. Ну так, как бы, не изучение литературы критическое, а моё собственное понимание этой музыки, как она звучит. Но в основном, как бы, не то, чтоб совсем уж одни фильмы, они просто часть какую-то занимают. Литература, книги, да, такие источники информации.

Если бы довелось совсем бесплатно и буквально во мгновение ока как-то так нехлопотно поехать в Америку, что бы там хотелось посмотреть?

О: Ниагарский водопад хочу!

Ниагарский водопад? А не охота было бы, как в случае со старой Европой, посмотреть, как люди живут, пожить с ними, повариться?

O: And green olives.

And black olives.

O: And black olives.

And black mushrooms. But we have those here. OK. So, if the regional committee, no, sorry, the Komsomol committee fostered a certain skepticism, then what were your feelings towards perestroika, if any?

O: What was I feeling? That it was our time to leave the nest, and they pulled the rug from under us.

Uh-huh, I see.

O: On the one hand, we kind of had opportunities; on the other hand, since there was no foundation created by the previous generations, the opportunities were all lost.

So, you had regrets and concerns about the economic collapse?

O: It was very hard. Very hard to survive.

What about the freedoms, and the torrents of information?

O: When there are no material foundations, you don't know what the heck to do with freedom. It is worse than no freedom.

OK, I see.

O: You can go in any direction, yet you have no wings. What use is freedom?

Did any of your ideas about the world change cardinally during perestroika, or not?

O: Well, of course they changed. Turned out they were people just like us, over there abroad, not worse, not better. Absolutely the same. And that overall civilization is not the greatest thing in the world. Really. That in your stupid America people are being suffocated by civilization right now. They are marching themselves to a dead end, and we follow behind, towards this great bright future, grabbing the worst things that are available, that are on the surface. That we do not invest in the future but simply snatch, following America's example.

The flowers of pleasure.

O: Not flowers, but everything that is cheaper and faster. If we still have any bison left in Russia, we will make them extinct pretty soon, just like they did in America in their time. And we are making great strides on this path, thinking about nothing.

Do you miss socialism?

O: No.

As you look back on it from the bright future?

O: No.

No? Does it not seem to you that it had certain advantages, here and there?

O: It had no advantages whatsoever. It held us back one hundred years or more. We

О: Повариться?

Угу.

О: Если с какими-то этническими американцами, настоящими... Ну, не тех, кого в кино показывают.

Не теми, которых в кино показывают, белый мидл-класс.

О: Которые улыбаются, а завтра забывают... Да не завтра, а через две секунды забывают, вообще. Да они и не пригласят к себе, зачем им? Это же обуза.

Понятно. А если бы вдруг тут принесло какую-нибудь американскую женщину Вашего возраста к Вам пожить, с чем бы Вы хотели её познакомить, что показать?

О: Показать природу нашу, конечно. Природу, я думаю. Больше тут хвастаться нечем.

А поварить ее в своём, в своей российской жизни?

О: Она же не выдержит такого.

Не выдержит?

О: Нет, конечно.

А почему?

О: Да потому, что это же экстрим сплошной! Тут каждую неделю ходят проверяют счётчик за свет! Она бы тут с ума сошла сразу! *(Смех)*

Понятно.

О: Или соседи начинают в двенадцать часов ночи вечеринку какую-нибудь за стенкой. Или воду выключают на неделю.

Ну, в общем, понятно, что природу хотелось бы посмотреть там и показать тут.

О: Да.

А в плане контакта культур вроде как получается, что Запад есть Запад, Восток есть Восток, и с места они не сойдут[70].

О: Нет, если бы возможность у меня была, например, если бы у меня дача была та же, машина была бы, чтобы я могла что-то показать, мне бы было о чём с ней говорить. А вот сидя здесь в квартире, мне нечего ей показывать. Вот эту клетку каменную – зачем она ей нужна? Неинтересно. Ей, может быть, забавно, конечно, может, она такая экстремалка, что ей нравится жить неделю без воды. *(Смех)* Но в этом ничего интересного и познавательного нет абсолютно.

Как Вы думаете, холодная война вообще закончилась навсегда или, может, на каких-то... Некоторые люди говорят – она продолжается. Некоторые говорят – всё, нам больше делить нечего. Некоторые говорят – ну, вот, ждём новый виток, недавно шпионов выслали...Как Вам кажется?

О: Я думаю, что эти отношения – они подвержены цикличности. Что-то такое.

Цикличности, да?

---

70 Ссылка на стихотворение Р. Киплинга «Баллада о Востоке и Западе» (пер. Е.Г. Полонской).

would probably be on a different path right now, a better one, if not for the revolution. And I fear we might come to another revolution in this way. In this uncultured way.

An un-cultural revolution?

O: No, with this current uncultured way of life.

I see. So, it turns out socialism had no advantages.

O: None.

It seems that capitalism did not have many either.

O: Well, I accept capitalism now, because at this moment I am not pursued by visions of death by famine. Of course, I no longer have the opportunities I had at age 20. But I am living an okay life, I am satisfied and in harmony with the world.

I see. Regarding America, I already understood that you consider the American way of life to be, well, not the best?

O: I wouldn't say it was bad. But I don't like it. I am not saying whether it is good or bad.

What do you dislike about it, what features in particular?

O: That everything seems artificial, contrived, and people are crazily alienated from one another in the society, truly. Everyone smiles nicely at everyone else, yet is at the same time incredibly lonely. And it is shown very clearly in movies, etc., although it is clear that it's just an idea, but the information does come through, you can see it. These endless problems, legal issues and so on, they become ridiculous. Someone looked at you wrong, or spat in the wrong place, or breathed incorrectly. It is nice to know you can be protected at any moment, possibly. But it is just too much. Too much.

So, it's the American individualism, you mean, with its off-shoots of loneliness and alienation.

O: Yes. And the fact that America has no history. I don't like that. Maybe one is the reason for the other. So, it is like a very fancy-looking cocktail which will give you indigestion in the morning.

Do you know any Americans personally?

O: Nope.

Friends?

O: No.

So, this picture comes from movies.

O: Movies. Books. Music, somehow. Not really a critical study of literature but my own impressions of the music, of how it sounds. Overall, it's not just the movies, but they do play a certain part. Literature, books, other such sources of information.

If you now had a chance to go to the US, for free and without any hassle, at a moment's notice, what would you like to see there?

O: I want to see Niagara Falls.

О: Но будем надеяться, что это спираль всё-таки будет, а не замкнутый круг. И что мы как-то будем переходить на новое качество каждый раз, а не зацикливаться на одном и том же. А понять друг друга нам очень трудно на самом деле. Мы сейчас получаемся злые, голодные, завистливые, дорваться нам до американского пирога и оторвать от него кусок, хоть такой вот. Пульс злой в голове у тех, кто это может сделать, я так думаю.

Как вам кажется, они там умные?

О: Кто, американцы? Да разные они, американцы. Есть умные, есть дураки.

Понятно. А весёлые? Есть у них чувство юмора, нет?

О: Вот с чувством юмора у них затык полный.

Нет, да?

О: Ну, очень редко.

А добрые?

О: Ну, судя по... Хотя это не американское, по-моему, шоу, кто он? Билли там какой-то. Ну, вообще! Тупость такая, несмешно. Умные? Да тоже разные. Да и с чувством юмора по-разному у всех.

Ну, то есть, получается, что мы злые и завистливые?

О: Мы? Русские?

Да. Или мы всё-таки добрые?

О: Мы злые и завистливые, на самом деле. У нас мало кто хочет сам что-то делать, чего-то добиться. Они сидят и говорят: «Вот, у них много!» То есть, опять та же идея — взять, да и поделить всё. Вместо того, чтобы... Ну, есть вот у тебя твоя работа? Раз ты выше швабры ничего не умеешь — вот, возьми швабру и работай! Ну, нет же, он возьмёт палку и пойдет в кусты кого-то по голове бить. Вот у нас на помойке, например, очень редко встретишь рабочих хороших, которые помойку убирают, понимаешь? Вот редко такое. Они стоят там, эти помойки... Дворников нет. Почему? Это зазорно. Вот этот бичуган, он считает, что таким образом он себе на хлеб заработать не может. Рыться в этой помойке — да. Но чистить её — нет. Вот если бы не было перестройки, вот он бы был бы! А так — нет. Он будет бичуганом. Ну, у него человеческое достоинство не страдает зато. Вот так вот. Злые мы, злые, злые.

А они?

О: Кто, американцы?

Ну! Злые или добрые?

О: Да они там в своём мире живут, они не злые, не добрые...

Они вообще никакие, да?

О: Ну, что им злыми-то быть? Оттого, что у них всего много? От этого тупеют обычно, а не злятся. Чего злиться-то?

Niagara Falls? Would you want, just like in the old Europe, to try living with the people, to simmer in the same pot with them?

O: To simmer?

Yep.

O: If only perhaps with some ethnic Americans, not the ones we see in the movies.

The ones you see in the movies, meaning the white middle class?

O: Those who smile at you and forget you tomorrow. Not even tomorrow; in two seconds, they forget you. They would not even invite me to stay with them, why would they want this burden?

I see. Now, if somehow an American woman your age appeared at your doorstep to stay with you, what would you show her?

O: I would show her our nature, of course. Other than our nature, I don't think we have anything to brag about.

What about having her simmer in the same pot, immersed in the Russian way of life?

O: She would not be able to withstand it.

She would not?

O: Of course not.

Why not?

O: Because it is extreme survival! Because we have someone come over every week to check the power meter! She would lose her mind immediately! *She laughs.*

I see.

O: Or, the neighbors next door start to party at midnight. Or, there is no running water for a week.

So, you would like to see nature there and to show nature here.

O: Yes.

And when it comes to the contact of cultures, it seems to you that East is East, and West is West,[98] and never the twain shall meet.

O: No, if I had the opportunity, for instance, if I had a dacha[99] and a car, if I had something to show her, we'd have something to talk about, but, sitting here in my apartment, I have nothing to show her. Why would she want to spend time in this brick cage? It's not interesting. It might be amusing for her, of course; perhaps she likes extreme conditions and living without water for a week ... *She laughs.* But there is absolutely nothing interesting or educational about it.

---

98 Reference to Rudyard Kipling's poem *The Ballad of East and West*.

99 A dacha is a small seasonal cottage, usually set on a small plot of land managed as a subsistence vegetable farm.

Значит, они от этого стали глупые?

О: Ну, возможно, они какие-то благодушные стали. Мне кажется, чересчур они легко поддаются... Хотя это любой народ, когда им говорят, да? Вот, «русские плохие», в каждой газете, по радио — и они верят. И американцы, наверное, так же. Шпионов выслали, да, поверили. А были ли шпионы?

А Вы как считаете: были, не было?

О *(шёпотом)*: А я не знаю даже! *(Смех)* Я вообще о них не слышала, потому что я газет не читаю.

Понятненько. Ну, поскольку холодная война, нет, отношения наши — они цикличны, то, когда случится следующий виток, бомбоубежище Вам не должно понадобиться, да?

О: Надеюсь, что не понадобится.

Не понадобится, да? Ну, ладно.

О: Ведь их сейчас нету, этих бомбоубежищ. И гражданской обороны нет. Хотя есть штаб гражданской обороны! И соответствующая группа чиновников, которая там исправно получает зарплату.

Ну, сейчас есть, наверное, какие-то антитеррористические мероприятия по воспитанию населения.

О: Ну, та же гражданская оборона. По воспитанию-то? Нет, нету.

Ну, сумки подозрительные сообщать.

О: Ну и всё. Да, они зарплату получают оттого, что они листовки клеят по маршруткам. И причём неплохую зарплату.

Понятно. Я вопросов более на данный момент не имею, разве что Вы хотели сообщить что-нибудь дополнительное, о чём долго думалось.

О: Да нет, я и так много сообщила.

Последний вопрос. Снов про войну не было в детстве?

О: Про войну?

Да. Хиросима, Нагасаки. Проснулся в холодном поту.

О: Нет. Но фильмы жалостливые у нас были про войну, и книжки тоже.

Но не предполагали, что она на самом деле будет.

О: Ну, были там какие-то, наверное, лет в восемь. Как Зоя Космодемьянская: «А я бы так смогла бы?»[71]

Ну, пионерская готика: этому ногу оторвали, этого в топке сожгли...

О: Ну, всё это кончилось к моменту...

К среднему школьному?

О: К моменту возникновения меня в комсомольской организации. Когда я поняла,

---

71 Советская партизанка, казнённая немецкими оккупантами в 1941 г. в возрасте 18 лет за поджог нескольких жилых домов и конюшни в селе Петрищево. По свидетельствам, Зоя храбро приняла смерть; рассказ о её гибели использовался в советской пропаганде.

Do you think Cold War is over for good or, perhaps, on some ... Some people say it is still here. Some say it's over, we have nothing to fight over anymore. Some say, we are waiting for a new cycle, as several spies were deported the other day ... What do you think?

O: I think such relations tend to be cyclical. Something like that.

Cyclical?

O: But let's hope that it is at least a spiral and not a vicious circle. And that with every turn it will reach a different quality, and not remain the same old thing we are stuck on. And it is very hard for us to understand each other at this point, really. We are mean, hungry and envious now, wishing to grab a piece of the American pie, whatever piece we can; that's the evil pulse in the heads of those who have the opportunity, I think.

Do you think they are smart people?

O: Who, Americans? Americans are different. Some are smart, some stupid.

I see. Are they funny? Do they have a sense of humor?

O: As to having a sense of humor, they are a lost cause.

They don't have one?

O: Very rarely they do.

Are they kind people?

O: Well, judging by ... I am not sure if that is an American TV show? With Billy what's-his-name? Now, that one is something. Completely stupid and not funny. Are they smart? They are different. And the same applies to their sense of humor.

OK, so to sum it up, we are mean and jealous ...

O: Us Russians?

Yes. Or are we still kind?

O: We are truly mean and jealous. We have very few people who want to do something, to achieve something. People just sit idly and repeat: look, those guys over there have a lot of stuff! It's still the same idea, to seize and to distribute everything. Instead of ... Well, you got a job, right? If you have not mastered any tool more complex than a mop, take your mop and go work! But no, he'll take a stick and he will go hitting people on the head in the bushes. Let's take our local dumpster, for instance: it is very rare to see good workers who clean out the dumpster properly, you know? Very rare. The trash just sits in those dumpsters ... Why do we have no one cleaning the streets? Because this bum, he thinks he cannot make a living doing that. He will go dumpster diving, but not dumpster cleaning. If not for perestroika, he would be a king! But now he will remain a bum. However, his human dignity will not suffer. So there. We are mean, mean.

What about them?

O: Who, Americans?

что в общем-то, в принципе, Павка Морозов[72] – это как бы жупел. Просто пиар хороший, а на самом деле там мучился и умирал кто-то другой, отнюдь не Павка Морозов. Раз он сумел это всё описать.

Понятненько. А вообще, если сейчас смотреть в далёкое пионерское детство, как-то с удивлением замечаешь, сколько в нём этой кровавой готики было. У нас была, допустим, дружина пионерская, имени Зои Космодемьянской, и рассказывали нам, в каких она ужасных обстоятельствах окончила свою жизнь. Отряд же наш был имени Журавлёва[73], которому, насколько я помню, без анестезии в полевых условиях ампутировали ногу. И об этом нам тоже очень подробно, в красках, рассказывали. В этом, Господи, где пионерская дружина заседала, в вожатской какой-то, я не знаю...

О: Всюду мартирологи эти.

Да, да, да! Пионеры-герои.

О: Пионеры-герои.

Галереи. И какими ужасными способами они погибли. И ведь это было совершенно нормально и никого не потрясало.

О: Нормально, и мы с чувством, с толком и с расстановкой склонировали, сколько народу убили в Великую Отечественную войну, цифрами оперировали весьма бойко. Только нам при этом не говорили, сколько заморили сами мы народу в эти годы.

И как же при этом ужасам-то не сниться, вот это мне непонятно!

О: Так а вот я и говорю – потому, что мимо оно всё шло.

Как ритуал.

О: Ну да.

И не плакали над носочками Зои Космодемьянской?

О: Над носочками – нет.

А я помню, у меня так щемило, когда вот этот момент, её мама – а она висит там на этом морозе, – а её мама носочки ей связала и принесла, и на ножки её синеющие надела[74].

О: Нет. Нет уже. Ну, я говорю, война как таковая, сильные фильмы и книги, они, конечно, вызывают... Но они на то и рассчитаны психологически, чтобы слезу пустили люди.

Но сейчас, наверное, себе представить уже невозможно, чтобы в среднем образовательном учреждении, МОУ каком-то муниципальном, всё было трупами окровавленными увешано.

---

72 Согласно официальной советской версии, школьник Павлик Морозов рассказал властям, что его отец прячет зерно от конфискации, за что и был убит членами семьи отца. Эту историю использовали в целях нравственного воспитания детей в СССР.

73 Павел Николаевич Журавлёв (1887 - 1920), лидер забайкальских красных партизан в 1919-1920 гг. В советское время именем Журавлёва было названо немало улиц и пионерских отрядов края.

74 Вероятно, это вымышленная деталь.

Yes. Are they mean or kind?

O: They live in their own world and they are neither mean nor kind ...

Neither here nor there, you mean?

O: Well, why would they be mean? Because they own a lot of stuff? It usually makes one dumb, not mean. Why be angry?

So, did it make them dumb?

O: They may have gotten soft. Maybe they give in too easily; although it must be true for every nation. Like, when they are told something like "Russians are bad!" in every paper and on the radio, and they believe it. Americans must be the same way. Several spies have been deported, yes, so we are to believe. But were there any spies, really?

What do you think, were there or weren't there?

O: *(Whispering)* I don't even know. *She laughs.* I heard nothing about them because I do not read newspapers.

Got it. So, if Cold War is ... no, if our relations are cyclical, then when we are on the next cycle we should be able to manage without bomb shelters, right?

O: I hope we can manage without them.

Without them? OK.

O: They don't exist now, those bomb shelters. And there is no civil defense. Although there is a Civil Defense Headquarters! And there is a respective group of bureaucrats who draw their salaries from it without fail.

Well, there must exist some anti-terrorist educational measures for the population.

O: Well, we have the same old civil defense, but as to educational measures, there are none.

I mean the ones where they teach you to report suspicious-looking bags.

O: And that's the extent. Yes, they get paid for putting up fliers inside buses. And their salaries are quite good.

I see. At this time, I have no further questions. Unless you wanted to add something on your own, something you have thought about for a while.

O: No, I think I have added a lot already.

Oh, one last question. Have you ever had dreams about war in your childhood?

O: About war?

Yes, like Hiroshima and Nagasaki, waking up in a cold sweat ...

O: No. But we had tear-jerking films about war, as well as books.

But you did not imagine it could happen for real.

O: Well, maybe when I was about 8 I had thoughts like, if I were in Zoya

О: Да у них свои сейчас трупы, ничуть не лучше.

Ну, какие?

О: Может быть, не совсем трупы, но плохо пахнет это всё. Я не могу современные мультики смотреть, меня трясёт от этих мультиков.

Ну, хоть не хоррор, по крайней мере.

О: Одурачивание сплошное. Ну чему вот, чему они могут научить? Меня хоть думать там учили. Может быть, это моя личная заслуга, я не знаю. Но меня в школе думать не разучили, несмотря ни на что. А что сейчас в школе творится... Вот, может быть, мне этого жалко в социализме, своей школы. Может быть, она одна такая была, я не знаю.

А эта школа, которая думать не разучила... Были там какие-нибудь учителя, с одной стороны, супер-идейные, а с другой стороны — какие-нибудь крамольные?

О: Не было у нас крамольных. И вот учителя, опять же, я этого не слышала в нашей школе — «враг народа, изменник Родины», — у нас не было этого. Евреи? Не было.

Но школа была не элитная?

О: Нет, 1-я школа. Обычная школа. Конечно, там свои оболтусы были, и я не сказала бы, что я была звездой, прямо там отличницей — но как у меня дочь училась? Насколько на неё все положили с прибором? Не хочешь — не учись. Меня вытащили. У всех же детей своё рано или поздно наступает: не ходить в школу, всё такое прочее.

У меня — в пятом классе.

О: Все же пробуют это. Смотря как получат, видимо, так потом дальше и продолжают. Ну, вот. Она ничего не получила, а одному с этим справиться невозможно, когда школе всё равно. И у меня такое впечатление, что сейчас школе любой всё равно в принципе. Ну, Павлика Морозова они убрали со своих стен...

Но ничем не заменили.

О: Ну да, какой-нибудь гот висит теперь. И им говорят: «Это детская субкультура, пусть они это слушают, пусть они это смотрят, ради Бога, это их дело, мы уважаем личность». Мне кажется, в американской школе немножко по-другому. Всё-таки как-то там, может, до определённого момента их опекают больше, или что.

Ну да, они связываются в нашей школе с родителями. Но время от времени там Мартин Лютер Кинг висит, каждый год в феврале[75]. Так что — свои герои.

О: Ну, я говорю, кажется, что там, по крайней мере, безопаснее детям в школе, чем у нас. У меня такое впечатление сложилось.

Ну и ладненько. В какой-нибудь момент — последний вопрос задам — гордость за родную страну пронизала? Когда-нибудь, где-нибудь, за что-нибудь? В связи с Олимпиадой, например?

О: Ну да, медведь когда улетал! Тоже плакала!

---

75 Оговорка; День Мартина Лютера Кинга в США отмечают в январе.

Kosmodemyanskaya's place[100] ... Would I be able to do what she did?

Well, it's Young Pioneer Gothic: one hero got his leg torn off, the other was burned in a train's furnace ...

O: Well, that was over by the time ...

By middle school?

O: By the time of my involvement with Komsomol. When I understood that Pavel Morozov's[101] tale was basically just a horror story that had received a lot of PR effort, and the true torture and death were someone else's. Not Pavel Morozov's at all, since he was able to describe it all so well.

I see. In general, when I look back to my distant Young Pioneer past, it is surprising to realize how many of those bloody Gothic stories we heard. For instance, our school's Pioneer organization was named after Zoya Kosmodemyanskaya, and they told us under what horrible circumstances her life ended. Our troop was named after Zhuravlev[102] and they told us, as far as I remember, that he had to have his leg amputated on the battlefield without any anesthesia. And they told us about all of that in great detail and vivid color. In the room where Pioneer meetings were held, the troop leader's room or something ...

O: They had martyrs everywhere.

Yes, yes! The Pioneer Heroes.

O: The Pioneer Heroes.

Galleries of them, depicting the horrible ways they died. It was considered completely normal, and no one was bothered.

O: It was normal; and we sensibly, with feeling and good diction, chanted the numbers of people who died in the Great Patriotic War. We could operate those numbers very deftly, except no one told us how many people perished in those times at the hand of our own government.

How does one avoid having nightmares in those surroundings? I don't understand it.

O: That's what I have been saying; it all went right past me.

It was ritual.

O: Well, yes.

And you did not cry over Zoya's socks?

---

100 Soviet partisan executed in 1941 at age 18 by occupying Germans for setting fire to several houses and a horse stable in the village of Petrishchevo. By all accounts she met her death bravely, and her story quickly became a propaganda campaign.

101 Soviet youth praised as a martyr. In the official version of the story, Pavel Morozov (Pavlik) denounced his father to the authorities for hoarding grain and was then killed by his family. This story was used to shape the morality of Soviet children.

102 Pavel Nikolayevich Zhuravlev (1887-1920) lead the Red partisan movement in the Trans-Baikal from 1919 to 1920. Several streets and Young Pioneer troops in the region were subsequently named after Zhuravlev.

Медведь когда улетал – я тоже плакала.

О: Гордость была!

То есть, Олимпиада.

О: Ну да. Но это тоже – апофеоз. Что там за неё гордиться-то? Что гордиться? Все мы люди. Нам одно дело общее надо делать, а не выпучиваться друг перед другом и гордиться: я русский! Или американец. Что тут гордиться?

Символику российскую какую-нибудь сейчас используете? Георгиевские ленточки на Девятое мая?

О: Да, да. Но это уже не советская символика.

Ну, да. Вообще патриотическую такую.

О: Ну, как бы, не выпячивая, нет.

На столе президента Медведева не стоит?

О: Мне вообще эти внешние признаки чего-то, неважно чего, государства ли, религии ли, любви, они меня не прикалывают. Ох, георгиевская лента! Я патриот! Или во-от такое кольцо обручальное – вот, смотрите, я замужем! Ну, что за дурь-то? Или, там, та же церковь. Крест вот такой вот! Бог-то в душе должен быть. А не на грудях.

Понятно. Ну, всё. Тогда точно уже спасибо!

О: Пожалуйста! *(Смеётся)*

Сорок девять минут.

О: Безостановочного трёпа.

Обычно бывает тридцать девять. Спасибо, Оля!

О: Пожалуйста.

O: Not over the socks, no.

I remember how my heart ached when, you know ... When there she is, hanged, and it is freezing, and her mama knits her socks, brings them over and puts them on her naked feet turning blue.[103]

O: No. Mine already didn't. Well, I mean, the war as such, the successful films and books about the war, they do incite feelings, but they are designed that way, psychologically, so people would tear up.

Right now, it is probably impossible to imagine a secondary school, a Municipal Educational Institution, as they call them now, decorated with bloody corpses everywhere.

O: They have their own dead bodies, which are not at all better.

Like what?

O: Maybe not exactly dead bodies, but they are foul-smelling things anyway. I cannot watch today's cartoons, I can't stand them.

Well, at least they are not a horror show.

O: They are making people stupid, and that's all. What can they possibly teach, what? At least I was taught to think. It may have been my personal achievement, I don't know. But they never managed to train me to stop thinking in school, no matter what. And what is happening in today's schools ... Maybe that is what I miss about socialism: my school. Maybe it was one-of-a-kind, I don't know.

In your school, which did not teach you to stop thinking, did you have teachers who were super-devoted to the state ideology, as well as subversive ones?

O: We didn't have any subversive ones. Again, from the teachers in our school I never heard the words "the enemy of the people" or "traitor," we had nothing of the kind. The word "Jew?" Never.

Was it an elite school?

O: No, our School #1 was a regular school. Of course, we had our own ne'er-do-wells, and I would not say I was a star student or a straight-A student. But the way my daughter was taught, and the way no one gave a hoot about her studies? "If you don't feel like studying, fine; do not study then." I myself was pulled up from it. All kids get to that point at some time, when they start skipping school etc.

It was fifth grade for me.

O: Everyone tries that once and, depending on if and how they get punished, they will continue to do it, or not. So yeah. She got no punishment whatsoever, and one parent cannot manage this situation alone if the school does not care. And I get the impression that all schools do not care anymore. So, they have removed Pavel Morozov posters from their walls ...

But they offered no replacement.

---

103 This part of the story of Zoya appears to be fictional.

O: Yes, maybe there is some goth guy displayed there now. They say, "It is the children's subculture, let them watch this stuff, let them listen to this stuff, it is not a problem, it is their own business, we respect their personalities." I think things are a little different in American schools. They may supervise kids more up to a certain moment, or something like that.

Well, they do get in touch with parents in our schools. From time to time they have Martin Luther King posters decorating the walls. Every February. They do have their heroes.

O: That's what I am saying, I got the impression that kids in their schools are at least safer than kids in ours.

Got it. I'll ask one last question: did you at any moment feel proud for your country? Any time, for anything, anywhere? The Olympics, for example?

O: Well, yes, when the bear was flying away![104] I cried.

I cried when the bear was flying away too.

O: I was proud!

So, the Olympics.

O: Well, yes. But that, too, that apotheosis … What was there to be proud of? Why be proud? We are all human. We must do our common work together, not posture in front of one another, all proud: I am Russian! Or American. What's that pride for?

Do you use any Russian visual symbols now, like wearing the St. George's[105] ribbon for May 9th?

O: Oh, yes, I do. But it is not a Soviet symbol.

Right. In general, patriotic insignia, I mean.

O: Well, I do, without showing off.

You don't have President Medvedev's[106] photo on your desk?

O: In general, all those superficial attributes of anything, it doesn't matter what, of religion, state, love, I don't care about them. So, take the St. George's Ribbon: look, I'm a patriot! Or a wedding band: look, I am married! How stupid. Or, take church. A cross this huge! You must have God inside yourself, not displayed on your chest.

I see. Well, now we are for sure done. Thank you!

O: You are welcome. *She laughs.*

It was 49 minutes.

---

104 Reference to the closing ceremony of the 1980 Summer Olympics, held in Moscow. At the end of the ceremony, a balloon of the Soviet Olympic mascot, Misha the Bear, was cut loose and allowed to fly away.

105 Orange and black striped ribbon widely used as a symbol of remembrance for those who fought in the Great Patriotic War.

106 Dmitry Medvedev was 3rd President of Russia, 2008 - 2012.

O: Of uninterrupted bull.

Usually, I am done in 39. Thank you, Olya!

O: You are welcome.

Тук-тук

Сегодня 16 февраля 2010 года, я разговариваю с Кристофером. Здравствуйте, Кристофер!

К: Привет, как дела?

Дела отлично. Кристофер, прежде всего, скажите мне, пожалуйста, в каком году Вы родились?

К: Конечно. В 68-ом.

1968. И в какой стране?

К: В США.

США. И где Вы провели детство?

К: В Мичигане.

В Мичигане. Стало быть, в США.

К: В США.

Вы росли в городской или в сельской местности?

К: В сельской местности.

В сельской местности. По Вашим воспоминаниям, знали ли Вы и беспокоились ли Вы о международной обстановке или политических событиях в мире, когда были ребёнком?

К: В какой-то степени да, и к старшим классам мы, конечно, были уже хорошо информированы, или просто лучше, чем раньше, информированы о происходящем. Но с раннего детства наш отец, учитель истории, рассказывал нам всякое про историю мира и мировые войны, поэтому у меня с ранних лет было понятие, некоторое понятие о том, что происходило. А позже, в старших классах, думаю, я и мои сверстники уже гораздо больше знали о мировых событиях.

И что же это были за события?

К: Ну, к тому времени, как я пошёл в старшие классы, у власти уже был Горбачёв, пришло ощущение, что в Советском Союзе всё радикально изменилось. А до Горбачёва самое раннее моё воспоминание, если я не ошибаюсь, было связано со смертью Андропова[76]. Не помню, то ли он был сразу перед Горбачёвым, то ли нет.

---

76 Генеральный секретарь КПСС Ю.В. Андропов возглавлял Советский Союз с ноября 1982 г. до своей смерти в феврале 1984 г.

Knock-knock

Today is February 16, 2010. I am talking to Christopher. Hello, Christopher!

C: Hi, how are you doing?

I am great. Christopher, before we proceed with our conversation, could you please tell me what was your year of birth?

C: Sure. 1968.

1968; and what was your country of birth?

C: United States.

United States; and where did you spend your childhood?

C: In Michigan.

In Michigan, so, in the United States?

C: In the United States.

When you were growing up, uh, did you grow up in an urban environment or rural environment, or?

C: It was a rural environment.

It was a rural environment. Do you remember, growing up, being at all aware or caring about the international scene or political developments in the world?

C: To some extent, sure, and by the time I was in high school, of course, we were very aware or more aware of what was going on, but from an early age, because my father taught history, he would tell us things about world history and world wars, and so I had a sense of, a little sense of, at some early age, of what was going on. But then later on in high school I and other people my age, I think, were much more aware of what was happening in the world.

And what was happening?

C: Well, by the time I got to high school, Gorbachev was in power already, and there was a sense of utter change going on in the Soviet Union, and my earliest memory before

Мы про Андропова рассказывали «тук-тук-шутки»...[77]

А мне расскажете какую-нибудь?

К: Я не помню точно, где надо было смеяться. Наверное, что-то вроде: «Тук-тук! – Кого к нам черти несут? – Андропова. – Какого ещё Андропова? – Укропа вам, укропа вам, говорю, несут!»

Неплохо!

К: Да... Однако у меня были бабушка и дедушка, в частности, одна бабушка, которая чуть подозрительнее относилась к русским и вообще к советским, и вот она считала странным то, что я интересовался Россией, что хотел изучить русский и съездить туда.

Здесь возникают два вопроса. Во-первых, на каких основаниях Ваша бабушка... Почему она подозрительно относилась к Советскому Союзу?

К: Из-за своего возраста и, полагаю, недостатка личного опыта.

Да, но в чём именно она подозревала Советский Союз?

К: Хороший вопрос. Она ни разу... Она не вдавалась в подробности.

Правда?

К: Да. Я думаю, частично дело в том, что она была не очень образованна, и она не объясняла, чем точно было вызвано её недоверие к Советскому Союзу.

А что она вообще говорила? Откуда Вы узнали о её чувствах?

К: Она просто считала дурацкой идеей моё намерение туда поехать.

Почему?

К: Может, со мной что-то могло там случиться, или, может, меня могли там похитить, да, наверное, так... Знаете, она толком не говорила, но, если попытаться разобраться, возможно, она боялась, что мне там что-то внушат...

И Вы станете коммунистом?

К: Ага.

Либо Вам что-то внушат и Вы станете коммунистом, либо Вас поймают и посадят в тюрьму.

К: Правильно.

Просто ради интереса, о каких годах мы сейчас говорим? Когда Вы собирались поехать, а она сказала, что это плохая идея?

К: Наверное, 1988, 1987, или, возможно, скорее 1989 год. То есть, это было уже после Горбачёва, но, похоже, сильное недоверие ещё оставалось.

И почему Вы хотели поехать?

К: Я с раннего возраста хотел учиться русскому. Когда я был ребёнком, отец мне сказал: «Знаешь, если будешь выбирать иностранный язык, китайский и

---

77 Структура англоязычных «тук-тук-шуток» основана на каламбуре: имя «стучащего в дверь» переосмысливается при повторе.

Gorbachev, if I remember right, I think, was when Andropov[107] died. I don't remember if it was immediately before Gorbachev or not. We had knock-knock jokes about Andropov...

Oh, can you tell me one?

C: Uh-m, I can't remember the punch line, it must be "Knock-knock!—Who's there?—Andropov.—Andropov who?—Andropov the kids on your way to school."

That's pretty good!

C: So, uh … But because I had grandparents, I had, particularly, one grandmother who was a little more suspicious of Russians, Soviets in general, she always thought it was odd that I was interested in Russia and wanted to study Russian and go there.

So, two questions arise from here: first of all, on what grounds was your … why did your grandmother say she was suspicious of the Soviet Union?

C: Because of her age and, I think, lack of exposure.

Yeah, but what did she suspect the Soviet Union of?

C: Uh-m, that's a good question. She never … She was not that specific.

Really?

C: Yeah, I think partly she wasn't that educated, so she never really was specific in her distrust of the Soviet Union.

But what would she say? How did you know she had some feelings?

C: She just thought it was a terrible idea that I ever wanted to go there.

Because?

C: I guess, maybe, something would happen to me, possibly, or maybe I'd be kidnapped, yeah, sure … You know, she wasn't specific, but if I had to pin it down, maybe she was afraid that I'd be indoctrinated or …

And become a Communist?

C: Yeah.

Indoctrinated and become a Communist, or trapped and imprisoned.

C: Right.

Just out of interest, what years are we talking about? When you wanted to go and when she said it would be a bad idea?

C: It would have been probably '88 or '87 or more, maybe '89. Yeah, so it was already after Gorbachev, but I think there was a lot of lingering mistrust.

And why did you want to go?

C: Oh, I wanted to study Russian from an early age. When I was young my father said, you

---

107 Yuri Vladimirovich Andropov, Soviet leader and the 4th General Secretary of the Communist Party of the Soviet Union, was in office from November 1982 until his death in February 1984.

русский – хорошие варианты». И ещё у нас в детстве были друзья-украинцы, просто фермеры, которые с нами рядом поселились. Ещё мой отец, ни в коем случае не говоря ничего крамольного, любил пощекотать нам нервы фактами о Второй мировой войне, рассказывал о том, что Советский Союз и США были в ней союзниками, что Советский Союз потерял много миллионов населения в той войне, и поэтому, я думаю, я несколько сильнее ценил эту страну.

Если бы не Ваш отец, могли бы Вы узнать из школьных уроков или из СМИ о том, что СССР и США воевали на одной стороне?

К: Наверное, нет. Это, по-моему, был не такой факт, чтобы... Он мог быть упомянут на уроке истории в школе.

Но широко он не рекламировался?

К: Нет. Совсем нет, я думаю.

Почему Ваш отец считал русский подходящим для изучения языком?

К: Потому что тогда... Я думаю, он всё же вырос в то время, когда, несмотря на союзничество в войне, номинально СССР противостоял США, так что русский язык пригодился бы в международной дипломатии...

На случай, если бы Вы захотели стать международным дипломатом...

К: Очевидно, да! *(Смех)*

Хорошо! Значит, у Вашей бабушки был негативный образ Советского Союза, у Вашего отца не совсем негативный.

К: Да, потому что он рос, то есть, простите, он не рос рядом с украинцами, а просто у него были хорошие друзья-украинцы, которые тоже жили в сельской местности и были фермерами, как и он. Я думаю, само знакомство с ними и те очень хорошие отношения, которые у них были, создали у него положительное мнение о восточных славянах вообще. Восточных, западных, северных или южных...

Украинцы? Это восточные.

К: Да, восточные.

То есть, другими словами – поправьте меня, если я ошибаюсь, – он с ними познакомился, у них не оказалось ни рогов, ни копыт, они оказались приличными людьми, работающими на земле.

К: Точно, именно так.

Он лично с ними столкнулся.

К: Да. И история как предмет определённо сыграла свою роль, он лучше всё понимал...

Как учитель истории.

К: Ага.

Если бы в детстве Вас спросили, что у Вас ассоциируется со словосочетанием «Советский Союз», какие мысли или образы возникли бы у Вас в голове?

К: В основном, когда я рос, образ Советского Союза у меня был положительный.

know, if you are going to study a foreign language, either Chinese, Mandarin, or Russian would be a good choice. And also, we had Ukrainian friends growing up, and they were just other farmers who had settled here, and my father was by all means not subversive, but he would kind of titillate us with little facts of WW2, such as the United States fought on the same side as the Soviet Union, and that the Soviet Union lost so many millions of people in the war, and I had a little better appreciation, I think, of that country.

If not for your father, would you have known from school or media that the US fought on the same side as the Soviet Union?

C: Probably not. I don't think that's a fact that … I mean it could have come out in history in my school …

But it was not widely advertised?

C: No, I don't think so at all.

Why did your father think that Russian was a good language to study?

C: Because at the time it was … I think, because he still grew up under a time when, despite fighting on the same side, nominally, the Soviet Union was in an adversarial position to the United States, and that that would be a useful language, you know, as far as international diplomacy …

Oh, so if you ever wanted to be an international diplomat …

C: Evidently! *He laughs.*

OK! So your grandmother had a negative image of the Soviet Union, your father had a not-so-negative image?

C: I think so, yeah, partly because he grew up, excuse me, he didn't grow up with the Ukrainians, but he had some good Ukrainian friends that lived in the country and they were other farmers. I think, just knowing them and getting along really well with them gave him a positive image of, you know, kind of, Eastern Slavic people in general, East, North, West, South …

Ukrainian? East.

C: Yeah, East.

So, he, in other words, tell me if I am understanding it correctly, he met the people, the people did not have horns or hooves, and they were decent folks farming the land.

C: Right, exactly.

And so that was exposure.

C: Right, yeah. And definitely history, a little better understanding …

Because he was a history teacher.

C: Yeah, uh-huh.

When you were growing up, as a child, if I asked you, what associations you had with the words "Soviet

Не могли бы Вы описать этот положительный образ? Из чего он был составлен?

К: Ну, во-первых, я знал, что мой старший брат на некоторых выборах голосовал за коммунистов...

За коммунистов?!

К: Я знаю, что это вопрос, отдельный от вопроса про образ Советского Союза в голове, но, так как мы... Мой брат, я имею в виду старшего брата, я и некоторые наши друзья все были немного бунтарями. Ну, не бунтарями, а просто мы хотели выбраться из нашего городишки, скажем так. И частью плана выбраться из нашего городишки была критическая оценка всего, что нам говорили родители и учителя.

В смысле, недоверие?

К: Ага. Да, да. Если нам говорили, что вот этот, мол, враг, у нас возникали подозрения и мы, возможно, чересчур быстро составляли обратное мнение...

«Наверное, нам врут; всё, что нам говорят — неправда».

К: Точно! Мне кажется, многие мои ровесники, по крайней мере я и брат, который на шесть лет меня старше... Многие из нас, по крайней мере, были предрасположены рассматривать СССР в благоприятном свете и, разумеется, в старших классах мы не имели понятия о ГУЛАГе, о сталинских репрессиях или о массовой цензуре. Дело в том, что, когда я начал узнавать такие вещи о Советском Союзе, узнавать их во время перестройки, я к тому моменту им уже интересовался и относился к нему положительно, так что последующая информация о таких явлениях меня не совсем не отвратила... Скорее, может, образ страны в моих глазах несколько померк, что только подогрело мой интерес к ней.

Хорошо. Вы упомянули, что Ваш брат голосовал за коммунистов; значит, существовали настоящие кандидаты от коммунистической партии, претендовавшие на выборные должности?

К: Да, ага.

Вы не могли бы привести примеры?

К: Ой, я их не помню, брат намного старше меня, но он мне говорил, что голосовал за коммунистов, кем бы они ни были... Я уверен, что он понятия не имел, за что выступали те кандидаты и как их вообще звали. Он просто видел в выборном бюллетене слово «коммунист» и ставил галочку.

О каких именно выборах сейчас идет речь?

К: Вероятно, первых президентских, на которых он мог голосовать.

Президентских? Давайте попытаемся восстановить, какой был год.

К: Хорошо. Он родился в 1962-м, по-моему, значит, когда ему исполнилось восемнадцать, годом его первых выборов был бы 80-й? Это были выборы 1980 года.

И там был кандидат от коммунистов?

К: Ага, то есть... Думаю... Иногда, наверное, бывают такие, иногда, может, нет, но вообще-то не очень трудно попасть в список кандидатов. Нужно просто собрать

Union," did you have any ideas or images in your head?

C: Uh, sure. Mostly I had a positive image, growing up, of it.

Could you describe the positive image? What is it that's happening there?

C: Well, first of all, I mean, I knew that my older brother had voted Communist in some elections …

Communist?!

C: I know that that's a separate issue from the image of the Soviet Union in your head, but because we … my brother, particularly my older brother and I and other friends were maybe more rebellious. Not rebellious, but we just wanted to get out of our small town, let me put it that way. So, part of getting out of our small town was a re-evaluation of what teachers and parents were telling us.

In that—not believing?

C: Yeah. Yes, yes, so if somebody says this was the enemy, we were suspicious and maybe we'd go too far the other way in thinking, well …

They must be lying to us, everything they say is untrue.

C: Right! So, I think already a lot of people my age, at least my brother and I, let me put it that way, my brother's six years older than I am … At least, a lot of people were predisposed to have a positive image of the Soviet Union, and by high school time, of course, I had no knowledge of GULAG[108] or of, you know, Stalin's repressions or the mass censorship, the fact that when I was really aware of the Soviet Union being, when I was aware that it was under the perestroika time, I was already interested in it and had a positive idea, and later on, learning about these things certainly didn't dissuade me from … Rather, maybe, my image of the country was somewhat tarnished, but it only fueled my interest.

OK … When you say that your brother voted Communist, does it mean that there were actual Communist candidates running for office?

C: Yes, yeah.

Could you give me an example?

C: Boy, I can't remember because he is so much older, but he told me that he voted Communist, whoever … I'm sure he had no idea what the candidate stood for, or even the name, he just saw "Communist" on the ticket and voted that way.

What elections are we talking about?

C: It probably would have been his first presidential election.

Presidential? And I wonder if we could restore the year that was?

C: Sure. His first election, he was born in, I think he was born in '62, so when he was 18

108 The GULAG, a government agency in charge of the Soviet forced labor camp system, was created under Vladimir Lenin.

кучу подписей.

Значит, он не голосовал за основных кандидатов, а вместо них голосовал за несчастного кандидатишку-коммуниста, да?

К: Точно.

Здорово. У него были настоящие убеждения или это был скорее подростковый бунт?

К: Да, да, он самый.

Ладно. Значит, для того, чтобы в Вашем маленьком городе считаться продвинутым и крутым, надо было выступать против власть предержащих, то есть, становиться коммунистом, социалистом, анархистом или чем-то вроде того?

К: Правильно. Плюс, в то время он слушал много британской музыки, а она была вся против Тэтчер[78].

Панк-музыка?

К: Именно. Так что на него ещё и она повлияла.

Отлично. Всё-таки мне хотелось бы побольше узнать о вышеупомянутом положительном образе. Когда мы говорим слово «образ», в общем-то, мы имеем в виду некие воображаемые картинки. Какие картинки возникали у Вас?

К: Наверное, я воображал общество, во многом похожее на американское, я не думал, что... Знаете, я представлял себе большие города, такие, как в Штатах. Не так, как бывает, когда кого-нибудь попросят представить себе африканскую страну, а он представляет одних львов и жирафов, обычно очень далёких от действительности. По-моему, я представлял себе довольно точную картину.

То есть, промышленно развитое государство? Хорошо.

К: Кажется, я в основном представлял себе счастливый народ, что могло быть результатом пропаганды, в той мере, в какой я ей был тогда подвержен, хотя... Дайте вспомнить.

Это очень интересно, ведь, если говорить о стандартной пропаганде, в то время она была рассчитана на противоположный эффект. Вы бы видели зернистые чёрно-белые изображения, фото очередей за хлебом...

К: Да, видите ли, я думаю, что я... Во время учёбы в колледже я смотрел советские фильмы о весёлых колхозниках, мюзиклы со всякими огромными комбайнами и прочим.

Ну, это уже колледж.

К: Да. Это уже был колледж. Значит, в то время уже была «Солидарность»[79] в

---

78 Маргарет Тэтчер, лидер Консервативной партии Великобритании (1975-1990), премьер-министр Великобритании (1979-1990).

79 Польское трудовое объединение, первый профсоюз в стране Варшавского договора, независимый от коммунистического правительства. При поддержке администрации Рейгана «Солидарность» использовала методы гражданского сопротивления, чтобы добиться социальных реформ.

it would have been '80? So that would have been the 1980 election.

And there was a Communist on the ticket?

C: Yeah, I mean there … I think … I guess there sometimes is, and maybe there isn't, but it doesn't take that much effort to get on the ticket. You just need a bunch of signatures.

So, he did not vote for the major candidates, instead he voted for the little piddly Communist candidate on the ballot?

C: Exactly.

OK, awesome. Did he have actual convictions or was it more of a teenage rebellion?

C: Yeah, yep, exactly.

OK. So, I guess, in your small town it was, to be hip and cool you kind of had to be anti-establishment, whether that meant Communist or Socialist or some such thing, an Anarchist?

C: Yeah, right. Plus, he had a lot of British music that he was listening to at the time, and they were very kind of anti-Thatcher.

The punk music?

C: Exactly. So, I think that was another influence.

OK, it's cool. So, I still want to know more about that positive image. When we think of the word "image" it's, like, generally, pictures that you see in your head. What are those pictures?

C: I guess I pictured the society that looked a lot like the US in most ways, I didn't picture … You know, I pictured major cities, just like the US has, it's not like when someone says, "Picture an African country," and all they picture is giraffes and lions, which is usually totally off the mark. I think I was pretty accurate in what it looked like.

So, an industrially developed place? OK.

C: I guess I generally pictured happy people, which was probably a result of propaganda, to whatever extent I had that at the time, though maybe … Let me just think back.

It is very interesting, because if we talk about mainstream propaganda, it would have been to the opposite effect, and the pictures would be of breadlines, grainy black-and-white photographs …

C: Yes, see, I think that I am … I think that by the time I got to college I was exposed to Soviet films of happy peasants, all with the great combines and things like that, those musicals.

That's college.

C: Right. So that would have been in college. So, because Solidarity[109] was happening at the same time, right, in Poland … No, no, I stand by my first recollection, because the message I was given even from our mainstream magazines was perestroika, and glasnost,

---

109 Polish labor union, the first trade union in a Warsaw Pact country that was not controlled by a communist party. Solidarity, supported by the Reagan administration, used methods of civil resistance to advance social change in Poland.

Польше, поэтому... Нет, нет, моё первое воспоминание всё же было верным, потому что даже наши популярные масс-медиа сообщали нам о перестройке, о гласности, страна казалась очень западной...

Освобождённой...

К: Освобождённой, и людям это очень нравилось. Я думаю, многие американцы были совершенно очарованы, не одурачены, а именно очарованы Горбачёвым.

Разумеется.

К: Им и его действиями. Так что я не отказываюсь от своих слов о том, что у меня было положительное мнение о Советском Союзе, таком, каким мы его представляли к 85-му, 86-му годам.

Хорошо. Есть ли у Вас какие-нибудь доперестроечные воспоминания?

К: Ну, как я уже писал в электронном письме, у нас был «Красный рассвет»...[80]

Фильм.

К: Да, хотя его показывали, по-моему, в 84-м году, незадолго до того, как мы услышали о Горбачёве. Но даже и тогда я не верил по-настоящему, что СССР нападёт на нас. В какой-то момент, вероятно, в колледже, я узнал, что на самом деле всё было наоборот, что США отправляли военную экспедицию в Сибирь во время революции, чтобы вывезти чехов после свержения царя... Почему-то я, под влиянием отца и брата, был заранее предрасположен к сомнениям в том, что Советский Союз намеревался вторгнуться на территорию США. Так что сценарий «Красного рассвета» мне казался неправдоподобным, я подобных событий никогда не опасался.

Ну, вторжение — это одно. До перестройки и прочих прекрасных событий не боялись ли Вы ребёнком ядерной катастрофы?

К: Да. Я её боялся. Она не... Больше всего я и многие другие боялись несчастного случая, о его возможности много говорилось...

Того, что кто угодно может добраться до кнопки?

К: Да. Или случайно...

Случайно нажать кнопку?

К: Да, или ракета вылетит по неисправности и случайно начнётся ядерная война, или катастрофа будет предотвращена в последнюю минуту, и всякое такое. Я думаю, если говорить обо мне лично, я концентрировался не столько на том, что Советский Союз мог спровоцировать атаку и нам пришлось бы на неё отвечать, сколько на том, что правительство США могло поступить неправомерно и начать войну. Тем не менее, мы все боялись ядерной зимы, тогда был такой важный термин; мы все боялись некоего полного ядерного уничтожения населения, и

---

80 Художественный фильм (1984), альтернативно-исторический боевик, в котором описывается вымышленное вторжение войск СССР, Кубы и Никарагуа на территорию США.

it seemed very Western ...

Liberated ...

C: Liberated; people were taken with that. I think there was a lot of Americans who were totally taken, not taken in, but taken with Gorbachev.

Of course.

C: Yes, and what he was doing. So, I stand by my positive sense of what we thought the Soviet Union was, by that time, by '85 and '86.

OK. Do you have any pre-perestroika recollections?

C: Uh-m, well, as I mentioned to you in an email, we had *Red Dawn*[110] ...

The film ...

C: Yeah, but that was, actually, I think it was '84, so, I think, right before our awareness of Gorbachev. But even then, I really did not believe the Soviets were going to attack us, and at some point, it must have been in college, I learned that it was actually the other way around, that it was the United States that had landed the expeditionary force in Siberia during the revolution to get the Czechs out after the overthrow ... So, but I somehow, through my father, my brother, I was already pre-disposed to doubt the sense that the Soviet Union ever wanted to invade the United States. So that part, the *Red Dawn* aspect of it was ... never rang true, I was never suspicious of that.

Well, invasion's one thing. Did you ever fear as a child, before perestroika and all of those fine things, did you ever fear a nuclear catastrophe?

C: Yes. I did fear that. It didn't ... Mostly I think I and many other people were afraid of either an accident because that was often speculated upon ...

That anybody can get to the button?

C: Yes. Or accidentally ...

Accidentally press the button?

C: Yeah, or the rocket goes off accidentally and starts a nuclear war by accident, or disaster would be averted at the last minute, something like that. But I think there was less focus, me speaking personally, there was less focus on the Soviet Union provoking an attack and us retaliating, I think I was more focused on the US government wrongfully doing something to start a war, but yet we were afraid of the nuclear winter (that was a big term), we were afraid of, you know, kind of a nuclear holocaust, we had ... In my senior year of high school, we read the book *Alas, Babylon*[111] which was all about war with the Soviet Union, I hated the book, on a number of levels ...

---

110 A film released in 1984, set in an alternate history timeline in which the United States is invaded by the Soviet Union and its Cuban and Nicaraguan allies.

111 *Alas, Babylon* is a 1959 novel by American writer Pat Frank (the pen name of Harry Hart Frank). It was one of the first apocalyptic novels of the nuclear age.

у нас была... В выпускном классе мы читали книгу «Увы, Вавилон»[81] о войне с Советским Союзом, и я эту книгу возненавидел по нескольким причинам...

По каким причинам?

К: Я посчитал её ужасно плохо написанной, не литературой, а копеечной макулатурой...

Я не знакома с сюжетом книги. Кто там побеждает?

К: Ой... Может, Штаты? Я точно не помню. Кажется, там не было прописано окончание войны, просто там всё общество начинает жизнь с нуля, по крайней мере в США, где всё разбомблено, кругом полный хаос после войны...

Значит, это антиутопия? Никто не побеждает?

К: Точно. И ещё, когда я был ребёнком, нам показывали телефильм, он назывался «На следующий день»[82], там всё было про радиацию, про радиоактивные осадки, знаете...

Документальный?

К: Нет, не документальный, художественный телефильм, и я помню, что...

В нём не были использованы документальные съемки?

К: Нет, нет, там всё было вымышленное и описывалось, как... Господи, если я правильно помню, может, там описывалось бомбоубежище, люди выходили из него и всё равно... Они заболевали лучевой болезнью и умирали. Вот такие ужасы ядерной войны.

Вы не помните, в каком возрасте Вы смотрели этот фильм?

К: Его показывали, наверное, где-то в 80-м... Это всего лишь мои догадки. Или 83-й год; наверное, 83-й.

Значит, Вам было...

К: Мне было лет пятнадцать.

Хорошо. Фильм Вас напугал? Подействовал на Вас?

К: Да. Было страшно, очень страшно о таком думать. Да. А с другой стороны, я жил в деревне и это как бы оберегало меня от страха перед ядерным оружием, по-моему. Знаете, когда смотришь по сторонам, кругом всё растет, уже сложнее так сильно испугаться, наверное.

Вы считали, что целью нападения стал бы крупный город или промышленный центр, а Вы были бы от него далеко?

К: Нет, это не имело значения. Если бы случилась ядерная война...

Вы считали, что Вы бы тоже попали под бомбёжку?

---

81 Один из первых апокалиптических романов атомного века, издан в 1959 году; автор Пэт Фрэнк (псевдоним Харри Харта Фрэнка).

82 Телефильм о вымышленной войне между войсками НАТО и стран Варшавского договора, перерастающей в обмен ядерными ударами между СССР и США (1983).

What levels?

C: I thought it was terribly written, I thought it was just a cheap dime-store novel, not literature …

I am not familiar with the plot; who wins?

C: Oh … the US? I actually don't remember, I don't think it spelled out the ultimate conclusion of the war, but everything in the society gets basically reset, a least in the US, where this whole place is bombed out and, you know, everything is chaos, after the war …

So, it's an anti-utopian novel? Not anybody wins?

C: Right. And then we had, when I was growing up, we also had a TV movie called *The Day After*[112] and it was all about radiation, fallout and, you now …

A documentary?

C: No, not a documentary, it was a fictional television show, and I remember that …

Did it not have any actual documentary images?

C: No, no, it was all about… It was all fiction and it was all about … God, if I remember, there might have been a bomb shelter, and people come out of their shelter and they are still, you know … They get radiation sickness and die; just this horror of a nuclear war.

How old were you when, if you can remember, you saw than film?

C: Uh, I saw it when it aired so it would have been probably 80 … I'm only guessing … '83 or … Probably '83.

So, you were …

C: I would have been about 15.

OK. Was it disturbing to you? Affecting?

C: Yeah. It was a scary, scary thing to think about. Yeah. But on the other hand, I think being in the country was also a kind of insulation from fear of nuclear weapons. You know, just looking around at things growing, it was also harder to be afraid as much, maybe.

Did you think that if there were a target it would be a big city, or some sort of an industrial center, and you wouldn't be near it?

C: No, it did not really matter. I mean, if there was a nuclear war …

You imagined you would be bombed?

C: Yes, in my mind I just figured we'd all just die. Or wish we were dead. That was the kind of thing my father would say, you know, "Hopefully we'd die on the first wave," as opposed to living through any … *His phone rings.* Sorry. Hello?

(He resumes.)

Uh, we were talking about the nuclear fallout. So, you pretty much understood that if there is a nuclear

112 A 1983 television film about a fictional war between NATO forces and the Warsaw Pact countries escalating into a nuclear exchange between the United States and the Soviet Union.

К: Да, я про себя думал, что мы все просто погибнем. Или пожалеем, что не погибли. Мой отец что-то вроде этого говорил, мол, надеюсь, мы погибнем быстро, во время первой волны, вместо того, чтобы выживать при всяких... *(Звонит телефон)* Извините. Алло?

(После паузы) Мы остановились на ядерных осадках. Значит, Вам было довольно ясно, что, если случатся ядерное нападение или ядерная война, Вас они точно не обойдут стороной?

К: Да.

Весело не покажется, и Вы будете жалеть...

К: Что не погибли сразу же.

Что не погибли сразу же. Когда Вы были помладше, была ли тема возможного ядерного конфликта хоть сколько-нибудь популярна среди школьников, среди Ваших друзей? Говорили ли вы о нём между собой? О русских, о бомбе?

К: Должны были, потому что мы точно... Дайте подумать. Я, например, помню, как мой дядя принёс на семейный праздник карточную игру, которая называлась «Ядерная война»[83], так что, очевидно...

Как?! (Смеётся) Вы помните, как в неё играть? Как она выглядела?

К: Да, она была очень, очень комичная. Игроки кроют карты друг друга различными мегатоннами, а ещё есть, кажется, карта «Биологическое оружие», такая редкая карта, она все остальные бьёт. Ну да, каждая карта весит сколько-то мегатонн.

А что нужно, чтобы выиграть?

К: Либо разрушить больше всех городов, либо разбомбить врага.

Очень мило. Ну, ладно.

К: По-моему, эту игру всё ещё выпускают. Да, она называется «Ядерная война», сначала её выпускала компания «Летящий бизон» из Аризоны.

Казалось бы, к настоящему времени она уже должна была стать антиквариатом.

К: Ага, но её всё ещё продают и к ней есть много расширений.

Ух ты!

К: Да. Что касается разговоров, дайте-ка мне поразмыслить! Разговоры с друзьями о ядерной войне в старших классах, наверное...

Хоть в младших, хоть в средних!

К: Не-а, нет. В школе мы говорили о торнадо, в младших классах, а вот ядерную войну в начальной школе мы не обсуждали никогда.

Хорошо.

К: Средние классы? Нет. В средних классах большим событием стал захват

---

83 Настольная карточная игра, сатирическая симуляция «конца света», к которому приходят преимущественно посредством применения ядерного оружия.

attack or a nuclear war, you for sure were gonna be involved?

C: Yes.

And it will not be pretty, and you would have wished …

C: You'd die in the first round.

You'd die in the first round. As a younger kid, do you remember if the topic of a possible nuclear conflict was at all popular among the school kids, your friends? Did you ever talk about it? The Russkies, the bomb?

C: We must have, because, well, certainly we were … Let me just think. I mean, I remember my uncle bringing a card game to a family holiday called Nuclear War[113] so obviously we, you know …

What? (Laughter.) OK, do you remember how to play it? How did it look?

C: Oh, yeah, it was very, it was comical. You play, I think, you play various megatons on each other and there is, I think there is a biological card that was kind of the topper, you know, the rare card. But yeah, I think each card was a certain megaton you would play.

And how do you win?

C: You must win by destroying more cities or bombing out your enemy.

Lovely. OK.

C: Yeah, I think the game is still around, actually. Yeah, it's called Nuclear War; it was originally published by a company called Flying Buffalo, of Arizona.

You would think it would be a collectible by now.

C: Yeah, but I think they are still putting it out and there are a lot of expansions.

Wow!

C: Yeah, but as far as discussion, boy, let me just think! Discussing nuclear war with friends, going through high school, probably …

Or middle! Or elementary!

C: Yeah, no. We were talking about tornadoes at school, at elementary school, we never talked about nuclear war in elementary school, ever.

OK.

C: Middle school? No. In middle school it was the Iranian hostages in the embassy[114] that was the big issue then, not the Soviet Union, or nuclear war.

Yeah, that set the stage for a while.

C: High school? I mean, not that much, you know, in history class we learned about

---

113 A card game with the premise of a satirical simulation of an end-of-the-world scenario fought mostly with nuclear weapons.

114 Fifty-two American diplomats and citizens were held hostage for 444 days from November 4, 1979, to January 20, 1981, after a group of Iranian college students belonging to the Muslim Student Followers of the Imam's Line, who supported the Iranian Revolution, took over the US Embassy in Tehran.

заложников в посольстве в Иране[84], а не СССР и не ядерная война.

Да, это событие некоторое время было на переднем плане.

К: Старшие классы? Ну, не так уж сильно; на уроках истории мы узнали о балансировании на грани войны[85], не знаю, знаком ли Вам этот термин...

Знаком.

К: Вот, такая тема в школе была и, опять же, у нас было общее недоверие к США.

Вы хотели сказать, недоверие к СССР?

К: Нет, недоверие к правительству США как таковому.

В Вашей школе?

К: Нет, я бы не сказал, что в школе.

В Вашем кругу друзей.

К: Да, точно, в кругу друзей.

Мне кажется, это верно более для старших классов, чем для начальных.

К: Правильно.

Приходилось ли Вам на каких-либо уроках обучаться тому, как строить бомбоубежище, или собирать и разбирать оружие, или...

К: Нет. Ничего подобного у нас не было. Мы никогда не играли в американцев и русских, мы играли в ковбоев и индейцев в детстве. Мы никогда не обсуждали то, как пережить ядерную войну, никогда не обсуждали бомбоубежища или огнестрельное оружие.

Не кажется ли это Вам немного безответственным со стороны ваших учителей?

К: Что нас...

Что вас не просвещали тогда, когда угроза была довольно заметной, не такой уж и отдалённой в какой-то период; были моменты, когда вот-вот могло что-то случиться. И всё же вас никто ничему не учил?

К: Нет.

Как Вам кажется, хорошо это или плохо?

К: Интересный вопрос.

Ведь большинство русских детей, тех русских детей, которые были Вашими ровесниками, которые были детьми в одно время с Вами, заставляли практически всё это изучать: как строить убежище, где находится их районное убежище, какие сигналы прозвучат в случае атаки, сколько брать с собой воды. Их вообще активно инструктировали по всем аспектам военизации.

---

84 Дипломаты и граждане США были взяты в заложники 4 ноября 1979 г. после захвата американского посольства в Тегеране группой студентов-мусульман, сторонников имама, поддерживавших исламскую революцию в Иране. Только через 444 дня, 20 января 1981 г., 52 заложника были отпущены на свободу.

85 Приём доведения опасной политической линии до предела в расчёте на то, что противник сдаст позиции первым.

brinkmanship,[115] you know, I don't know if you are familiar with that term …

Yes, I am.

C: So that was one topic that we had at school, but again, there was this distrust of the US in general.

You mean, distrust of the USSR?

C: No, distrust of the US government in general.

In your school?

C: No, I would say, not in my school.

In your circle of friends.

C: Yes, in my circle of friends, exactly.

But I imagine that would be more true for high school than elementary school.

C: Right.

Did you ever have to take any classes that would teach you how to build a bomb shelter or how to assemble and disassemble a gun, or …

C: No. Nothing like that. We never played Americans and Russians, you know, we would play cowboys and Indians at a young age. We never talked about how to survive a nuclear war, never talked about a bomb shelter or about a gun.

Don't you think it was a little bit irresponsible of your teachers?

C: That we …

They didn't educate you while the threat was quite visible, you know, not that remote for a while, you know; there were some times when it was just this close to happening. And nobody taught you anything?

C: No.

Do you think it's a good thing or a bad thing?

C: It's a good question.

Because most Russian children, you know, all Russian children that are your peers, that were children when you were a child, they had to do pretty much all of it: knew how to build a bomb shelter, or where their bomb shelter was, or knew what sounds they would hear if there was an attack, or how much water to bring, and in general there was this very rigorous instruction in all things paramilitary. And a lot of people report having been spooked by it, a lot of people were annoyed and bored by it, and so they would have thought that the fact that in American school kids were not exposed to all this was probably a good thing.

C: Yeah, I mean, my first reaction when you brought this up was that it probably was a good thing, because we've never been significantly invaded in the US. I think that must play a large role, whereas the Soviet Union has had a number of …

Land wars.

---

115 The practice of pursuing a dangerous policy to the limits of safety before stopping, typically in politics.

Многие сообщают, что это их пугало, многих раздражало, на многих наводило скуку, и они бы сочли тот факт, что американских детей не подвергали такому, скорее положительным.

К: Да, первая реакция на Ваш вопрос у меня была такая, что, скорее всего, это было хорошо, потому что США никогда по-настоящему не подвергались нападению на своей территории. Наверное, это играет важную роль. В то время, как в СССР было несколько...

Наземных войн.

К: Да, и его столько бомбили, что знать, где ближайшее убежище, было нормально, знаете, это имело смысл знать. Как будто ждёшь, что опять что-то случится...

Можете ли Вы сказать, что испытывали чувство защищённости, что при любой политической ситуации Вы чувствовали себя в безопасности?

К: Конечно, да, хотя я и задаюсь вопросом... Если бы собрали всех младшеклассников тех лет и рассказали им про всевозможные последствия ядерной войны, может, это напугало бы их в той же мере, в какой я сам немного нервничал по поводу торнадо. А с другой стороны...

Вас всё же просвещали на тему торнадо и того, сколько воды брать, когда пойдете прятаться?

К: Нет, про воду – нет. Нас просто учили, что делать, если начнется торнадо, пока мы сидим в здании школы.

Торнадо были реальной угрозой.

К: Да, правильно. И о них-то нам рассказывали. Но я сказал бы, что ядерная война, невзирая на всё прославление... Нет, не на прославление, а на свидетельства угрозы в телепередачах, кино и книгах, нам даже и в старших классах ничего не рассказывали о бомбоубежищах. Ничего.

Хорошо. Вы говорили, что в кругу Ваших друзей правительство Соединённых Штатов не пользовалось доверием. Откуда бралось недоверие?

К: Частично... Не знаю...

От родителей, от Ваших родителей?

К: Нет, я бы не сказал...

Ну, откуда-то оно должно было поступать, какие-то значимые фигуры его как-то распространяли?

К: Не знаю. Частично, мы все хотели выбраться из нашего городка, это играло свою роль, наверное, и ещё недоверие к учителям. У некоторых моих друзей родители были большие расисты, а друзья расистами совсем не были и терпеть не могли эту черту в своих родителях.

А как с этим в одну кучу попадает правительство?

К: Как властная фигура и так далее. А потом всё как-то растёт, как снежный ком, ты начинаешь подвергать сомнению то, что слышишь в школе на уроке истории, или от старших братьев, или сестёр, и таким образом накапливается большое недоверие... Я не очень ясно ответил.

C: Yes, and then so many bombings, you know, knowing where the bomb shelter is seems to be only common, you know, made good sense. It's like almost a sense of waiting for the next one, you know …

So, would you say that you had a feeling of safety, you know, no matter what the political situation you had the feeling that you are safe?

C: Sure, yes, uh-m, yeah, I do wonder … I mean, if you had taken all those elementary school kids and taught them about possible dangers of a nuclear war, it maybe would have spooked them in the same way that I was a little nervous about tornadoes, but on the other hand …

You did learn about tornadoes and how much water to bring when you hide?

C: No, not water, we just learned what you do in case there is a tornado at school …

Tornadoes were an actual threat.

C: Right, yes. So that we did learn about. But I would say that the nuclear war, despite the kind of glorification … Not glorification, despite the threat of it on TV and in books and movies, even in high school we never learned anything about a bomb shelter. Yeah, nothing.

OK. When you say that there was a distrust of the US government in your circle of friends, where did that come from?

C: Partly … I don't know …

Your parents, was it your parents?

C: No, I don' t…

Well, it must have come from somewhere, some significant figures broadcast it somehow.

C: I don't know, partly, we all wanted to get out of this small town, I'm sure it had some role in it, a distrust of teachers, you know. Some of my friends had very racist parents and my friends weren't racist at all, they hated that aspect of their parents.

And how does the government get lumped in with that?

C: Just as a figure of authority and all, and then it kind of snowballs on itself, you start questioning things you do hear about at school, in history class, or from an older sibling, so, I think there is just a lot of distrust that way, uh, yeah … I didn't answer that very well.

No, no, I understand. You had distrust of the US government because it was an authority figure and therefore must have been bad.

C: Yes, I think that's accurate.

Did you have any particular criticism for any particular thing that the government does or did?

C: Probably not at that age. I probably didn't know exactly where I would put my distrust in, particularly. Uh-m, not in high school. I think … Well, first of all the kind of ideal behind communism didn't seem bad at all.

Нет, нет, я понимаю. Вы не доверяли правительству США, потому что оно представляло собой власть и, следовательно, непременно должно было быть плохим.

К: Да, я думаю, что это верно.

Подвергали ли Вы критике какие-либо конкретные действия государства?

К: Наверное, в том возрасте ещё нет. Наверное, я не знал точно, чему именно я не доверял. В старших классах ещё нет. Я думаю... Ну, во-первых, идеалы коммунизма мне казались совсем неплохими.

Откуда Вы узнали про эти идеалы? В школе, дома?

К: Ну, уж точно не в интернете! *(Смеётся)*

Нет, не в интернете.

К: Помню, у меня был один товарищ, который мне совсем не нравился, да не такой уж он мне был и товарищ, так вот он думал, что эти идеи противны Богу, когда «от каждого по способностям, каждому по потребностям». Он, кажется, считал, что эта идея совершенно противна Богу, он был очень религиозен.

Какой именно Бог здесь имеется в виду?

К: Он был ярым католиком и его воспитывали, кажется, совершенно не так, как меня, и я помню, он очень рассердился по этому поводу, а я подумал...

Значит, у вас двоих был на эту тему спор?

К: Ага! Нет, на самом деле мы не спорили, он просто очень сердился, а я подумал про себя: «Не вижу в этой идее ничего плохого!» В общем, я с ним не спорил, я просто посчитал, что он был неправ.

Откуда он всё это узнал?

К: А вот это мне неизвестно...

С чего там вообще всё началось? В каком Вы были возрасте?

К: Это был где-то 85-й, 86-й, значит, я был в одиннадцатом или двенадцатом классе.

Вы сидели на уроке?

К: Не помню. Вообще непонятно, где дети всякое такое слышат! Честно говоря, не знаю, где я набрался таких познаний. Вероятно, не от родителей... Не знаю. Может, мой отец раньше слышал это выражение, может, нет. Может быть, от отца.

Значит, Вы где-то это прочитали или услышали, и решили: «Здорово звучит!»

К: Верно. А недоверие к правительству США было связано с тем, что это правительство пыталось выставить Советский Союз в неблагоприятном свете.

А Советский Союз в это время просто жил себе, старался достигнуть идеала?

К: Точно так. С этим было переплетено сильное недоверие.

Помимо этого, что Вы знали о коммунизме и социализме?

К: Наверное, немногое.

Представляли ли Вы себе граждан СССР действительно достигшими равенства?

Where did you learn about the ideal? At school? Family?

C: No, it wasn't the internet! *He laughs.*

No, not the internet!

C: I remember I had one friend who didn't like it at all, he and I weren't that good of friends, he thought that it was maybe against God, the idea of "to each according to their need, from each according to their ability." I think he thought it was totally, I don't know, against God, I guess he was very religious.

And God stands for?

C: Well, he was very Catholic, and I think he just had a very different sort of upbringing than I did, so I remember thinking even as he was being upset about it, I remember thinking …

So, you had an argument!

C: Yeah! Actually, no, we didn't have an argument, he was upset and I just thought to myself, "It doesn't sound so bad to me." So, we didn't argue, but I just thought it was wrong.

Where did he find out about it?

C: About that … Boy, I don't know.

How did that whole thing transpire? How old were you?

C: That would have been in probably '85 or '86, so I would have been a junior/senior in high school.

OK. In class?

C: No, I don't know, boy, I don't know where kids hear about things! Boy, I really don't know where I would have picked that up. Probably not from my parents, probably … I don't know, maybe my father has heard that expression, maybe not. Maybe. Could have been from my father.

OK, so you read it somewhere or heard it somewhere and you thought, huh, this kinda sounds cool?

C: Right. And the distrust of the US government comes in in that the government was responsible for trying to paint a bad picture of the Soviet Union.

And here is the Soviet Union, just trying to live up to the ideal?

C: Right. Exactly. Yeah. So there was a lot of distrust that laced with that. Yeah.

How much did you know about communism and socialism beyond that?

C: Probably not very much.

Did you imagine people living in the USSR being actually equal?

C: Let's see … You mean equal to each other?

Yes, to each other, happily equally happy, working towards the common goal.

К: Дайте подумать… В смысле, равными друг другу?

Да, равными друг другу, довольными, одинаково счастливыми, стремящимися к единой цели.

К: Да. Наверное. Тут мне нужно вернуться к одному моменту: помню, в средних классах, скорее всего, учитель рассказывал нам, что в Советском Союзе действительно были выборы, но в бюллетене был только один кандидат. Такая у них была…

Да, это правда.

К: Вот, такую нам читали проповедь про выборы. Наверное, мы учились в средних классах, потому что я помню учителя. Да, и тем не менее… По какой-то причине у меня в голове это не удержалось. Не знаю, почему, но на меня этот аргумент не произвёл эффекта.

Похоже, что Вы выборочно усваивали из полученных сведений только редко поступавшие положительные.

К: Правильно. Да. Я действительно представлял себе советский народ сосуществующим более-менее свободно. Если задуматься, наверное, то в моём воображении люди там жили в соответствии с идеалами, получая от каждого по способностям и распределяя по потребностям.

Когда настала перестройка и выяснилось, что счастливый советский народ до того момента был не так уж и счастлив, какие чувства возникли у Вас по этому поводу?

К: Не думаю, что это имело для меня значение. Казалось, все были так рады перестройке и гласности… Знаете, наверное, мне было известно о некоторых репрессиях. Я должен был понимать, что было же что-то, потребовавшее перестройки и гласности… Какое-то понятие у меня должно было быть. Оно не слишком ярко запечатлелось в моей памяти. Все были настолько рады тому, что начались преобразования, что появилась, как мы считали, до того недоступная всеобщая свобода. И это не только моё впечатление, у многих и многих других было подобное впечатление.

Значит, многие думали: «Ух ты, здорово, наконец-то мы будем с русскими дружить!»

К: Да, это правда.

Праздничное настроение витало в воздухе. Для всех, кроме Вашей бабушки.

К: Да, она ничему не доверяла. Но мне нужно вернуться назад. В некий предыдущий момент я узнал, что людям не разрешали выезжать из Советского Союза. В детстве я должен был это выяснить либо из разговоров с отцом, либо из разговоров с нашими друзьями-украинцами, и ещё из разговоров с отцом о разнице между диктатурой и так называемыми свободными странами, о том, что из страны, где существует диктатура, зачастую нельзя выехать. То есть, рано или поздно я был должен узнать об этом… Но, опять же, этот факт не стал для меня ни важной информацией, ни важным воспоминанием.

Хорошо. Значит, он не разрушил ни общего положительного образа СССР, ни Вашего

C: Yes. Probably. I have to go back to something though: I do remember, this was probably in middle school, I remember a teacher talking about elections in the Soviet Union saying, yes, people have free elections but there is one person on the ballot, that was their …

Yes, that's true.

C: That was their kind of spiel about elections, and that must have been middle school. 'Cause I remember, I think I remember the teacher. Yeah, anyway … But for some reason that didn't stick with me. I don't know, that kind of a point didn't have much traffic.

It sounds to me that you were just selectively internalizing the rare positive inputs that you received.

C: Right. So yes, I did imagine Soviet people living more or less freely with each other, yeah. Kind of, I guess, in my imagination, if I had to think about it, probably living up to this ideal, the ideal of collecting according to each one's ability and distributing to each person's need.

OK, when perestroika came, and, I guess, it turned out that the happy people of the Soviet Union had not been that happy up to that point, how did you feel about it?

C: I don't know if that mattered. It just seemed like everybody was so happy about perestroika and glasnost … You know, I guess I must have known about some repression. I must have known about something that in order to have perestroika and glasnost … So, there must have been knowledge of that. It's not very salient in my mind. Yeah, I think everybody was just so happy that there was this restructuring and there was this, we thought, new-found freedom for everyone, and that was not just my impression, it was many, many people's impression.

So, a lot of people felt, like, wow, this is cool, finally Russians are gonna be friends with us!

C: Yes, that's true.

So, there is this whole celebratory air … in the air. Except for your grandmother.

C: Yeah, she was distrustful. But I do have to go back. At some point early on I must have known that you weren't allowed to leave the Soviet Union, uh-m, that must have come out at some point in my childhood, either talking to my dad or talking to our Ukrainian friends, and talking to my dad about the difference between a dictatorship and other, so-called free, countries, for you often cannot leave a dictatorship, so I must have known that fact at some point and, you know … But again, it must not have been a very salient memory or salient bit of information.

OK. So, it did not ruin the general positive image and the good feeling toward socialist countries.

C: That's right.

So, I'm guessing if somebody offered to you, when you were a child, in middle school, to go visit the Soviet Union, you'd be thrilled? Wary?

C: Not by middle school, but by high school, yeah, I would have loved to. Sure. I also remember comments by people, must have been before college, probably my other brother

благорасположения к социалистическим странам.

К: Верно.

Тогда я предположу, что, если бы Вам в среднем школьном возрасте предложили поехать в СССР, Вы были бы в восторге? Или поостереглись бы?

К: В среднем школьном возрасте ещё нет, а вот в старшем школьном – да, я бы с большим удовольствием согласился. Конечно. Помню, кто-то сказал ещё до того, как я стал студентом, наверное, это был мой второй брат, что ядерную войну можно предотвратить, если отправлять детей генералов и государственных лиц в страну-противника по обмену на протяжении нескольких лет. Идея, возможно, не нова, но мне она тогда тоже понравилась. Если обменяться кучкой детей, какую-нибудь войну можно предотвратить.

Каким образом?

К: Ну, в теории, у генералов было бы меньше охоты бомбить собственных детей.

Так вот что! Не в качестве послов, а в качестве заложников!

К: Да, заложников. *(Смех)*

Да, это разумно, а то сначала я подумала, что мы бы тогда поняли, что у них тоже есть дети, и дети славные... Да, это хитрый способ. Но Вы бы поехали не заложником, а представителем.

К: Верно.

Если бы Вы поехали старшеклассником в Советский Союз, чем бы Вы захотели там заняться? И что бы Вы захотели там увидеть? Что бы Вы захотели рассказать местным о своей собственной стране?

К: Трудно сказать, потому что в таком возрасте ещё плохо представляешь себе, что такое другие люди, как они живут, и даже как вежливо вести себя в гостях... Да-а, я даже не знаю. Наверное, я бы стал хвастаться тем, что считаю, что все люди в мире равны. Наверное, эта тема преобладала бы во всём, что я хотел бы показать и обсудить. Что люди по всему свету одинаковы.

Значит, Вы несли бы знамя мира и равенства?

К: Да! *(Смех)*

«Молотил бы о правде, молотил о свободе...»[86]

К: Ага!

Как там дальше? «Молотил о любви среди сестёр и братьев...»

К: Вы когда-нибудь слышали, как эту песню поет Ленард Нимой?[87]

Нет.

К: Господи, она у меня сейчас в голове играет...

Хорошо. И распоследний вопрос: как Вам кажется, холодная война сыграла роль в Вашей жизни? В Вашем воспитании, в формировании личности, в выборе работы?

---

86 Слова из песни американского фолк-трио «Питер, Пол и Мэри» «Если бы у меня был молот».

87 Американский актёр, режиссёр, фотограф, писатель, автор и исполнитель песен (1931 – 2015).

had said this, that maybe we could prevent nuclear war by sending all the governmental and generals' children to the other country and having an exchange like that for several years. Probably not a new idea but, you know, that sounded OK to me too. If we can exchange a bunch of kids maybe it would prevent some kind of a war.

How?

C: Well, in theory the generals would be more reluctant to bomb their own children.

Ah! Not as ambassadors but as hostages!

C: Hostages, yes. *Laughter.*

Oh, that makes sense, 'cause I initially thought, we'll see that other people have children and they are cute … Well, that's clever. But you wouldn't be one of the hostages, you would be one of the ambassadors.

C: Right.

And what would you, if you'd gone to the Soviet Union in high school, what do you imagine you would want to do? Also, what do you imagine you would want to see? And what do you imagine you would want to tell the locals about your homeland?

C: Uh-m, hard to say because at that time you are so young you don't really have a good sense of other people, or how people live, or probably even of being gracious. Uh-m … Boy, I don't know. I probably would have wanted to show off how much I think all people are just like everybody else on the world. It would have probably been the dominant thing I would have wanted to show or tell. Yeah. That people are the same all over the world.

So, you would be bearing a message of peace and equality?

C: Yes! *Laughter.*

I'd hammer out justice; I'd hammer out freedom[116] …

C: Yeah!

And … how does it go? Love between the brothers and the sisters …

C: Have you ever heard the Leonard Nimoy[117] version of that thing?

No.

C: God, I hear that in my mind ….

OK, and one lastest question: would you say that Cold War was a factor in your life? In the way that you grew up, who you are, what you chose to do for a living?

C: Sure. Yes, I mean it might have … Certainly. I'm sure that I never would have studied Russian, never would have embarked on these decades and decades of learning about the Soviet Union, visiting there, living there, without the Cold War. Absolutely.

So that just spurred your interest?

---

116 From a song titled *If I Had a Hammer* by the US folk band Peter, Paul and Mary.

117 Leonard Nimoy (1931 - 2015) was an American actor, film director, photographer, author, singer and songwriter.

К: Конечно. То есть, она могла... Конечно. Я уверен, что не начал бы учить русский, не занимался бы десятилетиями изучением Советского Союза, не ездил бы туда, не жил бы там без влияния холодной войны. Абсолютно точно.

То есть, она просто подогрела Ваш интерес?

К: Да. Ну, португальский же я не стал учить!

Ладно. Это, наверное, неплохо для португальско-американских отношений! (Смех)

К: Да. Она толкнула меня не туда, куда других. Я увлёкся Советским Союзом со всеми его плюсами и минусами, так ведь?

Да. Потому что он был непохожим на Вашу страну, загадочным, большим и важным.

К: И ещё потому, что между СССР и США были двойственные, неоднозначные отношения; мы воевали на одной стороне в обеих мировых войнах, и всё равно не обязательно ладили друг с другом.

Но не с одной и той же целью...

К: Верно, верно. Да, холодная война точно сыграла тут большую роль.

Спасибо большое! Хороший получился разговор.

C: Yeah, I mean I didn't learn Portuguese!

OK! I think that bodes well for the US-Portugal relations! (Laughter.)

C: Yeah, so that prodded me in a different way than other people and the fascination with the Soviet Union drew me in, the good and the bad, right?

Right. So, because it was different and mysterious and large and important …

C: And also, because we had this ambiguous or ambivalent relationship between the US and the Soviet Union, both World Wars fighting on the same side but yet not necessarily getting along.

But not with the same purpose …

C: Right, right. Yeah, it definitely played a large role.

Alright, thank you very much! Good talk!

Высокие кроссовки

Сегодня 5 февраля 2010 года. Мы разговариваем с Ольгой на наши любимые темы, о холодной войне и всём прочем. Здравствуйте, Оля! Оля, скажите, пожалуйста, для того, чтобы контекст нам как-то установить, в каком году Вы родились и в какой стране?

О: В 76-м году, в СССР, в Москве.

Детство Ваше прошло в Москве?

О: Да.

До скольки лет?

О: До двенадцати.

До двенадцати. А потом что случилось? Вы переехали?

О: Потом семья эмигрировала в Америку и, соответственно, с 89-го, с января 89-го до где-то весны 94-го я жила в Америке.

То есть, следующие пять лет. То есть, юность прошла в США. Очень интересно.

О: Первая половина юности, а потом в институт я поступила в Москве. Я уехала.

А молодость прошла в Москве! Ну, она ещё не прошла, молодость, она ещё длится...

О: Да! *(Смех)*

Молодость ещё длится. Сразу возникает вопрос про двенадцать лет. В двенадцать лет с Вами произошла такая разительная... Нет, не с Вами произошла перемена, а с Вашей жизненной ситуацией произошла такая разительная перемена: Вы вдруг – раз! – и переехали в другую страну. Скажите мне навскидку, что Вы об этом моменте подумали?

О: Я вообще совершенно не хотела уезжать, по нескольким причинам. Но основная для меня, как для подростка, было то, что моя старшая сестра оставалась в Москве, ей почему-то дали право выбора (а ей было шестнадцать лет), а мне нет, и меня это сильно, конечно, задело. То есть, первое и основное – мне, конечно, совершенно не хотелось... Почему это она не едет, а меня увозят куда-то? Вот. Во-вторых, мне совершенно не хотелось уезжать ещё и потому, что у меня был и есть ещё пока,

6

High Tops

Today is February 5, 2010. Olga and I will be discussing our favorite topics, such as the Cold War and related things. Hello, Olga! To help us establish context, will you please tell me what year you were born and in what country?

O: In 1976, in Moscow, USSR.

Did you spend your childhood in Moscow?

O: Yes.

Till what age?

O: Till the age of 12.

The age of 12; and what happened at that time? Did you move?

O: Our family emigrated to the US, and therefore from the year of 1989, or January of 1989, till about the spring of 1994 I lived in the US.

That comes out to the next five years, which means you spent your youth in the US. It's very interesting.

O: The first half of my youth, after which I went to university in Moscow. I left.

So, the second half of your youth was spent in Moscow! I mean, your entire youth has not been spent yet, it keeps on going …

O: Oh yes! *She laughs.*

Your youth keeps on going. Now, my immediate question is about the time when you were 12. At age 12 you went through such a drastic … Well, it was not you who changed, but rather the circumstances of your life were drastically changed. All of a sudden—bam!—you moved to a different country. Would you tell me just briefly what you thought about that situation at the time?

O: I did not want to leave at all, for several reasons. The main issue for me as a teen was the fact that my older sister was allowed to stay behind in Moscow; for some reason, she was given the right to decide (as she was 16) and I was not. It really rubbed me the wrong way. I mean, my first and main reason was, I certainly did not at all want to … Why was it that she was staying, while I was being dragged somewhere? So, there was that. Secondly, I absolutely did not want to go because I had, and still do have, knock on wood, my

тьфу-тьфу-тьфу, дедушка, который в своё время сидел, и ему даже предлагали такую опцию – уехать, в 80-м году, в 81-м, а он, сидя в камере в Бутырках, развёл руками и сказал: «Куда же я поеду! Здесь мой дом». Он категорически никуда ехать не хотел. Они с бабушкой тоже оставались в Москве, поэтому для меня вся эта идея куда-то уехать была очень странная и совершенно не казалась мне нужной, ни в коей мере.

То есть, в семье у Вас были сильны традиции патриотизма, как я понимаю, да?

О: Ну, в общем, да.

Но тем не менее Ваши родители решили уехать. Ещё раз скажите мне, пожалуйста, какой это был год?

О: Уехали мы в 88-м. Насколько я понимаю, они... Отчим мой подавал ещё в 70-м где-то, и получал отказ, в конце 70-х, и, насколько я знаю семейную историю, где-то в 85-м, 86-м году позвонили сами из госорганов и сказали: «Если вы ещё хотите уехать, теперь это уже можно, начинайте собирать бумаги». И они, на самом деле, какое-то время даже, кажется, поколебались, мама – точно, но в итоге всё-таки решили собирать: вызов из Израиля, все дела, и уезжать.

Хорошо. Уезжали сначала в Израиль, да? Я правильно поняла?

О: Уезжали – нет. Вызов был из Израиля. В то время нужно было, чтобы вызов был откуда-то. Вызов был от двоюродной сестры отчима из Израиля. Соответственно, выезжали мы...

Двоюродная сестра отчима... То есть, это, как бы, программа репатриации?

О: Ну, типа, да. Были все эти еврейские, что называется, ХИАСы[88], которые помогали людям. Мы выехали сначала в Вену. В Вене был, так сказать, первый этап сортировки. Там мы были две недели и в этот момент решалось, куда мы хотим дальше. Там как раз надо было решить, куда мы хотим: в Израиль, в Европу, такая давалась опция, в Германию или даже в Австрию, или в Америку. Соответственно, на месте тоже должен быть какой-то гарант, какой-то спонсор. Родители выбрали Америку. Соответственно, из Вены мы поехали в Италию и там ждали два месяца окончательного разрешения, документов, чтобы ехать в Америку.

Как Вам вообще понравилось всё это кочевание?

О: Ну, это был такой очень... Пожалуй, единственная положительная часть всего этого процесса: это было очень весело, это было интересно, это было море впечатлений. Я до сих пор помню, как мы первый раз зашли в супермаркет в Вене... У меня такое ощущение, что я даже запах чувствую до сих пор: обилие цветов, вкусов, запахов.

То есть, это была такая разительная разница, да? Между тем магазином, в который Вы ходили дома, и тем магазином, в который Вы пошли в Вене?

---

88 Общество помощи еврейским иммигрантам (HIAS), американская некоммерческая организация, созданная в XIX веке во время массовой эмиграции евреев из царской России.

grandpa, who in his time had been imprisoned. He had been given the option to leave the country in 1980 or 1981, yet he just shrugged, sitting there in his Butyrka[118] cell, and said, why and where should I go? My home is here. He was categorically against leaving. He and my grandma also stayed in Moscow, and that was why the whole idea of leaving seemed very strange and in no way necessary to me.

Do I understand it correctly that your family had strong patriotic traditions?

O: Generally, yes.

Nonetheless, your parents decided to leave the country. Would you tell me again what year that was?

O: We left in 1988. As far as I understand, they, or rather my stepfather, applied for an exit visa around 1970, and were denied exit in the late '70s. As far as I am aware of my family history, sometime around 1985 or 1986 the state security office initiated a phone call to my parents to say, if you are still thinking of emigrating, now you can, so start gathering your paperwork. And actually, I believe, they vacillated for a period of time, my mother definitely did; but ultimately, they settled on compiling documents, securing an invitation letter from Israel, and all that stuff.

OK. You were originally headed for Israel, right? Did I understand you correctly?

O: No, we weren't. We had an invitation from Israel. At that time the rule was, one had to have an invitation coming from somewhere. Our invitation came from my stepfather's cousin who lived in Israel. And so, when we were leaving …

From your stepfather's cousin … So, was it sort of within the repatriation program?

O: Well, it sort of was. It was through HIAS,[119] a Jewish organization helping people out. First, we went to Vienna. In Vienna we went through the initial sorting stage, so to speak. We stayed there for two weeks, taking a moment to decide where we would want to head next. It was there that we had to choose between Israel, Europe, which was also an option, either Germany or Austria, or the US. Naturally, at the place of arrival we had to have a sponsor or a guarantor of some kind. My parents chose America. So, from Vienna we went to Italy, where we waited for two months for the final word and for the paperwork to be ready for us to go to the US.

How did you feel about this nomadic experience?

O: Well, it was very … I would say that it was probably the only positive thing about the whole process: it was fun, it was interesting, it brought an ocean of impressions. I still remember how we walked into a supermarket in Vienna for the first time … I feel like I can still smell it: it was an abundance of colors, tastes and smells.

---

118 Butyrka Prison in central Moscow, established in the 17th century. A central transit prison in Tsarist time, it held many political prisoners in the USSR, and remains a remand prison to this day.

119 Hebrew Immigrant Aid Society, an American non-profit providing humanitarian aid and assistance to refugees, was founded in the late 19th century in response to the exodus of Jewish emigrants from Imperial Russia.

О: Да, это вообще, это очень было сильное впечатление, да.

Насколько я понимаю, родители Ваши стремились выехать и долго над этим работали. Говорили ли они Вам, по какой причине они хотят уехать?

О: Нет. Нет. Они не говорили.

Между собой, может быть, они разговаривали, а Вы под столом подслушивали?

О: Нет. Я вообще, честно говоря, даже и не подозревала. Мне стало что-то понятно, что что-то происходит, практически ближе к отъезду, когда я поняла, что идут какие-то разговоры, о каком-то сборе документов речь идёт, когда старших сестёр спрашивали... То есть, у меня есть сестра старшая родная, которая осталась, и ещё есть у отчима дочка от первого брака, которая моя сводная сестра, старшая, и которая тоже сначала думала, ехать с нами или не ехать, и она тоже осталась в Москве. Я поняла, что идёт какой-то процесс. Почему? Я, может быть, даже и не спрашивала. Это какой-то такой полуобщий... Их версия была – «потому, что здесь жить плохо». Которую я не до конца понимала, потому что у меня не было ощущения, что жить плохо. Даже тот факт, что я знала про всякую несправедливость... У нас семья никогда не была такой, как бы это сказать, конформистской. Я знала, от нас не скрывали, что дедушка сидит в тюрьме. Я могла любому прохожему сказать, что дедушка сидит потому, что пострадал за правду, но при этом всё равно ощущения, что жить там плохо, у меня не было, и не было ощущения, что надо куда-то бежать там. Поэтому объяснение «потому что здесь жить плохо» меня не устраивало, но, тем не менее, нам было дано именно оно.

А вот это объяснение, что жить плохо... Родители Вам не поясняли, почему именно плохо, или что именно плохо? Ну, например, как вариант, отсутствие политической свободы, или «мы потребляем мало качественных товаров и услуг», или что-нибудь такое?

О: Не объясняли. Я думаю, что на самом деле они сами не до конца в это верили, что ли. По крайней мере, мама моя точно, потому что она до конца... Мне кажется, что она частично согласилась уехать потому, что был вариант: либо распад семьи и вообще какие-то конфликты... Она не хотела уезжать вообще. У неё не было ощущения, что надо бежать. Формально там даже было преследование по национальному признаку, тоже фигурировало в этом деле, там, работу нельзя было найти евреям, и что-то ещё. Но на самом деле никаким особым преследованиям мы тоже не подвергались.

То есть, где-то эти преследования будто были, но Вы лично им не подвергались?

О: Ну да, да, и мне кажется, что было общее ощущение того, что если здесь что-то не устраивается, вообще жизнь тяжело устроить с бытовой точки зрения, то там точно всё будет хорошо. Может быть, это ещё. Я думаю, что, конечно, мысль о том, что мальчики могут попасть в армию, тоже родителей наверняка как-то посещала. Но это такой вот был... Мне кажется, что для них тоже точной картины не было того, в чём именно лучше, то есть, про политические свободы понятно, моя семья знала не понаслышке об их отсутствии, но мы как раз с ними вроде как научились

So, you saw a stark contrast, then? Between the store you went to back home and the store you went to in Vienna?

O: Yes, yes, I did, and it made a very strong impression.

As far as I understand, your parents strove to leave the country, and spent a long time working on it. Did they ever tell you why they wanted to leave?

O: No. No, they didn't.

Did they, perhaps, discuss it among themselves, while you sat under the table eavesdropping?

O: No. To be honest, I had no inkling whatsoever. I only began to see that something was afoot closer to the departure date, when it became clear to me that they were talking about gathering some documents, and asking my older sisters questions … I mean, I have an older sister who stayed behind, and my stepfather has another daughter from a previous marriage, who originally also considered coming with us and who eventually remained in Moscow. Then I understood that something was going on. Why? I might not have even asked. There just was some kind of a general … Their take was, life there was not good. I did not fully understand their reasoning, because I myself did not feel that life was not good. And even the fact that I knew about the injustice … My family has never been, so to speak, a conformist one. I knew that my grandfather was in prison, my family made no secret of it. I could tell any random passerby that my grandpa was in prison, suffering for speaking the truth, and still I did not feel that our life was bad or that we had to flee or something. That's why the "life is bad here" explanation did not satisfy me; but that's the explanation we were offered.

Now, this idea that life was bad … Did your parents explain to you what specifically was bad, or why it was bad? Some examples could be, the lack of political freedom, or "we do not consume enough quality goods and services," or something else.

O: They did not explain anything. I think that in actuality they themselves may not have fully believed it. At least, my mother for sure did not, because till the very end she … I think, she agreed to leave in part because the other options were a dissolution of her marriage, or family conflicts in general. She did not want to leave at all. She did not feel that it was time to flee. Formally, they could refer to being persecuted on the basis of ethnicity, that consideration was also part of the case, because Jews could not get jobs etc. But in reality, we were never subjected to any particular form of persecution.

Does it mean that there was persecution elsewhere, but not in your case?

O: Yes, yes, and also, I think, there was a general belief that, while things were not working out at home, and it was difficult to arrange a comfortable living, everything would definitely work out great abroad. It could have been a part of it. And, of course, the thought that their sons could end up drafted in the army must have also occurred to my parents. But it was kind of … I think they did not have a clear picture either, with regards to why and how specifically life was better abroad. I mean, the issue of political freedom was definitely there, since my family knew about its absence firsthand; however,

жить, так скажем, и с ними бороться активно. Мне кажется, такое общее ощущение того, что где-то будет лучше, чем тут, мне кажется.

Будет лучше, чем тут, но механизм этого самого «лучше» как-то непонятен.

О: Да. Ну, и вообще какие-то неудачи, невозможность, грубо говоря, даже с бытовой точки зрения устроить жизнь хорошую для детей, ощущение, что где-то там большой дом, какие-то такие богатства...

Да-да-да. То есть, и материальные соображения фигурировали, и фигурировали – я суммирую – соображения личные, семейные; то есть, Вы говорите, мог произойти распад семьи, это значило бы, что отчим уехал, а мать бы осталась, да?

О: Да.

Армия для мальчиков тоже немалая проблема. Понятно. И вот до того, как Вы уехали, вдруг начались эти разговоры о сборе документов, какая-то суета... Вам двенадцать лет или одиннадцать где-то. Чего Вы ожидали? Какой у Вас был образ этой Америки, или той самой Европы, или вот этого Запада, куда Вы вдруг едете?

О: Образ был очень смутный. С одной стороны, действительно казалось, что это должна быть сразу какая-нибудь такая сказка с фонтанами, песчаными дорожками и с чем-то ещё. С другой стороны, я читала Шолом-Алейхема[89], мальчик Моутл, да? «Мы едем-едем в Америку» и этот бедный еврейский район, куда они попали... Я понимала, что это может быть по-всякому.

Уже в двенадцать лет читали? Какая молодец!

О: Да, я, кстати, как раз тогда, когда мы начали собираться, его перечитывала как раз, специально, так сказать. Я не могу сказать, что у меня были какие-то... У меня такое ощущение, вот сейчас, когда я вспоминаю, что я, может быть, даже себя заставляла... Как-то сознательно блокировала вообще все эти мысли, то есть, не думала о том, как это будет, что это будет, все мои мысли были о том, что «какой ужас, меня куда-то схватили и везут!»

То есть, это было настолько огромно и травматично, что лучше было об этом не думать, а если и думать, то по частям, или только о каких-то маленьких вопросах.

О: Да, я с самого начала как-то думала: «Вот, сейчас там всё окажется настолько ужасно, и мы соберёмся и вернёмся обратно!» Такая мысль меня тоже посещала и, на самом деле...

Мысль или надежда такая была?

О: Ну, надежда даже, конечно, и поэтому, как только... Ну, это одна из причин того, почему я уехала учиться в Москву, например. Как только я оказалась в таком положении, что я могу что-то решать сама, и я заканчивала школу, и у меня был

---

89 Псевдоним Соломона Рабиновича (1859, Российская империя – 1916, Нью-Йорк), ведущего литератора и драматурга, писавшего на идише. На его повести «Тевье-молочник» основан знаменитый мюзикл «Скрипач на крыше». Последняя повесть Шолом-Алейхема «Мальчик Мотл» не была закончена из-за смерти автора.

we had learned to live with that absence, so to speak, and to actively fight it. I think they just had a very general sense of an expectation that somewhere else would be better than the home country.

It would be better over there, although the inner workings of that better state were unclear.

O: Right; there were certain failures, too, and the impossibility of giving their children a good life materially, and the thought that somewhere out there a big house and material riches awaited …

Right, right. That is, if I'm to summarize this, it was part material concerns, part family and personal considerations, since you mentioned their marriage could fall apart and your stepfather would emigrate, but your mother would stay, right?

O: Right.

And getting drafted in the army is not a small issue for boys either. I see. Now, before you left, when all the paperwork conversations and all that fuss began … You were 12, or 11. What did you expect to happen? What image did you have of the US, or Europe, or this West where you were suddenly headed?

O: It was a vague image. On the one hand, I really imagined it to be a fairytale with fountains, gravel paths and all that stuff. On the other hand, I read Sholem Aleichem's[120] book about a boy named Motl, *From Home to America*, and the description of that poor Jewish neighborhood where they ended up … I understood that things could turn out in a number of ways.

You read that at 12? What a smart kid.

O: Yes, and actually I was intentionally re-reading it when my family was getting ready to leave. I can't say that I had specific … Now that I am remembering that time, I have a feeling that I may have been making myself … I may have consciously blocked those thoughts and tried not to think about how things would turn out; all my thoughts were in the vein of "how horrible, they grabbed me and are dragging me off!"

So, the whole idea was so huge and traumatic that it seemed better not to think about it at all, or think about it step by step, or only think about some smaller aspects.

O: Yes, and I thought from the start that if things were to turn out awfully badly, we would pack up and return home. It did come to mind, and …

Was it a thought or rather a hope?

O: I'd even call it a hope, of course, and so as soon as … Well, it was one of the reasons why I went to college in Moscow, for instance. As soon as I found myself in a position to decide, when I was graduating from high school and had a choice between filling out endless applications to go to school here, or, as abstractly as it was discussed, perhaps going to school in Moscow, I grabbed and held onto the latter option with both hands. It

---

120 Pen name of Solomon Rabinovich (1859, Russia-1916, New York), a leading Yiddish playwright and author. The musical *Fiddler on the Roof* is based on his stories about Tevye the Dairyman. *Motl, the Cantor's Son* referenced here was Sholem Aleichem's last novel, unfinished at the time of his death.

выбор либо заполнять какие-то бесконечные анкеты на поступление здесь, либо так абстрактно речь начала идти о том, что, может быть, мне поехать учиться в Москву, я за это вцепилась просто обеими руками. И для меня это была такая победа: «Ага, я всё-таки возвращаюсь!»

Понятно. Значит, в самый момент переезда Вы об этой Америке не думали вовсе: «Какая тут Америка, меня отрывают...»

О: Да, абсолютно. Хотя какие-то, наверное, представления в принципе... Представления основные об Америке были по, как раз же... Я уже была в школе тогда, и были эти две девочки замечательные: Саманта Смит и Катя Лычёва[90]. Вот, собственно, по путешествиям Кати Лычёвой все мои представления об Америке и складывались.

А откуда Вы... Где-то читали про путешествия Кати Лычёвой?

О: Конечно. В «Пионерской правде»[91].

Вот, у Вас была подписка на «Пионерскую правду». Понятно. И там было что? Серия статей?

О: Там было несколько, да.

Там была серия статей о путешествиях Кати Лычёвой. И что же Катя там увидела, Вы помните?

О: Я помню мало. Я помню, что она была возмущена фильмом «Рэмбо»[92], какой он там, третий или четвёртый, где Сталлоне против ужасного русского боксёра, советского, выступает, и тренируется в Сибири в ушанке. Она была совершенно возмущена. Там было очень забавно, там была смесь: с одной стороны, она была возмущена какими-то стереотипическими неправильными представлениями о русских людях, но при этом рассказывала всё время, как в гостинице она объедалась мороженым, и что-то ещё, и что-то ещё, то есть, при этом, значит, там было полное счастье.

Потребительское.

О: Потребительское счастье.

---

90 Американская девочка Саманта Смит написала письмо главе СССР Ю.Андропову, получила ответ и приехала в СССР в возрасте одиннадцати лет в качестве посла мира в 1983 г. Её поездка по стране получила большую огласку; спустя два года Саманта погибла в авиакатастрофе. В память о Саманте Смит советская девочка Катя Лычёва поехала с визитом в США в 1986 г. Её поездка тоже широко освещалась советской прессой.

91 Газета пионерской организации, имевшая широкую подписку в СССР и позже меньшую в России. В определённый период практически каждый пионер в Союзе подписывался на эту газету.

92 Серия фильмов-боевиков (первый вышел на экраны в 1982 г.) о ветеране войны во Вьетнаме Джоне Рэмбо, выполняющем особо опасные миссии в разных странах мира. Хотя в третьем фильме серии Рэмбо сражается с русскими, в матч с советским боксёром Иваном Драго вступает герой фильма "Рокки IV" (1985); его роль тоже играет Сильвестр Сталлоне.

was such a victory for me: hey, I was coming back, after all!

I see. So, at the time of leaving you did not think about America at all; what's the importance of America when you were being torn away from …

O: Yes, absolutely. Although I must have had some ideas about it, in principle. The main ideas about the US came, when I was a school girl, from those two wonderful girls, Samantha Smith and Katya Lycheva.[121] It was after Katya Lycheva's travel reports that my own impressions of America formed.

Now, how did you … Did you read about Katya's trip somewhere?

O: Of course, I did. In *Pionerskaya Pravda*.[122]

Oh, so you did have a subscription to Pionerskaya Pravda. I see. What did you read; was it a series of reports?

O: Yes, there were several.

They had a series of articles about Katya's travels. Do you remember what it was that Katya saw on her trip?

O: I remember little. I remember that she was appalled by the film *Rambo*,[123] either the third or the fourth movie, in which Stallone fights a horrible Russian, or Soviet, boxer, and trains for that fight in Siberia wearing a fur hat. She was absolutely outraged. It was amusing how the articles were a mix: on the one hand, she was outraged by the stereotypical and wrong images of Russians, and at the same time she kept talking about how she gorged on ice cream at her hotel, and so on, and so forth, indicating that, all things considered, she was fully enjoying it.

With a consumerist enjoyment.

O: With a consumerist enjoyment.

She felt a consumerist enjoyment but not an ideological one.

O: At least, that's what I remember from her reports. So, yes.

OK. Now, if we move back in time from the moment of your departure and look into the deeper strata of your childhood, perhaps the time you were a first or a second-grader … Was there any idea of America

121 Samantha Smith was an American girl who was given the opportunity to tour the USSR at age 11 as a peace ambassador in 1983 after writing a letter to then Soviet leader Andropov and receiving a reply. This was a highly publicized visit. She died two years later in a plane crash. Katya Lycheva was a girl from the USSR who visited the US in 1986 in memorial of Samantha Smith. This trip was also closely followed by the Soviet media.

122 A newspaper for Young Pioneers, widely circulated in the Soviet Union and subsequently Russia, although with fewer subscriptions. At one point, nearly every child in the Soviet Union had a subscription.

123 Although John Rambo, the globe-trotting Vietnam War vet hero of the action series played by Sylvester Stallone, does fight Soviets in the third installment of the *Rambo* franchise, the boxing match in question, with the Soviet boxer Ivan Drago, takes place in *Rocky IV* (1985); Rocky is also played by Stallone.

Потребительское счастье было, а идеологического не было.

О: По крайней мере, это то, что я помню из её воспоминаний. Ну, вот.

Хорошо. Если мы сейчас отодвинемся от момента переезда и заглянем в более глубокое детство, так сказать, когда Вы ходили в первый класс, например, во второй... Присутствовала ли в Вашем пространстве какая-нибудь, хоть какая-нибудь идея об Америке? Тогда, в общем, ситуация была напряжённая, международная обстановка была ужасная, всё какая-то термоядерная катастрофа всем мерещилась... Вот Вы помните что-нибудь об этом?

О: Про термоядерную катастрофу, кстати, я помню, это было как-то ужасно страшно. В голове иногда вставал образ такого большого ядерного гриба и где-то маячили американцы, которые, стоит нам не так чихнуть, скинут обязательно ядерную бомбу на нас. Была такая мысль, это точно. Я помню, между прочим, в каком контексте действительно звучали американцы очень страшно. Это был уже третий класс, и моя приятельница рассказала мне под большим секретом, что существует в мире такая болезнь СПИД, которую в Америке врачи специально придумали, заражать ей людей, чтобы все повымирали. Вот, одна из версий.

(Смех) Замечательно.

О: *(Смех)* Вот! Да, первый, второй класс, действительно, Америка маячила где-то. То есть, я очень мало о ней знала, я знала только, что могут бомбу кинуть, действительно, и что ещё там вообще бывает несправедливость. Потому, что я помню Леонарда Пелтиера[93], по-моему... Или нет, или где он? Или это Южная Америка?

Какая Вы были образованная девочка для своего возраста!

О: Почему? Мы собирали какие-то подписи в поддержку, «свободу Леонарду Пелтиеру!» и всё такое, в третьем классе, наверное, или во втором.

Второклассники московской средней школы номер такой-то собирают подписи...

О: Свободу Леонарду Пелтиеру!

Свободу Леонарду Пелтиеру.

О: Да-да-да!

А Вы в тот момент понимали хоть, кто это? Что это за вещь такая, «леонардпелтиер»?

О: Нет. Абсолютно нет. Ещё Америка фигурировала в моей жизни в виде пластинки песен Пита Сигера[94], вот.

С гитарой? Такая виниловая пластинка?

О: Да. Ага.

---

93 Активист движения американских индейцев, осуждённый и приговорённый к двум срокам пожизненного заключения за убийство двух агентов ФБР и одного товарища-активиста в 1975 г. В СССР Пелтиера считали политическим узником и жертвой американской опрессии. В тюрьме его посещали два советских офтальмолога с целью оказания ему медицинской помощи, и советское руководство даже просило отпустить его в Москву.

94 Американский фолк-певец, общественный активист (1919 – 2014).

present in the space around you, any idea at all? At the time, it was a pretty tense situation, the international relations were awful, and everyone had visions of a thermonuclear catastrophe; do you remember anything about it?

O: I do remember the thermonuclear catastrophe, actually, it was absolutely terrifying. Sometimes in my head I would see a picture of a big mushroom cloud and behind it, somewhere, were Americans who were ready to drop an atom bomb on us at our first disrespectful sneeze. There was definitely that thought. By the way, I remember another context in which Americans sounded totally scary. I was already in third grade when my friend told me the big secret about a disease called AIDS which existed out there in the world, and which was purposely invented by American doctors in order to infect people and make everyone die. That was one of the stories.

(The interviewer laughs.) Wonderful.

O: *She laughs.* Yes, it was! So yes, when I was in first and second grade, America was looming out there. I mean, I knew very little about it, the only things I knew were that they could drop a bomb, and that there also was general unfairness. Because I remember Leonard Peltier,[124] I think that was the name … Or where was he? Was it South America?

You were such an educated child for your age!

O: Why? We did collect signatures in his support, "Free Leonard Peltier!" and so forth, when we were in third or second grade.

Second-graders of a secondary school of Moscow collect signatures to …

O: Free Leonard Peltier!

Free Leonard Peltier.

O: Yes, yes!

Did you have a grasp on who he was at the time? Did you know what a leonardpeltier was?

O: I did not. Absolutely not. Also, America was represented in my life by an album of Pete Seeger's songs.

Him, with a guitar? Was it a vinyl album?

O: Yep. Yes.

OK; did you like the songs?

O: Yes, I really did. One song of his was *Little Boxes*, now a title song for the TV show *Weeds* on HBO.

That song was written by a lady named Malvina whose last name I can't recall[125] *… Anyone who can*

---

124 Native American activist accused of murdering two FBI agents and a fellow activist in 1975 and sentenced to two life sentences. In the Soviet Union Peltier was viewed as a political prisoner and an example of US oppression. He was once visited by two Soviet eye doctors, who attempted to treat him in prison, and Soviet officials even requested that he be able to come to Moscow.

125 Malvina Reynolds (1900-1978), political activist and songwriter.

Так, и песни нравились Вам?

О: Очень нравились, да. Он пел песню «Little Boxes»[95], которая нынче аж заглавная песня сериала «Weeds»[96] на HBO[97].

Эту песню написала такая тётенька, которую зовут Мальвина, фамилии не помню...[98] Её все поют, кому не лень.

О: Да, да, да, она там была, там был «We Shall Overcome»[99], конечно же, непременно и обязательно.

Обязательно. У меня были синенькие пластиночки из журнала «Кругозор»[100], такие гибкие.

О: Да, да. Да, скорее голубые, мягенькие.

Такие гибкие, да, гибкие... Я помню, там тоже что-то появлялось американское, кто исполнял — не помню. Но название песни помню очень хорошо: «Братец, поделись со мной обедом»[101].

О: Ой! *(Смех)* Пит Сигер участвовал в том, что в Америке что-то такое хорошее есть. Но при этом как-то так звучало, что его там как-то не очень любят, и вообще, не зря он ездит с концертами в Советский Союз.

Ну, он был друг...

О: Он был друг Советского Союза. Америка вообще в целом, мне кажется, поражала такими контрастами, что, с одной стороны, они какие-то дикие злодеи...

Нью-Йорк — город контрастов[102].

О: Вот да! Было такое ощущение изначально, что там, действительно, бывает всё, «В Греции всё есть»[103] ... Даже, с одной стороны, дикие злодеи, которые, чуть что, всё взорвут, и их успокоят только деньги и больше ничего, и при этом там иногда встречаются друзья Советского Союза, типа Пита Сигера. То есть, она такая многоликая...

И Саманты Смит.

О: И Саманта Смит, да, тоже всех удивила.

А вот этого атомного гриба, который Вам представлялся, Вы его боялись или просто так думали: «Ну вот, что-то рассказывают тут мне на политинформации?»

---

95 «Коробочки».

96 «Дурман», сериал из восьми сезонов (2005 – 2012).

97 Кабельный канал; на самом деле сериал транслировался на кабельном канале Showtime.

98 Мальвина Рейнолдс, автор и исполнительница песен, политическая активистка (1900 – 1978).

99 «Мы победим», песня протеста, записанная Питом Сигером в 1963 г. и ставшая всемирно известной.

100 Советский журнал, посвящённый музыке, выпускался с гибкими дисками-вкладышами (1968 – 1993).

101 Оригинальное название «Brother Can You Spare a Dime» («Брат, десять центов не дашь?»), исполнитель Том Джонс.

102 Цитата из советского кинофильма «Бриллиантовая рука» (1969).

103 Цитата из советского кинофильма «Свадьба» (1944).

sings it.

O: Yes, yes, it was on the album, and there was also *We Shall Overcome* on it, of course; there had to be.

There had to be. I had small blue discs that came enclosed in Krugozor[126] magazine, those flexible ones.

O: Yes, yes. They were rather light blue, and soft.

They were flexible, yes … And I remember that American stuff was occasionally issued on them. I don't recall the singers' names, but I remember one title vividly: Brother, Will You Share Your Dinner with Me.[127]

O: Oh! *She laughs.* Pete Seeger was part of what was good about the US. And with that it was said that he was not really well-liked over there, and that there was a reason he brought his shows to the USSR.

Well, he was our friend …

O: He was a friend of the Soviet Union. America, overall, was striking in its contradictions: on the one hand, they were patently evil …

"New York is a city of contrasts."[128]

O: Oh, yes! Early on I definitely had a feeling that it contained everything, as in "Greece has everything …"[129] On the one hand they were complete villains who were ready to blow up the world at the slightest provocation, and who could only be satisfied by money and nothing else; but then, some of them were friends of the Soviet Union, like Pete Seeger. I mean, it had many facets …

Or, like Samantha Smith.

O: Or like Samantha Smith, who surprised us all, yes.

Now, what about that mushroom cloud which you imagined? Were you afraid of it, or did you simply think it was just some story you were told during the political information sessions?

O: No, I rather think I was scared of it, I was scared in an abstract way. The same way people are scared of death, although they don't understand anything about it. I mean, I don't fully understand it even now, to say nothing of back then! *She laughs.* It was just a fear of the end of the world!

Where did you see the mushroom cloud?

O: I believe it was in a cartoon, a politics-themed picture …

Do you visualize the mushroom cloud as a drawing? I personally see it as a documentary film reel.

O: I see it as a documentary film as well. I have two images in my head: one is a black and white still from a documentary, the other is a drawing, and the drawing is to be necessarily preceded by another drawing of a bearded, somewhat goat-like Uncle Sam

126 Soviet music magazine (1968-1993) which was released with flexi music discs inside.

127 The original American title is *Brother Can You Spare A Dime*, performed by Tom Jones.

128 Quote from the 1969 Soviet comedy film *The Diamond Arm.*

129 Quote from the 1944 Soviet comedy film *The Wedding*

О: Нет, наверное, скорее боялась, боялась, как чего-то абстрактного. Ну, как люди боятся смерти, грубо говоря, про которую вообще ничего не понимаешь. То есть, я и сейчас не очень-то понимаю, ну, а тогда тем более! *(Смех)* Это вообще просто был вот такой страх: конец света!

А где Вы этот гриб видели?

О: У меня такое ощущение, что были какие-то, типа, карикатуры, рисунки на политические темы...

Гриб представляется визуально такой рисованный, или как? Вот мне он представляется в документальной съёмке.

О: И в документальной съёмке тоже. У меня есть две картинки: во-первых, чёрно-белый кадр такой документальный, и плюс рисованный, причём на предыдущей картинке должен быть такой бородатый, немного козлиного вида Дядя Сэм на ракете верхом .

На ракете верхом, да, он непременно летит, такой козлоногий.

О: Да, да, да! Он козлоногий. *(Смех)*

Он козлоногий, козлобородый дядька.

О: Да. Абсолютно.

Ну, иногда ему такой чёрный пролетарий кулак показывает, иногда.

О: Да. Бывает. Да, козлоногий дядька и гриб, они обязательно у меня в голове рядышком существуют.

Вот я Вам буду слова говорить, а Вы мне – ассоциации. Рейган.

О: Саманта Смит, наверное. *(Смех)* Ну, потому что мы о ней говорили.

Гарлем.

О: Ой, негры. Можно выразиться политкорректнее! *(Смех)*

Ничего, по-русски-то можно, по-русски это политкорректно. А это хорошо или плохо? Вот Рейган – это хорошо или плохо? А Гарлем?

О: Рейган – это хорошо, поскольку, мне кажется, он с нами дружил. Гарлем – это у меня двойственное, вообще, и всегда было двойственное про Гарлем, потому что, с одной стороны, это музыка, у меня однозначная ассоциация с музыкой. Хотя я понимаю, что чёрная музыка – она, скорее всего, из Луизианы откуда-то пошла, но у меня, тем не менее, есть ассоциация с музыкой. А с другой стороны, конечно, это плохо, потому что это бедность и вообще... Бедность и порок.

Я неточно выразилась, я не про сегодняшнее зрелое соображение спрашиваю, а про вот тогда. Вот вы лежите в кроватке, Вам семь лет..

О: Я бы сказала, что в семь лет слова «Гарлем» я не знала.

А в десять?

О: Тоже не факт. «Рейган» знала, а «Гарлем» не знала.

У Вас какая-нибудь разновидность начальной военной подготовки в школе была? Вы её застали?

riding a missile.

Yes, riding a missile; he had to be flying through the air and his legs were like a goat's.

O: Yes, yes, yes! The goat-legged one. *She laughs.*

He was a goat-legged goat-bearded dude.

O: Yes. Absolutely.

Occasionally, there was a black worker shaking his fist at him.

O: Yes, sometimes. So, the goat-legged dude and the mushroom cloud live in my head side by side.

OK. I will say some words now, and you can tell me with what you associate them. Reagan.

O: Samantha Smith, I guess. *She laughs.* Since we just talked about her.

Harlem.

O: Oh, Negroes. I could have said it in a more politically correct way! *She laughs.*

Well, you can say that in Russian, it is politically correct in Russian. Now, were they good or bad? Was Reagan good or bad? What about Harlem?

O: Reagan was good, because, I think, he was our friend. Harlem has two sides for me, and has always had two sides, and one of the sides was its music; I definitely associate it with music. Although I do understand that black music comes more from Louisiana, I still associate it with music. The other side was, of course, bad, because it was about poverty and all that … Poverty and crime.

I did not formulate my question correctly. I'm not asking you about your current, mature interpretation; I'm asking about what you thought then. Imagine you are lying in your bed, you are 7 years old …

O: I would say I did not know the word "Harlem" at age 7.

What about age 10?

O: Not certain. I did know the word "Reagan," but not the word "Harlem."

Did your school offer any variety of military or paramilitary training in your day?

O: Nope, it did not.

What about propaganda posters on the walls? Did it have posters showing how to wear a gas mask correctly? Or how to dig and outfit an underground shelter?

O: Oh! Yes, we did have something about the nuclear shelter bunkers, but I do not remember whether it was in secondary school. Yes, it was in school, but perhaps when we were a little older, maybe in fourth or fifth grade.

But you do not remember any details? Did they go by unnoticed?

O: Totally; they did not impress me.

You must have been occupied by other things.

O: Yes. I do remember being taught to apply bandages in college, but I do not remember

О: Не-а, не было.

А агитация какая-нибудь на стенах развешана? Например, как правильно надевать противогаз? Как устроить, как вырыть подземный...

О: Ой! У нас было, вообще, про устройство бункера такого противоядерного, только я не помню – это в школе? В школе, да, но уже в более старших классах, четвёртый, пятый, наверное.

Но Вы его не помните особо? Как-то мимо Вас пролетело?

О: Абсолютно, не впечатлило.

Наверное, заняты были чем-то другим.

О: Да. Вот как нас учили бинтовать в институте – это помню, а про противобомбовое убежище не помню вообще. Оно как-то немножко было...

Виды оружия массового поражения?

О: Нет, не было.

Как не было? Биологическое, химическое...

О: Я их знаю, но не из школы, в школе не было.

В школе не было. Вам не рассказывали, сколько нужно взять с собой банок тушёнки в убежище, сколько килограммов сахара и литров воды?

О: Не было, не рассказывали. Интересно, кстати, почему? Считали, что нам всё возьмут с собой?

Я не знаю, нам рассказывали. Мы бы, наверное, дольше Вас просидели. (Смех)

О: У нас в убежище всё уже было, стандартно. Там же обеспечение было другое!

Да, в Москве-то другое дело. Вы были когда-либо в убежище?

О: Нет.

Ни разу не были в убежище, ни в действующем, ни в этом самом... Учебном.

О: Нет. Мечтала, кстати. Мне всегда ужасно было интересно.

Ну, подвал, да и подвал. Нас водили, конечно, всё нам рассказывали, где что, и сколько над нами слоёв цемента, сколько песка. Вообще интересно.

О: Нет, ну, действительно, бомбу могли кинуть только американцы, это вообще интересно. Я помню это. Никаких других врагов у нас не было.

А Вам как казалось, кто кого побьёт? Если слон на кита налезет, кто кого побьёт: мы американцев или они нас?

О: Ну, мы американцев, конечно.

Отчего?

О: Ну, мы же в Великой Отечественной войне победили? Значит, мы кого угодно можем.

Значит, у нас мощь есть военная.

О: Не столько военная, сколько патриотическая, духовная.

anything about a bomb shelter at all. It was all a little bit …

What about weapons of mass destruction?

O: Didn't have them.

What do you mean? Biological, chemical …

O: I do know about them, but not from secondary school. They did not teach us that at school.

Not at school. Were you told how many cans of meat, kilos of sugar and liters of water to bring to the bomb shelter?

O: No, we weren't taught that. I wonder why, though? Did they think someone else would bring that stuff for us?

I'm not sure; we were given that information. We would have lasted longer than you! (The interviewer laughs.)

O: In our bomb shelter we had everything ready, no question. We had a different procurement scheme![130]

Yes, Moscow was different. Have you ever been to a bomb shelter?

O: No.

You have never been in a bomb shelter, not a real one, nor in, what would you call it … A practice one.

O: No. It was my dream to go, by the way. I've always been terribly interested in them.

Well, it's a basement that looks like a basement. We toured them, we were told everything about them, like, where everything was and how many layers of concrete and sand we were under. It was rather interesting.

O: Yes, really, the only ones liable to bomb us were Americans, and that's interesting. I do remember that. We had no other enemies.

Which side did you think would have won? If an elephant attacked a whale,[131] which would win the fight? Would we beat Americans, or would they beat us?

O: We would beat Americans, for sure.

Why?

O: Well, we did win the Great Patriotic War, right? It means we could beat anyone.

So, we did have the military power.

O: Not so much military as it was patriotic and spiritual.

We would beat them with our spiritual power.

O: Yes. We'd say, off we go to America, let's get'em! And that would be it.

---

130 Due to the specifics of the socialist distribution system, different regions of the USSR had varied access to goods and supplies; the capital city of Moscow generally had the most goods available for purchase.

131 Quote from the children's novel *The Conduit and Shvambrania* (Lev Kassil', 1931; revised in 1955).

Мы их духовной силой поборем.

О: Да. Мы все скажем: «Айда на Америку!» И всё.

Понятно. В случае конфликта Вы всё-таки на своих надеялись. Хорошо, давайте мы нежное детство оставим и, значит, поговорим немножко про этого интересного дедушку Вашего, которого Вы затронули. Как Вы сказали, в Вашей семье — или я сказала, а Вы сказали «да», — сильны традиции патриотизма, а с другой стороны, имеются традиции оппозиции к правительству.

О: Ну да, которые, наверное, и являются проявлением патриотизма в высшей вообще...

Понятно, понятно.

О: Как бы, дедушка вообще приучил меня к мысли о том, что, если что-то не так, надо выступать, а не сидеть молча, и что-то делать, и что-то менять. Дедушка, он был членом Московской Хельсинкской группы[104] практически с самого начала...

Это какой год у нас?

О: Когда она была создана? Не помню, не скажу сейчас точно, боюсь соврать. То есть, я как бы знаю, что...

Имеются в виду 60-е, 70-е годы?

О: Да, да. Это имеется в виду. То есть, он к моменту... Да, официально считается началом правозащитного движения «Пражская весна», август 69-го года, когда на площадь вышли восемь человек[105]. К тому моменту дедушка уже был со всеми с ними знаком, с теми, кто туда вышел, и дальше он с ними продолжал. То есть, он выпускал «Хронику текущих событий»[106] в Москве, вот, подписывал всё, что только можно, за что и…

И что ему за всё это было?

О: Ему за всё это было... Его арестовали в 80-м году в апреле, судили в 81-м. Было ему за это сначала три, по-моему, года лагерей, статья 190 прим., «распространение заведомо ложных сведений, порочащих советский общественно-государственный политический строй»...[107] Потом, когда его должны были выпустить из лагеря в Магадане, его судили во второй раз, в Магадане, и дали пять лет ссылки. И он был в ссылке на Дальнем Востоке на берегу Охотского моря, и окончательно

---

104 Советская, позже российская правозащитная организация, создана в 1976 г., распущена в 1980 г., снова сформирована в 1989 г., работает по сей день.

105 Вернее, в августе 1968 г. Небольшая группа людей вышла на Красную площадь в знак протеста против ввода советских войск в Чехословакию. Семь демонстрантов были быстро арестованы службой государственной безопасности.

106 Самиздатовский бюллетень правозащитников, в котором вёлся учёт нарушений прав человека и судебной процедуры в СССР. Несмотря на постоянные преследования со стороны властей, с 1968 по 1982 год удалось напечатать 60 выпусков «Хроники».

107 Данная статья была введена в Уголовный Кодекс РСФСР в 1966 г. в дополнение к статье об «антисоветской пропаганде и агитации».

I see. You did place your bets on your own country in case of a conflict. Good. Now let's leave your tender childhood and talk a little about your fascinating grandfather, whom you mentioned before. As you said, or rather as I said, and as you confirmed, you family was steeped in the patriotic tradition; yet, it also had a tradition of opposing the government.

O: Well, yes, and that tradition is probably the highest expression of patriotism …

I see, I see.

O: I would say my grandpa taught me to believe that when things go wrong, it is our duty to speak up, not to remain silent, and to work on making a change. My grandpa was a member of the Moscow Helsinki group[132] from the very start …

What year was it?

O: When was it created? I do not remember, and I can't be certain right now, I'm afraid I would be incorrect. I mean, I know that …

Are we talking about the '60s, the '70s?

O: Yes, yes. We are talking about that time. I mean, by the time of … Yes, officially the Prague Spring and August 1969[133] when eight people came out to protest at the Red Square marks the beginning of human rights movement. By that time, my grandfather had already met all the people who came out to protest, and he continued to work with them. He published the *Chronicles of Current Events*[134] in Moscow, he signed his name on everything he could, and that was why …

What did all this activity bring him?

O: All of this brought him … He was arrested in April 1980 and tried in court in 1981. It brought him a sentence of three years of prison camp, initially, according to Article 190-1, "dissemination of knowingly false fabrications that defame the Soviet state and social system."[135] Later, when he was due to be released from prison in Magadan, he was brought in court for the second time, in Magadan, and sentenced to five years of exile. He was in exile in the Far East on the shores of the Okhotsk Sea, and he returned in 1986 or 1987 when his sentence was practically over; Gorbachev shaved off a little of it.

You said that as a child you knew that your grandfather had been, or was, in prison. Did you know why?

O: I knew that he … That there was injustice in our country, and that there were unjustly

---

132 Soviet, subsequently Russian human rights group formed in 1976, disbanded in 1980, and formed again in 1989 to continue operating today.

133 Actually, in August 1968, a small protest broke out on the Red Square against the invasion of Czechoslovakia by the USSR. Seven protesters were quickly picked up by the KGB.

134 A self-published (samizdat) magazine cataloguing violations of civil rights and judicial proceedings by the Soviet government. Despite constant harassment by the Soviet government, 60 issues were printed between 1968 and 1982.

135 An augmentation to the post-Stalin Criminal Code, to punish dissemination of "anti-Soviet agitation and propaganda," added in 1966.

вернулся в 86-м или 87-м году, у него срок почти кончился, его чуть-чуть только Горбачёв скостил.

Вот Вы говорите, что Вы в детстве знали, что дедушка у вас сидел или сидит. Вы знали, за что?

О: Я знала, что он... Что есть несправедливость в нашей стране, что есть люди, которых несправедливо сажают в тюрьму, а дедушка против этого выступал, писал письма, что-то говорил, и за это его посадили в тюрьму.

То есть, правительство поступило с дедушкой несправедливо, и Вы примерно представляли себе сущность его — в кавычках — проступка.

О: Ну, да.

В семье, в семейной интерпретации, в семейной, ну, не хочу сказать «мифологии», но скажу, дедушка считался хорошим человеком, молодцом или, скажем так, не от мира сего?

О: Нет. Скорее, хорошим человеком и, в общем и целом, все так или иначе его поддерживали, в семье непосредственной не было такого, что, предположим, зять ворчит: «Этот тесть — вообще, и нас всех сейчас с работы уволят». То есть, как бы, скажем так, среди семьи, immediate family[108], да? Дочь, моя мама, и её муж, и бабушка, жена дедушки, плюс родители моего отчима, плюс ближайшие родственники и друзья, были люди... В общем, практически у всех было понимание того, что он ведет себя правильно, благородно, и так надо. Не все, может быть, были бы готовы делать то же самое, так же рисковать, не все, может быть, одобряли то, что этот риск связан не только с ним самим, но и с его родственниками, но в целом все, как бы...

То есть, дедушка был фигурой положительной и почитаемой в Вашем детстве?

О: Абсолютно, абсолютно.

Вы знали, что, с одной стороны, у Вас есть такой прекрасный совершенно дедушка, а с другой стороны, правительство Вашей страны посадило его в тюрьму. Какие у Вас были по этому поводу чувства? Вы же в школу ходили и пионеркой были? Были пионеркой?

О: Да.

Были. Все эти с невозможными номерными знаками какие-то постановления съездов...[109]

О: Постановления съездов как-то мимо меня прокатили...

Мимо вас прошли. Пионерской жизнью Вы активно жили, или так просто?

О: Ну так, относительно. Ну, я помню, например, как мы выбирали, чьё имя будет носить наш пионерский отряд. В этом я участвовала, но так, чтобы... Я не знаю, что ещё можно назвать активным пионерским. Ну, макулатуру собирали. У меня как-то, насколько я понимаю, очень сильно было отделено... То есть, какие-то вещи, во-первых, там, пионерская организация... Вообще, так сказать, организация — она была необходимостью, надо было жить по этим правилам, ну, грубо говоря. Я не

---

108 Ближайшие родственники.

109 Съездов КПСС.

imprisoned people; grandpa was against that, he wrote letters, he spoke out, and he was put in prison for it.

So, the government had acted unjustly toward your grandfather, and you had a fair idea of the substance of his, quote-unquote, misdeed.

O: Well, yes.

In your family's interpretation, or in your family's—I'm reluctant to use this term but I will use it anyway—lore, was your grandpa considered a good person, a brave person, or, shall we say, someone not of this world?

O: No. Mostly, he was considered a good person, overall, and everyone supported him in some way; in our immediate family we never had a situation when, say, the son-in-law would grumble, nothing like "my father-in-law is outrageous, we are all getting fired from our jobs because of him." I mean, if we take our family proper, our immediate family, right? His daughter, my mother, her husband, and my grandma, grandpa's wife, as well as my stepfather's parents, and our close relatives, as well as our friends, were people who ... Nearly everyone understood that his actions were right, noble and proper. Perhaps not all of them would have been prepared to do the same, to take the same risks; maybe not all of them were happy about the fact that the risks he took affected not only himself but his family. However, overall ...

That means your grandfather was a positive and respected figure for you when you were a child.

O: Absolutely. Absolutely.

You knew that, on the one hand, your grandpa was perfectly wonderful, yet on the other hand, the government of your country put him in prison. How did you feel about that? You were a schoolgirl and you were a Young Pioneer,[136] right? Were you a Young Pioneer?

O: Yes.

You were. And all those decisions of Party Congresses[137] with impossibly long numbers ...

O: Decisions of Party Congresses somehow went right past me...

They went right past you. Were you an active Pioneer, or just a regular one?

O: Well, relatively so. I do, for instance, remember how we voted on whom our Pioneer troop was going to be named after. I did take part in that. But to say that ... I don't know what else can be called active Pioneer work. We did collect old newspapers. As far as I understand, some things were strictly separate for me. I mean, some things, such as the Pioneer organization ... Generally speaking, this organization was a given, we just had to live according to the rules which existed. I'm not voicing my own personal viewpoint alone here, but also that of my family's; that said ...

There were social requirements which one had to meet.

136 One of the Lenin All-Union youth organizations, Young Pioneers was for children ages 9-15.

137 The Congress of the Communist Party of the Soviet Union, a gathering of all delegates from the Party, occurred with varied frequency. The Congresses were numbered in Roman numerals; the XXVIII Congress in 1990 was the last Soviet Congress.

только свою личную точку зрения, но и, так сказать, у нас в семье, но при этом...

Это такие социальные требования, надо их выполнять.

О: Да, да. При этом я, например, с большим энтузиазмом относилась к каким-то событиям, ну, я не знаю, к торжественной линейке или к чему-нибудь, чем, например, моя старшая сестра. Для неё это какая-то фигня вообще. Но при этом это совершенно отделялось от тех плохих, так сказать, того плохого, что в этом государственном строе было, да? То есть, как бы, очень отделялось, не знаю, у меня в голове, по крайней мере. Вот понятно, что есть плохое в этой стране, в государстве, но при этом не всё плохое вообще, не то, чтобы вообще всё ужасно. Есть плохое, ну, значит, надо что-то менять, скажем так. Говорят, я, когда мне было лет пять или попозже, шесть, говорила, что я сейчас вообще пойду, тюрьму разбомблю, дедушку достану и всех освобожу!

Понятно. «Активная гражданская позиция» называется.

О: Да, но то, что в этой системе есть что-то хорошее, тоже было ощущение. Не было такого ощущения, что всё вообще ужасно, всё, что в этой стране, всё, и пионеры там...

Ну, то есть, у Вас внутреннего конфликта не было.

О: Не было.

Вы как-то понимали, будучи ребёнком даже, что вот это случилось, и это плохо, и это, значит, мухи, а вот это — хорошо, и это котлеты. И мухи отдельно, а котлеты отдельно.

О: Да, да.

Пионерскими делами Вы не тяготились. Правильно я понимаю?

О: Ну, какими, например?

Ну, например: торжественная линейка, отчитывание двоечника, чтение политинформации какой-нибудь...

О: Нет, политинформацию, понятно, что у нас была политинформация каждое утро, даже что-то я готовила, даже недавно нашла тетрадочку, где у меня наклеены так аккуратно какие-то статьи из газеты. А отчитывания двоечников — я как-то всегда старалась этого избегать. Но я вообще не помню, на самом деле, чтобы у нас в школе особо что-то делалось, мне очень со школами, конечно, повезло, потому что они с одной стороны были какие-то формальные, а с другой стороны я, будучи во втором классе, и в первом классе, ездила к дедушке в ссылку на Дальний Восток.

Так...

О: Мы ездили всей семьёй, в первый раз когда я была в первом классе, на два месяца, а во втором классе вообще на полгода меня бабушка туда увезла. И при этом в классе было известно... Я не знаю, наверное, я не рассказывала, грубо говоря, за что именно дедушка сидит, но было известно, что я, Оля, не просто заболела на два месяца, а что Оля уехала на Дальний Восток к дедушке, то есть,

O: Yes, yes. That said, I myself was more enthusiastic about certain events, such as big solemn assemblies, etc., than, for instance, my older sister was. For her all of that was complete hooey. But I saw it all as fully separate from the bad things that came with the government regime. I mean, completely separate, at least in my own head. It was clear that there were bad things in the country, in the state, but that not all things were bad; it's not like everything was awful. There were bad things, and they had to be changed, I'd say. They told me that when I was 5 or 6, I used to say, I'm going to go bomb the prison, get my grandpa out, and free all persons!

I see. It's what we call civic engagement.

O: Yes. At the same time, I felt that there were good things about the system, as well. I did not feel that the whole country was awful, the whole thing, and all the Pioneers with it.

You mean, you did not experience an inner conflict.

O: I did not.

Even as a child, you realized that when something bad happened, that was separate, and so were the good things that happened. That flies were to be separated from meatballs.[138]

O: Yes, yes.

So, the Pioneer work was not a burden for you. Am I correct?

O: Well, what Pioneer work?

Examples would be big assemblies, admonishing failing students, presenting at political information sessions …

O: The political information sessions go without saying, we had polit-info every morning, I even presented sometimes; I even found a notepad recently in which I had carefully glued some newspaper articles. As to the admonishment of failing students, I always tried to get out of doing it. But I do not even remember, truth be told, any particular work being done at our school. I was very lucky in schools, which, for one, treated this stuff as a formality; and then, when I was in first and second grade, I visited my grandfather in exile in the Far East …

Right.

O: My whole family went, for two months for the first time, when I was in first grade, and then in second grade my grandma took me there for a whole six months. And everyone in my class knew about it … I'm not sure, perhaps, I did not tell them exactly what my grandfather was in prison for, but they did know that Olya was not out sick for two months, that Olya went to see her grandfather in the Far East, so that was somehow … We kept a correspondence, and I wrote letters to my class from that secure border area: we have hills here, we have deer … I mean … From this, I concluded that by Soviet standards our school was pretty good.

---

138 A Russian idiom of wide use and unclear etymology, meaning "to separate the good from the bad" or "to compare good and bad."

как-то это было... Мы переписывались с классом, я из этой погранзоны писала письма: «У нас тут сопки, олени...» То есть, как-то... Из чего я делала вывод, что школа по советским меркам, в общем, была очень...

Ну, надо сказать, и время уже было закатное такое... Вы самый мясистый застой застали в очень юном возрасте, а потом, если мы уже возвращаемся к двенадцати годам, переломным, это уже 88-й год.

О: Да, в 88-м вообще, а это вот я ездила, это был 83-й, 84-й год.

Ну да, ну да. Значит, пионерская работа прошла мимо, более или менее, и вот, когда началась перестройка, помните ли Вы какие-нибудь мысли, ощущения по этому поводу, события какие-нибудь?

О: Х-м... Я сейчас начинаю задумываться, пытаюсь понять. Я как-то не уверена, что я прямо как-то... Если я и помню, то, скорее, ощущения в семье, когда начинались разговоры, что вот, всё-таки что-то там происходит, что вон там Андрей Дмитриевич[110] выступает, да?

Это мы Сахарова имеем в виду?

О: Да. На съезде, ещё что-то там, то есть, как бы... Это, скорее, именно из-за того, что это обсуждалось внутри семьи. Не то, чтобы внешнее какое-то было ощущение, что что-то меняется.

То есть, Вы начали слышать какие-то другие разговоры? Семейные?

О: Ну да, да. Что вон что происходит.

Понятно. Ну, а потом Вы, не успев ничего сообразить, уехали. Хорошо. Когда Вы приехали в Америку, ну, все эти магазины мы уже обсудили, Вы увидели магазины, Вы упали в обморок... Вы пошли в школу американскую, да?

О: Да.

Как Вам оно вообще? Понравилось или нет?

О: Первый заход в школу у меня был какой-то абсолютно... Как в тумане немножко. Потому что мы приехали в Нью-Йорк сначала, первые полгода жили в Нью-Йорке, в школу мы успели походить месяца два. Это была бруклинская огромная мидл-скул, она там называлась general high school[111], с полицейскими на входе и с металлоискателями, в которой я со всеми ходила только на физкультуру и на итальянский язык и, может, на математику, а в принципе все «русские» в кавычках, то есть, они, конечно, были из всяких городов и весей, проводили почти целый день на занятиях «английский как второй язык», ну, и жили своим миром, в общем-то, в общем и целом. Это было в чём-то даже весело, у меня какие-то приятели тут же появились там. Мы практически целый день сидели в отдельном кабинете, там веселились, конечно, немножко занимались английским языком, ну

---

110 Академик А.Д. Сахаров (1921 – 1989), советский ядерный физик, диссидент и активист, лауреат Нобелевской премии в 1975 г.

111 «Общая старшая школа».

Well, it should be also noted that those were the sunset years … You were very young during the thickest part of the stagnation period, and if we go back to the time you were 12, the critical time in your life, it was already 1988.

O: Yes, that was in '88. But it was '83, '84 when I went on those trips.

That's true, that's true. So, Young Pioneer work passed you by, more or less. Then, when perestroika began, do you remember what you thought or felt about it, or any events related to it?

O: Uh-m … I'm trying to think now, trying to understand … I am not really sure that I was strictly … If there is anything I remember, it's the feelings in my family, when they talked about something indeed beginning to happen, like, about Andrei Dmitrievich making speeches, you know?

We are talking about Sakharov[139] now, correct?

O: Yes. He spoke at the Congress, and there were other things like that … I probably remember it specifically because my family talked about it. It's not like I had a feeling that something was changing in the outside world.

So, you began to hear new conversations in your family, right?

O: Yes, yes. Like, "Look what's going on!"

I see. And then you left without getting a chance to figure anything out. Good. When you came to the US first, well, we had already discussed its stores, you saw the stores, you fainted … You went to school in the US, right?

O: Yes.

How was it? Did you like it?

O: My first experience with the schools here was totally … It was like I was in a fog. Since the first place we came to was New York, we lived in New York for six months and went to the local school for about two months. It was an enormous middle school in Brooklyn, they called it a general high school. They had policemen and metal detectors at the entrance. In that school, the only classes I had with the rest of my class were Phys. Ed., Italian and, perhaps, math; other than that, all the quote-unquote Russians, who in actuality were all from different corners of the USSR, spent their days in the ESL classroom and in general lived in their own separate world. In some ways it was even fun, and I immediately developed a few friendships there. We sat in a separate classroom practically the entire school day, where we played around, naturally, and learned a little English, and did other small stuff.

Did you think, oh, what a nice and interesting school! Or did you think, this American school here is total garbage, my Moscow school was better!

O: I thought … I think I was so stupefied by everything that had happened that I did not evaluate what was good or bad …

139 Andrei Dimitrievich Sakharov (1921 - 1989) was a Russian nuclear physicist, activist and dissident; recipient of the Nobel Peace Prize in 1975.

и так, по мелочи.

Ну, Вы думали: «Вот, какая хорошая, интересная школа!» Или вы думали: «Чушь какая-то ваша школа американская, моя-то школа в Москве лучше!»

О: Я... Мне кажется, что я была настолько в ступоре от всего, что я не думала: хорошо, плохо...

Потрясена? Анестезирована?

О: Да, абсолютно, я вообще не понимала... Я помню точно, что эта идея, что мы весь день сидим группой отдельно, мне совершенно не нравилась. Я до сих пор помню, и с удовольствием вспоминаю, уроки итальянского языка, где я, как сейчас помню, тут же отличилась умом и сообразительностью, потому что для англоязычного подростка очень тяжело осваивать европейский язык, а я у меня ещё пара слов была после Италии итальянских, оно у меня хорошо шло, это было очень приятно. А в общем, не знаю... Какое-то такое было абсолютное ощущение сюра, даже, по-моему, не было ощущения толком, что это школа. Это был какой-то... Вообще непонятно, что.

Что-то такое, явление какое-то неописуемое?

О: Да. Вот, потом уже мы перед летом переехали в Филадельфию. Ушли из школы на месяц, может, даже раньше, насколько-то раньше, и уже с сентября пошли в школу в Филадельфии, я пошла в восьмой класс, и вот там уже было как бы... Это уже была школа.

Когда Вы приехали и увидели этих американцев всех, ну, не всех, но многих, что Вы подумали?

О: Ну, во-первых, что они не такие уж и страшные, и вовсе не каждый на улице норовит нас прибить из-за угла чем-нибудь. Бомбы не было. Я помню ощущение, что непонятно, чего мы так боялись, вот. Ну, люди как люди, то есть, наверное, какие-то стереотипы и общие ощущения у меня появились уже потом, в более взрослом состоянии. А так... Я, пожалуй, в какой-то степени удивилась тому, что они, во-первых, нас не принимают как врагов. Наверно, я была готова к худшему. Я была готова вообще к общему такому «понаехали тут». С этим я, конечно, немножко сталкивалась за первую пару лет в эмиграции, но в целом было гораздо лучше, чем я ожидала, тем более, именно, что понаехали из вражеского Советского Союза, да?

Ну, вот на чисто таком бытовом уровне, на уровне визуальных каких-то ощущений, или Вы услышали что-то — что Вы подумали? «Ну, вот американцы. Что это на них надето?», например. Или какую-нибудь разницу с соотечественниками увидели?

О: Хороший вопрос. Ну, я думаю, что нет. То есть, то, что одето, зависело от того, что вообще было доступно, поэтому... То есть я, конечно, заметила разницу, но было понятно, что это вот можно купить в магазине, просто «пойдёмте купим», тем более, что у нас уже в Италии были прикуплены джинсы, нам уже было хорошо.

Джинсы. Джинсы — это замечательный такой предмет, желаемый сильно, да?

Were you shocked? Desensitized?

O: Yes, absolutely, I understood nothing … I do remember that I definitely disliked the idea of spending the whole day as a separate group. I still remember, and remember with pleasure, my Italian class, where I immediately distinguished myself with my intelligence and wit,[140] because the English-speaking teens had a hard time learning a European language, while I had even retained a few Italian words after our stay in Italy; so, I made good progress, and it felt very nice. But other than that, I don't know … Everything seemed absolutely surreal to me, nothing felt like a real school. It was … I don't even know what.

A phenomenon you can't describe?

O: Yes. And then before the summer we moved to Philadelphia. We left school a month earlier, or maybe even a little more, and in September we started school in Philadelphia. I started eighth grade, and that school was … It was a real school.

When you came to the country and saw all those Americans, well, not all of them, but many of them, what did you think about them?

O: Well, one thing I thought was that they weren't that scary, and that not that many of them were dying to attack us with some weapon in the street from around the corner. There was no bomb. I remember thinking I was not clear on what we had been so scared of. People just looked like people, although perhaps I did develop some stereotypes and generalizations later on, as an adult. But then … To a degree, I was surprised by the fact that they did not see us as enemies. I must have been prepared for a worse reception. I was prepared to hear "why-do-they-all-come-to-our-country." I mean, I did come across a little bit of that during my first two years as an immigrant, but overall the reception was much better than I had anticipated, especially if we take into account that we all came to their country from the enemy state of the Soviet Union.

If we talk strictly about the everyday impressions, the visual impressions, or things you heard, what were your thoughts? "Look at these Americans, what in the world are they wearing?" Or something like that. Did you notice any difference between them and your compatriots?

O: It's a good question. I don't think I did. I mean, what they wore depended on what was available, so … I did see a difference in dress, but I knew at the time that those clothes could be simply bought in the store, like, you could just go buy something; what's more, we had already bought jeans in Italy, so we were already doing well.

Jeans. Jeans were a wondrous and desirable item, right?

O: Yes. Yes. Our family, actually, owned a couple pairs of jeans, we received them in packages from the US and Israel, we were a special family. I can't say that I … I can't say that people in the US made a strong impression on me, or that they seemed a different

---

140 Quote from a popular 1981 Soviet cartoon *The Secret of the Third Planet.*

О: Да. Да. У нас, правда, в семье была пара джинс, нам присылали из Америки, из Израиля, нам приходили посылки, мы вообще такая была специальная семья. Я не могу сказать, что вообще меня как-то... Что у меня какое-то сильное впечатление было от них вообще, что это вообще какие-то другие люди, да?

Не было такого ощущения?

О: Не было.

Не было ощущения, что Вы попали в чужеродную среду?

О: Не было.

Не было. Очень интересно.

О: Не было ощущения, что это другие люди, и, наоборот, было удивительно, что это не другие люди. А должны были быть.

Вот как интересно! Приехала, а тут опять такие же люди!

О: Опять люди! Да. Должны были быть какие-то двухголовые, яйцеголовые...

С собачьими головами, там люди живут с собачьими головами. Это на территории за Уралом живут люди с собачьими головами, по Геродоту[112]. Значит, люди такие же, никто не выгнал поганой метлой...

О: Никто не выгнал. И при этом никто тоже и не принял с распростёртыми объятьями. Тут тоже двойственность: с одной стороны, мы вроде как бы несчастные беженцы, и тут должны сразу все, но вот дети в школе – им вот по барабану, что я была, что меня не было, что... И это, в общем, и не хорошо, и не плохо было, да? Это немножко меня удивило, потому что я не поняла: либо на меня должны были все пальцем показывать, что вот там... Но этого не было, потому что, оказывается, уже много нас таких понаехало, да? Либо должны были все: «Ах, несчастная девочка, они там сбежали, оттуда их надо срочно, от них там отказываются...» Этого тоже не было, да? И то, что нас воспринимали...

Как данность.

О: Как данность, как должное, тоже меня очень удивило. Как-то я думала, что моё прибытие в эту страну должно было как-то быть замечено больше, чем! *(Смех)*

Ага. Ну, и вообще, когда Вы приехали в Америку и давай тут жить, как оно Вам, легко далось тут жить? Ну, после первого остолбенения?

О: Скорее да, чем нет. Другой вопрос, что чем дольше мы тут жили... То есть, например, уже подростком лет в пятнадцать – наверное, это уже не совсем подросток...

Ну, это подросток всё-таки.

О: Вот, я поняла, что жить-то, конечно, тут можно, но полностью вписаться скорее нельзя и не хочется. Например, был у меня такой момент, когда я так считала.

---

112 Это неверно. Геродот сообщает, что, по уверениям ливийцев, люди с собачьими головами живут к востоку от их границ.

category of people, you know?

They did not seem to be that way?

O: They did not.

Did you have a feeling that you were in a foreign environment?

O: I did not.

You did not. That's very interesting.

O: I did not feel that they were different from us; just the opposite, I was surprised that they were not different from us. They should have been different.

That's so interesting! You came, and you saw the same exact people all over again!

O: Again, the same people! Yes. They had to have been two-headed, or egg-headed …

Dog-headed people, there were dog-headed people. According to Herodotus, dog-headed people live beyond the Ural Mountains.[141] *So, locals were the same people, and no one chased you away with a stinky broom.*

O: No one did. But no one accepted us with a big embrace, either. Here, again, came more ambivalence: on the one hand, we were poor refugees, and everyone was supposed to be sympathetic, but the kids at school could not care less whether I was there or not … It was not a good thing, and not a bad thing, you see? It was a little surprising, because it did not make sense to me: they were either supposed to point fingers at me, or … But they did not, because, as it turned out, there were many of us who all came to their country! Alternatively, they were supposed to all go, ah, this poor girl, they had to flee, we have to save them ASAP, they were rejected back home … But that did not happen either! The fact that they took us …

For granted?

O: For granted, or as nothing special, was also a big surprise. I somehow imagined that my arrival to the new country was supposed to have been more noticeable than it was! *She laughs.*

OK, so, when you arrived in the US and began living here, was it easy for you, I mean living in the US? After the initial shock?

O: It was more so than it was not. However, the longer we lived here, the more … For example, as a teen of about 15 years of age, although 15 is perhaps not so teen anymore …

Still a teen.

O: Right; I realized that while it's OK to live here, it is probably impossible to fully feel at home or pass for a local, and I did not want to anyway. I did think that for a while.

Why was that?

---

141 This is incorrect. Herodotus reports claims by Libyans that dog-headed people lived to the east of their lands.

А почему?

О: Из-за сложной социальной иерархии в школе.

Это мы про Филадельфию говорим?

О: Это уже в пятнадцать лет. Я училась, значит, девятый-десятый класс, я училась вообще в частной еврейской школе под Филадельфией.

Там, наверно, много русских? Насколько я знаю, в Филадельфии большая русская диаспора.

О: Да, мы жили в том самом Northeast Philadelphia[113], где много, то есть это такой Брайтон, только растянутый на много-много кварталов. Школа была в довольно богатом районе, уже рядом с центром Филадельфии, и там давались какие-то большие скидки нам, эмигрантам, и нас было не так много там. У меня там появилась подруга, с которой я до сих пор общаюсь, которая в Сиэтле сейчас живет. Нас было русскоязычных семей пять-шесть, не много, но были, да. Но просто же всем проще пойти в районную школу, никто даже не думает о том, что вообще это может иметь смысл, вот... И там было очень чёткое классовое разделение.

Какое именно?

О: Ну, на богатых и бедных, на местных и не местных.

По Марксу.

О: Да. Всё там было очень, так сказать, строго.

На богатых и бедных. А в бруклинской школе, наверно, не было бы такого разделения?

О: В бруклинской не было.

В бруклинской не было бы, а Вы попали как раз в частную школу, а там на Вас сразу было написано...

О: В бруклинской не было, в бруклинской было разделение расовое, в которое я не очень успела попасть, потому что мы сидели в своём загоне и-эс-эльном[114], вот. Но я восьмой класс училась в обычной школе, вот в этом Northeast Philadelphia, и там было тоже разделение довольно сильное, как раз расовое, и там уже начиналось то разделение, с которым я потом имела дело в американской... Одиннадцатый и двенадцатый класс, ну, половину двенадцатого класса я раньше закончила, я училась в public high school[115] в Джоржии, на юге. И там как раз было это разделение, которое... И в восьмом классе тоже, но я его ещё до конца не просекла: на popular, not popular[116], на спортсменов, черлидеров[117], вся эта...

Красивая стратификация, про которую фильмы снимают.

О: Да-да! Она таки действительно бывает же ведь.

---

113 Северо-восточная Филадельфия.

114 ESL, English as a second language; английский как второй язык.

115 Государственная старшая школа.

116 На тех, кто пользуется популярностью среди сверстников и кто не пользуется.

117 Черлидеры – «заводилы» на спортивном поле, их задача – танцами, прыжками и речёвками завести болельщиков и поддержать свою команду во время игры.

O: It was because of the complex social hierarchy at school.

Are we talking about Philadelphia?

O: I was 15 then. It was the ninth and 10th grades, when I was a student in a private Jewish school near Philadelphia.

There must have been a lot of Russians there. As far as I know, Philadelphia has a big Russian diaspora.

O: Yes, we lived in Northeast Philadelphia, where there are a lot of them, it is like Brighton Beach, only it stretches for many, many blocks. The school was in a rather affluent neighborhood, close to the center of Philadelphia, and we as immigrants received big discounts in tuition. There weren't that many of us. I made a friend there with whom I keep in touch to this day, she lives in Seattle now. There were five or six Russian-speaking families like ours; it's not many, but we were out there. It's easier for most families to send kids to a public school, no one even thinks about whether it makes sense ... So, we saw a definite class-based division there.

What kind of a division?

O: The rich and the poor, the local and the immigrant.

According to Marx.

O: Yes. It was all very strict, so to speak.

The rich and the poor ... Now, your Brooklyn school must not have had such a division?

O: The Brooklyn one did not.

The Brooklyn one did not, but when you went to a private school, you were immediately marked ...

O: The Brooklyn school did not have that, it did have the racial division, which I never had the chance to experience because I was shuttered in the ESL classroom. I went to eighth grade in a regular public school in Philadelphia, though, and they did have a strong racial division, as well as the type of division I encountered later in American schools ... In the 11th and 12th grades, except I graduated a half-year earlier from 12th grade. I was in a public high school in Georgia, in the South. That's where I saw the division, which ... In eighth grade it was there as well, although I did not fully get it at the time: popular kids, not popular, jocks, cheerleaders, and all that ...

It's the colorful stratification that they make movies about.

O: Yes, yes! It really does exist.

Where did you fit in?

O: Nowhere.

Not with the rich, not with the poor, not the black, not the blue, not with us and not with them.

O: I was not fully a nerd. Not like a total ... *She snorts.* I did not really fit with them, but on the other hand, I did get good grades ... I was kind of with the weird freaks.

OK. Great. But there must have been kids like you that you were friends with?

А Вы в какую группу попадали?

О: Ни в какую.

Ни в какую, ни в богатых, ни в бедных, ни в чёрных, ни в синих, ни в наших, ни в ваших.

О: Не совсем nerd[118]. То есть, совсем когда так *(хрюкает)* – туда я вроде не попадаю, а с другой стороны, вроде, учишься хорошо... Я в таких weird freaks[119] немножечко.

Так. Хорошо. Но всё равно какие-то же были там вроде Вас, такие же, с которыми Вы дружили?

О: Они, кстати, да. Но вот в Джорджии мы вообще были, по-моему, единственной русской семьёй на всю эту огромную хай-скул, тысячную. Друзья, конечно, все были американцы, ну, такие все немножко в чём-то недоделанные. *(Смех)* Мы попадали в группу недоделанных, хотя моя младшая сестра, она уже там всё, нормально, она и почерлидерить успела, и в футбол играла за школу, и ещё что-то, и на машине начала ездить ещё в школе, в общем, у нее всё было хорошо.

Значит, Вам в школе-то не особо понравилось, что ли, я правильно понимаю?

О: Да.

Не особо понравилось. А вот эта Ваша аура выходца, беженки из-за железного занавеса, она Вам как, не пригодилась ни разу? Не придавала флёра загадочности?

О: Нет, нет, дело в том, что для меня изначально это был какой-то немножко шизофренический образ в том плане, что формально мы вот refugees[120] и так далее, а с другой стороны, я-то точно знаю, что нам не от чего было бежать, нас никто не гнал никакой поганой метлой, никто нас не бил, в отличие от некоторых... То есть, я знаю истории людей, с которыми мы ездили, мы эмигрировали вместе. Были люди, которые придумывали про то, как их отовсюду выгнали и обзывали, а были люди, с которыми всё это реально происходило, которых увольняли, которых не брали учиться, я это прекрасно знаю. Но мы, как бы, ни те, ни те!

То есть, Вы не попали.

О: Немножко где-то задело, где-то там, вот отчима не взяли на работу из-за пятого пункта[121], но при этом как-то удачно и он, и мама на мехмат поступили, например, несмотря на то, что там и валили, и всё, вот. То есть, для меня поэтому этот образ несчастного беженца, он был совершенно не мой, я понимала, что это не про меня, мне поэтому и играть-то не хотелось!

Эксплуатировать Вы этот придумошный образ не стали.

О: Нет.

Так. Ну, вот Вы... Допустим, на Джорджии остановимся. Вы были единственной русской семьёй. Как Вы там оказались, если не секрет?

---

118 Ботаник, заучка.

119 Странные чудаки.

120 Беженцы.

121 Графа «национальность» в гражданском паспорте и других удостоверениях личности СССР. Здесь имеется в виду то, что он был евреем.

O: Well, yes, there were. Although in Georgia, I think, we were the only Russian family in the whole huge school of a thousand students. My friends were all Americans, of course, and they all were also misfits in some way! *She laughs.* We fit with the misfits, although my younger sister was already doing fine, she spent some time on the cheer squad, she played soccer on the school team, she learned to drive in high school, and in general things worked out well for her.

So, you didn't really like school, right?

O: Right.

You didn't really like it. What about the aura of a stranger, of a refugee from behind the Iron Curtain? Was it ever useful to you? Did it cast a veil of mystery over you?

O: No, no. The thing is, this role felt a little schizophrenic to me from the start, in the sense that we were formally refugees and all that, and yet I knew for sure that no one had persecuted us, we had had nothing to flee from, no one had chased us out with a stinky broom, no one had beat us, as different from others … I know stories of other people who moved with us, with whom we emigrated together. Some of them made up stories of being thrown out of places and called names; some people really had experiences like that, they had been fired from jobs, and not accepted into schools, and I know it for sure. But we were neither the former nor the latter!

You were not affected.

O: It touched us a little bit here and there. Once my stepfather was not hired for a job because of the fifth line[142] in his passport; however, both he and my mother were fortunate enough to be accepted to the School of Mechanics and Mathematics[143] despite getting tripped up during their entrance exams … That's why for me the role of a poor refugee was fully foreign; I understood that I was not one and did not even want to play the role!

You decided not to exploit that fictional image.

O: Correct.

OK. Now, you … Let's focus on Georgia where you were the sole Russian family. If it's not a secret, how did your family end up there?

O: For a job.

A job. Good. You went to school, and the local well-stratified children, who were very clear on who were the stars, the football players, the freaks, the geeks, the nerds etc. … So, you come to school, and ta-da! This girl is Russian!

O: The thing is, since we were already not exactly … We were not "that girl is Russian" anymore, we were "that girl moved here from Philadelphia," and then all other interesting specifics would come to light in due course. Like, "why do you have such a curious name?

---

142 The fifth line of the Soviet passport reported ethnicity, or *nationality*. This is a roundabout way of saying her stepfather was Jewish.

143 A very prestigious department of the Moscow State University.

О: Работа.

По работе. Хорошо. Вот Вы пришли в школу и местные, уже достаточно хорошо стратифицированные дети, у которых всё понятно, кто там звезда, кто футболист, кто там freaks, кто там geeks[122], nerds... Вот Вы приходите и, значит, ta-da![123] Эта девочка русская!

О: У нас вообще дело в том, что, поскольку мы уже были всё-таки... Мы уже были не «эта девочка русская», мы были «вот перевелась девочка из Филадельфии», а потом уже по ходу выяснялись интересные особенности, да? «А что за имя такое? А это имя русское, ой!» Потому что к этому моменту уже акцента не было никакого и с языком всё было хорошо.

Ну и что? И сразу все Вами не заинтересовались там? Никто Вами не заинтересовался, местные школьники? «Ой, как интересно, какая девочка русская, скажи что-нибудь по-русски?»

О: Не «скажи что-нибудь по-русски», а я помню, как мне в пятнадцать лет, это ещё было не в Джорджии, а до этого, в Филадельфии: «Ой, девочка русская, наверное, ты можешь водку пить!»

Да, с рождения! (Смех)

О: Да, такая история у меня была, закончилась плачевно. Так что мне пришлось отстаивать честь страны и, в общем...

И стереотипы о ней.

О: Оказалось, в пятнадцать лет я не много могу выпить, да. *(Смех)* Такая история была, да, но чтобы какие-то вот в этой школе, в Атланте...

Вот что я хочу спросить! Наконец-то у меня вылупился вопрос, вот. Бонусы какие-нибудь были Вам социальные среди ровесников от Вашего интересного происхождения и загадочной биографии?

О: Не-а.

Никаких? Всем было абсолютно по барабану?

О: Ну, если были, то, скорее, минусы, потому что это было лишнее, так сказать...

Что Вы отличались?

О: Отличалась, да.

Ну да, в средней школе это, конечно, нежелательно. Уже потом в старших классах...

О: Я помню, у меня был вот какой момент, очень такой... Значит, уже в восьмом классе, когда мы переехали в Филадельфию, мы пошли в школу, мы ездили на автобусе в школу, причём там была такая система – не школьный автобус, это был public transportation[124], просто нам в школе выдавали эти токены[125] по специальной, видимо, цене, если не бесплатно... И вот я как-то еду, значит, сажусь в автобус, сзади в автобусе все тусуются крутые самые, и чего-то им захотелось... Тогда

---

122 «Фрики», необычные, странные люди; «гики», страстные любители технологии и гаджетов.

123 «Та-дам!»

124 Общественный транспорт.

125 Tokens, жетоны на проезд.

Oh, it's a Russian name?" Since we had lost our accents by that time, our language was fine.

Well, and what happened then? No one felt an immediate curiosity about you? No one, not the local schoolkids? As in, "Oh, how cool, what an interesting Russian girl; say something in Russian!"

O: Not exactly "say something in Russian," but I when I was 15, not yet living in Georgia but still in Philadelphia, someone said, "Oh, you are Russian, you probably know how to drink vodka!"

Yes, from the day you were born! (The interviewer laughs.)

O: Yes, so there was that story, and it ended poorly. I had to defend the honor of my home country …

And the stereotypes about it, as well.

O: It turned out, what I could drink at 15 was not a lot, yeah. *She laughs.* So that happened, but nothing other than that, really, not in my Atlanta school.

Here is what I am trying to ask! My question has finally fully hatched, so to speak. Did you ever receive any social bonuses among your peers because of your fascinating origins and mysterious biography?

O: Nope.

None at all? Did absolutely no one care?

O: Rather than that, there were drawbacks, I'd say, because it was undesirable …

To be different, like you?

O: Yes, to be different.

Well, in middle school it is definitely undesirable. Later, in high school, though …

O: I remember I had an experience that was very telling … When we moved to Philadelphia and I started eighth grade, we took the bus to school, and they had a system where we did not take the school bus, but we used public transportation. They gave us special tokens at school which must have been differently priced, or even free. So, there I was one time, riding the bus; all the cool kids, of course, were hanging out in the back of the bus, and for some reason they decided … I remember, everyone had these special hairstyles, because it must have been 1989, right? September of '89. All the girls had hair teased high, and the boys had hair sticking out over here. Their Z Cavaricci pants,[144] which are now becoming trendy again, were a little dropped in the crotch, or were simply very, very wide. For some reason, the kids decided to make fun of my sneakers, like, "where did you get those, where do they even make those" etc.; the sneakers were just some sneakers we had bought at the Americano market in Rome, Italy, for a silly price, of course. We were not a family of means, especially since my parents had four kids. The sneakers were not any special brand, but I think they were pretty cute; actually, they could have been Nike,

---

144 A brand manufacturing pants in a style popular in the US in the late '80s, high-waisted, pleated, with a carrot-shaped leg.

ещё, я помню, были такие причёски специальные, это какой у нас, 89-й год, да? Сентябрь 89-го. С такими вот начёсами девочки, у мальчиков вот здесь торчит. Штаны Z Cavaricci[126], которые сейчас опять в моду входят, немножко приспущены, значит, сзади, или просто очень, очень широкие. И чего-то они пристали к моим кроссовкам, что такие «вообще непонятно, где ты их взяла, и вообще такие непонятно кто шьёт»; ну, просто были какие-то кроссовки, купленные на рынке «Американо» в Риме, в Италии, за какие-то деньги, понятно, смешные. Мы не располагали особенно средствами, с учётом того, что вообще там четверо детей... Никакие не фирменные, очень, на мой взгляд, симпатичные были кроссовки, а может быть, даже они были Nike, я не помню. А тогда, во-первых, все носили уже такие high tops[127], да? Кроссовки, не кеды, кроссовки, но при этом высокие, жутко уродские, остроносые такие, в основном «рибоки» и «найки». Вот они смотрят и начинают ржать над моими кроссовками: «Где ты их взяла, сама сшила ночью?»

На коленке.

О: Я, уверенная абсолютно в том, что я сейчас произведу неизгладимое впечатление и вообще все вопросы уйдут, с гордостью заявляю, что это не просто кроссовки, а это кроссовки, купленные в Италии.

Ага.

О: Ну, это же Италия, это же вообще цивилизация...

Все дороги ведут в Рим...

О: Ну, вообще, в Рим, да! И вот я это говорю, уверенная, что все сейчас скажут: «Ах, неужели, вау, ты была в Италии!» Ноль эмоций, вообще никакого впечатления, все начинают ржать. Во-первых, они решили, что это Little Italy[128] вообще где-то там, вообще не просекли, а если и просекли, говорят: «Ха-ха, вообще, кто покупает кроссовки за доллар?» В общем, абсолютно не произвело никакого впечатления, наоборот, хохот какой-то, и показывание пальцем продолжилось. Для меня это был серьёзный диссонанс когнитивный! *(Смех)* Потому что я поняла, что Италия – это пшик.

По крайней мере, в глазах этих молодых идиотов.

О: Вот. И поэтому для многих, даже если ты скажешь, что ты из России – ну, хорошо, а вон этот вот несчастный из Китая или откуда-то ещё. Просто, что ты явно не знаешь местных, так сказать, социальных законов, или что у тебя нету возможностей каких-то финансовых, чтобы соответствовать, что одет не так, что еда не такая в рюкзаке.

Вы по России скучали, когда в школу ходили здесь?

---

126 Бренд, популярный в США в конце 80-х, производил брюки с высоким поясом, сборками у талии и широкими, сильно зауженными книзу брючинами.

127 «Хайтопы», высокие кроссовки или кеды.

128 «Маленькая Италия», район компактного проживания итальянских иммигрантов.

I don't remember now. At the time, though, everyone wore high-tops, you know? They weren't canvas, they were sneakers, but they had to be tall, and have sharp tips. Very ugly, and mostly Reebok and Nike. So, the kids looked at me and began to cackle, where'd you get the shoes, did you make them yourself?

By hand, in your lap.

O: I was so sure that I was about to leave a lasting impression and make all the questions go away when I said with pride that the sneakers weren't just any sneakers, they had been bought in Italy!

OK.

O: Italy was cool, Italy was civilized …

All roads led to Rome.[145]

O: Yes, they all lead to Rome! So, I told them that, fully sure that they would say, wow, awesome, so you've been to Italy! But they showed zero respect, were totally unimpressed, and began to laugh like hyenas. To begin with, they thought I was talking about Little Italy, so they did not get it at all, and even if some did get it, their response was "ha-ha, who buys sneakers for one dollar!" I mean, I failed to impress them, all I got was more laughter and finger-pointing. For me, that was a serious cognitive dissonance! *She laughs.* Because I realized that Italy was nothing.

At least, in the eyes of those young idiots.

O: Yes. So, if and when I said I was from Russia, many responded with "yeah, and that poor guy over there is from China!" or some other place. It's what happens when you clearly do not know the local, so to speak, social rules, or you do not have certain financial opportunities that help you fit with the locals, or you wear the wrong clothes and have the wrong lunch in your backpack.

As a schoolgirl in the US, did you miss Russia?

O: Yes. It's hard to say whether it was Russia I missed. I missed my people.

You missed the people. Did you go back home to visit? Or was there a period when you did not?

O: I went back twice, first in 1991, when I was in Russia during the coup.[146]

Were you in Moscow?

O: Yes. And then in December '92 and '93, twice, again in Moscow. Then, in '94 I moved back for good.

I see.

O: Actually, in '91 I was not in Moscow. I was at my grandparents'. My biological father's

---

145 A proverb in many languages; comes from a medieval statement referring to Roman roads.

146 A 1991 attempt by members of the Soviet Union's government to take control from Mikhail Gorbachev in response to his controversial reforms. The coup did not succeed, but Mikhail Gorbachev was forced to resign.

О: Да. Очень трудно сказать «по России». По людям.

По людям. Вы домой ездили? Или какое-то время не ездили?

О: Я ездила два раза, я ездила в 91-м году, я была там, собственно, во время путча[129].

В Москве?

О: Да. И в декабре 92-го, 93-го тоже в Москве, то есть, два раза. А потом уже в 94-м я совсем вернулась.

Понятно.

О: В 91-ом я, правда, была не в самой Москве. Я была у бабушки с дедушкой. Родного моего папы родители, они из Херсона, я была на Украине в Херсоне тогда.

Вы про себя как думаете: русская, американка?

О: Русская.

Ну, какая-то обыкновенная русская или какая-то необыкновенная русская?

О: Хороший вопрос.

Где дом-то? Дом совсем в России, или как с домом?

О: Ой, с домом вообще, дом – это давно уже такое понятие, он может быть где угодно, где тебе хорошо и где люди рядом. Поэтому сейчас дом, наверное, я даже не знаю. Нигде. В Москве, наверное, всё-таки сейчас дом в Москве. Возвращаешься к бабушке с дедушкой в эту же квартиру, в которой мы жили, как домой. Ну, наверное, всё-таки, даже не знаю... Обыкновенная я русская, необыкновенная...

Я понимаю, что я вопрос как-то хитро сформулировала.

О: Из российской интеллигенции.

Из российской интеллигенции. Мы родом из гоголевской шинели![130] Всё понятно.

О: Да! *(Смех)* Можно сказать, что интеллигенты российские – это обычные русские?

Не знаю.

О: Вот я тоже не знаю. Но, если надо определение, я понимаю, что всё-таки, наверное, проходит какая-то граница между мной, моими друзьями в Москве и там, я не знаю...

Ну, есть разница.

О: Есть разница.

Последний вопрос задам: если вдруг, не дай Бог, и мы тут все пальцы держим скрещёнными на руках и на ногах, и всё, что можно, и по всему дереву уже постучали, но вдруг обрушится очередной железный занавес, только он в этот раз не на пол свалится, а на голову – где жить

---

129 Попытка государственного переворота в 1991 г. Группа членов правительства, недовольных реформами М.Горбачёва, попыталась взять власть в свои руки. Переворот не удался, но Горбачёву пришлось уйти в отставку.

130 Цитата из Ф. Достоевского о влиянии работ Н.Гоголя на гуманистические традиции русской литературы.

parents are from Kherson, and I went to Kherson, Ukraine at that time.

Do you define yourself as Russian or American?

O: Russian.

Are you a regular Russian or an irregular Russian?

O: That's a good question.

Where is home for you? Is your home in Russia, or?

O: Oh, home is, and has been for a while, this idea that it could be anywhere at all, as long as it's where I feel good and my people are with me. That's why now I can't even tell where my home is. Nowhere. It's probably in Moscow, at this point. My home is in Moscow. When I come back to my grandpa's and grandma's apartment, where we used to live, it feels like home to me. And, I do not even know if I am a regular Russian, or an irregular one …

I realized that I asked this question in a tricky way.

O: I come from the Russian intelligentsia.[147]

From the Russian intelligentsia. "We all come from Gogol's overcoat."[148] I see.

O: Right! *She laughs.* Is it possible to say that the Russian intelligentsia are regular Russians?

I'm not sure.

O: I'm not sure either. But, if we need a definition, I do realize that there is probably a certain divide between me and my Moscow friends and, I don't know …

Yes, there is a difference.

O: There is a difference.

I'll ask one last question. If ever, Lord forfend, and we are all keeping our fingers crossed that it doesn't, and our toes crossed as well, and we knock on all kinds of wood, but still … If another Iron Curtain falls, and this time it falls not on the ground but on our heads directly, where would you choose to live?

O: If I did …

You wouldn't have freedom of movement anymore.

O: But would I be able to choose before I lose that freedom?

Yes.

O: In Russia.

Russia. I see. Thank you very much!

---

147 A class of highly educated Russians engaged mostly in mental labor, including artists, writers and teachers.

148 A quote from Fyodor Dostoyevsky, in reference to the influence of Nikolai Gogol on the humanist tradition of the Russian literature.

будете?

О: Если я...

Пропадёт свобода перемещения.

О: Но перед тем, как она пропадёт, я могу выбрать, да?

Да.

О: В России.

В России. Понятно. Спасибо большое!

Дарт Вейдер и позёмка

Сегодня 28 декабря 2010 года. Я беседую с Робертом и Марией. Здравствуйте, Роберт и Мария!

Р: Привет!

М: Привет!

Привет! Я буду... Наверное, поскольку вас двое, я буду обращаться к вам по очереди, а если я не упомяну, кому именно адресован вопрос, просто начинайте отвечать, что придёт на ум.

М: Ладно.

Хорошо, начнем с Марии. Мария, для истории скажите, пожалуйста, в каком году Вы родились?

М: 1966.

1966; и где Вы родились?

М: Я родилась в Сан-Антонио, в Техасе.

Сан-Антонио, Техас. Детство Вы провели там же?

М: Нет, я провела детство в Мичигане.

Детство прошло в Мичигане. Роберт, а Вы в каком году родились?

Р: Я родился в 1969-м в Мичигане и вырос там же, в юго-восточной части Мичигана недалеко от Детройта.

Значит, родился и вырос в юго-восточной части штата возле Детройта. Мария, Вы родились в Сан-Антонио и потом переехали в Мичиган. Это было связано с работой родителей или ещё с чем-то?

М: Мой отец служил в Военно-воздушных силах, они как раз заканчивали службу в Техасе. По-моему, мы переехали в Мичиган, когда мне было всего несколько месяцев.

Значит, Ваше детство прошло на Среднем Западе[131].

М: Да.

Ваш отец продолжил службу в ВВС?

М: Нет, он отслужил в ВВС три года, ушёл и стал гражданским лицом.

---

131 Один из четырёх географических регионов США, состоит из двенадцати штатов центральной и северо-восточной части страны.

Darth Vader and Snow Flurries

Today is December 28, 2010. I am talking to Robert and Maria. Hello, Robert and Maria!

R: Hello!

M: Hello!

Hello! I'm gonna … I guess, I have two people so I'm gonna have to address you in turn, but if I don't address a specific person, feel free to just speak up and say whatever's on your mind.

M: OK.

OK, let's start with Maria. Maria, for the sake of history, could you tell us the year that you were born?

M: 1966.

1966; and where were you born?

M: I was born in San Antonio, Texas.

San Antonio, Texas … Is that where you spent your childhood?

M: No, I spend my childhood in Michigan.

You spent your childhood in Michigan. And Robert, what was the year of your birth?

R: Born in 1969, in Michigan, born and raised in Southeast Michigan, Detroit area.

OK. Born and raised in Southeast Michigan, Detroit area … Maria, if you were born in San Antonio and then moved to Michigan, was it because of your parents' work, or how did that happen?

M: My father was in the Air Force and they were just finishing their assignment in Texas. I think we moved to Michigan when I was just a few months old … .

OK, so you had the Midwestern childhood.

M: Yes.

Did you father continue to be in the Air Force?

M: No, he was in the Air Force for three years and then he transitioned into civilian life.

Хорошо, когда Вы росли в Мичигане... Начнём, наверное, с начальной школы, ладно? В начальной школе, в первом, втором, третьем классе, какое Вы имели понятие о географии мира, об Америке и других странах, о том, в каких позициях они находились по отношению друг к другу, либо... Вообще любые мысли по этому поводу. Любые понятия о мире.

М: Первый, второй и третий класс?

Ага.

М: Я думаю, в то время я знала, что бывают другие страны, бывают люди из других стран, но я вряд ли знала хоть что-нибудь о политике или о том, что страны враждуют между собой, либо дружат между собой, или о чём-то подобном. Я понимала, что бывают люди из разных мест, они говорят на разных языках, но в третьем классе я вряд ли понимала что-либо помимо того, где что расположено на карте, вряд ли понимала, что дети растут в разных культурных условиях.

Ладно. А Вы, Роберт?

Р: Я помню, я был в первом или втором классе, и единственное... Наш учитель провёл среди нас небольшой опрос, чтобы узнать, кто, по нашему мнению, должен был победить в тогдашних президентских выборах, и я только что вспомнил, что тогда баллотировался Джимми Картер[132]. Это был 76-й, значит, я был в первом или во втором классе. Я переехал из Детройта в маленький город после второго класса, так что для меня всё делится на то, что было до второго, и то, что было после второго класса. Кроме этого, я не знал ничего политического или геополитического до третьего класса... Я был тогда в первом классе, раз это был 76-й.

Хорошо. Если мы перейдём к средним классам, поменялось ли к тому времени что-нибудь в понятиях у любого из вас двоих? Появились ли новые знания о мире, о том, как он устроен, о международной политике, о политике вообще... Прошу!

Р: Я помню, в пятом классе было два случая. У меня была одна учительница. которая, как я сейчас понимаю, была... Не то, чтобы стареющей хиппи, а просто это был 1979 год, и похоже было, что она закончила хипповать в начале 70-х и пошла работать учительницей. Она задала нам задание, чтобы мы... Может, мы изучали ту тему примерно с неделю, я сейчас не помню, но она рассказывала нам о ядерной войне, о том, что происходит при ядерном ударе и что такое лучевая болезнь. Второе, что я помню, это то, что в конце работы над той темой, сколько бы она там ни шла, один ли день, неделю, скорее всего, даже дольше недели, нам дали тест на то, как хорошо мы усвоили, что случится, если неподалёку произойдёт ядерный взрыв. Надо было давать ответы на вопросы про «надо ли пригибаться и укрываться»; ну, неважно, я уже не помню ни одного вопроса. От нас требовалось как-то синтезировать всё, что мы изучили за неделю по теме того, что делать в случае ядерной войны, и кажется, даже был вопрос про то, как прятаться в подвале, то есть, освинцован ли этот подвал. Просто проверяли, как хорошо мы усвоили

---

132 Джеймс (Джимми) Картер был президентом США с 1977 по 1981 г.

OK, so, growing up in Michigan … If we, kind of, go back to you in elementary school, OK? In elementary school, let's say first, second, third grade … What idea did you have of the world geography, of America and other countries and how they were lined up against each other, or, you know … Anything that comes to your mind, any awareness of the world.

M: Uh-m … first, second and third grade?

Yeah.

M: I think at that time I had an awareness of other countries and that people were from other countries, but I don't think I had any sense of politics or that countries were aligned against each other, or for each other, or anything like that. I understood that people were from different places and they spoke different languages, but I don't think in third grade I had any understanding of anything beyond where something is on the map, or that people grow up with different cultures.

OK. How about you, Robert?

R: I remember being in first or second grade, and the only … Our teacher just did a little poll to see who we thought was gonna win the presidential election that was going on that year, and I just remembered it that Jimmy Carter that was running, which was '76, which would have made me in first or second grade. But that's the only recollection I have. I moved from Detroit to a small town after second grade, so I can kind of break things up to pre-second grade and post-second grade, and that's the only political, or geo-political understanding of anything that I recall before third grade … It would have been first grade, because it was '76.

OK. So, if we move on to middle school, has that understanding changed for either of you? Any knowledge gained about the world, the way it worked, international politics, any politics …. . Go ahead!

R: I remember in, actually, fifth grade, two things that happened. I had a teacher, who, looking back, was probably … I wouldn't say an aging hippie, but this would have been 1979, so she was probably done being a hippie in the early '70s and became a teacher. And we did a project where we had to … It was probably a week long, I don't remember, but she taught us about nuclear war, and what would happen if there was a nuclear war, and what radiation poisoning was. And the other thing that I remember at the end of this project that we did, I don't know if it was a day or a week or whatever, probably was more than a week, we took a test to see what would happen if there was a nuclear explosion near us, and you had to answer questions, you know, about "duck and cover," whatever, I don't even remember any of the questions. We had to somehow glean whatever we learned in that week, how we would respond in a nuclear war and, I think, maybe even one of the questions had something to do with going to the basement; was it a lead-lined basement or not? Just to test our understanding of nuclear fallout or whatever, and when it was safe to come out, and blah-blah-blah.

M: What was the teacher's name?

R: Mrs. Bonham. Yeah, it was fifth grade, and I just remembered when you get your test

информацию про радиоактивные осадки, про то, когда уже безопасно выходить наружу и всё такое.

М: Какая у учительницы была фамилия?

Р: Миссис Бонэм. Да, дело было в пятом классе. Я вот что вспомнил: когда нам вернули наши контрольные, не знаю, сколько у меня было правильных ответов, сколько неправильных, но сам тест был похож на тесты в журнале «Космополитэн». Там пишут, мол, если у тебя от нуля до одного правильных ответов, ты такой-то тип, от одного до семи – другой, от семи до девяти – ещё какой-то... Я помню, что в моей контрольной учительница не написала, на какие вопросы я ответил верно, на какие – неверно. Там было просто написано: «Ты – жертва». Это значит, что я по её представлению погиб в ядерной катастрофе, про которую она нам говорила. Я подозреваю, что все остальные ученики так же попали в жертвы, что это было такое небольшое политическое высказывание с её стороны. Но, возможно, кто-то и сдал тест, выбрав правильные ответы. Я никогда не был хорошим учеником, но, если можно, хотел бы упомянуть ещё один пример своей политической информированности: когда я учился в пятом классе, это опять же был 79-й, в Иране захватили заложников. Работники американского посольства были взяты в заложники в Иране и я, абсолютно по собственной инициативе, без школьных указаний, не знаю, зачем, поступил так: я вырезал из журналов разные картинки, приписал к ним юмористические тексты про заложников в Иране и сделал маленький коллаж. Например, там была одна картинка с зевающим львом, было похоже, будто лев смеётся, и я приписал внизу что-то шуточное, вроде: «А вот над чем смеялся лев, когда случилось то-то и то-то...» Не знаю, картинки были просто какие попало, я их вырезал и добавлял к ним смешные комментарии, или, по крайней мере, комментарии, которые мне представлялись смешными в пятом классе, все про заложников. Так что я помню, что у меня начали появляться политические понятия, или понятия о политике, к 1979-му, к пятому классу.

У меня два вопроса. Первый – про контрольную, по результатам которой Вы оказались жертвой. Что Вы тогда подумали? «Ой, надо лучше подучить методику освинцовывания подвалов!» или «Ха! Дурацкое школьное задание!» Какие у Вас в связи с этим возникли мысли?

Р: Это было так давно... Наверное, я был немного раздражён, ведь я хотел сдать тест, но не помню, чтоб моё раздражение продлилось дольше тех трёх секунд, которые отводятся на плохую отметку, а потом я, кажется, и не смотрел... Скорее всего, на следующий день я уже вообще думать забыл о том, будет ядерная война или нет. Она присутствовала у меня где-то в сознании во времена холодной войны, но вряд ли она меня сильно беспокоила. Хотя в течение той недели я беседовал со своей учительницей, мне тогда очень такой сон приснился, до сих пор помню... Мне снилось, что я стою на улице, кажется, ночью, и вижу, как по небу летит огромный светящийся шар раз в десять больше солнца; потом он падает и производит сильную вспышку света, которую я в своей девятилетней

back, I don't remember how many I got right, how many I got wrong, but, like you take those tests in *Cosmopolitan* magazine, and, whatever they say, and if they say you got 0-1 correct, you're this, 1-7 correct, you're this, 7-9 correct, or whatever ... I just remember it didn't say how many we got right or wrong, but it said I was a statistic, meaning, I had died in the nuclear holocaust that she had mentioned, in her head, and I suspect that everyone became a statistic and it was her little political thing, but I could be wrong, maybe some of the kids passed because they answered things correctly. I was never good at school, but if I may mention some of the political awareness in fifth grade also, which would have been '79, was when the hostages were taken in Iran. American embassy workers were taken in Iran, and I remember completely on my own, with no direction from school, I don't know why, I did this: I took some pictures that I cut out of different magazines, and I wrote funny captions to them related to the hostages in Iran, and I made a little collage ... Like, one of them, I remember, was a picture of a lion that was probably yawning, and it looked like it was laughing, and I did some funny caption about "this is what the lion was laughing about, when something happened ... " I don't know, there were just random pictures that I cut out and I made into funny comment, or what I thought was funny at the time in fifth grade, based on the hostages. So, I remember getting politically aware, or aware of politics by 1979, fifth grade.

I have two questions. The first one is about being a statistic according to the test: what did you think of it? Did you think, oh my, I better study up on my lead-lined basement techniques or, like, ha, stupid school work! What were your thoughts in connection to that?

R: It was so long ago ... I think I probably remember being a little irritated, because I wanted to pass, but I don't remember being irritated beyond the three seconds of getting a bad grade, and then I don't think I looked ... Probably, the next day I didn't give it a second thought whether there was gonna be a nuclear war or not. Although it was kind of in the back of my mind during the Cold War, but I don't think I was too concerned with it. I do remember during that week talking to my teacher, because I had a really, I still remember the dream ... . I had a dream where I was outside, and I think it was night, and there was this large glowing ball maybe 10 times the size of the sun that I saw go across the sky and land and create a big flash of light that I in my 9-year-old head determined to be a nuclear missile attacking. I remember being scared about that and I talked to my teacher about it, and she was kind of like, "yeah, I bet that was scary," whatever.

Did she explain the phenomenon to you, like, what it was?

R: You mean, did she interpret my dream?

Yeah.

R: No, I think I realized that's what it was, like, I was thinking that's what a nuclear ... Like, a missile would come and land and create a nuclear bomb, and I remember having that dream where that happened. And just being really scared by it and mentioning it to her. And she said something about ... I don't remember what she said, probably, you

голове определяю как ядерный удар. Я помню, мне стало страшно, я рассказал свой сон учительнице и она ответила, мол, да, неудивительно, что ты испугался.

Она объяснила Вам, что это было за явление, что произошло?

Р: В смысле, истолковала ли она мой сон?

Да.

Р: Нет, думаю, я сам понял, что это было, я подумал, что это была ядерная... Что вот так прилетит ракета, упадёт, и будет ядерная бомбёжка. И я вспомнил, что мне приснился сон, в котором это самое и случилось. И что я очень сильно напугался и рассказал про сон учительнице. А она ответила что-то такое... Не помню, что именно, наверное, она сказала, что это страшно, конечно же, или что-то в этом роде. Не сказать, чтобы она пренебрежительно отнеслась...

Значит, она ответила без пренебрежения, но и истерию нагнетать не стала...

Р: Мне кажется... Знаете, она была моей любимой учительницей, и сейчас я предполагаю, что это она из-за своего хипповского прошлого, у нее были такие длинные прямые волосы...

(Смеётся) Ладно. По её причёске мы можем догадаться об её убеждениях...

Р: Я полагаю, что она была против ядерной войны. Ещё и по обуви было видно: она носила кроссовки.

Ладно. Второй вопрос — про коллаж о заложниках в Иране, который Вы сделали из журнальных вырезок. Кому Вы его показали, какова была его судьба, что с ним в конце концов стало?

Р: Да, про это... Я был довольно развитым ребенком, я его сделал дома, сам, один. Просто увлёкся изготовлением коллажа и принёс его в школу показать учительнице. Я уверен, что коллаж был сам по себе, хотя учительница и предмет были те же, коллаж был совершенно не связан с ядерными делами, он просто... В то время это была главная новость, главная. Не знаю, помнит ли Мария тот период так, как помню его я, но тогда даже я, пятиклассник, не интересующийся политикой... Захват заложников показывали по всем новостям, и я сделал собственный маленький...

В общем, Вы принесли свою работу в школу. Её где-нибудь выставляли?

Р: Принёс и показал. По-моему, её вывесили на доску, куда прикрепляли всякие детские самоделки, или куда-то типа того... Я думаю, учительница поддерживала меня в моей самодеятельности, потому что я вообще-то был учеником так себе...

Значит, работу одобрили, со всеми её шуточками?

Р: Ага... Да.

Хорошо. Мария, а что Вы знали в средних классах о мировых событиях?

М: Я помню, в шестом классе мы изучали... Не помню, было ли это связано с холодной войной или с чем-то ещё, но мы смотрели учебный фильм о Восточной и Западной Германии, и учитель объяснял нам, что люди... Что в Берлине стояла

know, "yeah, that was scary" or whatever. I mean, she wasn't dismissive of it, but …

So, she wasn't dismissive, yet she wasn't supporting any hysteria either … She wasn't …

R: No, I think it's … Look, she was my favorite teacher and looking back, I think it was probably her hippie background, 'cause she had long straight hair … .

(The interviewer laughs.) OK. So, from that we can infer what her convictions were … .

R: I would say that she would probably be against nuclear war. And also because of her shoes, she wore tennis shoes.

OK. The second question is about that collage that you made from cutting out pictures from magazines, about Iranian hostages … Did you show it to anybody, what was the thing with it, like, what happened to it?

R: Yeah … yeah … I was a bit of a precocious child and I made it at home just on my own completely, I just got involved in doing something and I brought it in to school to show the teacher. I'm sure this was completely separate, though same teacher, same class, but completely separate from the nuclear thing, but it was … It was big, big news at that time. I don't know if Maria remembers that same time as me being in fifth grade, but it was really, even for a fifth grader, you know, I was not politically aware. It was all over all the news, the hostages being taken, so that was just my little … .

So, you brought it to school. Was it exhibited?

R: To show. I think we put it up on the bulletin board, or something, the little things that the kids did … I think the teacher was probably encouraging me to do something, 'cause I wasn't that great of a student anyway … .

So, it was met with approval? Snarky attitude and all?

R: Yeah … . Yes.

OK, good. Maria, what about your middle school awareness of the world affairs?

M: Uh-m … I remember in sixth grade we studied something about … . Uh-m … . I don't know if it was about the Cold War or what it was about, I remember seeing a filmstrip about East and West Germany, and the teacher explained … We watched the filmstrip and the teacher explained that people … That there was a wall in Berlin[149] and that people, if they tried to go from the one side to the other side, they got shot. And I don't know if we saw somebody getting shot or if I imagined it, or it was implied that the person got shot, that somebody tried to run across and he was shot. And I remember thinking, "Why can't they leave if they want to leave, why can't they go someplace else?" And it was … They told us that there was a wall, but you could see there was a space where people could go across if they wanted to, and I guess this guy maybe was a guard

---

149 The Berlin Wall was a guarded concrete barrier that separated East Berlin from West Berlin from 1961 to 1989. East Germany, on whose initiative the barrier was built, officially referred to the Wall as the Anti-Fascist Protection Rampart; the Wall came down in 1989, shortly before the reunification of Germany in 1990.

стена[133], если люди пытались перебираться через стену, в них стреляли. Я не знаю, показывали ли нам, как в кого-то стреляют, или это я себе вообразила, а может, там просто подразумевалось, что кого-то застрелили, что кто-то пытался перебежать и был застрелен. Я помню, я подумала: «Почему их не выпускают, если они хотят уехать, почему им нельзя уехать в другое место?» Это было... Нам сказали, что там стоит стена, но в одном месте через неё можно перебраться, если есть такое желание, и один парень, который, может, стоял в карауле с Восточной стороны, дождался своего шанса и побежал через охраняемую территорию, на которой он работал; его увидели и застрелили. Меня это очень расстроило тогда в шестом классе. И нам немного рассказывали о политике Советского Союза. Я не очень хорошо помню, что именно нам говорили о Советском Союзе. Я помню, я тогда считала, что СССР всё контролировал, однако большинство историй, которые нам рассказывали и показывали, происходило в Германии, в Берлине.

Ладно. Как Вы считаете, были ли Вы... Нет, не так. Была ли ваша семья патриотичной?

М: Патриотичной... Я бы не сказала, что нашу семью можно описать таким словом.

Отчего? Какое слово подходит для описания вашей семьи? Давайте мы немножко сдадим назад. Интересовалась ли ваша семья политикой? Говорили ли с вами родители о политике, делились ли с вами своими политическими взглядами? Я не обязательно имею в виду какие-то внушения с их стороны, скорее... Каков был общий уровень политической информированности у вас дома?

Р: Если можно, я отвечу, так как мы выросли в одной семье... Я бы назвал её аполитичной. Думаю, практически всё, что я узнавал о политике, я узнавал из новостей, я узнал о заложниках в Иране именно из новостей, и я не помню никаких дискуссий о том, что такое хорошо и что такое плохо, о том, хороший был Советский Союз или плохой. Я не помню никаких дискуссий о политике. Такие у меня воспоминания.

М: Сейчас, когда я сижу на этом интервью вместе с Робертом, мне кажется, мне трудно отвечать на вопросы рядом с Робертом, потому что у него отличный от моего опыт и он очень разговорчив. У меня такое чувство... У меня чувство, что мои мысли становятся похожи на то, что он говорит, хотя на самом деле...

Нет, просто рассказывайте о том, что помните Вы сами! Мы сейчас не пытаемся добиться некой исторической достоверности или объективности, у каждого была своя жизнь, свои выводы о происходящем. Вполне возможно, что Роберт вырос в аполитичной семье, а Вы – нет. Всё, что Вы помните, пригодится.

М: Ну, я думаю, я сейчас немного осторожничаю, потому что здесь присутствуют члены моей семьи.

Хорошо, ничего страшного. Забудем!

---

133 Охраняемый бетонный барьер, разделявший Восточный и Западный Берлин с 1961 по 1989 г. Восточная Германия, по чьей инициативе была выстроена стена, официально называла её «Антифашистский оборонительный вал». Стену начали сносить в 1989 г. незадолго до объединения Германии в 1990 г.

or something on the East Side, and he waited for his chance, and then he ran across in the patrolled area where he was working, and they saw him, and they shot him. And I think I found that really disturbing, and that was in sixth grade. And they talked a little bit about the politics of the Soviet Union. I don't remember too much about what they said about the Soviet Union. I remember thinking the Soviet Union was in control, but most of the stories that I remember seeing or hearing about took place in Germany, in Berlin.

OK. Would you say you were ... No. Was your family patriotic?

M: Patriotic ... That is not a word that I would use to describe my family.

Uh-huh. How come? What would be the word that you would use to describe your family? OK, let's go back, lets backpedal a little bit. Was it political? Was your family political? Did your parents ever talk to you about politics, or express their political views? Not necessarily trying to indoctrinate you in any way, but ... What was the general level of political awareness in your family?

R: If I may, since we're in the same family ... I would say apolitical. I think all the political understanding that I got was pretty much watching the news, that my understanding of the Iranian hostage situation was just watching the news, and I don't remember having discussions about "it was good" or "it was bad," or if the Soviet Union was good or it was bad. I don't remember having any political discussions. That was my recollection.

M: I think that now that I am experiencing this interview along with Robert, I think it's hard to be interviewed with Robert, because he has a different experience and he is very talkative, and I feel like I'm ... I feel like my thoughts are being swayed towards what he is saying even though it doesn't ...

No, you just say what you remember! We're not trying to arrive at some historical accuracy or some objectivity here, everybody had a different life and processed things differently, and it is entirely possible that while Robert's family was apolitical, yours wasn't. So, whatever you remember.

M: Yeah, I think I feel a little inhibited here, because we have people present from my family.

Oh, OK. ... OK, never mind!

M: Let's come back to that question.

Do you remember yourself, and we can already move on from middle school to high school and so on, do you remember yourself having any convictions of political sort, any independent ideas about what you thought of the world and what the world was doing wrong, and what the world was doing right, and what it should be.

M: Are we in high school now?

We can go to high school. We can at this point travel wherever, as long as we are staying children, and that includes high school.

R: I remember in seventh grade one time looking at a map of Russia. I don't know why we were talking about this and it was kind of an off-the-path discussion with a teacher, just talking about what the deal was with Russia and everything, and if we were gonna go to

М: Давайте вернемся к этому вопросу позже.

Помните ли вы... Мы уже можем переместиться во времени от средних классов школы к старшим, и так далее. По вашим воспоминаниям, имелись ли у вас политические убеждения любых разновидностей, собственные идеи по поводу того, как устроен мир, что в нем правильно, что неправильно, и каким он должен быть?

М: Мы уже про старшие классы?

Можно про старшие. Здесь нам можно переместиться в какое угодно время, включая старшие классы, при условии, что мы всё еще говорим о детстве.

Р: Я помню, как однажды в седьмом классе смотрел на карту России. Не знаю, почему о ней тогда зашёл разговор, но мы с учителем отклонились от темы урока и стали обсуждать, что там за дела с Россией и будет ли с Россией война. И я посмотрел на карту, подумал, и начал объяснять другим ребятам, которые просто разговаривали между собой, как мы могли бы... Как мы могли бы легко вторгнуться на территорию России, потому что Китай не дружил с Россией, значит, Америка могла бы пройти через Европу и Аляску, а Китай пошёл бы на север, вот так бы мы и завоевали Советский Союз. Сейчас-то понятно, что это дурь! *(Смеётся)*

Ладно... Вы бы победили?

Р: Конечно же! Конечно же!

Понятно. А Вы, Мария?

М: Повторите, пожалуйста, вопрос, я утратила нить разговора.

Вопрос был такой: когда Вы были ребёнком, а после молодой девушкой, появилось ли у Вас, и если да, то в какой момент, самостоятельное политическое мышление либо какие-то политические убеждения, пусть не обязательно самостоятельные? Что, по-Вашему, было в мире не так, что было в мире так, что можно было исправить?

М: Я помню, как читала газету, не скажу, в средних ли классах или уже в начале старших. Сложно сказать, когда, но я читала, что есть места, где идёт война, и ещё есть места, где с людьми плохо обращаются и сажают их в тюрьмы; я была против всего этого и считала, что это очень плохо. Я считала, что это по-настоящему несправедливо, я жалела людей, которые оказались в таком положении, которых арестовали без причины или по политическим причинам... А в странах, где шли гражданские войны... Почему-то вспомнилось, как я читала про Беназир Бхутто[134], в то время она стала то ли президентом, то ли премьер-министром Пакистана, и я считала, что это очень здорово, ведь она была женщиной; я следила за той историей. Не помню, какой это был год, но я читала в газетах о событиях в Пакистане и думала о том, как там у них всё странно устроено и как непохоже на мой собственный опыт. Полагаю, что я так же думала и обо всех остальных странах, о которых читала. Когда захватили заложников в Иране, я была чуть

---

134 Премьер-министр Пакистана с 1988 по 1990 г., позже с 1993 по 1996 г. Первая женщина-глава государства в исламской стране.

war with Russia or not, and looking at a map, and thinking and explaining to some of the other kids who were just talking how we could … It would be really easy for us to invade the Soviet Union because China didn't like the Soviet Union, so we Americans could go through Europe and across Alaska, and the Chinese could go north, and we could take over the Soviet Union. Now it sounds crazy! *He laughs.*

All right … Would you win?

R: Of course! Of course! Of course!

OK. What about you, Maria?

M: Can you repeat the question? I lost track of the question.

The question was, as a child and a young adult, did you ever, and if yes, then at what point, develop any sort of independent political thinking or, not necessarily independent, but a political conviction of any sort; what you thought was wrong with the world, what you thought was right with the world, what you thought would be a better way for things to be, things like that.

M: I remember reading the newspaper, and I don't know if I would have been in middle school by then, or maybe early high school … It's hard to remember, but I remember reading about places where there were wars, or where they were treating people badly and imprisoning people, and I remember thinking that that was really bad and I was against it, and I thought it was really unfair and I was, maybe, just feeling sorry for the people that were in those situations, who were taken to prison for no reason or, you know, for political reasons … And places where they had civil wars … I remember for some reason reading about Benazir Bhutto,[150] I think, when she was becoming the president or prime minister of Pakistan, and I thought it was really cool because she was a woman, I was sort of following that, and I don't remember what year that was, but I was reading in the newspaper about what was going on in Pakistan and thinking how strange and different it was from my own experience, and, I think, I thought that pretty much about other places that I've read about. I was a little bit older when the hostages were taken in Iran, and that was pretty disturbing to me to find that people were over there working and then they were blindfolded, and they were being taken to a prison and … I don't know that I really thought about the politics of it, I thought about the people and how sad and unfortunate it was for the people, and how, if I were in that situation … What a tragedy, you know! I empathized with those people, but I didn't really think of it as … Until I read about it, I remember not thinking about anything happening as a result of US politics at that time, and I would read about, you know, the US supporting the Shah[151] and trying to make the connections with, "How does this have anything to do with the revolution or the hostages?" At that time, I wasn't making a connection between US actions and things that

---

150 Pakistani politician who served as Prime Minister of Pakistan from 1988 to 1990 and again from 1993 to 1996; the first woman to head a democratic government in a Muslim majority nation.

151 Mohammad Reza Pahlavi, also known as Mohammad Reza Shah, was the last Shah of Iran from September 16, 1941 until his overthrow by the Iranian Revolution on February 11, 1979.

постарше, и мне было очень неуютно при мысли о том, что люди пришли себе на работу, а им надели повязки на глаза и отвели их под арест... Не знаю, думала ли я о политической стороне произошедшего, я просто думала о людях, о том, как им не повезло, как всё это было печально, и как бы я почувствовала себя на их месте... Такая трагедия! Я сочувствовала заложникам, но я не рассматривала ситуацию в отношении... Пока я о том не прочитала, помню, я и не думала о тех событиях как о результате тогдашней политики США. Я читала о том, что США поддерживали шаха[135], и пыталась найти связь: «Как это связано с революцией или заложниками?» В то время я не видела взаимосвязи между действиями США и событиями в других странах. Мне казалось, всё происходит по отдельности, всё контролируется правительствами соответствующих государств.

Знали ли вы о разнице между социалистической и капиталистической системами, и если да, то что?

Р: Ничего... Ничего.

Знали ли вы, что США, страна, где вы живёте — капиталистическая?

Р: По-моему... Я помню, я считал даже в девятом-десятом классах, что дети в России... Что им уже в средних или старших классах выбирают будущую профессию за них.

Вы так считали?

Р: Инженер, портной, не знаю, полицейский там, какие ещё десять профессий, существующих в мире, может себе представить десятиклассник... Какой-нибудь пожарный или врач. Будто тебе с раннего детства предписывают, кем ты станешь, и всё тут.

Кто предписывает?

Р: В Советском Союзе это бы каким-то образом делало правительство, наверное. Помню, я думал: ну, вообще, как погано быть обязанным работать врачом несмотря ни на что, или становиться садовником или чистильщиком ботинок, несмотря ни на что, и так далее. Помню, я решил, что это совсем несправедливо, потому что у себя в своей стране мы могли становиться кем хотели.

У Вас есть какие-нибудь предположения о том, откуда эта идея взялась?

Р: Я знаю, что что-то подобное я прочитал в журнале «Лайф»[136], что ли.

М: Я тоже помню, что слышала о таком.

Р: Да, я что-то такое прочёл.

М: Да, будто людям назначали профессии.

Р: Ты тоже слышала, правда? Мне казалось, я вообще мог это всё сам придумать.

---

135 Последний шах Ирана Мохаммад Реза Пахлави правил страной с 16 сентября 1941 г., был свергнут в ходе исламской революции 11 февраля 1979 г.

136 Американский журнал, до 1972 г. издавался еженедельно, до 1978 г. спорадически в виде специальных выпусков, с 1978 г. по 2000 г. ежемесячно.

were happening in other places. It seemed like they were all happening independently, and they were all controlled by the respective governments of those countries.

What did you know, if anything, about socialism versus capitalism as systems?

R: Nothing … Nothing.

Did you know that the US, where you lived, had a capitalist system?

R: I think … I remember thinking, maybe as late as ninth, 10th grade, I thought that children in Russia … It was determined when they were in middle school or high school what their job was gonna be.

That's what you thought?

R: Engineer, a tailor, I don't know, a policeman and whatever 10 jobs that, you know, a 10th grader thinks and imagines there are in the world, you know, fireman type thing, doctor … That it was determined when you were very young what your job was gonna be, and that was it.

By whom?

R: In the Soviet Union it would have been by, you know, the government somehow. And so, I remember thinking, boy, it would be really lousy that, no matter what, you have to be a doctor, no matter what, you're gonna be a tree surgeon or a shoe shine person or whatever. I just remember thinking it's really unfair because here in this country we could be whatever we want to be.

Would you know or have a theory of where that idea might have come from?

R: I know I read something in, like, *Life* magazine that said, maybe, something like it.

M: I remember hearing that too.

R: Yeah, I may have read something.

M: Yeah, jobs were determined for you.

R: Did you, really? I thought I kind of just imagined it. I, probably, I imagine now that I heard something like, children who excelled at math would become scientists, and somehow made the logical conclusion that it was determined that they were going to be scientists.

M: I think what I remember learning, or being told was that earlier, than … You know, for us it kind of happens in college and you sort of figure it out for yourself, or maybe your family helps you figure it out. But I remember learning or hearing that in, probably, the Soviet Union kids who are good in a certain area, they go into a certain school, like, around middle school or high school, they would go into a technical school, or engineering school, or arts or whatever, I don't remember arts, but maybe sports, yeah, sports! Because they would say that … Remember, around the time that they had the Olympics? And they would say that …

1980?

Наверное, я услышал, что дети, например, хорошо успевающие по математике, становились потом учёными, и каким-то образом пришел к логическому заключению, что их заставляли становиться учёными.

М: Я помню, то ли я откуда-то узнала, то ли мне сказали, что раньше, чем у нас... Для нас примерно в колледже настает время, когда мы сами решаем, кем будем, или семья помогает нам принять такое решение. А в Советском Союзе, как я то ли услышала от кого-то, то ли узнала в школе, дети, у которых что-то хорошо получается, идут в специализированные школы. В средних или старших классах они идут в техническую школу, или инженерную, или художественную, или ещё куда. Не помню ничего конкретно про художественные школы, но помню, что, кажется, были спортивные, да, спортивные! Потому что нам говорили... Помнишь, тогда ещё была Олимпиада? И нам говорили...

1980?

М: Нет, наверное, 70-й. Я имею в виду Игры в 72-м или 76-м, нам показывали победителей в определённом виде спорта и говорили: «Эти дети начали тренировки в возрасте трёх лет, их отбирают за хорошее владение навыками и отправляют в специальные школы, где они учатся бегать, или кататься на коньках, или ещё чему-нибудь, что у них хорошо получается, например, гимнастике, и где они тренируются по восемь-десять часов в день». Наверное, то был 76-й год, в 72-м я ещё мало что понимала... И будто Советский Союз платит за обучение детей в таких школах, а потом спорт становится их профессией. И позже, может, к Олимпиаде 80-го, стало ясно, что эти люди... Что их профессия – спорт. Я именно об олимпийских играх говорю сейчас: их профессия – спорт, им не нужно ничем другим зарабатывать, им платят за то, что они занимаются спортом. Вернёмся к тому, что сказал Роберт: у меня тоже образовалось понятие, что всех старшеклассников отправляли в разные школы в зависимости от талантов и это определяло, кем они становились в будущем.

Р: По моим воспоминаниям, мои понятия были гораздо проще, чем твоё объяснение. Может, мы посмотрели одну и ту же передачу или прочитали одну и ту же статью, а может, я услышал, как ты об этом говорила, ты ведь была старше и больше меня понимала. Может, ты больше меня слышала, потому что единственное, что я сам помню, это то, что с самого раннего возраста... Что у каждого из них точно была одна предопределённая профессия. Я ничего не помню про разные школы... Я не помню, связывал ли я что-либо с Олимпиадой, как ты... Может, мы оба так думали, а я только сейчас вспомнил... Может, я получил какой-то обрывочек информации во время Олимпиады в 76-м или 80-м, а усвоил из него только то, что детям очень рано выбирали профессию, уцепился за эту мысль и больше к ней не возвращался до того времени, пока сам не пошёл в старшие классы... Я точно верил, когда сам был в одиннадцатом-двенадцатом классе, что моим ровесникам в СССР уже определили будущее занятие, и у меня в голове не было никаких источников этого

M: No, probably '70. I'm thinking of the '72 or the '76 Olympics, and we would see people who were good at a certain sport, and they would say, "These kids have been trained from the time they were 3, they are selected for their skill and they are sent to, you know, special schools where they learn how to do ice skating or running, or, you know, whatever it is that they're good at, gymnastics, and they trained for, like, eight or 10 hours a day." And this was probably '76, I'm thinking, I probably didn't know that much in '72 … And the Soviet Union pays for it, for them to be going to those schools, and that's their job. And probably later on, maybe in the 1980 Olympics, it became more apparent that people … Their job was sports. This is just specifically talking about the Olympics, their job was sports, they didn't have to have another job, they were paid or supported in pursuing sports. But back to Robert's point, I think that I did get the sense that in high school all kids were sent to different high schools depending on what talents they had, and that kind of determined what their future role would be.

R: I remember my understanding to be much less sophisticated than what you're explaining. We probably watched the same show, or read the same thing or, maybe, I heard you talking about it, being older, you would have had more understanding and maybe heard more, because the only thing that I remember was that very early on they … They were definitely gonna have one specific occupation. I don't remember anything about going to different schools, or … I don't remember connecting any of that to the Olympics, like you are … Maybe that's what we both thought but I only just remember thinking … I probably heard one little nugget of information, maybe in '76 or '80, about the Olympics, and the only thing I held on to was that you had an occupation that was determined for you really early, and I latched on to that, and didn't think anymore about it until later in my own high school years, thinking … I'm sure I thought when I was a junior or senior in high school that kids in the Soviet Union already had their occupation selected, with no other background in my own head, just that.

M: The question that you asked earlier about socialism: I don't remember socialism as a concept so much as I remember communism as a concept.

OK.

M: And we learned about communism, and we learned that it happened in the Soviet Union and probably some other countries, too, but what we were … What I remember learning or being taught about communism was, everybody had the same station in life, and the same amount of money, and the same amount of opportunities, and people had to wait in line for bread, and so in that sense communism was not great, because there were shortages of everything, and they didn't have the variety of things we did, they didn't have all different kinds of fruits and vegetables and good things to eat. This is probably middle school age, now that I'm thinking about it, because it's sort of a simplistic view of what communism is, but … Around that time, maybe early high school … I can't

убеждения, только оно само.

M: Относительно вопроса про социализм: я не помню ничего про социализм как понятие, я помню только коммунизм как понятие.

Хорошо.

M: В школе мы узнали про коммунизм, узнали про то, что он был в Советском Союзе и, наверное, в некоторых других странах, а что у нас самих было... Я помню, нас учили, что при коммунизме у всех одинаковое положение в обществе, одинаковое количество денег, одинаковые возможности, и что людям приходится стоять в очереди за хлебом, так что коммунизм — это не очень здорово, потому что при коммунизме всего не хватает, нет того разнообразия товаров, которое есть у нас, нет разнообразия овощей, фруктов и вообще вкусной еды. Если подумать, наверное, я тогда училась в средних классах, потому что это несколько упрощённое понятие о коммунизме, но... Примерно в то время, в начале старших классов... Не помню название книги Эйн Рэнд[137], потом вспомню и скажу... Эта книга добавила нюансов в моё понимание коммунизма и жизни при коммунизме. Из школьных уроков я усвоила, что социализм немного отличается от коммунизма тем, что люди делятся друг с другом, что он немного лучше, потому что в социалистических странах у граждан больше свободы и больше возможностей, наверное, но всё равно граждане... И при первом, и при втором существовало равенство в социальном положении, доходах и прочем, и при этом социализм был лучше, в чём-то лучше коммунизма.

P: Я не помню, чтобы я в детстве хоть раз слышал термин «социализм» применительно к Советскому Союзу, не слышал даже в колледже, на третьем и четвёртом курсе, когда мне приходилось писать длинные работы по философии. Не знаю, может, я просто игнорировал ссылки на социализм применительно к СССР, когда писал эти работы или когда читал о нём, но вот не припоминаю, чтобы я слышал, что в Советском Союзе социализм. Всегда говорилось, что там коммунизм: «Они там коммунисты, они там коммунисты...» Глядя сейчас в прошлое, скажу, что, если бы меня спросили, что такое социализм, в десятом классе, или в восьмом, или в двенадцатом, я бы ответил, что, наверное, это что-то такое социальное, ну, типа социальных наук. А вот коммунизм, если бы сказали слово «коммунизм», ну, например, про кого-то сказали: «Он — коммунист!» — вот это да! Слово «коммунизм» было ругательным! Я играл в теннис за школу и мы как-то ехали в автобусе на соревнование, а я был в десятом классе. Мы обсуждали одного бейсболиста и я сказал: «Он хорошо играет!», хотя он играл и не за наших. А один парень ответил: «Нет, он ужасно играет!» Я всё говорил, что он хорошо играет, он мне нравился, он сам был из Мичигана, хотя играл не за наших. Я говорю,

---

137 Американская писательница, драматург, сценарист и философ российского происхождения, сторонница идей рационального эгоизма и рыночного капитализма (1905 - 1982). Респондент может иметь в виду роман-дистопию «Атлант расправил плечи» (1957) или новеллу «Гимн» (1938).

remember the name of the book I read by Ayn Rand[152] but there was … I'll have to think of it later and tell you, but that kind of layered my understanding of communism and what life was like under communism. From what I was learning in school, socialism was a little bit different from communism, because people shared things, and it was little bit better, because there seemed to be more freedom in socialist countries, and, perhaps, more opportunities, but people still … There was still equality in terms of social status and income and things like that, but it was better, socialism was somehow better than communism.

R: I don't remember ever hearing the term "socialism" applied to the Soviet Union when I was growing up, even into college, when I actually started to write, my junior and senior year in college when I had to write longer theses in Philosophy classes. I don't remember, maybe I just eliminated the references to socialism as applied to the Soviet Union when I was writing or when I was reading more about it, but I don't remember ever hearing "socialism" applied to the Soviet Union, it was always communism: they're Communists, they're Communists, and I think … When I think back, when I was in 10th grade, or eighth grade, or 12th grade and somebody said, "what do you think socialism is?" it seemed kind of, like, OK, maybe it's social, like social studies, sort of. Communism, if you said "communism," it's like, oh, he's a Communist! Communism, that's, "Communism" is a bad word! I remember being on the tennis team, and we were on a bus on the way to a game when I was a sophomore, and we were talking about some baseball player and I said, "Oh, he's a good player!" but he played on another team, and this other guy said, "No, he's terrible!" I remembered saying he was a good player, and I liked him and, I think, he was from Michigan, but he played for a different team and I said, "No, we should like him, he's a good guy!" and somebody on the bus said, "No, we shouldn't, he's a Communist!" Even though it had nothing to do with his politics, he just played on a different team, but I remember that it was like a bad word, not like a four-letter word but just … It just completely dismissed anything that he can ever be because he's a Communist, so he's bad.

Well, did you know what it meant, "a Communist," or was it just a meaningless insult?

R: To me, looking back on how I thought of the Communists, I was probably thinking, now when I think of the word "Communist," the first base thing that pops into my head is that people are all dressed the same, and the government is in control of everything, and people are not free, and it's a police state. To me, that's Communism. It's just that simple first thing that …

Where did you get that knowledge from?

R: Probably just television, movies, Rambo, Rambo fought the Communists … A very simplistic understanding, but probably speaks to something that we both always thought

152 Russian-American novelist, playwright, screenwriter and philosopher, promoter of rational egoism and laissez-faire capitalism (1905 - 1982). The respondent may be referring to Rand's dystopian *Atlas Shrugged* (1957) or *Anthem (1938)*.

мол, нет, он нормальный парень, надо к нему хорошо отнестись, и тут кто-то в автобусе сказал: «Нет, не надо! Он коммунист!» Хотя это слово на самом деле не имело никакого отношения к его политическим убеждениям, он просто играл не за нас. Это слово, помню, было обзывательским, не грязным, но всё равно... Оно совершенно перечёркивало все остальные его качества: раз коммунист, значит, плохой.

Ну, а Вы знали, что такое коммунист, или это слово было для Вас бессмысленным обзывательством?

Р: Если вспомнить, как я представлял себе коммунистов, вероятно, в первую очередь при слове «коммунист» мне приходили в голову одинаково одетые люди, правительство, контролирующее всё подряд, отсутствие свободы и полицейское государство. Вот что значил для меня коммунизм. Такая простая первая мысль...

Откуда Вы обо всём этом узнали?

Р: Наверное, из телевизора, из кино, «Рэмбо», ведь Рэмбо воевал с коммунистами... Очень упрощённая картина, которая, вероятно, что-то говорит о наших понятиях о Советском Союзе.

Несмотря на то, что он назывался Союзом Советских Социалистических Республик?

М: На это особо не упирали...

На социалистические республики? (Смех)

Р: Нет!

М: Нет, только на коммунистические особенности. Ещё Вы спрашивали про капитализм; я не помню, чтобы я вообще слышала слово «капитализм».

Р: Не было такого.

М: Не помню, чтобы я слышала о том, что бывают коммунизм, социализм и капитализм. Я просто...

Значит, Вы толком не думали о том, какая у Вас в стране система.

Р: Тут была Америка...

С одной стороны был коммунизм, с другой – Америка.

Р: И все, кто был на нашей стороне.

И кто же был на вашей стороне?

Р: Канада! *(Смеётся)* Западная Европа, да... Они не были... Мы их не называли капиталистическими странами, скорее, свободными! Я думаю, в самом элементарном смысле вопрос ставился так: «Это коммунистическая страна или свободная? Там коммунизм или свобода?» Противопоставляли не социализм и капитализм, а коммунизм и свободу.

Ладно.

Р: Западная Германия – свободная страна. В общем, Западная Германия – свободная, Восточная Германия – коммунистическая.

of the Soviet Union.

Even though it said that it was the Union of Soviet Socialist Republics?

M: Yeah, they didn't emphasize …

The socialist republics?

(Laughter.)

R: No!

M: No, it was the Communist part. And you asked something about capitalism, but I don't remember hearing the word "capitalism."

R: No.

M: In connection with, you know, there is communism, socialism and capitalism. I don't remember hearing that. It was just …

So, you kind of didn't think of the system that you had.

R: There is America …

There is Communism, and there is America …

R: And all the people on our side.

Who are the people on your side?

R: Canada! *He laughs.* Western Europe, you know … Those wouldn't … We never applied them to be capitalist; I say, free! I think, in the simplest sense, if you'd say, what were they, Communist or free? Communism or freedom? It wasn't socialist and capitalist, it was Communist or free.

OK.

R: West Germany, free. West Germany, free, you know; East Germany, Communist.

Where you grew up, when you were growing up, did you have a lot of exposure to people from other countries, any international contacts, any immigrants, people like that, somebody who came from not the US?

M: There was a … In our neighborhood there weren't a lot of immigrants, but I remember there was guy from India that came home, and I don't know if he came to dinner one time, he was a friend of my dad's, or a work friend of my dad's, and he read our palms … And I don't remember what my palm reading was all about, but I thought it was really cool that here was this guy who was from a totally different place, and I thought being foreign was cool, and I remember … I was younger then, I was, maybe, I'm guessing, second or third grade, and I remember walking around the neighborhood by myself, speaking another language that I made up, but thought I would be foreign, and it would be so cool to be from someplace else.

R: Ha-ha!

M: And the people would see me walking and hear me talking and would think I was foreign. Never mind that I was talking to myself!

В том городе, где вы росли, вам часто приходилось в детстве сталкиваться с людьми из других стран, иметь международные контакты, встречать иммигрантов и прочих не-американцев?

М: Был один... В нашем районе было мало иммигрантов, но я помню одного человека из Индии, он приходил к нам домой. Он был другом или сотрудником отца, один раз он, кажется, пришёл к нам на ужин и гадал нам по руке... Не помню, что он мне там нагадал, но я тогда подумала, что это очень здорово, что у нас сидит человек из совсем другой страны, я считала, что быть иностранцем – это очень круто, и я вспомнила, как... Я была ещё маленькая, училась, если не ошибаюсь, во втором или третьем классе, я гуляла одна по улице, ходила туда-сюда и сама с собой разговаривала на языке, который сама выдумала, притворялась, будто я иностранка и думала, как круто быть из какой-нибудь другой страны.

Р: Ха-ха!

М: Чтобы все видели, как я гуляю, слушали, как я говорю, и считали меня иностранкой. Несмотря на то, что я разговаривала сама с собой! *(Смех)*

Здорово было быть любой иностранкой или были особые типы иностранок, которыми было быть круче, или более желательно, или нежелательно? Или Вы об этом не думали, а просто делили всех на местных и иностранцев?

М: В возрасте, о котором я говорю, примерно во втором классе, я не знала никаких иностранцев, кроме тех, которых лично встречала, вроде того дяденьки из Индии, поэтому я не припоминаю, чтобы я задумывалась о других типах иностранцев до более поздних времен.

Ладно.

М: Может, в старших классах, когда я действительно столкнулась с иностранцами.

Р: Мне нечего добавить, потому что я не помню никаких иностранцев и никаких столкновений с ними.

Ладно.

М: По-моему, в старших классах мне уже было ясно, что... Ой, ещё у нас в первом или втором классе был мальчик из Кореи, мне это казалось очень классным, его звали Ян Пак Чхун, не знаю, можно ли упоминать его имя. Он пришёл к нам в класс, учитель его представил... Да, во втором классе. Учитель его нам представил, он встал перед классом и сказал: «Привет, меня зовут Ян Пак Чхун, я приехал из Кореи». Я не помню, что он ещё сказал, но мне показалось очень крутым то, что он приехал из Кореи. Я хотела с ним подружиться, но он-то, похоже, со мной дружить не хотел. *(Смеётся)* Я пригласила его к себе на день рождения, а он не пришёл, и я... Меня интересовали и интриговали иностранцы, но у меня не было к ним доступа и возможности познакомиться с ними. Но я при этом ничего не думала о Корее, я просто думала, мол, вот мальчик, на вид он не такой, как мы, он из Кореи. Но я не знала, что это значит – «из Кореи».

Роберт, а Вы интересовались чем-нибудь иностранным?

(Laughter.)

Was it cool to be any kind of foreign, or were there specific kinds of foreign that were cooler, or desirable and also undesirable? Or did you never think that, it was just foreign and local?

M: I think at that age that I'm talking about, you know, when I was in second grade, it might've been, I didn't know of any types of foreign besides the people that I met, like the guy from India, so I don't remember thinking that there were other types of foreign until later.

Alright.

M: Maybe high school, when I actually met foreign people.

R: I don't have much to contribute to that because I don't remember any foreigners or any experiences like that.

Alright.

M: But I think in high school it was clear that there were, uh-m … Oh, and there was a kid in my class, when I was in first or second grade, that was Korean, and I thought that was really cool, and his name was Yan Pak Chung; I don't know if you can use that. He came to our class and the teacher introduced him … Yeah, it was second grade. Teacher introduced him, and he stood up in front of the class and said, "Hi, my name is Yan Pak Chung, I come from Korea," and I don't remember what else he said, but I thought it was so cool that he was from Korea, and I tried to make friends with him, but I don't think he wanted to be friends with me. *She laughs.* I invited him to my birthday party, but he didn't want to come, so I was … I was interested and intrigued by foreigners, but I didn't have that much exposure or opportunity to get to know them. But I don't remember thinking anything about Korea, just, here is this kid, and he looks different, and he's from Korea; but I didn't know anything about what it meant to be from Korea.

Robert, were you at all interested in anything foreign?

R: Well, like I said, starting from third grade I've lived in a very small town, no foreigners, that was where I haven't seen an African American until I was in junior high school. There was a black kid from Detroit, or wherever, but the only actual foreign person I've actually laid eyes on was a friend of my brother's, who was a foreign exchange student from Mexico, and he came a couple times to the house, and I saw him and knew who he was. I think … Yeah, no experience with foreigners, no real understanding of what it was to be foreign. I mean, there were different countries, there was our country and there were other countries, but I think I didn't really have any kind of experience that led me to put the fact that there were people in those countries and what those people were like.

If you had any image of the Soviet people, what was that image?

R: Dour, gray, black-and-white … . No, I think we probably all saw on the news May Day

Р: Я уже говорил, что с третьего класса жил в маленьком городке без иностранцев. Я до девятого класса там и живого афроамериканца-то не видел. Был один чёрный мальчишка из Детройта или типа того, но единственным настоящим иностранцем, которого я видел своими глазами, был приятель моего брата. Он приезжал к нам учиться по обмену из Мексики и пару раз приходил к нам домой. Я его видел и знал, кто он такой. По-моему... Нет, никаких пересечений с иностранцами, никакого настоящего понимания того, как это – быть иностранцем. Ну да, существовали разные страны; вот, была наша страна, и ещё были другие страны. Но я не бывал ни в каких жизненных ситуациях, которые бы заставили меня понять, что в других странах живут люди и какие они.

Если вы как-то представляли себе советских граждан, то как именно?

Р: Угрюмыми, серыми, чёрно-белыми... Нет, мы все, наверное, видели в новостях майские парады.

Где ходят строем?

Р: Да, где ходят строем, где по Красной площади возят ракеты и всякое такое. И ещё очереди за хлебом. Каждый раз, когда показывали Советский Союз, по крайней мере, по моим личным впечатлениям, хотя я, наверняка, и другое видел – но, по моим личным воспоминаниям, всё время показывали, как люди стоят в очереди за хлебом, одетые в серую одежду... И метёт позёмка! *(Смеётся)* В тех кадрах, что я помню, по-моему, всё время мела позёмка.

М: Люди выглядели бедными и несчастными, и ещё, может, очень работящими. Я помню, видела фото в журнале «Тайм»[138] или каком-то ещё, на фото люди стирали бельё, и причём стирали таким тяжёлым методом; женщины с забранными волосами, очереди за хлебом... Похоже было, что люди много страдают.

Р: Интересно, что ты говоришь «бедность», ведь я сам, хотя и запомнил очереди за хлебом, никогда не связывал их с бедностью. Мне просто казалось, что за хлебом приходилось стоять. То есть, знаешь, если ты стоишь в очереди за билетом в кино, то это потому, что нельзя просто так зайти в кинотеатр, сначала надо постоять в очереди и купить билет. Конечно, в очереди стоять неохота, но мое понимание экономики в то время было таково, что я не видел связи между очередями и дефицитом.

М: Нет, я понимала это так: люди стоят в очереди и те, кто в начале очереди, купят хлеб, а тем, кто в конце, ничего не достанется и они пойдут домой ни с чем.

Р: Я этого совсем не понимал. Я не думал, что это бедность. Я просто думал, что никому не охота стоять в очереди за хлебом.

М: По-моему, у меня всё ещё перемешалось с содержанием книги, которую я раньше до того читала и, может, когда я её читала, я была ещё слишком мала и плохо поняла её. Помню, там было написано, что квартиры, в которых уже были жильцы, делили на несколько частей и подселяли новые семьи к тем жильцам,

138 Еженедельный журнал, посвящённый новостям.

Parades.[153]

Marching?

R: Yeah, marching, and the rockets and stuff going through Red Square and stuff. Then, bread lines. Any time you ever saw, at least my recollection, I'm sure I saw more than that, but my recollection of any images of the Soviet Union, it would always be people in line for bread, all wearing, like, gray clothes and, uh-m … Snow flurries! *He laughs.* It always seemed like there were snow flurries in the videos that I recall.

M: They seemed unhappy and they seemed poor and, maybe, hardworking, but I remember seeing pictures, maybe, in *Time* magazine or something, of people doing laundry, and doing laundry, kind of, the hard way and, you know, women with their hair tied up, and people in bread lines … It just seemed like a lot of suffering.

R: It's interesting that you say "poor," because, even though my recollection is bread lines, I never really connected that with being poor. It just seemed like you had to wait in line for bread. You know, I mean, it's like waiting in line at the movies, you can't just walk into the movie, you gotta wait in line, and it kind of sucks that you have to wait in line, but from my understanding of economics at that time I didn't grasp that it would mean that there was a deficit.

M: No, for me it meant that you wait in line, and people that were in the front of the line would get the bread, and people that weren't would just end up going home and not have anything.

R: I never got that. I never thought of it as being poor. It would've just sucked to wait in line for bread.

M: I think it was mixed in with that book I read, kind of early on, I mean, maybe when I was reading the book I was too young to really understand what was going on, but I remember they divided up the apartments where these people lived, and they divided them up, and gave them new families to be their roommates, whereas previously they had the whole apartment. Now they divided the apartment up into three sections, or five sections …

Right …

M: And somebody else was living in the other sections, so it seems like poverty to me. Or, things being taken away and people not having the same ability or freedom that they had before; and I remember the descriptions of there not being enough food, and they have to go and wait for certain kinds of food, and sometimes they got it, and sometimes they didn't, and what they were eating was not very nutritious. They couldn't really support their family, but they had to eat … So, it seemed like they didn't have enough to eat.

So, based on those ideas, did you think that those Soviet people were sad and pitiful but not a threat, or that

---

153 The annual Victory Day Parades on May 9, commemorating the USSR's victory over Nazi Germany in 1945.

кторые сначала владели целой квартирой. Делили квартиры на три части, на пять частей...

Верно...

М: И в каждой части кто-то жил, что мне казалось проявлением бедности. Ещё то, что у людей забирали имущество, забирали у них права и свободы. И ещё я помню описания нехватки еды; людям приходилось идти и ждать, пока не привезут определённые продукты, которые иногда им доставались, а иногда нет, и то, что они ели, было не особо питательным. Люди не могли прокормить семьи, а им надо было как-то питаться... То есть, похоже было, что еды на всех не хватало.

Основываясь на этих идеях, считали ли Вы советский народ бедным, жалким и неопасным, или он всё же был врагом?

Р: Врагом!

М: Я не считала его врагом. Может, здесь разница... Может, тут играет роль разница между женщинами и мужчинами, а может, разница в источниках информации, потому что я помню, как говорили «Он коммунист!», и для меня это было не то же самое, что коммунизм. «Он коммунист!» — это было скорее оскорбление, нанесённое человеку на каких-то основаниях, а коммунизм — это бедность, отсутствие свободы, недостаток еды... Так что я не помню, чтобы я считала этих людей врагами. Я считала их людьми, которым сильно не повезло, и не повезло именно из-за действий их собственного правительства.

Р: Знаете, когда я вспоминаю про очереди за хлебом и людей, в них стоявших, они казались мне просто обычными людьми, которым приходится стоять в очереди, а вот когда я думаю про майские парады, там всегда присутствовал... Я помню ещё и русских солдат в форме, на ней всегда бывали красная отделка и красный мех. Всё это выглядело страшновато: Красная площадь, красные флаги, русские солдаты маршируют таким широким гусиным шагом. То, как они шагали, меня пугало до дрожи, но это был странный и приятный страх, так боишься Дарта Вейдера и его штурмовиков...[139] *(Смеётся)* Я серьёзно! Штурмовики пугают, они представляют такую огромную мощную империю, что-то по-настоящему сильное и мощное, а ты не на их стороне. Я помню те войска; каждый раз, как увижу русских солдат, идущих медленным гусиным шагом, так... Поджилки трясутся.

Хорошо. Приходилось ли вам...

Р: Особенно когда позёмка! *(Смеётся)*

Да, позёмка. Приходилось ли вам...

М: Извините, я перебью, но страшное... Страшное происходило в Берлине. Должно быть, в новостях его часто показывали, когда я была классе в шестом, то есть, наверное, в 76-м году... Я же тогда училась в шестом классе?

Р: Мне было шесть лет.

---

139 Герои киноэпопеи «Звёздные войны».

they were somehow the enemy?

R: The enemy!

M: I didn't think they were the enemy. Maybe it's the difference in … Maybe it's a male/female thing, or maybe it's a difference in the source of where you heard things, 'cause I remember people saying things like "oh, he's a Communist," but to me that was different from Communism. It's when you said, "he is a Communist!" that was more of an insult, directed to somebody because of where it came from, but Communism had to do with poverty, and people not having freedom, and not having enough food to eat … . So, I don't remember thinking of them as the enemy. I remember thinking of them as of people who were very unfortunate, and were unfortunate as a result of the actions of their government.

R: You know, when I think of the bread lines and seeing those people, they just seemed like regular old people who had to wait in line for bread, but when I think of the May Day Parades, and it was always … The other thing I remember is seeing Russian soldiers in their uniforms, and there was always a red trim and red fur. It just seemed a little bit scary, the Red Square and the red flag, and seeing Russian soldiers walk in those big goose steps, the way they walked, it just scared the crap out of me, you know, but in a kind of a weird good way, like the way Darth Vader and stormtroopers … *He laughs.* I'm not kidding! And, you know, the stormtroopers kind of scare you, it's just this big powerful empire, this entity that's really strong and powerful, and you're not on their side, and I remember those soldiers, any time you see the Russian soldiers walk that slow goosestep, it was like … It scared the crap out of me.

OK. Did you ever …

R: Especially the snow flurries! *He laughs.*

The snow flurries. Did you ever …

M: So, the scary stuff, excuse me for interrupting … The scary stuff was what was happening in Berlin. It must have been on the news a lot, when I was in, maybe, sixth grade, which would have been, maybe, '76 … Is that the year I was in sixth grade?

R: I would have been 6.

M: '76 … Well, anyway. There was a lot … It seemed like I saw a lot that was going on in Berlin, and that was where the scary stuff happened because, I think, that was where people of one type were next to people of another type and, you know, the Communists and the non-Communists, and that's where there seemed to be violence. I don't remember hearing about violence in the Soviet Union, or that the Soviet Union was a threat, except, maybe, I mean I didn't see the images of the Soviet Union being a threat … You would hear about Communists, you know, Communism is wrong, kind of like propaganda, but, when you saw images of the Soviet Union, it didn't seem like they were a threat. They just seemed like they had a lot of suffering going on for the people.

М: В 76-м... Ну, неважно. Было много... Я видела многое из того, что происходило в Берлине, так вот там-то было страшно, наверное, потому, что там по соседству жили люди двух разных типов, коммунисты и не-коммунисты, что и приводило к насилию. Я не помню, чтобы нам что-то рассказывали про насилие в СССР, или про то, что Советский Союз представлял из себя угрозу, то есть, я не видела никаких кадров, представляющих Советский Союз опасным... Нам рассказывали про коммунизм, про то, что коммунизм – это плохо, про это шла пропаганда, но когда нам показывали Советский Союз, он не выглядел угрожающе. Просто было видно, что люди там переносят много страданий.

Что вы знали о ядерном оружии и гонке вооружений? Возможно, здесь мы уже точно переходим к 80-м годам.

Р: Да, как помню, я был в шестом классе, когда Рейгана выбрали президентом, и по крайней мере лично я тогда впервые узнал о холодной войне, потому что Рейган был большим пропонентом холодной войны, это же он обозначил большую разницу между Советским Союзом и США. В смысле, Джимми Картер был не таким президентом. При Рейгане СССР был очень, очень явственно обозначен как враг, и для многих, знаете... Было ядерное оружие и всё такое... Может, история совершенно не подтверждает то, что я сейчас скажу, но я подозреваю, что выборы 1980-го года были крепко связаны с разницей в ядерных потенциалах, с тем, сколько ядерного оружия было или не было у России, и сколько было у нас, и Рейган избирался по крайней мере частично именно на этой платформе; на платформе не просто укрепления обороноспособности страны, а наращивания нашего ядерного потенциала с тем, чтобы догнать и перегнать Советский Союз.

Было ли тогда страшно?

Р: Да.

М: Да.

Да?

М: Да, думаю, примерно в то время, в 1980-м, когда выбрали Рейгана, я пошла в девятый класс. Тогда стали говорить о гонке вооружений, о том, что кто угодно мог нажать на кнопку и уничтожить весь мир, и этот некто вроде был Советский Союз, империя зла, имевшая возможность нас уничтожить. Это было примерно в то время, потому что я помню, как шли переговоры о разоружении, об уменьшении количества боеголовок, и мне казалось, что это само по себе неплохо, но я всё равно не понимала, чем оно может помочь в том случае, если у одной страны останется их шестнадцать, у другой пятнадцать, а нужна всего одна. Так что это мне представлялось бессмысленным, а время было страшное, в любой момент, казалось, могло что-нибудь случится и нас бы всех разнесло в прах.

Значит... Поправьте меня, если нужно, но вы допускали возможность ядерного или какого-то другого военного конфликта?

Р: Ядерного, для меня он был только ядерным, я никогда не думал...

What did you know about nuclear weapons and the arms race?[154] *Maybe this takes us into the '80s firmly, somehow.*

R: Yeah, well, I remember, I think I was in sixth grade when Reagan was elected President and I think at least on my end that's when I really became aware of the Cold War because Reagan was the big Cold Warrior, he was the one that drew the big distinction between the Soviet Union and the United States, I mean, Jimmy Carter was a different kind of president, but it was very, very stark with Reagan that the Soviet Union was the enemy and a lot of people, you know … There were nuclear weapons and stuff like that, and it was very … I think it was … History may have completely invalidated what I'm about to say but I suspect that the 1980 election had a lot to do with the missile gap, and the nuclear weapons that Russia did or did not have, and how many we had, and I think Reagan probably ran at least partially on the platform of not just national defense, a stronger national defense, but also more nuclear weapons for us to match and exceed what the Soviet Union had.

Was it at any point scary?

R: Yeah.

M: Yeah.

Yeah?

M: Yeah, I think it was around that time that I was in ninth grade when Reagan was elected, I think 1980, that would've been the beginning of ninth grade, and I remember them talking about the arms race, and how anybody could push a button and destroy the world, and that it was kind of the Soviet Union, the evil power, where they had the power to destroy us. And it was probably around that time, I think, 'cause they were talking about disarmament and reducing nuclear weapons, and I thought that was a good thing but I still didn't see how, even if you reduced nuclear weapons, even if somebody had 16, and somebody else had 15, and all it took was one, that it wouldn't really make a difference. So, it seemed kind of futile, but it was a scary time, it seemed like anything could happen and we could be blown to smithereens.

So, you … Correct me if I'm wrong, but you did admit to yourself the possibility that there would be a nuclear or a military conflict of some sort?

R: Yes. Nuclear, it was always nuclear, I never thought of, like, a …

A land war?

R: Land war in, you know, Europe, or whatever. For me, anyway, the war was always going to be a nuclear war.

M: Yeah, a nuclear war.

What did you think of your chances of survival and did you know what to do?

---

154 Competition for supremacy in nuclear warfare between the USA, the USSR and their respective allies.

О наземной войне?

Р: Да, о наземной войне в Европе или хоть где. По крайней мере, по моему мнению, война могла случиться только ядерная.

Знали ли вы, что в её случае делать, и какими вам представлялись шансы выжить в ней?

Р: Ну, я ведь тот тест провалил, так что... *(Смеётся)*

М: Я считала, что шансов выжить не было и сделать было ничего нельзя.

В то время Вы думали: «Если война, то мне конец!»

М: Да.

Р: Я помню, думал, ну, можно спуститься в подвал, но там, насколько я знаю, свинцовой прошивки нет... Наши подвалы были не освинцованы, ничего в этом роде... Да, мы думали, что...

М: Нет, я не верила, что можно что-то сделать... Когда нам показывали ядерный гриб и последствия ядерной войны, я думала, если она случится, нам ничего не поможет, мы все просто... Всех бы стёрло с лица земли, так что готовиться к войне не имело смысла. Можно было только надеяться на то, что её не будет.

Вы упомянули, что Вам показывали ядерный гриб. Что это были за кадры, хроника из Хиросимы или что-то ещё?

М: Наверное. Наверное, хроника из Хиросимы и Нагасаки, не знаю, откуда ещё могли взяться кадры с ядерным грибом.

Р: Да, они были классные! *(Смеётся)*

М: Ну, знаете... Я уточню, что я-то не считала их классными.

Я догадываюсь, что вы в то время знали, чего ожидать, как работает ядерный взрыв, какие у него стадии, что бывает сначала, что потом, и чем он опасен.

М: Что Вы имеете в виду под стадиями?

Ну, сначала сам взрыв, воздействие самой взрывной волны, потом пожар, потом радиоактивные осадки...

Р: Я это знал.

Вы знали про течение взрыва и про немедленные и отложенные его последствия, правильно?

Р: Да, да, помню, я думал... С изображениями было тогда не так просто, как сейчас, когда мы можем зайти в интернет и увидеть всё, что угодно. Тогда можно было только изредка увидеть киносъёмку ядерного взрыва. Я решил, что он очень классный, очень впечатляет, пошёл в библиотеку, помню, в пятом или шестом классе, чтобы найти фото ядерных взрывов, и попросил билиотекаря сделать мне ксерокопии этих фото ядерного взрыва.

М: А я не считала, что это классно.

Р: Ещё, помню, было кино, называлось «На следующий день», может, ты тоже помнишь...

М: Да, помню. В каком году?

R: Well, I failed that test so ... *He laughs.*

M: I think there were no chances of survival and there was nothing you could do. You thought at the time, "If that happens, I'm cooked!"

M: Yeah.

R: I kind of remember thinking, you know, you can go in the basement, but I knew that lead liners in the basement were ... Our basements were not lead-lined or anything like that, so ... But yeah, we thought that ...

M: No, I didn't think there was anything we could do ... I thought that when they were showing us mushroom clouds and what the effects of nuclear war would be, that if it happened, there would be absolutely nothing we could do, you would just be ... Everybody would be wiped out and there was no reason to prepare for it, or, you know ... The only thing that you can do is hope that it doesn't happen.

When you say they showed you the mushroom cloud, was it, like, footage of Hiroshima, or what was that?

M: Probably. Yeah, I think it probably was footage of Hiroshima and Nagasaki, I don't know where else they would get footage of mushroom clouds.

R: Oh, those were cool. *He laughs.*

M: Yeah, you know ... But I didn't think they were cool, for the record.

You did know then, I infer, how it was gonna be and how a nuclear explosion works and, you know, in what stages it develops and what you have first, and what the dangers of it are.

M: What do you mean, the stages of it?

Well, you know, you have the explosion and the gale force of the explosion itself, and then you have the fire, and then you have the radioactive fallout, all those ...

R: I did know that.

You knew how it would develop, and what the immediate and the lasting effects would be, right?

R: Yeah, yeah, I remember I thought ... Images, it's not like today, when you can go on the internet and see whatever you want; back then it was like very, very rare to see a moving picture of a nuclear explosion. I remember thinking that it was really, really cool, and I remember going to the library, it was maybe fifth or sixth grade, and wanting to get pictures of nuclear explosions, and I had the library make Xerox copies of nuclear explosions for me.

M: I didn't think it was cool.

R: And I remember there was a movie, *The Day After*, I don't know if you remember that ...

M: Yeah, I do, what year was that?

R: 1980. There's a movie called *The Day After*, I think it played in the Soviet Union as well,

Р: В 1980-м. Был такой фильм, назывался «На следующий день», по-моему, его показывали в Советском Союзе вскоре после того, как показали у нас. Там было целое дело, потому что в нём была показана предыстория вымышленного ядерного конфликта между СССР и США, и после того, как показали сам обмен ядерными ударами, больше не включали рекламных роликов. Это было очень важно, потому что реклама по телевизору обычно шла всё время. За последние полтора часа фильма не показали ни одного рекламного ролика. Среди всего прочего там показывали что-то, на вид похожее на снег, что на самом деле было радиоактивными осадками, осадками радиоактивных частиц. Помню, в фильме идёт мужик, радиоактивные осадки выпадают, как будто бы идёт снег, и я знал, что вот так всё и будет выглядеть в конце ядерной...

Катастрофы.

Р: После ядерной войны или ядерного взрыва.

Вы не считали, что существуют доступные вам способы как-то смягчить последствия или попытаться их избежать? Может, у вас в школе была какая-нибудь военная подготовка? Знали ли вы, где можно спрятаться, где ближайшее убежище, как...

Р: Я знал, что мы жили достаточно далеко от Детройта, в случае чего... По моему представлению, Детройт был одним из основных объектов поражения из-за того, что там промышленность и всякое такое, и если бы на Детройт сбросили бомбу, нас всех не спалило бы тут же сразу, потому что мы жили довольно далеко от Детройта, в маленьком городке, и я рассчитывал... Из контрольной для пятого класса я вынес то, что после радиоактивного воздействия и ядерных осадков, если держаться от них на достаточном расстоянии, шанс выжить – пятьдесят на пятьдесят, так что я просто... Думаю, в глубине души я собирался пойти сесть в подвал и надеяться на лучшее, хотя я и знал, что подвал бы меня не защитил, знал, что стены там были не освинцованы, и вообще они были примерно в шесть дюймов толщиной. Я знал, что подвал меня не спасёт.

М: Когда мне было... Не помню, в каком я была классе, но дело было в Детройте, значит, не позже, чем в пятом. У нас в здании школы было бомбоубежище и нас туда водили не то, чтобы по учебной пожарной тревоге, не знаю, как они назывались, учения на случай бомбёжки или ещё как-то, но нас водили туда вниз, в подвал или в надёжное укрытие, где следовало прятаться при бомбёжке. Не помню, чтобы при этом упоминалась ядерная бомба, но бомбоубежище там было. Я не помню таких учений, когда мы жили в Пинкни[140], так что, может, там не было бомбоубежища.

Р: Да, может, когда ты была постарше.

М: И не было подвала...

Р: Когда мы жили в Детройте, может, там такое и было, но я точно не помню никаких учений на случай бомбёжки в то время, когда мы жили в Пинкни, когда

---

140 Маленький городок на юго-востоке штата Мичиган.

slightly after it played with us, and it was a big deal because it was a lead-up to a fictional nuclear war between the Soviet Union and the United States, and I remember that after the nuclear exchange they didn't show any more commercials, which was a big deal because there were always commercials on TV. The last hour and a half of the movie they didn't have any commercials, and one of the things they showed was, it appeared to be snow, but it was the nuclear fallout, the nuclear particle fallout, and I remember a guy walking around and there were nuclear particles falling, and it looked like snow, so I knew what was gonna happen at the end of a nuclear …

Catastrophe.

R: After a nuclear war or a nuclear explosion.

But you did not think that there were ways for you to mitigate it or try to escape it or … Did you have any, perhaps, paramilitary training at school, did you know where to hide, where the closest shelter is, how to … .

R: I knew that we were far enough from Detroit that if … Detroit, I would imagine, would have been one of the primary targets because of the manufacturing and stuff, and I would imagine that if a bomb went off in Detroit we would not be incinerated immediately because we lived outside of Detroit, pretty far outside in a small town, and I figured … My recollections from my fifth-grade test was after the radiation and the nuclear fallout, as long as you can stay out of that, you have, maybe, a 50/50 shot of living, so I just … I think, in the back of my head I just kind of figured I would go in the basement and hope for the best, but I knew the basement wasn't gonna protect me, I knew there were no lead-lined walls, it was, like, six inches thick. I knew that the basement wouldn't save me.

M: I think when I was in … . I don't know what grade I was in, but I was in Detroit, so it must have been fifth grade or earlier. We had a bomb shelter in the school and we had not fire drills, I don't know what they called them, bomb drills or what, but then we had to walk down to the basement or to the safe area where we would go if there was a bomb. And I don't remember them saying a nuclear bomb but, just, that was the bomb shelter. I don't remember doing it when we lived in Pinckney,[155] so, maybe, they didn't have one.

R: Yeah, maybe when you were a little older.

M: There was no basement …

R: When we were in Detroit, we may have done that, but I definitely don't remember any kind of bomb drill when we were in Pinckney, which would have been, for me, 7, age 7 and up, starting in 1977. I don't remember any kind of bomb drills or fire drills, I never-ever did any "duck and cover," maybe once in Detroit in first grade, I remember going up against the lockers now, with my head down, so maybe that was it. But I don't remember that as a big part of my childhood, doing any kind of "duck and cover" like they do in those '50s shows.

M: I've only seen it in '50s movies, but we did have a bomb shelter that was right in our school.

---

155 A small town in southeast Michigan.

мне было семь лет, то есть, от семи и старше, с 1977-го. Никаких учений ни на случай бомбёжки, ни на случай пожара, никаких «пригнись и укройся» я ни разу не проходил, разве что как-то в Детройте в первом классе, помню, надо было выстроиться у кабинок с одеждой и пригнуть голову; может, это то самое и было. Не помню, чтобы какие-то пригибания и укрывания из телепередач 50-х годов сыграли большую роль в моем детстве.

М: Я их видела только в фильмах 50-х годов, но убежище у нас прямо в школе всё же было.

Развеялись ли в какой-то момент ваши опасения, что случится, или что может случиться, ядерный катаклизм, и если да, то в какой момент? Когда уже можно было решить: «Уф, ядерной войны всё же не будет?»

Р: Наверное, чересчур простой ответ – когда Горбачёв пришёл к власти. Я не помню, что я думал, когда Горбачёв пришёл к власти, но я помню, как он пришёл к власти, в 85-м или в 86-м, наверное. Я помню, в 87-м то ли он поехал в Штаты, то ли Рейган поехал к нему, то ли оба они съездили, и мне тогда показалось, мол, ладно, хотя мы друг другу до сих пор не нравимся, как минимум мы способны обойтись без войны. Я думаю, Горбачёв был в этом смысле очень важен... Если фокусироваться именно на ядерной войне, я где-то с начала 80-х всё думал о ядерной войне, а потом на первый план вышел Горбачёв, прошли всякие эти... Прошло две встречи в верхах, прошли переговоры о разоружении и уменьшении количества боеголовок. На вид он был разумным человеком, поэтому, когда он вышел на первые роли в Советском Союзе, нам показалось, что у нас, наверное, всё жё не будет ядерного... Показалось более вероятным, что войны не будет.

Хорошо. А Вы что скажете, Мария?

М: Я пыталась... Для меня это было не совсем связано с Горбачёвым, но, раз вы о нём упомянули, тогда появилась гласность и в новостях после того, как его выбрали, много говорилось, что мы становимся... Не знаю, становились ли наши страны ближе или просто вели больше переговоров, дающих возможность избежать ядерной войны, но, может, это и был тот момент. В каком году его выбрали?

Р: В 87-м было две встречи в верхах, значит, за год или за два до того, в 85-м...

Да, в 85-м.

Р: Я помню, с 84-го, 85-го года я начал очень интересоваться Советским Союзом. Наверное, те марширующие русские солдаты, которые пугали меня так, что я писался, одновременно парадоксальным образом меня заинтересовали, и я стал чуть больше читать о Советском Союзе. Я немного следил за событиями, когда умер Брежнев, потом умерли Черненко и Андропов, потом Горбачёв пришёл к власти и, может, через год после своего прихода к власти он начал... Я стал больше читать о нём и больше слышать о том, как он действовал в качестве главы государства.

М: Я помню, с Горбачёвым были связаны большие надежды, и вдобавок его выбрали

So, did at some point, and if yes, at what point, this fear, this concern that there will be a nuclear, or there might be a nuclear cataclysm, dissipate, and you'd just think, oh, we are not really gonna have a nuclear war after all?

R: It's probably too easy to say, "when Gorbachev came to power." I'm sure I don't remember thinking this when Gorbachev came to power, but I remember '85, maybe, he came to power, '85, '86; I remember '87 when either he came to the US, or Reagan went there, or both, and I remember it seemed like, oh, ok, we still don't like each other but at least, you know, we can kind of avoid having a war. So, I think Gorbachev was a big deal for … If you were focused on a nuclear war, I think, beginning through the early '80s I was thinking about nuclear war, and then when Gorbachev came to the forefront there were all these … The two summits, and talks about, you know, disarmament or reducing missiles, and he seemed like a reasonable guy and so, I think, when he came to the forefront of the political scene in the Soviet Union, it made it seem like "oh, we might actually not have a nuclear … " It seemed more likely that there wouldn't be a war.

OK. What about you, Maria?

M: I was trying to … I didn't exactly connect it with Gorbachev, but now that you mention it, there was glasnost[156] and they had it a lot on the news when he was elected about us getting … I don't know if it was closer, or, you know, talking more and being able to avoid nuclear warfare, so maybe it was that time. What year did he get elected?[157]

R: '87 was when the two summits were, so this was probably a year or two before that, '85 or …

'85, yeah.

R: I remember being, starting in about '84, '85, I remember getting very interested in the Soviet Union. Probably, those Russian goosestepping soldiers that scared the pee out of me were also kind of a perverse interest for me, and so I think I was reading a little bit more about the Soviet Union. I kind of followed when, after Brezhnev[158] died, and Chernenko[159] and Andropov[160] both died, and Gorbachev came to power, and then, maybe, a year after Gorbachev came to power is when he started to … I started to read more about him and hear more about him doing things, you know, as a leader.

---

156 Here, the word *glasnost* stands for the policy of openness and transparency instituted by Gorbachev as part of his reforms.

157 Not elected but appointed in 1985. The USSR did not have elections for a national leader at the time.

158 Leonid Brezhnev led the Soviet Union from 1964 to 1982 as the General Secretary of the Central Committee of the Communist Party of the Soviet Union.

159 Konstantin Chernenko led the Soviet Union from 1984 to 1985 as the fifth General Secretary of the Communist Party of the Soviet Union.

160 Yuri Andropov led the Soviet Union from 1982 to 1984 as the fourth General Secretary of the Communist Party of the Soviet Union.

в 85-м, а в 84-м я поступила в колледж. Мне кажется, учеба в колледже меняет взгляд на мир, человек становится не очень... Я тогда была сильно поглощена всем, что происходило в моей студенческой жизни и перестала, наверное, обращать особое внимание на апокалиптические политические события. Так что я не помню, когда точно развеялся мой страх, наверное, примерно тогда же, в 84-м, 85-м, что в немалой степени должно было быть связано с тем, что истории в новостных источниках стали звучать менее угрожающе. Не помню, чтобы во время учёбы в колледже я хоть раз задумалась о ядерной войне, возможно, она перестала быть для меня такой угрозой, ушла с первого места в моих мыслях и воображении. Как будто я переросла этот страх: ребёнок боится, потому что уверен, что страшное обязательно случится, а студент, который начинает жить отдельной жизнью, думает: «Ну, ладно, может, оно и случится, но я же ничего не могу с этим поделать, так зачем об этом думать».

Р: Появляются новые страхи.

Новые страхи... Как вам кажется, холодная война закончилась?

Р: Да.

М: Мне кажется, да... Да, она закончилась.

Кто победил?

Р: США.

США?

М: Мне кажется, никто не победил, она сама как-то закончилась...

Она выдохлась.

М: Да, она выдохлась, будто бы зашла в тупик. Она выдохлась и все решили, что не хотят больше в неё упираться.

Можете ли вы себе представить ситуацию взаимной враждебности между Россией и США в будущем?

М: Нет, не с Россией. Мне кажется, враждебных действий между Россией и США не будет, такие действия могут исходить от Ближнего Востока, Ближний Восток сейчас представляет большую опасность.

Хорошо. А Вы, Роберт?

Р: Знаете, я слишком быстро ответил, что США выиграли холодную войну, потому что для меня холодная война была демонстрацией того, кто что мог при помощи ядерного оружия, подлодок, танков и всякого прочего, хотя сами военные действия я представлял себе исключительно ядерными... Я считаю, что США выиграли холодную войну потому, что когда холодная война как бы закончилась, США остались так же сильны, с той же своей политикой, с той же системой, всё осталось, как было, да? А что касается Советского Союза, то там всё развалилось. Так что, конечно, в войне не бывает победителей, в холодной войне не бывает победителей, но если мы посмотрим, кто дошёл до её конца в лучшей форме, по

M: I remember there was a lot of hope with Gorbachev, but also, if he was elected in '85, '84 was when I went to college, and, I think, going to college probably changes your outlook, that you don't really … I was, kind of, then wrapped up with what was going on with my college life and, maybe, not paying as much attention to doomsday politics as I would have previously, so I don't remember when that fear dissipated, but it was probably around that time, it probably was around the time, you know, '84-'85, and I'm sure a lot of it had to do with what the news media were telling us was less of a threat. I don't remember being in college and thinking about nuclear warfare at all, so, maybe, it was no longer a threat to me, or no longer at the forefront of my mind or imagination anymore. It was like something I outgrew, like the fear of it; when you're a kid, you're afraid of things because you're sure it's gonna happen, and then you go off to college and have your own life, you think, "Well, it might happen, but there is nothing I can do about it, so why bother thinking about it."

R: Got other fears.

Got other fears … Would you say the Cold War is over?

R: Yes.

M: I feel like it is … . Yes, it is.

Who won?

R: The US.

The US?

M: I don't feel like it was won by anyone, I feel like it just ended, like, it became …

It fizzled out …

M: It fizzled out, yeah, like a stalemate. It fizzled out and everybody decided that they didn't want to push through that anymore.

Do you imagine that there might be a future hostile situation between the now Russia and the US?

M: Not Russia. I don't feel like there would be between Russia and the US, but I think there may be a hostile situation generated from the Middle East, that the bigger threat now would be the Middle East.

OK. What about you?

R: You know, I spoke very quickly earlier saying the US won the Cold War, because in my mind the Cold War was all about who could, you know, with nuclear weapons and submarines and tanks and stuff, though I always I imagined it to be just an all-nuclear war … I think that the US won the Cold War because when the Cold War sort of ended, the United States was really at the same level of power and same politics, and same system and same everything, right? And as for the Soviet Union, everything collapsed. So, if you really, you know, nobody wins a war, nobody wins a Cold War, but if you wanna look at who came out the other side better, it was, in my opinion, 100 percent

моему мнению, на сто процентов в лучшей форме остались США, ведь тут ничего не изменилось, кроме... Для нас ничего на самом деле не изменилось, а для Советского Союза, как я понимаю, изменилось всё. Развал Союза, отсоединение республик, предполагаемый переход к капитализму...

М: Ну, большие перемены произошли после падения Берлинской стены. Думаю, это было в 89-м.

Р: В ноябре.

М: Да, казалось, произошло крупное изменение. Не знаю, относится ли это к холодной войне, говорили ли тогда о холодной войне, но было похоже, что жизнь людей в Советском Союзе и странах Восточного блока тогда очень изменилась, потому что случилось много всего. Помню, я в то время была во Франции, может, то, что там показывали, несколько отличалось от того, что показывали в США, но я тогда подумала, что для жителей всех тех стран настают лучшие времена... Как звали того президента и его жену?

Р: Чаушеску?[141]

М: Да, Чаушеску.

Р: В Румынии...

М: Вот, его с женой расстреляли и показали расстрел по телевизору, это было так ужасно, такая жестокая и кровавая сцена... То есть, мы видели много изменений в политике тех стран и нам тогда казалось, что мы пришли к очень важному поворотному моменту в холодной войне, если её так называть, к очень важному поворотному моменту в холодной войне. Может, тогда мы стали думать, мол, «ладно, конфликты теперь не между СССР и США, а внутри самого Союза или между Союзом и его странами-сателлитами, теперь вся эта борьба более локализована, проходит на территории самих стран, и они сами с собой разберутся. Теперь уже не они против нас, теперь уже они сами пытаются добиться свободы у себя дома, или у них гражданская война, или другие внутренние дела». Казалось, что конфликты стали иметь отношение не к нам, а к кому-то другому, и это было хорошо, это было приятно, потому что когда пала Берлинская стена, люди впервые смогли встречаться и общаться. Это казалось нам настоящей победой.

Р: Я помню, что немного следил за ситуацией в Польше в 80-м, 81-м и 82-м, за Лехом Валенсой[142] и «Солидарностью»...

Solidarność...

---

141 Генеральный секретарь Коммунистической партии Румынии Николаэ Чаушеску (1918 – 1989), глава Румынии с 1965 по 1989 г. Правительство Чаушеску было свергнуто, он сам и его жена были публично казнены в декабре 1989 г.

142 Польский политик и активист, основал и возглавил первое в Восточном блоке независимое профсоюзное движение «Солидарность». Лех Валенса был президентом Польши с 1990 по 1995 г.; в 1983 награждён Нобелевской премией мира.

the United Stated came out on the better end, because nothing changed other than … Really, nothing changed for us, and for the Soviet Union, as I now understand, everything changed. The collapse of the Soviet Union, and the break-up and the supposed move to capitalism, and …

M: Well, there were big changes when the Berlin Wall came down. And I think that was '89.

R: Uh-m, November.

M: Yeah, and that seemed like a big change and, I don't know, Cold War, if people were talking about the Cold War then, but that seemed to be a big change for people who lived in the Soviet Union and the Eastern bloc countries, because a lot happened at that time. I remember I was in France at that time, and so maybe the messages that I was getting were a little different than whatever messages were being displayed in the US, but I remember thinking that was a better time for all the people in those areas and … . Who was that president and his wife?

R: Ceausescu?[161]

M: Yeah, Ceausescu.

R: Romanian …

M: Yeah, and his wife, who were gunned down, and it was on TV, and it was horrible, I mean, it was so brutal and bloody … I mean, you would see a lot of changes in politics in those countries at that time, so it seemed like a huge turning point in, I guess, if you wanna call it the Cold War, it seemed like a huge turning point in the Cold War. And, maybe, that was around the time where it seemed like, "OK, things are changing from the US versus the Soviet Union to the Soviet Union versus itself, or its satellite countries, and now all of the strife that's going on is more localized, and it's happening in those countries, and they are taking care of it themselves, and it's not really an us-against-them thing, it's more about each of those countries figuring out how to come up with their own sense of freedom, or civil war, or whatever they need to do." I think it made the conflict seem like it had to do with other people now, and it was good, it felt like it was good, because, you know, when the Wall came down people could mix and mingle for the first time. That seemed like a real triumph.

R: I could remember actually following somewhat the situation in Poland in '80, '81 and

---

161 Nicolae Ceausescu (1918-1989) was the general secretary of the Romanian Communist Party from 1965 to 1989 and the second and last Communist leader of Romania. Ceausescu's government was overthrown, and he and his wife were publicly executed in December 1989.

Р: Да, я помню лозунг: «Соли-дар-носк!» И да, между СССР и США шла холодная война, но, как я уже говорил, в Восточной Европе была ещё куча стран-членов Восточного блока. Когда я сказал, что Соединённые Штаты победили в холодной войне, я понимаю, что это большое упрощение, но тем не менее, ведь был же коммунистический Восточный блок, и был свободный капиталистический Западный блок и, когда в 89-м пала Берлинская стена, пало румынское правительство, пало польское, многие из стран Восточного блока, ранее бывшие коммунистическими, перестали быть коммунистическими, то есть, знаете, «коммунистическими» в кавычках.

М: В каком году избрали Леха Валенсу?

Р: Я бы сказал, что его избрали после 89-го.

Я не помню точную дату[143].

Р: Я знаю, что он начинал в 81-м или 82-м, когда он участвовал в «Солидарности».

М: Это тоже принесло большие перемены.

Р: Помню, что я следил за теми событиями, потому что Польша была коммунистической страной, Польша была вражеской, и в то же время там какой-то мужик бросал правительству вызов. Я думал, что это круто, и я болел за него. Когда я говорю, что США победили в холодной войне, я имею в виду то, что коммунистические страны перестали быть коммунистическими, а это, по моему мнению, как раз и было целью войны.

М: Я не помню, чтобы я считала Польшу врагом, я думала: «Ах, бедная Польша!» Потом пришёл Лех Валенса, у них, кажется, стало больше свободы, и настал... Когда я жила в Париже, туда многие приезжали учиться из других стран. Туда приехала одна девушка из Польши, и я помню, мы с ней стали разговаривать, не о политике, а просто вообще, и она, похоже, считала, что возможность поехать поучиться во Францию — это очень хорошо. Это был, скорее всего, 89-й. Да, 89-й, так что я не уверена, давно ли ей стало можно путешествовать или нет, но она выглядела очень благодарной и счастливой по этому поводу, в то время как мне и в голову не приходило, что возможность путешествовать — это повод для особой радости. И другие туда тоже приезжали, не помню откуда, но точно из бывших коммунистических стран, и всем им тогда стало можно путешествовать.

Хорошо. У меня два последних вопроса, они гипотетические... Первый такой: если бы в детстве вы получили возможность поехать за железный занавес, воспользовались ли бы вы такой возможностью? И если да, то куда бы вы хотели сходить и что посмотреть? Что бы вы хотели там сделать?

М: Ребёнком...

Можете выбрать какой угодно возраст, подростковый, старшие классы...

М: Я всегда стремилась путешествовать, и я уверена, если бы мне предложили

---

143 9 декабря 1990 г.

'82 with Lech Wałęsa[162] and Solidarity …

Solidarność …

R: Yeah, I remember the sign "Soli-dar-nosk!" Yeah, and the US and the Soviet Union was the Cold War, but also, like she said, there was a whole lot of other countries in Eastern Europe that were in the Eastern bloc, and I think when I said that the US won the Cold War, you know, it's very simplistic, but if you look at it, there was the Communist Eastern bloc and the free capitalist Western bloc, and in 1989 the Wall fell, and Romania fell, and Poland, and you know, a lot of those Eastern countries that were Communist became not Communist, you know, "Communist" in quotes.

M: What year was Lech Wałęsa elected?

R: I wanna say, I think he was elected after '89.

I don't remember the exact date.[163]

R: I know when he was starting in '81 or '82, when he was in the Solidarity movement.

M: That made a big change, too.

R: And I remember following it because Poland was Communist, and Poland was the enemy, but here is this guy that was standing up to them and I remember thinking it was kind of cool and being on his side. So, when I say that the US won the Cold War, it was, all the countries that were once Communist stopped being Communist, and in my mind that kind of was the goal.

M: I don't remember Poland being the enemy, I remember thinking "oh, poor Poland!" And then Lech Wałęsa came, and it seemed like they had greater freedom, and there was a … When I was in Paris, there were a lot of people that came from other countries to study, and there was a girl who came from Poland and I remember talking to her, not about politics but just talking to her, and she seemed to think that it was a really good thing that she could travel to France, and that she could study. This would've been in '89, I guess. Yeah, it would've been in '89, so I don't know if it was a recent change for her or not, but she seemed grateful and happy about it, in a way that it wouldn't occur to me to be happy that I could travel. And there were other people from I can't remember where else, but they were places that were previously Communist countries, and it seemed they could travel now.

Alright, I have two, sort of, last questions, hypothetical … One of them is, if as a child you had the opportunity to travel behind, beyond the Iron Curtain, would you? And then, where would you go, and what would you want to see? What would you want to do?

M: As a child …

---

162 Lech Wałęsa, a Polish politician and labor activist, co-founded and headed Solidarity, the Soviet bloc's first independent trade union. He won the Nobel Peace Prize in 1983 and served as President of Poland from 1990 to 1995.

163 December 9, 1990.

такую поездку, я бы согласилась.

В одну из тех самых коммунистических стран?

М: Дайте подумать... Мечтала ли я съездить в коммунистическую страну? Не помню, чтобы я об этом задумывалась. Не помню, чтобы мне именно туда хотелось, но у меня была подруга по переписке из Польши, когда я была классе в шестом, то есть, в 76-м, 77-м году. Вот её бы я поехала навестить, такую поездку я могла себе представить... Но мне не пришло бы в голову сказать ни с того, ни с сего: «Я хочу поехать в Россию, я хочу поехать в Китай, посмотреть на Великую стену!» Из-за того, что я была знакома и переписывалась с человеком, у которого были имя и лицо, я думала: «Вот в Польшу к своей подруге по переписке я бы съездила!»

Ладно.

М: Вот так мне пришла в голову эта мысль. Но у меня ещё и в Японии была подруга по переписке, и к ней я бы тоже при возможности поехала.

А Вы, Роберт?

Р: Я был очень провинциальным, очень простым, знаете, когда я был помладше, понятия у меня были простые. Но я помню, что к девятому-десятому классу я начал по-настоящему интересоваться Советским Союзом... Помню, мне хотелось иметь флаг СССР, красный флаг с серпом и молотом, я написал в посольство с просьбой прислать мне флаг, а они мне прислали пачку журналов и всякой ерунды о советской жизни. Но это уже был девятый-десятый класс. Я бы никогда не додумался захотеть туда поехать, я никогда не задумывался о путешествиях, мне просто было интересно с точки зрения... Не знаю, было просто интересно больше о нем узнавать и знать, и хотелось иметь флаг. Это было и страшное место, и классное, и интересное, но, мне кажется, если бы ко мне подошли в девятом или десятом классе и сказали, мол, эй, в Советский Союз не хочешь съездить... Сейчас легко сказать, что десятиклассник Роберт согласился бы поехать, но, если бы представилась такая возможность, я сказал бы, что точно скорее поехал бы в Советский Союз, чем в любую другую страну. Меня не интересовали ни Польша, ни Венгрия, ни другие страны Восточного блока, а вот Советский Союз, скорее, точно да.

Что бы Вы хотели там посмотреть?

Р *(смеётся)*: Ну, трудно сейчас восстановить, о чём я думал в десятом классе. В выпускном классе в школе я заинтересовался изучением языка, и я не помню, хотел ли я туда поехать в связи с этим в то время, может, такой вариант входил в мои расчёты, может, не входил... Я как бы... Я в том возрасте плохо видел связи между явлениями, такими, как интерес к стране и реальными планами туда поехать. Так что я не помню, чтоб я думал: «Эх, вот бы мне хотелось съездить, побывать там!»

Хорошо. Конкретной цели не было.

Р: Нет, но если бы она была, то это точно был бы именно Советский Союз.

You can pick any age you want, can be a teenager, high school ... .

M: I always wanted to travel so I'm sure if somebody offered me the opportunity I would have said yes.

To one of them Communist countries?

M: Uh-m, let's see ... Did I ever desire to travel to a Communist country? I don't remember if I thought of it specifically. I don't remember having a desire to specifically go there, but I had a pen pal from Poland when I was probably in sixth grade, which would have been '76-ish, '77, yeah, '77. And I would have gone to visit her, so that was, that would have been conceivable ... But it wouldn't occur for me to say out of the blue, "Oh, I think I wanna go to Russia, I wanna go to China and see the Great Wall!" I think, because I knew somebody, and I corresponded with somebody who had a face and a name and a life, I thought, "Oh, I would go visit my pen pal in Poland!"

Alright.

M: So that's how it occurred to me; but I also had a pen pal in Japan and I would've visited her too, had I been able to.

What about you, Robert?

R: I was pretty provincial, pretty simple, you know, I had a simple understanding, you know, when I was younger. But I do remember that I would say by ninth or 10th grade when I really started getting interested in the Soviet Union, there was ... I remember wanting a flag of the Soviet Union, the red flag with the hammer and sickle, and I wrote to the embassy asking to send me a flag, and they sent me a bunch of magazines and stuff about Soviet life. But that would've been ninth or 10th grade. It never would've dawned on me to be interested enough to go there, I'd never really thought about travel, it was just interesting from a ... I don't know, it was just interesting to learn about it and know more about it, and I wanted a flag. It was scary, but interesting and cool, but I think if someone had come to me in 10th grade or ninth grade and said, hey, would you like to go to the Soviet Union ... It's easy now to say that 10th grade Robert would've gone, but if the opportunity came I would say I would probably wanna go to the Soviet Union, certainly as opposed to any other countries. I didn't have any interest in Poland or Hungary or anything on the Eastern bloc, but yeah, probably definitely the Soviet Union.

What would you want to see there?

R: *He laughs.* ... Oh, it's hard to project to what I was thinking in 10th grade. I mean, when I was a senior in high school I was interested in learning the language and, I guess, I don't remember ever thinking I wanted to go when I was a senior but I'm sure it must have been part of the calculation, but maybe not ... I was kind of ... I couldn't really connect things very well when I was that age, like being interested in somewhere and actually considering the opportunity to go somewhere, so I don't remember ever thinking, "boy, I'd like to be there or go there!"

Ладно, а теперь вопрос, симметричный предыдущему: если бы вам, подросткам, внезапно предоставилась возможность принять в свою семью на время гостя из-за железного занавеса, что бы вы... Гостя одного с вами возраста. Что бы вы хотели ему показать, что бы вы хотели ему рассказать о США?

Р: В подростковом возрасте?

Да.

М: Мне кажется, если мне сейчас с позиции моего нынешнего образа мыслей и воззрений попытаться вообразить себя подростком, то вряд ли я думала в том возрасте о чём-то подобном... Вероятно, подростком я бы придумала сводить его или её в торговый центр, парк или супермаркет.

Хорошо, если оно так, значит, оно так: Вы бы сводили гостя в торговый центр. Не обязательно давать какой-то суперкультурный ответ.

М: Да, наверное, тогда я думала, что надо показать им то, чего у них нет дома, может, большой торговый центр, природный парк, места для отдыха на природе. То есть, там, где мы провели детство, было много озёр и всякая природа, знаете, всякие природные красоты. Мне не жили в большом городе, у нас не было достопримечательностей, которые бы их заинтересовали, поэтому я бы показала озёра и парки и, может, торговый центр, что-то, чего они раньше не имели возможности увидеть.

Р: Единственное, что мне приходит на ум сейчас, когда я вспоминаю себя девятиклассником, десятиклассником, это супермаркет, потому что тогда был фильм с Робином Уильямсом, в фильме он играет перебежчика из Советского Союза, и его показывали как раз примерно в то время...

М: «Москва на Гудзоне»[144].

Р: Да, «Москва на Гудзоне». Помню, в фильме была сцена, там он в первый раз попадает в супермаркет в США, его ошеломляет выбор товаров в магазине и он падает в обморок, увидев, сколько там сортов кофе. Он повторяет: «Кофе, кофе, кофе, кофе...» Потому что там сто пятьдесят разновидностей кофе. А до этого в фильме есть сцена, где в России, в Советском Союзе в магазине на полке стоит одна банка кофе. То есть, если бы возможность сводить куда-то приехавшего по обмену школьника возникла после того, как я посмотрел это кино, я бы сводил его в супермаркет, скорее всего.

Вы бы поделились своим материальным благополучием.

Р: Ну, если это так грубо называть...

(Смех)

Отчего же, отличный ответ.

Р: Своей способностью самому выбирать то, что нужно – как Вам такой ответ?

---

144 Романтическая комедия с элементами драмы (1984); главную роль циркового музыканта, который сбегает с гастролей и остаётся в США, играет Робин Уильямс.

OK, no specific purpose.

R: No, yeah, but it definitely would've been the Soviet Union.

OK, and then the symmetrical question to that is, if you had, I would say, as a teenager, all of a sudden, you had the opportunity to be a homestay family for somebody from behind the Iron Curtain, what would you … The same age as you, a person the same age as you. What would you like to show them, where would you take them? What would you want them to know about the US, what would you like to expose them to?

R: As a teenager?

Yeah.

M: I think that with my mind and sensibilities that I have now projecting on back to when I was a teenager, I don't know that I thought this as a teenager … Probably, as a teenager, you'd be thinking of taking them to malls or parks, or the supermarket.

OK, well, that's that then, if you want to take them to the mall, you take them to the mall, you don't have to give a highfalutin answer.

M: Yeah, that's probably what I thought, whatever they didn't have in the place they were from, maybe, big shopping malls, or outdoor parks and recreation areas, and I mean, in the place where we grew up, we had lakes and nature, you know, beautiful things to see in nature. You know, we didn't live in a big city, so we didn't have any landmarks that they would like to see, so I would show them lakes and parks and probably a mall, you know, some place I would think that they wouldn't have a chance to see it.

R: I mean, the only thing I can think, projecting back on the person that I was in ninth and 10th grade may be a supermarket, 'cause there was a movie with Robin Williams where he was in the Soviet Union and he defected, and it would've been right around that time …

M: *Moscow on the Hudson.*[164]

R: Yeah, *Moscow on the Hudson.* I remember, there was a scene where he was in, his first time at the supermarket in the United States, and he was overwhelmed by the selection in the supermarket, and he fainted because there was so much coffee. And he went, "Coffee, coffee, coffee, coffee … " 'cause there were 150 coffees to choose from, and there was an earlier scene in the movie where there was one can on the shelf, or something, in Russia, in the Soviet Union. So, had this opportunity to bring a foreign exchange student occurred after I saw that movie, I probably would've taken them to the supermarket.

You would share in your material wealth.

R: If you wanna put it that crass …

(Laughter.)

---

164 *Moscow on the Hudson* is a 1984 American romantic comedy-drama film starring Robin Williams as a Soviet circus musician who defects while on a visit to the United States.

М: А как же насчет озёр и природы?

Озёра и природа.

М: Я бы предположила, что они... На фотографиях и в новостях, которые мы видели, всегда показывали серые скучные города, где солнце не светит. Похоже было, что у них там совсем не было зелени, озёр и парков, и мне бы захотелось им всё такое показать.

Р: Я вообще хотел сказать, насколько это смешно сейчас слышать, потому что я бы тоже подумал... В десятом классе я тоже так же думал.

М: А это неправда!

Р: Я жил в России, и для них это просто коронный номер, ведь каждый русский обязательно спросит: «А вы видели нашу природу, наши парки?» Там всегда... Страна такая большая, везде деревья и озёра, у каждого есть дача, они все очень, очень близки к природе, деревьям и всему такому. Так что сейчас это кажется очень смешным.

М: А в журнале «Тайм» писали не то!

Р: Нет, и по телевизору нам тоже не то показывали, а сейчас я так и вижу, как в нашем воображаемом школьном детстве Мария ведёт гостя в парк в центре нашего городка и говорит: «Полюбуйся на нашу природу!» А гость бы, наверное, рассмеялся: «И это вы называете природой?!» *(Говорит с русским акцентом)*

М: Нет, я бы его повела в Кенсингтон-парк[145].

Р *(смеётся)*: Кенсингтон-парк!

М: Я помню материал в журнале «Лайф» о том, что детям в России не хватает... В России, или в Сибири, или где-то ещё им не хватало солнца, их там расставили вокруг лампы искусственного света, которая излучала...

Ультрафиолетовые лучи.

М: Да, они стояли в нижнем белье и подвергались ультрафиолетовому облучению, чтобы быть здоровыми! *(Смеётся)* Поэтому я думала, что дети в Советском Союзе...

Должно быть, это снимали в одном из заполярных городов.

Р: Не знаю, в одном источнике мы это увидели или нет, но у меня... Может, ты видела это в журнале, а у меня была книга, она называлась «Один день из жизни Советского Союза», мне её подарили на день рождения в 87-м или 89-м, и в книге есть именно та фотография, которую ты описываешь.

Хорошо. Значит, своим солнечным светом вы бы тоже поделились.

Р: Да.

М: Солнцем, природой, зеленью. Выбором овощей и фруктов в супермаркете.

Отлично, спасибо!

Р: Обилием хлеба!

---

145 Лесопарк на юго-востоке штата Мичиган.

No, that's perfect.

R: Our free ability to select for ourselves what we choose to have, how is that?

M: Alright, what about nature and lakes?

Nature and lakes.

M: 'Cause I would imagine they would ... The things that we saw in photographs and news media, they seemed to always be in grey dreary cities with no sunshine, they didn't seem to have green spaces and lakes and parks, so I would want them to experience that.

R: I actually wanted to say how funny it is to hear now 'cause I would've thought ... In 10th grade I would've thought that same thing.

M: But that's not true!

R: Having lived in Russia, it's like one of their crowning jewels that every Russian ever said, "Have you seen our nature and our parks?" There is always ... It's just so big, there are trees and lakes, and everybody has a cottage, and so they are very, very close with nature and with trees and stuff, and it's just funny now.

M: Not according to *Time* magazine!

R: No, or the images on the TV, but I can just imagine, just projecting back to our imaginary school childhood, Maria takes them to a downtown park and says, "look at our nature," and they'd probably be cracking up, "You call this nature?!" *He adds the Russian accent.*

M: No, I'd take them to Kensington Metro Park.

R: *He laughs.* Kensington Park!

M: I remember there was something in *Life* magazine about kids in Russia who didn't ... I think it was Russia or Siberia or someplace where they didn't get enough sunlight, and they were all standing around an artificial lamp and it was giving off ...

UV rays.

M: Yeah, they were standing in their underwear and they were getting the UV rays because they needed it to be healthy! *She laughs.* So I thought kids from the Soviet Union ... .

That would have been beyond the Arctic Circle, one of the cities.

R: I don't know if you saw it in the same place I did but I had ... I think you saw it in a magazine, I had a book called *One Day in the Life of the Soviet Union* that I was given on my birthday in '87 or '89, and that picture is in that, that exact picture that you're describing.

Alright, so you would share in your sunshine as well.

R: Yes.

M: Sunshine, nature, greenery. The supermarket selection of fruits and vegetables.

Perfect! Well, thank you!

R: The wealth of bread!

Обилием хлеба и отсутствием очередей. Спасибо, очень полезная беседа!

Р: Пожалуйста!

М: Спасибо за то, что выслушали!

And the wealth of bread, with no line. Thank you, this was very helpful!

R: You're welcome!

M: Thank you! Thank you for listening.

Интернационал

Сегодня 10 февраля 2010 года, я беседую с Каем. Привет, Кай!

К: Привет.

Кай, в интересах истории скажите, в каком году Вы родились?

К: В 1969-м.

В 1969-м; и в какой стране?

К: В Восточной Германии.

В Восточной Германии. Где Вы провели детство?

К: В Ростоке, это на севере Германии.

Стало быть, детство Вы провели в Германии. Значит, прямо сразу я задам Вам вопрос из трёх частей: когда Вы были маленьким и жили в Восточной Германии, какие мысли и чувства у Вас были по поводу Западной Германии[146], США и СССР? Можно начинать с любой страны по выбору.

К: Ну, Западная Германия вызывала живой интерес, потому что мы смотрели западногерманское телевидение, мы видели и знали, как там жили люди, и нам казалось значительным то, что они жили на вид очень богато, хотя и в Восточной Германии уровень жизни был довольно высок. Ну, просто, детьми мы интересовались западногерманскими машинами, западногерманскими фильмами, больше из материалистического любопытства.

Вы упомянули, что смотрели западногерманское телевидение. Оно было доступно абсолютно всем или только в определённых районах? Разве правительство Восточной Германии не было заинтересовано в том, чтобы местные граждане не смотрели западного ТВ?

К: Сначала все... Правило было такое: не задавать вопросов, не отвечать на них. Люди просто сами ставили антенны на крыши и смотрели его, и только

---

146 После Второй мировой войны серией международных соглашений Германия была разделена на Германскую Демократическую Республику (Восточную Германию), дружественную СССР, и Федеративную Республику Германия (Западную Германию), дружественную НАТО. Разделение просуществовало с 1949 по 1990 г.

The Internationale

Today is February 20, 2010. I am talking to Kai. Hello, Kai!

K: Hello.

Kai, in the interests of history, what is your year of birth?

K: 1969.

1969; and what was your country of birth?

K: East Germany.

East Germany; and where did you spend your childhood?

K: In Rostock, that's in Northern Germany.

So, you spent your childhood in Germany. Uh-m, right off the bat I am going to have to ask you one question that is of three parts; growing up in East Germany, how did you feel or what did you think of West Germany,[165] the US and the USSR? You can start with any country you want.

K: Well, West Germany was fascinating because we watched West German TV, so we would see, we would know how people in West Germany lived, and it seemed kind of significant that people who lived there seemed very wealthy, although the standard of living in East Germany was pretty high too. So, it was just, as a child you were just interested in, like, West German cars and West German movies, things like that, which is more of a materialistic curiosity than anything else.

When you say you were watching West German TV, was it because it was completely available to anyone, or just in some areas? Wasn't the East German government not interested in having people watch West German TV?

K: Initially, everybody … It was like don't ask, don't tell. People would just put antennas

---

165 After WW2, through a series of arrangements, Germany was eventually divided into the Soviet-aligned German Democratic Republic, or East Germany, and the NATO-aligned Federal Republic of Germany, or West Germany. This division lasted between 1949 and 1990.

тем, кто работал в партии[147] и правительстве, не дозволялось его смотреть, и ещё полицейским...

Значит, они и не смотрели?

К: Они не смотрели. Кое-кто смотрел, например, мой дядя был офицером полиции и у них дома антенна была внутри, антенна была на чердаке, чтобы снаружи никому не было видно, что у них есть антенна, ведущая прямо к ним в квартиру.

Если служащие правительства и полиции смотрели западногерманское ТВ, это осуждалось или прямо запрещалось?

К: Это запрещалось, этого не позволяли. Они бы все как один потеряли работу... Поэтому все, практически все его смотрели, но родители велели нам никому об этом не говорить, не обсуждать это в школе...

А Вы обсуждали?

К: Да, с одноклассниками мы обсуждали передачи, но учителям мы ничего не говорили, знаете... Учителям было не положено ничего говорить.

Ладно. В кругу друзей все понимали, что Вы его смотрите, все его смотрят и, если не говорить об этом учителям, всё будет нормально.

К: Да, правильно. Даже не так: иногда и у учителей что-то соскальзывало с языка и становилось понятно, что они его тоже смотрели. Все смеялись, но всё равно с ними ничего не обсуждали.

Ладно. В общих чертах, что Вам в школе рассказывали о Западной Германии? То есть, как вам предлагалось официально... Какую позицию вы должны были официально занимать?

К: Мы должны были рассматривать её как врага.

Как врага.

К: Ну, да. Нас учили, что США были нашим главным врагом, Западная Германия была самым большим помощником США, а мы были вроде красной полосы между Восточным и Западным блоками, между, как бы, миролюбивыми странами и странами, которые хотели войны. С другой стороны, СССР должен был считаться нашим другом.

Ну, Вы действительно рассматривали Западную Германию как врага или просто притворялись?

К: Нет, мы её так не рассматривали.

Не рассматривали.

К: Нет, и никто не рассматривал. Казалось, что никто не верил официальной пропаганде, она просто как таковая присутствовала, как фоновый шум. И нет, мы не видели в них врага, потому что у большинства людей были на самом деле родственники в Западной Германии, с ними поддерживался контакт, а пропаганда была настолько грубой, что ей никто не верил.

---

147 СЕПГ (Социалистическая единая партия Германии), марксистско-ленинистская партия, управлявшая Восточной Германией с 1949 по 1989 г.

on their roofs, and watch it, and only the people who worked for the Party[166] and the government were not allowed to watch it, or the police officers …

So, they didn't?

K: They didn't. Some did, like, my uncle was a police officer and they had an antenna inside, they had an antenna in the attic, so the people from the outside could not see that they had an antenna actually leading to their apartment.

Was it frowned upon, for the government workers and the police to watch West German TV, or was it just plain forbidden?

K: It was forbidden, they wouldn't let it. They would have lost their jobs, everybody … So everybody, basically everybody would watch it, but your parents told you not to talk about it, not to talk about it in school …

And did you?

K: Yeah, you discussed shows with friends, but you would not say something to your teachers, not, you know … You weren't supposed to say anything to your teachers.

OK, so, among friends it was understood that you were watching it, and everybody is watching it; just as long as you don't tell the teachers, you are fine.

K: Yeah, that's right. It's not that; sometimes even the teachers would slip and then you knew that they saw it, people would laugh, but you wouldn't really discuss it with them.

OK. What was the general line of what you were taught about West Germany at school? Like, how were you supposed to officially … What official attitude were you supposed to have?

K: We were supposed to see them as an enemy.

As an enemy.

K: I mean, yeah. We were taught that the US was the big enemy, and West Germany was the US's biggest helper, and that we were like a red line between the Eastern and Western bloc, between, like, the peace-loving countries and, you know, the countries that wanted war, and then on the other side the Soviet Union was supposed to be our friends.

So, did you truly view West Germany as your enemy or was it all for pretend?

K: Yeah, we did not see it that way.

You did not.

K: Yeah, I mean nobody did, it seemed like nobody really believed in the official propaganda, it was just something that was there, you know, and it was just background noise. But no, you could not see them as an enemy, because most people actually had relatives in West Germany, and had contact with them, and then the propaganda was so obvious that nobody really believed it.

Even little kids, would you say?

166 The Socialist Unity Party of Germany, a Marxist-Leninist party governing East Germany from 1949 to 1989.

Даже маленькие дети, как Вам кажется?

К: Может, некоторые из них. Может, некоторые верили.

Но в Вашей семье родители не имели подобной позиции, я правильно понимаю?

К: Нет, нет, не имели.

Говорили ли они с Вами... Я, конечно, не знаю, какой у Вас был состав родителей, сколько их было, какими они были людьми... Разговаривали ли они с Вами когда-либо о Западной Германии, обо всей этой шумихе, связанной с её статусом врага или не-врага?

К: Мой отец работал в коммерческом рыболовстве, он-то бывал в западных странах, и он всё время опасался того, что его могут уволить, потому что все, кто ездил в западные страны, должны были... Они проходили правительственные проверки, правительство должно было их счесть достойными доверия, в противном случае им бы не позволили выехать из страны. Поэтому родители мне всегда напоминали, что я не должен никому рассказывать о том, что мы смотрим западногерманское ТВ, даже своим друзьям. Они хотели, чтобы я притворялся перед друзьями, что у нас нет западного телевидения.

Хорошо. Родители велели Вам сидеть тихо и ничего не рекламировать. Ваши родители были партийными?

К: Да, отец был членом партии. Он не верил в неё, он просто в ней состоял по профессиональным причинам.

Для продвижения по службе?

К: Ага. А то бы ему не дали такую работу, которая у него была.

Ладно. С вопросом про Западную Германию мы закончим. А что Вы думали о Соединённых Штатах?

К: У меня было ощущение, как будто... У меня было ощущение, что они представляют собой угрозу, что они угрожают миру. Я действительно в это верил. Они просто казались мне очень агрессивными, а когда я учился в первом классе, ещё шла война во Вьетнаме, так что для меня было довольно очевидно то, что США – очень агрессивное государство.

В новостях много показывали войну во Вьетнаме?

К: Да. Даже в наших учебниках чтения в первом и втором классе были рассказы о злых американских солдатах и о героических вьетнамских солдатах...

Правда? А Вы могли бы... Вы не помните сюжетов рассказов?

К: Помню. Например, был один короткий рассказ, всего на полстраницы, об одном вьетнамском солдате, который запрыгнул на американский танк, открыл люк, бросил туда гранату и убил ей всех американских солдат в танке. Я тогда думал, что это очень хороший рассказ.

Ладно. Значит, в первом и втором классе Вам объяснили, и Вы поверили, что участие Америки в конфликте во Вьетнаме было проявлением чистой агрессии со стороны США.

К: Да.

K: Maybe some, maybe some did.

But in your family, your parents, they did not have that stance, I understand?

K: No, no.

Did they ever talk to you ... I obviously don't know what your parental makeup was, and how many parents and of what sort you had ... Did they ever talk to you about, or did you ever talk to them about West Germany and the whole brouhaha about them being the enemy or not the enemy?

K: Well, my dad was a commercial fisherman and he would actually travel to Western countries, and he was always afraid that he would lose his job, because, I mean, all the people who were allowed to travel to Western countries had to, you know ... They had checkups by the government, and they had to be trustworthy to the government, otherwise they would not be allowed to leave the country, and so my parents always told me not to talk about watching West German TV, even to my friends. They wanted me to pretend to my friends that we don't have West German TV.

OK, so your parents told you to keep it on the down low, not advertise it. Were your parents affiliated with the Party?

K: Yeah, my dad was a Party member. He didn't believe in it, he just did it for professional reasons.

Career advancement?

K: Yeah. Otherwise he wouldn't have gotten the job that he had.

OK. So, that takes care of the West Germany part of my question. And what did you think of the US?

K: Uh-m, it kind of felt like ... I've kind of felt that it was a threat, that they were a threat to peace. I actually did believe that. I think they just seemed very aggressive, and at the time when I was in first grade the Vietnam War was still going on, so it was pretty evident to me that the US was a very aggressive country.

Was there a lot of coverage of the Vietnam War?

K: Yeah. Even in, like, stories in our reading book, in the first and the second-grade storybook about, like, evil American soldiers and then heroic Vietnamese soldiers ...

Really? Could you ... Do you remember any plotlines?

K: Yes, there was one short story; I mean, it was, just, like, half a page, it was about this one Vietnamese soldier who jumped on an American tank and opened, like, the entry gate and threw a grenade and killed all of the American soldiers in the tank and, you know, I thought that story was really good.

OK. And, so, as a first grader, second grader, you were taught, and you believed, that American involvement in Vietnam was an act of pure aggression on the part of Americans.

K: Yeah.

Why were they so aggressive, did you know?

А Вы знали, отчего они были такими агрессивными?

К: Нет.

Может, Вы думали, мол, вот это — агрессивные люди, они сами по себе агрессивные, просто агрессивные, да и всё, и точка? Всегда такими были, всегда такими будут?

К: Ну да, в том возрасте, знаете, в первом-втором классе я не думал о причинах, я просто видел, что происходит и чего не происходит... Конечно, подсознательно то, чему нас учили, та пропаганда об империалистических государствах и их естественной агрессии, скорее всего, сыграла какую-то роль.

Естественной?

К: Да.

То есть, они всегда агрессивны, несмотря ни на что.

К: Правильно.

Ладно. Боялись ли Вы того, что Ваша страна или Ваша жизнь могли оказаться в опасности из-за агрессии США?

К: Да, мы так думали, особенно когда Рейгана выбрали президентом, мы так думали... Я, кстати, помню, как разговаривал с друзьями в школе в то утро, и мы все думали, что будет ядерная война, потому что он как раз её хотел.

Он хотел ядерной войны?

К: Да, и мы все, вроде как, невзирая... Да, все считали, или, по крайней мере, я считал, что, если начнётся война, она начнётся не по вине Востока, а по вине Запада, и не Западной Германии, а именно США.

Хорошо. И третья составляющая вопроса была такая: каково было Ваше мнение о СССР, какие чувства по отношению к нему, что Вы о нём слышали?

К: Ну, официально он был нашим другом, и в то же время мы не так много о нём знали. Мы видели русских солдат в Восточной Германии и они казались нам очень бедными... Нам было положено любить Советский Союз, но он нам всегда казался совершенно чужим.

Его было трудно полюбить?

К: Не то, чтобы трудно полюбить; трудно понять. Нам было проще понять Западную Германию, потому что мы смотрели западногерманское ТВ, и Америку, потому что были все эти фильмы.... Ну, не знаю, в Советском Союзе было что-то такое очень, очень... Не знаю даже, как определить, какое. Инородное, вот.

Инородное... Вы говорите, Вас учили любить Советский Союз. В чём это выражалось? Как Вас учили, кто учил, чему конкретно Вас учили?

К: Ну, это было повсюду, например, в школе, на пропагандистских плакатах, в газетах, по телевизору, даже на уроках нас учили только тому, что Советский Союз освободил нас и наших друзей, и что он наш друг. Мы должны были восхищаться им и учиться у него.

K: No.

Did you just think, these are some aggressive people, they are inherently aggressive; they are just aggressive, period? Always were, always will be?

K: Yeah, at the time I, you know, at that age, second grade, first grade, I didn't really think about the reason, I just saw what was happening and it wasn't ... Sure, unconsciously what they taught us, the propaganda about, like, imperialistic states and them being aggressive by nature probably played into it.

By nature?

K: Yes.

OK, so they are just aggressive, no matter what.

K: Right.

OK. So, were you afraid that your country or your family or your life would be in jeopardy because of the US' aggression?

K: Yes, we thought that, especially when Reagan got elected president we thought that ... Actually, I remember talking to my friends at school on that morning and we thought there would be, like, nuclear war, because that's what he wanted to do, you know.

He wanted a nuclear war?

K: Yeah, and, like, all of us, even though ... Yeah, I think we all, or at least I thought, if a war would happen it would not be the fault of the East, it would be the fault of the West, and not West Germany but the US.

OK. And the third part of the question was, what was your view or feelings of, or what did you hear about the USSR?

K: Well, they were officially our friend, but then we didn't really know that much. We saw some Russian soldiers in East Germany and we thought they were very poor, and ... uh-m ... we were supposed to love the Soviet Union but then they always appeared very foreign to us.

Difficult to love?

K: Not difficult to love; difficult to understand. It was easier to understand West Germany because of the West German TV and America because of all the movies, than ... I don't know, there was something about the Soviet Union that was really, really ... I don't know, you couldn't really identify it. Yeah, alien.

Alien ... When you say you were taught to love the Soviet Union, how did that express itself? How were you taught, who taught you, what were the things that you were taught?

K: I mean, it was everywhere, like at school, you know, the propaganda posters, newspapers, TV, even what we would learn in class was all about how the Soviet Union liberated us and our friends and how they are a friend. We have to admire them, and we have to learn from them.

Вы упомянули, что Вам рассказывали ужасающие истории про американскую армию в первом-втором классах. Слышали ли Вы позитивные рассказы о Советской Армии?

К: Да.

А о советском правительстве или советском народе?

К: Да, мы читали много рассказов о том, как Советская Армия освободила Германию от фашистов, а потом ходила везде и раздавала населению Германии еду, особенно детям. Было много рассказов о том, как советские солдаты давали хлеб немецким детям.

С картинками?

К: Да, немецким детям. Потом мы читали рассказы о Ленине, например, о том, какой он был умный, сколько он читал, как он писал молоком между строчек в книгах, и написанное было видно только на свет. Нам как бы было положено восхищаться его умом. И ещё всеми остальными руководителями, про них всё рассказывали, как они любили детей. И иллюстрации к тому тоже прилагались.

Слышали ли Вы положительные рассказы о Карле Марксе, знали ли Вы о нём?[148] Учили ли Вас гордиться Карлом Марксом?

К: Учили. Мы читали книжку, детскую книжку о том, как Карл Маркс поехал в Лондон и там стал ходить по фабрикам и помогать детям, которые были заняты тяжким фабричным трудом.

Как он помогал детям? Каким образом?

К: Он просто приходил на фабрики и разговаривал с владельцами фабрик, хотел, чтобы дети не работали в подобных условиях.

А владельцы фабрик говорили: «Хорошо, мы осознали свои ошибки...»

К: Этого я не помню. Мораль, по-моему, была в том, что при коммунизме все будут следовать учению Маркса и таких вещей больше не будет. Детям не придётся работать на фабриках.

Ладно.

К: И ещё везде были его изображения.

В смысле, где?

К: В смысле, на стенах. В каждой школе висел портрет Карла Маркса, а в кабинетах стояли бюсты Карла Маркса.

А были у вас другие бюсты, помимо Карла Маркса?

К: Помню, был Ленин.

А Вы... Были ли бюсты Карла Маркса или Ленина, что того, что другого, частью каких-либо

---

148 Работы немецкого философа Карла Маркса (1818 – 1883), в частности «Капитал» и «Манифест Коммунистической партии», разъясняли идеи коммунизма и являлись идеологическим базисом нескольких революций, таких, как революция в России и революция Мао в Китае.

Did you … When you said you had horrific stories about the American army in first grade, second grade, did you have any positive stories about the Soviet Army?

K: Yes.

Or the Soviet leadership, or the Soviet people?

K: Well, yeah, we would read a lot of stories about how the Soviet Army liberated Germany from Nazis, and then how they would go around and pass out food to the German population, especially to children. There were all those stories about Russian soldiers giving bread to German children.

With pictures?

K: Yeah, to German children. And then we would read stories about Lenin, for example, how clever he was, how he would, like, read, how he would write with milk between lines in books and you could read it only against light.[167] It was just like, you were supposed to admire how smart he was. And then of all the leaders, there would be stories how they always loved children. And there would be pictures of that, too.

Did you have any positive stories, or did you know about, Karl Marx?[168] Were you taught to be proud of Karl Marx?

K: Yeah, we were. We read a book, a children's book, about Karl Marx being in London, and how he'd go to factories, and how he would help children who had to work hard in factories.

How did he help children? In what way?

K: He just went to the factories and, like, talked to the factory owners, and wanted them not to work in those conditions.

And the factory owners said, "OK, we see the error of our ways?"

K: I don't remember that. But then I think the moral of the story was that, you know, in Communism everybody would follow Marxist teachings and things like that would not happen. Children would not have to work in factories.

OK.

K: Yeah, and there were pictures of him everywhere.

Like, on what?

K: Like, on walls. In every school there'd be a picture of Karl Marx, and there would be

---

167 The story of how the leading Russian revolutionary Vladimir Lenin, while in Tsarist prison, invented an ingenious method of corresponding with fellow revolutionaries with the help of an inkwell made of bread and invisible ink made of milk was included in school textbooks for children in the USSR, along with other tales making an example of Lenin's bravery and intelligence.

168 The works of the German philosopher Karl Marx (1818-1883), in particular *Das Kapital* and *The Communist Manifesto*, elaborated on his idea of communism and provided ideological basis for several revolutions, notably the Russian Revolution and the Maoist Chinese Revolution.

церемоний, например... Когда я была ребёнком в Советском Союзе, у нас были особые дни в году, особые праздники, когда юные пионеры стояли у бюстов целый день, а потом... Двое стояли с десяти до двенадцати, потом их сменяли, вставали ещё двое...

К: Да, у нас тоже такое было, но у нас, в основном, насколько я помню, использовалась фотография Эрнста Тельмана[149], который был лидером коммунистов.

Эрнст Тельман? Ладно.

К: Да, в Германии до того, как к власти пришли нацисты.

Ладно...

К: Из-за того, что пионеры, юные пионеры назывались тельмановцами[150], так что он был нашим...

Тельмановцами... Вы были одним из них?

К: Да, все ими были.

Все были? Как Вам там нравилось?

К: Мне там нравилось.

Что Вам именно нравилось?

К: У нас было много внешкольных мероприятий.

Чем вы занимались?

К: Играли в спортивные игры, устраивали танцы, ходили на фабрики... Ездили в поездки...

Ходили на фабрики? Давайте на этом остановимся. Вы ходили на фабрики, чтобы делать что?

К: Смотреть, как работают на фабриках. Вообще-то...

Вы ходили наблюдать, а не работать?

К: Нам нужно было работать позже, начиная класса с седьмого, раз в неделю по понедельникам. Это называлось «день на производстве», нам надо было идти работать на фабрику. А до того каждый класс в школе прикрепляли к фабричной бригаде, которая называлась шефской бригадой[151], её выбирали методом тыка, но считалось, что школьники должны иметь контакт с рабочими на производстве. Так как у нас было государство рабочих и фермеров, у нас должен был быть контакт...

С рабочим классом!

---

149 Эрнст Тельман (1886 – 1944), глава Коммунистической партии Германии во времена Веймарской республики, был помещён службой гестапо в одиночное заключение на одиннадцать лет и затем расстрелян по приказу Адольфа Гитлера.

150 Пионерская организация имени Эрнста Тельмана, состоявшая из «юных пионеров» и «пионеров-тельмановцев», была образована в 1948 и распущена в 1989 г. Начиная с 1960 г. практически все дети от 6 до 14 лет в Восточной Германии состояли в пионерской организации.

151 Patenbrigade, группа заводских рабочих, которая поддерживала шефскую связь с определённым классом в школе с первого по десятый год обучения.

busts of Karl Marx, in classrooms.

Did you have any other busts, other than Karl Marx?

K: Yeah, I remember Lenin.

Did you ... Those busts of Karl Marx or Lenin, whatever, were they ever involved in any ceremonies, like, well ... As I was growing up in the Soviet Union, there were certain days of the year, certain holidays, when there would be Young Pioneers standing there next to the bust for the entire day, and then they would be ... Two would be standing there from 10 to 12 and then they would go, and two would be standing there ...

K: Yeah, we had that too, but I think it was mostly, as far as I remember, a photograph of Ernst Thälmann,[169] who was the leader of the Communists.

Ernst Thälmann? OK.

K: Yeah, in Germany before the Nazis came to power.

OK, did you ...

K: Because the Pioneers, the Young Pioneers, the organization was called Thälmann Pioneers,[170] so he was our ...

Thälmann Pioneers: were you one of those?

K: Yeah, everybody was.

Everybody was? Did you like it?

K: Yeah, I did.

What did you like about it?

K: Because it had a lot of afterschool activities.

What did you do?

K: Uh-m, play sports, have dances, you know, go to factories ... Travel ...

Go to factories? Let's stop there. You would go to factories and do what?

K: See how people work in factories. Actually ...

To observe? Not work?

K: We had to work later on, like, from seventh grade, one Monday a week; it was called a Day in Production, when we had to go and work in factories. But before, every school class was teamed with a factory team of workers, and that was called a Patenbridage[171]

---

169 Leader of the Communist Party of Germany during the Weimar Republic, Ernst Thälmann (1886-1944) was held in solitary confinement by Gestapo for 11 years, and then shot on Adolf Hitler's orders.

170 The Ernst Thälmann Pioneer Organization, consisting of the Young Pioneers and the Thälmann Pioneers, a subdivision of the Free German Youth movement, was founded in 1948 and disbanded in 1989. Beginning in the 1960s, virtually all East German children ages 6 to 14 were members of the Thälmann Pioneer Organization.

171 Patenbrigade, or the sponsors' brigade, was a team of factory workers that maintained a partnership with a school class, first to 10th grade.

К: Ага. А потом, знаете...

Вы помните, что именно вам нужно было делать для поддержания контакта с рабочим классом?

К: Ну, наша шефская бригада работала на заводе дизельных двигателей.

Что они там делали?

К: Они, по-моему... Они делали рабочие чертежи. В смысле, они проектировали двигатели, кажется. Мы сами ничего...

Ничего не проектировали? Вы просто наблюдали? Чем вы там занимались?

К: Чем мы сами занимались? Мы просто встречались с ними, рассказывали им о том, как мы хорошо учимся, как старательно учимся во имя дела мира, а они отвечали, что будут старательно трудиться во имя дела мира, и все были довольны.

Но Вы не участвовали собственно в производстве?

К: До седьмого класса нет.

До седьмого нет, а после седьмого?

К: Да.

Да. И что Вы тогда делали?

К: Мы работали на том же заводе. Каждый крупный завод в Восточной Германии производил свой особый продукт, например, дизельные двигатели, и вдобавок он должен был производить что-то для общего употребления.

Товары народного потребления.

К: Ага, товары народного потребления, и на нашем заводе... На нашем заводе производили детали для восточногерманского автомобиля «Трабант»[152], они поставляли детали для сидений, для сборки сидений. Мы ходили работать с металлическими деталями, знаете, сверлить в них дырки для поставки на производство...

Вам разрешали сверлить настоящие дырки для сидений «Трабантов»? Ух ты!

К: Да.

Здорово. Вам нравилось?

К: Не очень.

Не очень? Почему?

К: Это была очень монотонная работа, на самом деле бессмысленная. Вот, просто стоишь за большим сверлильным станком, сверлишь и сверлишь, и мне было совсем непонятно, чему мы должны были там научиться, разве что физически работать.

Ну, знаете, научиться быть частью рабочего класса...

К: По-моему, теория была такая, как нам рассказывали: некоторые из нас стали бы интеллектуалами, и считалось, что таким нужно было испытать на себе работу

---

152 Trabant («спутник»), недорогая марка автомобиля, выпускалась с 1957 по 1990 г.

that was just randomly selected, but they wanted school children to have contact with people in production. Because it was a state of the workers and farmers, so there needed to be a contact between …

Working class!

K: Yeah. And then, you know …

Did you remember what you in particular did to be in contact with the working class?

K: Well, our team worked in the diesel engine factory.

Doing what?

K: They, I think … They would make constructions papers. I mean they would design engines, I think. We didn't really …

Design anything? You would just observe? What did you do?

K: Oh, what we did? We just met, and we told them how we were good in school, you know, that we would study hard for peace, and then they said that they would work hard for peace, and then everybody was happy.

But you did not do any actual work in any actual manufacturing?

K: Not before seventh grade.

Not before seventh grade, but after seventh grade?

K: Yeah.

Yes; and what did you do?

K: We worked in the same factory; every large factory in East Germany, they made, you know, a specific product, like, they made diesel engines, but they also had to make something for general consumption.

Consumer goods.

K: Yeah, consumer goods, and the factory we … Our factory would make parts for the East German car, the Trabant,[172] they were a supplier for just the seat, the seat assembly. We would go then and work with the metal parts, you know, like, drill holes into them, to supply the production …

You were allowed to drill actual holes? Wow. For the Trabant seats?

K: Yeah.

Cool! Did you like it?

K: Not really.

Not really? Why not?

K: It was just very monotonous and did not really make any sense. It was just, you know, you would stand in front of a big drilling machine and you would drill on, and I didn't

---

172 The Trabant (meaning *satellite*, or *companion*) was an affordable car produced from 1957 to 1990.

на заводе, чтобы в будущем не смотреть на рабочих свысока.

Хорошо. Это понятно, правда же?

К: Ага.

Это очень понятно. Я работала в пекарне, а потом на следующий год на конфетной фабрике, мы упаковывали продукцию и делали упаковку; страшная скука, но можно есть конфеты в большом количестве и бросаться печеньем в приятелей.

К: Это хорошо!

Да. Но давайте вернёмся к предыдущему моменту в нашей беседе. Значит, была некая Западная Германия, она была врагом, но не по-настоящему, был некий Советский Союз, он был другом, но не по-настоящему, и ещё была Америка, и вот она-то точно была врагом.

К: Да, но вдобавок она была интересным врагом, потому что мы всё равно смотрели вестерны и немецкие фильмы об американцах, снятые в Германии, так что да, она была врагом, но интересным врагом.

Ладно. Было ли Вам когда-нибудь страшно за свою жизнь? В любом возрасте? Доводилось ли в любом возрасте подумать...

К: Только один раз, когда мне было около шестнадцати лет, и сирены... Семнадцать, и у нас в городе завыли сирены как сигнал ядерной атаки. Никто не знал, что случилось, так что было... Несколько минут страха.

А позже выяснилось, в чём было дело? Учебная тревога?

К: Нет, скорее всего, это была техническая неполадка.

Неполадка. Вы точно знали, что означает сигнал сирены, правильно?

К: Да.

Вы знали, что это был сигнал ядерной атаки, а не чего-то ещё?

К: Нет, потому что годами раньше у нас была учебная тревога по всему городу, и нам надо было готовиться к ядерной атаке. Мы на самом деле делали фальшивые газовые маски и прятались под столами, а на улице жгли шины, чтобы симулировать ядерную атаку, и тогда тоже гудели сирены. На этот случай имелся особый звуковой сигнал.

Ладно. Вы можете попытаться вспомнить, в каком году была эта учебная тревога?

К: Тревога была, наверное, в 80-м. Может, годом раньше, может, годом позже.

В 80-м, прямо в самой гуще событий?

К: Ага.

И Вы в то время были...

К: В четвёртом, пятом или шестом классе, где-то так.

Одиннадцать лет? Двенадцать?

К: Ага.

Что Вы тогда подумали про эту учебную тревогу? Вы подумали, что заняты чем-то полезным, или: «Ух, ну и страшно же мне!» Или: «Какого чёрта я тут делаю?»

really see what that would teach us, other that actually doing manual labor.

Well, you know, being part of the working class …

K: I think the theory behind it, they told us, was that some of us would be intellectuals and that they thought we should have had that experience of working in the factories, so we would not look down on workers later on in life.

OK; that makes sense, doesn't it?

K: Yeah.

That makes a lot of sense. I was working at a bakery, and at a candy factory another year, packing and making packaging; boring as hell, but you get to have a lot of candy and throw cookies at your friends.

K: That's good!

It is. So, to go back to an earlier point in our conversation: there is this West Germany that is an enemy, but not really; there is this Soviet Union that is a friend, but not really; and then there is the US that is for sure an enemy.

K: Yes, but also a fascinating enemy because we would still watch Westerns and German movies that Germans made about Americans, so yeah, it was the enemy, but it was also fascinating.

OK. Did you at any point fear for your life? Any age? Any age that you thought …

K: There was only one when I was, like, 16 and the sirens … 17, and the sirens went off in our hometown for a nuclear attack, and nobody knew what was going on, so that was a … There were a few minutes of fear.

Did you find out later on how come it went off? Was it a drill?

K: No, it was probably a malfunction.

A malfunction. You knew exactly which sirens those would be, right?

K: Yes.

You knew that these sirens were for a nuclear attack and not for anything else?

K: No, because there was a drill, years earlier, for the entire town when we had to practice for a nuclear attack, we would actually make fake gas masks, and we would hide under tables, and they would burn tires to simulate a nuclear attack, and at that time the sirens would go off. They had specific signals for you, what it sounds like.

Was it … OK; can you try to establish what year that was, the drill you are talking about?

K: The drill might have been 1980; maybe a year earlier, maybe a year later.

1980; right in the thick of it?

K: Yeah.

And you would have been at that time …

K: Fourth or fifth, sixth grade, something like that.

К: Нет, она была совершенно смехотворная.

Смехотворная?

К: Да, потому что мы делали газовые маски из женских чулок и засовывали в них бумажные салфетки.

Как будто собираясь грабить банк?

К: Ага, и потом мы прикладывали их к лицам на случай атаки. Ещё нам надо было прятаться в школе за стену, а стена была сделана из какого-то картона или фанеры, совершенное барахло. Она была в два сантиметра толщиной, так что она бы нас никак не защитила от ядерной радиации.

Вы знали, где у Вас в городе были настоящие бомбоубежища?

К: Нет. То есть, со времён Второй мировой войны ещё несколько оставалось, на них были значки, а так... Ну, в основном нам просто велели спускаться к себе в подвал.

Вам велели спускаться к себе в подвал?

К: Ага.

Вам не выдавали настоящие противогазы, попрактиковаться?

К: Нет, в то время не выдавали.

Были ли у Вас в школе занятия по военной подготовке, военным навыкам?

К: Были. То есть, у нас каждый год... Это называлось «манёвры», то есть, мы на самом деле играли в войну. Мы надевали униформу и нас делили, детей делили на две группы, одни были хорошие, а другие плохие, и надо было, как бы...

Группам не назначали национальность? Не говорили, мол, это будут наши, а это — американцы?

К: Нет, нет, на самом деле группы назывались «Синяя партия» и «Красная партия», что-то вроде этого. Но да, военная подготовка в школе всегда была, даже на уроках физкультуры. Мы кидали ручные гранаты, такие макеты ручных гранат, и нам ставили оценки в зависимости от того, как далеко они падали. А позже, классе в девятом, нас заставляли ездить в военный лагерь на три недели и обучаться под присмотром солдат и офицеров армии.

Как Вам это нравилось?

К: Я этого терпеть не мог.

Терпеть не могли? Почему?

К: Это было бессмысленное занятие и очень... Сплошная шагистика, и к тому же... Я в то время не особо верил в идеологию, так что...

Хорошо, в каком Вы были возрасте?

К: Где-то четырнадцать-пятнадцать лет.

Возраст не обязательно разумный, скорее, бунтарский?

К: Я просто не видел во всём этом смысла, мне было так смешно, что... Но нас принуждали этим заниматься, и мне кажется, что именно принуждение сыграло

Eleven? Twelve?

K: Yeah.

What did you think of the drill at the time? Did you think, "I am doing something useful," or, "boy, this sure is scary," or, "what the hell am I doing here?"

K: No, it was totally ridiculous.

Ridiculous?

K: Yeah, because we had to make gas masks out of women's stockings and put in paper tissues.

As if to rob a bank?

K: Yeah, and then put them in front of our faces in case of the attack. And we would have to hide behind a wall in our school but the wall was made of a kind of cardboard or plywood and so it was very crappy. It was maybe two centimeters thick, so it was not gonna protect us from the nuclear radiation.

Did you know any actual bomb shelters in your city?

K: No. I mean I knew there were some from WW2 because they still had signage on it, but … Yeah, you were just told to go to your basement, basically.

You were told to go to your basement?

K: Yeah.

Did you have any actual gas masks to practice on?

K: No, not at that time.

Did you have any sort of class in school that would teach you military skills, paramilitary skills?

K: Yeah. I mean, we, like every year … They would call it a maneuver, so you would, like, you would actually play war. You would wear uniforms and they would, like, they would divide the kids in two groups, and one of them was the good side and one was the bad side and you would, kind of …

They were not nationally designated? They would not go, like, "These are gonna be us and these are Americans?"

K: No, no, not really, it was, like, the Blue Party and the Red Party, something like that. But yeah, paramilitary training, it was always there for school, even Physical Education. We would throw hand grenades, like, fake hand grenades, and get graded on how far they would fall. And then later in, like, ninth grade we had to go to a paramilitary camp for three weeks and actually train with army soldiers and army officers.

How did you like it?

K: Hated it.

Hated it? Why?

K: It didn't make any sense and was just very … It was just marching, and, you know …

тут большую роль.

Понятно. Обучаться должны были и мальчики, и девочки?

К: Мальчиков отправляли в лагерь, а девочки что-то делали в школе. По-моему, им надо было быть этими, как их...

Медсёстрами?

К: Да, медсёстрами.

Может, санитарками?

К: Да, санитарками.

Не обязательно медсёстрами, санитарками.

К: Санитарками, которые оказывают первую помощь раненым.

Ладно, значит, вас делили на группы. Один раз Вы испугались сирен, которые загудели; тем не менее, в более раннем детстве Вы не боялись возможной ядерной катастрофы? Или, может, немножко нервничали?

К: Да нет, потому что... В школе о ней столько твердили, что мы перестали в неё верить. То есть, нам повторяли снова и снова, и снова, мол, Германии придётся... Будто будет война кругом, и нам придётся сражаться за мир. В какой-то момент приходит бесчувствие и даже слушать перестаёшь. Всё это зазвучало совсем неправдоподобно.

Понятно. Столько раз было повторено, что превратилось в фоновый шум.

К: Ага. И я лично всегда считал... Не знаю, когда я перестал верить в эту вероятность, но я думал, что ни та, ни другая сторона не такие дураки, чтобы пойти друг на друга ядерной войной и смести друг друга с лица земли. Я считал, что это было никому не выгодно, на самом деле.

Как Вы пришли к этой мысли? Обычно кто-то должен ребёнку... Кто-то должен быть, например, родитель...

К: Не знаю, просто действительно наступило бесчувствие. Нам говорили, что ядерных боеголовок хватило бы, чтобы нас всех уничтожить десятки раз, и я думал, что тут концы с концами не сходятся: кто в здравом уме захочет такими вещами заниматься?

Сколько Вам было лет, когда Вы так считали?

К: Может, десять, одиннадцать. Но я точно не уверен.

Уже довольно разумный возраст?

К: Да.

Ладно. Если оставить вопросы идеологии, нравилось ли Вам что-нибудь в детстве в Восточной Германии?

К: Да, были вещи, которые мне до сих пор нравятся. Например... Мне нравятся социальные гарантии, знаете, мои родители работали на полную занятость, у всех была работа...

And at that time, I really didn't believe in the ideology, so …

Ok, so that was the age of …

K: Like, 14, 15.

Not reason, necessarily, but rebellion?

K: It just didn't make any sense, it seemed so ridiculous that, you know … But you were forced to do it, and I think that being forced to do it, that was, probably, a big part.

Yeah. Was it both boys and girls that had to do it?

K: The boys had to go to camp and the girls did something at school. I think they had to be, like, what do you call it …

Nurses?

K: Nurses, yeah.

Maybe medics?

K: Medics, yeah.

Not nurses, necessarily, but medics.

K: Medics, like, provide first aid, yeah, to people who get injured.

OK, so there was a division there. But you did get scared that one time that the sirens went off. However, as a younger child you were not afraid of the possible nuclear catastrophe? Or were you, maybe, a little bit nervous?

K: Not really, because … It was just repeated in schools so often that you stopped believing it. I mean, they would just talk about it again and again and again, about how Germany would be … There would be war everywhere, and we would need to fight for peace. And at some point, you just become numb and you don't even listen to it anymore. So, it became really unrealistic.

OK, overused, and it was just background noise that they were playing.

K: Yeah. And I personally always thought … I don't know when I stopped believing it, but I thought that no one was that stupid on either side to go to complete nuclear war and wipe each other out. I thought it would be in nobody's interests, really.

How did you start to think that? Usually for a child there must be … There has to be someone, a parent …

K: I don't know, but it was just this numbness, they would tell us that there were so many nuclear weapons that we could be destroyed, like, I don't know, dozens of times, and I thought it didn't make any sense: why would anyone do that in their right mind?

How old were you when you thought that?

K: Probably 10, 11, something like that. But I am not sure about that.

Pretty reasonable already?

K: Yeah.

Правда, Вы об этом думали в детстве? О полном трудоустройстве?

К: Не знаю, ну, просто было чувство, как будто... Было ощущения свободы. В то время я не знал... Нам не приходилось волноваться о преступности, вообще никаких больших проблем не было тогда.

Когда Вы были ребёнком, что составляло Вашу жизнь? Давайте сначала поговорим о возрасте семи-восьми лет, потом двенадцати, потом шестнадцати.

К: Ну, в семь-восемь я ходил в школу шесть дней неделю, а потом...

Вам нравилась школа? Весело там было? Скучно?

К: Да так, ничего. Сейчас я бы сравнил её с работой, которая не очень нравится, но и не очень противна. Она просто есть и надо её делать. Я бы не сказал, что она мне очень нравилась, но и не очень бесила. Вот, значит, я ходил в школу шесть дней в неделю, потом шёл домой, делал уроки и играл на улице с друзьями.

Во что Вы играли?

К: Мы играли в индейцев и ковбоев, а иногда, кстати, в русских и американцев.

В русских и американцев? А кто из них – наши? Я в растерянности. Русские и американцы!

К: Я не уверен, кто из них был наши. Но мы играли ещё и во Вторую мировую войну, где были немцы и русские партизаны, и как раз русские партизаны были наши, хорошие парни.

Русские партизаны? Потрясающе! Ладно. Значит, лучше было в то время играть за русских партизан?

К: Ага. Тогда было много фильмов по телевизору, там их всегда изображали положительными, может, поэтому...

Хорошо. В возрасте семи-восьми лет Вас что-нибудь из школьных занятий особенно раздражало? Или, может быть... Когда я училась в школе, нам очень много приходилось сидеть на собраниях; не знаю, был ли у Вас похожий опыт.

К: Да. Мне надо было делать так называемую стенгазету, что-то вроде доски объявлений, мне пришлось быть в редакции. Туда всё время надо было клеить портреты Ленина, мне, помню, это надоело и я сказал однокласснице, что Ленин – идиот.

Просто потому, что Вы не хотели клеить в газету его портреты?

К: Ага. Я не знаю, зачем я так сказал, просто...

Вам надоели портреты, это понятно.

К: Да, а она пошла к учительнице и наябедничала. А я даже и не знал, что сказать, потому что...

Сколько Вам было лет?

К: Восемь-девять, наверное.

Это очень интересно, потому что я в том же возрасте нарисовала Ленина на листочке бумаги в школе. Нарисовала ручкой на бумаге, и рисунок был, я Вам скажу, плохой; я нарисовала

OK. Ideology aside, was there anything that you liked about growing up in East Germany?

K: Yeah, there are things I still like. I think it was … I like the social security, I think, you know, parents had full employment, everybody worked …

But as a child, did you really think about that? You know, full employment?

K: I don't know, it just, it seemed like a really … It seemed very free. At the time I didn't know … You didn't have to worry about crime, there were just no big problems, really.

So, what did your life consist of, as a child? Let's look at, maybe, being 7 or 8, and then let's look at being 12, and 16.

K: Yeah, at 7 and 8, going to school six days a week, and then …

Did you like school? Was it fun? Was it boring?

K: It was alright. It seemed like, now I would compare it to having a job that you don't really like but you also don't really hate. It was just there, you just had to do it. I wouldn't say I really liked it, but I also didn't hate it. So, I was at school six hours a day and I would go home, do homework and just play with friends outside.

What did you play?

K: We played Indians and cowboys, and sometimes we would actually play Russians and Americans.

Russians and Americans? Who's the good guy? I'm lost! Russians and Americans!

K: I'm not sure there was a good guy. But we also played, like, WW2 where there would be like, partisans and Germans, and actually the Russian partisans[173] were the good guys.

Russian partisans? It's fascinating! OK. So, it was preferable to you at that time to play Russian partisans?

K: Yeah. I mean, there were a lot of movies on TV where they were always portrayed as good guys, and then maybe …

OK, alright, at the age 7 or 8 did you find yourself particularly annoyed by anything that you had to do at school? Or, you know, maybe … When I was at school there were certainly a lot of meetings that I had to sit through, and I don't know if you had the same experience.

K: Yeah, I had to work on this, we called it the wall newspaper, it was like a bulletin board, and I had to be on that committee, and we always put up pictures of Lenin, and I remember getting annoyed at that, and I told another classmate that Lenin was an idiot.

Just because you didn't want to be putting his pictures in the paper?

K: Yeah, I don't know why I said it, just, you know …

OK, you got sick of the pictures; I understand.

K: Yeah, and she actually, like, went to the teacher and told the teacher I said that. And then I was like, I didn't know what to say because …

How old were you?

---

173 Irregular insurgent military acting on enemy-occupied territory.

Ленина просто потому, что вокруг было столько Ленина, как же его было не рисовать! А девочка, которая сидела со мной за партой, сказала: «Нельзя его рисовать, это противозаконно!» Я спросила почему. Она сказала, что только специально обученным людям, специально обученным художникам, которых было очень мало, разрешали изображать Ленина. Я так напугалась! Я решила, что мне попадёт, и уничтожила рисунок, чтобы его никто не нашёл. Вот такие мысли были у меня в моей восьмилетней голове. Я подумала: «Ёлки-палки, я ведь совершила преступление!»[153]

К: Так это было правдой?

Я думаю, да. Не думаю, что кому попало можно было рисовать Ленина, наверное, нужно было учиться ремеслу, чтобы ничего неприличного не нарисовать. Но не будем обо мне; стало быть, Вы назвали Ленина идиотом, кто-то на Вас донёс, Вам попало. Больше Вы не работали над стенгазетой?

К: Нет, работал.

Всё равно работали?

К: Ага. Учительница спросила, почему я так сказал, рассердилась на меня, а я не знал, что ответить.

Ладно, отлично. Давайте теперь перейдём к Вашим двенадцати годам. Чем Вы занимались, что шло прекрасно, что не очень?

К: В то время я много играл в футбол, почти каждый день, и практически вся моя жизнь состояла из игры в футбол да футбольной команды. Не помню, чтобы меня что-то раздражало.

Ничего. Когда Вы были пионером-тельмановцем, что Вы ещё в этом качестве делали, помимо посещения заводов?

К: У нас были еженедельные собрания обычно, скажем, после обеда по средам, нам надо было на них сидеть...

Что Вы там делали? По какому поводу были собрания? О чём Вы говорили?

К: Мы говорили о том, как важно старательно учиться, или как мы пойдём собирать вторсырьё и деньги за него отправим народам Африки. Ну, практически каждый раз всё было одно и то же. Мы всё время говорили на эти темы, и ещё про то, какие большие праздники у нас готовятся, например, годовщина чего-нибудь, день рождения Ленина или празднование чьего-нибудь достижения, и как мы будем эти праздники отмечать.

А потом в конце концов Вы шли собирать вторсырьё и отправлять вырученные деньги детям Африки?

К: Ага. Мы ходили по домам, спрашивали у людей, нет ли у них старых газет и

---

153 В СССР школьные учителя не разрешали ученикам рисовать В. Ленина из опасений, что портреты могут получиться неточными или некрасивыми. То же относилось и к студентам художественных училищ. Только «профессиональным» художникам могло быть выдано разрешение изображать Ленина.

K: Probably 8, 9.

It's really interesting, because about at the same age I drew Lenin on a piece of paper, like, at school; paper with pen, and it sure was not a good drawing, let me tell ya, but I drew Lenin because there was so much Lenin going on that I just drew him. And then this girl who was sitting next to me said, this is illegal, you cannot do that! And I said, how come? And she said, only specially trained people, specially trained painters are authorized—very few of them!—to make the likeness of Lenin, and I was so spooked! I thought I would be in trouble, so I destroyed the picture, because I didn't want anybody to find out. That's what I thought in my 8-year-old brain. I thought, man, I really did something illegal here!

K: So, was it actually true?

I think, probably; I don't think any yahoo could paint Lenin, I think you had to be trained,[174] so that you don't paint anything untoward. But enough about me; so, you called Lenin an idiot, somebody ratted you out, you got in trouble, you were not on the newspaper anymore?

K: No, I was.

You still were?

K: Yeah, the teacher was like, "why did you say that," and got angry at me, and I didn't know what to say.

Alright, cool. Now, let's go to being about 12. What were you doing with your life, what was great, what was not great?

K: At that time, I played a lot of soccer, like, almost every day, and that was what my life was like, you know: playing soccer, being on a soccer team. I cannot think of anything annoying.

No. Nothing. When you were a Thälmann Pioneer, other than going to the factory, what else did you have to do?

K: We had like, usually, maybe, weekly meetings, like, Wednesday afternoons where we would sit around and …

What did you do? What did you meet about? What did you talk about?

K: We talked about how we are to study hard, and how we would collect recyclables and then give that money to people in Africa. So, it was just, it was almost always the same, pretty much. We would always talk about that, and then any big celebrations that would come up, like, some anniversary or Lenin's birthday or whoever did something, and what we would do.

And did you end up collecting recyclables and giving the money to kids in Africa?

K: Yeah. So, we would go door to door and, you know, you would ask people for old newspapers and glasses, and there were recycling stations and we would get money there,

---

174 Soviet schoolteachers would not allow students to draw Vladimir Lenin, fearing that the portraits would be unflattering or inaccurate. The same held true for art students. Only "professional" artists would be given license to execute Lenin's likenesses.

стекла. Были пункты по приёму вторсырья, нам там за него платили деньги, нужно было брать чек с суммой. Всегда проводилось два соревнования, на стену вешали плакат и на нём было написано, сколько денег выручил каждый человек, каждый ученик... Одно соревнование было именно по сбору вторсырья, потому что оно было нужно восточногерманскому производству. А второе было по отправке денег в Африку на поддержку освободительных движений и всего такого. Я обычно обрабатывал чеки и мои родители давали мне деньги, чтобы я мог оставлять себе оплату за вторсырьё и в то же время выглядеть молодцом в школе. Они просто так давали мне деньги.

Ха! Ладно. После собраний по поводу грядущих празднеств в честь годовщины того-сего что именно Вы делали в честь праздника?

(Пауза)

К: Я ничего...

Пауза...

К: Ага! Обычно было ещё одно большое собрание, а потом... *(Смех)*

Ещё одно собрание о том, как провести собрание?

К: Да. Прекрасная подготовка к американской корпоративной жизни.

Хорошо. Значит, было собрание поменьше, потом собрание побольше...

К: Да.

Говорили речи...

К: Говорили речи, все наряжались...

Кто говорил речи?

К: Обычно школьники.

Вам самому приходилось когда-нибудь произносить речь, читать стихи, петь песни, как-то выступать?

К: Да, один раз мне надо было вести собрание, как бы, быть его ведущим, но там было скорее... Там всё было более серьёзно и похоже на партийное собрание. Все сидели в своих парадных нарядах, а мне надо было объявлять: «Сейчас будет это, потом будет то».

Значит, надо было идти по повестке?

К: Да, и все обычно пели песни.

Вам нравились эти песни?

К: Нет, я терпеть не мог петь. Просто вообще.

Правда? Вообще петь ненавидите?

К: Ага.

Именно те песни, или..?

К: Некоторые песни мне тогда нравились и сейчас нравятся, например,

and you would, like, you were told to get a receipt and there were always two contests, and they would put a poster on the wall and see how much money each person, every student got … So, one was really collecting recyclables because East German companies needed them. And the other one was giving money to, like, freedom movements in Africa, things like that. And I usually worked up the receipts and my parents would give me the money, so I could actually keep the money I got for recyclables, but I would also look good at school, so they would donate the money.

Ha! OK. When you had the meetings about the upcoming celebrations, of the anniversary of this or that, what did you do for the celebrations?

(Pause)

K: I don't …

Pause …

K: Yeah! It would usually be another big meeting and then we would …

(Laughter.)

Another meeting about how to have a meeting?

K: Yeah, it was perfect preparation for American corporate life.

OK, so there was a smaller meeting and a bigger meeting.

K: Yeah.

Speeches …

K: Speeches, and everybody would dress up and …

Who would be making the speeches?

K: Usually students.

Did you ever have to give a speech, or read a poem, or sing a song, perform in any way?

K: I had, the one time I had to lead the meeting, just kind of be like the emcee of the meeting, but it was more like, it was not really … It was more serious, like a Party meeting, everyone would just sit there in their outfits and you would say, next thing is this, and the next thing is that.

So, just go through the agenda?

K: Yeah, and we would all sing songs, usually.

Did you like those songs?

K: No, I hated singing. Just in general.

Really? Just hate singing in general?

K: Yeah.

But those songs, in particular, or … ?

«Интернационал»[154].

Ага. Ну, это красивая мелодия.

К: Да. Но пение мне не доставляло удовольствия.

Ладно. Когда Вы были тельмановцем, приходилось ли Вам сидеть на собраниях, на которых школьников ругали за недостойное поведение или плохую учёбу?

К: Да. Я помню, на некоторых собраниях вызывали некоторых учеников, а нам надо было им говорить: «Старайся стать лучше во имя дела мира».

Всё во имя дела мира!

К: Да, а некоторые школьники уже в семь-восемь лет объявляли, что намерены стать офицерами армии, и их всегда за это хвалили. Учителя всегда стремились мотивировать остальных школьников тоже пойти служить офицерами в армию. Очевидно, там была большая нехватка, и они очень старались убедить людей пойти послужить двадцать пять лет.

Ладно. Значит, Вы играли в футбол, сидели на собраниях, так и проходила Ваша жизнь?

К: Да, в основном.

В основном. В то время были ли у Вас друзья, родственники или просто регулярно встречающиеся Вам люди, у которых были крамольные идеи?

К: В то время нет. Позже, классе в одиннадцатом, у меня был друг, который был по-настоящему против правительства.

Хорошо, давайте поговорим о Вашей жизни в то время, когда вы были юношей шестнадцати-семнадцати лет.

К: Ну, мне кажется, в конце десятого, начале одиннадцатого класса у меня был период, когда я начал действительно верить в нашу республику, думать, что у нас хорошее государство, хорошая система, не знаю, что ещё я думал в то время, но тут мне пришлось перейти в другую школу. Первые десять лет мы учились в одной школе, все до одного, а потом некоторые, немногие ученики переходили в новую школу, учились там ещё два года и получали диплом, позволяющий поступить в университет. Значит, я пошёл в другую школу и, когда я туда пришёл, я действительно сильно поддерживал своё правительство. Этот период в моей жизни был очень коротким, на самом деле, и я не знаю...

Что привело Вас к тому, что Вы поддерживали правительство?

К: Я на самом деле не знаю! Может, подумал что-то, точно не скажу. Но у меня был друг, с которым мы, например, ездили в Берлин, и он мне показывал гостиницы, где могли только... Он показывал мне проявления лицемерия в Восточной Германии, места, где можно было купить товары только на западногерманскую валюту, и всё такое. Он считал противоречием то, что такое допускалось в предположительно чисто социалистическом государстве, и это меня быстро переубедило.

---

154 L'Internationale, гимн левых движений по всему миру, переведён на многие языки. Слова написаны Эженом Потье в 1871 г., музыка Пьером Дегейтером в 1888 г.

K: There were some that I liked, and I still like, like The Internationale.[175]

Uh-huh. Well, it's a beautiful melody.

K: Yeah. But I didn't enjoy singing.

OK. As a Thälmann Pioneer, did you ever have to have any meetings about disciplining bad students, or some untoward behavior?

K: Yeah, I remember that it was just some of the meetings that some students were called out and you say, you need to be better, you need to do it for peace.

For peace! Everything!

K: Yeah, and some students that already at 7 or 8 had declared that they wanted to become officers of the army, and they would always be praised. They always wanted to motivate other students to also become army officers. They had a big recruitment problem, obviously, so they really tried to convince people to sign up for 25 years.

OK, so you were playing soccer and having meetings? That was your life?

K: Yeah. Basically.

Basically. Did you have, at that time did you have any friends or relatives, or people you just routinely would see, that had subversive ideas?

K: Not at that time. Later on, yes. Like, in 11th grade I had a friend who was really anti-government, actually.

OK. Let's go on to being a young adult: 16, 17. Tell me about your life then.

K: Well, I think I went through a phase at the end of 10th grade and the beginning of 11th grade where I actually started to believe in our republic, I thought it was a good country, a good system, and, I don't know what I was thinking at the time, but I did at the time have to switch schools. You had to go the first 10 years to the same school, everyone, and then only a few students would go to another school for another two years to get a diploma that would allow you to go to a university. So, I switched schools, and when I got to the new school I was actually pretty pro-government, which was actually a really brief period in my life, and, I don't know …

What led you to be pro-government?

K: I don't really know! Maybe just when you thought of something, I'm not sure about that. But I had a friend who would, like, we would go to Berlin and he would show me hotels where only … He would show me the hypocrisies of the East German system, places where you could only buy things with West German currency, things like that. He thought it was a contradiction that it would be allowed in a country that was supposed to be purely socialist, and that really turned me around quickly.

So, your pro-government phase ended?

---

175 L'Internationale, translated into many languages, is an anthem of left-wing political movements (lyrics composed by Eugene Pottier in 1871, tune by Pierre De Geyter in 1888).

Ваш проправительственный период закончился?

К: Ага.

Это был тот самый друг с крамольными идеями, которого Вы ранее упомянули.

К: Да. Вообще их было двое, у него был ещё один товарищ в классе с такими же подрывными идеями, у того вообще был друг по переписке из США. Мне кажется, у них обоих родители довольно критически относились к правительству. А мои родители – нет. Они ничего проправительственного не делали, просто их философией всегда было сидеть тихо, ничего не делать, никого не трогать.

Когда Вы переросли организацию пионеров-тельмановцев, нужно ли Вам было вступать в другую молодёжную организацию?

К: Да, когда мы были в девятом классе, нам всем нужно было вступать в так называемый Союз свободной немецкой молодёжи[155], там была другая форма, с синей рубашкой, в то время как у пионеров были белые рубашки и красные галстуки.

Ну, форму нужно было надевать только по особыми случаям, правильно? Её не нужно было все время носить?

К: Нет, и она считалась... Никто форму не носил, в ней было стыдно появляться, никто не хотел, чтобы его видели в форме, поэтому в те дни, когда были собрания, все шли в школу и переодевались там в туалете.

Как бы Вас обозвали, если бы увидели в форме?

К: Никак, просто стали бы надо мной смеяться...

В общем, это было непривлекательно. Это было не круто.

К: Нет. Никто не хотел поддерживать правительство, было не круто поддерживать правительство.

Про какой год мы сейчас говорим?

К: Про 1985-й.

85-й? Уже к ближе к концу...

К: Да, тогда ситуация стала немножко более... Думаю, люди тогда стали менее пугливы, стали более открыто разговаривать обо всём, и перестали так сильно беспокоиться и бояться, что их арестуют или ещё что-то с ними сделают.

Ладно. Значит, Вы говорите, родители придерживались того мнения, что лучше просто принимать текущую ситуацию в стране и не высовываться. Вы лично разделяли это мнение или верили в коммунистические идеалы, в социалистическую экономику и её функционирование?

К: Я... Мне нравились социалистические идеалы, но мне не нравилось то, что государство не доверяло собственным гражданам. Я говорил своим друзьям, что нам не нужно было от правительства больше ничего, кроме некоторой свободы,

---

155 Официальная молодёжная организация СЕПГ, в которой состояло около 75% восточногерманской молодёжи в возрасте от 14 до 25 лет.

K: Yeah.

And that was the subversive friend that you talked about earlier.

K: Yeah. There were actually a couple, like, he had another friend in his class who was like, equally subversive, he actually had a pen-pal in the US. I think, both of them, they had parents that were pretty critical of the government. But my parents, they were not. They weren't doing anything pro-government, but they were always, like, following an idea of "be quiet, don't do anything, why touch them."

Once you graduated from being a Thälmann Pioneer, did you have to go on to a different youth organization?

K: Yeah, when I was in ninth grade we all had to join what was called the Free German Youth,[176] and they had a different outfit for that, like, a blue shirt, whereas the Pioneers had a white shirt and, like, a red scarf.

Well, the shirt was only for special occasions, right? You did not have to wear it all the time?

K: No, and it was like, it was really ... Nobody would wear the uniform, it was really embarrassing to wear, you didn't want to be seen in that, so when we had meetings people would go to school and then change, like, in the bathroom.

What would you be called if people saw you?

K: Nothing, really, but people would laugh at you and ...

Well, it was not hot; it was not cool.

K: No, nobody wanted to be pro-government, it was just not cool to be pro-government.

And what year are we talking about?

K: It was 1985.

'85? So, it was the tail end of it.

K: Yes, when things became a little bit more ... I think people at the time were less afraid and people would more openly talk about things, and not be so worried about it anymore, or afraid of being arrested or anything.

Alright. So, you said your parents were of the opinion that you should just go with whatever the current situation in the country is, and not stick out. Did you personally share this opinion, or did you believe in the Communist ideals, or did you believe in the socialist economy and its workability?

K: I ... I mean, I liked the socialist ideals, but I didn't like it that the government was not trusting its own people. I would always say it to my friends that, you know, we don't really want more from the government, just, sort of, more freedom, like travel to other countries and all. And I thought that most people would actually come back and not live in that country, but this distrust by our own government, it really bothered me.

OK. What did you like about the socialist system? What did you believe in?

---

176 The official youth movement of the Socialist Unity Party of Germany, it comprised about 75% of the East German population aged 14 to 25.

позволяющей ездить в другие страны и так далее. Я считал, что большинство граждан вернулись бы назад, не стали бы жить в тех других странах, но само недоверие со стороны государства меня действительно не устраивало.

Хорошо. Что Вам нравилось в социалистической системе? Во что Вы верили?

К: Я думаю, на самом деле, в идею социального равенства. По-моему, это очень хорошая цель, чтобы никто не получал прибыль с чужой работы; в такие идеалы я мог поверить и до сих пор в них верю.

Хорошо. Сколько Вам было лет, когда пала Берлинская стена?

К: Мне было двадцать.

Какие мысли и чувства возникли у Вас по поводу этого события?

К: Скорее всего, я в то время спал. *(Смеётся)*

Ну, конечно, Вам не нужно было сидеть, устраивать бдение, но всё равно...

К: Знаете, на тот момент это уже не стало неожиданностью, потому что я был студентом в Лейпциге, где как раз и началось антиправительственное движение, протестное движение. Оно развивалось в течение нескольких месяцев, открытие границ было просто его частью, оно просто естественным образом произошло. Так и должно было случиться. То есть, я знал... Я не предполагал, что их откроют раньше, чем свергнут правительство, но был уверен, что его свержение будет вопросом нескольких недель, потому что в Лейпциге, где я учился, уже было... Правительство уже не было у власти. Граждане уже всё взяли в свои руки и у правительства остался только Восточный Берлин, так что я считал, что всего через несколько недель стена падёт и люди начнут нормально перемещаться. Так что да, я был немного удивлён, когда это произошло так внезапно, все, наверное, удивились. В конце концов выяснилось, что произошёл сбой в коммуникации с правительством, который и стал причиной происшедшего. Поэтому все так и удивились, ведь это событие не планировали и не форсировали, оно случайно произошло, более или менее по совпадению.

Вы подумали: «Ура, Германия объединилась!» Или, может: «Германия объединилась, ну и что, мне всё равно!»

К: Вообще-то я хотел, чтобы Восточная Германия продолжала существовать отдельно. Я не хотел, чтобы она...

Да? Почему?

К: Мне не нравились те люди, кто сильно выступал за объединение Германии. Они мне казались необразованными, просто ходили, выкрикивали название западногерманской валюты, вели себя в Берлине как идиоты, ездили в Западную Германию, притворялись, будто там рай, будто так здорово было, что они там наконец-то смогли побывать, и я думал, что это вообще... Не знаю, меня это сильно не устраивало, это был не тот уровень решений, на который я надеялся. Потому что в Лейпциге, где я жил, всё было на более интеллектуальном уровне.

K: I think it was really, like, the idea of social equality. I think it was a really good goal, that nobody was profiting from anybody's work, and that was the ideal that I could believe in, I still believe in.

OK. How old were you when the Berlin Wall fell?

K: I was 20.

What were your thoughts and feelings about it? The event?

K: I was likely asleep at the time, actually. *Laughter.*

Well, I am sure you didn't have to sit vigil but …

K: You know, it was not a surprise at that point, because I actually studied in Leipzig where the movement against the government actually started, the protest movement, and it just developed over several months, and the opening of the border was just part of it, it just happened, it was a natural occurrence. It was bound to happen. I mean I knew … I didn't think it would open before the government was overthrown, but I was sure that the government would be overthrown within weeks, because where I studied in Leipzig, there was already this … The government was not in power anymore. People had already overtaken everything, and it was just, it was just East Berlin in power, so I thought it would be a matter of weeks, maybe months, and then the Wall would just open and the people would travel normally. So then yeah, it was a little bit of surprise that it happened so suddenly, but I think it surprised everyone, and in the end, it was a misunderstanding in communication with the government, and that's how it happened, that's why it surprised everyone, so it wasn't planned or forced and just happened by coincidence, more or less.

So, did you think, "yay, finally, Germany is reunited," or did you think, "eh, you know, Germany is reunited, I am indifferent?"

K: I actually wanted East Germany to continue to exist. I didn't want it to become …

Oh! How come?

K: I didn't like the people who were so pro-Germany; they struck me as uneducated, just yelling the name of the West German currency and behaving like idiots in Berlin, and going over to West Germany and acting like that was paradise, and, you know, it was so great that they could be there finally, and I thought that was really … I don't know, it really bothered me, just that it was not the level that I wanted the things to work at. It was like that because where I was, in Leipzig, everything was more on the intellectual level. There were really discussions between both sides about how the system could meet … How it could work in the interests of the people. And it wasn't just about money or just about nationalism.

So, in your viewpoint, it would have been OK if East Germany continued to exist as a separate state?

K: Absolutely, because I didn't know a united Germany before, so I wasn't … I didn't miss anything.

Alright; do you still hold that opinion, or did it change?

Там были настоящие дискуссии между сторонами на тему того, как система могла бы состыковаться... Как всё можно было устроить в интересах народа. И главное там было не в деньгах и не в национализме.

Значит, с Вашей точки зрения, ничего страшного бы не было, если бы Восточная Германия продолжала существовать как отдельное государство?

К: Абсолютно ничего, потому что я до того не видал единой Германии, так что я по ней и не скучал.

Хорошо. Вы до сих пор придерживаетесь этого мнения или оно поменялось?

К: Да, даже сильнее придерживаюсь.

Сейчас даже сильнее. Почему так?

К: По-моему, Западная Германия попросту захватила Восточную. Она навязала стране свои нормы, и я не вижу от них никакой пользы.

Пользы Восточной Германии?

К: Ага. Люди свободны, это правда, но они могли бы так же стать свободными в независимой Восточной Германии. Сейчас высокая безработица, и она настала потому, что западногерманские компании просто получили в своё пользование восточногерманские ни за что, и тут же их закрыли. Когда я езжу в свой родной город в Германии, там просто тоска, кругом одни старики остались, потому что молодёжь уехала искать работу на Запад. Раньше это был оживлённый город, а сейчас он практически превратился в тоскливый дом престарелых.

Значит, Вы полагаете, что объединение Германии по существу истощило ресурсы и оттянуло население Восточной Германии?

К: Не то, чтобы истощило, но изменило её в такую сторону... Мне кажется, она изменилась не к лучшему. То есть, конечно, можно утверждать, что сейчас лучше, чем было раньше, страна свободная, людей не сажают в тюрьмы за антиправительственные действия, и всё такое. С другой стороны, всё это можно было сделать и в независимой стране. Подобно Австрии и Западной Германии, можно было сделать третье немецкое государство, Восточную Германию, оно могло бы быть социалистическим и по-настоящему взять лучшее от обеих сторон, объединив социалистические идеалы со свободой и создав новое, улучшенное общество.

Значит, у Восточной Германии имелись преимущества, которые сейчас утрачены?

К: Да, я так считаю. Может, их ещё и не было, но потенциал их создания после свержения правительства был. Можно было сделать что-то новое и этот шанс, по-моему, не был... Люди не поняли, что у них был шанс создать что-то по-настоящему новое, лучше прежнего. Мое мнение состоит не в том, что старая Восточная Германия уже была такой страной, а в том, что у нас был шанс внести что-то действительно новое; не следовать слепо западногерманскому образцу и делать у себя всё, как там, а сделать Восточную Германию достойной гордости.

K: Yeah, even more so.

Even more so. Why now?

K: I think West Germany simply overtook East Germany. It forced its ways onto the country and I don't see any benefits.

To East Germany?

K: Yeah. People are free, yes, but they also could have been free in an independent East Germany. There is just high unemployment, and that happened because West German companies got East German companies handed to them, and then just shut them down. And when I go home back to my hometown in Germany, it's just really depressing, there are only old people left because all the young people left for jobs in the West. So, this lively city now is just more or less a depressing nursing home.

So, you feel that the reunification of Germany essentially depleted East Germany of resources and people?

K: I wouldn't say depleted, but it changed it in a way … I don't think it changed for the better. I mean yes, you could argue, if you look at the facts, yes, it is better than before, it is free, people are not jailed for anti-government actions, things like that; but on the other hand, all of that could have happened in an independent country. Like Austria and West Germany, there could have been a third German country, basically, East Germany, and it could have been a socialist country and really take the best of both sides, like, unite the socialist ideals plus the freedom and make a new and better society.

So, there were merits to East Germany that are now gone?

K: I think so. Or maybe they didn't exist yet, but I think the potential was there after the government was overthrown. It could have been something different and I think that chance was not … People didn't realize that there was this chance to actually create something new and better. My opinion is not that the old East Germany was so, but that there was a chance to add something really new, and not just follow the West German example and make it the same, but to make us really proud of East Germany.

If that had not happened, the chance of the independent East Germany to be, would it be existing as a socialist country? What economic model, would you say?

K: That's what I would like it to be, but I don't even know that any of that is realistic, and it probably wasn't, you know, there was no …

OK. I don't know that I understand it correctly, but you don't know if socialism was viable, but you wish it were viable?

K: Yeah.

I completely understand that. And to wrap up, a couple of questions. As an adult, how has, if it has, your attitude toward the US changed and how has, if it has, your attitude toward the USSR or Russia changed? If at all?

K: I think for the better in both cases, I think I'm more … I feel I understand both

Если бы всё было по-другому и у независимой Восточной Германии был бы шанс состояться, она бы состоялась как социалистическое государство? По-Вашему, какой была бы её экономическая модель?

К: Мне бы хотелось, чтобы да, но я даже не знаю, насколько это всё реалистично. Наверное, это было нереалистично, знаете, ведь не было...

Хорошо. Не знаю, правильно ли я поняла, что Вы не уверены в жизнеспособности социализма и в то же время хотели бы, чтобы он был жизнеспособен?

К: Да.

Я Вас прекрасно понимаю. И ещё пара вопросов напоследок. Во взрослом возрасте изменилось ли, и если да, то как, Ваше отношение к США и Ваше отношение к СССР, или России? Или вообще нет?

К: Мне кажется, в обоих случаях оно улучшилось, я теперь больше... По-моему, я лучше понимаю обе эти страны.

Отчего? Что привело Вас к лучшему пониманию?

К: Я просто читал о них больше в разных источниках, и ещё жил в США... Так же, как и в Восточной Германии, люди в США живут повседневной жизнью и не особенно интересуются правительством или агрессивными действиями, в конце концов.

Значит, сейчас Вы рассматриваете Соединённые Штаты не как одного большого злого агрессора, а как комбинацию народа и правительства, и народ не так-то уж плох?

К: Да, я по-прежнему критически настроен по отношению к американскому правительству, к любому правительству, и полагаю, что так и должен быть настроен каждый ответственный гражданин. И в то же время да, я больше не рассматриваю его так просто, как упрощённо, как раньше.

Смогли ли Вы за это время больше узнать или понять о бывшем Советском Союзе?

К: Мне кажется, да, но я не уверен. По моим впечатлениям, всё получилось не так... Так же, как и у нас, в бывшем Советском Союзе изменения были не к лучшему, может, им тоже имело бы смысл держаться социалистической модели.

Ладно. Мораль всей этой истории такова: Вам бы хотелось, чтобы социализм хорошо работал.

К: Демократический социализм.

Чтобы демократический социализм хорошо работал. Спасибо, Кай, очень приятно было побеседовать!

К: Спасибо!

countries better.

How come? What led to this better understanding?

K: Just reading more about them in different sources, and also by being in the US, I think that … Just like in East Germany, there is everyday life in the US, and the people in the end are not really interested in any aggressive behavior or the government.

So, you now view the US as not the big evil aggressor, but as separate in the people and the government, and the people are not that bad?

K: Yeah, I am still critical of the US government, or any government, and I think you are supposed to be that, as a responsible citizen. But yeah, I think I see it not as simply, not as simplified anymore.

And did you get to know more or understand more about the former USSR?

K: I think so, but I don't know. My impressions are that the things have not … that it's the same thing, you know, that things have not really changed for the better in the former Soviet Union, that maybe it would have been a good idea for them also to stick to socialism.

OK, so the bottom line of this whole story is, you wish socialism could work.

K: A democratic socialism.

A democratic socialism could work. OK, thank you, Kai, it was a great pleasure!

K: Thank you!

Интернирование

Сегодня 19 ноября 2010 года. Я беседую с Хэрриет...

X: Геринг.

Геринг; отлично. Здравствуйте, Хэрриет!

X: Здравствуйте.

Хэрриет, для установления контекста скажите, в каком году Вы родились?

X: В 1945-м.

В 1945-м. И где Вы родились?

X: Кристал-Сити, Техас.

Вы родились в Техасе... Своё детство Вы провели там же?

X: Нет, я прожила там всего год. Вообще-то там был лагерь для интернированных немцев[156] во время войны, в нём я и родилась.

Значит, Вы родились в лагере для интернированных лиц?

X: Да, да.

Если я правильно понимаю, Ваши родители были гражданами Германии?

X: Правильно, они в то время были гражданами Германии. Тогда они ещё не получили американское гражданство.

Ладно. Как я понимаю, они эмигрировали, но не имели американского гражданства, поэтому они попали в лагерь для интернированных лиц во время войны.

X: Верно.

Во время войны... Они провели там только год?

X: Они провели там четыре года.

Они провели там четыре года. Хорошо. Вы родились в лагере, провели там год, который, я уверена, Вы плохо помните...

156 Во время Второй мировой войны около 11 000 этнических немцев и граждан Германии (преимущественно последних) были временно помещены в лагеря для интернированных лиц. Пропорционально общему числу проживавших на тот момент в США этнических немцев это было довольно небольшое число людей.

Internment

Today is November 19, 2010. I am talking to Harriet ...

H: Goering.

Goering; wonderful. Hello, Harriet!

H: Hello.

For the purposes of establishing context, Harriet, what is your year of birth?

H: 1945.

1945; and what was your place of birth?

H: Crystal City, Texas.

Texas, you were born in Texas ... Was that where you spent your childhood?

H: No, I was only there one year. It was actually an internment camp for German citizens[177] during the war, so I was born there.

So, you were born in the internment camp?

H: Yes, yes.

So, if I'm understanding it correctly, your parents were German citizens?

H: Right, citizens, they were German citizens at the time. They had not yet become American citizens.

OK; I understand they'd moved but had not acquired American citizenship, and that's why they were in an internment camp during the war.

H: That's right.

During the war ... And they only stayed there for one year?

H: Well, they were there four years.

177 During WW2 around 11,000 German nationals and ethnically German Americans, mostly the former, were placed in internment camps as temporary detainees. Compared to the total number of ethnic Germans living in the US at the time, it was a rather small proportion.

X *(смеётся)*: Нет, я вообще ничего не помню!

А потом Вы переехали.

X: Да.

Куда Вы переехали?

X: В Нью-Йорк.

В сам город Нью-Йорк?

X: Не собственно Нью-Йорк. По-моему, это был Флашинг[157].

Хорошо, город Флашинг в штате Нью-Йорк. В то время Ваши родители уже получили гражданство?

X: Не совсем в то; через несколько лет. Может, это у них заняло... Ну, сколько мне было тогда лет? Лет пять-шесть. Так что это заняло некоторое время, да. Некоторое время.

Ладно. Почему им разрешили покинуть лагерь для интернированных?

X: Судя по всему, тогда всех распустили, всем разрешили его покинуть, когда закончилась война. И у них появилась возможность стать гражданами из-за меня.

Ввиду того, что Вы были гражданкой?

X: Да, ввиду того, что я была гражданкой.

Ладно. Они много Вам рассказывали о годах, проведённых в лагере?

X: Не очень много. Мне были доступны отрывочные сведения, и к тому же я их никогда не расспрашивала. Сейчас я жалею, что не расспрашивала. Наверное, они многое могли бы рассказать о годах, прожитых там. У них были фотоальбомы, они меня притягивали, я их изучала. Иногда родители рассказывали мне о снимках и запечатлённых на них людях. Но особенно они не распространялись, нет. У них был скорее менталитет, присущий тому поколению: пережили и пошли дальше.

Понятно.

X: Они не задерживали своё внимание на болезненных жизненных эпизодах.

Однако, Вы упомянули, что они... Какие-то обрывки информации всё же просачивались. Вы помните, что это были за обрывки?

X: Да. Они там устраивали театральные представления, я знаю это потому, что в альбомах были фото немецких пьес, которые они ставили для собственного развлечения и от которых получали большое удовольствие, судя по всему. Ещё я помню их рассказы о том, что туда привозили людей из Южной Америки, они являлись гражданами своих родных стран, но всё равно попали в лагерь, потому что их собственные правительства забрали у них собственность, воспользовались моментом и конфисковали её. Как я помню, между молодёжью из этой группы и той, которую они считали классом ниже, завязывались романы. Так что там шёл некий классовый конфликт: перемещённые лица из Южной Америки были очень

---

157 Flushing, в настоящее время район Нью-Йорка.

They were there four years. OK; and you were born in the camp, spent there one year, of which I'm sure you don't remember much …

H: *She laughs.* No! I don't remember anything!

And then you moved.

H: Yes.

Where did you move?

H: To New York.

To New York City?

H: Not New York City, it was Flushing, I believe.

Oh, Flushing. The state of New York, Flushing. At that time, did your parents acquire citizenship?

H: Not at that time exactly, some years later. It might have been … . Well, I might have been how old? Maybe 6, 5 or 6. So, it took a while, yeah. It took a while.

OK. Why were they allowed to leave the internment camp?

H: Well, they just let everyone, apparently, let everyone leave when the war was over. And they had the possibility of becoming citizens because of me.

Because you were a citizen?

H: Because I was a citizen, right.

OK. Did they ever talk to you much about the years spent in the internment camp?

H: Not that much, I got little snippets of information, and I never asked that much about it, either. Now I'm sorry I never did. I think there was a lot you could've found out about their years there. They had photo albums which I was fascinated by and studied, and sometimes I would get information from them about the pictures and the people. But they didn't talk about it much, no, I think they had more of the mentality of that generation: you got over with it and and you went on.

OK.

H: You didn't dwell on painful episodes of your life.

But you said they did … Some snippets of information did slip through. Do you remember what sort of snippets those were?

H: Yes. They did theater performances, because that was in the albums, pictures of the German plays that they put on to entertain themselves and, apparently, they enjoyed that greatly. They enjoyed putting on these plays. And the other thing I remember them saying was there were people from South America brought to this camp who were citizens of the countries that they lived in, but they were brought there anyway because their governments took their property, they took the opportunity to confiscate their property. And that there were, I remember this, romances between the children of these people and people who they considered to be lower class. So, there was kind of a class conflict there:

богаты и кое-то из их детей заводил отношения с людьми не своего класса.

Такие по лагерю ходили сплетни?

Х: Верно, такие сплетни! *(Смеётся)*

Жизнь продолжается, несмотря ни на что! Проявляли ли Ваши родители какие-либо признаки, или, может, Вы сами замечали признаки их негодования по отношению к правительству США за то, что их поместили в лагерь?

Х: Нет! Нет!

Признаки критики?

Х: Ничего такого! Мой отец, собственно, как-то сказал: «Если вас когда-либо где-либо интернируют, пусть это будет в Америке».

Почему?

Х: Потому что он считал, что с ними обращались довольно хорошо. Они не обижались. Да, они всё потеряли. Насколько я понимаю, им потом пришлось начинать опять с нуля. Но они не обижались.

Из их рассказов или сохранившихся документов вынесли ли Вы какое-то понятие об условиях жизни в лагере, о том, какие материальные блага были там доступны?

Х: Там жили просто. В очень простых домиках. Несколько лет назад... Пару лет назад один человек приносил экспозиционные материалы, он изучал историю той эпохи и приносил фотографии и те видеозаписи, какие сохранились. На видео видно, какие там были простые, совсем простые домики. Я помню, мои родители упоминали скорпионов, многочисленных в том районе Техаса, и простую пищу. Мой отец там придумал себе занятие, он организовал обмен: в части лагеря жили японцы[158] и они предпочитали другую еду. Поэтому он устроил лавку, в которой люди могли менять еду, рыбу на мясо. Японцы предпочитали рыбу, и это всё, что я знаю о продуктах, которые им выдавали. Но опять же, они ни разу... Они говорили, что с ними обращались хорошо. Такое у них было ощущение.

Хорошо. На каком языке говорили у Вас дома? На немецком?

Х: На немецком.

На немецком. Значит, Вы переехали во Флашинг, штат Нью-Йорк, и через пару лет, предположительно, у Вас уже появились воспоминания... Вы когда-нибудь чувствовали, что отличаетесь от остальных детей, или от большинства детей?

Х: О да, определённо.

Чем?

Х: Своим происхождением. Моя фамилия была не Смит, она не была английской, я это сама понимала. И если я упоминала, что я немка по происхождению, дети говорили: «Ага, ты фашистка, ты плохая, ты фашистка!»

---

158 Во время Второй мировой войны приблизительно 110 000 или 120 000 лиц японского происхождения было интернировано в США в ответ на нападение на Пёрл-Харбор. Более 60% задержанных имели гражданство США.

these were very wealthy people that came from South America and some of the children had, you know, relationships with people who were not of their class.

And that was the gossip of the camp?

H: That was the gossip, that's right! *She laughs.*

Life goes on! Did your parents ever display, or did you ever sense from your parents any attitude of, let's say, indignation towards the American government for placing them in an internment camp?

H: No! No!

Anything critical?

H: Nothing! In fact, my father once said, "If you ever have to be interned anywhere, let it be in America."

How come?

H: Because he felt they were treated relatively well. They weren't bitter about it. Yes, they had lost everything; as I understood it, they had to start from scratch. But they weren't bitter about it.

Did they tell you or, from the documents that stayed on, do you happen to have any idea of what the conditions were in the internment camp, of what they had in terms of material things?

H: It was simple. Very simple cabins. I did, some years ago … A couple years ago someone came here bringing a display, someone who studied the history of this epoch, and he had a display with pictures and a video that you could get. And you could see in a video that they were simple cabins, just very simple cabins. I just remember my parents talking about the scorpions because in this part of Texas they were numerous, and simple food. My father, to keep himself busy, organized an exchange: there was a part of the camp that was for Japanese[178] and they preferred different kinds of food. So, he set up a store where people could trade food, fish for meat. The Japanese preferred fish, and that's all I know about the food that they were given. But again, you know, they would never … They said that they were treated well. That's how they felt.

All right. What language was spoken in your household? Was it German?

H: German.

German. So then, you moved to Flushing in the state of New York and then, I would expect, in a couple of years you should already be having some memories … Did you ever feel that you were any different from the rest of the kids or the majority of the kids?

H: Oh yes, yes, definitely.

How so?

H: My origins. My name wasn't Smith, it wasn't an Anglo name, I did feel that. And if I mentioned that I was of German origin, the kids would say, "Oh, you're a Nazi, you're

---

178 During WW2, between 110,000 and 120,000 Japanese Americans were interned in US camps in reaction to the attack on Pearl Harbor. Over 60 percent of the detainees held US citizenships.

Как я понимаю, Вы переехали в место, довольно однородно англоамериканское по составу населения, может, не очень разнообразное этнически.

X: В то время там было мало разнообразия, да.

И Вас называли фашисткой из-за того, что Вы были немкой.

X: В шутку, но называли. В шутку. А другие дети отвечали: «Нет, она хорошая немка, а не плохая!»

А Вы и были хорошей, у Вас точно были основания так называться. Ладно. Считали ли Вы себя американкой в детстве?

X: Хороший вопрос! Да, в детстве точно считала. Да.

Ладно. Считали ли Вы своих родителей американцами?

X: X-м, интересно! *(Смеётся)* Нет, на самом деле нет. Я знала, что они американцы, но думаю, они всегда были гораздо большими немцами, чем американцами. Хотя мой отец был рьяным капиталистом, твёрдым приверженцем капиталистической системы. Его брат в Германии был рьяным коммунистом, он остался в Германии и был очень привержен той философии.

Я полагаю, в Восточной Германии?

X: Нет, в Западной Германии, и он потом вообще стал заметной фигурой в коммунистической партии в Германии и оставался в ней много лет! В общем, у двух братьев были совершенно разные взгляды на мир.

Ух ты! (Пауза) Только по этому поводу уже возникает пятьсот вопросов.

X: Да, именно!

Я пока буду придерживаться американской темы. Значит, Вы знали, что Вы американка, или чувствовали себя американкой. Думали ли Вы в те годы... Что Вы тогда думали, если вообще думали, о том факте, что во время войны США и Германия были врагами?

X: Ну... Ни разу... В моих мыслях это не занимало никакого места.

Совсем нисколько?

X: Для меня Германия – это были мои родители, двоюродные братья и сестры, моя семья, и я их видела скорее жертвами, чем преступниками.

Вы считали свою семью жертвами, не преступниками.

X: Верно.

А кем Вы считали... Нет, давайте начнём с другого. У Вас дома говорили о политике, либо родители между собой, либо другие члены и друзья семьи, другие взрослые?

X: Говорили ли о политических событиях того времени?

О политических событиях того времени, о войне, о результатах войны, о чём-то подобном.

X: Нет.

Нет?

X: Нет! Мои родители вообще мало что обсуждали.

Ладно. Помните ли Вы подобные разговоры среди детей в школе, например, или между детьми

bad, you're a Nazi!"

So, I understand that you moved to a pretty homogenous Anglo neighborhood, or that it was not very diverse.

H: No, it wasn't very diverse at the time, no.

So, you were called a Nazi because you were German.

H: In fun, but yeah. In fun. And the others would say, "Oh no, she's a good German, she's not a bad German."

But you were, definitely, you had grounds to be called that. OK. When you were growing up, did you think of yourself as an American?

H: Good question! Yes, when I was growing up, definitely. Oh yes.

OK. Did you think of your parents as Americans?

H: Hmm, that's interesting! *She laughs.* No, not really. I knew they were Americans, but I think they were always much more German then they were American. Except that my father was an arch-capitalist and was greatly dedicated to the capitalist system. He had a brother who was an arch-communist in Germany, who stayed in Germany and who was very dedicated to that philosophy.

East Germany, I presume?

H: No, it was West Germany, and he actually became a leading figure in the Communist party in Germany and stayed there, for years! So, the two brothers had really different worldviews.

Wow! (Pause) Ok, that alone calls for about five hundred questions.

H: Yeah, it does!

I'm going to stay with the American theme for now. So, you knew that you were an American, or felt that you were an American. Did you think at that time … What did you think at that time, if anything at all, about America, well, the US and Germany being enemies in the war?

H: Yeah … It never … It didn't play a part in my thinking at all.

Not at all?

H: Because to me, Germany was my parents, and it was my cousins, and it was my family, who I probably saw more as victims than as perpetrators.

You saw your family as victims not as perpetrators.

H: That's right.

How did you see … no, let's back up. Were there any political conversations ever held in your home, between your parents, your family, friends, you know, grown-ups?

H: Political conversations about the politics of the time?

Political conversations about the politics of the time, about the war, the aftermath of the war, anything like that.

и учителями?

X: В то время нет.

В то время не было?

X: Нет, мне кажется, нас слабо учили истории в Соединённых Штатах. Я думаю, её до сих пор слабо преподают, и всегда слабо преподавали. Я просто не считаю, что нас так уж хорошо обучали.

Ладно. Были ли Ваши родители политически активны в любом смысле?

X: Мать совершенно не была. Она была домохозяйкой и более-менее во всём следовала за отцом, по-моему. А он был политически активен в том смысле, что он был республиканцем, он всегда был республиканцем и сильно против демократов[159]. Для него они были «розовыми», он называл их «розовыми»[160].

Хорошо. Как Ваши родители... Судя по тому, что Вы описываете, хотя, конечно, надо учесть, что я делаю выводы из всего нескольких предложений, Ваши родители не обсуждали германо-американских отношений. Ваши родители... Ваш отец был республиканцем, а это явно американское явление.

X *(смеётся)*: Да, это интересно!

Как Ваши родители проявляли свою «немецкость», если можно её так назвать? Говорили ли они о ней, строили ли планы поехать назад в Германию?

X: Нет, они никогда не планировали возвращаться туда. Они планировали вернуться перед началом войны, даже отправили туда сундуки и всё своё имущество, а потом началась война и всё, что они послали, было переправлено куда-то... Не знаю, в Китай или ещё куда. Началась война и они не стали возвращаться. А после неё, конечно же, им было уже и некуда возвращаться. Значит, в какой-то момент они хотели вернуться. А что касается их немецкости, они никогда... Им не надо было ничего о ней говорить потому, что дома они разговаривали по-немецки, не всё время, но часто.

Они Вам что-нибудь рассказывали о Германии?

X: Нет. Я знала, что я немка, что у меня немецкие корни из-за того, что мы говорили на немецком, из-за того, что у нас в Германии были родственники, и из-за того, что готовила моя мать. Она готовила блюда немецкой кухни.

Ваша семья поддерживала связь с родственниками в Германии?

X: Да, но не очень активно, так как мой отец, как я уже говорила, отошёл от своей семьи, он перестал быть на них похожим. К ним был путь отрезан, мы держали связь больше с родственниками по материнской линии.

В детстве испытывали ли Вы самостоятельный интерес к Германии, хотели ли туда поехать, исследовать свои корни?

X: Я поехала туда в восемь лет, не потому, что сама хотела, просто меня родители

---

159 Имеются в виду республиканская и демократическая партии США.

160 Pinkos, сторонники коммунистов.

H: No.

No?

H: No! No, my parents didn't discuss that much at all.

OK. Do you remember any such discussions among kids at school, for instance, or anything from teachers?

H: No, not at that time.

Not at that time?

H: No, I think our history instruction in the United States was weak. I think it's still weak and it's always been weak. Yeah, so I just don't think that we were taught history very well.

OK. Were your parents at all political? In any way?

H: My mother was not, at all. She was a housewife and, I think, she more or less followed in my father's footsteps. And he was political in the sense that he was a Republican, always a Republican, and very much against the Democrats. To him they were pinkos, he called them pinkos.

OK. How did your parents … . From what you're describing to me, and of course I'm going off very few sentences, your parents did not discuss the German American relations. Your parents … . Your father was a Republican, so that sounds very American.

H: *She laughs.* That's interesting!

How did they display their German-ness, if that's a word? Did they ever allude to it, did they ever make plans to go back?

H: No, they never made plans to go back. They had made plans to go back before the war started, they had actually sent their trunks back and everything back, and then the war came, and all of their possessions were diverted to … I don't know, China or some place. And the war came, and then they didn't go back. And, of course, afterwards there was nothing to go back to. So, they had at one point been planning to go back. But as for their German-ness, they never … They didn't have to talk about it because they spoke German at home, not all the time, but a lot.

Did they educate you about Germany in any way?

H: No. I knew that I was German and had German roots because of the language, and because of the fact that we had family over there, and the way my mother cooked. She cooked German food.

Did your family keep in touch with the family over in Germany?

H: They did but not intensively because my father, as I mentioned before, he'd left his family behind, he was no longer like they were. So, there was no bridge to that anymore, and it was more with my mother's side of the family.

Did you, growing up, have any interest in Germany of your own, wanting to go there, wanting to explore more about your heritage?

туда увезли, и за очень короткий срок я заговорила по-немецки. Мне было восемь лет, так что, если бы я там осталась, я бы очень быстро освоилась, но мы уехали. Но нет, я никогда... Я ощущала себя американкой и не хотела быть никем прочим, американкой было быть лучше всего.

Почему?

Х: Не знаю.

Почему быть американкой хорошо? Не с Вашей нынешней точки зрения, а с точки зрения восьмилетнего ребенка?

Х: Восьмилетний ребенок считал, что другие страны были менее развиты. Не знаю, так ли бы я сформулировала свой ответ в восемь лет, но я тогда наивно полагала, что в других странах не было того, что было у нас.

В материальном смысле?

Х: Да. Я помню, я должна была начать переписываться с одной юной леди из Южной Америки, мой отец знал её отца по работе и их семья хотела, чтобы мы переписывались. Девочка была немножко... Ей было лет десять-двенадцать, и сейчас мне ясно, что у неё вообще-то был неплохой английский. Но я не стала поддерживать переписку, мне казалось, у нас не было ничего общего, мне было неинтересно, неинтересно с ней общаться.

Иностранцы не представляли интереса?

Х: Нет, не представляли. Я помню, мне показали её фотографию и мне показалось... Помню, у неё был такой индейский вид. И ещё я помню, что я её очень наивно спросила — я ведь печатала письма на машинке, а она писала свои от руки, — я её наивно спросила, есть ли у них в стране пишущие машинки. Она, естественно, ответила: «Конечно, есть!» *(Смеётся)* Но я тогда... Такие у меня были понятия: «Скорее всего, у них этого нет».

Значит, Вы ощущали, что американская нация, к которой Вы принадлежали, лучше других?

Х: Ага! По-моему, хотя я бы и не сказала, что нас прямо такому отношению учили, оно тем не менее как-то просачивалось, вероятно.

Хорошо. Будучи американским ребёнком, что Вы знали о мире и его тогдашнем политическом разделении?

Х: Ну, если мы подбираемся к теме холодной войны, я бы сказала, я очень хорошо знала, что где-то там жили страшные люди и они собирались сбросить на нас бомбу.

В каком это было примерно году?

Х: Это было, может, чуть-чуть попозже, я была, наверное, в раннем подростковом возрасте, лет тринадцать-четырнадцать. И я отдельно запомнила, как спрашивала отца... Я очень переживала, и как-то раз, помню, отец сидел в саду и я его спросила: «Папа, а русские придут?» Где-то в глубине души сидел этот вопрос, этот страх: не придут ли русские?

H: I went there when I was 8, not because I wanted to but because my parents took me over there, and within a very short time I was speaking German. I was 8 years old, so if I had stayed, I could have been integrated very quickly, but we didn't stay. And no, I never … My feeling was that I was American, and I didn't wanna be anything else, and it was better to be American than something else.

How come?

H: I don't know.

What's good about being American? And I'm asking not from the point of view of now, but from the point of view of an 8-year-old.

H: As an 8-year-old who thinks other countries are not that advanced. I don't know that I would've said that, as an 8-year-old, but very naively thinking they didn't have what we had.

Like, material things?

H: Yes. And I remember I was supposed to start a correspondence with some young lady from South America who my father knew the father of, through business contacts, and they wanted to correspond with me in English. They were a little bit … . About, maybe, 10 or 12, and their English, when I look back at it now, was actually quite good. But I never kept that correspondence up because I didn't feel that we had anything in common, or just didn't feel interested, I wasn't interested in communicating.

Those foreign people were not interesting?

H: No, they were not, and I remember the pictures that were shown to me and they were maybe rather … I remember they were rather Indian-looking, I remember that. And I remember that I very naively asked them a question about—because I was typing my letter—and very naively asked them—and they always wrote theirs by hand—if they had typewriters in their country, and, of course, they wrote back, "Of course, we do!" *She laughs.* But that was kind of … It was that kind of thinking, "Well, they probably don't have this."

So, you felt that the American nation to which you luckily belonged was superior?

H: Yeah! And I think, probably, I won't say we were directly taught that, but I think something seeped in, some attitude.

OK. Growing up an American, how aware were you of the world and its political divisions of the time?

H: Well, if we're getting into the subject of Cold War, I would say, very aware, very aware that there were scary people over there that were gonna come and drop bombs on us.

What year approximately was that?

H: Well, that was, maybe, a little later, I might have been in my early teens at the time, 13, 14. But I remember particularly asking my father … I was very distressed, and I remember one day he was sitting in the garden and I said, "Daddy, are the Russians

Это 60-е? 1960-й и ранние 60-е, да?

X: Это могли быть поздние 50-е.

Поздние 50-е. Значит, мы концентрируемся на четырнадцатилетнем возрасте. Если бы в тот год я подошла к Вам и попросила: «Покажи мне карту мира! Где живут хорошие, где живут плохие, где живут люди, про которых нам знать не важно?» Как бы Вы тогда описали мир?

X: Ой! Не уверена, что у меня было какое-то понятие о карте мира... То есть...

А как же страшные люди?

X: Ну, страшных людей, то есть, Россию я бы на карте нашла, конечно!

Россия — это где живут страшные люди? Хорошо. Где живут хорошие люди?

X: В Америке.

В Америке?

X: В Америке и может, ещё в Европе...

В какой именно Европе?

X: В той, которая мне была известна, то есть в Германии, Франции, а не... Да, Германия и Франция. Западная Европа, скорее всего.

Значит, в Германии, Франции и Америке живут хорошие люди. В такой большой России, закрашенной красным, живут страшные люди. А в остальных местах кто?

X: Никого, никого.

Вот там и живут незначительные люди.

X: Мы об этом не думали.

Вы ничего не знали тогда о Восточном блоке?

X: Ничего толком.

А про всякие китайские дела?

X: Нет, нет, их не существовало, совсем не существовало! *(Смеётся)*

Там жили незначительные люди. Ладно. Вы сказали, что в глубине души Вас всё время беспокоил вопрос, будет ли война. Как этот вопрос там поселился? Откуда взялся этот страх?

X: Не знаю.

Может, что-то пришло из школы, из средств массовой информации, из разговоров взрослых, из детских разговоров?

X: Не знаю! Действительно не знаю. Какое-то время шли разговоры о бомбоубежищах, люди хотели строить бункеры.

Где? В школе?

X: Может, и в школе, я точно не скажу.

А Вы тогда знали, как их строить?

X: Нет.

Знали кого-нибудь, кто у себя построил?

gonna come?' That was always the question in the back of your mind, the fear, are the Russians going to come?

This is the '60s? 1960, and then early '60s, right?

H: It could have been late '50s.

Late '50s. OK, so we were dwelling on you being 14. So, if at that time I would come up to you and ask you, "Show me a map of the world! Where do good people live, where do scary people live, and where do unimportant people live?" How would you describe that?

H: Oh, wow! I don't think I would have had any conception of the world map. I mean …

What about those frightening people?

H: Well, the frightening people, yeah, I would've found Russia on the map!

Russia is where the scary people are? OK. Where do the good people live?

H: America.

America?

H: America, maybe Europe …

Which Europe?

H: Well, the one I knew, which were Germany, France, and not … Yes, Germany, France. Western Europe, probably.

So, Germany, France and America, that's where the good people live. This big Russia, colored red; that's where the scary people live. What of the rest of those?

H: Nothing, nothing.

That's where unimportant people live.

H: We didn't think about that.

No idea about the Eastern bloc at the time?

H: Not really.

All that China business?

H: No, no, that didn't exist, that didn't exist at all! *She laughs.*

That's where unimportant people live. OK; you said there was a question that was always a question in the back of your mind of if there was going to be a war. How did that question get there? Where was that fear coming from?

H: I don't know.

Was it something at school, was it something in the media, was it something from grown-up discussions, was it something from kids' discussions?

H: I don't know! I really don't know. There was talk of bomb shelters at one time, people wanting to build bomb shelters

Where, like, at school?

X: Нет.

Хорошо. Читали ли Вы в свои четырнадцать лет газеты, читали ли их Ваши родители, попадались ли газеты Вам на глаза, привлекали ли Ваше внимание?

X: Возможно, но я тогда не интересовалась политикой и чтением газет, у меня другие вещи были на уме. *(Смеётся)*

Хорошо. Значит, Вы не припоминаете никаких картинок из газет? Я просто пытаюсь составить каталог впечатлений, понять, откуда они брались.

X: Картинки из газет... Одной из них могло быть фото Хрущёва...

Его лицо?

X: Непременно лицо.

Так, и какое же у него лицо?

X: Страшное.

Что в нём страшного?

X *(смеётся)*: Он представитель тех страшных людей, которые имеют бомбу и могут ею воспользоваться. В любом случае во время... Может, это было уже позже, во время Карибского кризиса. Я была в летнем лагере и мы каким-то образом, не знаю, каким, услышали, что что-то происходит, какой-то кризис, связанный с Россией. Мы все запаниковали. Мы стали звонить родителям в истерике, спрашивать: «Что происходит? Говорят, к нам русские идут?» Я позвонила отцу: «Что происходит? Русские идут?» Мы ужасно испугались, подумали, что вот он, момент настал! А он ответил: «Нет, нет, ничего не будет». Он заверил меня, что, если начнётся что-то серьёзное, они приедут и меня заберут домой.

Вам стало легче?

X: Да.

Хорошо. Обещания Вашего отца оказались весомее, чем война.

X: Ага! *(Смеётся)*

Вот так и бывает в детстве! По крайней мере, в благополучном.

X: Да.

Хорошо. Значит, в газетах картинки, Хрущёв выглядит не очень... Была ли у Вас в школе какая-нибудь военная подготовка, любая подготовка к возможной бомбёжке, ядерной атаке, чему-то ещё?

X: У нас постоянно были учебные тревоги. Мы выходили в коридор и какое-то время сидели, прислонившись к стене.

Включалась сигнализация, вы выходили и сидели? Как всё происходило?

X: Нет, нет. По-моему... Знаете, может, я сейчас это путаю с учебной пожарной тревогой, обыкновенной пожарной тревогой. Но при пожарной тревоге нас выводили из здания. Я, кажется, помню, что мы сидели в коридоре вдоль стен. Но, как Вам известно, воспоминания могут быть очень обманчивыми, так что я могу

H: It might have been at school, I'm not sure.

Did you know at the time how to build one?

H: No.

Did you know anyone who built one?

H: No.

OK. Did you, at 14, did you read papers, did your parents read papers, did you see them lying around, did you see anything in them?

H: Yes, I might have, but I was not interested in politics and reading the newspaper, I had other things on my mind. *She laughs.*

Ok, so you don't have any particular newspaper images? I'm just trying to catalogue the impressions, like, where things came from.

H: Newspaper images … . Khrushchev would have been an image I would have …

Like, a face?

H: A face, definitely.

Yeah, what kind of face does he have?

H: Scary.

Why is it scary?

H: *She laughs.* Because he stands for those scary people that have a bomb and might use it. Anyway, during … Maybe it was a little later, during the Cuban Missile Crisis. I was at summer camp, and somehow, and I don't know how we had heard about it, but we heard that there was something going on, there was some crisis involving Russia, and we all became panicked. Hysterical, we called our parents, we said, "What's going on, we heard the Russians are coming?" I called my father and said, "What's going on, we heard the Russians are coming!" We were terribly afraid, we thought this was the moment! And he said, "No, no, this is not going to happen," and he assured me that if anything serious was going on, they would come and get me.

Did you feel better?

H: Yes.

OK. Your father's reassurances were bigger than the war.

H: Yeah! *She laughs.*

That's what childhood is about! At least the good kind.

H: Yeah.

So, newspaper images, Khrushchev not looking so good … Did you have any sort of paramilitary training at school, or any sort of training that pertains to a possible bombing, or nuclear attack, or anything?

H: We always had drills; we came in the hall and sat against the wall for a certain amount

просто воображать себе то, чего на самом деле не было, или просто привязывать что-то к страхам, которые мы тогда испытывали.

Знали ли Вы, как протекает ядерный удар и чего нужно бояться?

X: Да, потому что нам показывали изображения ядерных бомб.

Где Вы видели эти изображения?

X: Наверное, в книгах, не знаю... Может, ещё и в газетах. В книгах и газетах.

Значит, чего следовало ожидать? Что будет, если русские запустят бомбу? Как Вы тогда считали?

X: Жуткое воспламенение! Всё сгорит. Полный кошмар.

Ладно. Вам было известно о таких технических подробностях, как радиация, осадки и прочее?

X: Нет, не особенно много, только об эффекте бомбёжки. А потом, позже, как я полагаю, источником была книга Джона Хёрши о Хиросиме[161]. Мы её читали и обсуждали.

На уроке?

X: Не не уроке. Нет, не на уроке, но её обсуждали или даже рекомендовали, я точно не помню.

Хорошо. Вы знали, что русские со своей бомбой были коммунистами?

X: Да, да.

Вы также знали, что Ваш родственник...

X: Нет, потому что я об этом узнала уже гораздо позже, да, гораздо позже. Об этом не говорили.

Почему об этом не говорили?

X: Я думаю, мой отец совершенно не мог понять, как его брат мог быть верен такому режиму, такой системе, в то время как он сам приехал в Америку и добился успеха.

Значит, из чувства личного... То есть, потому, что он был возмущён этой мыслью, а не потому, что боялся об этом говорить?

X: Нет, думаю, просто потому, что мой отец был неразговорчив. Многие мужчины молчаливы, знаете! *(Смех)*

Это еще и поколенческая черта.

X: Да, да! Так что я не знаю, о чём он думал.

Значит, Вы этого не знали. Когда Вы узнали о семейной ситуации с рьяным коммунистом?

X: Гораздо позже. Я уже тогда сама жила в Германии, приходила в гости к родственникам и ладила с ними прекрасно, без проблем. Вот тогда я и совершила

---

161 Книга лауреата Пулитцеровской премии Джона Хёрши, которую начали печатать в 1946 г. в журнале «Нью-Йоркер». В ней рассказаны истории жизни шестерых людей, выживших после бомбардировки Хиросимы, в период времени, начавшийся непосредственно перед бомбардировкой и закончившийся приблизительно в 1984 г.

of time.

Would they sound an alarm and then you would do that? How would that play out?

H: No, no. I think they … Now, you see, I might be confusing this in my mind now with a fire drill, just an ordinary fire drill. But a fire drill, they took you out of the building. I seem to have memories of being, you know, sitting in the hall up against the wall. But, as you know, memories can be very deceiving, so maybe it's just something I have in my head that really didn't happen, or it's just sort of tied up with this fear that one had at the time.

Did you know what the nuclear attack is like and what to be afraid of?

H: Yes, because there were pictures that one had been exposed to, of atomic bombs.

Where were those pictures?

H: Probably in books, I don't know … . Might have been in newspapers, too. Books and newspapers.

So, what would happen? If the Russians send over a bomb, what's gonna happen? What did you think at the time?

H: A dreadful conflagration! Everything burns up. Pure horror.

OK. Did you know about the technicalities of it, like, you know, the radiation afterward, the fallout, things like that?

H: No, not so much, just the effect of the bomb, and then, I guess it was later, but John Hershey's book about Hiroshima.[179] We read that or talked about it.

In class?

H: Not in class. Not in class, but it was talked about or recommended, even, I don't know.

So, now, these Russians with a bomb—did you know that they were Communist?

H: Yes, yes.

Did you also know that your family member …

H: No, because that was something I found out only much later, yes, much later. That was not talked about.

Why was it not talked about?

H: I think, because my father had no understanding for it whatsoever, how his brother could be devoted to that type of regime, or that type of system, when he himself had come to America and become successful.

So, it was out of a sense of a personal … like, he was appalled to think about it rather than afraid to talk about it?

H: No, I think it's just because my father was not a talker. You know, a lot of men don't

---

179 Book by Pulitzer Prize-winning author John Hersey, originally published in 1946 in *The New Yorker* magazine. It tells the stories of six survivors of the atomic bomb dropped on Hiroshima, covering a period of time immediately prior to the bombing and until about 1984.

это открытие; мне сказали, что он был коммунистом. Мне даже не сообщили, что он был крупным чиновником! Но... Похоже, кое-какие его близкие родственники тоже состояли в партии; над ними посмеивались, мол, тьфу, у них даже автомобиль производства России! И он у них такой и был, судя по всему! *(Смеётся)*

Хорошо. В какие годы Вы жили в Германии, где и узнали об этих коммунистических делах?

Х: Примерно с 63-го по 66-й.

Значит, Вам было... Я с арифметикой...

Х: Да, я с арифметикой не дружу. Мне было около восемнадцати. Да, где-то с восемнадцати до двадцати одного года.

А раньше, в те годы, когда Вы ещё жили в США и знали, что русские с бомбой все коммунисты, знали ли Вы, что такое коммунизм?

Х: Ну, это была такая система... У нас в школе были уроки, на которых нам про неё рассказывали, но это всегда выглядело... Нас заставляли читать российскую конституцию с тем, чтобы обязательно потом сказать: «Видите, как они врут!» *(Смеётся)* По-моему... Уроки вовсе не были объективными.

А как они врут?

Х: Ну, видите ли, они говорят, что пекутся о своих гражданах, что у них справедливая система, а это всё, конечно же, неправда. Нам показывали разницу: вот, мол, что заявлено в конституции, а на самом деле совсем не так. Я не помню деталей, потому что я находила тот курс очень скучным и не делала домашних заданий. *(Смеётся)* Несмотря на то, что я не смогла бы это объяснить тогда, думаю, что информация подавалась очень односторонне. Нам не предоставляли возможности её проанализировать или как следует освоить.

Значит, Вы знали, что они были коммунистами, Вам это преподавали, но на уроках Вы слушали невнимательно.

Х: Да.

Но Вы смогли бы тогда сформулировать собственное мнение о коммунизме?

Х: Ну, нет. Всё подавалось негативно. Коммунизм был злом; он был злом, у людей ничего не было, система не работала и не могла работать.

Когда Вы переехали в Германию в 60-х и познакомились со своими родственниками-коммунистами...

Х *(смеётся)*: Нет, не так! Для меня он не был родственником-коммунистом, он был просто дядей.

Он обсуждал с Вами свою коммунистическую деятельность?

Х: Нет, совсем нет, совсем нет.

Ладно. Мне представляется, что в то время, следовательно, Вы тоже либо не особенно задумывались о коммунизме, либо Ваше мнение о нем не поменялось.

Х: Нет, нет, оно не поменялось, ничего не поменялось.

talk. *She laughs.*

And it's a generational thing as well.

H: Yes, yes! So, whatever he was thinking, I don't know.

So, you did not know. When did you find out about the arch-Communism situation in your family?

H: That was much later. That was when I had been living in Germany myself and I would visit the family, and I got along with them just fine, I didn't have a problem. It was then that I discovered; I was told that he was a Communist. They didn't even tell me that he was a big official! But … I guess, some of the immediate family that were involved with him were also following; they kind of poo-pooed it and said, ugh, they even drive a Russian car and apparently, they did that! *She laughs.*

OK. What was the year, or the years, that you lived in Germany and found out about this Communist situation?

H: That was about '63 to '66.

OK, so you were around … My math is …

H: Yeah, my math is bad. That was about 18; yeah. Eighteen into 21, something like that.

OK. So, before that, when you'd lived in the US and knew that Russians with the bomb were Communists, did you know what communism was?

H: Well, it was a system that … We had a class in school where we were taught about it, but it was always … We had to read the Russian Constitution, but it was always very "you see how they lie!" *She laughs.* So I don't think … It wasn't at all an objective class.

How do they lie?

H: Well, you see, how they say they care about people, and their people have a fair system but, of course, this isn't true. They would show, "this is what the Constitution says but, of course, it isn't like that." And I don't remember the specifics, because I found the class very boring and I never did the homework. *She laughs.* But even though I couldn't articulate it, I think it was very one-sided. We weren't really being given a chance to analyze the information or really learn that.

So, you knew they were Communists, you did have a class, but you did not pay much attention in class.

H: No.

A: But were you able to formulate an opinion about communism?

H: Well, no, it was all negative. It was evil; that's evil, and the people don't have anything, and the system doesn't work, and it can't work.

When you moved to Germany in the '60s and met your communist relatives …

H: *She laughs.* I did not! To me, it wasn't the Communist relative, it was just my uncle.

Did he talk to you about his Communist activities at all?

H: No, not at all, no, not at all.

Что бы Вы в тот момент могли сказать, что Вы знали о России или Советском Союзе, кроме того, что там зло, коммунизм, бомба и Хрущёв?

X: Для меня существовала и другая Россия, и это было связано с тем, что я очень интенсивно занималась балетом и почти все мои преподаватели были русскими.

В США?

X: В США. Они были все сплошь русские, поэтому я знала русских, но для меня они существовали совершенно отдельно от плохих русских. Это был совсем другой мир.

Почему? Почему отдельно?

X: Потому что он не имел отношения к политике. Я не видела в нём никакой политики.

Значит, Вы были знакомы с живыми русскими, которые оказались представителями человеческой расы?

X: Они были танцорами! *(Смеётся)*

Они Вам хотя бы нравились, или они с Вами ужасно обращались?

X: О, нет. Ну, некоторые из них были ужасными людьми, но это бывает. Нет, мы их любили, мы ими очень восхищались, и вообще всё русское, связанное с танцами, нас очень восхищало.

Значит, Вы их даже не считали частью коммунистической России, правильно?

X: Не считала.

Они рассказывали Вам о своих русских связях, о существовавшей там политической системе или о чём-то подобном?

X: Нет. Мы предполагали, что они уехали потому, что не хотели жить при той системе, что тут они имели больше свободы.

Хорошо. Но обсуждений, собственно, не было?

X: Я и правда не знаю, как они выехали из России и почему они из неё выехали.

Значит, живые русские, которых Вы встретили, оказались обыкновенными людьми и некоторые из них Вам понравились.

X: О, да.

А те русские, которых Вы не знали, должны были быть плохими?

X: Нет, не обязательно.

Не обязательно.

X: Не обязательно.

Знали ли Вы что-нибудь об условиях обычной повседневной жизни советских людей, например, богатыми они были или бедными?

X: Нет, мы считали их очень бедными, мы точно думали, что у них не хватало всего, еды, одежды. Мы знали... Ещё мы, по-моему, знали, что там было много врачей-женщин, это было широко известно, и ещё мы считали, что там довольно

OK. So, I imagine at that time, therefore, you were not giving much thought to communism either, or your opinion hadn't changed?

H: No, no, it hadn't changed, nothing changed.

Alright. So, other than being evil, and Communist, and with a bomb, and with a Khrushchev, what, if anything, what else were you able to say, or did you know, about Russia and the Soviet Union at the time?

H: There was another Russia for me and that was because I studied ballet very intensively, and almost all of my teachers were Russian.

In the US?

H: In the US. It was all Russians, so I knew Russians, but to me they were very separate from the bad ones. It was just a different world all together.

How so? How separate?

H: Because it wasn't political. I didn't see it as political at all.

So, you knew actual Russian people who were actually human?

H: They were dancers! *She laughs.*

Well, did you like them, at least, or were they horrible to you?

H: Oh, no, well, some of them were horrible, that was just the way it was. No, we loved them, we greatly admired them, and anything Russian as far as dance went was greatly admired by us.

OK, so you were not even considering them at all a part of the Communist Russia, right?

H: No.

Did they ever talk about their Russian affiliations or about the political situation as it was, or anything like that?

H: No, we just assumed that they left because they didn't want to stay under that system, that they had more freedom.

OK, but there really was no discussion?

H: I really don't know how they got out of Russia or why they got out of Russia.

So, the actual Russians that you knew were just actual people and some of them you did like.

H: Oh, yeah.

But those Russians that you did not know, those must have been bad?

H: No, not necessarily.

Not necessarily.

H: Not necessarily, no.

Did you know anything about the regular, I don't know, day-to-day life and conditions of the Soviet people, like, were they wealthy, were they poor?

H: No, we thought they were poor, we definitely thought of them as not having enough

хорошее здравоохранение.

Откуда Вы это узнали?

Х: Не знаю! *(Смеётся)* Не имею понятия!

Значит, Вы серьёзно обучались балету у преподавателей русской балетной школы, которая, несомненно, была жёсткой...

Х: Ну, в балете вообще всё жёстко.

Хорошо. А потом, когда Вам исполнилось восемнадцать, Вы переехали в Германию, насколько я понимаю, и остались там на несколько лет. Что Вы думали о разделении Германии, если вообще что-то думали?

Х: Х-м... Мало. Когда я жила в Германии, я танцевала, я состояла в балетной труппе, а танцоры имеют тенденцию к аполитичности, они хотят разговаривать только на одну тему, и эта тема – танцы. Тем не менее, мы ездили на гастроли в Восточную Германию, мы ездили выступать в Лейпциг, и там... У нас были совместные занятия с ещё одной труппой, и я помню, что в то время... Мы просмотрели их газету и были потрясены нехваткой товаров. Стояло лето, а на рынке ничего нельзя было купить, кроме огурцов и помидоров. Мы видели в магазине плащи на вешалках по очень высокой цене, такие пластиковые дождевики, очень дорогие. В тот период моей жизни я собиралась бросить балет и начать заниматься чем-то новым, но я испытывала определённую ностальгию... Я смотрела на танцовщиц, на восточногерманских танцовщиц, и думала: «Вот им не надо принимать таких решений, за них уже всё решено, они будут танцевать и точка, это будет их работой». В каком-то смысле я им тогда даже позавидовала. Я жалела, что за меня некому было решить, что мне делать, мне было очень трудно тогда бросить танцы, и я думала...

То есть, в тот момент Вы не хотели свободы, Вы хотели, чтобы у Вас был социалистический начальник.

Х: Так мне было бы легче! *(Смеётся)* Тебе скажут, что ты будешь танцевать, ты и будешь.

Тебе за это будут платить достойную зарплату и будущее обеспечение тебе гарантировано.

Х: Да, Вы правы, а когда ты больше не сможешь танцевать... Да, верно, были подобные соображения.

Вы всё же бросили балет?

Х: Бросила.

Потом Вы поехали обратно в США или остались в Германии?

Х: Не-а, я поступила в колледж.

Вы поступили в колледж в США, это было в 70-х. Или я неправильно посчитала?

Х: Нет, по-моему, правильно, в 70-х, в конце 60-х. Да, в конце 60-х.

В то время, по Вашим воспоминаниям, у Вас были опасения по поводу возможного военного конфликта между Америкой и Советским Союзом?

of anything, clothes and food. We did know … I think, another thing we knew was that a lot of the doctors were women, that was well-known, and I think we thought that their medical system was pretty good.

How did that knowledge come about?

H: I don't know! *She laughs.* I have no idea!

Alright. So, you were doing some serious dance training under the Russian school of ballet, which I'm sure must have been brutal …

H: Well, ballet is brutal anyway.

OK. And then, when you were 18, I understand you moved to Germany, and stayed there for a few years. What, if anything, did you think of the division of Germany?

H: Uh-m … not much. When I was in Germany, I was dancing, I was in the ballet company, so dancers tend to be very unpolitical, wanting to talk about only one thing and that's dancing. However, we did go on a tour to East Germany, we went to Leipzig and performed there, and … You know, we had a class with other dancers, and I remember at that time I was … . Well, we looked in the paper and were struck by the shortages. It was summertime, and the only thing available on the market were cucumbers and tomatoes, and that was it. We would see raincoats hanging that would cost a lot of money, just, sort of, plastic raincoats that were very expensive. It was at a time of my life when I was going to quit the ballet, I was going to leave and do something else, but I felt a certain nostalgia … I looked at these dancers, the East German dancers, and I thought, "Wow, they don't have to make this decision, somebody else has made it for them, they are going to dance, period, this is what they are going to do." And in a way, I was sort of envious at that moment. I wished someone would tell me what to do, because for me to leave dancing at the time was very hard, and something I thought …

So, at that time you did not want to have free will, you wanted to have a socialist boss.

H: It would be easier! *She laughs.* Say, you're gonna be a dancer and that's what you're going to do.

And you're gonna make a fair living, and you're guaranteed that security in your future.

H: Yeah, you're right, and when you can't dance … Yes, right, things like that, right.

OK. So, did you quit ballet?

H: I did.

And then did you go back to the US or did you stay in Germany?

H: Uh-huh, I went to college.

You went to college in the US, and that was '70s, or am I off?

H: No, I think it was, it was the '70s, late '60s. Yeah, late 60s.

Do you remember at that time there being any fears of there being a military conflict between America and the Soviet Union?

X: Всегда были, всегда. Всегда!

Они всё время присутствовали?

X: Да.

Изменилось ли к тому времени Ваше понимание мировой политики, в любом отношении?

X: Ну, я думаю, тогда мы поняли, что бомб не будет, а будет состояние постоянного напряжения.

Ладно, а в конце 50-х был ещё возможен реальный военный конфликт?

X: Да, тогда более... Да, реальное нападение.

А в 70-х стало яснее, что будет просто противостояние?

X: Верно, противостояние, и выглядеть оно будет так: они вооружатся, мы вооружимся, и так и будем вооружёнными сидеть.

Вооружёнными сидеть... Эти же чувства и мысли сохранились и в 80-х?

X: Да.

Или изменились?

X: Нет.

В какой момент стали рассасываться страхи и тревоги, если вообще стали?

X: Наверное, с наступившей гласностью и ещё с падением Берлинской стены. Мы начали думать, что, может, у них там столько своих проблем, что они не в состоянии нас бомбить! *(Смеётся)*

Узнали ли Вы что-нибудь новое о Советском Союзе и его жителях после наступления гласности?

X: Ну, мы узнали, что там были граждане, несогласные с режимом, что им пришлось за несогласие дорого поплатиться. Что их помещали в психиатрические больницы...

Понятно.

X: Другими словами, не все слушались, некоторые люди были очень храбрыми.

Значит, он перестал... Советский Союз в Вашем воображении перестал быть монолитным.

X: Да.

В то же время он перестал Вас так пугать, потому что, очевидно, он переживал много трудностей.

X: Да. Когда я жила в Германии, я познакомилась с русской семьёй, они были евреями и поэтому, кажется, им позволили выехать. Они жили в Дюссельдорфе. Мой муж с ними как-то познакомился. По-моему, та женщина занималась с ним русским языком, что-то вроде этого. Вот тогда я узнала кое-что о российской образовательной системе, о том, что она была на самом деле превосходной, потому что та женщина была учительницей, её дочь училась уже в немецкой школе... Она нам рассказывала, кажется, о том, каким прекрасным было российское базовое обучение математике и чему-то ещё... До того я совсем не задумывалась над тем, как там обучали народ.

H: Always, always. Always!

It was always there?

H: Yeah.

Did your understanding of the political world change at that time in any way?

H: Well, I think we realized that there weren't gonna be bombs, it was gonna be a state of continual tension.

OK, whereas in the late '50s it was possible that there would be an actual conflict?

H: Yeah, I was more … Yeah, an actual attack.

And then in the '70s it was more clear that it was just gonna be a stand-off?

H: Right, a stand-off, and it was gonna be: they would be armed, we would be armed, and we would just stay armed.

Stay armed; and then that did that feeling or thought persist through the '80s, or?

H: Yeah.

It changed?

H: No.

At what point, if ever, did that fear or apprehension dissipate?

H: Well, probably with glasnost and then when the Wall came down. We began to think, well, maybe they have so many problems they aren't able to drop bombs on us! *She laughs.*

OK. With glasnost, what, if anything new, did you learn about the Soviet Union and the people there?

H: Well, that there were people that did not agree with the regime, and that had to pay a heavy price for disagreeing. They were put in psychiatric institutes …

OK.

H: In other words, not everybody would follow, and that there were people that were very courageous.

So, it was not … In your mind, the Soviet Union was not such a monolith anymore.

H: No.

But at the same time, it became less scary, because apparently it was riddled with issues.

H: Yes, and when I was living in Germany we met a Russian family that were Jewish and I think that was the reason they were allowed to leave. They were living in Dusseldorf. My husband met them somehow; I think he had Russian lessons with her, or something. That was when I learned a little bit about the Russian education system, and that it was actually very excellent, because this woman had been a teacher, and her daughter was now going to a German school, and she would, I guess she talked about how good the Russian basic background was that the students would get in math and whatever … Something that I've never thought about before, how people were educated.

Бывали ли Вы в России, хотели ли съездить туда?

X: Нет! Пока я танцевала, хотела. Я даже купила себе как-то самоучитель и попыталась выучиться русскому языку. Меня это очень занимало, изучение русского языка. Разумеется, надолго меня не хватило.

Понятно. Когда Вы ещё занимались танцами, Вы хотели съездить туда по профессиональным причинам?

X: Нет, нет, я считала, что всё нужное мне образование я могла получить дома на месте, мне было бы страшно, мне было бы слишком страшно туда ехать.

Значит, Вы хотели поехать посмотреть на местную культуру, на людей, так? Просто туристкой?

X: Да, туристкой. Но я так и не поехала.

Не поехали?

X: Нет.

Как Вам кажется... Ёлки, забыла, о чём хотела спросить. Как Вам кажется, ввиду того, что у Вас был разнообразный международный опыт, Ваше понимание периода холодной войны было более тонким, чем у большинства американцев, или примерно таким же?

X: Нет, я думаю, примерно таким же. Примерно таким.

Если бы к Вам домой приехала гостья из России тогда, когда Вам было четырнадцать лет, если бы к Вам прислали кого-то из Советского Союза, что бы Вам в то время захотелось ей показать, рассказать об Америке? Что бы Вы стали вместе делать?

X: Кушать! *(Смеётся)* Показывать ей Нью-Йорк!

Нью-Йорк?

X: Нью-Йорк, потому что я в нём жила. Я бы показала ей пляж, сводила её на пляж, сводила послушать музыку... Я бы тогда училась в старших классах, правильно? И я была бы не в состоянии показать ей столько всего американского, сколько другие дети моего возраста, потому что мои родители были настолько немцами, что я не смогла бы продемонстрировать ей аутентичную жизнь американской семьи. Моя бы всё время отдавала немецкостью.

Верно, что привнесло бы дополнительное измерение из-за советско-германских отношений.

X: Да! *(Смеётся)*

Если бы у Вас была возможность получить особую танцевальную стипендию и поехать в Советский Союз в четырнадцать лет, что бы Вы там захотели увидеть?

X: О боже, я бы страшно боялась ехать! Но, конечно, это была бы блестящая возможность!

В каком смысле? Чего боялись и отчего блестящая?

X: Ну, вот поедешь в Россию, за тобой захлопнется дверь и ой! Ты теперь в России, понимаешь ли!

Тут тебя и съедят!

Have you ever been to Russia or have you had an interest in going?

H: No! When I was dancing, yes. In fact, I bought myself a book once and wanted to teach myself Russian. I was fascinated by that, by the Russian … learning the Russian language. Of course, I didn't get very far with it.

Right. When you were dancing, did you want to go for professional purposes?

H: No, no, because I figured I had the training I needed where I was, I would've been too afraid, I would've been too afraid to go there.

So, you just wanted to go just to see the culture, the people, right? Just as a tourist?

H: Yeah, as a tourist. But I never did.

But you never went?

H: No.

Would you say … . Sheesh, I forgot what I wanted to ask you. Would you say that because of your international exposures, various international exposures, you had a more sophisticated understanding of the whole Cold War period, or about the same as most Americans, or?

H: No, I think it was about the same. About the same.

If you had a homestay person visit from Russia when you were 14 years old, if somebody was sent to you from the Soviet Union, what would you have liked, at that time, to show them, or to have them know about America? What would you do with them?

H: Uh, eat! *She laughs.* Show them New York City!

New York?

H: New York, which was the area where I lived; show them the beach, take them to the beach; have them listen to the music … And I would've been in high school at the time, right? Now I was not, I probably couldn't show them as much American things as other kids my age because my parents were so German, I wouldn't have have been able to offer them an authentic American home life, it would've been tinged with the German-ness all the time.

Right, which would, of course, bring another dimension because of the Soviet-German situation.

H: Yes. *She laughs.*

And if you had a chance to go on a dancing scholarship to the Soviet Union when you were 14, what would you like to have seen?

H: Oh my gosh, I would've been terrified! But, of course, it would've been fabulous!

In what way? Terrified of what and fabulous how?

H: Well, just going to Russia and having the door shut behind you—oops!—and now you're in Russia, you know!

And then they eat you!

H: They eat you! *She laughs.* Yeah, I don't know. That opportunity never came up.

X: Тебя съедят! *(Смеётся)* Да, не знаю... Такая возможность мне не предоставилась.

Вы бы не поехали?

X: Мне было бы слишком страшно ехать.

Вы бы не поехали. Хорошо, отличный ответ! Спасибо, Хэрриет, мне всё понятно!

X: Ну, может, всё, может, еще не всё. *(Смеётся)*

Спасибо огромное!

You wouldn't have gone?

H: I would've been too scared.

You wouldn't have gone. OK, well, that's a perfect answer. Thank you, Harriet, that wraps it up for me!

H: Well, maybe it does, maybe it doesn't. *She laughs.*

Thank you so much!

Фрэнки едет в Голливуд

Привет! Сегодня 23 апреля 2010 года, я разговариваю с Наташей. Здравствуйте, Наташа!

Н: Привет, Аня!

Наташа, для установления исторического контекста скажите, в каком году Вы родились?

Н: Я родилась в 1973-м.

В 1973-м. И где Вы родились?

Н: Я родилась в Сараево, в то время это была Югославия. Сейчас это Босния[162].

Своё детство Вы провели там же?

Н: Первые несколько лет я прожила в Сараево, до четырёх лет, а потом в возрасте четырёх с половиной я переехала в Белград. В промежутке я жила у бабушки с дедушкой в Македонии, потом мои родители переехали, и я переехала с ними в Белград. Там я выросла и там жила до двадцати пяти лет.

Что Вы запомнили о своём детстве, проведённом в социалистическом государстве? Что приходит в голову, пусть не обязательное связное?

Н: Объёмный вопрос. Х-м-м... Все воспоминания, связанные с югославским детством, у меня только позитивные. Ничего негативного даже на ум не приходит, кроме... В смысле, ничего негативного собственно о самой стране. Разумеется, было в жизни немало плохого, связанного с учителями, друзьями, родителями и так далее, но ничего, что можно было бы привязать собственно к политической системе.

Вы знали в детстве, что живёте в социалистической стране? В возрасте семи, шести, пяти лет?

Н: Х-м, да. В возрасте пяти лет, наверное, нет, но где-то лет с семи знала. То есть, я не думала о том, что страна социалистическая. Вряд ли я в семь лет задумывалась

---

162 Большую часть XX века Югославия просуществовала как единое государство. К настоящему моменту страна распалась на следующие государства: Сербия, Хорватия, Словения, Македония, Черногория, Босния и Герцеговина, и частично признанная Республика Косово.

Frankie Goes to Hollywood

Greetings! Today is April 23, 2010, and I am talking to Nataša. Hello, Nataša!

N: Hi, Anya!

Hi! Nataša, for the sake of history, what was your year of birth?

N: I was born in 1973.

1973; and what was your place of birth?

N: I was born in Sarajevo, which at the time was the former Yugoslavia.[180] Now it's Bosnia.

And was that where you spent your childhood?

N: The first several years of it I lived in Sarajevo, until I was 4, and then I moved to Belgrade when I was 4 and a half. In the meantime, I went to live at my grandparents' in Macedonia, and then my parents were moving, and then I just moved to Belgrade, and that's where I grew up and I lived until I was 25.

What do you remember about growing up in a socialist country? This doesn't have to be coherent, just whatever comes to mind.

N: This is a big question. Uh-m, it was … I mean, all my memories associated with growing up in Yugoslavia were really positive. I can't really think of anything negative other than … I mean, nothing negative in terms of the country itself. I mean, obviously, I got plenty negative things in terms of the teachers and friends, or parents, and things like that, but nothing I can really pin down to the actual political system itself.

Did you know that you were living in a socialist country? As a child, 7-year-old, 6-year-old, 5-year-old?

N: Uh-m, yeah! As a 5-year-old, no, probably not, but I knew, like, probably since I was about 7 onwards. I mean, I did not really think of it as a socialist country. I don't think I

---

180 Yugoslavia existed as a single country for most of the 20th century. Now, its successor states are Serbia, Croatia, Slovenia, Macedonia, Montenegro, Bosnia and Herzegovina, and the partially recognized Republic of Kosovo.

о том, что это слово означает, хотя я тогда вступила в пионеры[163], нам повязали красные галстуки и всё такое... Но, по-моему, я точно не знала, что именно это означает, не знала, что мы чем-то отличались от других стран. Мне это было вообще всё равно. По-моему, я начала это осознавать только в подростковом возрасте, когда уже начинаешь размышлять о своей стране, понимать, что ты живёшь в Европе, что в ней есть и другие страны, ты можешь поехать в эти страны и сравнить их со своей. Да, что касается социализма, я о нём не задумывалась. Я просто считала... Я принимала как должное то, что система такова, какова она есть, что мы имеем то, что имеем... То есть, моя семья жила довольно хорошо, я не могу сказать, что... По-моему, у нас тогда не существовало таких огромных различий, какие были... Все жили относительно скромно, но хорошо! Не знаю, как это объяснить. У народа не было столько наличных, чтобы покупать роскошные автомобили и тому подобное, но основные нужды каждого были обеспечены. Я помню, что я как бы не понимала социальных различий, не думала о социальных различиях, которые проявились у нас только недавно, в последние пятнадцать-двадцать лет. Пока я росла, пока ходила в школу, у меня о них даже и мысли не было, потому что все мои друзья-одноклассники были самого разного происхождения. Были дети из рабочих семей, дети из интеллигентных семей, дети, у чьих родителей было высшее образование, дети, у чьих родителей не было высшего образования, и при этом они все были примерно одинаковые. Я хочу сказать, что... Были малозаметные различия вроде того, что, например, родители некоторых детей имели возможность работать за границей, они зарабатывали больше в твёрдой валюте, как мой отец и родители многих других детей. Но, помимо того, социальной дифференциации практически не было: мы все жили в одинаковых жилых районах, одинаково проводили время, ездили в одинаковые поездки.

Вы говорите, что принимали то, что имели, как должное. Что именно Вы имели?

Н: Х-м...

Давайте начнем вот с чего: у Вас была собственная комната?

Н: Да. Была.

У Вашей семьи был автомобиль?

Н: Да, да, был.

Хорошо. У Вас была большая квартира?

Н: Да, была. У нас была большая квартира и мы принимали всё, что у нас было, как должное... Я просто говорю, что мне всё это казалось нормальным, так как я не знала, как и что делается в других странах, как люди поступают в других странах. То есть, как там покупают машины, как получают квартиры, как приобретают жилье, да? Опять же, мне кажется, я стала это понимать только в последние пятнадцать-двадцать лет, потому что сейчас чрезвычайно трудно

---

163 Союз пионеров Югославии (1942 – 1992), подструктура Союза социалистической молодёжи Югославии, был разделён на группы младших (с 7 до 11 лет) и старших (с 11 до 15 лет) пионеров.

ever really thought about what that meant, when I was 7, you know, I became a Pioneer,[181] we wore the red scarves and all the stuff, so ... But I don't think I was ever really aware of what that actually meant, or that we were somehow different from other countries. Like, it just really didn't make any difference to me. I think I only became aware of that probably when I became a teenager. You know, when you start thinking about your country and you become aware that you live in Europe, and that there are other countries, and then you travel to those other places, and so you can compare. Yeah, in terms of socialism, I didn't really think about it. I just thought ... I took it for granted that the system was of the way it was, that, you now, we had what we had and ... I mean, my family lived pretty well, I can't tell, like ... I don't think there were huge differences, like there were in ... I mean, everybody kind of lived relatively modestly, but well! I'm not sure how to explain that. People didn't have a lot of cash to buy luxury cars and things like that, but everybody had all the basics covered. What I remember is, just, like, not understanding social differences, not thinking of social differences, which became only obvious in the last 15 to 20 years. I never even thought about it when I grew up, when I went to school, because all of my friends in my class were from all sorts of backgrounds. There were kids from blue-collar families, kids from white-collar families, kids whose parents had college educations, kids whose parents had no college education, but they were also kind of the same. Like, I mean, they ... There were slight differences in the sense of, you know, some kids' parents got to work in foreign countries and then they would make extra money, like hard currency, like my dad did, and a lot of us kids did, but aside from that there was really no social differentiation: we were living in the same neighborhoods, doing the same things, going on the same trips.

When you say you took what you had for granted, what exactly did you have?

N: Uh-m ...

Let's start with—did you have your own room?

N: Yeah. I did.

Did your family have a car?

N: Yes, they did, yeah.

OK. Did you have a large apartment?

N: Yeah, we did. We had a large apartment, and yeah, we took what we had for granted ... I'm just saying that all these things seemed normal to me because I did not know how other countries did these things, or what you did in other countries. I mean, how you bought your cars, how you got your apartments, how you got to have a place where you lived, right? I think, I only became aware of that, again, in the last 15 to 20 years, when now, well, it's extremely difficult to buy a car, to buy an apartment or things like that. But, like, back in the day, and I don't know if this is how it was in Russia, but you would get

---

181 Union of Pioneers of Yugoslavia (1942-1992) was a substructure of the League of Communist Youth of Yugoslavia, for children ages 7-11 (younger Pioneers) and 11–15 (older Pioneers).

купить машину, купить квартиру и всё такое. Не знаю, как раньше поступали в России, но у нас тогда квартиры выдавало государство; либо предприятие, на котором человек работал, либо государство, в зависимости от ситуации. Но обычно, как было в случае с моими родителями... Место работы моих родителей и разные другие предприятия вкладывали деньги в постройку многоквартирного дома или нескольких, или покупали где-то квартиры. Человек вставал в очередь и его семью оценивали по количеству членов, по размеру требуемой квартиры и так далее. Потом человек дожидался своей квартиры и ему её в конце концов давали. В случае с моими родителями всё получилось довольно неплохо, потому что... К примеру, ту квартиру, в которой они живут сейчас, им пришлось ждать годами! Но у нас уже была другая квартира, им дали её, когда они переехали в Белград. Мы хотели квартиру побольше, так как наша была маловата, и нам пришлось немного подождать, но мы не считали этот процесс болезненным или ненормальным. Ещё родители обычно покупали... Опять же, у нас не было больших денег, поэтому они покупали машины как бы среднего класса по западным стандартам. То есть, мы меняли машину раз в пять-шесть лет, точно не скажу. Самым шикарным из наших автомобилей, насколько я помню, был «ситроен», машина была ужасная и всё время ломалась, поэтому мои родители в конце концов сдались и купили «Юго»[164].

Кем работали Ваши родители?

Н: Мама была... Она была инженером-электриком, работала в федеральном патентном бюро. Её работа, в принципе, состояла в том, чтобы принимать и рассматривать заявления на патенты, одобрять или не одобрять их. Она этим занималась всю жизнь, а папа... Он был экономистом, он работал на предприятии, которое занималось всякой внутренней и международной торговлей, с разными странами.

Он состоял в коммунистической партии?[165]

Н: Они оба были членами партии, да. И они не очень... Они были просто рядовыми членами.

Они были членами партии потому, что в неё имело смысл вступать для продвижения по службе, или потому, что они на самом деле придерживались коммунистической идеологии?

Н: Они на самом деле придерживались коммунистической идеологии, и до сих пор они оба... Они были очень идеалистичны. Мне кажется, они вступили в партию, когда им было по двадцать с чем-то лет, двадцать лет с небольшим, тогда это было обычным явлением. Не знаю точно. Да, конечно, в Югославии, точно так же, как и в остальных коммунистических странах, если тебе хотелось иметь хорошую работу и не хотелось становиться предметом нападок, ты вступал в

---

164 Компактный автомобиль, выпускался с 1980 по 2008 г. югославским автозаводом «Zastava».

165 Союз коммунистов Югославии, первоначально Коммунистическая партия Югославии, существовал в период с 1919 по 1990 г. и был правящей партией страны.

your apartment from the government, from the company where you worked or from the government, depending on the case. But, like, usually, my parents ... So, with my parents' and everybody else's place of work, the company would invest in an apartment building or several of them, or buy apartments somewhere, and then you would get on the list, and then you would be graded based on how many people you had in your family, how big of an apartment you needed, all this kind of stuff. And then you would be waiting for an apartment, and then you'd get it eventually. So, in my parents' case that worked out pretty well because ... Like, for instance, the apartment where they live now, they waited for it for years! But we already had a different place that was given to them when they first moved to Belgrade. So, we wanted a bigger apartment because their place was pretty small, but we had to wait for it for a bit, but it didn't seem painful or, like, it didn't seem kind of crazy. And then, my parents would buy ... And again, we didn't have a lot of money, so they would buy cars that were probably, like, mid-range, I guess, by Western standards. I mean, we would go through cars every, maybe, five or six years, I don't know. I mean, the most luxurious car that we had that I can remember is Citroen, which was horrible, it actually broke down all the time, so my parents just gave up on it and bought a Yugo.[182]

What did your parents do?

N: Uh-m, my mom was a ... She was an electrical engineer, she worked at a federal patent office and she, basically, her job was to receive patent applications and review them and then give them a green light or not. That's what she did her whole life, and my dad ... He was an economist, he just, kind of, worked for a company that did all sorts of internal and foreign trade with various countries.

Was he involved with the Communist Party?[183]

N: They were both members of the Party, yeah. And they weren't really ... I mean, they were just members.

They were members. Was it because it was a smart move to do in terms of a career, or because they truly were ideologically Communist?

N: They were truly ideologically Communists, I mean, both of them still, today ... They were very idealistic. And I think they probably joined the Party in their twenties, their early twenties, when it was really common. I don't know. I mean, yeah, sure, in Yugoslavia, just like in all the other Communist countries, if you wanted to have a good job, if you did not want to be targeted, you had to be a member of the Party. But I also know other examples of other people who were successful at their jobs and they were never members of the Party. So, I guess that really depends, like, maybe, if they had tried to

---

182 The Yugo was a compact car produced between 1980 and 2008 by the originally Yugoslav Zastava Automobiles.

183 The League of Communists of Yugoslavia, initially the Communist Party of Yugoslavia, existed between 1919 and 1990 and was the country's ruling party.

партию. Но мне известны примеры и других людей, которые добивались успехов в работе, не вступая в партию. Наверное, всё зависит от ситуации, может, им надо было бы состоять в партии, если бы они захотели стать начальниками или занять какую-нибудь правительственную должность. Но они не вступали, они были обыкновенными работниками. Но да, в случае с моими родителями, думаю, был чистый идеализм. Мой отец даже и сейчас то же самое говорит. Он сам из супербедной семьи и он говорит, что, если бы не коммунисты, он никогда не смог бы получить высшее образование, он из такой семьи, которая ни за что не смогла бы себе позволить заплатить за учёбу. То есть, он сам выстроил свою жизнь с нуля, он получил образование, так как оно было бесплатным, ему дали государственную стипендию, и так далее. А вот моя мама, с моей мамой всё было совсем наоборот, она-то была из очень богатой семьи, обнищавшей после того, как коммунисты конфисковали всё их имущество, и тем не менее она была коммунисткой. Она была предана идее. Она верила в неё.

Вы упомянули, что ходили в школу вместе с детьми из рабочих семей. Дружили ли Вы с кем-то из этих детей, ходили ли к ним домой, и видели ли заметную разницу между их уровнем жизни и Вашим?

Н: Х-м, и да, и нет. Трудно сказать. Да, думаю, что она была, что разница была. Трудно сказать, потому что мы все жили относительно скромно. У моих родителей, наверное, зарплаты были выше, но у нас дома не было никаких преметов роскоши, кроме, может быть, картин.

Ну, давайте начнём с машин и отдельных комнат. Были ли у тех детей свои комнаты? Были ли у их родителей машины?

Н: Да, да, были.

Ладно. Значит, они были почти у всех знакомых Вам семей.

Н: В каждой знакомой мне семье был какой-нибудь автомобиль. В то время у людей обычно были... В основном у людей имелись какие-нибудь машины типа «Юго» или, может, «Гольфа»[166] или чего-то подобного, машины среднего класса.

Хорошо.

Н: Я пытаюсь вспомнить... Да! И вообще, некоторые... К примеру, у меня была своя комната только потому, что, когда родителям дали квартиру, мы с сестрой должны были жить вдвоём в одной комнате, а у родителей должна была быть своя спальня. Но мои родители поступили так: в квартире была ещё одна комната, она предназначалась для чего-то вроде кладовки, и она была большая и совсем без отделки, в ней не было ни паркета, ничего, они её отремонтировали и сделали из неё жилую комнату. Вот по этой причине у меня и у сестры были отдельные комнаты.

У Вас всего одна сестра?

---

166 Модель «фольксвагена».

become managers or, you know, hold some sort of a political office, they would have to be members of the Party. But they didn't, they were regular employees. But yeah, in their case, I think, it was purely idealistic. My dad, I mean, he says it even today. He came from a super-super-poor background, and he says if it hadn't been for Communists he would never had gotten a college education, he was from that kind of family, he never would have been able to afford it. So, he's basically built himself up from the bottom up, and received an education because it was free, and had a stipend from the government, all that stuff. And my mom, I mean, my mom is the opposite case, she actually was from a very rich family that was impoverished after the Communists confiscated all their property, but she was a Communist. She was dedicated to that cause. She believed in it.

When you say you went to school with some kids from blue-collar families, were you friends with any of those kids, did you ever go over to their house, and did you see any marked difference in their standard of living from what you had?

N: Uh-m, yes and no. Hard to tell. Yes, I think there were, there were differences. It's hard to tell because we all lived relatively modestly. My parents had probably higher salaries, but we didn't really have luxury items in our house aside from, maybe, paintings.

Well, let's start with the car and their own room. Did those kids have their own rooms? Did their families have cars?

N: Yeah, yes, they did.

OK. So, pretty much every family you knew.

N: Every family I knew had a car of some sort. At the time you would usually have … A lot of time you would have some type of product, like a Yugo type of a car, maybe a Golf or something like that, some sort of a mid-range car.

Alright.

N: I'm trying to think … Yeah! And I mean, some of the … Like, the reason I had my own room, actually, was when my parents got their apartment, my sister and I were supposed to share a room, and my parents were supposed to have a bedroom. But what my parents did was, there was another room in the apartment that was meant to be, like, a pantry room, but it was really big, and it was unfinished completely, there was no parquet or anything like that, so they just renovated that and turned it into a room that would be habitable. So, this is the reason my sister and I each had a room.

You only had one sister?

N: Yeah.

When you say your parents were Communists because they believed in communism, do you remember them ever translating their beliefs to you, or conferring them upon you, or discussing with you, you know, what the differences between communism and capitalism were?

N: No, never.

Or how communism was good and why.

Н: Да.

Вы говорите, что Ваши родители стали коммунистами потому, что верили в коммунизм. По Вашим воспоминаниям, передавали ли они Вам свои убеждения, внушали ли их Вам, обсуждали ли с Вами различия между коммунизмом и капитализмом?

Н: Нет, никогда.

Не рассказывали, чем и почему был хорош коммунизм?

Н: Не-а. Ни разу, то есть, когда я говорю, что они были коммунистами, я не имею в виду того... Югославия – это особый случай. Вот что я имею в виду, когда говорю, что они были коммунистами: после вступления в партию они вряд ли о ней задумывались. То есть, они вступили в свои девятнадцать-двадцать лет и оставались в партии безо всяких размышлений о том, что это значило. Не думаю, что они были политически активными членами... и вообще политически активными хоть как-то... Не знаю, как это объяснить. Было очень мало людей, а на самом деле, вне верхних эшелонов партии вообще не было людей, продвигавших идеологию на повседневной основе. Это бы выглядело попросту ненормально. Это было бы ненормально. Да, они были членами партии и вступили в неё потому, что верили в неё, и после того момента мы в первый раз с ними заговорили о партии лет только десять-пятнадцать назад, когда они смогли начать сравнивать свой прошлый мир с тем, что происходит сейчас. А пока они работали, они вообще не думали о политике. Точно так же, как люди здесь, они ходили на работу, потом шли домой, занимались детьми, делали другие повседневные дела, но о политике не размышляли.

Значит, политические вопросы у Вас дома совсем не обсуждались?

Н: Нет. То есть, они были... Такое не... Да, они были коммунистами, и в то же время в 80-х... Такие у меня воспоминания. Они не были... В 80-х много критиковали коммунизм, вся критика шла в открытую, и они всё время как бы насмехались... Всё это было верно уже тогда, когда я была ещё младше, пока ещё был жив Тито[167]. Когда по телевизору показывали речи Тито, папа говорил: «Боже мой, сколько их можно смотреть!» Всё рассматривалось с таким, как бы, почти разочарованием... Как окостенелая идеология, которую нужно было менять, в общем.

А как насчет школы? В школе политика обсуждалась?

Н: Ой, обязательно. Школа служила основным местом индоктринации, коммунистической индоктринации.

Как она проводилась?

Н: Опять же, она была очень поверхностной. Она была поверхностной в том смысле, что в неё никто не верил. Люди просто совершали формальные действия.

Какие действия?

---

167 Иосип Броз Тито (1892 – 1980) служил политическим лидером Югославии в различных ролях с 1943 г. до своей смерти.

N: Uh-uh. Never, I mean when I say they were Communists, I'm not saying that they were … I mean, Yugoslavia's a special case. What I mean when I say they were Communists is I don't think they ever thought about it after they joined. I mean, they joined probably in their late teens or early twenties, and they just remained members without ever really thinking about the implications of what that meant. I don't think that they were politically active in the … or in any way politically … I am not sure how to explain it. Uh-m, there were very few people, there were actually no people aside from the people in the top echelons of the Party who would be promoting the political ideology on a daily basis. I mean, it would just be weird. It would be weird. So, they were members of the Party and I think they joined because they believed in it, and we all only talked about it, maybe, again, in the last 10 to 15 years, when they could compare what was their world and what was happening now. But throughout their jobs they never really thought about politics; it would be just like here. They would go to work, come home, hang out with the kids, do other things on a daily basis but they wouldn't think about politics.

So, politics was not discussed at home for you, not at all?

N: No. And I mean, they were … This is not something, you know … Yeah, they were Communists, but at the same time in the '80s … This is what I remember. They weren't … I mean, in the '80s there were a lot of criticism of communism, all that critique that came out in the open, so they would always be, kind of, making fun of … All of this was actually when I was younger, when Tito[184] was still alive. They would be playing, like, Tito's speeches on television and my dad was like, "Oh my God, I can't watch them again!" It was seen as very much, kind of, this almost disenchanted … Ossified ideology that needed to be changed, basically.

How about at school? Was politics ever discussed at school?

N: Oh, absolutely. School was the prime place of indoctrination, the Communist indoctrination.

How did that look?

N: Again, it was very superficial. It was superficial in a sense that I don't think anybody believed it. People just went through the motions.

What motions?

N: You had to do all the rituals about Pioneer stuff, I remember, more in elementary school than in high school. In high school we didn't have those rituals anymore. I mean, it was already late '80s, and our high school was oriented towards humanities and stuff like that, so it wouldn't have interested them. But in elementary school we went through

---

184 Josip Broz Tito (1892-1980) served in various roles as the political leader of Yugoslavia from 1943 until his death.

Н: Надо было ритуально делать всякую пионерскую ерунду, насколько я помню, чаще в начальной школе, чем в старших классах. К старшим классам у нас ритуалов не осталось. То есть, тогда уже был конец 80-х, школа у нас была с гуманитарным уклоном и всё такое, ритуалы уже не могли тогда никого заинтересовать. Но в младших классах мы пели бесконечные песни о Тито и о славных победах наших партизан во Второй мировой войне[168], и ещё что-то было, дайте подумать... Значит, песни и вся та литература, которую мы читали на уроках. Существовало много литературы, в которой прославлялось партизанское сопротивление фашистам во Второй мировой. Разумеется, когда нам преподавали историю, большую часть уроков отводили теме борьбы партизан с фашистами во Второй мировой. В начальных классах их ещё не было, а в старших уже вводили уроки марксизма, они были очень-очень скучными и исключительно... Опять же, очень догматическими и очень поверхностными. Все их терпеть не могли, потому что на самом деле мы о таком между собой не разговаривали...

Вы понимали содержание уроков или просто слушали кучку бубнящих о чём-то взрослых?

Н: Кучку взрослых... Которые отрыгивали в нашу сторону эту жвачку. Там не было... Мы читали что-то по теме, но всё подавалось очень упрощённо и совсем нас не интересовало. Для нашего уровня материал не был приспособлен. Сейчас по размышлении мне кажется, что всё это надо было преподавать совсем по-другому, надо было адаптировать для детей. Мне тогда были безразличны, например, права рабочих, фабрики и подобные вещи. В пятнадцать лет о таких вещах не задумываешься. Материал был очень-очень сухой, многое надо было заучивать наизусть и пересказывать, надо было изучать всё это рабочее самоуправление, всю ту ерунду, которая просто... Предмет преподавался очень скучно, они не умели правильно преподавать. Они всего лишь создали сильное сопротивление: мы считали материал тупым, считали, что его можно было только зазубрить и потом обратно отрыгнуть. И что ещё? Ах, да! Вот ещё что: по той же причине в младших классах я ненавидела русский язык. Когда я училась в школе, нам давали два иностранных языка. Обычно первым иностранным для всех шёл английский, а вторым, в зависимости от того, в какую школу попадал ребёнок, мог оказаться французский, русский или немецкий. Я попала в школу, где преподавали русский. Я его ненавидела, абсолютно ненавидела, потому что учебники русского все были про комсомол, Лайку[169] и великолепие СССР, скучные, просто скучные! Знаете, в десять лет читать такую фигню совсем не хочется. Так что вот! Потом, когда <u>я училась в ст</u>арших классах, учебники русского стали немного другими, менее

168 Народно-освободительная армия и партизанские отряды Югославии, коммунистическое движение сопротивления немецко-фашистским войскам на территории оккупированной Югославии; считается самым успешным движением сопротивления в Европе во время Второй мировой.

169 Советская собака-космонавт, облетевшая Землю по орбите в 1975 г. Лайка не дожила до конца полёта.

endless songs about Tito and the glorious partisan achievements of WW2;[185] then, let's see, what else … So, it was the songs, and all the literature that we read in class. A lot of the literature was glorifying the partisan resistance to Nazis in WW2. Obviously, you know, when you learn history, a big part of it was learning about partisans and Nazis fighting in WW2. We didn't really have this in elementary school, but later in high school we had classes in Marxism, which were also very-very boring and extremely … Again, very dogmatic and very superficial. Everybody hated them because we didn't really talk about it …

Did you understand what they were about, or was it just a bunch of adults yabbering at you?

N: It was a bunch of adults … Yeah, regurgitating this stuff at us. It wasn't … We read, but it was just very reductive, and it was something that we didn't even think about. It just wasn't adapted to our level. I feel now that I think about it that it should have been taught in a different way, should have been adapted to a child's level. I didn't care about, you know, workers' rights and factories and things like that. When you are 15, you don't think about that. It was just, you know, very-very dry and much of it had to be regurgitated, and you had to learn the whole self-management system, this whole thing, and it was just … The way it was done was very boring, and they did not know how to do it. They just created a lot of resistance and we just thought it was stupid, we just thought we had to learn it by heart and then spew it back. What else? Oh, yeah! Also, this is another thing: this is the reason I hated Russian in elementary school. At the time I went to school we had two foreign languages; usually, the first foreign language had to be English for everyone, and then the second foreign language, depending on the school where you went, it had to be French, Russian, or German, and I ended up in a school that offered Russian. And I hated it, absolutely, because all the Russian textbooks had to deal with Komsomol, Laika[186] and the glories of the Communist Soviet Union, and it was boring, it was just boring! You know, you are, like, 10, and you don't want to read about that crap. So, yeah! So, when I went to high school, the textbooks in Russian were a little bit different, they were less ideological, they were a little bit more complex, but also my Russian teacher ditched them, and she brought Daniil Kharms[187] and various other writers, I don't know, Turgenev,[188] and all those sorts of people who I still read in Russian, and that was fun.

When you were studying that god-awful Russian in elementary school, what image of Russia or the Soviet Union did you get? Did you think, dear me, what a horrible place?

N: Yes, absolutely! I mean, at the time … It was, it was really kind of split, as I said, when I actually went to high school, I … I've always kind of grown up in a house where the

---

185 The National Liberation Army and Partisan Detachments of Yugoslavia, Communist-led resistance movement in the occupied Yugoslavia; it was considered Europe's most successful resistance movement in WW2.

186 A Soviet space dog launched to orbit the Earth in 1975. Laika did not survive the flight.

187 Daniil Kharms (1905-1942) was an early-Soviet absurdist writer.

188 Ivan Turgenev (1818-1883) was a Russian novelist, poet, and short story writer.

идеологизированными, чуть более сложными, к тому же моя учительница русского их совсем забросила и стала с нами читать Даниила Хармса и других писателей вроде Тургенева, которых я до сих пор читаю по-русски, вот тогда уже стало интересно.

Когда Вас учили этому жуткому русскому языку в начальных классах, как Вы себе представляли Советский Союз? Не думали ли Вы: «Господи, какое ужасное место!»

Н: Да, несомненно! То есть, в то время… Там было некоторое расщепление. Как я уже говорила, когда я пошла в старшие классы, я… Я росла в доме, где родители много читали, я всегда была окружена русскими книгами и так далее. Поэтому я знала, что где-то существуют русская литература, русское искусство и подобные вещи, я знала, что они где-то есть, да? Они наличествуют. В то же самое время образ современной Росии был изрядно шизофреническим. Современная Россия казалась мне кошмарным, тоскливым, мрачным местом, невероятно догматичным. Честно говоря, меня сейчас занимает вопрос: кто вообще составлял те учебники? Если подумать, было бы интересно узнать, что за люди…

Чтобы им отомстить?

Н: Нет, мне интересно, писали ли учебники сами югославы или югославы в сотрудничестве с Советским Союзом? Непонятно, зачем им понадобилось нас идеологически воспитывать при помощи учебников русского? Это очень странный приём, ведь нас всё время идеологически воспитывали на сербском и сербохорватском, с помощью учебников и литературы, на самом деле. Мы читали литературу о Второй мировой войне и так далее, но в то же время мы читали и разнообразную мировую литературу, которая была совсем не связана с коммунизмом и прочими делами, да? Так что я не понимаю, в чём там было дело.

Когда Вы начали изучать английский, учебники чем-нибудь отличались?

Н: Да, они были совершенно другими. Не могу сказать, что в них не было идеологии, в любом тексте в какой-то мере присутствует идеология, но в них не писали, чем славен капитализм.

Разумеется, не писали! Писали ли в них, чем славна компартия Великобритании? Вот о чём я спрашиваю!

Н *(смеётся)*: Нет, нет, вовсе нет! Учебники английского были совершенно невинными. То есть, они были похожи на современные учебники любого иностранного языка.

Значит, в них не писали о Великой Октябрьской социалистической революции?

Н: Нет, нет, нет, совсем нет, в них писали…

А в советских учебниках английского о ней писали.

Н: Нет! То же самое мне рассказывал [мой друг] Кай об учебниках в Германии, и мне это показалось очень странным, ведь в наших учебниках писали что-то вроде: «Давайте посетим Лондон! Вот Лондонский Тауэр, тыры-пыры!» Они скорее рекламировали занимательную британскую культуру, мол, вот британские обычаи,

parents liked to read a lot, and I was always surrounded by Russian books, and all that stuff. And so, I knew that somewhere out there, there was this Russian literature and Russian art, and all those things, and you know that that's there, right? It's available. But at the same time the image of contemporary Russia was really schizophrenic; cotemporary Russia seemed like this god-awful, bleak, dreary place that was incredibly dogmatic. And just to be honest, I now wonder who actually wrote those textbooks? Now that I think about it, I wonder who, like …

To get back at them?

N: No, I wonder if it was Yugoslavs, or if it was Yugoslavs in collaboration with the Soviet Union! I just don't know, because I wonder why they would try to indoctrinate us through Russian textbooks? It is just a very strange move, because we were indoctrinated in Serbian and Serbo-Croatian, at the time, textbooks and literature, really. Like, we would read literature that was written about WW2 and so on, but we'd also read all sorts of other world lit. I mean, it was completely unrelated to Communism or anything, right? So, I just don't understand why, you know.

When you started to take English, were the textbooks any different?

N: Yeah, they were totally different, I mean, I am not saying they were non-ideological, because any text is ideological to a certain extent, but they weren't talking about the glories of capitalism or anything.

Of course, they weren't! Were they talking about the glories of the Communist Party of Great Britain, for instance? That's what I'm asking.

N: *She laughs.* No, no, not at all, no! The textbooks in English were completely innocent. I mean, they were like today's textbooks in any foreign language, you know.

So, they did not talk about the Great October Socialist Revolution, no?[189]

N: No, no, no, not at all, they talked about …

Because that's what Russian English books were.

N: No! And that's what [my friend] Kai told me about his books in Germany, and I think it's very odd, because our textbooks were all about, "Let's go visit London! Here is the Tower of London, blah-dee-blah!" It was kind of more promoting interesting British culture, and these are the British customs, and this is how the Brits take their tea, you know, so it was more … It was completely innocent. I mean, innocent insofar as it was actually promoting this Anglophile little, you know, mindset in many Yugoslavs, and it is very-very present and still is incredibly strong, even today! So yeah, in some ways it was the opposite effect because I think when I was growing up I immediately, as soon I turned 12 and was old enough to read British English books, I ran to the British Council and got myself a membership and checked out all their little books in English and became a little Anglophile! I mean, it was the opposite effect because I think those kinds of texts had a

---

189 The Russian Revolution of 1917 which brought Bolsheviks to power.

вот как британцы пьют чай; они были скорее... Они были совершенно невинные. То есть, невинные постольку-поскольку, на самом деле они продвигали такую, скажем, узкую англофильскую ментальность среди многих югославов, она до сих пор очень сильно присутствует и до сих пор удивительно сильна, даже в наши дни! Так что да, в некоторых аспектах от них был противоположный эффект, потому что как только мне исполнилось, по-моему, двенадцать, и я стала в состоянии читать книжки на британском английском, я побежала в Британский совет[170], записалась в него, набрала там англоязычных книжечек и стала маленькой англофилкой! Эффект был противоположный, потому что подобные тексты, я считаю, имели гораздо более эффективное идеологическое воздействие, чем тексты в учебниках русского, которые только отталкивали детей! Если бы русские тексты больше рассказывали о русских обычаях или, там, русских сказках и тому подобном, меня бы в детстве они заинтересовали больше.

Вы сказали, что позже, в старших классах, содержание уроков русского изменилось?

Н: Да.

Повлияло ли оно тогда на Ваше восприятие России и Советского Союза, изменило ли его?

Н: Х-м-м, не знаю, наверное, и да, и нет. Я действительно оценила ту литературу, которую нам давала читать учительница, потому что она давала... Мне читали не только классику девятнадцатого века, она нам давала читать писателей-авангардистов двадцатого века, она нам давала... Вряд ли мы читали соцреалистические[171] тексты, зато мы читали много советской сатиры, авторов которой я сейчас не помню. Мы читали много забавной сатиры, написанной в 60-х, 70-х и 80-х, это было весело. Мне всегда нравились в ней юмор, гротеск, абсурд, да? Они мне всегда нравились. Но это был уже конец 80-х, по-моему, так что я точно не скажу... Моё отношение не изменилось. То есть, я помню, мы собирались поехать в организованный тур, он был организован, чтобы наш класс, а именно дети, изучавшие русский, съездили в Россию, а я не поехала, к сожалению, потому что я в то время концентрировалась на том, чтобы выучить английский насколько можно лучше, я собиралась поступать на английское отделение в университет. Но я бы поехала, если бы у меня были деньги и возможность. Я хотела бы съездить, но я не поехала, и очень жаль, потому что там, наверное, было очень красиво, правильно? Они поехали сначала в Москву, а потом ездили туда-сюда в разные маленькие города, и было бы здорово, если бы я тоже могла. По-моему, я думала, Россия – это что-то такое... Я считала русскую культуру существующей

---

170 Организация, призванная развивать культурные и образовательные связи между Великобританией и другими странами, имеет офисы в 110 странах мира.

171 Социалистический реализм, официальная теория и метод художественного и литературного изображения, преобладавшие в советском искусстве с 1932 г. по 1980-е годы. Работы соцреалистов изображали строительство социализма в идеализированном виде при помощи реалистических приёмов.

much more effective ideological function than the Russian texts, which were just pushing kids away! If the Russian texts had been more about, like, you know, Russian customs or Russian fairy-tales or something like that, I think I would be more interested as a kid.

But then, you said, by the time you got to high school the content of your classes, Russian classes, changed?

N: Yes.

So, did it affect or change your perception of Russia and the Soviet Union at that time?

N: H-mm, I don't know, I guess yes and no. I think that I really appreciated the literature that my teacher brought, because she brought … I mean, we didn't read just 19th century classics, which were totally good, but she also brought 20th century avant-garde writers, she brought …. I don't think we read any socialist realism,[190] but we read a lot of Soviet satire, of which I don't remember the authors right now, but we read a lot of playful satire that was written in the '60s, the '70s, the '80s, and that was really fun. So, I always appreciated the sense of humor and the grotesqueness, the absurdity, right? I always liked that. But I think this was already the late '80s, so I don't really know … It didn't change it, I mean, I remember there was a trip we organized, that was organized for us as a class, the Russian section of the class, to go to Russia, and I unfortunately did not go because at the time I was focusing on learning English as well as I could because I wanted to study English at the University, but I would have gone, like, if I had the money and if I could, I would have gone, and I didn't, and it's just too bad because it would have been beautiful, right? They went to Moscow, and then they went around visiting different little places, and so that would have been really cool. So, I think that I thought of Russia as something that's … I mean, I thought of the Russian culture as something that's outside of the Communist doctrine. I knew that there was obviously a ton of complexity there. I don't know, I didn't really see it as a … When I thought about it as a Communist place, I didn't see it as a happy place.

OK. So, to go back to the early '80s or the mid-'80s … early '80s, were you at the time aware that there was an international tension? That, sort of, might at some point resolve in a conflict? In a nuclear attack, something like that?

N: To be honest, not really like that. Because I was thinking about it, wondering, how did I live through the Cold War? And then I thought, well, I really didn't. Even the term Cold War, it doesn't really exist in Serbo-Croatian, it does exist but it's really clunky and it's clearly a translated term. It just wasn't … It just wasn't prominent in Yugoslavia. And I think the reason for that was that … I knew that there were tensions, and I knew that there was Reagan on one side, Gorbachev on the other, but it just didn't really … We felt ourselves to be on the outside of those conflicts.

You were? I mean, Yugoslavia?

---

190 Socialist realism was the officially prescribed theory and method of artistic and literary composition prevalent in the USSR from 1932 to the 1980s. Socialist realist works depicted the building of socialism in an idealized way through realist techniques.

отдельно от коммунистической доктрины. Я знала, что там явно всё было гораздо сложнее. Не знаю, я не рассматривала её в качестве... Когда я думала о ней, как о коммунистической стране, она не представлялась мне счастливой.

Хорошо. Вернёмся к началу 80-х или к середине 80-х... К началу 80-х. Знали ли Вы в то время о существовавшем международном напряжении, которое могло в какой-то момент разрешиться конфликтом, ядерным ударом, чем-то из этого ряда?

Н: Честно говоря, не особенно. Я ведь думала об этом, я задавалась вопросом: «Как же я пережила холодную войну?» А потом я поняла, что на самом деле я её не переживала. Даже термин «холодная война» в сербохорватском отсутствует, то есть, он есть, но он очень громоздкий и явно переводной. Её не было... Её не очень заметили в Югославии. И причиной тому, мне кажется... Я знала, что было напряжение, знала, что с одной стороны был Рейган, с другой Горбачёв, но всё же... Мы ощущали, что мы сами вне этих конфликтов.

Вы были вне их? В смысле, Югославия?

Н: Ага. Похоже было, что мы очень хорошо отдавали себе отчёт в том, что Югославия была особенной страной, что она не была... Что она была независимой. По крайней мере, нам так нравилось думать. Что неким образом мы не имели ничего общего ни с Западным блоком, ни с советским блоком, что мы находились в стороне от их конфликтов. Так мы себя видели, такая у нас была идеология. Естественно, США отправляли нам кучу помощи, мы имели различные торговые связи со странами Востока и Запада, но с политической точки зрения нам нравилось себя считать совершенно независимыми, нейтральными, почти Швейцарией. Я знала, что существуют конфликты, но мне казалось, что мы в них не участвуем. Честно говоря, когда я думаю об этом, я вспоминаю песню «Два племени» группы Frankie Goes to Hollywood, да?[172] Моя сестра в то время съездила в Англию, в середине 80-х, на пике напряжённости периода холодной войны, как бы, и привезла пластинку Frankie Goes to Hollywood. На одной стороне пластинки был Рейган, на другой Горбачёв, во лбах у них были проделаны дырки[173], и только тогда до меня дошло: «Так, ладно, похоже, между Россией и США идёт какой-то конфликт». Я понимаю, как это звучит [неразборчиво], но в нашей жизни ничего такого на самом деле не

---

172 Песня Two Tribes британской группы Frankie Goes to Hollywood, с её саркастическим текстом на тему ядерного противостояния США и СССР, вышла 4 июня 1984 г., добралась до первой позиции в чарте синглов Великобритании 10 июня и продержалась в топе чарта девять недель подряд, дольше всех синглов десятилетия.

173 На этикетке данного винилового сингла изображения двух политических лидеров, Рейгана и Ленина, были расположены таким образом, что центральное отверстие диска находилось в районе лба обоих портретов.

N: Yeah. It just seemed like there was very much an awareness that Yugoslavia was special, that it was not … That it was independent, or that's what we liked to think. That somehow, we had nothing to do with the Western bloc, or the Soviet bloc,[191] that we just were outside of those conflicts. That's how we saw ourselves, that was our ideology. Of course, there was a ton of aid coming in from the US, and all sorts of trade relations with the countries of the East and the West bloc, but politically we liked to think of ourselves as completely independent, neutral, almost like Switzerland. So, I was aware that there were conflicts, but it didn't seem like we were really a part of them. To be honest, when I think about it, I think of the Frankie Goes to Hollywood song, "Two Tribes,"[192] right? My sister had gone to England around that time, in the mid-'80s, the height of this kind of Cold War tension, and she brought a record of Frankie Goes to Hollywood, and so the record on the one side had Reagan, on the other side Gorbachev, with a hole right in the forehead[193] and that's when I thought, like, "OK, I guess there is some sort of conflict going on now between Russia and the US." And I know it sounds [unintelligible], but it didn't really figure in our world. The country was on the surface more oriented towards non-alignment.[194] I don't know if you are familiar with that.

Yes.

N: Yeah. I even know how to say this in Russian: politika neprisoyedinyeniya.[195]

Neprisoyedinyeniya, pravil'no! Right!

N: *She laughs.* Because we learned this in school! Uh, so yeah, that was the politics, that we all were oriented towards Africa and Asia, we were on our own, third way.

Did you have any sort of paramilitary training at school?

N: Paramilitary training … We had a class called Odbrana i Zaštita, Defense and Protection, and this was in high school. We didn't have any training; I think we did visit the military barracks at some point, they took us for a field trip to the military barracks, but I only remember this vaguely. We did not have training, we just walked around, we

---

191 The Soviet bloc included the USSR and the socialist states of Central and Eastern Europe (the Eastern bloc) as well as states outside of Europe which were aligned with the USSR. The Western bloc refers to the countries allied with the US and NATO against the Soviet bloc.

192 "Two Tribes" by the British band Frankie Goes to Hollywood, a sarcastic meditation on the nuclear-armed standoff between the US and the USSR, was released on June 4, 1984, charted #1 in the UK Singles Chart on June 10, and at nine consecutive weeks was the longest-running top-chart UK single of the decade.

193 The vinyl single in question had portraits of the two political leaders, Reagan and Lenin, printed on the label on each side, with the center hole positioned in the foreheads of the portraits.

194 The Non-Aligned Movement, established on the initiative of the Yugoslav state leader Josip Broz Tito and the Indian prime minister Jawaharlal Nehru in 1961, unites states not formally aligned with or against any major bloc.

195 Политика неприсоединения is the Russian for "non-alignment policy."

фигурировало. С виду наша страна скорее ориентировалась на неприсоединение[174]. Не знаю, знакомо ли Вам это понятие.

Знакомо.

Н: Вот. Я даже знаю, как это будет по-русски: «политика неприсоединения»!

Правильно, неприсоединения!

Н (*смеётся*): Потому что нас этому в школе учили! Так что да, такая была политика, мы ориентировались на страны Африки и Азии, у нас был свой, третий путь.

Была ли у Вас в школе какая-либо военная подготовка?

Н: Военная подготовка... У нас был курс, который назывался Odbrana i Zaštita, «Защита и оборона», он шёл в старших классах. У нас не было никаких тренировок; по-моему, как-то раз мы посетили армейские казармы, нас водили на экскурсию в армейские казармы, но я это смутно помню. Нас никак не тренировали, мы там просто всё обошли, осмотрели всякие штуки и оружие, но нас не обучали никаким навыкам. Опять же, это была скорее идеологическая подготовка, не к тому, что нам будто бы надо будет делать в случае нападения врага, а скорее теория войны. Глупости просто.

А кем был ваш предполагаемый враг?

Н: Честно говоря, я уже и не помню! По-моему, в начале была общая теория войны, общие теории сопротивления, как поступать, какие существуют виды войны: биологическая война, химическая война, идеологическая война, но не было... Я не думаю, что нам давали конкретное определение врага, но, естественно, каждый раз, когда я представляла себе врага, врагом были непременно фашисты.

Ну, вот и ответ!

Н: Врагом всегда были фашисты, так ведь? Не то, чтобы у нас были какие-то враги именно в то время, но коммунистическая Югославия всю свою историю самоопределялась через сопротивление нацистской Германии.

Значит, уроки защиты и обороны были ориентированы более на опыт Второй мировой, чем на возможность...

Н: Вы имеете в виду возможную стратегию?

Да.

Н: Они были... Это трудно объяснить. На них на самом деле прямо не говорилось о Второй мировой. На них не говорилось о возможных будущих войнах ничего, кроме, скажем, обсуждения современных военных технологий и ядерного оружия, а больше говорилось... Курс был очень теоретическим, он был скорее о теории военной обороны, теории войны и о типах войны.

Значит, Вы не имели понятия, к чему Вас готовят?

174 Движение неприсоединения, основанное по инициативе главы Югославии Иосипа Броза Тито и премьер-министра Индии Джавахарлала Неру в 1961 г., объединяло государства, не присоединённые, но и не противные формально какому-либо крупному блоку.

saw this stuff, weapons, but we didn't, like, they didn't teach us a skill or anything. It was more, again, ideological, it wasn't "What do we do in case the enemy attacks?" More the theory of war. It was just silly.

Now, who was that prospective enemy?

N: To be honest, I don't remember anymore! I think it started out with the general theory of war, general theories of resistance, what do you do, what kinds of special warfare exist: biological warfare, chemical warfare, ideological warfare, so it wasn't … I don't think there was a definite sense of the enemy, but, of course, every time I thought of the enemy, the enemy was always fascists.

Well, there you go!

N: The enemy was always fascists, right? It wasn't like, there was some sort of an enemy right now, but the whole way through which the Communist Yugoslavia justified itself was through its defense from the Nazi Germany.

So, this defense class was sort of oriented toward the experiences of WW2, not toward the possibility of…?

N: You mean, toward the possible strategy?

Yes.

N: It was … It's hard to explain, like, it wasn't actually talking about WW2, not overtly. It wasn't talking about the future possible wars, I mean aside from, like, modern warfare and nuclear weapons, it was more like … It was very theoretical, it was more like the theory of military defense and warfare, and types of warfare.

So, you did not have any idea what you were being trained for?

N: No, I don't think so! I know I had no idea; maybe others did, but I had no idea. It would be a class you would have to take if you were in the military, which you had to do for 12 months if you were a guy, and then you would have to go through some sort of training, theoretical training, in addition to; and they would probably train you on theories of warfare, blah-dee-blah. I mean, imagine, it was almost like a class you would take in a military academy, an introduction to military strategy or stuff like that, but it was very abstract, very general and theoretical. So, if I did think of an enemy, the only enemy I would think of would be German fascists. I didn't know who else to think of as an enemy.

So, you never thought a nuclear attack possible, from anyone?

N: No, no, not at all, never. And it's very strange to me when I talk to my students here. They say that they had drills, where they would be hiding under tables in their classes in the '80s, in the event of the possible Soviet nuclear attack, it's very odd to me … It was just never … We never really thought about that.

Going back to the position of non-alignment: alignment or no alignment, if you thought of the Soviet Union as a dreary place, and, correct me if I'm wrong, not a friend of Yugoslavia … Or a friend of Yugoslavia?

N: I think they were a friend, I mean, it seemed like everybody was our friend. That was

Н: Нет, думаю, не имела. Я не имела об этом никакого понятия. Может, другие его имели, но не я. Такой курс надо было проходить всем, кто шёл в армию, парням было обязательно идти в армию на двенадцать месяцев, и тогда им было надо проходить какую-то подготовку, теоретическую подготовку, в дополнение ко всему прочему. Там их должны были обучать теориям войны и т.д. и т.п. Представьте себе курс, похожий на те, которые преподают в военной академии, там, введение в военную стратегию и так далее, очень абстрактный, очень обобщённый теоретический курс. Так что единственными врагами, которых я могла себе представить, были немецкие фашисты. Я не знала, каких ещё врагов можно было себе представить.

Значит, Вы никогда не считали возможным ядерный удар, ни с какой стороны?

Н: Нет, нет, вовсе нет, никогда. Мне очень странно слышать об этом здесь от своих студентов. Они рассказывают, что у них были учебные тревоги, им приходилось в 80-х прятаться под партами на случай возможного ядерного нападения Советского Союза, а мне это в диковину... Мы никогда... Мы никогда об этом по-настоящему не задумывались.

Вернёмся к позиции неприсоединения. Вне зависимости от присоединения или неприсоединения, раз Вы считали Советский Союз мрачным местом и, поправьте меня, если я ошибаюсь, не дружественным Югославии... Или дружественным?

Н: Мне кажется, он был дружественным, то есть, нам казалось, что с нами все дружили. Такая была политика, знаете: все дружили с нами, мы дружили с Западом, с Востоком, и я никакую страну не рассматривала как врага.

С кем вы больше дружили? С Западом или с Востоком? Какая страна была лучше, США или СССР?

Н: По моему личному впечатлению?

Совершенно верно, только по личному.

Н: Я думаю, в то время, о котором мы говорим, Югославия была в основном обращена к Западной Европе. США – не особенно, но Западная Европа была нашим идеалом. Потому что мы были... Люди думали, что в Восточном блоке всё мрачно, нет никаких товаров народного потребления, людям не разрешают путешествовать, страны находятся под советской оккупацией; они были не то, чтобы врагами, просто они представлялись нам такими жалкими странами, которые практически нуждаются в помощи, понимаете? Не думаю, что люди считали этот блок враждебно настроенным, но вот к Западной Европе мы точно относились с уважением как к месту, где нет ничего невозможного и у всех есть выбор, свобода и высокий уровень жизни, да? Лучшие материальные условия и так далее. Место более интересное, и просто... Более свободное, более свободное в разных отношениях. Так мы её видели. По-моему, таким было распространённое общественное мнение. Я помню, дело было в конце 80-х, я училась в старших классах, и к нам в класс пришёл ученик из Польши, его звали Конрад, его мама преподавала польский в Белградском университете. Он к нам пришёл и мы его,

the politics, and you know, yeah, everybody was friends, we were friends with the West, with the East, I didn't think of any places as enemies.

Who were you more friends with? The West or the East? Which one was the better country? The USSR or the US?

N: As a personal perception?

Yes, exactly, totally, only that.

N: I think at the time we were looking at, most of Yugoslavia was looking towards Western Europe. Not so much the US; Western Europe was this ideal. Because we were … The way that people thought about the Eastern bloc was that it was dreary, there were no consumer goods, people could not travel, they were living under the Soviet occupation, and it's not that they were enemies, it was just that it was seen as a sad, almost like, some place that needed help, you know? I don't think that people saw this place as hostile, but they would definitely look up to Western Europe as a place where everything is possible and there is choice and freedom and a better lifestyle, right? Better material conditions, things like that. More interesting, but just, like … more freedom, more any sort of freedom, right? That's how it was seen. I think these were the popular perceptions and, I remember, this was in the late '80s, I was in high school, and we got a Polish student in our class, Konrad, whose mother was teaching Polish at the Belgrade University. He came in and we, of course, embraced him immediately, and we were feeling sad for him because he was—this is horrible!—because he was so badly dressed, and we just wanted to take him shopping, and we just inclusively felt sad for him because he was Polish and because we just assumed he was from this country that was occupied.

He was downtrodden.

N: Right, downtrodden, so it was very romantic, of course. So, it was kind of sad, it was just not … I mean, these countries were not the countries that we were looking up to.

Which countries were you looking up to, again?

N: Well, as I said it was mostly … It was more Western European countries.

Which in particular?

N: I don't know, I'm not sure. I think it's probably just the ideas. I don't know how to explain it. I don't think I was particularly looking up to Germany, it's not like I ever wanted to be like Germany, I just think it was just more of a general idea. Having this kind of variegated and diverse artistic movement, and music, and film, and probably this idea that it was better than what we had in Yugoslavia on the whole, and things like that. I don't even know. I don't know what people were looking up to. I think I was an Anglophile, I liked England, but I didn't look up to it entirely in the sense of, "I want to be rich like the English," and they weren't rich people at the time, actually, they really weren't … But it was more … I think it was just more the sense of diversity that was coming out of those countries. If there was any sort of a country that we held up as a sort of model,

естественно, немедленно приняли с распростёртыми объятьями, мы жалели его за то, что он был – ужас! – очень плохо одет. Мы хотели поводить его по магазинам, мы его все включительно жалели за то, что он был из Польши и мы были заведомо убеждены, что он приехал из оккупированной страны.

Он был под пятой.

Н: Именно, под пятой, и это было очень романтично, само собой. Всё это было как бы грустно, не то, чтобы... Я хочу сказать, что мы не брали пример с тех стран.

Повторите, пожалуйста, с каких стран вы брали пример?

Н: Ну, как я уже и говорила, в основном... В основном с западноевропейских стран.

С каких именно?

Н: Не знаю, точно не скажу. Наверное, скорее с самих идей. Не знаю, как это объяснить. Не скажу, чтобы я особенно восхищалась Германией, не скажу, чтобы я хотела, чтоб у нас всё стало, как в Германии. Я думаю, это было более общее понятие. У них там существовали всякие разнообразные и непохожие друг на друга художественные течения, разновидности музыки, фильмы; наверное, по моим понятиям у них всё в целом было лучше, чем у нас в Югославии, что-то вроде того. Я даже не знаю. Не знаю, что именно люди ставили себе в пример. Я сама, наверное, была англофилкой, мне нравилась Англия, но я не ставила её себе в пример в смысле «хочу жить так же богато, как живут в Англии», да они в то время и не жили богато, на самом деле, совсем нет... Дело было скорее в том... Дело было, наверное, скорее в том, что эти страны создавали впечатление многообразия. Если и были страны, которые мы держали за некий образец, это были скандинавские страны, знаете, Швеция, Дания, страны, где, как предполагалось, существовали безграничная демократия и социальные гарантии.

Значит, если я Вас правильно поняла, Вы ощущали, что Югославия находится полностью вне парадигмы СССР и США, вне их конфликтов?

Н: Да, абсолютно, совершенно вовне!

Совершенно вовне, нисколько не соприкасаясь с международным напряжением тех лет.

Н: Да, по крайней мере, так мы воспринимали ситуацию, как мне кажется. И я была юна, я толком не знала, что там было, что было правдой, как ситуацию комментировали в газетах. Может, мы и участвовали в ней; может, у нас были серьёзные ставки в том конфликте, но я ничего не знала об этом ребёнком и никогда об этом даже не задумывалась. Мы просто никогда не задумывались... Весь этот конфликт не оказывал никакого влияния на нашу жизнь. Мы о нём не разговаривали, я о нём не думала, мы не обсуждали его ни в школе, ни дома, ни в средствах массовой информации, я ничего о нём нигде не видела.

Значит, по Вашим воспоминаниям, о нём ничего не было в СМИ?

Н: Такого, чтобы я запомнила? Нет. Если бы что-то действительно присутствовало, оно бы мне в какой-то момент попало на глаза, но нет.

it would be the Scandinavian countries, you know, Sweden or Denmark, or one of those places that supposedly had this endless democracy and social welfare.

So, if I understand you correctly, you felt that Yugoslavia was completely unrelated to the whole US/USSR paradigm or conflict?

N: Yes, absolutely, totally out of it!

Absolutely out of it, in no way touching the international tension that there was.

N: Yes, that was at least the perception, I think, and I was young, so I didn't really know what was there, or true, or how these things were commented on in the papers. Maybe they were; maybe we were actually deeply invested in the conflict, but as a kid I was just completely unaware of it, I never even thought about it. We just never thought, I mean … the whole conflict just did not make any impact on our lives. We never talked about it, I never thought about it, we never talked about it at school, in our family, in media, like, I just never saw it anywhere.

So, there was nothing in the media that you remember?

N: That I remember? No. If it was something that was so present, I would have caught it at some point, but it wasn't.

Was there anything in the media about the US?

N: Well, we got a lot of American movies; I mean, we saw … All I remember is just getting a lot of American cultural products, films, movies, music. We also got a lot of Russian products, I mean, it's probably … I am not sure how to explain it, it was probably … I don't know if actually American products dominated; probably with, like, music, things like pop culture, things like that, American or Anglophile products probably dominated. But we would also get, like, all sorts of films and series and pop culture and imports and everything from other European countries, from Western European countries as well as from Eastern European countries, especially from Russia. I remember when I was, like, in high school, I was a member of the British Council since I was 12, and when I became interested in Russian and our teacher actually motivated us, we went to the Russian Cultural Center in Belgrade,[196] which is very prominent still, I mean very-very influential, and we would go see these great movies and borrow books and read newspapers and things like that … Just all sorts of influences.

Would you say your experience was typical of most people in then-Yugoslavia, or would you say you were, maybe, somewhat encapsulated in the way that your family was apolitical, lived fairly well materially … Would you say your experience would be typical or atypical?

N: That's hard to say, because my experience was fairly typical for someone who lived in the city, and in a big city like Belgrade, right, so … I didn't live in … The experience would be different if you lived in a smaller town, I'm sure, if you didn't have access to some of these cultural centers, which is just like any country, I guess. The experience may

---

196 The Russian Cultural Center in Belgrade has been open since 1933.

Появлялась ли в СМИ какая-либо информация о США?

Н: Ну, мы смотрели много американских фильмов, мы видели... Всё, что я помню, это большое количество производных американской культуры, фильмов, музыки. В то же время к нам поступало много русской культуры, то есть, наверное... Не уверена, как лучше объяснить... Не знаю, доминировал ли на самом деле американский товар; может, в отношении музыки, там, поп-культуры и всякого такого преобладали американские и англофильские товары. Но к нам поступали ещё и всякие-разные фильмы, телесериалы, поп-культура и импорт из других европейских стран, как западноевропейских, так и восточноевропейских, особенно из России. Помню, когда я училась в старших классах, я состояла в Британском совете с двенадцати лет, а потом, когда я заинтересовалась русским и наша учительница действительно мотивировала нас учиться, мы ходили в Русский культурный центр в Белграде[175], он до сих пор играет очень важную роль, он имеет очень, очень большое влияние... Мы ходили туда смотреть отличные фильмы, брать книги, читать газеты и так далее... Разные источники влияния.

Как Вы считаете, Ваш жизненный опыт был типичным для большинства граждан тогдашней Югославии или, может, Вы были чуть более защищены тем, что Ваши родители были аполитичны, Вы жили достаточно неплохо с материальной точки зрения?.. Типичным или нетипичным был Ваш опыт?

Н: Трудно ответить, так как мой опыт был достаточно типичным для жителя города, такого большого города, как Белград, ведь... Я не жила... В городе поменьше жизнь была бы другой, конечно, там не было бы доступа к части культурных центров, точно так же, как в любой другой стране, я уверена. Жизнь могла бы быть другой, если бы я жила в деревне, мне трудно судить. Я не знаю, что делали люди, жившие в деревнях, как они... Что они думали и делали в сравнении с горожанами. Но для городских жителей, мне кажется, для таких крупных городских центров, как Загреб, Белград или Сараево, для многих людей было обычным... Не думаю, что все так уж потрясающе хорошо жили материально, но основные потребности людей были обеспечены, им не надо было беспокоиться почти ни о чём. Думаю, было типично иметь доступ к многим благам. Мы, будучи детьми, вместе со своими родителями были относительно аполитичны. Мы занимались бытом, мы не задумывались о политике или идеологии до тех пор, пока по телевизору не начались заметные дискуссии о них. Я думаю, люди... Только те люди... Я не могу выступать от лица тех, кто был откровенно политизирован, так, например, как писатели-диссиденты. Кстати, в Югославии не было такого понятия, как «писатель-диссидент»; у нас не было таких диссидентов, какие были в Чехословакии или России. Многие на самом деле издавались, так что... Единственными писателями-диссидентами, которых запрещали, были откровенно политически активные профессора университетов, их увольняли с работы. Были газетчики и журналисты, которых увольняли с

---

175 Русский культурный центр в Белграде работает с 1933 г.

have been different if I lived in the country, so I can't tell. I don't know what people who lived in the villages, how they … what they thought and did compared to people who lived in the cities. But, I think, for a city person, if we think of one of the major urban centers like Zagreb or Belgrade or Sarajevo, that's pretty common that many people were … I don't think that everybody lived amazingly well materially, but I think people had their basic needs covered, I think they didn't worry about most of the things. I think it'd be pretty typical that you had access to a number of things. You were, as a kid, and with your parents, you were relatively apolitical. And you just did the daily grind, you didn't think about ideology or politics, until it became something that was more prominently discussed on television. I think people … The only people… I mean I can't speak for the people who were overtly politicized, let's say, dissident writers. Which, actually, in Yugoslavia we didn't have such an institution as dissident writers; we didn't have dissidents in the way that Czechoslovakia did, or Russia. Many people were actually published, and so … The only dissident writers who would be banned were university professors who were overtly politicized and lost their jobs; there were journalists in newspapers and magazines who had lost their jobs, so, I mean, that would be people who probably had a totally different experience.

Were you at all aware of the previous tensions between Yugoslavia and the Soviet Union?

N: Yes, we were all aware.

Of what?

N: Well, all I know is that in 1948 Tito sent his heroic note to Stalin.[197] That's the sentence, if you ask anybody from former Yugoslavia, it's a sentence they are most likely to remember. It's literally that kind of sentence which says something very much dogmatic, "Tito sent his historical note to Stalin in 1948." That's all I remember. I had no idea …

What that meant?

N: Yeah, I just know that's why we didn't have Russian Army in our country. We didn't have the US Army either, we didn't have any army. We just knew that this is something we should be proud of, and that there were tensions, right, in the whatever, at that period and after that period with Russia, but now in the '80s things were normal, things were back to normal, that was what we knew also.

How did you feel when the entire socialist bloc began to collapse and fall apart, and the ideologies went down? And the new realities set in?

N: I thought it was inevitable, at that time I thought it was really inevitable because, again, as I said, the way we thought about … I didn't know what it was going to bring. I didn't know the extent of transition and change it was going to bring. Honestly, at the time as it

---

197 The Tito-Stalin Split was caused largely by Tito's independent regional political focus, which the USSR held in dim view. The hostilities included, but were not limited to, a bitter letter exchange between Joseph Stalin and Josip Broz Tito. The split resulted in Yugoslavia's expulsion from the Communist Information Bureau in 1948 and led to years of poor Soviet/Yugoslav relations.

работы, вот у них был совершенно другой опыт, наверное.

Знали ли Вы о ранних конфликтах между СССР и Югославией?[176]

Н: Да, мы все о них знали.

Что именно?

Н: Ну, всё, что мне известно, это то, что в 1948-м году Тито послал Сталину своё героическое письмо. Именно это предложение. Если спросить кого угодно из бывшей Югославии, они, скорее всего, вспомнят это предложение. Буквально одно предложение, в котором говорится нечто очень догматическое: «Тито послал историческое письмо Сталину в 1948-м». Это всё, что я помню. Я понятия не имела...

Что это значило?

Н: Ага. Я знаю только то, что из-за этого письма у нас в стране не было российских войск. У нас не было и американских войск, у нас вообще никаких не было. Нам было известно, что нам следовало этим гордиться, что в то время, в какое-то там, а также после него, существовало какое-то напряжение в отношениях с Россией, но в 80-х всё уже стало нормально, вернулось в нормальное состояние, и это нам тоже было известно.

Что Вы почувствовали, когда весь целиком социалистический блок начал рушиться и распадаться, идеология посыпалась и установилась новая реальность?

Н: Я считала это неизбежным, в то время мне это казалось совершенно неизбежным, так как я уже говорила, что мы думали... Я не знала, какие будут последствия. Я не знала, какие будут масштабы перехода и изменений, которые за ним последуют. Честно говоря, когда пошёл этот процесс, он показался мне неизбежным, я думала: «Нельзя народ столько держать под арестом, нельзя не давать людям выезжать из страны, это кошмар!» Я верила, что всё идет к лучшему, что единственное, что изменится – это режимы, что мы станем более демократичны и люди получат возможность путешествовать. Я просто не представляла себе, насколько далеко всё зайдет... В то время я не знала и не думала, что изменятся сами системы. В некотором смысле в бывшей Югославии падение Берлинской стены и всё, происходившее в Восточной Европе, не считалось нашим делом! Честно, мы не рассматривали себя, как часть процесса, мы не ожидали, что всё это нас коснется! Как будто всё это были совершенно посторонние явления, и к тому же в нашей стране их затмевали растущие национальные распри... Я гораздо лучше помню национализм, сгущавшийся тогда на горизонте, чем Берлинскую стену.

Как Вы считаете, то, что Вы выросли в социалистическом государстве, каким-то образом Вас

---

176 Разногласия между Тито и Сталиным были вызваны в основном стремлением Тито к региональной политической независимости, которое СССР не одобрял. Действия противных сторон включали в себя, помимо всего прочего, обмен резкими посланиями между Сталиным и Тито. В результате конфликта Югославию исключили из Коминформа в 1948 г.; советско-югославские отношения оставались напряжёнными долгие годы.

was happening I thought it was inevitable, I thought, "They can't keep people imprisoned like this, they can't have people not travel like this, this is horrible!" So, I thought it was a good thing, and I thought the only thing that was going to change was the regimes were going to change, and it was going to be more democratic, people were going to be able to travel. I just didn't really think it was going to make this far-reaching ... I did not know or think at the time that the systems themselves were going to change. And, in a way, in former Yugoslavia, the whole Berlin Wall falling and that stuff that was happening in Eastern Europe, it didn't seem like it concerned us! Honestly, because we didn't see ourselves as part of it, we didn't really think that this would be concerning us at all! It was almost like they were totally different phenomena, and in our country, it was also overshadowed by the nationalist tensions that were growing, so ... I remember a lot more the nationalism that was gathering on the horizon rather than the Wall.

Would you say growing up in a socialist country shaped you in any way, or affected the way your personality grew, or your current beliefs?

N: Yeah, absolutely, absolutely.

In what way?

N: In all sorts of ways, especially when it comes to the country with such brutal capitalism like this one.[198] Maybe in Western Europe I wouldn't feel any different, because Western Europe has some sort of social welfare provisions where there are all sorts of services available to people, but here you really see the contrast. I think it did shape me because ... One of the things is I can't, when I go home, I don't know if I could live in this society the way it is now. First of all, I'm not ... I never thought of myself as a particular nationality, I thought of myself as a Yugoslav and I was proud to be a Yugoslav. And that didn't necessarily signal a nationality, it was more like the way of life, the political outlook, the whole set of values, and that's the first difference, right? I can't think of myself in terms of identity politics. And second, there is a whole level of social differentiation now that didn't exist before, and that's alien to me. I was very used to being able to walk around the city at three in the morning, and nobody attacked you. There was very little crime, and there was ... The schools and the neighborhoods, at least in Belgrade, were pretty mixed up, you would have kids at school from different backgrounds, like, we never thought ... Like, we knew some people had a little bit more, some a little bit less, but we didn't really get prejudiced based on their social status. You would still hang out with everyone, you would just ... Hang out with everyone! That is definitely alien to me right now, that kids are actually socially differentiating themselves. And now some kids go to private schools, so that's a whole other level. At the time, there was, of course, social differentiation, like any country, where kids are, you know, wearing Nike shoes, or wearing these clothes, or showing off, but this had to do more with having cousins who live in the West, who bring you these things, not with you yourself being rich. I think it influenced me that way, that there was this kind of ... The social differentiation, the way it is, that has happened to

---

198 The US.

сформировало, повлияло на образование Вашей личности или на Ваши нынешние убеждения?

Н: Да, абсолютно, абсолютно!

Каким образом?

Н: В самых разных отношениях, в частности, когда дело касается жизни в стране с таким жестоким капитализмом, как здесь[177]. Может, в Западной Европе я бы не чувствовала, что чем-то отличаюсь, ведь в Западной Европе существует какая-то социальная помощь, людям доступны самые разные услуги, а здесь я явно вижу контраст. Думаю, меня это сформировало, так как... Когда я приезжаю домой, мне непонятно, смогла бы я жить в том обществе в его нынешнем виде или нет. Во-первых, я не... Я никогда не считала себя лицом никакой национальности, я считала себя югославкой и гордилась тем, что я югославка. Это не обязательно сигнализировало о национальности, скорее, это был образ жизни, политические взгляды, набор ценностей, и в этом первое различие, да? Я не могу себя рассматривать в рамках политики идентичности. А во-вторых, сейчас там существует социальное расслоение на таком уровне, на котором его раньше не было, и для меня это – чужое. Я привыкла к тому, что можно гулять по улицам в три часа ночи, никто на тебя не нападёт. Преступность была очень низкая, и ещё... Школы и жилые районы, по крайней мере в Белграде, были социально смешанные, в школу ходили дети из разных семей, мы никогда не думали... Ну, мы знали, что у кого-то было больше, у кого-то меньше, но у нас на самом деле не было предрассудков по поводу социального статуса. Всё равно все друг с другом общались, просто-напросто все со всеми общались! То, что дети сейчас сами распределяются по социальным группам, мне точно чуждо. А некоторые дети сейчас ходят в частные школы, это вообще новый уровень расслоения. В наше время, конечно, были социальные различия, как и в любой другой стране, когда дети носили, там, кроссовки Nike, носили какую-то особую одежду, хвастались ей, но это обычно было связано с тем, что у них двоюродные родственники жили на Западе и привозили им эти вещи, а не с богатством. Я думаю, на меня это повлияло в том смысле, что... То социальное расслоение, которое существует сейчас, которое произошло в нашей стране, мне кажется странным, я его не одобряю и на него больно смотреть. И ужасный уровень бедности, которую мне не доводилось ни испытывать, ни видеть в бывшей Югославии, мне тоже очень непривычен. Огромное количество бесправия в том смысле, что у людей всё отобрали. Например, здесь, если ты бедный, ты не можешь получить образование, не можешь получить медицинское обслуживание, у тебя нет ничего. В бывшей Югославии бедные, может, жили очень скромно, но у них всегда была возможность передвигаться, сесть на автобус, поехать на приём к врачу, пойти получить образование, посмотреть бесплатно разные фильмы, то есть, всегда было большое количество доступных людям бесплатных мероприятий, и мне кажется... На меня

---

177 В США.

this country, is very strange to me, and I disapprove of it, and it's painful. And the huge level of poverty which I did not experience and I did not witness in the former Yugoslavia is also very strange to me. The huge levels of disenfranchisement in terms of being deprived of everything. Like, if you are poor here, you don't have education, you don't have healthcare, you don't have anything; in the former Yugoslavia, if you were poor, maybe you lived very modestly but you could always move around, you could always take the bus, go see a doctor, you could get an education, you could go see a lot of movies for free, I mean, there were always a lot of free events that were accessible to people, so I feel like … I think it influenced me that way. This kind of a sense of solidarity is still there.

So, what I understand is—and correct me if I'm wrong—because you have had a good experience with living in a socialist country, you have socialist leanings?

N: I do have socialist leanings, yeah. Absolutely. I do. I think, I mean, again, it may be very naïve and idealistic, because in former Yugoslavia, as we learned in the '80s, after Tito died, all of a sudden, we found ourselves in a lot of foreign debt. And so a lot of people were saying—and this now is going to be arguments against communism—well, yeah, everybody would say, "Oh, we had everything for free, we got apartments from the government, we could go on vacation for very little money, because I'm sure, like in Russia, there were probably all sorts of worker's resorts and stuff like that, we could drive some sort of car, you know, even if it's modest, we had free healthcare and education and blah-dee-blah-dee-blah." And the opponents will say that, "Yeah, we had that because we borrowed a lot of money from the IMF all the time, and we didn't return it!" But I think that, yeah, OK, maybe the economy was suffering, and they didn't figure out the way how to be productive, and how to make a profit, but I think it's still the best because those rights, those things need to be provided to citizens!

Alright, this was fun! Thank you, Nataša, this was enlightening!

N: Now I feel like … I just feel like a total … Yeah … Actually, that's not all that I feel, no, I think I should have told you all that stuff about all the ways in which we criticized the government.

Oh, please, go ahead! We are still recording!

N: OK! Well, I mean, that's the thing, I think people weren't … Seriously, there was a Russian I maybe saw, like, years ago and they were saying, and I always tell that stuff to my students, because that thing is true … There is this astronaut, an unemployed Soviet/Russian astronaut, who tells a joke, and he says, "Everything they told us about communism is false, but everything they told us about capitalism is true." And I think this is true! I think that at the time people didn't understand, they wanted to live like the West, they wanted to have, you know, Western fashions and music and lifestyles, but they didn't understand what would happen, they just didn't understand that the whole system would change, and all these securities that we had would completely be dismantled. I don't think anybody wanted that. I think people wanted to be like Sweden, they wanted to be a social

это повлияло. Это чувство солидарности до сих пор не пропало.

Насколько я понимаю — поправьте меня, если что, — у Вас социалистические взгляды из-за того, что у Вас был положительный опыт жизни в социалистической стране?

Н: Да, у меня социалистические взгляды. Абсолютно точно. Они у меня такие. Опять же, может, я очень наивна и идеалистична, потому что в бывшей Югославии, как мы узнали в 80-х после смерти Тито, ни с того, ни с сего обнаружилось, что мы по уши во внешних долгах. И многие тогда говорили — сейчас пойдут аргументы против коммунизма, — все говорили, мол, ой, у нас всё было бесплатно, нам государство давало квартиры, мы ездили в отпуск за копейки, потому что, я уверена, так же, как и в России, у нас были всякие дома отдыха для рабочих, у нас были какие-никакие автомобили, пусть они были скромными, у нас были бесплатные здравоохранение и образование и т.д. и т.п.! А их оппоненты отвечали: «Да, у нас всё это было потому, что мы постоянно занимали много денег в МВФ[178] и не выплачивали долги!» Но я считаю, хотя я и согласна с тем, что экономика страдала потому, что государство не сообразило, как добиться высокой производительности и получать прибыль, всё равно у нас было лучше, ведь все эти права, все эти вещи гражданам нужно предоставлять!

Хорошо, интересно получилось! Спасибо, Наташа, я просветилась.

Н: Теперь у меня чувство... Чувствую себя полной... Собственно, это ещё не все мои чувства, мне нужно было ещё многое рассказать о том, как мы критиковали свое правительство.

Пожалуйста, рассказывайте! Запись ещё идет.

Н: Ладно! Ну, дело в том, что народ не был... Серьёзно, много лет назад я познакомилась с русским, и он сказал мне одну вещь, которую я всё время передаю своим студентам, потому что она правдива... Один космонавт, безработный русский, советский космонавт, рассказывает анекдот и говорит: «Всё, что нам рассказывали о коммунизме, оказалось ложью, а всё, что рассказывали о капитализме, оказалось правдой». И я считаю это верным! Я считаю, что раньше люди не понимали этого, они хотели жить, как на Западе, хотели одеваться по западной моде, слушать такую же музыку, вести такой же образ жизни, но они не понимали, что произойдёт, не понимали, что изменится вся система целиком и те гарантии, которые у нас были, будут полностью демонтированы. Не думаю, что кто-то этого хотел. Люди хотели жить как в Швеции, в социальном государстве с улучшенной демократией, они этого ожидали... Не думаю, что они догадывались о том, что вместо этого будут жить как в Бразилии, что сейчас и происходит. Из 80-х, из своего детства я помню, что мы считали уроки марксизма фигнёй, они нам казались скучными, никто не верил в партийную идеологию как таковую, и тем не менее это не значило, что мы ненавидели наш образ жизни. Нам нравилась наша страна и не нравилась партия, мы ненавидели однопартийную систему и тот факт, что в правительстве всё время

---

178 Международный валютный фонд.

welfare state with more democracy, so I think they expected that … I don't think they saw that they were going to be like Brazil instead, which is what's happening right now. But in the '80s, when I was growing up, what I can remember is that we thought Marxism classes were crap, we thought it was boring, I mean nobody believed the ideology of the Party itself, which doesn't mean that we hated the way we lived. We liked the country, but we hated the Party, and we hated the one-party system, the fact that you always saw the same people in the government and that was kind of boring. We had no freedom to choose. There were all these, like, artistic and musical and youth movements that really criticized the government, big time, in the '80s, and then that got co-opted into nationalist parties in the late '80s. But there were a lot of challenges. Like, in the '80s we could tell that something was going to happen, right? Probably like other countries, probably like Russia, but something was going to explode, something was going to pop, right? I mean, the system was like … you needed to change something and it just, it changed the worst possible way, incurring the wars. But there was already, like, a ton of challenges to the system as it was. Like, I remember seeing all sorts of anti-government movies in the '80s, on television, and also, you know … So there was a tolerance that the system permitted that kind of stuff, but at the same time it was also undermining it within. Which is good; it should, right?

OK, so you were derisive of the ideology, but supportive of the economics of it all.

N: Yeah, as a kid at the time I didn't think of the economics, I just thought, this is how it is, this is how things are, right? I just thought that was the most normal thing in the world. I never really … I have to say I never thought about private property, you know, thinking, like, I should be able to buy my own apartment, I mean I never thought about it that way, my parents sure never thought of it that way.

It was just the way it was.

N: It was just the way it was, right, yeah, exactly! You could buy certain things; you could buy a car, a washing machine, things like that, but there were certain things that were simply government property and that was it. And I mean, yeah, there was obviously the epic inefficiency of the bureaucracy, and all this stuff, right, which, of course, was horrible, and so yeah, you are derisive of the whole political system, of the ideology, but you are not … But the major challenges in the late '80s, after these youth movements actually became nationalist, I knew right away something was wrong. I just never … I never supported … Even during the first protests in Belgrade when they demolished Belgrade protesting the Milošević[199] regime, I just … I mean, if these are the people, then this is horrible.

Alright. And I was just wondering, one more thing: you said you were a Pioneer in school.

N: Well, you had to be a Pioneer.

Tell me something little and funny. Or little and frightful. Something.

---

199 Rallies protesting the regime of Yugoslavia's President Slobodan Milošević began in 1996. After years of intermittent unrest, the Milošević government was overthrown in 2000.

сидели одни и те же лица, это нагоняло скуку. У нас не было свободы выбора. У нас были всякие художественные, молодёжные и музыкальные движения в 80-х, они очень громко критиковали правительство, а потом были привлечены в свои ряды националистическими партиями в конце 80-х. Было много трудностей. Как бы, в 80-х уже было понятно, что что-то должно произойти, так ведь? Наверное, так же, как и в других странах, так же, как в России, что-то грозило взорваться, что-то грозило лопнуть, да? То есть, система была в таком состоянии... Что-то было необходимо менять, и это что-то поменялось самым наихудшим образом, приведя к войне. Но к тому времени система в том виде, в каком она была, имела кучу проблем. Я помню, по телевизору в 80-х показывали разные антиправительственные фильмы, и ещё... То есть, существовала толерантность, сама система допускала подобные вещи, которые в то же время подрывали её изнутри. Это хорошо, так и должно быть, да?

Значит, Вы презирали государственную идеологию, но поддерживали экономику?

Н: Да, тогда в детстве я не задумывалась об экономике, я просто думала, мол, вот у нас так, вот такая у нас жизнь. Я считала нашу жизнь самой обыкновенной на свете. Я ни разу... Должна сказать, что я совсем не задумывалась о частной собственности, не думала, что мне положена возможность купить собственную квартиру, никогда не думала в таком ключе, и мои родители точно никогда не думали в таком ключе.

Всё было так, как было.

Н: Да, именно, всё было так, как было! Кое-что можно было купить; можно было купить автомобиль, стиральную машинку, всякое такое. Но некоторые вещи просто были собственностью государства, и всё тут! И да, разумеется, у нас была эпически непродуктивная бюрократия и прочее, да, правда, всё это было ужасно и вызывало презрение ко всей политической системе, к идеологии, но мы не были... Но когда начались крупные проблемы в конце 80-х, когда молодёжные движения превратились в националистические, я сразу поняла, что что-то тут не так. Я никогда... Я никогда не поддерживала... Даже во время первых демонстраций в Белграде, когда в процессе протеста против режима Милошевича[179] разнесли Белград, я прямо... Если в лидерах такие люди, это просто жутко.

Понятно. Я хотела спросить ещё про одну вещь. Вы сказали, что в школе были пионеркой.

Н: Ну, пионеркой было обязательно быть.

Расскажите мне об этом что-нибудь короткое и смешное. Или короткое и страшное. Что хотите.

Н: Честно говоря, я ничего и не помню. У меня остались только фото, на которых я стою в пионерской форме вместе со всеми одноклассниками. Это было предметом

---

179 Демонстрации протеста против режима президента Югославии Слободана Милошевича начались в 1996 г. После нескольких лет беспорядков правительство Милошевича было свергнуто в 2000 г.

N: I don't remember anything, to be honest; I just have pictures of me standing in a Pioneer outfit with the whole class. It was a point of pride, that was just sort of like Girl Scouts would be here, people just kind of accepted it, it was, like, cute or whatever. I don't remember anything, I just remember as a kid … I just remember that we had to go around the neighborhood; I don't think this was a Pioneer thing, it was a voluntary Saturday morning thing, that you had to go collect newspapers for school, you had to sell tickets for the school, so we had all these little actions that we did, for the purpose of the school, right? They would tell us we needed to do this, and I always hated it, I really hated it. I had so many other things to do on a Saturday morning that would be more fun than collecting these papers or contributions for the Red Cross. So yeah, I mean, like I said, it was very dogmatic, but I didn't, as a kid, whatever they told us about socialism, I didn't get it. I just thought it was too early, and too soon, so it was unnecessary, it was completely unnecessary.

Did you have to wear your red kerchief on a daily basis?

N: No, no, just on special days.

What days?

N: Well, on the day you become a Pioneer, and then maybe on school celebration days, something like that. I can't quite remember. It was interesting, it wasn't … When I talk to other people, like, when I talk to [my friend from East Germany] Kai, it seemed like from our experiences (and he is also a little bit older) he had a double dose of ideology, from what I remember. We had a little bit, but there was this awareness that people were not really that into it, so it was just like, yeah, it was there, but everybody knows it was kind of ridiculous. So, let's not, you know, replicate this all the time. And there was this kind of sense of irony and ridicule towards ideology that I think really struck me as important because when I came here, I was here in high school for one year in the US, this was right before the Wall fell … Hold on … Yeah, this was 1990 to 1991, and I was here, and every morning at school, in American high school, we had to stand up and say the Pledge of Allegiance to the US Flag, which I thought was shocking. I was just thinking, "Oh my God, how can they say this without making fun of it?" It was really ridiculous. But people did, and they thought it was a point of pride. And I thought this inability to have irony towards ideology is fascism, this is the root of fascism, and so anyway … So, I'll stop right here.

It's OK.

N: I mean, it's interesting. But it is, this kind of belief in ideology, belief in the President, belief in the flag without the sense of irony is really dangerous to me, and it's very strange, because for people who grew up with socialism, where you would think the people are totally brainwashed and indoctrinated, actually, I think it was the opposite, I mean you saw it! You were so brainwashed that you became so desensitized, so resistant that you thought it was total crap.

гордости, чем-то похожим на местных гёрл-скаутов, люди это просто принимали как должное, считали забавным, что ли. Я ничего не помню, я только помню, что в детстве... Я помню только, что нам надо было ходить по округе, вряд ли даже это мероприятие было пионерским, скорее, чем-то вроде добровольного субботника по утрам. Надо было собирать газеты для нужд школы, продавать билеты по заданию школы, заниматься всякой мелочью для нужд школы, так ведь? Нам говорили, что мы должны всем этим заниматься, а я это всё ненавидела, терпеть не могла. У меня по субботним утрам было столько других занятий, которые меня привлекали гораздо больше, чем сбор газет или пожертвований для Красного Креста. Я уже говорила, что всё подавалось очень догматично, но я не понимала в детстве никаких объяснений про социализм, не понимала. Я считала, что они предлагались слишком рано и слишком быстро, что всё это было совсем, совсем не нужно.

Вам нужно было повязывать галстуки ежедневно?

Н: Нет, только по особым случаям.

По каким?

Н: Ну, когда нас принимали в пионеры, может, ещё в дни школьных праздников, что-то типа того. Я точно не помню. Что интересно, у нас не было... Когда я разговариваю с другими, например, со [своим другом из Восточной Германии] Каем, если сравнить наш опыт, становится ясно, что им, при том, что он немного старше меня, идеология вливалась в двойных дозах, насколько я помню. Нам её давали понемногу, но мы все понимали, что она никому не интересна, поэтому все думали, мол, да, она есть, и в то же время мы все видим её смехотворность, так что давайте не будем всё это без конца повторять. И ещё к идеологии относились с некоторой иронией и насмешкой, которые кажутся мне действительно важными, так как, когда я приехала сюда в США в школу на один учебный год незадолго до падения Берлинской стены... Погодите... Да, шёл 1990-й, 1991-й год, я училась здесь, и каждое утро в американской школе мы должны были стоя продекламировать «Клятву верности флагу США»[180]. Меня это шокировало. Я тогда думала: «О Господи, как они могут её произносить на полном серьёзе?» Это было жутко смешно. Но они её произносили и гордились ей. Мне казалось, что неспособность иронично относится к идеологии – это фашизм, это корень фашизма, так что... Ну ладно, тут я остановлюсь.

Ничего страшного.

Н: В общем, это интересно. Но да, вера в идеологию, вера в президента, вера в флаг без ироничного к ним отношения мне представляются очень опасными и очень странными, так как люди, выросшие при социализме, казалось бы, должны

---

180 Написана в 1892 г.; в 2005 г. Верховный суд США признал обязательное чтение «Клятвы» в школах неконституционным. Практические решения в отношении чтения «Клятвы» различны в разных штатах, муниципалитетах и школах.

So, you didn't like wearing your red kerchief.

N: I was 7 at the time ... I don't know. Maybe I did? But it was, again, it wasn't something that I chose, I wasn't, like, a little Pioneer, I wasn't really into ideology. We had to write papers glorifying Tito; I hated that, right? Because it was just so paint-by-numbers.

Contrived?

N: So contrived. And everybody else in class hated it too; it was just too much, too much ideology. It was oppressing.

Yeah, but I'm just asking about the object.

N: The object? The kerchief?

Yeah.

N: No, I don't remember, I just think ... No. I probably dressed up as ...

Liked it, didn't like it or didn't care?

N: I didn't care. I didn't know what it stood for, I never knew; I just said, as a kid I don't know that I knew what socialism was. If you asked me when I was 15 what socialism was I would maybe be able to tell you a couple of things, but I didn't really know what exactly it meant.

Alright! Thank you!

N: I don't know, I just think there was a great sense of pride among Yugoslavs at the time ... There was a sense of pride that we were a country that was officially peaceful, non-aligned, we could travel anywhere, we were friends with everyone, supposedly, and so a lot of people who traveled with Yugoslav passports, they were proud! They were proud to say, I am from Yugoslavia. Which I can't say now, actually, I am not proud that I am from Serbia.

So, would you say you were from the most Westernized and democratic of all the socialist countries?

N: Maybe. Maybe that's how you could think about me. I've never been to other socialist countries and I don't know how they were, but there was that sense, the sense that we were kind of in-between, that we were not Western or Eastern, but kind of blended the best of both worlds. And that we were somehow able to pull it off, and that we were able to participate in the Olympics, do things like that, that we were able to do independently without being told what to do.

I guess that's lucky!

N: I think that was the way we were raised, but I don't know. I just think, yeah, I think if that could have been replaced with something else, if the country had managed to reform itself by becoming more democratic, that would have been actually better than right now. It's very fragmented and hostile, and all the economy is completely demolished, and the wars ... So there is just nothing to live on.

So, you will not be going back to live there?

были стать жертвами внушений и получить промытые мозги, а на самом деле всё было совсем наоборот, это же было видно! Мозги мыли настолько усердно, что люди теряли чувствительность и приобретали такую устойчивость, что им вообще всё казалось ерундой.

Значит, Вам не нравилось носить красный галстук?

Н: Мне тогда было семь лет... Не знаю. Может, мне и нравилось. Повторюсь, что я его не выбирала, я не была такой уж примерной пионерочкой, меня не занимала идеология. Нам надо было писать сочинения, прославляющие Тито, и я их терпеть не могла, да? Потому что они писались строго по схеме.

Они были искусственными?

Н: Совершенно искусственными. Все в моём классе терпеть их не могли; идеологии было слишком много, её было чересчур. Она на нас давила.

Понятно, но я-то спрашиваю про сам предмет одежды.

Н: Про предмет? Про галстук?

Ага.

Н: Не помню, нет, мне кажется... Нет. Я, наверное, одевалась...

Он Вам нравился, не нравился или был безразличен?

Н: Он был мне безразличен. Я не знала, что он символизировал, так и не выяснила. Я же говорю, в детстве я не понимала, что такое социализм. Если бы меня в пятнадцать лет спросили, что такое социализм, может, я смогла бы сказать пару слов, но на самом я не знала, что это слово точно означает.

Хорошо! Спасибо!

Н: Не знаю, мне кажется, в то время у югославов было сильное чувство гордости... Мы гордились тем, что официально были мирной, неприсоединившейся страной, мы могли ездить, куда хотели, мы дружили со всеми, как предполагалось, так что многие, путешествовавшие с югославскими паспортами, были ими горды! Можно было с гордостью сказать: «Я из Югославии!» А сейчас я не могу утверждать, что я горжусь тем, что я из Сербии.

Как Вам кажется, Вы выросли в самой западной и демократической из всех соцстран?

Н: Возможно. Может, так обо мне можно сказать. Я ни разу не бывала в других социалистических странах и не знаю, как там жилось, но у нас было ощущение, что мы будто посередине, что мы не Запад, не Восток, а некая смесь из лучших черт обоих миров. Что нам это каким-то образом удалось, что мы могли участвовать в Олимпийских играх, что мы могли жить независимо и никто нам не указывал, что делать.

Можно сказать, повезло!

Н: Я думаю, такими нас растили, но точно не знаю. Думаю, та страна могла была быть заменена на что-то новое, если бы ей удалось реформироваться и стать более демократичной, и было бы на самом деле лучше, чем то, что мы имеем сейчас.

N: I don't think so. I don't know, I can't tell because I feel I miss my city, of course, and this is [unintelligible], and there are still legacies from what I'm used to as a kid, great cultural life and all the stuff, but I think I'm just ... I don't feel at home in that world. It's a very aggressive, very macho world right now, and a lot of that machismo came out of ... It was always there, latently always there, but it came out and it was kind of under the radar but then it was promoted, and acted on, and validated during the wars, and now it's there. And so being a woman there right now is not very good, I think, especially if you are a woman who wants some sort of career, or to do something, or to be significant in some way. All the woman who are doing that are being repressed on a daily basis, so it's just not, it's not the country I grew up in.

Do you miss it? The country you grew up in?

N: Yes, I really do, I really do! I think the thing that I miss the most, and it is now becoming more and more possible again, and in the '90s, it was completely impossible. But the thing I missed the most was where you can just go to Slovenia or Croatia or Bosnia, and you would have friends there, and the cultural exchanges, and it just seemed like a bigger place where now it's just totally fragmented. And these places are kind of boring and don't have much going on individually, so now I think there are attempts again to make all these cross-cultural exchanges and stuff like that. But at the time, you would go on, like, school trips to Croatia or to the coast, and you would visit your friends in a school in Sarajevo, or something like that. So, it was just, like, there was this sense of diversity and this kind of richness, cultural richness ...

That's all gone?

N: Yeah, all gone! Customs, you know; all the different nationalities had all the different customs, and language, and expressions, and all sorts of things. And Sarajevo was like, you know, a totally different city, with the Jewish cultural movement, and Catholic, and Orthodox ... It's just that the sense of appreciation of diversity of cultures is gone, I think. That's the tragic part. That we can go, but we do not appreciate each other anymore. Like, I'm not going to go to Zagreb and be like, "Oh, my God, look at these beautiful Catholic churches!" I mean, I will but most people won't. There is this sense of suspicion.

So, you would have to be at home with capitalism for the rest of your days, it seems?

N: Yeah! And I'm OK with capitalism, as I said, in Denmark, in Holland, but not the kind of wild capitalism in Serbia or even the kind you see in Russia. I mean, it's not what I had in mind. What I had in mind was maybe private ownership, but democracy, and the problem is the whole middle class, or the working class, got destroyed, they were just demolished, and so, I don't know, now it seems like that kind of class is building itself up from the bottom down, and it's becoming a lot richer than anyone else, so it's just a different makeup.

Alright, OK, we might be pretty talked out at this point. Thank you, Nataša, once again, it was a pleasure!

N: You are welcome.

Страна сильно раздроблена, много вражды, экономика совершенно уничтожена, и войны... Жить просто не на что.

Стало быть, обратно туда Вы жить не поедете?

Н: Думаю, что нет. Не знаю, мне трудно ответить, я скучаю по своему городу, конечно же, и это [неразборчиво]... До сих пор там сохранилось наследие времён моего детства, прекрасная культурная жизнь и так далее, но я просто... Я не чувствую себя дома в том мире. Тот мир сейчас очень агрессивный, очень мачо, и много этого мачизма проявилось... Он всегда присутствовал в скрытой форме, потом он вышел на поверхность, сначала как бы незаметно, а потом его стали одобрять, продвигать и руководствоваться им во время войны, и теперь он везде. Поэтому женщине там сейчас не очень здорово жить, по-моему, особенно женщине, которая хочет сделать какую-то карьеру, чего-то добиться, какой-то значимости. Всех женщин, которые этим занимаются, подавляют сплошь и рядом, так что это не та страна, в которой я выросла, не та.

Вы скучаете по стране, в которой выросли?

Н: Да, по-настоящему скучаю. По-моему, больше всего я скучаю по такой возможности, которая сейчас снова становится всё более доступна, а в девяностые была совершенно недоступна. Больше всего я скучаю по возможности взять и поехать в Словению, Хорватию или Боснию, где живут друзья, съездить по культурному обмену. Страна раньше казалась больше, а сейчас она совершенно раздроблена. Эти места сами по себе довольно скучные, по отдельности в них мало что происходит, так что сейчас снова делаются попытки возобновить межкультурный обмен и всё такое. А раньше можно было с классом поехать на экскурсию в Хорватию или на побережье, посетить друзей в школе в Сараево и прочее. Было ощущение разнообразия и некоего богатства, культурного богатства...

Теперь его не стало?

Н: Совсем не стало! Например, возьмем обычаи: у разных национальностей были разные обычаи, язык, выражения, что угодно. Сараево было тогда совсем не таким, там были еврейское культурное движение, католическое, православное... Просто это разнообразие культур перестали ценить, по-моему. Вот в чём трагедия. Ездить друг к другу мы можем, но друг друга больше не ценим. Я теперь не поеду, например, в Загреб и не стану восхищаться: «Боже, посмотрите, какие красивые католические церкви!» То есть, я-то стану, а большинство людей не станет. Люди стали подозрительнее.

Значит, Вам придется мириться с капитализмом до конца Ваших дней, судя по всему?

Н: Ага! И я не против того капитализма, который существует в Дании, в Нидерландах, как я уже говорила. Я против того дикого капитализма, который у нас в Сербии, и даже того, который в России. То есть, я не о таком мечтала. Я надеялась на комбинацию частной собственности и демократии, а проблема сейчас в том, что средний класс и рабочий класс полностью уничтожены, просто

разгромлены, и теперь, похоже, некий новый класс себя выстраивает с нуля, становится богаче всех, и это совсем другая структура.

Хорошо. Ну, наверное, на сегодня мы наговорились. Спасибо, Наташа, приятно было побеседовать!

Н: Пожалуйста!

Тигр в гитаре

Сегодня у нас 17 июля 2010 года, правильно? Я разговариваю с Игорем. Здравствуйте, Игорь!

И: Привет.

Привет. Игорь, в интересах исторической достоверности — в каком году Вы родились?

И: В 62-м.

В 62-м. И где?

И: В Чите.

В Чите.

И: В Чите, Россия.

Россия, Земля. И в Чите же Вы провели своё детство или в каком-то другом городе?

И: В Чите, в Чите.

В Чите ходили в садик, в школу и так далее.

И: Угу.

Хорошо. Если мы сейчас мысленно унесёмся в Ваше читинское детство, представим, что Вам лет, наверное, семь — имели ли Вы какое-нибудь понятие о том, что такое Америка, и если да, то какое?

И: Ну, разумеется, имели. Нас в плане географии обучали очень неплохо. У нас была география обычная, а ещё была и экономическая география...

Ну, в семь-то лет не было?

И: В семь нет, не было. В девятом классе. Ну, что? Мы имели, конечно, представления об Америке, и где находится, у меня с детства политическая карта мира на стене висела. Так что где Соединённые Штаты Америки находятся, в этом плане мы... Любой школьник нашей страны того времени был очень осведомлён, между прочим.

Ага. Но меня интересуют пока доакадемические понятия и представления, которые почёрпываются из разговоров, из телевизора, не знаю, откуда там ещё. Значит, по крайней мере,

The Tiger Inside a Guitar

Today is July 17, 2010, right? I am talking to Igor. Hello, Igor!

I: Hi!

Hi! Igor, for the purposes of historical accuracy, please state the year you were born?

I: '62.

'62; and where?

I: In Chita.

In Chita.

I: Chita, Russia.

Russia, planet Earth. Did you spend your childhood in Chita or in some other city?

I: In Chita, in Chita.

It was in Chita that you went to pre-school, to school etc.

I: Yep.

Good. If we think back to your Chita childhood and imagine you at the age of about 7 years old, did you have any idea at the time what America was, and if yes, then what was that idea like?

I: Of course, we did. They were pretty good about teaching us geography. We had regular geography, and also economic geography …

Well, not as 7-year-olds yet, probably?

I: No, not at 7; in ninth grade. But yes, of course we had an idea of America and where it was located; I had a political map of the world hanging on the wall at home since I was a child. So, as to where the United States of America were located, in that sense we … Any school kid in the country was very well informed, by the way.

Yes. But at this point I am interested in the pre-academic notions and ideas, those that come from conversations, television, any old place … So, at the very least, you had an idea of what the USA were, and where they were located.

I: Yeah.

имели представление о том, что такое Соединённые Штаты Америки и где они находятся.

И: Угу.

Ну, и что это за страна-то такая была? В Вашем представлении? Хорошие они там, плохие?

И: В нашем представлении, или в моём, точнее, Соединённые Штаты — это страна тогда была не очень хорошая. А почему? А потому что в то время, когда мне было, скажем, ну, я помню более-менее детство — семь лет, восемь, девять, — не закончилась ещё война во Вьетнаме. Ежедневно в газетах, особенно в военных газетах, а у нас выходила наша, Забайкальского военного округа, «На боевом посту», и выходила ещё... Как же она называлась? По-моему, «Красная звезда» называлась, это общесоветская газета... А я жил в штабном доме, где офицеры квартировали, причём начиная с по меньшей мере не менее майора в звании. Штабные работники. Соседи на площадке жили военные, постоянно мы слышали о вьетнамской войне. Причём мы, безусловно, поддерживали вьетнамцев, и в каждой газете были такие сводки: погибли столько-то американских военнослужащих, а вот вьетнамские вооружённые силы провели такую-то операцию, там-то погибло столько-то... Ну и, очевидно, представляли, что вьетнамцы наши друзья, а американцы — вьетнамские враги, стало быть, мы с ними тоже не в особо дружеских отношениях. Кроме того, я застал ещё времена такого романтического отношения к освоению космоса, и всегда говорили, что мы соревнуемся с американцами. А мамка с папкой у меня побывали на выставке американской[181]. Я вот год не помню, но там им показывали всяческие достижения американские, автомобили там, пластмассу.

Это где, в каком городе?

И: Это в Москве, по-моему.

В Москве, наверное.

И: В Москве, наверное, да, и даже проспект, по-моему, оттуда привезли, я уже и не помню, честно говоря, год какой... Ну, им там очень понравилось, но мне когда они рассказывали, всегда такой контекст был, что это всё, конечно, хорошо, но это всё чуждое, что это не наше, что оно плохое, что оно, может быть, и красивое, только вот оно всё равно плохое.

То есть оно хорошо, но оно плохо?

И: Оно плохо, потому что оно не наше. Ну, и потом у меня родители, в общем-то, воспитаны... Это люди, у которых детство военное, послевоенное, и идеологическая обработка соответствующая... Они безусловно считали, что Соединённые Штаты — это враги Советского Союза. Особенно послевоенная история. Во-первых, им всегда припоминали, что очень поздно открыли второй фронт, да?[182] Несмотря на то, что тогда разговоров не было о существенной помощи, которую Соединённые <u>Штаты, скажем</u>, не особенно бескорыстно оказывали по ленд-лизу, да? Но тем

---

181 Американская национальная выставка в Москве в 1959 г.

182 Второй (западноевропейский) фронт во Второй мировой войне был открыт США в июне 1944 г. после длительных международных переговоров.

In that case, what kind of a country was it? In your view? Were they good, were they bad?

I: In our view, or rather in mine, the US was not a very good country. Why? Because at the time which I more or less remember, when I was aged 7, 8, 9, the war in Vietnam was not over yet. Every day in newspapers, especially in the army papers, and we had our own local army paper published by the Trans-Baikal Army Headquarters called *Standing Guard*, plus there was another one … What was it called? I think it was *Red Star*, it was an all-Union newspaper. At the time, I lived in an apartment building that belonged to the Headquarters; army officers ranking no lower than Major lived there. The Headquarters' employees. Our next-door neighbors were army men, and we heard about the Vietnam War constantly. And we, without a doubt, were on the side of the Vietnamese, and there were reports in every paper such as, "this number of American troops were killed in action; the Vietnamese army forces carried out such-and-such operations, whereby this number of people were killed" … So, obviously, we saw the Vietnamese as our friends, Americans were the enemy of Vietnam, and therefore we were not particularly friendly with them either. Besides, I was witness to the years of our romanticized attitude towards space exploration, and we always heard we were in competition with Americans in that sphere. Also, my mom and dad had visited the American Expo.[200] I do not remember the year, but they had all kinds of American achievements displayed there, like automobiles or plastics.

Where was it, in what city?

I: I think it was in Moscow.

It must have been Moscow.

I: In Moscow, yes. They even brought a brochure from the Expo, I think; I honestly don't remember the year. Well, they really liked it there, but when they told me about it, it was always in the context of, "all of these things are great, for sure, but they are foreign, alien, not our own, that's why they are bad; they might be pretty yet at the same time they are bad, somehow."

So, they were good, yet they were bad?

I: They were bad because they were not domestic. And then, really, my parents were brought up like that … They had war-time and post-war childhoods, with the corresponding ideological conditioning. They considered the US to be the enemy of the USSR, for certain. Especially in the post-war history. For one, it was always brought up that the US opened the Second Front[201] very late in the war, yes, despite the fact that there was never any mention of the considerable aid that the US gave, perhaps not especially selflessly,

---

200 The American National Exhibition took place in Moscow in 1959.

201 During WW2, after years of international negotiation, the United States opened a second front in the European war theater in June 1944.

не менее она серьёзно помогла. Я сам видел у деда моего, у дедушки, в гараже банки сохранились, там гвоздики всякие, шурупчики лежали, сохранившиеся после войны баночки с американским флагом, а там – китовое мясо, тушёнка и ещё что-то в этом роде. И он рассказывал, что действительно ели американские галеты и американские мясные продукты, и всякое прочее. Но, тем не менее, даже было такое выражение в ходу с детства: «американская помощь». Когда садились играть в преферанс отец с приятелями, и когда заканчивали, то говорили: «Я тебе теперь буду помогать по-американски». Это значит «помогать с выгодой для себя больше».

Это очень интересно.

И: Вот такие... Никто не говорил открыто, что Америка, значит, такие-сякие, враги номер один, но это всё время витало в воздухе. Как-то растворено было.

Знаете, что интересно? Что вроде мы про времена начальной школы говорим, семь-девять лет мы упоминаем, и в это время, оказывается, Вы были осведомлены о внешнеполитических каких-то вещах, о войне во Вьетнаме. Ну вообще, это же...

И: И в Камбодже, и в Лаосе[183].

И в Камбодже, и в Лаосе, да. В общем-то, маленький ребёнок.

И: Но ведь не такие маленькие. Лет девять, десять, двенадцать.

Уже девять-десять?

И: Ну, в смысле семь, девять, десять. Ну, что ж? Я в четыре года уж читать начал.

Ну, понятно. Ну, просто вот читали газетку, да? И там...

И: Мне же родители объясняли. Там же не только были статьи, там ещё карикатуры были на американскую военщину.

Так. То есть, Вам было семь лет и Вы уже имели возможность читать газету, где есть карикатуры на американскую военщину.

И: Конечно.

И это Вам было интересно, понятно, или неинтересно и непонятно? Страшно, нестрашно? Как?

И: Ну, страшно не было.

Не было?

И: А почему страшно? А как могло бы быть страшно, если мы живём в самой, по нашим представлениям...

Прогрессивной?

И: Самой богатой, самой счастливой неагрессивной стране, которая всегда тебя защитит? И мы вообще-то... Я когда был маленький, у нас ещё по улицам ходили в большом количестве вполне здоровые, крепкие ветераны, только что выигравшие

---

183 Бои и гражданские войны в Камбодже и Лаосе были частью Второй Индокитайской войны (1955 – 1970).

through Lend-Lease;[202] still, it was seriously helpful. I myself saw tin cans in my grandpa's garage, in which he kept all kinds of little nails and screws, tins left over from the war, with a picture of the American flag on them, tins from beef and whale meat and other such things. And he told me that they really did have American canned meats, crackers and all that. But still, there was an expression popular in my childhood: "American aid." When my father and his buddies sat down to play preference,[203] close to the end of the game they would say, "now I'm going to give you American aid," which meant "I'll help out more for my own profit."

This is very interesting.

I: Things like that … No one said it openly that the US were bad so-and-sos, enemy number one, but it was always in the air, as though suspended in it.

It's interesting that we seem to be talking about elementary school years, you mentioned ages 7 and 9, and at that time, it turns out, you were aware of certain things which were about international politics, of the Vietnam War. Generally, it is …

I: And Cambodia, and Laos.[204]

Cambodia and Laos. But you were a rather young child.

I: Well, not too young. About 9, 10, 12 …

Nine or 10 already?

I: Well, I mean maybe 7, 9, 10; I knew how to read at age 4.

I see. So, there you were, just reading a newspaper, right? And there in the paper …

I: My parents explained it to me. There were not just articles there, but also caricatures of American militarists.

So, when you were as young as 7, you had the opportunity to read papers which had caricatures of American militarists in them.

I: Naturally.

And were they interesting to you, or easy to understand, or not interesting, and hard to understand? Scary or not scary? What was the feeling?

I: Well, I was not scared.

No?

I: Why would I have been? How could I be scared if we lived in the most, as we saw it …

Progressive country?

202 The Lend-Lease, formally An Act to Promote the Defense of The United States, was a program of distributing American aid in the form of food, oil, military technology and supplies to the Allied nations fighting the Nazi Germany between 1941 and 1945.

203 Three-player trick-taking card game.

204 Referring to the violent conflicts and respective Cambodian and Laotian civil wars, parts of the Second Indochina War (1955-1970).

войну – не только что, но двадцать лет назад, это же небольшой срок! Поэтому мы считали, что страна наша очень сильная, и она же на самом деле такой была. Она и сейчас, в общем-то, не особо слабая.

То есть, у Вас не было ощущения угрозы?

И: Ну, вот в детстве, тогда ощущения угрозы не было, и впоследствии эта угроза особенно не ощущалась. Потому что когда стали постарше, уже подростками, и уже в юношеском возрасте, прекрасно понимали, что мир-то основан на паритете вооружений, что ни одна из сторон не начнет первой войну, потому что это самоубийственно.

Это каким образом у Вас образовалось это мнение, это знание? Взрослые какие-то объясняли, или что?

И: Преимущественно, конечно, и взрослые и, между прочим, мы, детьми будучи, ещё школьниками, «Международную панораму»[184] еженедельно смотрели по телевизору с Овсянниковым[185].

Так. И что там показывали?

И: Ну, а там что? А там с позиции наших журналистов-международников излагались актуальные события недели. Конечно, с точки зрения оценки, соответствующей тогдашней доктрине, внешнеполитической и идеологической. Вообще интересная была ситуация тогда, все очень много всего любили американского, британского, да? Скажем, музыку, писателей, если попадётся кино какое, джинсы там, ну, и всё прочее...

Это у нас уже какой год на дворе?

И: Это уже примерно середина 70-х, начиная с 74-го, 73-й, где-то так. Уже обожествляют джинсы, культовый предмет. Он не только же у нас, а по всему миру культовый, вообще-то. А самое интересное, что при этом все хотели американские джинсы, хотели американские пластинки, хотели аппаратуру какую-нибудь японскую, но при этом считали, что у нас страна всё равно лучше.

Понятно.

И: Всё равно, при том, что изначально считалось, если человек с детства воспитывается с сознанием, что у нас самый передовой, самый правильный, самый умный такой строй – вот и всё!

Хорошо. Хотела немного спросить про семью и школу. Родители, значит, были такой определённой закалки...

И: Ну, они не были какие-то отчаянные коммунисты.

В партии состояли?

---

184 Советская новостная и аналитическая телепередача (1969 – 1991), выходила в прайм-тайм по воскресеньям в 7:00 вечера.

185 Анатолий Овсянников (1936 – 1979), видный тележурналист-международник, в 70-х годах вёл передачу «Международная панорама».

I: The richest and the happiest non-aggressive country which would always protect us. And overall, we ... When I was little, we could see war vets walking in the streets in large numbers, hale and hearty veterans who had just won the war; well, not just then, but 20 years before, which was not such a long time before! Our country was seen as very strong, and it truly was. And it is not especially weak now, either.

So, you were not feeling threatened?

I: As a child, I did not feel any threat, and later on this feeling of threat was not especially present, either. Because when we got to be a little older, as teenagers and later young men, we clearly understood it that world peace was grounded in armed parity, that neither side would start a war because it would be suicidal to do so.

How did you arrive at this opinion, at this knowledge? Did any adults tell you this, or what?

I: Predominantly the adults, of course, and, by the way, even as kids, even as schoolchildren we watched *International Panorama*,[205] a weekly show on TV with Ovsyannikov[206] hosting.

OK. What was that show about?

I: Well, in that show, the main events of the week were reported from the point of view of our international journalists. Of course, they were evaluated in keeping with the current doctrine, both in terms of foreign policy and ideology. Generally speaking, it was a curious situation, since many American and British things were very popular, right? Say, music, or writers, or certain films you would come across, or jeans, and other stuff like that ...

In what year does this place us?

I: About mid-'70s, starting with 1974, '73, around there. Jeans were already worshipped as a cult item of clothing. Well, it's not only true for us; it's a cult item of clothing worldwide, I would say. And the most interesting thing was, everyone wanted to own American jeans, American records, some kind of Japanese audio equipment, and at the same time everyone considered our own country to be better.

I see.

I: Still and all, it was an *a priori* belief that if a person is trained from the early childhood to think that we are the most progressive, the most proper, the most intelligent system, then that will take care of all questions.

Good. I wanted to talk a little bit about your family and your school. So, you said your parents were from a particular mold ...

I: Well, they weren't diehard Communists.

Were they Party members?

---

205 *International Panorama* was a Soviet news and analytics show broadcast in a prime 7:00 p.m. Sunday slot on the national TV between 1969 and 1991.

206 Anatolii Ovsyannikov (1936-1979), a prominent TV journalist specializing in international topics, hosted *International Panorama* in the 1970s.

И: Отец – да, мама – нет. Ну, тем не менее, они были, скажем, традиционные советские люди. Со всеми хорошими качествами советского человека, с какими-то недостатками советского человека. Я бы не сказал, что они были идеологически совершенно зашоренные. Ну, если, допустим, отцу не хотелось купить мне какую-то дорогую игрушку зарубежного производства, он сразу ссылался на то, что это космополитизм и преклонение перед Западом, хотя я понимал, что это чисто экономически диктовалось, что она была слишком дорогая.

А что это такое, хорошие качества советского человека и нехорошие качества советского человека?

И: В смысле, вообще?

Да.

И: У него, наверное, есть какие-то специфические качества, потому что можно по-разному хорошее трактовать.

Ну, я про Вашу трактовку и спрашиваю.

И: Советский человек – это человек, который полностью зависим от государства. Он интегрирован в государство. Он предполагает, что он работает на государство. И какая в социалистическом обществе была идея основная? Что средства производства принадлежат народу, да? А фактически они принадлежали не народу, а государству. А государство являлось собственником. А поскольку объявлялось, что государство – это все мы, то, значит, как бы мы имеем всё это. На самом деле государство – это отдельная совершенно структура, которая, честно говоря, по-моему, может существовать сама по себе. Без народа. Но тем не менее советский человек был как-то интегрирован в эту систему и он милости ждал только от государства, он не мог заработать где-то там с помощью своих способностей, он мог только что-то дать государству и государство ему взамен давало нечто. Заработную плату, попросту говоря. Вот, и советский человек был, конечно, обеспечен определённым будущим, не было в те годы, в которые я жил при советской власти... Он обеспечен будущим. Может быть, он не рад, что оно не светлое, не коммунистическое, но он знает, что будет так, потом, через десять лет, будет эдак, примерно, то есть, сценарий в принципе расписан. Это создавало определённую стабильность, но нельзя сказать, чтобы все были очень довольны, потому что она была предсказуемая. Что ещё советский человек? Советский человек, как правило, интернационален, такой он. Любит всех, все ему братья.

По правде?

И: Да, вроде. Понятно, что так воспитали, да? Но на самом деле безо всякой задней мысли.

Понятно. То есть, в Вашем кругу Вы не сталкивались ни с национализмом, ни с антисемитизмом, ни с чем таким?

И: Нет, нет! Нет. Антисемитизм существовал разве что на таком невысоком бытовом уровне. В форме разве что анекдотов, которые евреи рассказывали охотнее других и веселились над ними пуще всех. В общем-то никто и никогда...

I: My father was, my mom wasn't. Nevertheless, they were, let's say, traditional Soviet people. They possessed all the good qualities of Soviet people as well as certain drawbacks of Soviet people. I would not say that they wore ideological blinders. But, say, if my father did not feel like buying me some expensive foreign-made toy, he would immediately refer to cosmopolitism and the worship of the West, although I understood that his motives were purely economic, because the toy was expensive.

What do you mean by the good qualities of Soviet people and the not-so-good qualities of Soviet people?

I: You mean, in general?

Yes.

I: It's probably better to term them characteristic qualities, since there can be different interpretations of what's good.

I am only asking for your own interpretation.

I: A Soviet person is a person totally dependent on the state. He is integrated in the state. He thinks he works for the state. And what was the main idea of the socialist society? That the means of production belong to the people, right? But in actuality they belonged not to the people but to the state. The state was the proprietor. And since it was declared to us that we were the state, it seemed as though we owned all of that. But actually, the state is a completely separate structure which, honestly, in my opinion can exist totally separately, by itself. Without the people. Nevertheless, the Soviet person was somehow integrated in this system, and was at the mercy of the state alone; he could not go and make money somewhere, using his capabilities, he could only give something to the state and the state gave him something in exchange. His paycheck, to be blunt. Right, and the Soviet person was, of course, provided with a certain future; during the years I lived with the Soviet rule it didn't used to be … He had a certain future. Perhaps he did not like the fact that it was not going to be a bright communist future, yet he knew that things would unfold a certain way, and after that, in 10 years, another certain thing would happen, so his script was for the most part complete. That created certain stability, but we can't say everyone loved it, because it was very predictable. What else is a Soviet person? A Soviet person was as a rule an internationalist, he was like that. He loved everyone and considered them brothers.

For real?

I: Well, yes. It's clear that it was in the upbringing, right? But we really thought that way, without any ulterior motives.

I see. So, in your circle you never came across nationalism, or anti-Semitism? Nothing like that?

I: No, no! No. Perhaps, low-grade anti-Semitism existed on the mundane level, in the form of jokes, which the Jews themselves told more often than the others did and laughed at them the hardest. But generally, no one and nowhere …

You yourself never witnessed any persecution, and neither did your parents?

I: No; what persecution are you talking about? Occasionally some stories would seep

Вы гонений никаких лично не видели, и родители Ваши не видели?

И: Нет, гонения какие там... Иногда что-то просачивалось такое, что кто-то сменил фамилию, потому что евреи, евреев у нас как-то вроде... Но это, скорее всего, отголоски были «дела врачей»[186], от которого потом ещё шлейф тянулся лет десять. А так, в общем-то, чтобы при мне как-то унизили еврея, или грузина, или армянина – я не встречал вообще такого. Как-то у нас, когда я учился в институте, у нас ведь учились и грузины, и армяне, они приезжали оттуда, потому что у них дороговато учиться обходилось в их родных республиках, и они ехали к нам. И учились, и занимали должности приличные, из студентов были и коменданты общежитий, и командиры, и комиссары студенческих стройотрядов, и у нас ведь ректором института был армянин, Бел Иваныч Акопов, несколько лет, очень хороший человек, профессор. И никаких каких-то... Ещё вот так вот говорили, что никогда не занять руководящую должность человеку нерусского происхождения – пожалуйста, у нас армянин руководил институтом! Никаких проблем, и никто ни разу даже в кулуарах нигде там! Потому что отец у меня в институте работал с 61-го года, я же там вырос, всё же это на виду. А вот среди населения, скажем, обычного такого, не имеющего отношения к интеллигенции, там были разговоры, что вот армяне, например, они обижают детей, крадут их, какие-то пугалки, страшилки, но это так, ерунда была. А так вот чтобы... Ну, в классе у нас были и бурятики, и Шура Зусманович, еврей был, и никто никогда не обращал внимания, кто там какой национальности – какая разница?

То есть, Вы лично не обращали внимания?

И: Нет.

И Ваши друзья тоже.

И: Да, и мои друзья такие же.

И никаких расхожих, скажем, отзывов о внешности бурят? Буряты же, в общем-то, распространённая тут национальность у нас в Чите, да?

И: Ну, понятно дело, скажем, что...

Или об их интеллекте? Или ещё о чём-то?

И: Ну, как-то не очень. С другой стороны, и ассимиляции с ними особой не было, каких-то контактов. Они всё-таки жили своим миром, а мы своим. Но при этом никаких... Особо дружеских отношений, скажем, не было, но и вражды никакой не было. Всегда рассуждалось так, что все они хорошие, молодцы, но, когда задают вопрос – а отдадите свою дочку за бурята замуж? Тут уже начинается...

Начинается национализм.

И: «А-а, вот ещё как бы подумать надо!» А может, это скорее не национализм, а

---

186 Также «дело врачей-убийц», преследования, организованные И. Сталиным в 1952 – 1953 гг. Группу врачей, преимущественно евреев, обвинили в заговоре с целью убийства ряда советских лидеров. Уголовные преследования сопровождались широкой антисемитской кампанией в СМИ.

through in which someone changed his last name because Jews, Jews were sort of ... But most likely those were the echoes of the Doctors' Plot,[207] the effects of which dragged on for 10 years after ... But generally, for me to see that someone in my presence humiliated a Jew, or a Georgian, or an Armenian—I never saw anything like that! When I was in college, we had Georgian and Armenian students, they came to study from their home republics because it was more expensive for them to go to school back home, so they came here. They studied, and they held important positions; students worked as dorm supervisors, officers, and commissars of student construction brigades.[208] For several years we had an Armenian, a Bel Ivanovich Akopov, as Rector of our Institute; he was a professor and a very good man. And nothing like that ever ... It was sometimes said that a person who's not ethnically Russian could never become an executive, but look, we had an Armenian at the helm of the Institute. There were no issues, not even anywhere backstage. As my father worked at the Institute since 1961, I grew up there, and everything was always in plain sight. But among the common folk, let's say, among people who had nothing to do with the intelligentsia, there were rumors that Armenians, for instance, hurt children, steal children, those little horror stories; but that was nothing, petty coin. But as to anything serious ... Well, we had Buryat kids in our class, we had a Jew, Shura Zusmanovich, and no one ever paid any attention to who was of what ethnicity; what difference did it make?

So, you personally did not pay any attention to it?

I: No.

And the same went for your friends.

I: Yes, same for my friends.

So, there were no widespread comments about, say, the appearance of Buryats, who are a big ethnic group here in Chita, right?

I: Well, clearly, we could say that ...

Or about their intellect? Or anything else?

I: Well, not a lot. On the other hand, there was no particular assimilation, not a lot of contact with them. They still lived in their world and we lived in ours. But nothing like ... Let's say, there was no special friendship, yet no animosity either. The conversation always went like this: they are all good, great guys, but when someone asks, would you let your daughter marry one of them? That's when it starts.

The nationalism starts.

I: "Oh, that one will take some thinking!" Perhaps it is rather not nationalism but an

---

207 Also known as the Case of Doctors-Killers, organized by Joseph Stalin. In 1952-1953, a group of predominantly Jewish doctors were accused of a conspiracy to assassinate Soviet leaders. The case was accompanied by a nationwide anti-Semitic smear campaign in the media.

208 Temporary teams of university students helping with various socialist construction projects during summer break.

такая врождённая некая ксенофобия к человеку другой расы, потому что – а другая культура! А другие представления! А другие впечатления! А как это будет?

Ну, то есть, с одной стороны, советский человек вроде всех приемлет и любит, но дочку выдаст не за всякого.

И: Ну, так и любой человек, и несоветский тоже.

Любой человек. Понятно, понятно.

И: Это понятно. Кроме того, это отношение не только здесь у нас, здесь-то ладно, мы, скажем... И в одной стране мы всё равно... Скажем так, можно любить или не любить внешность, там, человека другой национальности, но никто бы никогда не сказал, что он не имеет права занимать ту или иную должность, работать на той или иной работе, или не пользоваться, там, правами гражданина и так далее. Об этом никогда даже речи не было. Другое дело, что, ну, что вот такая у него рожа, не такая...

А были ли у Вас друзья, знакомые, скажем, евреи, которые жаловались на притеснения, рассказывали о чём-то там? Ну, кого-то не приняли в ВУЗ?

И: Не было ни одного.

Ничего такого не было. Хорошо.

И: Но моего приятеля, правда, одноклассника-еврея выгнали из ВУЗа за то, что он учился плохо, потому что он был разгильдяй и пьяница. Был он большой весельчак. Вот. А другие, которые работали... У нас очень много преподавателей, которые меня учили, с которыми я вот уже двадцать лет работаю, они были и есть евреи и замечательные люди. Но вообще среди евреев мне не встречалось ни одного человека, который бы... Часто им приписывают какие-то отрицательные свойства. Вообще в принципе ни одного! Все они замечательнейшие люди. Я вообще, между прочим, в определённой степени такой... юдоман. Юдофил. Потому что мне они очень нравятся.

Хорошо. Значит, этот интернационализм, он распространяется на пятнадцать республик, пятнадцать сестёр?[187]

И: Не-а! Он распространяется на весь социалистический лагерь и страны третьего мира.

Вот! Это интересно.

И: Которых мы опекали. Потому что мы-то считали... Вот сейчас поэтому очень обидно. Холодная война, считается, тогда была. Вот мне кажется, сейчас новый виток холодной войны, потому что нас сейчас не любят. По крайней мере, то, что мы читаем в СМИ, да? Нас не любят поляки, чехи, скажем, болгары даже, которые... Болгарам, казалось бы, какой смысл относиться к нам плохо, чего они нас не любят? Мы их...

---

187 В состав СССР с 1940 по 1991 г. входило пятнадцать республик, по расхожему выражению, «пятнадцать сестёр».

innate xenophobia regarding people of a different race, because—they have a different culture! They have different ideas! They bring different impressions! How would the marriage turn out?

So, on the one hand, a Soviet person loves and accepts everyone, but on the other hand he won't let just anyone marry his daughter.

I: Well, that's any person, not just a Soviet one.

Any person. I see.

I: That is understood. Besides, this attitude is not only typical of us, we are just, whatever … We are still in the same country and no matter what we might, perhaps, like or dislike about the appearance of a person of a different ethnicity, no one would ever say that this person has no right to occupy some position or other, to hold a certain job or to enjoy his citizen's rights, etc. That was never even a topic of discussion. Now, saying that his mug looks wrong—that was different …

Did you have any friends or acquaintances, perhaps Jewish, who complained about persecution, or told stories like, someone was not allowed to go to a university?

I: Not a single one.

Nothing like that. OK.

I: My friend and classmate, however, who was Jewish, got kicked out of college for being a poor student, a drunk and a ne'er-do-well. He was a fun guy. Yes. The others, who worked well … We had many professors, they taught in my classes, and I have been working with them for 20 years since … They were, and continue to be, Jewish, and they are wonderful people. Generally, among the Jewish people I never met one person who … Often, there are negative traits ascribed to them. But I have not seen even one! They are all the most fantastic people. I am generally a bit of a Judo-maniac, by the way. A Judophile. Because I really like them.

OK. So, our internationalism covers the 15 republics, the 15 sisters?[209]

I: Nope! It covers the entire socialist bloc and the third world countries.

Oh! This is interesting.

I: Those countries which we protected. Because at the time we still thought … And this is why it stings so much now … Supposedly, there was Cold War at the time. I think right now we have another cycle of Cold War because now we are disliked. At least, we read about this in the media, right? We are disliked by the Poles, the Czech and even the Bulgarians, though what sense would it make for Bulgarians to have a poor opinion of us, why would they hate us? We, with regards to them …

We loved them and loved them …

---

209 From 1940 to 1991 the Soviet Union was divided into 15 constituent republics, "15 sisters" in cliched speech.

Любили-любили...

И: Любили и любим, и от турецкого владычества, извините, жизнями своими спасали, да, по большому счету? Так что и тогда они там писали на стенах, там, «добрые дошли братушки», и в общем-то вполне искренне, и никто им не поминает, что царь Борис на стороне Гитлера сражался против нас[188]. Там уж насколько они сражались... Я думаю, без большой охоты и не очень активно, так же, как, скажем, испанцы, итальянцы или румыны, но тем не менее. Никто же им это не поминает, в вину не ставит. Хотя они примкнули, в общем-то, к преступной организации. Ну, ладно. Бог с ними.

А на страны капрежима интернационализм не распространяется?

И: Нет, распространяется!

Распространяется?

И: На народ. Но не на правительство. Так считалось, да.

Ага. Вот так.

И: Да. Вроде как бы в Соединённых Штатах или, там, в Великобритании, народ ведь, он за нас, вроде как, и мы за них! Но вот буржуинское правительство – оно, конечно, да. Единственное, никогда ничего плохого не говорили из капстран про Финляндию. Как-то они всегда были с нами дружественны и как-то мы считали, что они нам приятели, с ними... Никогда худо не писали, несмотря на то, что режимы там были очень неприятные, ни про Испанию, ни про Португалию. Как-то они всегда... Греция после «чёрных полковников»[189], считалось, вроде как на прогрессивный путь вступила... Что в нём такого прогрессивного было непонятно, но вроде как – да. Всегда неплохо отзывались о Франции. Вот Франция всегда была нам культурный, по меньшей мере, союзник, наверное, после того, как Франция вышла из НАТО[190]. Видимо, это было нашим правительством и партией очень сильно оценено. Такой жест. Я не знаю, вряд ли они нам хотели приятное сделать, конечно, у них, видимо, интересы были собственные, но это так хорошо было принято. И действительно, какое кино можно иностранное было посмотреть в советское время? Французское.

С Пьером Ришаром.

И: Да. Нет, были итальянские немножко, с Италией в неплохих отношениях мы были. А вот что касается Великобритании, что касается Соединённых Штатов – да, это основные у нас были внешнеполитические враги. Германия, вроде как обременённая чувством вины, да, какими-то обязательствами там, с ними

---

188 Царь Болгарии Борис III (Борис Клемент Роберт Мария Пий Станислав Ксавье), на престоле с 1918 г. до своей смерти в 1943 г.

189 «Режим чёрных полковников» или греческая хунта; общий термин для ряда ультраправых военных правительств Греции, сменявших друг друга с 1967 по 1974 г.

190 Франция вышла из военных структур НАТО в 1966 г., при этом не покидая политических структур Альянса.

I: We did, and we do; we, excuse us, paid with our lives to save them from the Turkish rule, right, if you look at the big picture? They even had wall graffiti that said, "Our good brothers came!" and that sentiment was quite sincere; and no one ever brings it up that their Czar Boris[210] fought on Hitler's side against us. As to how eagerly they fought, I'd think they did it without much enthusiasm, and not too actively, just like the Spanish, Italians, or Romanians, but still! No one ever brings it up, and no one faults them for it. Although they, generally speaking, joined a criminal organization. Oh, well. To heck with them.

Does our internationalism cover capitalist countries?

I: Yes, it does!

It does?

I: The people, but not the governments. That was the stance.

Uh-huh, I see.

I: Yes. It was thought, like, the people of the US or of Great Britain, the people themselves stood with us, and we kind of stood with them. But not with their bourgeois governments, no. The only thing was, there never seemed to be anything bad said about Finland, of all the capitalist countries. They somehow were always friendly with us, and we kind of thought they were our pals ... There was never anything critical written about Spain or Portugal, although their regimes were quite unpleasant. They, somehow, never ... Greece, after the Black Colonels,[211] was considered to have chosen the progressive path; although it was unclear what was progressive about it, but still it was supposed to be one. France always got positive reviews. France was always at least our cultural ally, probably after France had left NATO.[212] Apparently, our government and Party really appreciated that. That gesture. I don't know; it's unlikely they were trying to do something nice for us, they must have had their own purposes in mind, but it was well-received. And really, what foreign films did we have an opportunity to watch during the Soviet years? The French ones.

Starring Pierre Richard.[213]

I: Yes. No, there were a few Italian ones available, as our relationship with Italy was OK. But as to Great Britain, and as to the US—yes, they were our main political enemies. Germany seemed to be burdened with guilt, with certain obligations, so we had a more or

---

210 Boris III (Boris Clement Robert Mary Pius Louis Stanislaus Xavier) was Czar of Bulgaria from 1918 until his death in 1943.

211 Also, the Regime of the Colonels, or the Greek military junta; a series of far-right military governments ruling Greece between 1967 and 1974.

212 In 1966 France withdrew all its military forces from NATO's command, while remaining part of the political structure of the Alliance.

213 Pierre Richard (b. 1934), French actor, screenwriter, and film director, best known for his comedic roles.

отношения были как-то более или менее. Ну, а что касается стран, как говорили тогда, народной демократии, соцлагеря – мы-то их считали друзьями-братьями! По оружию, во время Второй мировой войны. История с разделом Польши в 1939-м году – никто же её особо не знал! Считали, что вот, да, присоединилась к нам Западная Украина[191]. Тут же вопрос сложный: Польшу, извините, три раза делили, да? Кто теперь разберётся, где там чья. Если мы сейчас исторические претензии начнем предъявлять, что царь Иоанн Грозный крепость Орешек[192] построил, да? И почему она теперь вот там-то? Или, скажем, Выборг почему, или Нарва почему теперь в Эстонии, а не у нас, когда её, извиняюсь, Пётр Алексеич и генерал-фелдмаршал Данила Данилыч Меньшиков на шпагу взяли, как тогда говорили?[193] Почему же мы её теперь раздавать должны, а? Ну, вот.

У Вас родители за границу ездили?

И: И я с ними ездил.

И Вы с ними ездили.

И: В Болгарию, отдыхал.

В Болгарию.

И: Курица – не птица, Болгария – не заграница. Так тогда говорили.

Ну, и как она Вам показалась?

И: Да хорошая Болгария. Маленькая уютная страна. Хороший курорт. Ну, а что там? Курорт, отель, пляж, пляж, отель.

Ага. Значит, в Болгарию было просто достаточно съездить?

И: Ну да, как же! Даже материально путевки стоили прилично, но дело не в этом. Надо же в начале было ещё пройти массу проверок и бесед о том, как себя вести за границей. Даже в такую насоциалистичнейшую из социалистических стран поехать, и то надо было пройти беседу о том, как надо было... Нет, ну я ребёнок был, меня не инструктировали, а родителей же там в райкоме да горкоме партии вдоль и поперёк!

---

191 В результате военной операции Красной армии, проведённой в рамках секретного договора с Германией, восточные области Польской республики были присоединены к СССР в 1939 г.

192 Деревянная крепость Орешек была построена не царём Иваном Грозным, а князем Юрием Даниловичем в 1323 г. Со дня основания крепость несколько раз переходила в новые руки в ходе военных конфликтов; в данное время находится в российском городе Шлиссельбурге.

193 Выборгская крепость основана шведским марском Торкелом Кнутссеном в 1239 г. , сейчас находится в российском городе Выборге. Нарва, третий по размеру город в Эстонии, на данный момент населена преимущественно русскоязычными жителями. Датский манускрипт, датированный 1240 г., содержит первое известное упоминание Нарвы; у этого населённого пункта долгая и непростая история государственной принадлежности. Наконец, товарищем царя Петра Великого был не Данил Меньшиков, а его сын Александр Данилович Меньшиков (1673 – 1729).

less tolerable relationship with them. And as to the countries which were then called the countries of people's democracy, socialist countries, we thought them to be our brothers and friends! Brothers in arms during WW2. The story of the division of Poland[214] in 1939, no one really knew it! We thought that Western Ukraine just joined us and that was it! It's a complex question. Poland was divided three times, right? Who can now say what part belongs to what country? If we start with the historical complaints now, saying that Ivan the Terrible built the Oreshek Fortress[215]—where is it located now? Or, say, let's talk about Vyborg,[216] or ask why Narva[217] is for some reason in Estonia now, not on our territory, despite the fact that Peter the Great[218] and his field-marshal Danila Menshikov[219] took it by sword, as people used to say; why should we give it away now, right? So there.

Had your parents been abroad?

I: Yes, and I went with them.

You went with them.

I: To Bulgaria, on a vacation.

To Bulgaria ...

I: "A chicken is not a bird, and Bulgaria is not abroad." That's what they used to say then.

And how did it seem to you?

I: Bulgaria was nice, a small cozy country. A nice resort. What else is there? It's a resort. You move between the hotel, the beach, the hotel, the beach ...

OK, so, was it relatively easy to go to Bulgaria?

I: Yeah, right! Even financially, the trip cost a decent amount, but that was not even the problem. To begin the process, one had to go through a ton of background checks and instructional talks about how to behave in a foreign country. Even to go to this most socialist of socialist countries, we had to go to a talk about how to behave ... Well, I was a kid, I did not get to be instructed, but my parents went to the city Party committee and

---

214 In 1939, the Red Army conducted a military operation under a secret pact between the USSR and Nazi Germany; eastern parts of Poland were annexed to the Soviet Union.

215 The wooden Oreshek Fortress was built not by Czar Ivan the Terrible, but by Grand Prince Yuri of Moscow in 1323. Since its establishment the fortress changed hands several times due to military conflicts and is now in the Russian town of Shlisselburg.

216 The Vyborg Castle was founded by the Swedish marsk Torkel Knutsson in 1239. Currently, it is in the Russian city of Vyborg.

217 Narva, the third-largest city of Estonia, is currently predominantly Russian-speaking. The first mention of Narva is found in a 1240 Danish manuscript; the town has had a complicated history of ownership since.

218 Czar Peter the Great ruled Russia between 1682 and 1725.

219 Peter the Great's associate was not Daniil Menshikov but his son Aleksander Danilovich Menshikov (1673-1729).

Ну, они рассказывали, что им там говорили?

И: Да они обхохотались там.

Обхохотались?

И: Конечно.

Например, что им там велели делать? Или не делать?

И: Ну, что говорить, как себя вести, всё то, о чём говорили нашим туристам. Наших туристов не любили. Потому что они вели себя безобразно, и я сам, мы тому были свидетелями. Мы как-то вели себя более-менее воспитанно, наверное, потому что провинциалы, да? А остальные несутся с дикими глазами по магазинам и сметают всё с прилавков, что надо и что не надо. Мы и то, ничего не сметали, но тем не менее умудрились привезти три сервиза каких-то. А зачем три сервиза везти, да? Ну вот, а они, правда, дешёвенькие были, простенькие, но тем не менее, ведь надо же, да? Сейчас расскажешь кому, что туристы ездили за границу для того, чтобы себе накупить... Ну, сейчас покупают же в Греции шубы, везут, да? А тогда вот всё, что ни попадя, вплоть до каких-то перламутровых пуговичек. Вот у нас нету, а там есть! Значит, надо мешок купить их и привезти! Поэтому наших туристов часто называли пылесосами ещё, вроде они сметают всё на своем пути. Конечно, это не прибавляло им популярности. Но мы считали, что это братья наши, вообще, что мы можем, да...

Что они не обидятся.

И: Да, что они не обидятся, что это всё нормально, что мы их всех там кормим и поим, вот, что мы их защищаем от злодеев с Запада и так далее... Но, тем не менее, вот так. Были мы в Болгарии, да. Тогда понравилось, потому что болгары к нам как к туристам, не к тем, кто по магазинам, а просто, относятся очень дружелюбно. Многие знают русский язык, а если не знают, то и так понимают, в общем-то. Очень дружелюбные, только жалко было смотреть на бедных продавщиц в магазине, которые уже с ненавистью смотрели на озверелых русских туристов, которые действительно покупали всё, что надо, и всё, что не надо.

Были ли у Вас в Вашей семье и вообще в Вашем кругу знакомые, которые уехали за границу насовсем?

И: Были.

Эмигрировали? Какое было отношение к этим людям, к этому процессу?

И: Ну, у нас... Это уже позже, в 80-е годы, и поэтому мы к этому относились уже так: человек едет туда, где вроде, как бы... Ну, чаще всего уезжали, у кого есть родственники, потому у нас считалось, что раз он воссоединился с родственником, что там такого плохого? Это нормально было. В советское же время у нас знакомые, если кто-то уезжал, какие-то дальние знакомые через кого-то, это считалось — у-у-у, как же! Предательство Родины.

Предательство.

the district Party committee and got instructed front, back and sideways.

Did they tell you anything about it?

I: They just about died of laughter there.

Died of laughter?

I: Of course.

Can you give me an example of what they were told to do? Or not to do?

I: Well, they were told what to say, how to act, everything our tourists were usually told. Our tourists were disliked. It was because they acted abhorrently, and we, and I personally, witnessed that. We behaved with relative propriety, maybe because we were provincial, but the rest of them rushed through the stores wild-eyed, grabbing everything from the counters, whether they needed it or not. Even we, although we were not grabbing anything, managed to bring home three sets of dinnerware. Why buy three sets of dinnerware, right? Right … They were simple and cheap, but even then, we had to have them, right? If we tell people now that our tourists used to go abroad in order to shop for all sorts of stuff … Well, now people go to Greece to shop for furs, right? But in those days, they went to shop for everything, anything, including mother-of-pearl shirt buttons. Because we had none for sale, and they had them. So, you had to buy a whole bag of buttons, and bring the bag home. That's why they often called our tourists vacuum cleaners: they would clean it all up. Of course, it did not add to our popularity. But we believed that they were our brothers and that we could, yeah …

That they wouldn't take offense.

I: Yes, that they wouldn't take offense, that it was a normal order of things, that we supplied them all with food and drink, and we protected them from the villains from the West … Nevertheless, that's how things were. So, we went to Bulgaria. We enjoyed it, because Bulgarians treated us as tourists, not the shopping kind, but generally, in a very friendly manner. Many spoke Russian, and those who did not could at least understand it. They were very friendly, and the only sad thing was seeing the poor salesladies in the stores. They looked with hatred at the Russian tourists going berserk and buying up stuff whether they needed it or not.

Has anyone in your family or your circle of acquaintances in general left the home country for good?

I: Yes.

They emigrated? What was the attitude towards those people and that process?

I: Well, we…They left later, in the '80s, and so we viewed it without much emotion, like, "this person is going to a place where he has … " Most often, people who left had relatives abroad, and we thought they pursued family reunification, which is not a bad thing. It was OK. In the Soviet times, however, when people we knew left the country, like some distant acquaintances we knew through someone else—oh, that was considered an act of betrayal of our Motherland.

И: Да, однозначно, предательство. Даже если родственники – так ещё, снисходительно, но тем не менее. Как правило, это были еврейской национальности, то-то и считалось, что вот.

Ну, то есть, съездить можно за границу, в Болгарию, например, а уехать, чтоб совсем – это нельзя?

И: Это было да. Плохо.

Это нельзя, нехорошо.

И: Были, правда, знакомые, которые за рубежом работали. Но, как правило, тоже в соцстранах. Например, у меня у приятеля родители на Кубе работали, геологи, ну, это понятно – Куба.

Куба си, янки но[194].

И: Да. «Венсеремос» там[195]. Друзья. Кубу до сих пор у нас любят.

Понятно. Значит, теперь про школу. Про семью, про друзей спросила. Теперь – про школу. Расскажите мне, пожалуйста, как Вам там в школе – можно разбить на начальную, среднюю, старшие классы, – как там освещали международную обстановку? Как воспитывали идеологически?

И: А как воспитывали идеологически? Обычно воспитывали, как было принято в советской стране. Октябрята, пионеры, комсомольцы, всё это было. Вот такая трехступенчатая, достаточно стандартная схема. Учитывая то, что учителя, которые нас учили, были уже в принципе в приличном многие возрасте, особенно преподаватели истории, географии, которые как раз на тот момент наиболее, наверное, идеологические, особенно история, да? У нас историчка была очень хорошая тётушка, но она была уже в годах и была учитель-орденоносец, она была... Ей уже тогда было, по-моему, за шестьдесят. Естественно, человек ещё такой закалки, не как даже мои родители, а ещё той, довоенной, военной, да? Человек, конечно, идеологически весьма выдержанный, поэтому, конечно, каждый раз, когда что-то объяснялось, объяснялось исключительно с точки зрения официальной, ни вправо, ни влево, естественно, только так и никак иначе.

Вы ей верили?

И: А у нас особых оснований не верить не было. Почему? Потому что у нас явных примеров того, что слова нашего преподавателя и учебников расходятся с реальной жизнью, их как бы не было! Других-то сведений же не было? Для того, чтобы какой-то вывод сделать, надо же выслушать и противоположную сторону, а с противоположной стороны-то ничего не было.

То есть, Вы пошли в школу, это у нас 62-й...

И: Я в 69-м пошел в школу.

---

194 "Cuba, si, Yanqui, no!", антиамериканский боевой клич Фиделя Кастро, возглавлявшего Кубу с 1959 по 2008 г.

195 Venceremos, «мы победим» (испанский, португальский).

Betrayal.

I: Yes, it was unequivocally betrayal. If they had relatives, then yes, there would be some allowance for that, but still. As a rule, those were Jewish people, and so other people thought, there you go.

So, to go abroad with a visit, to Bulgaria, for instance, was OK, but to leave for good was forbidden?

I: Correct. It was bad.

Forbidden and not OK.

I: It's true that we knew people who worked in other countries. But, as a rule, they worked in socialist countries, for instance, my friend's parents were geologists working in Cuba. But Cuba was a clear-cut case.

Cuba, si, Yankee, no![220]

I: Yep. Venceremos,[221] etc. Our friends. We still love Cuba.

I see. Now, I'll move on to school life. I have asked about your family and your friends, now let's get to the subject of school. Would you tell me how your school—and we can separate it into elementary, middle, and senior years,—how did they illuminate international politics for you? How did they educate you ideologically?

I: How would they? They did it the usual way, according to the practice accepted in our Soviet country. October Kids, Pioneers and Komsomol, we had all that. It was a rather standard three-step scheme. Taking into account the fact that the teachers who taught us were of a rather advanced age, many of them, in particular the history and geography teachers, and those subjects were at that time the heaviest in ideology, especially history, right? Our history teacher was a very nice lady, but she was getting on in years, she was decorated with a medal, she was, I think, over 60 at the time … Naturally, a person of that mold, not even a peer of my parents but someone from the pre-war and war times, right? She was very ideologically stalwart, so naturally, every time she provided an explanation for something, she presented strictly the official point of view, no ifs, no buts; there could be only one correct answer.

Did you believe what she was saying?

I: We had no particular reason not to believe her. Why? Because we had no clear examples of the words of our teacher and of our textbooks being somehow discrepant with real life. We had no competing information! In order to come to a conclusion, we'd have to also consider the other side of the argument, but no other side was ever offered.

So, you started school in the year of, let's see, if born in 1962 …

I: I started school in 1969.

---

220 "Cuba, si, Yanqui, no!" was an early anti-American message and rallying cry of Fidel Castro, Communist revolutionary acting as the leader of Cuba from 1959 to 2008.

221 In Spanish and Portuguese, "we shall win."

69-й. Выпустились — 79-й, соответственно, да?

И: Да.

За всё это время, это однородное достаточно воспитание идеологическое, у Вас ни разу не возникло никакого скептицизма, ростков недоверия? Таких моментов не было?

И: Ростки недоверия у нас появились немножко позже, то есть, не в начале школы, в начале их не будет...

Конечно, естественно, не будет.

И: А когда стали подростками и связались с рок-н-роллом, тогда, конечно, уже появились. Потому что появилось какое-то что-то вообще другое. Другая планета. Другая идея, другая идеология, какие-то появились музыки не такие, которые слушают у нас и, как мы предполагали, за рубежом они являются музыкой протестной, да, по отношению к нашей реальности, к той реальности... А это уже что-то другое. Мы узнали о каких-то альтернативных политических или социальных течениях, о хиппи, хипстерах, битниках и ещё о ком-то; стала появляться информация.

А откуда же Вы это всё узнали? Из каких источников? Откуда музыка эта начала приходить?

И: Ну, источники — это... Музыка эта понятно откуда: большие мальчишки дали, а откуда они взяли — трудно сказать. Она как-то материализовалась сама собой, это большая загадка природы, откуда она берётся. Раньше кто-то привозил куда-то, а оттуда кто-то брал, и так далее. «Голоса» не слушали почти, потому что у нас их очень сильно глушили. В отличие от Питера, от Москвы у нас услышать Би-Би-Си было вообще невозможно. Можно было только слушать «Голос Америки», очень плохо. Ну, естественно, слушали не для того, чтобы знать какие-то политические новости, политические дела, это потом уже кто-то... Ну, во-первых, это нам Митька Куренной, ты, может, слышала про такого, забайкальский писатель Евгений Куренной, известный? Митька — это его старший сын. Мой одноклассник. Ну, отец его, естественно, слушал такие передачи, как «Голос Америки» и, скажем, знал альтернативные новости. Несмотря на то, что он был у нас писатель, член писательской организации, вхож был и в обкомы, и в облисполкомы, человек очень видный, но тем не менее он старался узнать и другую сторону, да?

Ему за это что-нибудь было?

И: Ничего ему за это не было.

Ничего не было.

И: А кого это?.. Честно говоря, мне кажется, что эти вот разговоры о гонении лиц, которые слушают на кухне западные «голоса», несколько преувеличены, вот. По крайней мере, у нас. Пока этот человек не наденет на себя щит и не напишет на нём, что, мол, я слышал по «Голосу Америки», что Леонид Ильич Брежнев такой-сякой. То, что делал человек в частной жизни, никого, честно говоря, не интересовало, пока он на баррикады не полезет. Мы же жили в эпоху не сталинскую и даже

In 1969, which means you graduated in 1979, correct?

I: Yes.

During this spell of rather homogeneous ideological indoctrination, have you ever felt skeptical of it, did you feel any twinges of distrust, or anything like that?

I: We felt twinges of distrust a little bit later, not when we started school, I mean, there couldn't have been any that early ...

Naturally, there couldn't have been.

I: And later, when we became teenagers and got interested in rock-n-roll, then, of course, we felt some, because something entirely different and new appeared before us. A different planet. A different idea, a different ideology, certain different kinds of music which were not like the music available over here at home, and we believed that this foreign music was the music of protest against our realities and against their realities ... And it was new and different. We learned about some alternative political and social movements and trends, about hippies, hipsters, beatniks and others; information became available.

Where did you learn all this from? What were the sources? From where did this new music begin to appear?

I: Well, the sources were ... It's clear that the music came from the big boys, though it is hard to say where the big boys got it from. It somehow materialized all by itself; it was a big mystery of nature, where the music came from. Some person had brought it in somewhere from outside the country, then someone else took it further from that place etc. Almost no one listened to the "Voices"[222] because their broadcasts were thoroughly jammed in the area where we lived. Unlike Piter[223] or Moscow, we had absolutely no chance of listening to BBC, we could only hear the Voice of America, and very poorly at that. Naturally, we didn't listen to them so that we could hear news about politics, or some political stuff; that part would come later ... One of the sources was Mit'ka Kurennoy; you might know the name of our local writer Evgenii Kurennoy,[224] he is pretty famous. Mit'ka was his oldest son. He was my classmate. So, his father, of course, listened to broadcasts like the Voice of America, and he, let's say, heard alternative news. Despite being a very prominent person, a writer, a member of the Writer's Union,[225] who had inroads to all the Party committees, he tried to listen to the arguments from the other side, right?

Did he get into any trouble for it?

I: He didn't get into any trouble.

None?

I: Who did? Honestly speaking, I think all these stories of persecution of people who

---

222 Western radio stations broadcasting to the Soviet Union to counter Soviet propaganda.

223 A colloquial name for St. Petersburg (Leningrad).

224 Siberian writer (1936-1997).

225 Union of Soviet Writers, controlled by the Communist Party, was founded in 1932. For professional writers wishing to publish, membership was effectively obligatory.

не хрущёвскую, брежневские времена были в какой-то степени тишайшие, если и делались какие-то злоупотребления со стороны, скажем, правоохранительных органов, в милиции побьют кого-то, и то не так жестоко, втихаря. Или в КГБ там кого-то потащат – очень деликатно. То есть, такого грубого подчинения и насилия, как в сталинские времена, конечно, не было. Не приходили ночью и не хватали. А вот так, помочь не продвинуться по службе или не занять... С должности снять – вряд ли, никто не снимет. Ну, можно было, такие случаи были, мою семью не обошло, несчастья такие, но они касались не совсем политических моментов. А так, чтобы сняли, уволили, выгнали – маловероятно. Вот не занять должность, на которую человека прочили – это может быть, да. Было так всё: довольно скрыто, деликатно и очень профессионально.

А вся эта информация о всяких интересных социальных движениях, хиппи и т.д., она откуда бралась?

И: Ну, во-первых, из нашей прессы. Из наших книг отечественных, которые читались как бы немножечко иногда между строк. Ну, «Ровесник»[196] читали. «Ровесник» был в своё время достаточно прогрессивный журнал, несмотря на то, что комитет ЦК ВЛКСМ[197] его выпускал, и идеологии там было очень много, но она какая-то была не ломовая. Второе – находили книжки. И Мерля «За стеклом»[198] прочитали, и «Славные ребята», про хиппи книжка итальянская[199], она была издана, никакой не самиздат, нормальная. И феофановская книга, которая «Тигр в гитаре», она же «Музыка бунта», она же «Рок-музыка вчера и сегодня»[200]. Куликова, книжка Куликовой о молодёжи США и стран Запада[201]. Там и о течениях социальных говорилось, не только о музыке, как таковой.

Ну, это всё с какой, с критической точки зрения?

И: Ну, естественно! Но мы как-то эту критическую оценку не принимали. Оно, может, интуитивно приходило: раз наши критикуют, значит – это хорошо.

Вот интересно, как это вылупляется?

И: А вот это непонятно.

В какой момент это появляется? С чем связано, с подростковым протестом или с чем?

И: Ну, со становлением личности – раз. Во-вторых, с тем, что даже у подростков...

Как получается из полного доверия к официальной точке зрения такое априорное недоверие: «Раз наши говорят, значит, врут?»

---

196 Советский журнал для молодёжи, выходил с 1962 по 2014 г.

197 Центральный комитет Всесоюзного Ленинского коммунистического союза молодёжи.

198 «Derrière la vitre» (1970) французского автора Робера Мерля (1908 – 2004), роман о студенческих беспорядках 1968 г. в Нантерре на кампусе Сорбонны.

199 Французская; «Les Bons Enfants» (1972), автор Люси Фор (1908 – 1977).

200 «Тигр в гитаре» (1969), автор журналист Олег Феофанов (1928 – 1999).

201 «Музыкальная молодёжная эстрада США и стран Запада» (1978), автор Ирина Куликова.

listened to the "Western Voices" in their kitchens are somewhat exaggerated. At least, such things didn't happen where we lived. Not unless such a person decided to put on a sandwich board which said, "I heard it on the Voice of America that Leonid Brezhnev is a son of a gun." Honestly, it was of no interest to anyone what a person did in his private life until he got up on the barricades. We didn't live during the Stalin rule or even the Khrushchev rule. The Brezhnev times were in certain ways the quietest, and even if there was some abuse by, say, the law enforcement, if someone did get beaten up by the police, it would be done in secrecy and not too cruelly. And when someone did get dragged off to the KGB office,[226] it was also done delicately. There was no violence, nor rude submission tactics like the ones used during the Stalin times. No one came for you in the middle of the night to drag you out. However, interfering with someone's promotion or job appointment was another matter … It was unlikely that one would get demoted or fired; they did happen, such misfortunes, which did not bypass my own family, but those things were not exactly politically motivated. But it was not too likely that a person would be fired or removed from their job. However, not getting promoted when a promotion was promised was common. That's how everything was done: rather secretly, delicately, and very professionally.

Where did you get information about all those interesting social movements, such as hippies, etc.?

I: First, from our own newspapers. From our Soviet books, in which we could occasionally read between the lines. We read the *Rovesnik*[227] magazine. It was pretty progressive for the times, despite the fact that it was published by the Central Committee of Komsomol, and though it was full of ideology talk, somehow the ideology was not too in-your-face. Secondly, from books we sought out. We read Merle's *Behind the Glass*,[228] we read *Nice Guys*,[229] which was an Italian book about hippies, a regular edition, not samizdat.[230] There was Feofanov's *Tiger Inside a Guitar*,[231] also known as *The Music of Rebellion*, also known as *Rock Music Yesterday and Today*. There was Kulikova's[232] book about the youth of the US and Western countries. They wrote about the social movements, not just music as such.

Was all of that written as criticism?

I: Of course! But we, for some reason, did not accept that critical point of view. Perhaps it came intuitively: if they are criticizing something, it must be a good thing.

---

226 The KGB was the main security agency in the USSR from 1954 to 1991.

227 *Rovesnink (Peer)* was a youth magazine published between 1962 and 2014.

228 *Derrière la vitre* (1970) by the French novelist Robert Merle (1908-2004) is a novelization of the 1968 student unrest on the Nanterre campus of the Sorbonne.

229 Not Italian but French, *Les Bons Enfants* (1972) by Lucie Faure (1908-1977).

230 Literally, "self-publishing"; clandestine reprinting and dissemination of banned literature in communist countries.

231 *Тигр в гитаре* (1969) by the Soviet journalist Oleg Feofanov (1928-1999).

232 *Музыкальная молодежная эстрада США и стран Запада*, or *Pop Music for Youth in the USA and Western Countries* (1978) by Irina Kulikova.

И: Когда-то возникает такой момент, когда ты начинаешь ощущать... Ну, во-первых, наши социальные организации, политические организации, они были весьма и весьма формальные. Это было понятно, что они все подчинены сверху донизу, они всегда контролируются, и когда-то человек всё равно чувствует потребность в некой свободе. Он должен что-то сам решать, что-то сам принимать, а здесь до определённой степени...

То есть, протест произрастает из желания свободы?

И: Наверное. Наверное, вот такое вот, да. Тогда, конечно, не было разговоров о...

Откуда-то должно недоверие образоваться. Вот было доверие, доверие и вдруг — недоверие.

И: Ну, когда человек начинает видеть то, что те, кто в комсомольцах ходят в праведниках, на самом деле имеют и другую же сторону, такую чисто бытовую, да? Но он почему-то продвигается, он становится секретарём комсомольской организации, а потом каким-то из работников райкома, а потом он в секретарях райкома, а потом он уже в секретарях партии, ну, и так далее. Это же видно, что человек делает карьеру. И на таких примерах, не только партийных, но и хозяйственных, советских и прочих, было видно, что существуют люди обычные и существует некая аристократия. И уже поняли, что разговоры о советской демократии, социалистической — что это одни разговоры. Потому что есть определённый класс. Класс управленцев, руководителей идеологических-хозяйственных-советских, которые получают всё, все блага, доступные на тот момент, а остальные как бы для их обслуживания. И это человек начинает осознавать где-то... Ну, наверное, сейчас молодые люди так же осознают, что есть некий чиновничий класс, а есть остальное население, которое должно почему-то... Не чиновники должны помогать существовать этому населению, а наоборот, вот эта вся масса населения кормит этих чиновников. То же самое. А у нас случилась вообще беда: у нас сложился такой совершенно сформированный, буквально даже не прослойка, а класс советской бюрократии. Если бы эта советская... Ну, она складывалась, наверное, начиная с 17-го года, сразу же, и надо полагать, что наблюдение за поведением этой советской аристократии — оно очень сильно рождало недоверие. Так мне кажется.

Понятно. Ну, то есть, пока я ребёнок, я ничего этого не вижу, потом я начинаю что-то видеть...

И: А и не надо это видеть ребёнку.

Получается когнитивный диссонанс, который потом разрастается в новую картину мира. Тогда Вы же были и пионером, и комсомольцем, да?

И: И я очень расстраивался, что меня не приняли в пионеры в первом наборе, хотя я не мог и претендовать. Потому что признание каких-то успехов и заслуг — оно же всегда важно?

Конечно.

И: Пионером тебя там, или медаль тебе дают, или грамоту, или ещё что-то — а

It's interesting how this ability hatches.

I: That's not clear to me.

At what point does it appear? What is it related to, the teenage rebellion or something else?

I: Well, it's related to personality development, for one, and then to the fact that even teens ...

How does this knee-jerk distrust of the official viewpoint emerge from the complete initial trust? When do you begin to think, "if our press says it, it must be a lie?"

I: At one point, there comes a moment when you begin to sense ... First, our social organizations and political organizations were very, very formal. It was clear that they were hierarchical from top to bottom, always controlled from above, and at a point, a person would feel the need for some freedom, no matter what. A person would want to make their own decisions, to take their own steps, yet here, to a certain degree ...

So, the rebellion stems from a desire for freedom?

I: Probably. Probably that, yes. At that time, there was no talk yet of ...

But the distrust must have an origin. If all you had ever felt was trust, then where did the sudden distrust come from?

I: Well, you would see that pious Komsomol members in actuality have other faces, faces that are purely philistine, right? And then they, for some reason, keep getting promoted to become the Komsomol secretary, then to join the Party committee, then to be the deputy Party secretary, then to be the Party secretary and so on. It would be clear that guy was on a career path. And those examples, not just of the Party but of the Soviet administrative workers, proved that there were two kinds of people: the common folk and some kind of an aristocracy. And that's when we realized that all the talk of Soviet socialist democracy was pure talk. Because we had a special class, a class of managers and bosses, be they Party, Soviet, or administrative, who took all the goodies available at the time, and the rest of the general public existed as though to serve them. And you would begin to be aware of it ... Just like today's young people become aware, in the same way, that there is a class of government workers, and then there is the rest of the population which owes something to them, for some reason ... The government workers are not there to help the population, it's the other way around; our entire general population exists to feed the bureaucrats. It's the same thing. And our situation was very unfortunate: we had a whole fully formed class of Soviet bureaucracy; it was not even a group, it was a class. If this Soviet ... Well, it must have been forming from the very start, from 1917,[233] and I suppose that observing the actions of the Soviet aristocracy bred strong distrust among us. That's what I think.

I see. What you are saying is, "while I was a child, I didn't notice any of it, but later I began to."

I: A child shouldn't be able to see it.

---

233 The Russian Revolution of 1917 brought Bolsheviks to power.

тут раз вот, и не взяли! Хотя я и не был отличником, и что бы меня вдруг стали в первых рядах в пионеры принимать, естественно – но мне хотелось! Вот. А в позднем пионерском возрасте, уже наслушавшись битласов и роллингстоунзов, уже отказались носить галстуки, потому что сочли это насилием. Над личностью.

Вот какие!

И: Да, мы отказались носить галстуки.

Много вас отказалось носить галстуки?

И: Да практически весь класс.

Весь класс наслушался битласов и отказался?!

И: Нет, битласов слушали не все, а вот как бы мы организовали некое такое ядро, которое уговорило всех отказаться, мальчишек по крайней мере, носить галстуки.

Ну, вы из пионеров-то не хотели выходить, вы просто не хотели галстуки носить?

И: А мы считали, что пионерская организация на тот момент, как мы её составили, она как бы умерла. Её как бы и не существует. То есть, по крайней мере, для нас. И нам ведь разрешили не носить галстуки!

И вам ничего не было?

И: Нет. Нам разрешили носить просто галстуки. Мы сказали, что мы уже... Мотивировали тем, что мы уже достаточно взрослые, чтобы ходить, как маленькие дети, в галстуках.

Эстетически вы мотивировали...

И: Возрастными такими...

Категориями. Понятно. Не пристало вам...

И: Да. И джинсы нам не разрешали носить. И один раз мы в знак протеста, все в классе мальчишки, даже кто особо не был рьяным таким джинсофилом, пришли в джинсах. Нас за это всех парней выгнали из класса и мы пошли смотреть заграничное кино.

Вообще вас не воспитывали на собраниях, на каких-то линейках принародно за это?

И: Было как-то. Мы всем классом убежали с урока смотреть Леонида Ильича Брежнева, когда он в Читу приехал. Нам было просто, конечно, ну, не из-за того, что... Ну, Леонида Ильича в общем-то как-то любили. Потому что он человек был незлобивый такой, и откровенных пакостей всему народу таких уж сильных не делал, а война в Афганистане тогда ещё не случилась, да. И я думаю, не единолично он принимал это решение, всё-таки он был из таких вождей, которые больше похожи на доброго царя. Герой многочисленных и в общем-то незлых анекдотов, больше забавных... И когда он приехал, конечно, на такую диковинную личность побежали глядеть. Естественно, сорвали урок, и нас потом ругали сильно. И даже это назвали – я даже до сих пор не могу понять, что этот термин означает – антипротестом. Но это был не протест никакой и не антипротест, а просто небольшое хулиганство. Убежали посмотреть руководителя государства.

And later, we experience a cognitive dissonance which grows into a new understanding of the world. At that time in your life, you were a Young Pioneer, and then a Komsomol member, correct?

I: I was very upset that they did not let me join the Pioneers in the first round, although I was not even eligible. It is always important to have your success and achievements acknowledged, right?

Of course.

I: It could be making you a Pioneer, or giving you a medal, or a certificate, or something like that—and wouldn't you know it, they did not let me join! I was not an A-student, so they had no reason to let me join in the first round, but I still wanted to! Yep. And in our advanced Pioneer age we, having listened to a lot of the Beatles and Rolling Stones, refused to wear our Pioneer neckerchiefs, because we thought they were oppressive. Violations of personal freedom.

Well, look at you!

I: Yes, we refused to wear our neckerchiefs.

Did many students refuse to wear them?

I: Practically the entire class.

Did the entire class listen to a lot of the Beatles and then rebel?

I: No, not everyone listened to the Beatles; we sort of made up the nucleus which talked everyone, at least all the boys, into refusing to wear neckerchiefs.

So, you did not want to quit being Pioneers, you just wanted to stop wearing the neckerchiefs?

I: We actually thought that the Pioneer organization became kind of dead by that time. It was like it did not exist. At least it did not for us. And they did allow us not to wear the neckerchiefs!

Did you get into trouble?

I: No. They allowed us to wear regular ties instead. We said that we were beyond … Our argument was that we were grown-up enough not to walk around like babies wearing neckerchiefs.

So, your arguments were aesthetic …

I: Well, age-related.

Age-related concerns. I see. It would have been unbecoming …

I: Right. They would not let us wear jeans. One time, as a symbol of protest, all the boys in our class, even those who were not avid fans of denim, came to school wearing jeans. All of us boys got thrown out of class because of that, and we left and went to the movies to see a foreign film.

Were you not publicly reprimanded in meetings and assemblies for that kind of behavior?

I: It did happen once. Our whole class skipped school to take a look at Leonid Brezhnev

Что в этом такого особенного? Ну, любопытно же нам, в принципе. Мы же дети. Хоть нам было уже и лет по шестнадцать, но всё равно к нам Брежневы не каждый день приезжали.

А до того, как пионерство Вам наскучило, Вы какую-нибудь лично активную пионерскую работу вели? Состояли ли на какой-нибудь должности?

И: Нет, я был политинформатором.

Политинформатором? Вот, очень интересно. Расскажите.

И: Ну, политинформацию каждую неделю рассказывал, по четвергам.

Про что?

И: Да ну что в газетах печатают, все сообщения какие-то или...

Все статьи?

И: Ну, почему все? Какие-то любопытные. Что и где произошло.

Ну, например?

И: А что вот там сказали, а что вот здесь сделали. Кто сейчас вспомнит-то уже? Ну, вот что в передовицах печатают там. «Комсомольская правда».

Всё-таки передовицу, или с третьей страницы «Советской России», «один дедушка в Германии икал 63 года»?

И: Ну, вот «икал 63 года», конечно, не очень, да? Но что-нибудь такое... А вот премьер-министр Великобритании поехал туда-то и туда-то, за тем-то и за тем-то. А президент Соединённых Штатов Джимми Картер сказал вот такую фигню. А вот канцлер Германии тот-то тот-то сказал, я уж не помню, давно было, сказал вот это вот. Ну, вот такое что-нибудь. Без оценок, обозревая события.

Без оценок? Вот меня это интересует...

И: Событийно, потому что оценки...

А обсуждать это потом надо было как-нибудь? Или это просто было формально?

И: Нет! Нет! Ну, вот оно пять минут доносилось до сведения, ну, и какой-нибудь курьёз, какой-нибудь, действительно, «дедушка икал», под конец пару таких вот... Чего-нибудь забавного. Ну и всё, и не более того.

Понятненько. Еженедельно.

И: Сказать, что оно носило какий-то идеологический характер – это очень... Да, оно, наверное, в документах так оно и было, конечно, оно носило...

Для отчётности. Но на самом деле это была такая процедура ритуальная.

И: Ритуальная, да. Ну, может, смешное сообщат.

Да. Но, несмотря на разочарование в пионерской организации, в комсомол-то Вы, конечно, вступили.

И: Ну, в комсомол, конечно, все вступили. Как же – обязательно.

А если не вступить, то что?

И: А если не вступить, то можно было...

when he came to visit Chita. We were only … well, it wasn't because … Overall, Leonid Brezhnev was sort of well-liked. It was because he was not a mean guy who did not do anything overtly crappy to his people, and the Afghanistan war had not begun yet at the time. I think it was not him alone who made that decision; he was one of those leaders who look more like a kind ruler. He was the butt of many jokes, but most of them were not mean, and rather amusing. So, when he came to our city, of course, we ran off to take a gander at that rare beast. Naturally, no one showed up for class, and we got in heaps of trouble. They called our actions "anti-protest" and I still have no idea what that term meant. It was not a show of protest or anti-protest, it was just small-time mischief. Kids ran off to see the state leader. What's so bad about that? Yes, we were curious. We were just kids. Although we were all almost 16, but still; it was not every day that Brezhnevs came to town.

Before you got fed up with being a Pioneer, did you personally participate actively in any Pioneer activities? Did you occupy any positions?

I: No, but I was responsible for the political information sessions.

Political information? That's very interesting. Do tell!

I: Well, I held polit-info meetings every week on Thursdays.

What were they about?

I: About whatever there was in the newspapers, all kinds of news reports …

All kinds of articles?

I: Not, not all of them, just the interesting ones. About what happened and where.

Can you give me an example?

I: As in, look what they said in this place, look what they did in that place … Who can remember any of it now? The kind of things they printed in front-page features in *Komsomolskaya Pravda*.[234]

Still, were they more often the front-page features, or the third page curiosities from Soviet Russia?[235] "One old man from Germany spent 63 years hiccoughing."

I: Well, not so much the 63-years-long hiccoughs, but something more along the lines of … Like, the Prime Minister of Great Britain went to this place and that, with such and such purposes. And the President of the United States Jimmy Carter said this little tidbit. And the Chancellor of Germany, whatever-his-name-was, said I don't know what, I can't remember it now, it was a long time ago. Things like that. No opinions, just recounting events.

No opinions? That's curious.

---

234 *Young Communist League's Truth*, a national morning daily, founded in 1925.

235 Founded in 1956, *Soviet Russia* was the most widely distributed paper in the Russian Republic of the USSR.

Или не было до такой степени «антипротеста»? Не назрело, чтоб не вступать?

И: А как-то не видели ничего такого в комсомоле худого! Все понимали, что это по большей части формальная организация, которая объединяет всех формально, даже не по интересам каким-то. Ну, зато там есть стройотряды, народ на БАМ[202] с песнями ездит. Оно вроде было как-то тогда романтично, популярно. Вот.

А комсомольскую работу вели какую-нибудь?

И: Нет.

Никакую.

И: Нет. Так, в общем-то. Ну, когда весь класс вступал в комсомол, было довольно сложно кому-то не вступить туда. Это, по-моему, так же, как сейчас в Соединённых Штатах студентам не вступить в студенческое братство: это довольно странно, на тебя будут смотреть, типа... Там же как это воспринималось? Как некая общность людей без особой идеологической составляющей для рядовых членов ВЛКСМ. Ну, комсомол так комсомол. Некая принадлежность к некой организации, которая черт-те знает чем занимается.

В чём состояли Ваши комсомольские обязанности, как рядового комсомольца?

И: Взносы платить.

Сколько?

И: Две копейки, что ли. Копеечные.

Две копейки. Ясно, взносы платить. Ещё что-нибудь было?

И: Участвовать в мероприятиях комсомольских.

Так. В каких?

И: Ну, в собраниях, как там она называлась, комсомольской организации, которые были достаточно редко. Ну, естественно, субботники там, металлолом собирать, газоны посадить, деревья мы вот около «Удокана»[203] садили. Потом что ещё... Да и всё, пожалуй. Больше никаких. Ну, а вообще какие-то организации, какие-то мероприятия проводились под эгидой комсомола, и деньги выделялись оттуда же. Вот захотели мы в школе ансамбль сделать, да? А всё под руководством комсомольской организации. И они деньги выделяют. Или, по крайней мере, ходатайствуют, да? Это было довольно пользительно в то время.

Ну, сделали ансамбль?

И: Сделали.

Что играли?

И: А что напишем, то и играли. Ну, что тогда играли?

Ну, чуждое или идеологически выдержанное играли?

---

202 На строительство Байкало-Амурской магистрали, задуманной как стратегическая альтернатива Транссибирской железнодорожной магистрали.

203 Кинотеатр в Чите.

I: Just at the level of events, because opinions …

Did you have to discuss any of it later in any way? Or was it all merely a formality?

I: No, no! Really, five minutes were spent on keeping us informed, with some funny curiosity added at the end, like, a story or two along the lines of the one with the hiccoughing old man, just something amusing. And that was that, it was over.

Got it. You did that once a week.

I: To say that it had an ideological purpose would be too … It did likely have it on paper, of course, it did.

It did have a purpose in teachers' reports, but de facto it was just a ritualistic procedure.

I: It was ritualistic, yes. Well, one could hope for an occasional funny story.

Right. However, despite being disappointed in the Young Pioneer organization, you did join Komsomol, for sure.

I: Everyone joined Komsomol for sure. How could we not? It was obligatory.

What would happen if one did not join?

I: If one did not join, one could have …

Did no one ever feel enough "anti-protest" to perform such an act? Not enough of it stored up to keep one from joining?

I: You know, we did not see anything bad in Komsomol. Everyone understood that it was mostly a formal organization which formally united everyone regardless of personal interests. On the other hand, it had its own amateur construction teams, it had people who went to build BAM[236] with a song. This was even seen as an adventure at the time; it was popular. Yep.

Did you participate in any Komsomol activities?

I: No.

None?

I: None. Well, sort of. Well, when the entire class joined Komsomol, it was pretty difficult for someone not to join. I think it's the same as for students in the US not to join fraternities: it seems strange and people look at you funny. The way it was seen was, Komsomol was just some kind of a union not requiring any particular ideological commitments from its rank-and-file members. Komsomol just meant Komsomol membership, a vague affiliation with some organization which does heck-knows-what.

As a rank-and-file Komsomol member, what responsibilities did you have?

I: To pay the dues.

How much were the dues?

I: Two kopecks, I guess. Small change.

---

236 The Baikal-Amur Mainline, a railroad built as a strategic alternative to the Trans-Siberian Railway.

И: И чуждое играли, и идеологически выдержанное – относительно – тоже играли. Ну, песню там про Чили спели на конкурсе. Сами сочинили, сами написали. Но не думаю, что оно так уж идеологически... Вообще-то не особо приятный режим[204] был, так-то. Мы не сильно его поддерживали. По крайней мере, как он... Да он и сейчас, по-моему, его не особо оправдывают. Ну, какие-то песни из вокально-инструментального репертуара, какие-то снятые были, какие-то сами придуманные, вот.

То есть, к комсомолу Вы относились так, достаточно практично, но без души.

И: Да как «без души» или «практично»? Так не скажешь. Он просто был чем-то естественным. Он воспринимался естественно. Так же, как пионерская организация...

То есть, вот так пойти, посидеть на собрании, это – ну, так надо?

И: Ну, вроде как да, и никого сильно не напрягало посидеть там полчаса, да, что-то принять, руками помахать и разойтись. Не уделялось этому никакого особого... И протеста ни у кого сильно не вызывало, разве что кому-то куда-то надо.

Это как корпоративная процедура.

И: Ну да. Я говорю, сам комсомол и сама пионерская организация воспринимались как естественные. Вступить в неё – это естественный ход. Ход жизни. И всё.

А были у Вас в классе активные комсомольцы, преданные делу?

И: Не-а.

Не было?

И: Нет, у нас же 49-я школа, откуда они там будут-то?[205]

У Вас чуждая была школа?

И: Конечно, чуждая. В сильной степени.

Чуждая... А чем она была чуждая?

И: Потому, что у нас родители учеников занимали достаточно приличные посты, по крайней мере среднеуправленческий персонал, которые, в общем-то, имели достаточно развитое собственное мнение на многие события, и детей, каких-то активных комсомольцев, активных пионеров, которые бы тельняшку на себе рвали – таких не было вообще. Все прекрасно понимали, что есть правила игры, которые надо как-то мало-мальски соблюдать, и тогда будет всё более или менее аккуратно. То есть, воспитание у всех было преимущественно такое, что мы вас не трогаем, вы нас не трогаете – ну и ладно, комсомол – пусть комсомол, ладно. Правда, мы, будучи уже в конце пионерских и комсомольских лет, создали организацию тайную, которая называлась «Союз новых левых радикалов», даже сейчас есть

---

204 Возможно, имеется в виду переворот 1973 г., в ходе которого было свергнуто социалистическое правительство Сальвадора Альенде в Чили.

205 В описываемое время, специализированная школа с углубленным изучением английского языка.

Two kopecks. OK, so you paid the dues. Was there anything else?

I: Participation in Komsomol events.

OK; what kind of events?

I: Well, there were meetings of whatever it was called, the Komsomol unit, which were rather rare. Also, naturally, we had volunteer Saturday clean-ups,[237] collecting scrap metal, seeding lawns; we planted some trees near the movie theater. Well, what else … That was probably it. Nothing else. But overall, certain initiatives, certain events fell under the auspices of Komsomol, and Komsomol supplied the funds. Like, once we wanted to start a band at our school, right? Such things had to be supervised by the Komsomol organization. And it provided the funds, or at least it applied for funding. At the time, it was very useful.

Well, did you start a band?

I: We did.

What music did you play?

I: We played whatever we wrote. What else would we play?

Well, did you play foreign music, or ideologically sound music?

I: Both the foreign and the ideologically sound, however relatively. Like, we performed a song about Chile[238] for a contest. We wrote it ourselves. But I don't think that it was too ideologically sound … They had a pretty unpleasant regime there, actually. We weren't supporting it too much. At least in the shape it was … And I don't think it has a lot of defenders right now either. So yes, we did songs from the available pop repertoire; some were covers, and some we wrote ourselves.

So, your attitude towards Komsomol was relatively pragmatic, it had no love in it?

I: Well, what do we mean by pragmatic with no love? You can't say that. Komsomol simply naturally occurred. It was accepted as natural, just like the Pioneer organization was.

Spending time sitting in meetings was just something you did?

I: It sort of was, and no one was really bothered by having to sit there for a half-hour, pass a resolution or whatever, raise a hand a couple of times and then be free to go. No one paid any special attention to it, and no one felt especially rebellious, unless the person had to be somewhere else at the time.

It was a corporate procedure.

I: Well, yes. So, as I said, Komsomol itself and the Pioneer organization itself were accepted as natural phenomena. To join them was a natural order of things. It was the

---

237 Unpaid community clean-up days, with nominally voluntary citizen participation.

238 Perhaps referring to the 1973 coup overthrowing the socialist government of Salvador Allende in Chile.

где-то, написано...

«Союз новых левых радикалов»!

И: Да, когда начитались книжек про всякие левые организации, «Идеология новых левых»[206], ещё какие-то книжки, вот. Вот тогда как раз начали отказываться галстуки носить, ещё что-то, потом значки пионерские, комсомольские как-то не надевал тоже...

И за что же вы выступали, новые левые радикалы?

И: А внутришкольные, преимущественно... За некие там, как тогда казалось нам, преобразования и такие вещи. Демократия, и чтоб ученики сами решали, и так далее.

Ну, вы так, посекретничали сами по себе, или вы стали листовки вывешивать и мосты сжигать?

И: Мы манифест написали!

Манифест... Где? А был ли он доведён до общественности?

И: Был, написали в тетрадке и всем прочитали в классе.

Передавали друг другу, да?

И: Да. Кто посмеялся... Целая тетрадка исписана была. Ну, баловство, конечно. Никаких последствий не было.

Последствий, опять же, не было.

И: Нет! Да кому это было особо интересно! По-моему, ни до кого, ни до каких начальников это так и не дошло даже. Так, на уровне класса и закончилось. Потом всем прискучило этим заниматься, и всё. Потом уже старшие классы начались, где надо заканчивать школу, поступать в институт. Политическая борьба как-то не актуальна стала ни для кого.

Ага, понятно. В общем, всё было достаточно практично и бездраматично в Вашей школе чуждой. Пламенных идеологов у вас не было среди педсостава, среди студентов, соответственно, тоже?

И: Среди преподавателей, среди учителей как-то вроде бы были. Ну, просто действительно учителя старой школы, они такие... Мы понимали, что их не переделать. Над ними посмеивались...

Ага. Ну, послушали, да и ладно...

И: Вообще эпоха Брежнева — это была эпоха, по большому счету, великого лицемерия. Все ведь знали, что на самом деле, и все знали, как это преподносится, и все знали, где и как надо кому улыбаться, где и что говорить, а где не говорить. Вот и всё. Так же и дети жили, многие. Пламенных борцов не было почему? Потому что особо бороться было не за что и не против чего. Москва, наверное, Питер — да, действительно, диссидентское движение. А здесь — против чего? Как

---

206 С венгерского; «Az «uj baloldal» ideologiaja» (1974), автор Бела Кепеци.

way of life. That's all.

In your class, did you have active Komsomol members devoted to the cause?

I: Nope.

You did not?

I: No, we went to School #49;[239] how was it possible that they would even appear in our school?

Was your school ideologically alien?

I: Of course, it was. Alien to a great degree.

It was. In what ways was it ideologically suspect?

I: The parents of the students occupied rather high positions, at least at the middle management level, and they generally tended to have their own sophisticated opinions about what was going on ... So, among the children, there were no particularly active Komsomol members, nor particularly active Pioneers rending their garments out of sheer zeal. Everyone knew perfectly well that the rules of the game needed to be minimally observed, and then everything would be more or less peachy. We were predominantly taught not to bother the government, so they wouldn't bother us, and if there had to be Komsomol, then let there be Komsomol, amen. Although towards the end of our Pioneer and Komsomol years we created a secret organization which was called the Union of New Left Radicals, and I even still keep its papers somewhere ...

The Union of New Left Radicals!

I: Yes. We read books about different leftist groups, *The Ideology of the New Left,*[240] some other books, yeah ... It was right at that time we began to refuse to wear neckerchiefs, to refuse to do other things, to wear the Pioneer badges, then the Komsomol badges, which I never put on ...

What were you arguing for, as the new left radicals?

I: Oh, predominantly for school-related things, certain changes we thought were good. For democracy, for students making their own decisions, and so on.

Did you have secret conversations amongst yourselves, and that was the extent of it? Or did you start putting up flyers and burning bridges?

I: We wrote a manifesto!

A manifesto; where did you write it and was it made public?

I: It was. We wrote it in a notebook and read it aloud to the entire class.

Did you pass it around?

I: Yes. Some people laughed ... It filled the whole notebook. It was just kids' play, of

239 At the time, Chita's School #49 was a "specialized" school with a focus in EFL.
240 Translated from the Hungarian, *Az «uj baloldab» ideologiaja,* by Bela Kopeczi, 1974.

говорится, выйти на Красную площадь наругать американского президента[207] все могут, конечно. А зачем? Вот и здесь так же. Ну, выступишь ты против секретаря обкома, ну и что? Скажут: «Ну да, плохой секретарь, сами знаем». Или «хороший секретарь». А смысл-то какой?

Теперь... Значит, это про мир. Теперь – про войну. Начальная военная подготовка была в школе?

И: Конечно.

Что делали?

И: Автомат разбирали. И слушали, что каждый китаец... Вначале нам Василий Портасыч, наш руководитель, говорил, что каждый китаец с ружьём – потенциальный враг Советского Союза, а потом просто стал говорить, что каждый китаец – это потенциальный враг Советского Союза.

Вот интересно! Китаец, значит, был лицом врага.

И: Да. Был много лет.

Это почему?

И: Это потому, что остров Даманский[208] у нас случился. Потому что был Большой скачок[209]. Теория Большого скачка и «культурная революция»[210] – это же всё рядом с нами, мы же видели это достаточно наглядно.

Это было обусловлено географически, наверное, да? Потому что в Москве лицом врага был не китаец, наверное?

И: Конечно, это же специфика местная, ей тоже уделяли внимание, потому что это действительно рядом. Но самое интересное, что мы с китайцами до вот этого самого, до «культурной революции» и до реализации теории Большого скачка,

---

207 Известный анекдот времён холодной войны. Между СССР и США идут дебаты о том, какая из двух стран более демократична. США: «*У нас полная свобода! У нас кто угодно может выйти к Белому дому и принародно раскритиковать президента США!*» СССР: «*Подумаешь! У нас тоже кто угодно может выйти на Красную площадь и принародно раскритиковать президента США!*»

208 Крошечный остров Даманский (сейчас Чжэньбао) расположен на реке Уссури на Дальнем Востоке. Пограничный конфликт между Китаем и СССР на Даманском в марте 1969 г. разгорелся на почве территориальных притязаний; погибло несколько сотен китайских и советских служащих армии и погранвойск. Вследствие конфликта советско-китайские отношения значительно ухудшились.

209 Большой скачок (1958 – 1960), кампания правительства Мао Цзэдуна, нацеленная на быструю индустриализацию Китая. Кампания была плохо спланирована, проведена насильственными методами и привела к гибели десятков миллионов граждан.

210 Заявленной целью «культурной революции» (1966 – 1976) правительства Мао Цзэдуна была очистка общества от капиталистических элементов и повторное внедрение чистой коммунистической идеологии. Кампания привела к экономическим и культурным потерям в КНР.

course. There were no consequences for us.

Again, no consequences.

I: None! No one took any special interest in it. I think no one, no supervisors were even made aware of it. It never went beyond our classroom. Then, everyone got bored with it, and that was all. Then, we were in senior grades and we had to think about graduating and going to college. Political struggle became irrelevant to us, somehow.

OK, I see. So, overall, things were very practical and drama-free in your "foreign" school, and there were no fiery ideologues among the teachers and among the students, respectively.

I: Among the teachers, I think, there were several. They were really just old-school educators; they were like that … We understood that they could not be changed. We giggled at them …

I see. You listened to them talk, and you did not care.

I: Generally, the Brezhnev era was a time of great hypocrisy. Everyone knew perfectly well what things were really like. Everyone knew how things were portrayed, everyone knew when to smile, and how, and to whom, and what to say, and where to say it, and where not to say it. And that's the story. Children lived that way as well, or many did. Why weren't there any fiery fighters? Because there was nothing special to fight for, and nothing to fight against. Moscow must have been the place for the dissident movement, yes, and Piter. But what was there to fight against in our town? As the saying went, anyone could come out to the Red Square and criticize the American President,[241] but what would be the point? It's the same situation. OK, so you'd speak against the Secretary of the Regional Party Committee, and then what? They'd say, "yeah, the Secretary is bad, and we know it." Or, the Secretary is good. But what would be the point of the exercise?

Alright. This concludes the part that was about peace, and now let's move on to the part about war. Did you have paramilitary training at school?

I: Of course.

What did you do?

I: We disassembled a machine gun. We were told that every Chinese man … In the beginning, our Military Training teacher Vassily Portasych told us that every Chinese man with a gun was a potential enemy of the USSR, and later he would tell us that every Chinese man was a potential enemy of the USSR.

That's fascinating! The face of the enemy was Chinese.

I: Yes, it was, for many years.

---

241 In reference to a common Soviet joke of the stagnation era. There are debates between the US and the USSR about which country is the more democratic of the two. The US says, "Our people are free! Anyone can come up to the White House to publicly criticize the American President!" The USSR says, "Big deal! In our country, as well, anyone can come out to the Red Square to publicly criticize the American President!"

мы ведь были в большой дружбе! У нас до сих пор, чуть ли не до 80-х годов, донашивали китайское бельё, рубашки китайские, термосы и всякое прочее такое добро, да? Вещи это были хорошие. Все были ими довольны. А китайцы были – «русский с китайцем братья навек»![211]

«Крепнет единство народов и рас».

И: Да, вот так. И корейцы, и китайцы. И всегда их привечали, китайцев, у нас. Уже и обрусевшие, с российским гражданством, с советским тогда гражданством, были. Но когда случилась вот эта «культурная революция», и когда Китай повернулся к нам задом, да, причем довольно демонстративно? А потом случился остров Даманский, а на Даманском погибли наши ребята, которые из Забайкалья, Гладышев известный, Борис, который там погиб, моя мама знала его маму, его форма до сих пор в краеведческом музее висит... Так что вот так, это называлось тогда провокацией и по сути ей было, да? Хотя этот остров Даманский ни нам, ни китайцам был, если честно, и даром не нужен, там и не растёт ничего. Но тем не менее был прецедент, причём военный, да? Военное столкновение, когда вначале нашим приходилось сдерживать вручную их, буквально без оружия, потом применить оружие, а потом уже и с «Катюшей» подошли... Когда этот остров сожгли совсем, как мне мама рассказывала. Ну, вот и всё, и дружба вся, вместе с китайцами...

Значит, когда Вас обучали всяким военным, паравоенным навыкам и умениям, предполагалось, что, если будет конфликт, то он будет с Китаем?

И: Да, будет вот тут у нас рядом.

Он будет здесь, традиционными методами будет вестись?

И: Скорее всего, и нетрадиционными, а возможно, и с ядерным оружием.

Возможно, и с ядерным оружием.

И: С тактическим скорее, чем со стратегическим, потому что мы знали, что у китайцев средств доставки большой бомбы не было, но тактическое они уже тогда могли применить. Хотя тоже не очень в этом уверены были, но могли. Но тем не менее, как говаривал мой дедушка, зачем им ядерное оружие, если у нас сто двадцать, тогда было сто сорок миллионов населения, а они армию могут сто сорок миллионов выставить? То есть, человеческий ресурс огромный. Учитывая, скажем, их фанатичность и дисциплинированность на тот момент, совершенно громадная сила. У них плохой флот на тот момент был, у них вооружение было не самое лучшее, но их было очень много. Да, нам всегда говорили: «Америка – она вон где, далеко, и как ещё с ней там случится, и будем ли мы с ней воевать...» Мы прекрасно понимали, что, если наши ударят по Америке, Америка ударит по нам, ответ будет незамедлительный и вряд ли очень пропорциональный. Ну, то есть, сметёт к чертовой матери всю Америку, да и всё.

Ну, то есть, Америка как раз и представлялась маловероятным противником?

211 Строки из текста советской песни «Москва – Пекин» (1950).

Why was that?

I: Because the Damansky Island incident had happened.[242] Because of the Great Leap Forward.[243] The Great Leap and the Cultural Revolution[244] were happening right next door, we saw them, and the picture was rather explicit.

This must have been geographically determined, right? Since the face of the enemy for Moscow was probably not Chinese.

I: Of course, it was the local coloring; this issue received attention because we were situated really close. But the most interesting thing is, before all of that, before the Cultural Revolution and the actualization of the Great Leap Theory, we were great friends with the Chinese. Almost into the '80s, we still wore Chinese-made underwear and shirts, used Chinese-made thermos bottles, and that kind of stuff, right? Those things were well-made. We were all satisfied with the quality. And to us, the Chinese were, "the Russian and the Chinaman are brothers forever!"

"Stronger is the unity of peoples and races."[245]

I: Yes, like that. Both Koreans and Chinese lived here, and they were always welcome, we had Chinese people who got Russified and had Russian citizenships, or, rather, Soviet citizenships. But then the Cultural Revolution took place, right? China turned its back on us quite demonstratively and then the Damansky Island incident happened, and some boys from our area were killed at Damansky, with the famous Boris Gladyshev among them. He was killed there; my mother knew his mother, and to this day his uniform is on display in the city museum. So, there you have it. It was declared a provocation, and in essence that's what it was, right? Although the Damansky Island itself was of no use to either us or China, to be honest; nothing will even grow there. But that created a precedent, and a military precedent at that. It was a military conflict which our guys initially had to control with bare hands, without weapons, and then with weapons, and after that they finally came in with Katyushas.[246] Then, the whole island was burned down, as my mom told me. That was curtains for our friendship with the Chinese.

---

242 The Damansky Island, now Zhenbao, is a tiny island on the Ussuri River in the Russian Far East. The Damansky Conflict (March 1969) arose over a border dispute between USSR and China; several hundred Soviet and Chinese troops and border guards were killed. China and USSR's relationship worsened considerably in the aftermath.

243 The Great Leap Forward (1958-1962) was a rapid industrialization campaign spearheaded by China's Chairman Mao Zedong. Violent and poorly planned, the Great Leap resulted in tens of millions of deaths.

244 The stated goal of the Cultural Revolution (1966-1976) launched by Chairman Mao was to re-impose Communist ideology and to purge the society of capitalist elements. The movement brought economic and cultural losses to the People's Republic of China.

245 Lyrics from the Soviet song *Moscow-Peking* written in 1950.

246 Common name for several kinds of multiple rocket launchers built in the USSR.

И: Она представлялась, знаешь, парадоксально, она представлялась как главный противник, но маловероятный.

Но маловероятный, а Китай...

И: Американского солдата и представить на нашей территории было очень сложно...

Ну, повода не было.

И: Ну, бомба да, бомба может быть, а американский солдат на нашей территории – вряд ли. И войска НАТО, которые в Европе там тусовались, как-то нам были до лампы. Особенно нам здесь. Может быть, там где-нибудь в Москве, на Украине или в Белоруссии и побаивались, потому что она рядом, а нам чего? У нас вот под боком угроза. Казалось бы, страна из нашего лагеря, да, социалистического? Но и тогда называли его «китайский империализм», «китайский милитаризм» там, и так далее. Такое экспансивное, агрессивное государство. Торговля была с ними практически на нуле, свёрнута, политические контакты поскольку-постольку. Очевидная и неприкрытая угроза, тем более что у них постоянно территориальные притязания какие-то были, что мы, мол, попрём на север, займём вот это, вот это, вот это...Чем нас до сих пор Владимир Вольфович[212] стращает, неубедительно, правда.

А рассказывали ли Вам, что делать на случай ядерной войны? Где бомбоубежище Ваше по району, куда тащиться, что делать?

И: Мы прекрасно знали, где. А чего нам тащиться? У нас в школе бомбоубежище было.

В школе бомбоубежище было. Так.

И: У нас в раздевалке было бомбоубежище. У нас в доме, в котором мы жили, было бомбоубежище. У нас газоубежище в подвале. Мы знали прекрасно. Знаешь под кинотеатром бомбоубежище?

Это было моё. Меня в школе учили, что надо... Мы-то должны были двигаться как раз туда, это было наше бомбоубежище.

И: А вход туда – и оно идёт прямо под площадь Ленина, оно громадное, - так что все знали примерно. Но нам что? Нам даже не надо никуда идти, оно в школе прямо. Конечно, знали, по поводу ядерной войны нас очень хорошо обучали. Куда повернуться ногами к взрыву, да голову закрыть...

Манёвры были?

И: Ну да.

Тренировочные?

И: У нас же сборы были, пятидневные сборы в школе были.

Что Вы на них делали?

И: Да какую-то кашу мерзкую ели. Ну, что делали? Постояли там пару раз, что-то

212 Жириновский.

So, that means that when they taught you all sorts of military and paramilitary skills and practices, it was pre-supposed that the potential conflict would have been with China.

I: It would have been right next door.

It would have been right there. Would it be conventional warfare?

I: Perhaps unconventional as well, and possibly featuring nuclear weapons.

Possibly featuring nuclear weapons.

I: Tactical rather than strategic; we knew that the Chinese did not have the means to deliver a big bomb but were already able to use tactical nukes at that time. We weren't too sure, but they could have been. However, as my grandpa used to say, what would they need nuclear weapons for, if we had 120 to 140 million population, total, while they could supply 140 million in troops alone? Their human resource was huge. Taking into account the fanaticism and discipline they had at the time, they were a humongous force. They had a poor Navy, they did not have the best weapons, but there were very many of them. Yes, we were always told that America was way over there, far away, and who knew what would happen with it and whether we would go to war with it…We understood it perfectly that if we hit America, America would hit us, the response would be immediate, and it was unlikely it would be proportionate. That is, the whole America would be blown to hell, and that would be it.

So, did America seem like an unlikely adversary?

I: It seemed, you know, paradoxically, to be both the main adversary and an unlikely one.

The unlikely one, while China …

I: It was very hard to imagine an American soldier on our territory.

Well, there'd been no cause.

I: A bomb, yes, possibly; but seeing an American soldier on our territory was improbable. And if the NATO troops were hanging out in Europe somewhere, we couldn't care less. Especially here where we lived. Perhaps somewhere in Moscow, Ukraine or Belorussia people were wary, because they were near, but what was it all to us? We had a different threat right here, under our noses. It seemed that, although the country was in our own socialist camp, we heard their system called "Chinese imperialism," "Chinese militarism," and so on. It was an expansive, aggressive state. Our trade with them was practically at zero, it was halted, and the political contacts were perfunctory. It was an open and visible threat, all the more so because they always had some territorial claims, as in "we will go north, we will occupy this, that and the third place …" Our own Vladimir Zhirinovsky[247] still tries to scare us with this, although unconvincingly.

Did they tell you what to do in case there was a nuclear strike? Where your bomb shelter was located, where to crawl to, what to do?

I: We knew it perfectly where it was. Why would we need to crawl anywhere? The bomb

247 Russian ultra-nationalist politician, b. 1946.

ещё... Это уже в институте потом месячные сборы были. Вот как раз на месячных сборах в институте мы смотрели эти укрепрайоны, три укрепрайона, которые... Следовые полосы, границу китайскую. Действительно могучая граница. Там серьёзно было. Воевать серьёзно готовились именно с Китаем.

То есть, опасения были реальные?

И: Вполне. То есть, тогда угроза войны с Китаем, она прямо висела в воздухе.

Висела в воздухе.

И: Начиная с начала «культурной революции» и в особенности после войны Китая с Вьетнамом[213], когда впервые реально состоялись боевые действия между двумя социалистическими странами. Китай и Вьетнам. Насколько я помню, это 79-й, 80-й год. Ну, и Афганистан был же тогда!

Да-да.

И: Афганистан-то добавил уже, конечно. Мы уже стали понимать, что наша помощь странам так называемого третьего мира и развивающимся странам, она нам иной раз выходит очень боком, и неприятно. Хотя мы ничем в худшую сторону не отличались от Соединённых Штатов, которые так же «по приглашению правительства Южного Вьетнама» ввели своих советников, а затем и войска, да? Так же и мы, «согласно межгосударственного соглашения», а вылилось это в затяжную десятилетнюю войну.

И когда эти опасения стали проходить?

И: А когда перестройка началась... Когда умер Мао Цзэдун![214] Пришел Дэн Сяопин и началось потепление, потихоньку-потихоньку-потихоньку, а потом, в конце 80-х, глядишь, уже и китайские рабочие начали появляться, и рынок насыщаться китайскими товарами, и все уже, скажем... Дело в том, что 70-е годы – это же время детанта[215] было, да? Вроде с Соединёнными Штатами договор ОСВ-1, ОСВ-2[216], вроде как разрядка, разоружение, да? А с Китаем-то не было этого! С западными-то партнёрами по переговорам и по дипломатическим отношениям у нас вроде как складывалось достаточно удачно! Ну, ни Никсон, ни Форд, ни Картер как-то особо в ястребах не ходили. Достаточно умеренны были в этом отношении. Очень ругали Рейгана у нас, да?

Сильно.

И: Очень сильно ругали Рейгана, и как-то только уже в перестроечное время стали

---

213 Короткий пограничный конфликт между Китаем и Вьетнамом, также известный как Третья Индокитайская война (1979).

214 9 сентября 1976 г.

215 Период потепления отношений между СССР и США, продлился с 1971 г. и закончился с началом президентского правления Р. Рейгана.

216 Договоры о сокращении стратегических вооружений, подписанные СССР и США в 1972 и 1979 гг.

shelter was right in our school building.

The bomb shelter was inside the school. OK.

I: The bomb shelter was in our coat room. We also had a shelter inside the building where we lived. We had a gas shelter in the basement. We knew it all perfectly well. You know the bomb shelter under the movie theater?

That was the bomb shelter for my district, they taught me at school that I had to … We had to walk in the direction of the movie theater, which was our bomb shelter.

I: The entrance to it—and the shelter is huge, is goes underneath the Lenin Square—everyone knew where it was. But as to us, we did not even have to walk anywhere, the shelter was right inside our school. And yes, they taught us very well with regards to the nuclear war, so we knew we had to face the explosion with our feet forward and cover our heads with our arms …

Did you have practice maneuvers?

I: Well, yes.

So, you trained during those?

I: We had a five-day-long military training meet at school.

What did you do there?

I: We ate some disgusting gruel. What else did we do? We stood at attention a couple times, and stuff. Later, when we were at college, we had month-long meets. During the month-long meets we were actually shown the Chinese border, the fortifications, in three separate areas, the exclusion zones; it really was a strongly protected border. Things looked serious. We were seriously prepared for a war, specifically with China.

So, the fears were well-founded?

I: Fully so. At the time, the threat of a war with China was in the air.

It was in the air.

I: From the beginning of the Cultural Revolution and especially after the Sino-Vietnamese War.[248] That was the first instance of military action taking place between two socialist countries. China and Vietnam. As far as I remember, it was in the years '79, '80. Plus, there was Afghanistan!

Yes, there was.

I: The war in Afghanistan added to it all, of course. We began to realize that our aid to the so-called third world and developing countries occasionally backfired pretty badly, which was unpleasant. Although we were not any worse than the US which, just like us, "by invitation from the government of South Vietnam" brought first their experts and later their troops into the country, right? We did the same "in accordance with the international agreement," and ended up in a protracted 10-year-long war.

---

248 A brief 1979 border conflict between China and Vietnam, also known as the Third Indochina War.

о нём говорить положительно, о рейганомике[217], о том, что человек действительно Соединённые Штаты, может, непопулярными мерами, но спас от экономического потрясения серьёзного... Это уже потом оценки, да? Но тем не менее даже при Рейгане не было разговоров, что мы вот-вот непременно начнём воевать. И какие-то же были подвижки: Союз-Аполлон[218], да? Единственно, бойкот двух Олимпиад, вначале американцы бойкотируют нас... Но и то, там была вполне понятная причина: ввод войск в Афганистан. А мы их игнорировали потом в Лос-Анджелесе, как бы.

А были хорошие американцы? Я понимаю, что я отскочила от темы.

И: А все понимали, что американцы вообще-то хорошие!

А какие были американцы хорошие и какие плохие? Какие-нибудь плохие были?

И: Ну, президент, наверное, не очень хороший, потому что он Главный Буржуин[219], все понимали, что, конечно, президент... Ну, иллюзий не было о том, что президент Соединённых Штатов – это человек, которого выбрал весь народ, и он такой самый главный. Все прекрасно понимали, что есть некие политические и экономические силы, которые своего ставленника пропихивают, да? Так ведь? Ну, везде так.

Ну, я не думаю, что можно сказать, что все прямо понимали от и до, потому что у народа же разная степень...

И: Ну, кому-то просто до лампы был он, американский президент...

Кто он, где он...

И: Да. Где-нибудь в Венгрии Янош Кадор[220] – ещё куда ни шло, а этот-то нам вообще ни сват, ни брат. Но все понимали, что за ним стоят какие-то люди. Ну, все это начали понимать, когда... Мне кажется, наш народ... Понимаешь, мне кажется, что в массе русский народ, русские школьники, русские студенты, они более образованны, чем студенты других стран, не в плане знания своего, а в плане общей эрудиции. Они интересуются тем, что происходит за пределами страны, края, области. Ну, американцы, уже вошло, по-моему, в поговорку, плевать хотели на всё, как говорится, на чём нет клейма «Сделано в Чикаго», да? Так что им как-то это не интересно особо. Есть люди, которые профессионально этим занимаются, а так, в общем-то – где эта Чехия, кто бы её знал тыщу лет, или Польшу там. А у нас-то знают! И где она, и зачем, и даже знают, где Гана какая-нибудь или Мали, или ещё что-то. Потому что школьная, не знаю, как сейчас, но, когда нас учили, школьная программа предполагала, что ты должен это знать, чтобы называться мало-мальски образованным человеком. Так что поэтому... Дело в том, что, как мне кажется, иллюзия того, что американский президент – это всенародно признанный глава государства, непогрешимый, неуязвимый, – после смерти

---

217 Меры по дерегуляции экономики, проводимые правительством Рейгана в 80-х годах.

218 Первый совместный космический проект СССР и США «Союз-Аполлон», 1975 г.

219 Ссылка на «Сказку о военной тайне» (1933) Аркадия Гайдара.

220 Глава коммунистической Венгрии с 1956 по 1988 г.

When did the fears begin to dissipate?

I: When perestroika came[249] … When Chairman Mao died![250] Deng Xiaoping[251] came to power, our relations grew warmer, tiny bit by tiny bit, and by the end of the '80s we already saw Chinese workers in our country, and the market became more saturated with Chinese-made goods, and then everything … The thing is, the '70s were the period of the détente,[252] right? We signed agreements with the US, SALT-I, SALT-II,[253] which meant we were in détente, or disarmament, right? But there never was anything like that between our country and China! Negotiations and diplomacy with our Western partners were kind of going rather well. At least, neither President Nixon, nor Ford, nor Carter were painted as war hawks. They were rather moderate in that regard. Reagan got quite a hard beating in our press, right?

A hard one.

I: Reagan got a very hard beating, and it was only during perestroika that they started to write positive things about him and about Reaganomics,[254] saying that he truly saved the US from a serious economic upheaval, although his measures might have been unpopular … That was the eventual evaluation, right? Nevertheless, even during the Reagan presidency there was never any talk of us being on the verge of an inevitable war. There were some good changes, like the Soyuz-Apollo project.[255] The only bad thing was the boycott of the two Olympic games, which Americans started by boycotting us first … Still, there was a clear reason for that, since we had sent our troops to Afghanistan. Afterwards, we ignored their Games in Los Angeles, sort of.

Were there any good Americans? I realize I've bounced off the topic here.

I: Everyone understood that Americans were basically good people!

Which Americans were good, and which were bad? Were there any bad ones?

I: Well, their president must have been not very good, as he was the Chief Capitalist. Everyone realized that their president was … We did not have illusions regarding the US president being a person totally in charge, elected by the whole nation. Everyone understood it perfectly well that there were political and economic groups which pushed their candidate through. Right? It works like that everywhere.

Well, I wouldn't say that absolutely everyone understood this, since people have different degrees of …

---

249 A reform movement initiated in the mid-'80s by the Soviet leader Mikhail Gorbachev.

250 September 9, 1976.

251 Deng Xiaoping (1904-1997) was the political leader of the People's Republic of China from 1978 to 1989.

252 The period of lessening of Cold War tensions, which began in 1971 and ended with the start of the Reagan presidency in the US.

253 Strategic Arms Limitation Talks Agreements achieved by the USSR and the US in 1972 and 1979.

254 Deregulatory economic policies promoted by US President Reagan in the 1980s.

255 The Soyuz-Apollo Test Flight, conducted in 1975, was the first joint US-Soviet space flight.

Кеннеди[221] это прошло. Как могло случиться так, что такого замечательного, молодого, симпатичного дядьку взяли вот так и шлёпнули, не говоря худого слова? А потом брательника его раз, и шлёпнули! И третьему брательнику жить не давали спокойно. Я похороны Роберта Кеннеди, кстати, хорошо помню по телевизору[222].

Показывали, да?

И: Я их очень боялся, что там гроб покажут.

А похороны Брежнева[223] не боялся.

И: А похороны Брежнева когда были, я был маленько выпивши.

Маленько выпивши и, хотя гроб показывали, было не страшно!

И (*смеётся*): Это можно вырезать. Мы шли с акушерства, зашли в кафе, там немножко поддали, а потом, когда пришли на лекцию, нам сообщили, что умер Брежнев. Мы были немало изумлены, потому что он нам казался вечным. Вот. Ну, все так же понимали, что Леонид Ильич Брежнев не решает ничего, что за ним тоже есть какие-то люди. Пусть это партия называется, или, точнее, Политбюро[224], геронтократы такие собрались.

А как Вам перестройка показалась? Понравилась, нет?

И: Перестройка очень понравилась, тогда же все именинниками ходили! Тогда самое главное было – это эмоциональная оценка перестройки, ощущение, что сейчас что-то, вот оно, вот-вот оно произойдёт! Оно, правда, как-то и не произошло ничего такого. Крах Советского Союза и всё это, оно, может быть, в глобальном масштабе и значимо, но для каждого оно было как-то... Ну, прочитали, что там Беловежская Пуща[225], теперь Союза нет, есть СНГ – ну, пусть будет СНГ.

С перестройкой изменились какие-либо понятия о западном мире, личные воззрения?

И: Да, наверное, нет. Как-то уже не было тогда иллюзорных представлений, не было, что в немцах там что-то такое инопланетное. Такие же люди, мы прекрасно понимали, что они живут так же... Ну, я не имею в виду какие-то культурные особенности или бытовые, а такие же люди: руки, ноги, голова. Это уже само предполагает, что они такими же интересами живут. И все прекрасно понимали, наверное, так же, что рядовому американцу, англичанину или французу воевать с нами ни резону, ни нужды, ни желания нету. То есть, если случись какая заваруха – ну, наверное, да, по призыву там, или кто-то, может...

Ну, то есть, холодная война, не холодная, а ночи свои Вы проспали спокойно, не ожидая гудка

---

221 Президент Джон Кеннеди был смертельно ранен выстрелом из винтовки 22 ноября 1963 г.

222 Сенатор Роберт Ф. Кеннеди был смертельно ранен выстрелом, похоронен на Арлингтонском кладбище 8 июня 1968 г. через три дня после смерти.

223 Похороны Л. Брежнева состоялись 15 ноября 1982 г.

224 Политбюро ЦК КПСС, главный политический орган в СССР.

225 Согласно Беловежским соглашениям, подписанным 8 декабря 1991 г., СССР официально прекратил своё существование и было создано СНГ (Содружество Независимых Государств).

I: I guess, some people simply couldn't care less about the American president …

About who he was and where he was …

I: Right. I'd be more willing to think they knew who János Kádár[256] was out there in Hungary, but as for the American guy, he was neither here nor there. But everyone was aware that there were people behind him. We all began to understand it when … It seems to me that our people … You know, I think that Russians in general, Russian schoolkids, Russian college students are more educated than students in other countries, not in their special fields but in terms of general knowledge. They want to know what happens beyond the borders of their country, or region, or township. As to Americans, it has become a cliché that they don't give a crap about anything that is not stamped "Made in Chicago," right? They don't find it particularly interesting. Besides professional experts, no one has actually cared one way or another where the Czech Republic was, or what it was, or, like, Poland, for example. But we do know those things! We know where it is, and what it's about, and we even know where Ghana is, or, like, Mali. Because the school curriculum, I don't know what it is like now, but when we were in school, the school curriculum was designed to teach us those things, so we could call ourselves more or less educated. And that is why … I think the illusion that the American president was a popularly accepted head of state, faultless and invincible, disappeared after the death of President Kennedy. How could it have happened that such a great, young, charming dude was just bam!— and killed, with no word of warning, right? And then his brother, bam!—killed. And they wouldn't let the third brother have any peace either. By the way, I remember the funeral of Robert Kennedy[257] well, they showed it on TV.

Oh, was it broadcast?

I: I was really scared to watch it, I was afraid they would show the casket.

But you weren't afraid of Brezhnev's funeral.[258]

I: When Brezhnev was being buried, I was a little drunk.

You were a little drunk, and you were not scared, although they did show the casket!

I: *He laughs.* You can cut this part. We were coming from our obstetrics class, and we stopped by a café and had a few drinks there. When we got to the lecture hall, we were told that Brezhnev had died. We were considerably astonished, since we had believed him to be deathless. Yep. So, by the same token, everyone knew that Leonid Brezhnev did not make any decisions on his own, that there were people behind him as well. We may call them the Party, or more specifically the Politburo,[259] that gerontocratic gathering.

---

256 The Communist leader of Hungary from 1956 until 1988.

257 On June 8, 1968, Senator Robert F. Kennedy was laid to rest at Arlington National Cemetery three days after his assassination.

258 Funeral of Leonid Brezhnev, the fifth Soviet leader, was held on November 15, 1982.

259 The Political Bureau of the Central Committee of the Communist Party was the highest policy-making authority in the USSR.

машзавода, возвещающего начало...

И: Да ну, Господи, какой разговор! Даже если опасались агрессии со стороны Китая, прекрасно знали, что не будет такого, что загудит гудок и вдруг полетят самолёты – да нет! Их остановят на границе. Конечно, будут какие-то жертвы, но тем не менее не пройдут, не вклинятся на нашу территорию хотя бы на двадцать километров.

Короче, не ходить Вам в это бомбоубежище, кроме как...

И: На экскурсию.

На экскурсию.

И: Конечно. И заводить бункер и ружья в нём, как американцы, которых нам показывают в новостях, я думаю, тоже смысла особого нету.

А вот интересно, почему американцы боялись – некоторые, не все, не все, – а мы тут не боялись, несмотря на массированную промывку мозгов? Может, это как-то связано с ощущением лицемерия всеобщего, что врут много?

И: А откуда у нас? У нас мозги не сильно промываются.

Мозги не сильно промываются?

И: Не сильно. У нас ведь в традициях русского народа, по меньшей мере, русского народа и, как его части, русской интеллигенции, скептицизм ведь очень сильно развит! Раз тебе официальная пропаганда говорит – значит, надо половину вообще сразу отсечь, а другую половину как следует обработать...

Поделить на восемь.

И: Да! Типа того. А может, и не на восемь даже. И потом уже какую-то крупицу... Да и ещё, действительно, послушать... Ведь когда слушали иностранные «голоса» тут, у кого был доступ, они ведь тоже не говорили, что там всё правда. Они говорили: «А почему они не могут нам соврать так же, как и наши могут нам соврать?» Они из своих соображений, наши – из своих соображений. Что-то среднее между ними выбиралось обычно, взвешенное нечто: нам скажут частично правду, и они скажут частично правду, глядишь, что-то и получится такое средненькое. Ну, мы тогда не сильно интересовались, что там нам говорят в новостях, «голоса» нам надо было из-за музона послушать, а не информацию получить. Ну, а вообще, честно говоря, иногда мы были больше осведомлены... В плане общей осведомлённости, мы были больше осведомлены об Америке, чем Америка о нас, мне кажется. Мы, по крайней мере, их музыку слушали, их книги немножко читали, фильмы смотрели, а для них, кажется, это было туго в то время. Действительно, после 50-х, после Джозефа Маккарти, наверное, мне кажется... Ну, дело в том, что для нас они оставались американцами, а мы для них часто оставались коммунистами. Вот русский – значит, уже коммунист, на лбу уже написано: «Коммунист».

Красные, да.

И: Красный, и всё. А какой он красный? Он в гробу видал красных... Ну, ещё

How did you feel about perestroika? Did you like it or not?

I: I really liked perestroika; we all felt as happy as though it was our birthday! The main factor at the time was the emotional experience of perestroika, a feeling that something exciting was on the cusp, on the cusp of happening! Eventually, though, nothing special happened. The dissolution of the Soviet Union and the following events are perhaps important globally, but for each of us they were more like ... We just read that something had been done in the Belavezha Forest,[260] which meant there was no more USSR and we were going to be called the CIS. OK, so let's call it the CIS, whatever.

Did any of your personal opinions or ideas about the Western world change with perestroika?

I: Probably not. By that time, I had lost my illusions, I no longer thought that Germans were some kind of aliens from another planet, etc. They were people like us, as we all understood perfectly well, people with lives like ours ... I am not talking about lifestyles or cultural specifics, but basically, they were people just like us: one head, two arms, two legs. By itself, this suggests that they should have interests similar to ours. And we all knew full well that a regular American, Englishman or Frenchman had no reason, need or desire to fight us. I mean, if we got entangled in a conflict, then yeah, people would be drafted, or someone might ...

So, Cold War or no Cold War, but you slept soundly at night, without waiting for the factory siren to announce the start ...

I: Oh, please, what are you talking about! Even when we were wary of the Chinese aggression, we knew it perfectly well that there would never be a siren announcing the arrival of bombers—no! They would be stopped at the border. Of course, there would be victims, but nevertheless no troops would be able to pass through, or to enter our territory, not even 20 kilometers deep.

To sum it up, you would not use the bomb shelter except ...

I: Except to tour it.

Except to tour it.

I: Of course. And building a bunker stocked with guns, like those Americans shown on the news programs, did not make any sense either.

It's interesting why Americans were scared—some of them, not all of them, not all—yet you were not scared, despite the massive brainwashing? Could it have been tied to the feeling of ubiquitous hypocrisy, of being surrounded by lies?

I: Why would we be? Our brains don't wash very well.

Our brains don't wash very well?

I: Not really. It is in the tradition of the Russian people, at least the part of the people featuring the Russian intelligentsia, to be armed with robust skepticism! Whatever the

---

260 The Belavezha Accords of December 8, 1991, declared the USSR as effectively ceasing to exist, and established the Commonwealth of Independent States (CIS) as its successor.

учесть, что действительно всё советское время, которое я застал, мы всё время находились в состоянии войны, только не с Америкой и с Китаем, а сами с собой. У нас было чётко всегда поделено: белые – красные. Кино нам показывают приключенческое – красные с белыми воюют. Как во Франции не пришли к единству и согласию нации, они же до сих пор воюют, так что вот так... Что хорошего? С одной стороны, детям надо же посмотреть что-нибудь интересное, вот им и показывают «Неуловимых мстителей». Красные – белые. Или снимут, с другой стороны, сусального «Адмирала» этого. Эти герои гражданской войны у нас теперь с той стороны, с белой, молодцы, а с красной все негодяи. А что бы не прийти к такому мнению, что и те и другие – герои? Что у каждого своя была правда? У каждого были свои мотивы и резоны? Один защищает свою дворянскую честь, своё имение, где он родился и вырос, а другому земли охота, на которой бы репку посадить? Так ведь? А мы всё воюем. Старики вон никак не успокоятся.

Ну, тогда мы будем сворачиваться, только ещё последний вопросик задам. Возьмём какой-нибудь год навскидку, например, 75-й. Сколько Вам лет было, тринадцать? Если бы Вам довелось в тринадцать лет взять да поехать в Америку, что бы Вы там хотели посмотреть, сделать?

И: В каком смысле – посмотреть? Я к тому времени, между прочим, уже книжек пять про Соединённые Штаты прочитал. Зорина, «Владыки без масок»[226], Стрельникова и Пескова, «Земля за океаном»[227], наименее идеологизированную, очень много популярного... Я бы хотел посмотреть... Ну, я уже не говорю, что я бы хотел к тому времени посмотреть фильм Jesus Christ Superstar[228] и фильм Let It Be[229], да? Значит, что бы хотел... Хотел бы посмотреть, значит, Йеллоустонский национальный парк. Гранд-Каньон. Нью-Йорк посмотреть, конечно, да? Но как-то вот эти... Потому что песковская книга со Стрельниковым уж очень понравилась, там было про природные дела... Великие озёра посмотреть бы хотел. Но тогда они в то время считались очень загаженными, купаться в них якобы нельзя было. По крайней мере, наши так писали. Хотел бы посмотреть, естественно, живых индейцев! Живых индейцев и ковбойцев, да? Ну, и какой-нибудь рок-концерт, конечно. Кого-нибудь, хотя тогда я и не так уж сильно, но всё равно был фаном музыки американской. Ну, вот такое, да!

За музыкой, за культурой.

И: За природным...

---

226 «Владыки без масок» (1972) советского журналиста, историка и американиста В. Зорина (1925 – 2016).

227 «Земля за океаном» (1977) журналистов В. Пескова (1930 – 2013) и Б. Стрельникова (1923 – 1980).

228 «Иисус Христос – суперзвезда» (1973), экранизация мюзикла Эндрю Ллойда Уэббера и Тима Райса.

229 Документальный фильм о «Битлз» (1970).

official propaganda tells you, you must discard half of it immediately, and process the other half thoroughly …

Dividing it by eight.

I: Yes, sort of. Perhaps not even by eight, but by more. And only after that you take a kernel … Plus, you also had to listen to … When people who had access listened to the Western radio voices, they never said everything they had heard was true. They said, "they could be lying to us the same way our own authorities lie to us. Our side has its motives, and the other side has its motives as well." People generally took away some product of the two sources, carefully measured: our authorities tell us a half-truth, the other guys tell us a half-truth, and we can figure out an average of the two. Well, we were not really interested in the news topics at the time, we listened to the "voices" for the music, not for information. But honestly, we were often more knowledgeable than … In terms of general knowledge, we knew more about America than America knew about us, I think. We at least listened to their music, read their books a little, watched their films, and I think it was tough for them at the time to get similar information about us. Really, after the '50s, after Joseph McCarthy, I think … The thing is, we saw them as Americans, but they kept seeing us as Communists. Any Russian was a Communist, with the word *Commie* written across his forehead.

The Reds.

I: He was Red, and that was that. But how Red was he? Maybe he wished all Reds dead … And we have to take it into account that in all the Soviet years I lived through, we were in a state of permanent war, except we weren't fighting America or China, we were fighting ourselves. We always had a clear division between the Whites and the Reds.[261] If they showed us an action movie, it was about the Reds fighting the Whites. Just like France has never achieved a proper national unity and accord, they are still fighting, and so are we … What's so great about that? On the one side, kids need to see something engaging, so they are shown *Elusive Avengers*.[262] The Reds and the Whites. Or, to show the opposite side, they make a different film, like that cloying *Admiral*.[263] Now all of the heroes of our Civil War are White, and all the Red ones are villains. Why can't they settle on the opinion that both the sides were heroic? That they held their own truths? That they had their own reasons and motives? One defended his noble name and the country estate where he was born and raised; the other wanted more land to grow his turnips. Right? Yet, we are still at war. The older generation just won't calm down.

OK; we are almost ready to wrap this up, and I have one last question left to ask. Let's pick a random year, for instance, let's take 1975. How old were you then; were you 13? If you had a chance to go to America when you were 13, what would you have liked to see or do there?

261 Referring to the two largest combatant groups in the multi-party Russian Civil War (1917-1921), the Bolshevik Red Army and the loosely allied capitalist-monarchist White Army.

262 An adventure film (1967) set in the times of the Russian Civil War.

263 A historical drama/biopic (2008) about the White Army Admiral Kolchak.

Жвачку покупать?

И: Ну, джинсы разве что.

Джинсы?

И: Ну, может, во вторую очередь. Джинсы бы хотелось, да! Потому что это был предмет действительно культовый. Он не был бытовым, он действительно был скорее...

Ритуальным?

И: Культурологическим. Купить настоящие джинсы – это был культурологический шок.

Отличненько. Если бы вдруг по какому-нибудь невероятному обмену приехал в Вашу школу американский мальчик тринадцати лет, что бы Вы ему показали, рассказали? Как бы Вы хотели представить ему свою отчизну?

И: Ну, в то-то время? Трудно сказать. Ну, что? Показали бы, что у нас есть. А что у нас тогда было? В том-то и беда, что в то время мы уже немножко понимали, что нам говорят, что всё у нас красиво, здорово и прекрасно, а на самом деле у нас в городе показать-то нечего!

Ну, что бы Вы с ним стали делать?

И: Ой, свозили бы его на Арахлей[230]. В деревню бы свозил к бабушке.

В деревню?

И: А у бабушки весело, да, у нас очень хорошо было у бабушки!

Ну, чтобы он понял, что мы тут с человеческим лицом, а не эти, как их.

И: А для этого не надо особо куда-то водить! Ну, просто по друзьям по тем же, таскать его за собой везде. Действительно, в деревню к бабушке, действительно, на тот же Арахлей, действительно, куда-нибудь в лес там, ну, а больше что могут дети тут показать, по большому счёту? Если бы он в Москву приехал, его попёрли бы на ВДНХ, наверное, метро бы показали. У нас в общем-то не просто провинция...

Домой на пирожки.

И: Да. Я думаю, для того, чтобы понять, как живут люди, не обязательно ходить по каким-то особым местам, достаточно в семье пожить, да и вот. Ну и всё, наверное! У нас так и бывает, когда к нам приезжают. У меня заведующий кафедрой... Приезжала девочка, у них в семье жила. Ну, у них семья не бедная, так что вот. И нормально, она пересмотрела, перезнакомилась с кучей людей, посмотрела, как живут, и уехала вполне довольная: нормально живут люди. Ну, сейчас уже никого сильно...

Сейчас – конечно.

И: Сейчас уже другой образ русского человека, это уже не озверелый медведь с ружьём, а мафиози, торгующий оружием и наркотиками, да, злодей жестокий и

---

230 Озеро в окрестностях Читы.

I: What do you mean by seeing? By that age, I had already read about five books about the US. I'd read Zorin's *Oppressors Unmasked*,[264] Strelnikov and Peskov's *Land Across the Ocean*,[265] which was the least ideologically heavy, it had a lot of accessible content … What I would have liked to see was … It goes without saying that I wanted to watch the films *Jesus Christ Superstar* and *Let It Be*, right? So, I'd want to … I'd want to see the Yellowstone National Park. The Grand Canyon. Of course, New York, right? But more the other two places, because I really liked Strelnikov and Peskov's book, which had nature stuff in it. I'd have liked to see the Great Lakes. Except, at that time, they were considered to be extremely polluted and presumably unsuitable for swimming. At least, that's what our reporters told us. Of course, I'd like to have seen real live Indians! Real live Indians and cowboyans,[266] right? And a rock concert, of course. Any rock show, because although I was not too big of an expert at the time, I was still a fan of American music. Yes, stuff like that!

You'd go for the music and the culture.

I: And the nature.

What about shopping for bubble-gum?

I: Maybe for jeans.

For jeans?

I: Perhaps after I'd done the important things. Yes, I'd have liked to get some jeans! They were really rather a cult object. They weren't just clothing, they were truly more like …

A ritual object?

I: A cultural object. Buying authentic jeans caused a culture shock.

Cool. Now, if, through some unfathomable exchange program, your school got an American student, a boy of about 13 years old, what would you have wanted to show or tell him? How would you have wanted to represent your Fatherland?

I: At that time? Hard to say. What to show? We'd just show what we had. And what did we have? The trouble is, at that time we already had an inkling that, although we were told our country was beautiful, great and perfect, the truth was there was nothing to see in our hometown!

So, how would you spend time with him?

I: We'd take him to Lake Arakhlei.[267] I'd take him to my grandma's village.

The village?

---

264 *Владыки без масок* (1972) by the Soviet journalist, historian and Americanologist Valentin Zorin (1925-2016).

265 *Земля за океаном* (1977) by journalists Vasily Peskov (1930-2013) and Boris Strelnikov (1923-1980).

266 Soviet children commonly mispronounced the word ковбой (cowboy) as ковбоец, to match it to the word индеец (Indian), since cowboys and Indians were always a combo in films and in games.

267 Local lake near the city of Chita.

беспринципный, да? Ну, я думаю, что это не про всех русских так думают. Надеюсь, по крайней мере.

Понятно! Ну всё, на данный момент вопросов больше не имею. Было очень информативно, спасибо.

И: А так сейчас действительно вспоминаешь: чего боялись? А ничего не боялись. Чего бояться-то?

Ну, Вы ничего не боялись.

И: А кто-то боялся, что ли?

Некоторые – да.

И: Это которые сейчас на Брайтоне[231] живут?

В том числе.

И: Потому они и уехали! Нет, дело в том, что, когда ты знаешь, что по телевизору тебе показывают несколько раз в неделю передачу, где стоит избушка, отъезжает, под ней вот такая вот шахта, а в ней ракета стоит, которая бьёт куда угодно, то что тебе бояться-то?

Ну, понятно. Были уверены в своём военном превосходстве.

И: Ну, не были в военном превосходстве! Мы были уверены, что у нас военный паритет. То есть, считали, что Соединённые Штаты были примерно так же сильны, как мы, а мы так же сильны, как Соединённые Штаты. Поэтому ни один идиот ни там не найдётся, ни у нас. Террористической угрозы тогда особо не было. Мы даже не знали ничего ни про «чёрный сентябрь»[232], ни о мюнхенской Олимпиаде. У нас одна книга такая про мюнхенскую Олимпиаду есть, но мы не знали о том, что там палестинцы перестреляли израильскую делегацию. Это сейчас мы уже узнаём о том, что происходит. Всё, сейчас чай надо поставить.

Всё, ставим чай. Спасибо большое!

---

231 Брайтон-Бич, район компактного проживания русскоязызычных иммигрантов в Нью-Йорке.

232 Члены «Чёрного сентября», палестинской террористической группировки, созданной в 1970 г., захватили и убили одиннадцать спортсменов-олимпийцев из Израиля по время летней Олимпиады в Мюнхене в 1972 г.

I: It was fun at my grandma's, spending time at grandma's was very nice!

And he would realize that we were all just human, not like, you know …

I: You don't have to take anyone to any special place for that! Just take him to your friends, drag him along wherever you usually go, be that your grandma's, be that Lake Arakhlei, be that going to the woods or whatever; what more can kids offer, really? If he'd come to Moscow, they'd have dragged him to the VDNKH,[268] and shown him the Metro.[269] But we lived deeper than deep in the provinces …

You'd take him home for some pastries.

I: Yes. I don't think you need to go to any special places to understand how people live, you only need to live with a family for a while. And that's probably it! That's what happens when someone comes to visit our city. The head of the department I work for had a young girl come as a homestay guest. His family is well-off, so they hosted her. And it all went fine, she met and got to know a ton of people, she got to see how people live here and she left satisfied with the knowledge that people here are doing OK. These days, no one gets really …

These days they certainly don't.

I: These days there is a different stereotypical image of a Russian; we are not armed bears gone berserk anymore, we are Mafiosi selling weapons and drugs, we are cruel and amoral, right? Well, I don't think they paint all Russians with that brush. At least I hope they don't.

I see! Well, I'm out of questions at the moment. This was highly informative, thank you!

I: Now, when I go back and try to figure out what we were scared of—well, we were not scared! What was so scary?

Well, you personally were not scared.

I: Was anyone?

Some were.

I: Are those people living in Brighton Beach[270] now?

Some of them are.

I: I guess that's why they left! No, the thing is, when you know that several times every week you watch a TV show in which a decoy wooden hut is removed to display a giant pit housing a missile able to hit any target, what fear can you possibly feel?

I see. You were certain of your country's military superiority.

---

268 Russian acronym for the Exhibition of Achievements of National Economy, a permanent trade show and amusement park in Moscow, first opened in 1939.

269 The Moscow Subway, famous for its elaborate ornamentation.

270 A Brooklyn, NY, neighborhood, known for its high concentration of immigrants from the former Soviet Union.

I: No, not of superiority. We were certain of military parity. That means, we considered the US to be as strong as we were, and ourselves to be as strong as the US. That's why no one on either side was stupid enough. There were no particular terrorist threats then. We knew nothing about Black September,[271] or the Munich Olympics. I got a book about the Munich Olympics now, but at the time we did not know that Palestinians massacred the Israeli team. It's only now that we find out all about the current events. OK, it's time to make tea.

OK, let's make tea. Thank you very much!

---

271 The Black September Organization is a Palestinian terrorist organization founded in 1970. In 1972 it took hostage and killed 11 Israeli Olympic Team members during the Summer Olympics in Munich.

У русских тоже есть дети

Сегодня 26 мая 2010 года, я беседую с Брайаном. Привет, Брайан!

Б: Привет!

Брайан, для установления исторического контекста скажите мне, в каком году Вы родились?

Б: 1969.

1969. И где Вы родились?

Б: Энн-Арбор, штат Мичиган.

Энн-Арбор, штат Мичиган. Детство Вы провели там же?

Б: Да.

Будучи ребёнком в США, в Энн-Арборе, штат Мичиган, по Вашим воспоминаниям, знали ли Вы, и если да, то в каком возрасте и насколько хорошо... Знали ли Вы о существовавшем в то время международном напряжении?

Б: Я бы сказал, лет в двенадцать, пятнадцать, наверное.

Что Вы в то время знали, какой информацией владели?

Б: Может, почерпнул что-то из музыки или СМИ, просто знал, что между США и СССР был конфликт.

Если бы Вас о нём спросили в Ваши двенадцать лет, как бы Вы тогда смогли описать этот конфликт?

Б: В двенадцать?

Да, то, что происходило.

Б: С точки зрения двенадцатилетнего ребёнка?

Да.

Б: Мне это на самом деле было неясно. Мне трудно говорить о точке зрения двенадцатилетнего ребёнка, уже зная то, что знаю сейчас.

Разумеется.

Б *(после паузы)*: Я думаю, что я знал... Я больше знал об американской армии, о том, что Америка наращивала крупные вооружения и Советский Союз делал то же самое.

Russians Have Children Too

Today is May 26th, 2010, and I am talking to Brian. Hello, Brian!

B: Hello!

Brian, in the interest of history, what is your year of birth?

B: 1969.

1969. And what was your place of birth?

B: Ann Arbor, Michigan.

Ann Arbor, Michigan. Is that where you grew up?

B: Yes.

Growing up in the US, Ann Arbor, Michigan, do you remember, and if yes, then at what age and to what extent … Do you remember being aware that there were international tensions at the time?

B: I would say around the age of 12, 15, probably.

And what did you know or what information did you have?

B: It could've been through music or through the media, just an awareness of the US and Soviet Union tensions.

So, what where those tensions, if you were asked to describe them at the age of 12?

B: At the age of 12?

What's going on, yeah.

B: At the age of 12 perspective?

Yeah.

B: It was never really clear, really. It's hard to talk about the perspective of a 12-year-old knowing what I know now.

Of course.

B: *He pauses.* I think there was … There was more awareness of the US military, building

Ладно.

Б: Но в то время, в мои двенадцать, объяснения у меня этому не было.

То есть, Вам было известно о гонке вооружений.

Б: Да.

Вы упомянули, что узнали о ней из музыки и СМИ. Вы помните конкретные примеры?

Б: Ну, один из примеров – это песня Стинга, знаете, которая про то, что у русских тоже есть дети[233], но она, кажется, уже была позже, уже скорее в 80-х, так ведь?

Да, наверное, в конце 80-х.

Б: В конце 80-х, а до того... Я думаю, это была как раз та музыка. До того... Ну, если подумать, остаётся телевизор. Газет я не читал, значит, вероятно, только телевизор.

Что показывали по телевизору?

Б: Ну, я не помню конкретных передач...

Кино, документальные фильмы, новости? Что именно показывали?

Б: Новости, новостные программы. Возможно, из новостей. Скорее всего, я из них многое почерпнул. Фильмы о холодной войне появились куда позже, в конце 80-х, опять же. В конце 80-х было больше осведомлённости.

Значит, в двенадцать-тринадцать лет Вы регулярно смотрели вечерние новости.

Б: Да.

С семьёй?

Б: Иногда с ней, иногда сам.

Было ли Вам... По Вашим воспоминаниям, беспокоила ли Вас вероятность военного конфликта или ядерного взрыва?

Б: Да, абсолютно, абсолютно. Страх был довольно существенный.

По шкале от одного до десяти, насколько сильно Вы боялись?

Б: Всё ещё в том возрасте? Ну, не знаю, по шкале от одного до десяти...

Чего Вы больше боялись, своего отца или ядерного взрыва?

Б: Ядерного взрыва.

Хорошо, ладно. (Смех)

Б: Отец у меня, правда, не особо пугающий. *(Смех)*

Ладно. Значит, Вас существенно пугал ядерный взрыв. Что Вы о нём...

Б: Ну, сегодня какой бы был эквивалент? Не знаю... Это была маловероятная угроза, и в то же время довольно убийственная. Может, так её можно описать.

Что, по-Вашему, могло произойти, если бы дело дошло до действий?

Б: В детстве я увлекался науками, поэтому я знал, что случится с Землёй в случае

---

233 «Russians» («Русские», 1985), песня Стинга, в которой критикуется доктрина гарантированного взаимного уничтожения.

a massive military, and the Soviet Union doing the same.

OK.

B: And at that point, um, as a 12-year-old, there was really no explanation.

So, you were aware that there was an arms race.

B: Yes.

And you said you knew that through media and music. Do you remember any specific examples?

B: Well, one of the examples is Sting's song[272] about, you know, "Russians have children too," but that was a later tune, I think it was more like, what was that, '80s?

Yeah, that's late '80s, probably.

B: Late '80s, so before that … I think that was the music I was thinking of. Before that … uh, let's see we, only had TV. And I wasn't reading the newspaper, so it was probably through just TV.

What did they show on TV?

B: Oh, I can't remember specific programs …

Was it movies, documentaries, news? What was it?

B: News, news programs. It could be news. It's probably where I caught a lot of it. I think movies about the Cold War started to hit a lot more in the late '80s again. There was more awareness in the late '80s.

So, as a 12-year-old, 13-year-old, you were in the habit of watching evening news.

B: Yes.

With your family?

B: Sometimes with, sometimes alone.

Were you … Do you remember being at all concerned about the possibility of a military conflict, or a nuclear event?

B: Yeah, absolutely, absolutely. There was a pretty substantial fear.

On a scale of one to 10, how afraid were you?

B: At that age, still? Boy, a scale of one to 10 …

Well, were you more afraid of your father, or of a nuclear event?

B: Nuclear event.

OK, OK. (Laughter.)

B: My father is not a very fearful person, however. *Laughter.*

OK, alright. So, you were substantially afraid of a nuclear event. What did you …

---

272 *Russians* by Sting, released in 1985, criticizes the doctrine of mutual assured destruction by the USSR and the US.

ядерной катастрофы. Ядерная зима и всё такое. Конец цивилизации.

Хорошо. Были ли у Вас иллюзии... Нет, «иллюзии» не то слово. Когда Вы представляли себе этот возможный ядерный взрыв, Вы предполагали, что всё на Земле будет уничтожено, или считали, что некоторые особые места останутся в безопасности? Как Вам казалось, в какой мере такой взрыв задел бы лично Вас?

Б: Думаю, что нам надо начать обсуждать подростковый возраст для того, чтобы я смог ответить на этот вопрос.

Давайте.

Б: Мне казалось, если учесть, что было две страны с десятками тысяч боеголовок, конфликт начал бы разрастаться, одним изолированным инцидентом дело бы не ограничилось. В то время не было возможности «стратегических» в кавычках ядерных ударов. Было только... Всё, что нам было известно – это то, что мы знали о двух бомбах, сброшенных на Японию. То есть, я был вполне уверен в том, что, если кто-то нажмёт на курок, конфликт начнёт разрастаться.

То есть, мы все умрём.

Б: Ага.

Ладно. Значит, Вы не имели... Вы не тешились теориями о возможной победе США?

Б: Нет. Это был тупик: зайдёшь за границу дозволенного, и обратной дороги не будет.

Понятно. Международное напряжение как-нибудь влияло на Вашу повседневную жизнь? К примеру, были страны, в которых дети проходили военную подготовку, были люди, которые участвовали в антивоенных, антиядерных мероприятиях. Были такие вещи. Вам что-нибудь приходилось делать не так, как обычно?

Б: Нет. Может, что-то совсем незначительное, например, написать сочинение или эссе на тему. Наверное, этот вопрос поднимался в школе на уроках, но ничего более серьёзного, ничего социально значимого я не делал.

Вы точно помните, что писали сочинение на эту тему, или просто полагаете, что могли?

Б: Помню, я что-то писал на уроке английского.

Какая была тема сочинения?

Б: Сочинение было... Которое я описываю... Что-то вроде... Не знаю, смогу ли я точно вспомнить или нет. По-моему, основной посыл был в том, что создание бомб – это «Уловка-22»[234]. Зачем они нужны? Они не нужны, никто их не использует, а если их использовать, то настанет конец света... Что-то такое... Не знаю точно.

Окей. Относились ли Вы тогда хоть в какой-то мере критично к США, к правительству США? Думали о нём что-либо или не думали совсем?

---

234 Выражение «Уловка-22», иногда, в зависимости от цитируемого перевода, «Ловушка-22» или «Поправка-22», заимствованное из романа американского писателя Джозефа Хеллера «Catch-22» (1961), означает «логический парадокс, возникающий при попытке соблюдать взаимоисключающие правила».

B: Well, what would be the equivalent today? I don't know … It was a distant fear but a pretty awesome possibility, I guess, you could describe it.

What did you think would happen? If it were to come to that?

B: I was into science as a kid, and so I learned about what would happen to the Earth in a nuclear event. Nuclear winter and so forth. The end of civilization.

OK. Did you have any illusions … I shouldn't say "illusions." When you thought about that prospective nuclear event, did you think it would just obliterate everything on Earth or did you think that some specific areas would be safe? How likely did you think yourself to be affected, in case it happened?

B: I think I would have to move to the age of, like, a teenager to answer this question.

OK.

B: I thought, with a couple of countries with tens of thousands of nuclear warheads, it would escalate, and we couldn't have one isolated incident. There weren't strategical, quote-unquote, nuclear strikes at the time. There was … all we had to go on was the nuclear bombs in Japan. So, I was pretty sure it would escalate if someone happened to pull the trigger.

So, we were all gonna die.

B: Ah-huh. *He affirms.*

OK. So, you had no … you entertained no theories as to, maybe, the US winning, somehow?

B: No. It's like a dead-end street; a line gets crossed, and there is no return.

Alright. Did your daily life become affected in any way by the international tensions as there were? For instance, in some countries children had paramilitary training, and some people were participating in anti-war/anti-nuke events. Stuff like that. Do you remember doing anything differently?

B: No. Maybe very insignificantly, like writing a paper, or a small essay; it, maybe, came up in subjects in class, but nothing bigger than that, nothing socially significant.

Do you remember for sure writing an essay about it or do you just think it may have happened?

B: I remember writing something in English class.

What was the topic?

B: Well, the essay was … what I am describing … sort of the … I don't know if I can speak accurately to that or not. I think, the general thing was the Catch-22 of building the bombs. What does it do? It does nothing, no one can use them, you know, or else the world ends … This sort of … I don't know.

OK. Were you to any degree critical of the US policies, the US government at the time? Thinking about it, or not thinking about it?

B: At that time, only the same thing, just thinking how stupid it is to have that much weaponry when you can never use it. Kind of points to the folly of men and their aggressions.

Б: В то время – только то же самое, только о том, какой идиотизм накапливать столько оружия, которое никогда не пригодится. Это как бы указывает нам на то, как глупы люди со своей агрессией.

Каким Вы видели образ Советского Союза и советского блока, если вообще видели?

Б: Почти никаким. Почти никаким. Не было образа.

Никакого образа.

Б: Всей страны целиком?

Страны, правительства, политической системы, всего, что может быть со страной связано, народа, картинок из средств массовой информации... Если бы Вам задали вопрос в Ваши двенадцать, тринадцать, четырнадцать лет, если последний возраст удобнее обсуждать, о том, что такое Советский Союз, как Вы его себе представляете, какие у Вас чувства к нему, если они есть, каков этот крупный враг?

Б. Так... Ладно, в двенадцать-четырнадцать что я думал о Советском Союзе... Очень мало. Опять же, единственным источником для меня... Я его не изучал, книг о нем не читал, интенсивных занятий не посещал, только смотрел телевизор. Я всё узнавал из телевизора.

Прекрасно.

Б: А по телевизору показывали только армию. Обычных сцен из повседневной жизни народа было не увидеть. Только войска в кадре... Да, кроме них, ничего не выделялось. Уж точно не было сюжетов о повседневной жизни в СССР для широкой публики.

Были ли у Ваших родителей в то время какие-либо политические убеждения, касавшиеся в любой мере международной политики США?

Б: Повторите вопрос, пожалуйста.

Конечно. Давайте сформулируем его проще: обсуждались ли в Вашей семье противостояние СССР и США, вероятность ядерной войны, любые темы, касавшиеся разницы между общественными системами и разницы между политическими системами? Интересовались ли Ваши родители политикой?

Б: Интересовались ли мои родители политикой?

Ага.

Б: Мои родители – интересный случай, они родом из более традиционных 50-х, на них несколько повлияла антикоммунистическая шумиха тех времён. Тем не менее, они имели очень прогрессивные убеждения, они как бы поднялись над типичными предрассудками своей эпохи.

Хорошо...

Б: Мы не разговаривали с ними об отношениях СССР и США.

То есть, несмотря на то, что страх возможного ядерного обмена у Вас присутствовал, в Вашей семье он совсем не обсуждался?

What image, if any, did you have of the Soviet Union and the Soviet bloc?

B: Very little. Very little. No image.

No image.

B: Uh … the entire country?

The country, the government, the political system, anything that can be associated with it, the people, the media images … If somebody asked you at the age of 12, 13, 14, if you are more comfortable with that, what's the Soviet Union, what's your idea about it, what are your feelings, if any, about it, who's this big adversary?

B: Right … OK, at 12 to 14, what's Soviet Union … There was very little. Again, my only … I wasn't studying it, no books, no intensive class about it, only TV. I learned from TV.

Perfect.

B: And on TV, what you would find was their military. You wouldn't see a, kind of, typical scene of everyday life of people. Just the snapshots of the military … Yes, that would be the only thing standing out. There certainly weren't interest pieces on daily life in the Soviet Union on TV.

Did you parents have any political convictions at the time that in any detail dealt with the international policies of the US?

B: Say that again?

Alright. In your family (let's go simple) was this whole US/USSR standoff ever discussed, the possibility of a nuclear was ever discussed, did your parents ever talk to you about anything that pertains to the differences of the social systems, differences in the political systems? Were your parents political?

B: Were my parents political?

Mm-hm.

B: My parents were interesting because they came out of the more traditional '50s, you know, affected a little bit by the earlier Communist hype of the time. Yet, they were very progressive and kind of worked their way out of that and other prejudices in their lifetime.

Alright …

B: We didn't discuss any specific things about the US/Soviet relations.

So, even though there was this present fear of a possible military interaction, it was never discussed in your family at all?

B: Um … boy …

If you don't remember, it's probably because it wasn't.

B: And if it was, it wasn't significant enough to remember.

Did you ever talk about any of that stuff with your friends?

B: We're the same age now, right?

Б: Ой... Ну...

Если Вы не помните таких разговоров, скорее всего, их не было.

Б: А если и были, то не настолько важные, чтобы запомниться.

Обсуждали ли Вы что-нибудь из этого с друзьями?

Б: Мы всё про тот же возраст говорим?

Ну, мы можем перейти и к подростковому возрасту, и к начальной школе, если Вы её помните... Обычно у младших школьников более выраженное чувство страха, потому что они меньше понимают тонкости ситуации. Если Вы что-то вспомните из того времени, то будьте добры.

Б: На самом деле у меня практически ноль воспоминаний о тех временах. Может, в подростковом возрасте было больше?

Хорошо.

Б: Опять же, обсуждали только безумное количество боеголовок у обеих стран... И бессмысленность всего этого.

Знакомы ли Вы были с кем-нибудь, кто был противником коммунизма или просто глубоко интересовался политической ситуацией в любом смысле?

Б: Нет.

Нет... То есть, если я правильно поняла, в мире что-то происходило, что-то несомненно происходило; тем не менее, Вас это не касалось, особо не интересовало, и Вы не были знакомы ни с кем, кого это касалось или интересовало.

Б: Ну, меня это и касалось, и интересовало, опять же, с точки зрения возможного конца света. *(Смеётся)* Эта вероятность точно оказывала на меня любопытное воздействие.

Помните ли Вы, в какое время Вы поняли, если вообще поняли, что конца света не будет, что ядерной войны, скорее всего, не будет?

Б: Это было совсем недавно. *(Смеётся)*

Недавно?

Б: Да, наверное... Наверное, когда пала Берлинская стена.

Это было не так уж и недавно!

Б: Конечно, недавно! *(Смех)*

Ладно.

Б: Ну, если идти от двенадцатилетнего возраста к тридцатилетнему...

Тогда да, это довольно недавно... Значит, с падением Берлинской стены.

Б: Не во время... Наверное, даже ещё не в двадцать или двадцать с чем-то. Ещё через добрых пару десятков лет.

Но теперь Вы точно знаете, что войны не будет.

Б: Ну, теперь у нас другая ситуация, со всеми этими погаными боеголовочками без присмотра, попадающими в чьи попало руки. Говорят, их число только что сильно сократили, но всё равно их много.

Well, yes, we can also go to teenage years, if you remember, elementary school ... In elementary school, the fears are usually more pronounced because the understanding of the situation is less sophisticated. So, if you remember anything from then, anything is welcome.

B: Well, in fact I remember almost zero, at that time. Um ... maybe more in teenage years?

OK.

B: Again, about just the ridiculous amount of warheads each country had ... kind of, the uselessness of it.

Did you know any people that were anti-Communist, or cared deeply about the political situation in any way?

B: No.

No ... So, if I understand it correctly, something was going on, it was definitely going on; however, it did not affect you, did not interest you very much, and you did not know anybody that it affected or interested.

B: Well, it affected and interested me, again, with the possibility of the entire world ending. *He laughs.* So, that had an interesting effect for sure.

Do you remember at what time, if at all, you realized that the world was not gonna end, that there probably won't be a nuclear interaction?

B: Yeah, it wasn't until recently. *He laughs.*

Until recently?

B: Sure, um ... until, I guess the Berlin Wall falling.

Well, that's not very recent!

B: Sure, it is! *He laughs.*

OK.

B: Well, if we're going from age 12 to age 30 ...

OK. That's more recent, obviously ... So, the fall of the Berlin Wall.

B: Not through ... Probably not through my 20s, so, not through a good couple decades.

But now you know for sure that it's not gonna happen.

B: Well, now there's a different situation of these nasty little warheads running loose and getting into rogue hands. I mean, I just heard there was a huge reduction, but there still is plenty.

Enough.

B: Enough, sure. *He laughs.*

All right. Did you have any idea about ... we're going back into the early '80s, mid '80s ...

B: OK.

Did you have any idea, or any image, or any thoughts about the Soviet people and their daily life? I

Хватает.

Б: Точно, их хватает! *(Смеётся)*

Ладно. Имели ли Вы представление тогда... Мы сейчас снова отправляемся назад в начало-середину 80-х...

Б: Окей.

Имели ли Вы какое-нибудь понятие, представление, какие-либо мысли о советских людях и их обыденной жизни? Я помню, Вы говорили, никаких повседневных портретов людей Вам не показывали.

Б: Верно.

Значит, Вы не видели даже фото очередей за хлебом? Обнищавшего народа, морозных полей?

Б: Не столько, чтобы о них можно было говорить!

(Смеётся) Понятно.

Б: Наверное, общая картина была такая: гигантская географическая территория, на ней какие-то большие города, видимо, большие... Знаете, наугад скажу, что большие города, похожие на типичные города по всему миру. И ещё картинки, мелькающие картинки с солдатами, какие-то из них, наверное...

Много строевой ходьбы.

Б *(смеётся):* Строевой ходьбы, танков, флагов и чего там ещё.

Ладно. Танки и ходьба строем, правильно.

Б: Вот такие картинки мы видели, такие картинки мы видели.

Если бы Вас в детстве спросили, хорошие русские или плохие, что бы Вы ответили? Вы бы что-нибудь смогли ответить?

Б: В каком возрасте?

В любом, какой на ум придёт.

Б: В любом, какой на ум придёт... Полагаю, я бы сказал, что не знаю.

Понятно.

Б: Какие именно русские плохие или хорошие?

Люди.

Б: Люди?

Люди.

Б: Вообще?

Да, вообще люди.

Б: Я бы, как бы... Я бы решил, что это дурацкий вопрос, наверное.

Хорошо.

Б: Ну... Я бы, честно говоря, ответил, мол, в каком смысле? *(Смеётся)*

Хорошо. Когда пала Берлинская стена, повлияло ли это на уровень Вашего интереса к советскому блоку, на Ваши познания или понятия о нём? Тогда, когда сменились сами системы?

remember you said that there was no portrayal of anybody's daily life.

B: Right.

So, you didn't even see the bread lines kind of images? The destitute people, the frozen fields?

B: No, not enough to really speak of!

The interviewer laughs. Alright.

B: I guess, my general picture is a gigantic geographical area, with some large cities, I guess large … You know, I'm probably guessing large cities, like a typical city around the world. And then the images, the flash images of military, probably some of them …

There's a lot of marching.

B: *He laughs.* Marching, and tanks, and flags, and whatever.

OK, a lot of tanks and marching, true.

B: Those are the pictures you'd see, those are the pictures you'd see.

Would you say, when you were a child, somebody asked you, "Are Russian people good or bad?" Would you be able to say anything?

B: A child how old?

Any age that comes to mind.

B: Any age that comes to mind … I would probably say I don't know.

Alright.

B: Russian who, good or bad?

People.

B: People?

People.

B: In general?

The people, yes.

B: I would kind of … I would probably guess that that's a silly question, maybe?

OK.

B: Like … I would say "What do you mean?" probably, to be honest. *He laughs.*

OK. When the Berlin Wall fell, did it affect your interest in the Soviet bloc, or your understanding of, or your knowledge about? When the whole change of systems occurred?

B: Um … yes. But, you know, I was fairly ignorant about the whole situation. It was a good sign of things opening up. And, kind of, the globalization was long overdue.

Why was it good? What was good about it?

B: Just, in general, countries clinging less to superiors, and differences, and just opening up and realizing as global people, and stuff.

Б. Да... Но я был всё же довольно невежественным в этом вопросе. Это был хороший знак, знак того, что общество становилось открытым. И глобализация к тому моменту сильно подзадержалась, как бы.

Почему хорошим? Что в нём было хорошего?

Б: В целом, страны меньше липли к превосходящим их в мощи, и было разнообразие, и всё открывалось, люди становились гражданами мира и всякое такое.

И что такого весёлого люди могли сделать в качестве граждан мира?

Б: Весёлого?

Да, чего-то, чего они раньше делать не могли ввиду наличия разных барьеров. Или хорошего, полезного, называйте как хотите.

Б: Из весёлого у нас есть карнавал!

Ладно.

Б: Как я понимаю, основные права и свободы.

Это все хорошие, весёлые вещи.

Б: Да, весёлые.

Значит, у всех стало примерно поровну прав человека. Верно?

Б: Ну, может быть.

Мы надеемся на это.

Б: Либо да, либо они на пути к такому положению.

На пути. Бывали ли Вы в Восточной Европе или России? Или, может, хотели туда съездить?

Б: Нет, я никуда не ездил раньше. Я за границу впервые поехал в прошлом году.

Хорошо. И куда?

Б: Я съездил в Австрию и Ирландию.

Как там с правами человека?

Б: Всё нормально.

(Смеётся) Ну, хорошо.

Б: У них всё нормально. Австрия нас без труда обогнала.

Понятно. Значит, раз Вас не беспокоила, как я понимаю, совсем не беспокоила холодная война во всех её аспектах в детстве, чем Вы были в основном заняты? Что в Вашей жизни играло важную роль?

Б: В детстве?

Ага.

Б: Музыка, друзья, девчонки, семья, школа.

Значит, у Вас была здоровая личная жизнь и Вы... Можно сказать, что на Вас существенно не повлияли политические дрязги, различия социальных систем, полярность мира и всё такое прочее.

Б: Опять же, на меня влияло то, что где-то на заднем плане нависала... Нависала

So, what fun things would they do as global people?

B: Fun things?

Yeah, that they were prevented from, having barriers and all. Or good things, helpful things, whatever.

B: Fun things, well, there's the carnival!

Alright.

B: My understanding is basic freedoms and rights.

Those are good things, fun things, yes.

B: Yes, those are fun things.

So, everyone would sort of have the same level of human rights. Right?

B: Well, maybe.

Hopefully.

B: Yeah, or on the path to that situation.

Or on the path to. Did you ever travel to Eastern Europe or Russia? Or, did you ever have any interest in doing so?

B: No. I've never traveled there. I've only traveled overseas in the past year.

A: OK; where to?

B: I went to Austria and Ireland.

How's the human rights?

B: Just fine.

The interviewer laughs. Alright.

B: Just fine. Austria has easily outdone us.

All right. OK. And, I guess, since you were not preoccupied, from what I understand, not at all preoccupied, growing up, with the Cold War in all its aspects, what were you preoccupied with? What was taking the stage in your life?

B: As a kid?

Yeah.

B: Music, friends, girls, family, school.

OK, so you were living a healthy personal life and, you were … We can say that you were not significantly affected by any political turmoil, the difference in social systems, the polarity of the world, any of that stuff.

B: Again, I was affected in that it was a background looming … a significantly looming problem.

But did you lose any sleep over it? Cry? Were you afraid? Afraid as in, the feeling of fear.

B: Yeah, I was. Now that I'm thinking about it, I do remember some late-night conversations with my parents about it. So, there was a little bit of anxiety there.

серьёзная проблема.

Но она не мешала Вам спать ночью? Вы не плакали? Вы боялись её? Боялись в смысле «испытывали чувство страха»?

Б: Да, боялся. Если подумать, то сейчас всё же вспоминаются некие ночные разговоры с родителями на эту тему. Да, было некоторое беспокойство.

Был ли у Вас план на случай... Наверное, снова вернёмся к начальной школе; был ли у Вас план того, что делать, если СССР сбросит бомбу на Энн-Арбор?

Б: У меня не было плана.

Плана не было...

Б: Нет.

Вы не знали, где прятаться?

Б: Нет.

Нет.

Б: Совершенно не знал, то есть, малышом не знал, где прятаться, а ребёнком постарше уже понимал, что прятаться было бы бесполезно.

Бесполезно. Значит, бежать было некуда...

Б: Никакой подвал не спасёт, когда речь идёт об Армагеддоне.

Ни в подвал, ни пригнуться, ни укрыться...

Б: От ядерной зимы, накрывающей Землю.

Понятно.

Б: А вообще, как понимаете, уже в более старшем подростковом возрасте я думал, что для того, чтобы спастить, нужно бежать на край земли, в Южную Австралию или Антарктику, где можно скрыться от ядерной зимы. И я знал, что сам удар можно было пережить, но вот последствия его...

Последствия...

Б. Да, вот тут тебе конец.

Значит, какое-то подобие плана было.

Б: Не было.

Вы бы бежали в Антарктику.

Б: Нет. Это скорее просто логическое заключение о том, что потребовалось бы для выживания.

Понятно. Спасибо Вам большое.

Б: Пожалуйста.

Did you have any plan, as in … I am probably traveling back to elementary school now; did you have any plan as to what to do in case the USSR strikes and sends a bomb to Ann Arbor?

B: I did not have a plan.

Did not have a plan …

B: No.

Did not know where to hide?

B: No.

No.

B: Absolutely not, so as a younger kid, no place to hide, as an older kid, realizing that it would be futile to hide anywhere.

Futile. All right, so no place to …

B: We're talking about Armageddon, no basement's gonna save you.

No basement's gonna … No duck-and-cover.

B: From the nuclear winter covering the entire Earth.

Alright.

B: Actually, as you know, I guess as an older teenager, thinking about how to survive, you have to go to, like, the ends of the earth, like, Southern Australia or Antarctica to get out of the nuclear winter. And I also knew that it was possible to survive the actual strike at the time, but the after-effects …

The after-effects.

B: Yeah, you're done.

So, you did have a plan, of sorts.

B: No.

You'd go to the Antarctic.

B: No. I was more of a logical thing, of thinking what you would have to do to survive.

Alright. Thank you very much.

B: You're welcome.

Нехилая миссия

Сегодня 19 января 2010 года. Здравствуйте, Ирина. Я хочу Вам задать несколько вопросов относительно Вашего отношения к холодной войне, Вашей личной истории с холодной войной, воспоминаний, чувств, эмоций, мнений и т.д. Скажите мне, пожалуйста, для начала, в каком году Вы родились?

И: В 69-м.

Вы родились в 1969 году[235]. И при словосочетании «холодная война» в первую очередь что Вам приходит в голову? Можно ряд просто ассоциаций.

И: Да. Возраст, с которого я начинаю идентифицировать понятие – это школьный возраст. Поскольку противостояние было между странами, блоками, идеологическим, то на этом самом уровне оно и запомнилось; то есть, школа, обязательная политинформация, скажем, в нашей школе это каждый вторник – пятнадцатиминутная политинформация, где как бы блоки, и первый блок – международный. И если что-то на эту тему появлялось, то на политинформации это звучало всегда, причем политинформация как обязательное мероприятие начиналась в средней школе, четвёртый класс. То есть, это достаточно юные дети. Сколько лет, одиннадцать получается? Вот. Что ещё? Мероприятия. То есть, конкурс политической песни обязательно в школе. И, скажем, к окончанию школы, это получается уже какой год, 85-86-й год, да? То есть, очень много песен, связанных как раз с обоюдными усилиями блоков по разрядке напряжённой ситуации в мире...

Так, да-да, да. Я, кстати, даже помню, я их сама пела. Я уже не помню полных текстов, но вот помню, например, такую текстовочку: «Во имя завтрашнего дня, покой на всей земле храня, пусть мирный атом, могучий атом сияет солнцем для меня»[236]. Вы это имеете в виду?

---

235 Ирина родилась и выросла в СССР.

236 Л. Ошанин, А. Новиков, «Во имя завтрашнего дня», 1957 г.

A Massive Mission

Today is January 19, 2010. Hello, Irina! I would like to ask you a few questions regarding your attitude towards the Cold War, your personal history with the Cold War, your memories, feelings, emotions, opinions etc. To begin with, please state the year in which you were born.

I: 1969.[273]

You were born in 1969. When you hear the expression "Cold War," what is the first thing that comes to mind? You can simply free-associate ...

I: Right. The age from which I began to identify what that meant was school age. Since the conflict between the countries and between the blocs was ideological, that was the level at which I remember it. I mean, at school we had mandatory political information sessions; in our school specifically we had 15-minute political info sessions every Tuesday. It was sort of broken into segments, and the first segment would have been the international one. Once something on this topic appeared in the news, it was always brought up during the political info, and political info became a mandatory event for us in fourth grade. That is, we were quite young. I mean, how old were we, 11? Right. What else? We had school events. I mean, we had mandatory political song contests at school. So, by the time of graduation, which for me was what, 1985 or 1986, right? ... I mean, there were a lot of songs themed on the mutual effort of the blocs towards a peaceful discharge of the tensions in the world.

Yes, yes, right. I do remember them and, by the way, I used to perform them myself. I cannot recall the complete lyrics now, but I do remember this bit of text: "In the name of tomorrow, keeping peace on Earth, let the peaceful atom, the mighty atom, shine like the Sun for me."[274] Did you mean these kinds of songs?

I: Yes, something along the lines of "a nuclear war does not have, and cannot have, any winners." Its only possible outcome would be the destruction of the entire world, and the songs were all to that effect. Well, what else ...

Oh, I remembered another one. "People, stop death, people, stop death!" Or this one. "Stand up, people of

---

273 Irina was born and raised in the Soviet Union.

274 Lyrics by L. Oshanin, music by A. Novikov, *In the Name of Tomorrow*, 1957.

И: Да, что-то было у нас вроде «в ядерной войне нет и не может быть победителей», единственный её исход – это гибель всего мира, ну, и как-то были песни на этом фоне. Ну, что ещё...

А вот, помню, ещё одну пела: «Люди, остановите смерть, люди, остановите смерть...» Нет, не эту. «Встаньте, люди, по всей земле, у порога стоит беда! Не дадим взорваться войне, преградим ей путь навсегда!» А когда были эти смотры политической песни в школе, Вы сами пели или просто слушать ходили?

И: Ну, по разному, сольно – никогда, а если подпевать хором – почему нет? Могло быть.

А какое у Вас было к этому отношение? Вы думали: «Ну, чего это я тут какую-то обязаловку пою?» Или Вы думали: «Да, это дело нужное, надо петь такие песни, чтобы был мир во всём мире». Или ещё что-то?

И: Вот мне казалось, что... Я-то как раз была продуктом эпохи. Я-то думаю, что песни я пела с душой. Особенно если к словам в песне музыка добавлялась проникновенная или глубокая.

А хорошие композиторы были тогда...

И: И тогда это вообще воспринималось всё как ещё одно школьное мероприятие. Поскольку школьные мероприятия... Поскольку я всегда в них участвовала, то и к этому мероприятию было отношение как к ещё одному школьному мероприятию – все же они нужные? А когда в них участвуешь, то как же оно может быть ненужным? Вот когда ходишь смотреть, тогда уже скепсис появляется, а там как бы... Я, пожалуй, была убеждена, что это дело хорошее.

А Вам как казалось, Ваш энтузиазм все учащиеся разделяют, или какие-то есть нехорошие фрукты?

И: Нет. Нет, конечно. Нехорошие фрукты были, но, как мне кажется, отношение осознанное к этому всему, оно сформировалось уже... Я имею в виду негативное отношение ко всему этому, как к чему-то, что нужно делать потому, что запланировано школой, но не более того – оно появилось, наверное, в старшей школе. То есть, я думаю, что уже люди сформировались, к окончанию школы нам было семнадцать-восемнадцать лет и, когда перед глазами есть такие яркие персонажи, причём очень интересно, что некоторые из них, обладая роскошными голосами, пели эти песни и солировали в этих песнях, и мне все ещё было приятно их слушать, потому что данные были, но я знала, что эти люди это делают очень скептически, с юмором, шалят, юморят, говорят об этом, да? То есть, мы над этим посмеялись, и после этого человек вышел на сцену и великолепно исполнил! Причём с душой, с лицом, с игрой...

А как Вы думаете, почему вот так: Вы серьёзно относитесь к исполнению политической песни, а вот эти товарищи – нет? От чего это зависит?

И: Сложно, как бы. Я думаю, что просто каждый проживал свою жизнь, она у него была чем-то обусловлена. Моя жизнь проходила в школе, а школа была

the Earth, a disaster is at our door! Don't let the war explode! Bar its advance for good!" When you had political song competitions at school, did you sing the songs yourself, or were you in the audience?

I: Well, it depends. I never did a solo, but singing together with everyone in a choir—why not? It may have happened.

How did you feel about all of that? Were you thinking, "Why am I stuck here, singing stuff someone is making me sing?" Or, were you thinking, "Yes, this is necessary, we must sing these songs to promote world peace." Or, perhaps, you thought something else?

I: Well, it seemed to me that ... I was actually the product of the times. I do think I sang those songs earnestly. Especially if the music accompanying the lyrics was touching or deep.

We had some good composers then ...

I: Also, at the time I just accepted all of that as simply a part of my school life. Since those were school events, and since I always participated in them, to me, that was just another school thing to do: they were all necessary activities, right? And when you participate in an activity, how can it possibly be unnecessary? Now, when you only go as a member of the audience, a skeptical attitude may arise, but otherwise ... I was probably sure that those activities were good things.

Did it seem to you as though all other students shared your enthusiasm, or were there certain bad seeds who did not?

I: No. Of course, not. We did have some bad seeds, but it appears to me that a conscious stance on the school activities would be formed later ... I mean, a negative stance towards all the things we had to do for no reason other than the school had planned them for us, that stance must have been formed in the senior grades. That is, I think, our personalities were better formed by the time of graduation, when we were about 17 or 18 years old. We'd have seen with our own eyes certain colorful characters, some of whom, interestingly, had fantastic singing voices, and they sang solos in those songs, and they were still pleasant to listen to because they had talent, yet I knew that those people were doing it as a joke, skeptically, ironically; they were just fooling around, and they said so themselves. Meaning, we'd be just done mocking the show among ourselves, and then the singer would come onstage and perform the song splendidly, showing acting chops, with the right feeling and facial expressions ...

Why do you think you took political song performances seriously, while those other individuals did not? What were the factors?

I: This is kind of complex. I think we all just lived our own lives, and each life was predicated on certain factors. My life was spent at school, and my school was Soviet, with all its attending ideology and all its methods of conditioning typical of a Soviet school. And since I loved school, I readily went to school, the school was my collective. And I don't just mean the collective of children, I really loved my teachers as well. I loved school, and school was my life. And any love must be sincere. School was a significant part of my life.

советской, со всей идеологией присутствующей, со всеми методиками воспитания, свойственными советской школе. И поскольку я школу любила, в школу шла, в школе был коллектив, причём не только коллектив детей, я очень любила учителей, я любила школу и я со школой жила. И любая любовь, она должна быть искренней. Школа была серьёзная часть моей жизни. Я даже не могу сказать, что мне не повезло с семьёй, то есть, семья-то обычная, советская. Но семья советская, которая выживает, занята своими проблемами. Вот я, скажем, напрягаясь, не могу вспомнить, чтобы мама со мной проводила время в игре или в какой-то беседе, или мы говорим с ней на какие-то общественно-политические темы. Я не помню этого. Я помню, что мама много работает, я помню, что мама обязанности по дому выполняет. Я думаю, что школа мне компенсировала очень многие вещи. И неискренне любить нельзя, поэтому я любила искренне всё – и это была часть.

А родители, с которыми Вы, вроде, не очень разговаривали на общественно-политические темы, но тем не менее – Вы знали их отношение к советскому строю? Были ли они партийными? Верили ли они в неизбежную победу коммунизма? Или они просто существовали в предложенных им условиях как-то?

И: Здесь на самом деле очень по-разному. Дело в том, что у меня родители разведены. Мой отец – мама с ним развелась, когда мне был год, может быть. И я никогда их не воспринимала вместе, только по отдельности, и их отношение было очень разное к этому. Мама, она такой же, наверное, как и я, продукт эпохи. Если какие-то вещи на кухне критиковались, как было принято, то это общие вещи. Скажем, ханжество или взяточничество, или вот эта устоявшаяся иерархия, когда к власти люди приходят какими-то неправильными путями. Какие-то такие общие, банальные вещи, общеизвестные, может быть, даже настолько банальные...

В журнале «Крокодил» про них писали.

И: Они критиковались, то есть, критиковалась не система как таковая, не идеология как таковая, а как бы недостатки, которые...

Отдельные проблемы на местах.

И: Да! Как критикуют у человека отдельные недостатки характера, то есть, как бы, в общем человек хороший, но вот над этим нужно поработать. Вот так же, наверное, критиковалась дома система. Мама никогда не была партийной, она всю жизнь проработала преподавателем, завучем в профтехучилище, а после этого в школе учителем химии и биологии. Партийной никогда не была, как бы, ни в чём активном замечена тоже не была, в каких-то организациях общественных, в какой-то такой деятельности. Что касается папы, вот здесь отдельная история. То есть, у мамы — высшее образование, то есть пединститут. У папы образование — средняя школа. После этого как-то учиться он не стал, а стал много читать. То есть, если я вспоминаю папу, то я всегда его вспоминаю с книгой.

Автодидакт. Самоучка.

И: И соответственно, книги, например, Солженицына в его руках — не редкость.

I can't really say there was anything wrong with my family, I mean, it was a regular Soviet family, a Soviet family which was busy trying to make ends meet and preoccupied with its own problems. For instance, even with effort, I cannot recall my mother ever finding time to play with me, or to have a conversation with me, or us two talking about social or political subjects; I don't remember any such things. I remember my mom working a lot, and I remember my mom doing things around the house. I think my school compensated for many things in my childhood. And it is impossible to love insincerely, so I loved it sincerely, all of it, even those parts.

As regards your parents, who seemed not to have talked to you about social and political topics: did you nevertheless know what attitude they had towards the Soviet system? Were they members of the Party? Did they believe in the imminent victory of communism? Or, did they simply lead their lives in the conditions offered?

I: Things were really different with each of them. The thing is, my parents are divorced. My mother left my father when I was about 1 year old. I never thought of them as a unit, only as two separate people, and they had different attitudes towards these things. My mother, perhaps like me, was a product of the times. If there ever were critical things she said at home in the kitchen, as was customary, those must have been some generalities. Like, criticisms of prudishness, or corruption, or the established hierarchy which allowed people to achieve power through unjust means. Things that were commonly known, commonplace, banal, perhaps even too banal.

The Krokodil magazine wrote about them.

I: Those issues were criticized, which meant, it was not the system itself that was being criticized, not the ideology as such, but rather its shortcomings which were ...

Singular local issues.

I: Right! Just like a person's individual shortcomings might get pointed out, as in, "this person is good overall, but needs to work on this or that." So, the system was criticized at home in probably the same way. My mom was never in the Party, she worked as an educator all her life, she was an administrator at a vocational school, and later she taught secondary school chemistry and biology; she was never a Party member, and she was never seen as active in anything, not in civic organizations nor any such things. As to my dad, he was a different story. I mean, my mother had a college degree, she had a teaching degree. My dad only had a secondary school diploma. After graduating he, for some reason, did not continue his formal education, and began to read a lot instead. That is, when I think of my father, I always think of him holding a book.

He was self-taught, an autodidact.

I: And it was not uncommon for me to see him with a book by Solzhenitsyn,[275] for instance. My dad was my opponent. That is, when I was a little older, a teenager, maybe, between

---

275 Aleksandr Solzhenitsyn (1918-2008) received the 1970 Nobel Prize in Literature. His writings, critical of the repressive Soviet rule, were banned from publication in the USSR.

Папа был моим оппонентом. То есть, когда мне уже было лет побольше, то есть, тинэйджер, наверное, лет с тринадцати до двадцати, у нас с ним бывали беседы, доводившие меня до слёз. Когда он мне рассказывал об архипелаге ГУЛАГ и говорил о том, что в принципе концепцию концентрационных лагерей придумал Владимир Ильич Ленин, я, будучи пионеркой и командиром отряда, комсоргом школы, я... И система аргументации была слаба, потому что он читал! А я читала газеты. То есть, мне трудно было ему противостоять, его натиску, то есть, он как бы сыпал фактами, а самое большее, что я могла признать — что факты сфальсифицированы. А предоставить свою аргументацию я, конечно же, была не в состоянии. То есть, папа был ярым антисоветчиком. Он был человеком, не знаю, который систему ненавидел до корней. И имел свою позицию, и на этом стоял.

А у него были какие-нибудь проблемы в связи с этим или нет?

И: Дело в том, что у него с этим не могло быть проблем. Папа вообще никогда и ни в чём не участвовал, в какой-то там активной жизни политической, общественной, папа работу имел время от времени, и временную. То есть, он до такой степени был человеком закрытым, для него это...

Вне системы.

И: Совершенно вне системы, то есть, человек, который сам по себе. Я даже не думаю, что он свои взгляды пытался проводить в жизнь. Я даже не думаю, что люди, которые, — а вокруг него было не очень много людей, — но я думаю, что не все люди, с которыми он в жизни столкнулся, вообще знали о его взглядах. То есть, я знала, наверное, об этом потому, что я была дочь, очень близкий человек, и мы разговаривали, и он подсовывал мне книги, которые он хотел, чтобы я прочла. Но я не думаю, что целью его жизни было свергнуть систему или даже поделиться собственными мыслями, оригинальными или какими-то... Вообще не так. Никакого признания ни идеи, ни себя лично он вообще никогда не искал.

То есть, никого, кроме Вас, он не агитировал?

И: Не-а. Исключено.

Понятно. Ну, а если он был такой антисоветчик, как Вы выразились, то каково было его отношение к капиталистической системе? Опять же, если Вам это известно. И, соответственно, к холодной войне, к противостоянию миров...

И: Я не могу ничего такого вспомнить и сказать, я помню, что он, пробираясь сквозь российскую историю, он как бы критиковал то, что в Росии вокруг. А то, что в мире — не-а.

Ну, то есть, не беседовали об этом?

И: Поддержки, там, я не знаю, блоку НАТО или там ещё он никогда не выражал. Спокойно, ровно. Как бы сочувствовал России. Вот то, что произошло в России, оно как бы неправильно. У папы, скажем, ещё такие были наклонности, то есть, скажем, он мог сделать для того момента высокохудожественные фотографии, на которых он мог быть в генеральском мундире с каким-нибудь пистолетом, он

ages 13 and 20, we used to have conversations which would drive me to tears. When he told me about the GULAG, and said that basically the concept of concentration camps was developed by Vladimir Ilyich Lenin, I, as a Young Pioneer, and a troop leader, and the chair of our school Komsomol unit, well, I just felt ... And my system of argumentation was too weak, because he was a big reader, while I read only newspapers! I mean, it was hard for me to argue with him, to withstand the force of his attack, since he kept plying me with facts, and the best I could do was assume the facts were fake. And, of course, I was unable to provide my own arguments. My dad was vehemently anti-Soviet. He was the kind of person who, I guess, hated the system down to its roots. He had his own position on it, and he stood his ground.

Did he ever run into any problems, as a result?

I: The thing is, my dad could not have had any problems with it because he never participated in anything, never took part in any political or social activities; he only had jobs from time to time, and the jobs were temporary. He was an insular person to a great degree, and all these things for him were ...

He was outside of the system.

I: Completely outside of the system. He was his own person, he kept to himself. I do not even think that he ever tried to live according to his own theories. I do not think that the people around him—and he never had too many people around him—I don't think the people whom he met in his lifetime even knew about his views. That is, I knew about them because, as his daughter, I must have been a person close to him, and so we talked, and he tried to slip me the books he wanted me to read. But I do not think that the goal of his life was to overthrow the system, or even to share his thoughts with anyone, whether the thoughts were original or not. It was not like that at all; he never sought any validation for either his ideas or himself.

So, he did not try to convert anyone but you?

I: No. He couldn't have.

I see. Now, since he was so anti-Soviet, as you said, what was his attitude towards the capitalist system? Again, only if you know anything about it. And, respectively, his attitude towards the Cold War, the antagonism of the systems ...

I: There is nothing I can recall or say. I remember that, combing through the Russian history, he criticized the things he saw around him in Russia. As to the world—nothing.

That is, you did not talk about it.

I: Well, he never expressed any support for NATO, or anything like that. He was cool and collected. He felt sympathy for Russia. To him, what had happened in Russia was wrong. My dad had these, let's say, proclivities, where he would have photos of himself taken, very artistic for the times, and in those photos, he would be seen wearing, say, an Army

стреляется, то есть, как бы... Я никогда не видела, как он это делает, но я видела фотографии. То есть, вероятно, какая-то ностальгия по той потерянной России...

Он их делал для себя или как-то их выставлял?

И: Для себя. Нет, нет, нет, это чисто для себя. Исключено.

А мама, живущая своей наполненной жизнью, вообще, насколько я понимаю, завуч профтехучилища, а это работа, работа и ещё раз работа... Она вообще когда-нибудь говорила о текущей политической напряжённости? Переживала ли из-за чего-нибудь?

И: Не-а. Нет. Вообще не тема для разговоров в доме. То есть, это как бы вообще, это как бы такая немножечко формальная тема. Это не тема для обсуждения... Ну, то есть, я просто пытаюсь воспроизвести, как я чувствовала её позицию. То есть, не тема для разговора родственников за столом или, я не знаю, чтобы куда-то там вместе шли и об этом говорили. Нет. Так что нет, не касались этого.

То есть, получается, что общественная жизнь, школьная, она проходит днём. Там эта тема муссируется, обсуждается на политинформациях...

И: Вот, наверное, как я объясню. Я как бы вернусь к тому, что вот, наверное, как... Во-первых, я могла слышать в застольных разговорах взрослых, что это обсуждалось, вот. Но, опять же, насколько бы, не соврать, что осталось точно в памяти, что это обсуждалось как бы больше со стороны «что мы потеряли, приобретя железный занавес». То есть, что мы не можем выехать из страны, что мы не можем съездить посмотреть мир, увидеть то, что хочется. То, что мы радуемся товарам народного потребления, которые привозятся откуда-то, совершенно как дети. Что мы не можем понять, почему, если у нас всё так хорошо на словах, то на деле почему у нас нет того, что у них есть? Вот у них есть, а у нас нет, а мы войну выиграли! Вот. То есть, к этому возвращались каким-то образом, это бывало. К этому возвращались.

Ну, то есть, в бытовом разрезе потребления товаров и услуг, как говорится, да?

И: Ага.

То есть, взрослые беседовали между собой, но не на темы сугубо политические, а на темы экономического неравенства, так?

И: Ага.

А дома родители с Вами, мама с Вами не разговаривала ни о чём таком, ну, просто: «Надо сварить макароны, вынести ведро».

И: Нет, ну, очень много воспитательных моментов: что делать, чего не делать, как можно научиться на примере той семьи и так далее. Но с точки зрения состава Политбюро — нет! *(Смех)*

Хорошо. А тогда посмотрим обратно на школу. Вот там происходит политическая работа. Я сама была лично в своё время тоже председателем совета отряда и членом совета дружины, тоже посидела на некоторых собраниях, на которых непременно должно было обсудиться что-то такое политическое... А между собой потом на переменке, или идёте со школы Вы с друзьями,

General's uniform, holding a pistol, posing as if ready to shoot himself ... I never saw him get the photos taken, but I saw the photos afterwards. He must have felt some kind of a nostalgia for that lost Russia.

Did he have the pictures taken for his own use, or did he exhibit them?

I: For his own use. No, no, only for his own use. Absolutely.

Now, on to your mother, who was living her own full and busy life, and who was, as far as I understand, a vocational school administrator, which means a lot of work and then a lot more work; did she ever talk about the contemporary political tensions? Was she worried about anything?

I: Nope. No. It was not at all a conversation topic at home. I mean, the topic was sort of formal. It was not a subject of discussion ... I mean, I am only trying to render her position as it appeared to me. To her, those were not good topics for family conversation around the dinner table, or, I don't know, for talking about as you took a walk together. No. We never touched upon them.

So, as it turns out, it was during your daytime social life at school that the topic was discussed over and over, during the polit-info sessions ...

I: Here is how I am going to explain it. I think, I will go back to the fact that ... First, I may have heard these things discussed in dinner conversations between grownups. But, then again, as I'm trying to keep my story accurate, what I remember for sure is that the discussions centered more around what we had lost once we gained the Iron Curtain. That is, the fact that we could not leave the country, we could not travel and see the parts of the world we wanted to see. That we felt childlike joy when consumer goods were brought in from somewhere outside the country. That we could not understand why, given all the lip service as to how great everything supposedly was in our country, we did not have all the things other countries had. They had stuff, we did not, although we did win the War! So, the adults did come back to these conversations somehow. They did.

Just talking about daily life and the availability of goods and services, right?

I: Right.

That is, adults did talk among themselves, but the conversations were not specifically political; rather, they touched upon the topic of economic inequality, am I correct?

I: Yes.

At home, your parents, or rather, your mom, never talked to you about anything of the kind, she only ever told you to cook some noodles or take out the trash.

I: No, we had many teachable moments as well, regarding how I was supposed to behave or not behave, or what we could learn by looking at the family next door, and so on. But nothing regarding the Politburo members, no! *She laughs.*

Good. Now, let's get back to your school, where political activities took place. I myself was a Pioneer troop leader and a member of the school Soviet in my time, so I sat in a few meetings, where some political topic or other necessarily had to be discussed. Did you ever talk with your friends after the meetings, perhaps during

Вы разговаривали когда-нибудь на темы возможной ядерной катастрофы, возможной войны?

И: Ну, на самом деле да, разговаривали, потому что, во-первых, готовясь ко всем этим мероприятиям, всем начитывался какой-то материал и, соответственно, в мозгах что-то уже бегало. Ну, всё это было по-детски: «Куда бежать, чего хватать, где будем прятаться? А знаете вообще, где есть бомбоубежище в городе?»

А Вы знали, где есть бомбоубежище?

И: А вот я — нет. А я помню, что рассказывали и знали, где есть. Вот.

Вот я — отчётливо, я до сих пор могу рассказать, что будет, если случится атака, где должен прогудеть гудок, по какой улице я должна эвакуироваться, где у меня бомбоубежище. У меня бомбоубежище было в подвале кинотеатра. Это бомбоубежище, которое относилось к моему району. Вот, я точно помню. А Вы не помните, но знаете, что где-то точно было бомбоубежище?

И: Не-а. Было, причём, как: на самом деле, конечно, говорилось где. Дело в том, что у нас были уроки в конце школы, НВП, начальная военная подготовка. И вот оттуда я усвоила все эти какие-то там виды оружия, всякие непонятные газовые атаки, что делать во время взрыва, куда падать, куда прятать лицо, к чему ложиться ногами и руками, то есть, какие-то такие обсуждались подробности, как себя вести и чего делать, и наверняка там оговаривалось и убежище, в которое нам всем бежать положено. Но... Где-то есть у меня ощущение, что я никогда искренне всего этого не боялась, то есть, это было... Это было, я боюсь, на каком-то уровне интуитивном. Я попытаюсь объяснить. То есть, это где-то глубже. Скажем, наверное, к концу школы вот эта моя искренность, она была немножко всё-таки размыта, то есть, я всё равно росла и, как человек мыслящий, над чем-то задумывалась. Первое, например, что меня повергло в сомнения, это история. То есть, когда... Дело в том, что это предмет, который я любила в школе и, когда мы, скажем, изучали историю до новейшей[237], включая ещё новую историю, то история каким-то образом звучала, а когда появилась история новейшая, то там, кроме каких-то фраз, из которых... То есть, это же нужно было всё пересказывать в школе!

Я помню, конечно. Учить страницы, от этой до этой.

И: Вот! А информации — ноль! То есть, когда мы говорили о славянах или даже о колониализме, звучали конкретные нации, территории, были какие-то конкретные события с какими-то конкретными последствиями, имена и так далее. А здесь же, как бы, информации ноль. Страницы большие, текста, текста — увеличилось, а информации — ноль. И я, это чувствуя, то есть, я каким-то образом... Это было как бы discrepancy[238], разрыв был у меня во всём этом. То есть... И наверное, к концу школы, то есть, тоже мои какие-то сомнения, они уже имели место быть. Что вот мы об этом говорим потому, что об этом положено говорить. То есть, вот эта часть времени на политинформации должна была быть.

---

237 Согласно принятой в СССР марксистской периодизации новейшая историческая эпоха началась после Октябрьской революции 1917 года.

238 Расхождение, несоответствие (англ.).

recess, or walking home from school, about the possible war, or the possible nuclear catastrophe?

I: Well, actually, we did talk. To begin with, we read relevant materials in preparation for those sessions, and as a result, certain things would start crossing our minds. Of course, our thoughts were childish: where would we run to, what would we grab, where would we hide, do we even know where the bomb shelter is located in our town?

Did you know where the bomb shelter was located?

I: Actually, I did not. But I do remember people saying we had one, and they knew where it was. So, there's that.

I myself can to this day explain in detail what would happen if there were an attack, what the alarm would sound like, what street the evacuation route would follow, and where my bomb shelter would be. My local bomb shelter was in the basement of the movie theater. It was our district shelter. I remember it precisely. So, you said you do not remember exactly, but you do know for sure that you had a bomb shelter?

I: Here is the thing: they certainly told us where it was. The reason was, we had Basic Military Training classes in our senior grades. It was where I learned about all kinds of weapons, all those gas attacks or whatever, about what to do in an explosion, where to hide my face, and where to point my feet and hands, that is, all the details pertaining to how to act and what to do, and they must have certainly talked about the bomb shelter, towards which we were instructed to run. But ... Somehow, I have a feeling that I was never earnestly scared of any of this, the feeling that it all was ... I'm afraid it was intuitive, and I'll try to explain it. It was somewhere on a deeper level. Let's say that, by graduation, this earnestness of mine became a little diluted. I was growing up, and, being a thinking person, I began to mull some things over. The first thing that gave me doubts was history class. That is, when ... The matter is, it was a subject which I loved at school, and when we were studying history up to Current History,[277] even including the Modern era, history somehow made sense, but the Current History was made up completely of phrases which ... I mean, we had to recite all that stuff in school!

Of course, I remember. Memorizing pages, from here up to there.

I: Right! And it all had zero content! That is, when they were talking about Slavs, or, let's say, Colonialism, we heard about specific nations, territories, actual events with actual consequences, about specific names and so on. But this was completely devoid of information! The pages grew large, there was more text to memorize, yet there was zero content. And feeling that I, in some way ... I felt a discrepancy there; I felt a gap. And by graduation I already had my doubts, kind of. Meaning, we talked about those things only because it was the protocol, to talk about them. There just had to be a portion of the political info session devoted to this stuff.

---

277 According to the Marxist description accepted in the USSR, the Current historical era began with the 1917 Bolshevik Revolution in Russia.

Ритуал такой.

И: Да, ритуал такой. То есть, должна была быть она, как бы. И мы должны об этом петь, и мы должны об этом сказать, и классный час прошёл, но, в общем, бояться-то особенно нечего, тем более, что мы сильны, вооружены, защищены и кто-то об этом думает, вот.

То есть, Вы убеждены были где-то в глубине души, что советская военная мощь более чем адекватна, что, если что-то будет, то либо разберутся на политическом уровне, либо мы там отразим как-то это технически.

И: Мне казалось, что да. Да.

А вот когда... Хотелось бы немножко поговорить об уроках начальной военной подготовки. Расскажите немножко, что там было, что Вы делали?

И: Мы разбирали и собирали автомат Калашникова, вот.

Можете собрать сейчас?

И: Нет, ни в коем случае. Я и тогда не могла. Потом, я была командиром взвода, это было такое недоразумение страшное, то есть, я вообще никак не вписывалась, я делала всё хуже всех, в общем, они пожалели. И не взвода, а отделения. Три отделения, я была командиром одного из отделений.

Это в школе было три отделения?

И: В школе, как бы, взвод — это класс. А три отделения — это по десять человек его разбили, а я была командиром отделения. Но, в общем, я всё делала плохо, я всё это очень не любила, я этот урок очень не любила. Я хорошо относилась к военруку, он был очень положительным человеком, военным, выдержанным, с выправкой, он мне очень нравился, такой вот с лоском, хороший человек. Но урок я очень не любила, мне казалось, что это самое ненужное, что может быть. То есть то, чем я никогда не воспользуюсь, то, что мне ужасно неинтересно... Еще противогаз был, то есть, нужно было его как-то что-то вовремя, и сложить его в сумку...

Правильно надеть, правильно снять, подобрать свой размер.

И: Да. Параграфы учебника, в которых... То есть, как бы, для меня это предмет звучал, прозвучал вдруг... Как если бы, например... У нас в конце школы в девятом классе один класс остался наш в рамках академической программы, и просто заканчивал школу, и специализация наша была... У всех же было УПК, у нас был учебно-производственный комбинат, нужно было закончить школу и получить некую странную специальность. А у нас — ну, было, мы были техническими переводчиками. То есть, у нас был элитарный класс. И вот мне казалось, что НВП — это как если бы меня токарному искусству стали учить и, как бы, НВП — для этого в основном урок.

Вам казалось, что это Вам не пригодится в Вашей карьере?

И: Вообще никак. Вообще никак.

It was a ritual.

I: Yes, it was a ritual. It just, sort of, had to be there. And we had to sing about it, we had to talk about it, and class assembly had to be held, but overall there was not much to be afraid of, especially since we were strong, armed, protected, and someone out there was taking care of all that stuff.

So, you were convinced, somewhere deep inside, that the Soviet military power was more than up to the task, and that if anything ever were to happen, then the conflict would have been either diffused via diplomatic means, or we were technically equipped to counter the attack.

I: I thought it was like that, yes.

OK, then I would like to talk for a minute about the Basics of Military Training you took; would you tell me a little of what the class was about and what you did there?

I: We took apart Kalashnikovs[278] and put them back together.

Would you be able to put one together now?

I: No, under no circumstances. I was not able to do it then either. Also, I was the commanding officer of a division, and it was one giant mix-up, since I was not up to the role in any way, I was the worst at everything. In a word, they regretted appointing me. Or not a division, rather, but a detachment. We had three detachments, I was the head of one of them.

Did the school have three detachments?

I: At school, one class was considered a division, and three detachments were made when it was broken into three groups of 10, so I was the commanding officer of one detachment, but I was very poor at all the tasks, I hated all the tasks and I hated the subject. I liked the teacher. He was a very good person, a military officer who displayed poise and a good posture; I did like him very much, he was so very polished, and a good man. But I really disliked the class itself, it seemed to be the most useless thing of all. I mean, it was something I would never use, something terribly uninteresting to me. There was the gas mask, and you had to sort of do something with it in time, and pack it into a bag ...

Put it on correctly, take it off correctly, figure out what size fits you best ...

I: Right. And the passages from the textbook, in which ... I mean, to me the subject was like, sounded like, as if, for instance ... By the end of our studies in ninth grade only our one class remained at school, finishing up studying, academically. Our specialized profile was, according to the Study and Work Complex Program we all had in the curriculum, where we had to both graduate from school and at the same time learn some nebulous job skills ... What our school did was, we were supposed to be technical translators. Which means we were the elite class at school. And so, Basic Military Training seemed to me the same as if they had me study woodworking, like, Basic Military Training was from the same order of things.

---

278 Soviet-made automatic rifles.

Вы были техническими переводчиками. Это значит, что у Вас было углубленное изучение языка? Было. Английского, да?

И: Ну. Английского, угу.

А на НВП сколько отводилось часов в неделю, не помните?

И: Немного часов в неделю. Либо это было два часа подряд, либо это был час подряд, но то, что это было раз в неделю, это точно. Но, возможно, я допускаю, это было два часа подряд, чтобы тридцать человек, и все успели передёрнуть затвор, что-то собрать... Но это было немного.

С какого класса началась военная подготовка?

И: Старшие классы, девятый, по-моему, девятый-десятый.

Девятый-десятый. Гранату бросали? Я помню, что мы гранату метали. Я помню, что я очень метала хорошо, лучше всех из девочек.

И: Гранату я не помню.

Фильмы Вам показывали, военного содержания?

И: Нет, фильм нет. Текст из учебника учили, изучали, что делать, когда зоман, зарин...[239]

Ага, но фильмы не показывали, там, про воздействие газов на центральную нервную систему и т.д.

И: Нет, наверное, как раз вот такие фильмы, документальные, показывали, но ничем таким ярким это не осталось. Но да, может быть, раз или два что-то такое показывали.

В общем, Вы этим занимались всем, но при этом знали, что вряд ли Вам это когда-нибудь пригодится.

И: Ну, да. Совсем никак.

Совсем никак. А какое у Вас, если оно какое-нибудь вообще было, какое было отношение к Америке? Ну, можно грубо сказать, к Западу, к капитализму, ну, или конкретней если — к Америке? Было какое-нибудь? Какие-нибудь понятия о ней? Чувства какие-нибудь в связи с этими понятиями?

И: Я на самом деле не помню никакой внутренней личной неприязни. Но вот набор штампов... То есть, если бы меня спросили, вообще, что и как, то вот набором штампов типа «проклятые империалисты» или «Америка и другие страны блока НАТО»... То есть, Америка — она хуже, она всё равно хуже всех, она «империя зла»; не мы, а они империя зла, то есть, что она, вроде, всё это затеяла. Виновник всех бед, конечно же, это она. Но это, как бы, не переработанная мною информация, то, в чём я лично убедилась, а просто как бы откуда-то взятое. Поскольку нам же всегда давалась только одна идея на вооружение, альтернативных не давалось, то я думаю, что как раз я привыкла брать: «А где же правда, правду мне скажите?» Вот если она... Вот это просто одна была правда, которую я просто взяла себе и

---

239 Нервно-паралитические газы, используемые в качестве отравляющего химического оружия.

Did you think it would never come in handy in your career?

I: It never would. It never would.

So, you were technical translators. That must mean your curriculum had an emphasis on English as a foreign language, right? Was it English?

I: Yep, it was English.

Do you remember how many hours a week Basic Military Training took?

I: Not too many hours a week. It was either two hours back to back, or one hour, but I am certain the class was held once a week. But it is possible, I'll allow, that it was two back-to-back hours, so that the 30 students each had enough time to load the gun, assemble something or other … but it was not a lot.

In what grade did you start the military training?

I: Senior grades, I think, the ninth and the 10th.

The ninth and the 10th. Did you throw grenades? I remember we threw grenades. I remember being very good at throwing them, the best among girls.

I: I don't remember grenades.

Were you shown films about war?

I: Not, not films. We studied textbook texts and learned what to do about soman and sarin.[279]

Right, but you were not shown films about, say, the effects of gases on the central nervous system.

I: No, perhaps films like that, documentary ones, were shown, but they did not stick out in my memory, though yes, they might have shown them to us once or twice.

All in all, you participated in all those things and at the same time knew you were unlikely to ever use those skills.

I: Well, yes. Not in any way.

Not in any way. Now, what kind of attitude, if you had one at all, did you have towards America? Or, roughly said, towards the West, or capitalism? Or more specifically, America? Did you have an opinion? Any ideas about it? Any feelings related to those ideas?

I: I do not remember feeling any personal animosity. However, the set of stereotypes … I mean, if anyone asked me what the deal with America was, I would have answered with the ready clichés, like "the damn imperialists," or "the US and other NATO countries," which means that the US was worse than them, it was worse than anyone; that they were the evil empire, not us, and that they started up all the bad things. The US was, of course, the root of all evil. But it was not information that I had personally thought through, it was not something of which I had gained proof first-hand, it was simply copied from somewhere. We were always offered only one idea to arm ourselves with, and no alternatives were given. And I would go, "What's true, just tell me what is true?" And

279 Nerve gases used as toxic chemical warfare agents.

положила, как все остальные.

Ну, это называется «интроект»: усвоенная без переваривания идея.

И: Ну, в общем, да.

Ну, Вы были ребёнок, Вам было нечем её ни проверить, ни опровергнуть, поэтому она, значит, такая и была. Что американцы... А американцы рядовые — они какие были тогда для Вас? Были они, присутствовали?

И: О, они были разные. Во-первых, был Дин Рид[240].

Ой, Дин Рид!

И: Да. И он любил нашу страну. А во-вторых, были чёрные американцы, которые угнетаются в этой стране. То есть, как бы, американцы были очень разные. Был Дядя Сэм и с ним какая-то, наверное, часть.

Он такой рисованный был, Дядя Сэм? Карикатурный?

И: В шляпе. С долларом. Естественно! А журнал же «Крокодил», это же любимый журнал мой!

Мой тоже.

И: То есть, я его читала, я боюсь, класса с третьего, с четвёртого. Я думаю, что в тот момент времени я карикатур ещё до конца не понимала. Ну, рассматривала их как бы с общими... И поэтому очень многие имиджи, они пришли именно оттуда. Вот. Потом мне как-то попался Херлуф Бидструп, у меня была целая книжка его, причём совершенно случайно в нашей семье....

Ну, это датский карикатурист. Датский же?

И: Ну, по-моему, да. Вот, там тоже чего-то оказалось где-то, как-то. Вот. В общем, да, лицо как раз было изо всех этих рисунков, оттуда. Но в принципе, страна, которой не очень повезло, наверное, с правительством. То есть, люди там живут хорошие, простые-то люди, они где плохие?

Простые американцы.

И: Да-да-да. Но вот им немножко не повезло! *(Смех)* Империалисты!

Ну, простые люди – это которые спят в Центральном парке, негры угнетаемые, да? На лавочке. Дин Рид. Кто нас ещё любил? Би-Би Кинг[241], но он нас потом, позже любил. Саманта Смит.

И: Саманта Смит, да.

Саманта Смит. Расскажите мне, что Вы помните про неё?

И: Про Саманту Смит я просто помню, что к нам прилетела девочка. Совершенно очаровательная. Она там с кем-то встречалась, нам её показывали. Ну, в общем, вот. Такой голубь мира.

---

240 Дин Рид (1938 – 1986), американский автор и исполнитель песен, гражданский активист, симпатизировал СССР.

241 Би Би Кинг (1925 – 2015), американский блюзовый музыкант.

then if … That was just one of the truths which I took and made mine, like I did the rest.

When an idea is accepted undigested, it's called introjection.

I: Well, yes.

Well, you were a child, you had no means of testing it or disproving it, and that was why you accepted it at face value that Americans were … What kind of people were regular Americans for you? Were they a presence in your mind?

I: Oh, they were of different kinds. In the first place, there was Dean Reed.[280]

Oh, Dean Reed!

I: Yes, him. And he loved our country. Then, there were black Americans who were oppressed in their own land. So, Americans were all very different. There was Uncle Sam, and perhaps a portion of Americans were like him.

Was Uncle Sam a drawing? A caricature?

I: He wore a top-hat. With a dollar sign on it, naturally! And he was in the *Krokodil* magazine, which was my favorite magazine!

Mine, too.

I: I mean, I must have been reading it since I was in third or fourth grade. I believe I did not fully understand the meaning of the cartoons at the time yet. I just looked at them with general … But that's the reason so many images came to me specifically from the magazine. Later, I came across Herluf Bidstrup, we had a whole book of his work in our home library, completely by happenstance …

That's a Danish cartoonist, right?

I: Yes, I think so. And from the book I also gathered that life abroad was kind of iffy. Yes. So generally speaking, the faces came from those cartoons. Fundamentally, though, for me the US was a country which was really unlucky in the government it got. I mean, the people who lived there were good, right? Are common folk ever bad, anywhere?

Regular Americans.

I: Yes, yes, yes. They just ran into some bad luck! *She laughs.* With those imperialists!

Did you imagine regular folks as sleeping on benches in Central Park, as the oppressed black people? Aside from Dean Reed, who else among them liked us? B.B. King liked us, but he liked us a little later on. Samantha Smith did.

I: Yes, Samantha Smith did.

Tell me what you remember about Samantha Smith.

I: I only remember that a girl came to our country on an airplane. That she was an absolute cutie. She met with people; we saw her on TV. And that's that. She was a dove of peace.

---

280 Dean Reed (1938-1986) was an American singer-songwriter, social activist, and Soviet sympathizer.

Показывали нам живую американскую девочку, которая была нестрашная. Такая славная девочка. А мы потом отправили в ответ Катю Лычёву.

И: А я не помню, кстати, этого.

Не помните про Катю Лычёву? Ну, это уже было не так интересно, это же наша была Катя, отправили, да и Бог с ней. Вы газету «Пионерская правда» выписывали?

И: Ну, это была проблема. Нет. Нас заставляли в школе её выписывать, причём, если ты её дома не выписываешь, то либо принести квиточек, что ты на неё подписался, либо мы тебя в школе подпишем, и как-то мы этому всему противостояли, то есть, в общем, у нас...

А отчего вы противостояли? Зачем?

И: То есть, мама считала, что она нам не нужна. Газета «Пионерская правда» нам не нужна! Я понимаю, что, может быть, у неё были какие-то бюджетные вычисления... То есть, она подписывалась всю жизнь на какую-то там одну газету, естественно, включающую программу, но на этом всё и заканчивалось. Выбор газет очень интересный. Он как раз, наверное, программой и определялся дома. У меня очень большая подписка была в другой семье, у папы, у бабушки, у дедушки. И одно время они для меня выписывали «Пионерскую правду», но я у них бывала раз в две недели и, наверное, из-за этого они её выписывать прекратили, то есть, это просто было очень бессмысленно.

Нерентабельно.

И: Ну, да. Я знаю, что она была, то есть, такой факт, но сказать, что я могу что-то сказать про «Пионерскую правду» — нет.

Я почему-то про Саманту Смит, в основном... Вот сразу у меня всплывает «Пионерская правда», этот плохо пропечатанный чёрно-белый фотоснимок. Как-то она у меня в этом виде сохранилась в файлах. А ещё хотела Вас спросить: значит, Америка там где-то есть, там имеются продукты и услуги, и товары. Также там имеются совсем нехорошее правительство и достаточно пристойные рядовые жители. Были ли у Вас какие-либо знакомые, которые либо стремились эмигрировать, либо эмигрировали?

И: Наверное, у меня как раз их не было, этих знакомых. Когда у меня появились такие знакомые, это уже было практически... Немного лет меня отделяло от того, как я уехала. Это уже совершенно другой период жизни, это где-то мы двигаемся... Это мне уже было двадцать с большим лет. Скажем, двадцать семь, двадцать восемь, тридцать. То есть, в это время у меня появились такие знакомые. Это получается 99-й, конец 90-х годов.

Ну, это уже совсем другая эпоха.

И: Да, тогда уже вот... А, скажем, когда я была другая, маленькая, у родителей, пожалуй, такие знакомые могли быть. То есть, я слышала разговоры о том, как кто-то уехал, как кто-то эмигрировал, как кто-то в Нью-Йорке. Но это тоже, кстати, было достаточно поздно. Это, наверное, самый конец 80-х. И даже я помню

They showed us a real living American girl, who was not scary. She was a lovely girl. And we sent Katya Lycheva to them in return.

I: By the way, I do not remember that part.

You do not remember Katya Lycheva? Well, she was less interesting; she was just one of our homegrown Katyas, and we sent her over on a trip, bless her. Did you have a subscription to Pionerskaya Pravda?

I: There was a problem with that. I did not subscribe. They made us subscribe at school. If one's family did not have a subscription, they had us either bring a receipt as proof of subscription, or made us get a subscription at school; and we kind of resisted that, so …

Why did you resist? To what end?

I: I mean, my mom believed we did not need it. We did not need *Pionerskaya Pravda*! I understand that she may have done some budgetary calculations … Her entire life, she'd only subscribe to one newspaper at a time. The paper had to have the TV program in it, and that was its only use. We had a curious choice of newspapers at home. The selection must have been based specifically on the TV program. In my other family, my father's, my grandmother's, my grandfather's, I had many subscriptions. At one time they got *Pionerskaya Pravda* for me, but since I'd only come over once every two weeks, they must have stopped the subscription, as it was pointless to continue.

It didn't pay for itself.

I: Well, it didn't. So, I'm aware of it, know that it existed, but I can't say that I can make comments about *Pionerskaya Pravda*.

I was mostly asking in reference to Samantha Smith … I immediately recalled a poorly printed black-and-white photo of her from Pionerskaya Pravda ; my brain keeps the file in that format. To recap for my next question, America was far away, way over there, and it had food, goods and services, as well as a really crappy government and a pretty decent regular population. Did you know anyone who either wanted to emigrate, or emigrated?

I: I think I must not have met anyone like that. When I met such people, I was practically … It was not long before I myself left the country. It was a completely different part of my life; we'd be progressing towards … I was way over 20 then. Let's say, 27, 28, or 30. At that time, I got to meet such people. It was the end of the '90s, '99.

That was another era altogether.

I: Yes, at that time it was … However, when I was little, my parents may have had such acquaintances. I mean, I heard talk about someone leaving, someone emigrating, someone living in New York … But that was also rather late. It must have been the end of the '80s. I even remember a conversation about some person with an exotic name, someone named Beba or whatever, coming back to visit from New York. They said, she is coming, we'll go meet her … They were colossally interested in a person they had never met before; she just knew the same people they knew, she'd left, she'd emigrated, she was coming back, and they were about to go meet her. But I do not remember if the meeting

разговор о том, как кто-то, кто, не помню, Бэба или кто-то, приезжает с таким экзотическим именем, приезжает из Нью-Йорка. То есть, она будет здесь, мы идём встречаться... То есть, колоссальный интерес к человеку, которого они никогда не видели: знакомая знакомых, она уехала, эмигрировала, приезжает вот, и идём встречаться. Но я не помню, была ли встреча.

А было ли у Вас какое-либо особое отношение к тем людям, которые эмигрировали или хотят эмигрировать, и вообще к самому процессу эмиграции из-за нашего занавеса за их, как говорится, занавес?

И: Я боюсь, что то же самое я могла бы повторить: что это было плохо. Об этом писали: «Это плохо». Я просто взяла, что это – плохо.

Но это было усвоенное «плохо», а не лично выношенное «плохо».

И: Ага. Да, да.

А помните? Я не знаю, помните ли Вы, но мы в одном информационном пространстве, наверное, жили... Помните ли Вы семью американцев, фамилию, к сожалению, не помню, муж и жена... По-моему, профессор чего-то и его жена, которые громко, с помпой эмигрировали в Советский Союз[242].

И: Не-а.

Нет. А я почему-то отчётливо помню. Ну ладно, нет, так нет. Ладно. Если эмиграция – это плохо, особенно в капиталистические страны, то туризм, съездить – это интересно или нет?

И: Это очень интересно. Это очень интересно, и это немногим удавалось, поскольку все знали наверняка, что выезд из страны в разные страны сопряжён с разными трудностями. Что поехать, скажем, сюда в ближнее зарубежье – это, в принципе, трудно, но возможно.

Ну, это у нас Болгария, Румыния...

И: Чехословакия, Югославия. Югославия уже особняком! То есть, вот эти все страны, а потом Югославия...

В Болгарию, наверное, проще всего было съездить. Она какая-то совсем была лояльная.

И: Ну, в общем, да. Почти как к себе. Вот. В Европу сложнее, в Японию – экзотика вообще полная, экзотика просто полная. А вот, скажем, в Соединённые Штаты — я никогда в своей жизни не встречала человека, который был в Соединённых Штатах. Наверное, очень долго, лет до двадцати с чем-то, может быть. Просто это было невозможно.

Ну, мне кажется, что это было как-то так: товаровед Петрова может съездить в Болгарию,

---

242 Доктор Арнольд Локшин и его жена Лорен попросили политического убежища в СССР, ссылаясь на преследования со стороны правительства США. Их переезд в СССР в 1986 г. широко освещался советскими СМИ.

actually happened.

Did you have a special opinion about people who had left the country, or wanted to leave, or about the process itself, of emigrating from behind our Iron Curtain to beyond theirs, so to speak?

I: I'm afraid I could only repeat the same: it was bad. The papers wrote that it was bad. I just accepted it that it was bad.

But that "bad" was taken on faith; it was not a "bad" you personally thought through.

I: Yep. Yes, yes.

Now, do you happen to remember how? ... I'm not sure you personally would, but we must have lived in the same information bubble. Do you remember the American family, a married couple, whose last name I, unfortunately, forgot, they were a professor of something and his wife; they emigrated to the Soviet Union with pomp and circumstance?[281]

I: Nope.

You don't. For some reason, I remember them vividly. Well, if you don't, then you don't. OK. If emigrating is bad, especially emigrating to capitalist countries, then how does it compare to tourism? Were you interested in travel or not?

I: Very interested. It was very interesting, and few managed to travel, because we all knew it for sure that leaving the country to go abroad was fraught with various difficulties, and that going to the so-called "near-abroad" was hard but possible in principle.

By that term, we mean Bulgaria, Romania …

I: Czechoslovakia, Yugoslavia. Yugoslavia stood apart, though! So, all those countries first, and then Yugoslavia …

Bulgaria must have been the easiest. It was fully loyal to us, somehow.

I: Well, right. It was almost home. Europe was harder to see, Japan was a fully exotic land, a fully exotic one. And as to the US, I'd never even met a person who had been to the US, not for a longest time, perhaps not till I was over 20. It was simply impossible to do.

I would say it was like this: a Mrs. Petrova, a consumer goods specialist, was able to go to Bulgaria; however, to be able to go to the US, one had to be Artem Borovik.[282]

I: Yes, yes, that's true …

A person of a higher order, of a special guild.

I: Yes.

Those persons could go to the US and not catch the capitalist bug. That's how it must have worked. Now,

281 Dr. Arnold Lockshin and his wife Lauren sought political asylum in the Soviet Union, citing persecution by the US government. Their 1986 move to the USSR was widely publicized in the Soviet media.

282 Artem Borovik (1960-2000), a prominent Russian journalist who worked for the CBS program *60 Minutes* in the 1990s, would have had access to international travel through his father, Genrikh Borovik, who for many years worked as a Soviet foreign correspondent in the US.

а для того, чтобы поехать в Штаты – это надо быть Артёмом Боровиком[243].

И: Да, да, это так...

Люди какого-то совершенно высшего эшелона, особого цеха.

И: Да.

Они вот могли поехать в США и не заразиться капиталистической заразой. Наверное, так. А Вы лично, ну, или не Вы лично, а кто-нибудь из Вашей семьи в каком-нибудь зарубежье во время застоя были?

И: Да. Значит, это опять не так давно, получается, наверное, в каком-нибудь 90-м году...

Ну, это уже другое время.

И: А мне по возрасту не полагалось тогда, получается. То есть, это была Индия, 90-й, наверное, где-то год. Может быть, 80-й. В общем, где-то на грани. А мама (я боюсь, что это тоже 80-е годы), она была где-то типа... Болгария, Польша... Венгрия! Они были в Венгрии. А соответственно...

Они ездили по путёвке на отдых, или что там было?

И: Да. По путёвке на отдых. Кстати, тоже в 90-х, в начале 90-х, у меня были сборы во Францию, в которую я не уехала, и даже тогда я поняла, что система всё ещё очень сильна и фильтрует такие поездки, потому что у меня состоялась встреча с работником КГБ.

Очень интересно...

И: К которой я вообще не готовилась никак. Я была секретарём комитета комсомола и у нас собиралась некая группа...

Вы ещё в 90-х годах были секретарём комитета космомола? Он был на последнем издыхании?

И: Последним! Я была последним секретарём. Я ушла и больше его не было никогда в институте. Вот именно – на последнем издыхании. Я передавала кому-то имущество, профкому, то есть, я вот была им, последним.

То есть, прикрывали комсомол. Понятно, очень интересно.

И: То есть, получилось, я, наверное, в 91-м закончила... В 92-м... В общем, как бы, я ушла и комсомола больше не было. И, соответственно, Франция, а это уже начало 90-х годов, то есть, просто была возможность съездить во Францию.... Я помню, как, во-первых, проходили собрания. Там рекомендовали для этой поездки и всякое такое. Но это, скорее, было проявлением демократии, нежели какой-то бюрократии, советской, постсоветской такой... Потому что поехать должны были избранные. А потом был интересный момент: разговаривая с кем-то по телефону, я поняла, что с нами кто-то ещё есть на этой связи. То есть, в комитете комсомола. И человек представился и сказал, что вот, я такая-то, и что нам нужно встретиться.

---

243 Артём Боровик (1960 – 2000), известный российский журналист, работавший в 90-х в программе CBS «60 минут», мог выезжать за границу из-за того, что его отец Генрих Боровик долгие годы служил советским корреспондентом в США.

did you personally, or if not you, then anyone from your family, ever go anywhere abroad during the stagnation years?

I: Yes. But that was not that long ago, it must have been the year 90-something …

It was a different time already.

I: But I would not have been able to go earlier than that, due to my young age. It was India, and I think it was 1990. Or, maybe, 1989. Somewhere on the cusp. And my mom—I'm afraid it was also in the '80s—went to either Bulgaria, or Poland … Hungary! They went to Hungary. And so …

Did they go on vacation with a travel voucher,[283] or was it something different?

I: Yes, on vacation, with a travel voucher. And by the way, in the nineties, the early nineties, I was getting ready to go to France, where I ended up not going after all, and at that time I realized that the system was still going strong, filtering people making such trips, because I found myself having a meeting with a KGB employee.

That's very curious …

I: And I was not in any way prepared for it. I was the Komsomol committee secretary and we were supposed to go as a group of certain people …

You were still a Komsomol committee secretary in the '90s? When the organization was about to draw its last breath?

I: The last one! I was the last secretary. I left, and Komsomol at the university was no more. The last breath is exactly the right expression. I was the one transferring its property to someone, to the trade union, I think, so I was the last man standing.

So, you closed up the Komsomol shop. It's very interesting.

I: I mean, I graduated in '91, I think … Or '92… And after I left, there was no more Komsomol. So, speaking of France, it was the early '90s, and there was an opportunity to go to France. To begin with, I remember how the meetings went. In the meetings, people were getting recommendations as tentative travelers, and stuff like that. But that was more about democracy than about bureaucracy, a Soviet, or post-Soviet, kind of democracy. Only the select few would have been able to go. And one time, I had a curious experience; as I talked to someone on the phone, I realized that there was a third person on the line. I mean, the phone was in the Komsomol committee room. The third person introduced herself by the first and last name and said that I had to come in for a meeting. She simply intruded in my phone conversation.

Who were you talking to on the phone?

I: I'm afraid it was an informal conversation; I was chatting more than I was talking.

As in, with a friend?

---

283 In the USSR, independent foreign travel for citizens was impossible. *Putyovki* (travel vouchers) were distributed by the government in small quantities, and obtaining one was a complicated process.

Совершенно просто в разговор вошёл человек.

А Вы с кем разговаривали в это время по телефону?

И: Я боюсь, что разговор был такой неформальный, я скорее болтала, чем разговаривала.

То есть, может быть, с подругой?

И: С подругой, да, что-то вот такое было. И появился этот человек, и он назначил мне встречу. Я пришла на эту встречу совершенно обескураженная! То есть, я просто... Это как бы вещи, о которых слышишь, но никогда к ним не относишься... И человек мне в каких-то очень завуалированных и, вероятно, с подтекстом фразах сказал, что в общем эта поездка – дело совершенно особенное, Франция страна капиталистическая, и на меня, как на секретаря комитета комсомола, который будет в группе, надежда вообще очень большая у органов.

То есть, Вы должны – что?

И: Я должна поддерживать порядок, я должна предоставить информацию о поездке по окончании её, на группу людей...

То есть, кто как себя вёл?

И: Ага. Кто что делал, с кем встречался, что купил...

Кто что делал, куда пошёл, что сказал. Так...

И: Вот. Вот оно, в общем-то, и всё. То есть, я помню, что я об этом в книжках читала, в общем, но сталкиваться с этим... И я помню, что меня это тогда очень сильно обескуражило, то есть, я была не готова совершенно к этому.

Вы не были оскорблены? Какие были чувства? Страх? Обида?

И: Я была оскорблена и, как бы, я не знала в этой ситуации, насколько я могу дерзить. Я была в том уже возрасте, когда себя считаешь взрослым человеком, да? Ну, скажем, мне двадцать лет или около того, девятнадцать, может, двадцать один... То есть, в принципе, то, что мне предлагали делать – это совершенная гадость, и вообще, почему мне это предлагают делать? Я что, по каким-то параметрам уже к этой гадости изначально подхожу? Или так со всеми в группе переговорили? Вот. И я просто помню, что, не надерзив ему сильно, я как-то, как мне показалось, относительно мягко, как я могла это сделать, просто сказала, что «посмотрим». То есть, я не отказала... Я не поехала во Францию, то есть, мне повезло! *(Смех)* Я в итоге не поехала во Францию!

Не пришлось переступать через себя.

И: Но, как бы, я сказала: «Я не очень понимаю, о чём Вы говорите. Если будет о чём говорить после поездки, то мы можем к этому разговору вернуться, но пока мне совершенно непонятно, что Вы от меня хотите, и давайте пока не будем...»

И на этом ваша беседа заканчивается, да?

И: И вот на чём мы расстанемся, да.

А Вы почему не поехали, если не секрет?

I: Yes, a friend, or something. And then a third person butted in and set a meeting with me. I came to that meeting absolutely flabbergasted! I mean, I was just ... You heard about those things, but they were never about you. So, this person talked to me in thinly veiled sentences which, I gather, contained subtext. They said that the trip was a very special matter, that France was a capitalist country, and that I, as a Komsomol secretary traveling with the group, was the person in whom the security organs placed a lot of hope.

So, you were expected to do—what exactly?

I: I was expected to keep the order and offer information about the traveling group after the end of the trip.

The people's behavior?

I: Yes. Who did what, who met whom, who bought what ...

What they did, where they went, what they said. I see.

I: Right. So that's how it went. I mean, I remembered reading about it in books, but running into it myself ... I remember I was really stunned by it at the time, I mean, I was completely unprepared.

Were you offended? What were your feelings? Fear? Resentment?

I: I was offended, and, in that situation, I did not know how impertinent I could afford to be. I was at that age when people consider themselves grown-up, right? I was 20, or 19, or 21, something like that. I mean, basically, what they wanted me to do was absolutely nasty and—why did they single me out? Did they consider me to be foundationally suited for that nasty offer? Or did everyone else in the group have that talk? What I remember is I told the officer, without challenging them too much, in the relatively mild manner I could manage, that I "would think about it." I mean, I did not say no ... And I did not go to France, so I was lucky! *She laughs.* I never went to France, after all.

You did not have to force yourself to do anything.

I: Well, I kind of told them, "I don't quite understand what you are saying. If there is something worth discussing after the trip, we can return to this conversation at the time, but right now I'm completely unclear on what you want from me, so let's leave this for now."

And was that supposed to be the end of the conversation?

I: That's where we would part, yes.

If you don't mind telling me, why did you end up not going?

I: I actually ended up not going because the trip was to be funded with someone else's money. I mean, the tourist had to be only partially financially responsible. That's why there were many people who desired to go. Another candidate surfaced who was very deserving by certain parameters, so it became a little bit of a matter of honor for me; I did not want to be sent on the trip simply for being a Komsomol secretary, while he was not

И: Я не поехала, на самом деле, поскольку это была поездка, которая была не за мои деньги. То есть, там нужно было каким-то образом частично в ней участвовать. И поэтому желающих поехать было очень много. И на горизонте появился человек, который тоже по каким-то параметрам был достоин, и для меня это было немножко делом чести, то есть, я не хотела уехать потому, что я – секретарь комитета комсомола, а он – нет. Он – рядовой комсомолец. И мне было относительно неловко этим положением служебным воспользоваться. Я отказалась от поездки в его пользу. То есть, я сказала, что я не поеду, а он поедет.

То есть, у Вас была мораль строителя... Моральный кодекс строителя коммунизма[244].

И: До сих пор очень жалею. Я никогда не съездила во Францию с тех пор!

Да... Очень интересно. И последний вопрос на сегодня: вот, Вам четырнадцать лет, Вы живёте в своём родном городе, ходите в школу, пионерка... Нет, уже комсомолка! И вдруг – это гипотетически я Вам предлагаю такую гипотетическую ситуацию – к Вам в город приезжает американская девочка. Ей четырнадцать лет. Ну, назовём ее Саманта Смит, да? Не знаю. И Вам выпадает с нею познакомиться и провести какое-то время вместе. Что бы Вы ей показали, что бы Вы ей рассказали? Что бы Вы с ней стали делать?

И: *(Пауза)* А вот на самом деле очень трудный вопрос. Я думаю, что я растерялась бы так же, как я растерялась сейчас, отвечая на вопрос, потому что девочка – американская. И всё равно это внутреннее, что они совсем другие. И поэтому я, ребёнок в себе неуверенный, в принципе человек неуверенный, я просто не знала, что я должна такое предложить, чтобы завоевать какую-то её симпатию к себе, к стране, к людям. То есть я просто не... Что же ей такое, чтоб ей понравилось и нас прославило? А «нас прославило» – это обязательно, эта часть, потому что она из Америки! Если бы она приехала из какой-нибудь нейтральной страны, из Дании, не знаю, то я бы её просто воспринимала, как иностранку, с которой просто интересно. «А как у вас там в Дании? А у нас – вот так! Давай я тебя с друзьями познакомлю! Давай на пляж вместе сходим! Давай что-то ещё сделаем; вот кремль астраханский интересен, хочешь – пройдёмся?» А вот с американкой – здесь как раз внутренняя растерянность. То есть, что сделать такое, чтоб Россию не опозорить, правильно представить, и самой не упасть в глазах? Сложно.

То есть, Вы бы почувствовали, что миссия на Вас возложена нехилая.

И: Нехилая!

Если не миротворческая, то, по крайней мере, представительская. Так?

И: Так, да. Так.

Спасибо большое, очень интересно было!

---

244 Моральный кодекс строителя коммунизма был принят в качестве части Устава КПСС в 1961 г. В двенадцать положений кодекса, в числе прочего, входили коллективизм и товарищеская взаимопомощь.

one. He was a rank-and-file Komsomol member. And I felt kind of uneasy, not wanting to abuse my status. I gave up my spot, so he could go. I mean, I said I was not going on the trip; he had to go instead.

So, you had morals … The morals of The Communism Builder's Moral Code.[284]

I: I still have a lot of regret. I have never been to France!

Right … This is fascinating. My last question of the day is this: imagine you are 14, you live in your hometown, you go to school, you're a Pioneer … No, you are in Komsomol already! Suddenly—this is a hypothetical situation I'm suggesting—an American girl comes to your city. She is 14. Her name can be Samantha Smith, or something like that, right? It doesn't matter. And you have a chance to meet her and spend some time together with her. What would you show her, what would you tell her? What would you want to do together?

I: *She pauses.* It is actually a very difficult question. I think I would have been at a loss, in the same way I am at a loss right now, trying to answer this question, because she would have been an American girl. And I would still have the inner conviction that Americans were completely different from us. That's why I, being not a confident child, not a confident person, basically, would not have known what to offer her to win her sympathy for me, for our country and our people. I simply was not … What would I show her that would go over well with her, and at the same time would glorify our country? The glorifying part would be absolutely mandatory, since she would be American! If she'd come from a neutral country, from Denmark or something, I would simply see her as a foreign girl who's fun to spend time with. "How do you do things at home in Denmark? Over here, we do them this way! Let me have you meet my friends! Let's go to the beach together! Let's do something else; the Astrakhan Kremlin[285] is an interesting sight, wanna take a tour?" But with an American, I'd feel confusion inside. What would be the correct thing to do to present Russia in the right light, not bring any shame upon it, and at the same time not make me look bad in the girl's eyes? It's difficult.

So, you would feel you were saddled with a massive mission.

I: A massive one!

If not a peacemaking mission, then at least an ambassadorial one, correct?

I: Yes, yes. Correct.

Thank you very much, it was a very interesting talk!

284　The Communism Builder's Moral Code was adopted in 1961 as part of the Communist Party Program. Among its 12 tenets were collectivism and camaraderie.

285　A 16th century fortress in the city of Astrakhan.

Акция умирания

Сегодня 23 января 2010 года. Здравствуйте, Келли!

К: Привет!

Как Вам известно, я расспрашиваю людей о холодной войне, их воспоминаниях и чувствах, связанных с холодной войной или, например, интересных фактах их биографий. Чтобы лучше понять, что происходило с людьми в то время, я спрашиваю их, в каком году они родились. В каком году Вы родились?

К: 1969.

Вы родились в США, так?

К: Верно.

Детство Вы провели там же?

К: Да.

Хорошо. Когда Вы слышите словосочетание «холодная война», появляются ли у Вас... Точнее, какие ассоциации у Вас возникают? Можно просто в виде потока сознания, если Вам так больше подходит.

К: Мне лечь на кушетку? *(Смеётся)*

Ну, я не собираюсь Вас исцелять, мне просто интересно...

К: Всякое про холодную войну.

Ага.

К: Холодная война наводит на следующие мысли... Вообще-то, как только Вы произнесли слова «холодная война», мне в голову сразу пришёл Рейган. А потом мне в голову пришёл Никсон. А после я подумала о России. Забавно, что в первую очередь я вспомнила президентов США.

Ну да, ведь не всякий в первую очередь вспомнит президентов США! Что Вы думаете о Рейгане и Никсоне в связи с холодной войной?

К: Я думаю о пропаганде, которой нас пичкали в детстве в США, и которая исходила от президентов, их кабинетов и штатных работников. Думаю о том, что холодная война должна была нас заставить думать не просто о том... Я думаю

The Die-In

Today is January 23rd of 2010. Hello, Kelly!

K: Hello!

As you know, I walk around asking people questions about the Cold War and Cold War-related memories that they have or feelings that they have, or maybe interesting events in their biography that they had. And in order to better understand what happened to the person during that time I ask what year they were born, so, what year were you born?

K: 1969.

And you were born in the US, is that right?

K: That's right.

And that's where you spent your childhood?

K: Yes.

OK. When I say the phrase "Cold War," do you have … Or, rather, what associations do you have with that? It can be just a random stream of consciousness, if that's what works.

K: Shall I lay down on the couch? *She laughs.*

Well, this is not to heal you of anything; I am just looking for …

K: Cold War stuff.

Yeah.

K: Cold War brings to mind … Actually, when you say "the Cold War," the first thing that popped into my mind is Reagan. And then the second thing that popped into my mind is Nixon. And then I think about Russia. It's funny that I think about US presidents first.

Yeah, because it's not everyone that thinks of US presidents first! When you think of Reagan and of Nixon, what do you think of them in relation to the Cold War?

K: I think about the propaganda that we were fed growing up in the US, from the

не только о том, что мы и Россия относились друг к другу холодно, вместо того, чтобы действительно сражаться друг с другом в «горячей войне» с применением насилия. Помимо этого, у меня возникает некое ощущение холодка внутри. Мне на ум приходит буквально слово «холод». Не в смысле «холодные отношения», не метафорическое, а буквальное ощущение холода. И от него я перехожу к мысли о России и о том, что мы представляли себе Россию холодной, заснеженной...

Очень подходящее место для холодной войны.

К: Ага.

Ребёнком Вы, наверное, ещё не думали о Рейгане, Никсоне и тому подобных делах?

К: Полагаю, что уже думала, так как мои родители были очень политизированы и новости у нас по телевизору шли беспрерывно. Мой отец был профессором социологии, у него в кабинете на двери висел большой портрет Маркса. Мои родители вечно жаловались на политическую ситуацию. Они немного говорили... Точнее, они много говорили о собственном прошлом, о борьбе за гражданские права, о сложностях американской внутренней политики, так что, наверное, в детстве я всё же думала о Никсоне. Помню, отец заставил меня пройти тест, который он давал своим студентам в университете в рамках курса «Введение в социологию», или как он там назывался. Он дал мне этот тест в начальной школе. Один из вопросов был таким: «Чего люди боятся больше всего?» По-моему, ответ был, вроде бы: «Самого страха».

Там был единственный правильный ответ?

К: Был правильный ответ. Вопрос был не о том, чего я лично боюсь больше всего, а о том, чего люди в среднем боятся больше всего по их собственному признанию, или о чём-то в этом роде. Кажется, ответ был: «Страха». А я, кажется, ответила, что боялась войны во Вьетнаме. Или что-то подобное. Потому что для меня лично все те сцены вьетнамской войны, которые показывали по телевизору, когда я была маленькой...

Они были жестокими?

К: Да. Они были жестокими. Жестокие, страшные кадры.

Вы не могли бы описать, как выглядели те съёмки войны во Вьетнаме, которые Вы видели? Что именно Вы видели? Оторванные конечности, брызжущую кровь? Чьи конечности? Кто там был плохой? Кто был плохой, кто был хороший? Кого Вы видели и кого страшились?

К: Я помню то, что... Там были американские солдаты в зелёной форме и в камуфляже, и плачущие дети. Пожары, я вспоминаю пожары, взрывы, огненные взрывы... Сальные, грязные, окровавленные лица. Плач.

По Вашим воспоминаниям, знали ли Вы, понимали ли, кто причинял всю ту боль, кто именно затеял конфликт? Кого требовалось остановить?

К: Не думаю, что я понимала детали конфликта. По-моему, я знала, что многие считали, что США не следовало там находиться, а причиной, по которой мы там

presidents and their cabinets, their staff. I think about how Cold War was supposed to not just make us think of … It doesn't just make me think that we and Russia are being cold to one another, as opposed to actually fighting as hot war with, you know, violence going on. But it also evokes, like, a chill inside of me? And I think, literally, of the word "cold." Like, not just cold shoulder, a metaphor, but literally of cold. And that, then, takes me to thinking about Russia, and I think we had an image of Russia as being cold, snowy …

A very fitting place for a cold war to happen …

K: Yeah.

As you were a child, you probably did not think of Reagan, Nixon or any such stuff back then, did you?

K: Probably I did, because I had parents who were very political, and the news was on all the time. My father was a sociology professor and had a big poster of Marx on his study door, and they were always complaining about the political situation. They talked some about … well, actually quite a lot about their own history, and the civil rights movement, and the American political struggles, and I think, probably, as a little kid I did think about Nixon. I remember my dad gave me a test that he would give his college students, in Sociology 101 or whatever it was, and he had me take one of these in elementary school. And one of the questions was, "What do people fear the most?" And I think the answer was fear itself, or something like that.

There was a correct answer?

K: There was a correct answer. It wasn't "what you fear the most" but "on average, what do most people say that they fear the most," or something like that. I feel that the answer was fear, or something like it. And I think the answer I put was Vietnam War. Or something like that. Because that, for me, like, the images of Vietnam War were always playing on TV when I was little …

Were they violent?

K: Yes. They were violent. Violent images, scary.

Uh-m, if you were to describe something that you saw, an image of the Vietnam War, how would it look? What would you see? Limbs torn off, blood squirting? Whose limbs would they be? Who were the bad people? Who'd be the bad guy, who'd be the good guy? Who would you be seeing and fearing?

K: I think, what I remember are things … US soldiers in greens and fatigues, and children crying. Fire, I see fire, explosions, fiery explosions …Greasy, muddy, bloody images of faces. Crying.

Do you remember knowing or understanding at the time who it was that made all the pain, who it was that created the conflict? And who it was that had to be stopped?

K: I don't think I understood the details of the conflict. I think I had the understanding that many people didn't think that the US should be there, and that the reason we were there had something to do with Communism.

So, you could not identify the perpetrator in all that mayhem?

находились, был коммунизм.

Значит, Вы не смогли бы тогда установить личность виновника всех этих безобразий?

К: Нет. Я знала, что был Вьетнам Северный и Южный. Но в детстве я вряд ли понимала разницу между ними или знала, кто кого поддерживал. И я не понимала... Единственной мыслью, которую я помню, была та, что там каким-то образом было замешано распространение коммунизма. А нам полагалось бояться распространения коммунизма. Не думаю, что я что-то знала об участии России и Китая.

Нет, я как раз примерно об этом и спрашиваю. Значит, в том, что Вы видели по телевизору, было повинно распространение коммунизма?

К: В том, что американцы шли воевать, было повинно американское правительство, а проблемой, с которой американцы боролись, было распространение коммунизма.

Когда по телевизору Вы видели подобные новости, всегда ли они интерпретировались с позиции, мол, «давай, Америка, вперёд, наше дело правое»? Или были и более либеральные интерпретации, вроде «кому она нужна, эта война» или «зачем мы этим занимаемся»?

К: Не помню никаких комментариев и никаких точек зрения в новостях. Только мои родители высказывали свои точки зрения и давали комментарии, насколько я помню. Кроме того, может, они поступали не из новостей, а из источников наподобие американских ситкомов, которые были более удобны для моего понимания. Первым примером может быть сериал «Все в семье»[245] или что-то ещё более разжиженное, более понятное для детей. Вряд ли я толком понимала, о чём говорил Кронкайт[246], я ведь его не слушала. Из новостей я улавливала только шум и картинку, но не комментарии.

О комментариях, поступавших от родителей... Ранее Вы упомянули, что у отца на двери висел портрет Карла Маркса. Он висел дома или на работе?

К: Дома на двери рабочего кабинета.

Значит, он склонялся к социализму, или это не так?

К: Да, он называл себя социалистом. Наверное, он им не был в самом прямом смысле, потому что он, знаете ли, любил потреблять. Ему нравилось делать покупки, ему нравилось коллекционировать вещи. Мне кажется, он был социалистом только в том смысле, что считал, что все должны быть равны и никому нельзя жадничать, нельзя загребать себе все ресурсы. При этом он был таким настоящим американцем.

Ладно. О его социалистических наклонностях знали на работе?

К: Конечно.

И у него не было из-за них никаких неприятностей?

К: Нет.

---

245 «All in the Family», комедийный сериал (1971-1979).

246 Уолтер Кронкайт (1916 – 2009), ведущий вечерней программы новостей на CBS с 1962 по 1981 г.

K: No. I knew there was a North Vietnam and a South Vietnam. But I don't think as a child I understood the difference and who was backing whom, and I didn't understand … All I remember thinking was, you know, it had something to do with the spread of Communism. And we were supposed to be scared of the spread of Communism. And I don't think I understood the whole China/Russia part.

No, that's kind of what I'm asking. So, the culprit in the war that you saw on TV would be the spread of Communism?

K: There was a culprit the American government was making Americans go fight, and the culprit that Americans were fighting was the spread of Communism.

When you saw those … news on TV, was the interpretation always, "Go America, this is a righteous battle!" or were there more liberal interpretations in terms of "Who needs this war?" and "Why are we doing this?"

K: I don't remember any sort of editorializing or commentary on the news. The only editorializing and commentary I remember was from my parents, and then probably from things that were not news sources, but things like American sitcoms, which were easier for me to understand. My first example: *All in the Family* or something more watered down, something more child-friendly. I don't think I properly understood what Cronkite[286] was saying, you know, I didn't listen. All I got from the news was noise, and image, but not commentary.

In the commentary that came from your parents … You earlier mentioned that your father had a portrait of Karl Marx on his door; was it at home or his workplace?

K: It was at home, on his study door.

So, did he have socialist leanings, or?

K: Yes, he described himself as a socialist. He probably wasn't in the pure sense of the word, because he did like to consume, you know? He liked to buy stuff, he liked to collect things, I think he was a socialist as much as he was anything in terms of feeling like people should be equal and people shouldn't be greedy, people shouldn't hog the resources. But he was very American.

OK. Were his socialist leanings known at work?

K: Sure.

And they could not get him into any kind of trouble?

K: No.

No? Because if you extrapolate it to Russia, and if you had a sociology professor, or what amounted to sociology back then, with a known preference for a capitalist economic model, that person would be in heaps of trouble. Heaps and heaps of trouble; and they would not be teaching youth. And, basically, your father could display a portrait of Karl Marx, if he wanted to, on his T-shirt, in class, and there would be no problem with that?

286 Walter Cronkite (1916-2009) served as anchorman on CBS Evening News between 1962 and 1981.

Нет? Ведь если перенести эту ситуацию на советскую почву, если бы в то время там нашёлся профессор социологии или того, что тогда заменяло социологию, отдававший явное предпочтение капиталистической модели экономики, ему бы очень и очень попало. Ему бы очень и очень попало, молодёжь бы ему обучать не дали. А Ваш отец, проще говоря, мог при желании носить майку с портретом Карла Маркса на занятия, и ему бы ничего не было?

К: Верно, верно. Как я догадываюсь, сотрудники отделений социологии в США на тот момент были, скорее всего, в среднем так же молоды, как сотрудники отделения социологии Университета Восточного Мичигана, так что мой отец был не единственным сторонником социализма. Сама по себе дисциплина привлекала таких хипповых, слегка радикальных лиц с прогрессивными идеями. В то же время история как дисциплина таких, может, не привлекала...

Там сидели консерваторы?

К: Да, как я догадываюсь. Я только догадываюсь, как Вы понимаете.

Естественно. Откуда нам знать?

К: Неоткуда.

Казалось ли Вам, что, будучи сторонником социализма, Ваш отец лучше среднего американца, если такие вообще бывают, представлял себе Советский Союз и его государственную модель? Или что он интересовался Советским Союзом и социалистической моделью экономики?

К: Я не помню бесед о том, что он знал о Советском Союзе. Я помню, мне было около шести лет, мы поехали на Ямайку, это был примерно 1975 год. На Ямайке тогда были трудности после того, как она добилась независимости[247]. Некоторые сторонники социализма хотели заниматься политической деятельностью, создавать правительство или что-то в этом роде; другие хотели более тесных связей с США. И вот, насколько я помню, Ямайка в то время не считалась подходящей для туризма страной по американским понятиям.

Вы туда поехали на отдых?

К: Да, мы поехали отдыхать. Помню, тогда на Ямайке были проблемы, я даже, наверное, толком не понимала, что это были за проблемы. Там были насилие, бедность, тяжело там было...

И именно там Ваша семья решила отдохнуть?

К: Ага.

Как Вам кажется, почему? Почему бы просто не поехать в Канкун?

К *(смеётся)*: Ну, Канкун тогда ещё не был отстроен. Но Вы правы, знаете, мы могли бы поехать в другое место. Мы могли бы поехать на Виргинские острова, понятное дело. Определённо были и другие, безопасные, стабильные и спокойные места для отдыха. Мне кажется, моего папу привлекала именно происходящая там борьба. И ещё, возможно, то, что там не было всё коммерциализировано. Я всё пытаюсь вспомнить, разговаривали ли мы о СССР или России, когда я была

---

247 Ямайка стала независимой от Соединённого Королевства в 1962 г.

K: Right, right. I think my guess is that sociology departments in the US that had faculty that were on the average as young as faculty of the Eastern Michigan University at that time in the sociology department, my dad probably was not the only one that had socialist leanings. It was kind of this sort of discipline that would attract hippy-dippy forward progressive-thinking slightly radical types. Whereas history might not have had such ...

That's where the conservatives sat?

K: Yes, I'm guessing. I'm guessing, you know.

Right. We cannot know.

K: We can't.

Since he had socialist leanings, would you say he had a better than average American (if there is such a thing) notion of what the Soviet Union was? Or what its model was? Or any kind of interest in the Soviet Union and the socialist model?

K: I don't remember talking about what he knew about the Soviet Union. I remember we went to Jamaica when I was about six, so that would have been in about 1975; and there were issues in Jamaica because they had become independent,[287] and there were people who had socialist leanings who wanted to be politically active and run the country, or whatever, and there were people who wanted to be more closely linked to the US. And so, I remember that Jamaica was not considered at that time a good place to travel to, according to Americans.

Did you go for a vacation?

K: Yeah, we went for a vacation. And I remember that there was struggle in Jamaica and I don't think that I really understood what the struggle was about. But it was rough, it was violent, it was poor ...

And that was the place that your family selected to travel?

K: Uh-hum.

Why would that be? What do you think? Why not just go to Cancun?

K: *She laughs.* Well, Cancun wasn't developed then. But you know, you are right, we could have gone somewhere else. We could have gone to the US Virgin Islands, you know what I mean, and there were definitely other places that were harmless, that were stable and quiet. I think my dad was attracted to the struggle that was going on there. And that, maybe, that it wasn't so commercial. I'm trying to think if we talked about Russia or the Soviet Union when we were growing up ... I think that I knew that Marx was from there, I think I knew that Lenin and Stalin were from Russia ...

So, you knew those names?

K: I knew those names, but I don't think I knew the specifics of any of it.

Would you say your peers knew those names as well?

---

287 Jamaica gained independence from the United Kingdom in 1962.

ребёнком... По-моему, я знала, что Маркс был оттуда, что Ленин и Сталин были из России...

Значит, Вы знали эти фамилии?

К: Я знала эти фамилии, но не знала о них никаких подробностей, я думаю.

Как Вам кажется, Ваши сверстники тоже знали эти фамилии?

К: Большинство из них – нет. Но достаточное число профессорских детей в моей школе имели родителей с похожими идеологическими убеждениями, и они тоже знали эти фамилии. Но к большинству населения это не относилось.

Понятно. Словом, вокруг Вас был некий левый анклав.

К: Ага.

В Вашем кругу общения всё это было как бы...

К: Общепринятым и довольно обычным.

Ладно. Значит, как я понимаю, Вам было известно следующее: есть такие люди, их зовут Ленин, Сталин и Маркс. Они все оттуда, а оттуда – это из Советского Союза, хотя Маркс на самом деле из Германии. (Смех) Россия, которая ещё называется Советский Союз – очень холодное место. Откуда-то оттуда распространяется коммунизм. Каким-то образом он связан с кровавыми образами вьетнамской войны, которую показывают по телевизору. Пока всё верно?

К: Да.

У Вас были ещё какие-то представления или мысли о СССР помимо того, что там очень холодно?

К: По-моему, ещё в 80-х, в конце начальных классов, в средних и старших, я себе всё представляла серым, здания некрасивыми, людей бедными, стоящими в очередях, ждущими своей очереди, чтобы купить самое необходимое, в некрасивой одежде типа крестьянской...

В картофельных мешках?

К: В картофельных мешках! (Смеётся) В платках, знаете, с покрытыми головами, женщин с головами, замотанными в платки и шали, каких у нас было не увидеть. Мешковатые люди с излишним весом...

Значит, у Вас было много визуальных образов; как бы, закроете глаза и видите картинку?

К: Ага. Сгорбленные, толстые, несчастные люди стоят в очереди.

Откуда приходили эти картинки? Вы их видели в газетах, по телевизору, в кино? К примеру, образы женщин, замотанных в платки, точно верны. Вы должны были их где-то видеть.

К: Может, в журналах? Может, в фильмах? Но я вообще ничего из телевизора не помню, что забавно, потому что мы много смотрели телевизор. Должно быть, из кино и журналов, я не помню никаких газетных картинок. Как я догадываюсь, из журналов и кино.

Помимо особого внешнего вида русских, их бедности и угнетённости, как бы Вы в детстве

K: Not the majority of them. But there were enough of other faculty brats in my school whose parents have had similar leanings, ideology, that knew those names as well. But it wouldn't have been the majority of the people.

Right. So, you were from this, kind of, left-wing enclave?

K: Uh-hum.

And among people you hung out with it was sort of …

K: It was commonly accepted, and it was not unusual.

OK, so here is what you knew, what I'm getting now: there are these people whose names are Lenin, Stalin, and Marx, and they are from over there, and by "over there" we mean the Soviet Union, even though Marx is actually from Germany. (Laughter.) Russia (the Soviet Union, or Russia) is very cold. There is a spread of Communism that's coming from somewhere over there. And it is somehow linked to the violent images of the Vietnam War that was on television. Am I correct so far?

K: Yes.

Other than it being very cold in the Soviet Union, did you have any other images of it or ideas about it?

K: I think, into the '80s, I would have probably been a little … Late elementary, middle school, high school, my images were that it was gray, that the buildings were ugly, that the people were poor, images of lines, waiting in line for necessities, unattractive clothes, like, this sort of peasant-ish look …

Potato sacks?

K: Potato sacks! *She laughs.* You know, shawls, like, people covering their heads, women covering their heads with shawls and scarves, which you did not see here. People being sort of dumpy, overweight …

So, you have a lot of visual ideas, like, you close your eyes and you see a picture?

K: Uh-hum. Lines of people who are hunched, overweight, miserable.

Where did those visuals come from? Did you see them in a paper, on TV, in movies? I mean those images of women covering their heads with shawls, that is for sure how it was, you must have seen it somewhere.

K: Maybe magazines, I'm guessing? Maybe movies? But I don't remember anything from the television, really. It's funny, because we certainly watched a lot of television. But it must have been movies and magazines, I don't remember many images from newspapers. It must have been magazines and movies, I'm guessing.

So, other than people looking a certain way and being poor and downtrodden, if you were asked as a child, "are Russians good or bad," what would you have said?

K: Sad.

Sad?

K: Russians are sad.

Did you feel that they would command pity?

определили русских, если бы Вас кто-то спросил: хорошие они или плохие?

К: Жалкие.

Жалкие.

К: Русские – жалкие.

Вам казалось, что русские заслуживают жалости?

К: Да, по-моему, я их жалела. Я жалела их за то, что у них такая тяжёлая жизнь, она выглядела такой печальной; например, у них совсем не светило солнце и всё время было холодно.

Но они не казались Вам злобными или страшными?

К: Нет, хотя кое-что меня пугало. То есть, я очень боялась потенциальной ядерной войны, мне было страшно. Я не считала советский народ причиной потенциальной ядерной войны, я полагала, что там так же, как у нас, решения принимает правительство.

В детстве Вы уже были способны разграничивать правительство и граждан?

К: Определённо, определённо. Это было тоже связано с борьбой за гражданские права в нашей стране, потому что... С самого раннего детства нас учили, что правительство принимало законы, угнетавшие чёрных. Джим Кроу[248], а до того рабство были обеспечены законами, принятыми правительством для того, чтобы держать народ в угнетении. Так что у меня было чёткое понимание того, что правительство – это не народ. К тому же мои родители голосовали и меня с собой брали на выборы, так что я знала... И в школе мы изучали институт представительства, в начальной школе нам рассказывали о представительной демократии. По-моему, в России, в СССР... Я не была уверена, что там проводились выборы!

Вероятно, для Вас это было, как бы лучше выразиться... Это не имело отношения к Вашей жизни.

К: Ага. Не знаю... По-моему, я думала только о том, что оба правительства, их и наше собственное, принимали решения, которые могли привести к гибели людей. Когда я пошла в старшие классы, я стала лучше понимать идею гарантированного взаимного уничтожения. Я помню, о ней говорилось, мол, раз у нас есть оружие, у них тоже есть оружие, и при этом и им, и нам известно, что у второй стороны есть оружие, может, в таком случае мы не станем взрывать друг друга. Всё равно я боялась, по-моему. Но советский народ я в этом не винила.

Согласны ли Вы, что ребёнку достаточно сложно уметь видеть разницу между правительствами и гражданами? Как Вам кажется, все ли дети Вашего возраста понимали разницу между народом и правительством? Никто не считал, что все русские как один стремятся распространять коммунизм?

---

248 «Законы Джима Кроу», неофициальное название законов о расовой сегрегации в части США в период с 1890 по 1964 г.

K: Yes, I think I felt sorry. Yes, I felt sorry that their lives were hard, and it seemed so miserable there, like it was never sunny, and it was always cold.

But you did not feel that they were frightening or evil?

K: No, there were things that frightened me, though. I mean I was very scared of the potential for a nuclear war, so I was scared. I didn't think of the people of the Soviet Union as being behind the potential for a nuclear war, I think I imagined that they were like here, that there was a government that made decisions.

So, as a child, you could already distinguish between the government and the people?

K: Oh, definitely, definitely. And that also has to do with the civil rights movement here, because there were ... We were taught from a very early age that the government made laws that kept black people down. So, Jim Crow and going back before that, even slavery, that these were laws that people obeyed that were created by government to keep people downtrodden. So, I did have a strong understanding that government was not the people. Now, my parents voted and took me with them when they voted, so I knew that ... And, you know, in school we learned about representation, in elementary school we learned about representative democracy. I think that in Russia, or in the Soviet Union ... I don't know that I thought that people voted!

That was probably ... what is the word here ... irrelevant in your life, to have that kind of knowledge.

K: Yeah. I don't ... I think the only thing I thought was that there are governments, ours and theirs, that are making decisions that could kill people. And when I got into high school, I think I understood more about there being mutually assured destruction, like, I remember people talking about that and how, if we have weapons and they have weapons and we both know each other has weapons, then maybe we won't blow each other up. But I think I was scared. But I didn't blame the Soviet Union's people for that.

This is ... wouldn't you agree that this is actually pretty sophisticated for a child? To be able to tell between the people and the government? Would you say everybody your age knew the difference between the people and the government, nobody thought all Russians wanted to spread Communism?

K: I think, as far as in elementary school, I probably had a more sophisticated view because of my parents, because of my friends who had parents who were similar to my parents, and so these conversations happened. So, I think that probably was unusual. When we got into high school I ended up going to a high school that was an alternative high school, so politics was part of the conversation in the school. So, even if you weren't a faculty brat, you would have some understanding of politics. And also, you know, you are able to think more abstractly when you are a teenager than when you are in elementary school. But I ... I think probably some of it was sophistication, some of it was just this sort of parroting my parents, so I just ... I believed what they told me was true, and so I could say what they said. Now, they may have had sophisticated analysis compared to parents who maybe weren't college educated or didn't go to graduate school, so I could ...

So, you internalized the sophisticated view?

К: Что касается начальной школы, наверное, у меня были более развитые взгляды из-за родителей, из-за друзей, чьи родители были похожи на моих; оттого-то мы и вели подобные разговоры. Мне кажется, это было скорее нетипично. В старших классах я оказалась в альтернативной школе и там, наряду со всем прочим, обсуждалась политика. У нас даже не дети профессуры имели некоторое понятие о политике. И ещё, мне кажется, тинэйджеры способны к более абстрактному мышлению, чем младшеклассники. Но я... Частично, наверное, я сама имела развитые взгляды, частично просто повторяла всё за своими родителями, как попугай... Я верила, что они говорили мне правду, поэтому я могла говорить то же, что и они. А вот их анализ мог быть более детальным, чем у других родителей, не имевших высшего образования и учёных степеней, так что я могла...

Значит, Вы усвоили их развитые мнения?

К: Да.

Вполне понятно. Вы упомянули, что боялись потенциального ядерного конфликта. Правильно ли я поняла, что у Вас не было сомнений во взаимном уничтожении? Вы не думали: «Ну, мы победим, у нас оружие лучше?»

К: Нет. Не думала. Я думала, мы все погибнем.

Вы думали, что Вы сами погибнете?

К: О, да. Я... Я считала, что в подобной ситуации настолько просто убить большое число людей, знаете; казалось, это так просто. Вероятно, это было не так просто, как я себе воображала, но в моём представлении кто-то мог нажать на кнопку и через пару часов на нас бы внезапно повалились бомбы. Сейчас я не думаю, что это так просто сделать, а в старших классах я считала это вопросом одного телефонного звонка: кому-то придёт в голову, что пора бомбить, и всё тут же начнётся.

Как Вы себе представляли такой потенциальный конфликт? Что бы именно началось? Например, Вы сказали, что повалились бы бомбы. Значит, Вы так визуально представляли то, что могло произойти? Были ли у Вас конкретные понятия о том, как выглядит ядерный взрыв, каких последствий нужно ждать, если на Ваш город сбросят бомбу?

К: Мой дед, приёмный отец матери, пережил атаку на Пёрл-Харбор[249], он служил в военном флоте США во время Второй мировой войны, а после Пёрл-Харбора он воевал на Тихоокеанском фронте. Он был очень, очень консервативен, такой реакционер, держал в своём трейлере дома огнестрельное оружие, считал японцев самыми большими злодеями на свете, а русских – ужасными людьми. Он не пользовался словом «советский», он говорил, что русские – ужасные люди; он соглашался есть блюда китайской кухни, но японскую не ел ни за что. Вот, всё в таком роде! Они жили в Калифорнии. Я думаю, образы ядерного уничтожения в моей голове появились после того, как я узнала о Хиросиме и Нагасаки.

Вам доводилось видеть кинокадры или фотокадры взрыва?

249 Внезапная атака японских войск на военную базу США в Пёрл-Харборе в 1941 г. привела к вступлению США во Вторую мировую войну.

K: Yes.

That makes total sense. And when you say you were afraid of the potential nuclear conflict, did I understand it correctly that you had no doubt that destruction would be mutual? You did not think, "Oh, you know, we are gonna win, we have better weapons?"

K: No. I didn't think that. I thought we could die.

You thought you could die?

K: Oh yeah. I … I think I felt like it would just be so easy to kill so many people in such a situation, you know, it felt so simple, you know. And it probably isn't as simple as I imagined it, but in my mind, I think, I thought that somebody could push a button and suddenly bombs would be, in a few hours, dropping on us. And now I don't think it is that simple, but in high school I think I imagined it was just a phone call away, that if somebody thought it was time to start bombing, it could just happen.

How did you imagine this potential conflict? What would be happening? Like, you said you would have bombs falling. So, is that what you envisioned when you visualized what would happen? Did you have any specific ideas of what a nuclear explosion was like, of what effects to expect if a bomb drops on your city?

K: My grandfather, my mother's adopted father, was a Pearl Harbor[288] survivor, and fought with the US Navy during the Second World War, and after Pearl Harbor fought in the Pacific, and he was very, very conservative, like, reactionary, like, kept guns in his trailer, thought that the Japanese were the most evil things ever, that Russians were terrible, you know? He didn't say the Soviets, probably said the Russians were terrible, he would eat Chinese food, but he would never eat Japanese food, you know, things like that! And they lived in California, and I think my images of nuclear annihilation come from knowing about Hiroshima and Nagasaki.

Did you ever see any footage or any photos?

K: Yes. Yes, and that, I think, was why I was so terrified.

OK, so where did you see them?

K: Uh-m, I think those I saw on TV. And in magazines.

OK, and they were of what? Of the mushrooming cloud?

K: Of the mushrooming cloud, yeah, and burned children, that's obviously a theme for me: burned children, and, uh, ash! Everything being covered in ash.

Did you know anything about the effects of radiation, how it lingers and what it does?

K: Uh-hum, yeah, lingers … That cancer, that hair falling out, that sickness …

All of that also from television?

K: Probably from television and, I think, in high school we did talk about it in school. It's interesting because before high school our history classes, I'm trying to think if they ever

---

288 A surprise Japanese military strike on the US Naval Base in Pearl Harbor in 1941 led to the US's entry into WW2.

К: Да. Да, думаю, именно они меня так и напугали.

Ладно. Где Вы их видели?

К: Кажется, по телевизору. И в журналах.

И что они изображали? Ядерный гриб?

К: Ага, ядерный гриб и детей с ожогами, которые для меня, очевидно, больная тема. Дети с ожогами и пепел! Всё покрыто пеплом.

Знали ли Вы что-нибудь о действии радиации, сколько оно длится, какие даёт эффекты?

К: Ага, да, длится... Даёт рак, даёт выпадение волос, даёт заболевания...

Всё это тоже показывали по телевизору?

К: Наверное, по телевизору. К тому же, по-моему, мы обсуждали это на уроках в старших классах. Интересно, что в средних классах на уроках истории мы, по-моему, даже до Второй мировой войны не добрались... Но в старших-то классах мы уже стали проходить Вторую мировую, дошли до неё на истории, и тогда нам стали показывать документальные фильмы. Наверное, часть образов пришла из них вместе со сведениями о лучевой болезни.

Ладно. Значит, Вы смотрели документальные фильмы, получали некие сведения, Ваши учителя рассказывали Вам о последствиях взрыва и поэтому Вы знали, чего ожидать. Вы упомянули, что боялись всего этого. В чём выражался Ваш страх? Например, я могу точно сказать, что по вечерам я боялась, что ночью город станут бомбить, и не могла уснуть. Я долго лежала, не спала, прислушивалась к разными звукам и принимала их за те, которые можно услышать при нападении. А как боялись Вы, в чём проявлялся Ваш страх?

К: Ну... Я плакала! Плакала, если кто-нибудь говорил о бомбёжке в Японии, плакала в школе, если кто-то её упоминал, плакала, видя что-то подобное по телевизору или, скажем, в кино, и всякое такое. А потом в старших классах я и мои знакомые стали участвовать в такой политической деятельности, как марши и акции умирания. Так что, полагаю, к подростковому возрасту я уже научилась... Я все ещё плакала, но в то же время уже могла обратить свои страхи в деятельность.

То есть, Вы решили заняться общественной деятельностью? Общественным активизмом?

К: Ага.

Хорошо. В каком возрасте Вы начали ходить на демонстрации?

К: Как только пошла в старшие классы, то есть, в 83-84-м, мне было лет четырнадцать-пятнадцать.

Что именно Вы делали, куда именно ходили? Как всё происходило?

К: Университет Мичигана был вообще-то центром активизма.

Антивоенного?

К: Да, антивоенного, но мы его, по-моему, не называли антивоенным, это слово скорее относилось ко времени войны во Вьетнаме. Значит, антиядерного. В общем, организовывались марши, мы шли на них прямо из школы, я не одна на них

even got to WW2 … But by the time I got to high school our classes did get to WW2, our history classes did get to WW2, and so we would see documentaries. I think that was probably where some of those images came from, and learning about radiation sickness.

OK. So, you were exposed to the documentaries and some knowledge, and some teachers told you about the effects, and that's how you knew what to expect. And when you say you were afraid of all that, how did that fear express itself? For instance, I knew for sure that I was afraid that this is the night my city is going to get bombed, and I could not fall asleep. I would just be up forever, just listening for sounds, and mistaking sounds for the sounds that there would come if we were under an attack. So how did your being afraid, how did your fear manifest?

K: Uh-m … I would cry! Whenever anybody would talk about dropping the bombs in Japan, I would cry in school if somebody was talking about that, I would cry if I was watching something on TV or, you now, in a movie, or something like that, and then in high school one of the political actions that people I knew and myself got involved in were marches and die-ins. And so, I think, by the time I was a teenager I was able to … I would still cry, but I was able to put my fear into some kind of action.

So, you would choose, you would do some social activity? Social activism?

K: Yeah.

OK. And how old were you then, when you started marching?

K: That was right away in high school, so it was probably '83, '84, so I would have been 14, 15.

And what exactly did you do, where exactly did you go? What happened?

K: The University of Michigan was kind of the center of the activism.

Anti-war?

K: Anti-war activism there, yes, and I think we didn't call it anti-war, I think it was something that we would reserve for the Vietnam era, so it would have been anti-nuke. And so, there would be marches organized, and we would go from our high school, so I wasn't the only one, there would be other people from my high school who would go from our school, which was downtown and walking distance to campus, and there were a lot in my school who had connections to the university, either friends or parents who worked there, or friends who went to school there, parents who worked there, and when we were in high school we were allowed to take classes there. So, a lot of people; and because it was an alternative high school, as ninth graders we were in classes for 12th graders, so we were working in class with 18-year-olds. It was mixed. Every class had different ages in it.

So, when you marched down, it was not just 14-year-olds?

K: Right, right. And so, I think, we took our lead, when we were younger, we took our lead from older students. And we would march to the Diag,[289] we would make signs … A die-in, I don't know if you've ever experienced a die-in.

---

289 The Diag is a large open space on the University of Michigan campus in Ann Arbor.

ходила. Другие ребята, мои соученики, вместе выходили из нашей школы, которая находится в центре города; от неё до кампуса можно дойти пешком. Многие в школе имели какую-то связь с университетом: либо у них там работали родители и знакомые, либо учились друзья, либо родители работали... Кроме того, в нашей школе ученикам разрешалось ходить на лекции в университет. В общем, народу шло много. К тому же наша школа была альтернативной, девятиклассники могли посещать те же уроки, что и двенадцатиклассники, так что мы занимались бок о бок с восемнадцатилетними. У нас были разновозрастные классы.

То есть, на демонстрации ходили не только четырнадцатилетние дети?

К: Верно, верно. Так что, наверное, когда мы были помладше, мы брали пример с учеников постарше. Мы все шли на Диаг[250], несли самодельные плакаты... И ещё были акции умирания. Не знаю, приводилось ли Вам видеть акции умирания.

Нет, не приводилось, поэтому мне очень интересно.

К: Умирание обычно начинается с демонстрации, все идут к определённому месту, там слушают речи и всё такое, а потом все затихают и притворяются, что началась бомбёжка. И тогда все падают на землю и «умирают».

И долго они там лежат «мёртвыми»?

К: Столько, сколько нужно, чтобы произвести впечатление. В общем, несколько минут ты лежишь на земле, обычно люди начинают плакать. Люди вроде меня начинают плакать! *(Смеётся)* Хотя я, наверное, больше всех!

Кто начинает плакать, «трупы» или ещё и прохожие?

К: Я думаю, все должны что-то почувствовать, так что плачут и участники акции, и свидетели. Предполагаемый посыл акции состоит в том, что мы не хотим погибать в ядерной войне.

Значит, подростком Вы занимались тем, что ходили на демонстрации и акции умирания. У Вас было ощущение того, что Вы делаете нужное дело, что Вы поступаете правильно?

К: Да. Я считала, что очень важно сказать своё слово.

Кому Вы говорили это своё слово?

К: Правительству.

Правительству США?

К: Правительству США через средства массовой информации. Смысл был в том, что, если что-то делать...

Вы в том возрасте понимали это так: «Я говорю своё слово правительству США через СМИ»?

К: Да.

Не было такого, что, мол, тут классные ребята принимают участие, пойду поболтаюсь с классными ребятами?

К: Нет, нет, точно такого не было. Мы действительно тем самым сообщали

---

250 Большая площадь на кампусе Мичиганского университета в Энн-Арборе.

No, I have not experienced one, so it's very interesting.

K: A die-in is usually a march, and then you get to a specified spot where they actually had everybody get quiet after some speeches and what not, and we pretend that we are being bombed. So, everybody drops to the ground and dies.

How long would they stay dead?

K: Long enough to make an impact, so, like, a few minutes you are on the ground, and people usually start crying. People like me start crying—*She laughs*—me maybe more than other people though!

Is it the dead people who start crying or also those who happen to be walking by?

K: I think it's supposed to evoke feelings in everyone, so, people who are witnessing it as well as people who are participating in it. And it's supposed to send the message that we don't want to die in a nuclear war.

So, as a teenager, this is what you did: you went to a march, you went to a die-in. Did you have a feeling that you were doing something necessary, you were doing something right?

K: Yes. I think it felt imperative to send a message.

And who were you sending the message to?

K: To the government.

The US government?

K: The US government via the media, I think that was the idea that if you do something that …

And at that age, it was something you understood: "I am sending a message to the US government via the media?"

K: Yes.

Not like, "Ooh, some cool people are doing this, I'm gonna go hang out with the cool people?"

K: No, no, that definitely was not it. It was definitely sending a message to the US government that we didn't want to die. I mean, people may have had this motivation, I don't think that people had …

No, I'm asking you …

K: Yeah, yeah, I knew that people I was close to had that motivation.

And what was the resolution that you hoped for? What would be the thing that the US government would do that would be ultimately the salvation?

K: What we wanted was nuclear disarmament, so that the bombs that existed would be neutered, or whatever it is that they do so they are no longer able to be nuclear.

OK. So, that was your political life as a teenager. If you were … Imagine that you are 14, and the time is still that, what it was, and you are living your life, your 14-year-old life in the time and place that you were, and a 14-year-old Soviet girl comes to visit … I don't know if you remember, but they were popular

правительству США, что не хотим погибать. То есть, может, у других и были подобные мотивы, не думаю, что все...

Нет, я спрашиваю именно Вас.

К: Да, да, у меня были знакомые с такими мотивами.

На какое разрешение ситуации Вы надеялись? Что такое правительство США должно было предпринять, чтобы всех в конце концов спасти?

К: Мы хотели ядерного разоружения, обезвреживания уже существовавших боеголовок, или что там с ними делают, чтобы они перестали быть ядерными.

Окей. Значит, такая у Вас, подростка, была политическая жизнь. Если бы Вы... Представьте, что Вам четырнадцать лет, времена те же, какие и были, Вы живёте своей обычной жизнью, жизнью четырнадцатилетней девочки, время и место всё те же самые, и к Вам приезжает советская девочка... Не знаю, помните ли Вы, но в своё время были довольно популярны послы мира, визиты мира. Одна девочка, Саманта Смит, поехала из Америки в СССР, потом СССР отправил свою девочку с визитом, в общем, страны обменялись девочками... В ходе такого обмена девочками в Ваш город приезжает четырнадцатилетняя советская девочка, Вы проводите с ней время и имеете возможность с ней пообщаться, что-то ей показать или с кем-то её познакомить. Что бы Вы ей хотели показать в США? Что бы Вы с ней стали делать?

К: В том возрасте я бы взяла её с собой и повела делать всё, что сама любила делать, например, покупать винтажную одежду в комиссионке, смотреть кино в кинотеатре «Мичиган», гулять по кампусу. Нам нравилось слушать концерты местных групп, в которых тоже играли подростки. Иногда мы ездили на машине в Детройт с детьми постарше на концерты более известных групп. Думаю, мне бы захотелось ей показать свою школу, я очень любила свою школу, она мне казалась такой... В ней все были такие талантливые, такие творческие. Пусть бы она узнала, что придумывают американские тинэйджеры, как они пишут стихи, играют в пьесах, написанных ими же самими, рисуют, ваяют... Я бы захотела ей показать, типа, стиль жизни наших крутых подростков. И ещё я бы дала ей знать, что неправда, что мы все ненавидим советских граждан; мы, может, и ненавидели ту ситуацию, которая у нас сложилась с Советским Союзом, но не сам советский народ.

В той ситуации Вы чувствовали бы, что представляете только себя, или что Вы некоторым образом представляете всю свою страну?

К: Я бы попыталась выступить представителем всей страны. *(Смеётся)* То есть, я точно была таким ребёнком, который постарался бы произвести хорошее впечатление, чтобы она уехала с верой в то, что мы тут все хорошие люди, хотя сама я знаю, что не все. *(Смеётся)*

Хорошо, огромное спасибо, приятно было побеседовать!

К: Пожалуйста.

for a while, these peace ambassadors or peace exchanges. There was this girl, Samantha Smith, that went from the US to the Soviet Union, and then the Soviet Union sent a girl back, so there was this whole girl exchange … So, in the course of this girl exchange, a Soviet 14-year-old girl comes to your city, and you get to spend time with her, and you get to hang out with her, and maybe show her things or get her to meet people. What would you want to introduce her to, about the US? What would you do with her?

K: At that age, I would have taken her to do things that I liked to do, so, for example shopping at vintage clothing stores, or going to movies at the Michigan Theater, or on campus. We liked to go hear local bands play, who were other teenagers; we would sometimes take road trips with older kids to Detroit to go hear more famous bands. I think I would want her to see my school, because I loved my school, I thought my school was so … Like, the people were so artistic, so creative, I would want her to see what US teenagers create, writing their own poetry, performing the plays that they've written, painting, sculpture … I would want her to see, sort of, cool teen life. And I'd also want her to know that we didn't all hate Soviet people, that we might have hated the situation with the Soviets, but we didn't hate Soviet people.

Would you in that situation feel that you are representing just yourself, or would you feel that you are somehow representing your whole country?

K: I would try to represent my whole country. *She laughs.* I mean I was definitely one of those kids who, you know, would have wanted to make a good impression, so that she would return believing that we were all good people, even though I know that we are not. *She laughs.*

OK, thank you very much. It was wonderful talking to you!

K: You are welcome.

Рейган – осёл

Сегодня 9 апреля 2010 года. Я разговариваю со Степаном. Здравствуйте, Степан! Скажите, пожалуйста, в интересах истории, в каком году Вы родились?

С: Здравствуйте! 1976.

1976. И где Вы родились, где Вы провели своё детство?

С: Москва, город Москва, тогда СССР, сейчас Российская Федерация.

Вот, чудесно. Тогда – СССР. Скажите, пожалуйста, Степан, когда Вы были ребёнком, Вам нравилось в Советском Союзе жить?

С: Я не могу сказать, нравилось или не нравилось, потому что не было другого опыта, не с чем было сравнивать.

Ха! Ну, аналитически, конечно. А чувства какие были? Вот гордость: «Я – советский пионер», например? Не было такого?

С: Я прекрасно понимал, что такое Родина, что такое патриотизм и т. д. Я прекрасно понимал, что это моя страна. А какой-то особой эйфории от атрибутов типа пионерского галстука никогда не испытывал.

А если бы Вас спросили: «Степан, какая страна самая лучшая в мире?» Что бы Вы сказали тогда, когда Вам было, например, семь лет?

С: Я думаю, что тогда бы ответил совершенно точно: СССР!

СССР! Почему? Сказали бы: «Почему, Степан?»

С: А потому, что это моя Родина. Я думаю, что именно так бы ответил.

Хорошо. Значит, СССР была страна хорошая, самая лучшая для маленького Степана. А Ваши родители с Вами никогда не обсуждали каких-то таких вопросов, ну, например, о государственном строе Советского Союза, о гордости за Советский Союз? О внешней политике Советского Союза? Когда Вы уже подросли, естественно, не в семь лет, наверное.

С: Обсуждали.

Reagan is a Donkey

Today is April 9, 2010. I'm speaking to Stepan. Hello, Stepan! To establish historical context, would you please state your year of birth?

S: Hello! It was 1976.

It was 1976. Where were you born, and where did you spend your childhood?

S: Moscow, the city of Moscow, which was in the USSR then and is in the Russian Federation now.

OK, wonderful. It was in the USSR then. Stepan, please tell me whether you liked living in the Soviet Union as a child?

S: I can't say whether I liked it or not, since I hadn't had any other experiences, and so I had no frame of comparison.

Ha! Well, if we look at it analytically, it's certainly true; but what feelings did you have? Was there any pride, as in, "I'm a Soviet Young Pioneer!" for instance? Was there anything like that?

S: I understood it perfectly well what Motherland meant, what patriotism meant, etc. I understood it perfectly that it was my country. Now, I never felt any particular euphoria about my Young Pioneer neckerchief or other stuff like that.

If someone had asked you, "Stepan, what's the best country in the world?" What would have you said when you were 7 years old, for instance?

S: I think, at that time I would have replied with all certainty that it was the USSR!

The USSR! Why? If they'd asked, "Why do you say this, Stepan?"

S: Well, because it's my Motherland! I think that's the answer I would have given.

OK, good. So, the USSR was a good country, the best country for the little Stepan. Did your parents ever discuss any issues with you which pertained to, perhaps, the government system of the Soviet Union, or to feeling proud of the Soviet Union? Or the foreign policy of the Soviet Union? When you grew up a little, of course, not when you were seven.

S: They did.

They did. In what vein?

Обсуждали. И в каком ключе?

С: Ну, в ключе достаточно стандартном для того слоя общества, в котором я был.

Угу.

С: У меня в семье все научные работники. Мы прекрасно понимали, что происходит, что за страна Советский Союз, как устроен строй в политическом смысле и в экономическом смысле. У меня не было тогда достаточно чёткого понимания, осознавания, что происходит в других странах, как там жизнь устроена...

Угу.

С: По крайней мере такого, как сейчас. Но то, что не всё хорошо в Советском Союзе, было чётко всем понятно. И более или менее было понятно, почему.

То есть, родители, научные работники, имели отношение достаточно критичное к строю. Я правильно понимаю?

С: Ну, скажем так, реалистичное отношение.

Реалистичное?

С: Если бы они имели очень критичное, они бы уехали.

Значит, они имели отношение реалистичное, то есть, что-то им нравилось, что-то им не нравилось, я правильно понимаю?

С: Ну да, естественно. Так как они жили там, то они, соответственно, принимали все правила игры, ну, как большинство, в общем-то.

И вот это отношение реалистичное они транслировали Вам, ребёнку, как-то, или нет?

С: Не совсем.

Нет, не совсем.

С: Не совсем. То, что оно реалистичное, их отношение и собственно моё, я уже потом понял. И своё собственное, когда сам приобрел, реалистичное. У меня в детские годы было достаточно идеалистическое восприятие реальности. Чёткое понимание, что такое «хорошо» и что такое «плохо», без восприятия полутонов. И мне кажется, что в этом достаточно большое влияние родителей, того, как они представляли мир для меня. Вот. Я думаю, что они считали, если сразу дать понимание, что на самом деле белого и чёрного нету, а есть только полутона, то это плохо повлияет на общее развитие.

Так, хорошо. В таком случае, что описывалось, какие предметы, явления, кондиции описывались как чёрные, плохие, какие как хорошие, белые?

С: Ну самое, конечно, яркое, это был уже конец 80-х. Это когда стало всем известно про репрессии 20-30-40-х годов. В 58-м (sic) в доме появились все эти журналы, подписка на журналы, которые все тогда публиковались в больших количествах. Соответственно, я всё читал. Ну, понятно, что изначально толчок я получил от родителей, что неплохо бы знать и понимать, что это такое. Но, например, в то же время я чётко помню, что на том этапе восприятия своего я считал, что вот да, Сталин – это, конечно, плохо, но в принципе социализм в том виде, в котором

S: Well, in the vein that was pretty standard for the social circle I lived in.

OK.

S: Everyone in my family is a scientist. We understood full well what was going on, what kind of a country the Soviet Union was, how its political system worked, as well as its economic system. I did not then have a clear picture, a clear understanding of what was going on in other countries, and what life was like there.

OK.

S: At least, not the kind of understanding I have now; but it was perfectly clear to everyone that not everything was great in the Soviet Union. And it was more or less clear why.

That is to say, your parents the scientists had a sufficiently critical attitude towards the system; am I correct?

S: I would say, a realistic attitude.

A realistic one?

S: If they had had a very critical one, they would have left the country.

OK, I see. You mean, their attitude was realistic in that they liked certain things and disliked certain other things; is my understanding correct?

S: Yes, naturally. Since that was where they lived, they accepted the rules of the game, just like most people, generally speaking.

OK. Was this realistic attitude broadcast to you when you were young? Or was it not?

S: Not exactly.

I see; not exactly.

S: Not exactly. I only understood it later in life that their attitude was realistic, as well as my own. My own attitude, that is, when I acquired one, was realistic. In childhood, I had a rather idealistic perception of reality. I had a clear idea of what was good and what was bad, without any subtleties. And it seems to me that this shows a pretty big influence of my parents and of the way they presented the world to me. Right. I think they believed that if they had given me an early idea that there is no black and no white, just shades, it would have had a detrimental effect on my overall development.

OK, good. In that case, which things, phenomena or conditions were portrayed as black, or bad, and which as white, or good?

S: Well, the starkest example, of course, is from the late '80s. That's when everyone learned about the purges of the '20s, the '30s, the '40s. In 1958 (sic) magazines began to appear in our home; we had subscriptions to magazines which were published in quantity at the time. And it follows that I read them all. Naturally, the first push came from my parents, that it would be a good idea to know and understand those things, but at the same time I clearly remember that at that stage of my processing I considered Stalin to be bad, of course, but socialism, in the shape it was originally conceived, to be good. Later, of course, I came to realize nothing was too great.

его собирались в начале делать − это хорошая вещь. Но потом ко мне, конечно, пришло осознание, что это всё не настолько хорошо.

Когда пришло?

С: Уже когда мне было лет шестнадцать, восемнадцать.

Так...

С: Да нет, наверное, в шестнадцать скорее, а может, даже и раньше. Я сейчас затрудняюсь сказать в точности. Но вот чётко я помню, что эти вот замечательные, и всё у них хорошо было, там, не знаю, которые верные были последователи Ленина, и те, которые неверные...

Настоящие большевики.

С: Да-да, да. И как-то я помню, что родители не возражали против этих моих высказываний. Может быть, они не хотели ребёнку показать, что всё на самом деле совсем плохо. Но уж и не так много времени у меня заняло разобраться.

Хорошо.

С: Я просто показываю эволюцию от восприятия октябрёнка, когда я только в школу пошёл: «Какая замечательная страна, замечательная история, можем проследить всех наших правителей, все были замечательные люди!» И потом − опа! Парочка каких-то не очень хороших. Потом ты понимаешь, что на самом деле, в общем-то, хороших-то наоборот парочка.

Ха-ха! В общем, насколько я поняла, родители Ваши не были просоветски настроены, и в то же время не были диссидентами.

С: Диссидентами не были. Они были скорее ближе к ним по общему восприятию, но дел с ними никогда не имели. Но, с другой стороны, диссидентов сколько было в Советском Союзе человек? Ну, тысяча, может быть.

Ну, может, нет, почему? Таких активных-то да, но были же люди, которые сидели на кухне, жаловались на жизнь...

С: Ну, я думаю, когда я уже был допущен на кухню, в тот момент-то уже жаловаться было как-то неинтересно, к тому моменту всем было уже всё совсем понятно. И что-то происходило; намного интереснее было обсуждать то, что происходит, что меняется.

Это какой у нас примерно год, когда Вы были допущены на кухню?

С: Я думаю, лет с десяти. Примерно десять. Это какой тогда? 86-й год, уже когда всё начинает рушиться.

Да, это уже интересное время. Хорошо, тогда, если мы с Вами отследили эволюцию Ваших взглядов на Советский Союз и социалистический строй, нельзя ли вот также отследить эволюцию Ваших взглядов на западный мир и капиталистические страны?

С: Тут интересно. Я, кстати, об этом думал вообще после того, как идея этого разговора возникла. Одна из первых политических вещей, я просто вспомнил... Я думаю, это было в год, примерно, может быть, 82-й. У меня это почему-то

When was that?

S: When I was around 16 or 18.

I see.

S: No, probably 16, or maybe even younger. It's hard for me to say for sure now. But I clearly remember thinking some people were fantastic, and everything was great about them, I mean those people who were true followers of Lenin; and then others were not true followers.

The true Bolsheviks.[290]

S: Yes, yes, yes. And I even remember that my parents did not object to such statements of mine. Maybe, they did not want to show it to a child that in actuality everything was very bad. But it did not take me long to figure it all out.

Good.

S: I'm simply showing the evolution of my perception, starting from my thoughts at the time I was an October Kid, when I just started school: oh, what a remarkable country we have, and a remarkable history, and we can name all our heads of state, and they were all remarkable people. And then, oops! A couple of them were not so good. And then later you understand it was the other way around, and we only had a couple of good ones.

(The interviewer laughs.) So overall, as far as I understood, your parents were not pro-Soviet, and at the same time they were not dissidents.

S: They weren't dissidents. They were rather close to dissidents in their general worldview, but they were never involved with them. On the other hand, how many dissidents were there in the Soviet Union, what number of people? Maybe a thousand, if that.

Well, there could have been more. The active ones, yes; but there were also people who sat in their kitchens and, I don't know, complained about their lives.

S: Well, I think that by the time I was allowed to join them in the kitchen, it was not even fun to complain anymore. By that moment everyone was clear on everything. And new things were happening then, and it was much more interesting to discuss what was happening, what was changing.

What year was that, approximately, when you were allowed in the kitchen?

S: I suppose since I was about 10, 10 years old. That was in the year of 1986 when everything started to collapse.

Yes, those were exciting times. OK; now that we have tracked the evolution of your views on the Soviet Union and the socialist system, could we in the same manner track the evolution of your views on the Western world and the capitalist countries?

---

290 Bolsheviks were a faction of the Russian Socialist Democratic Labor Party; they came to power during the Russian Revolution of 1917, and eventually became the Communist Party of the Soviet Union.

коррелирует со смертью Брежнева. А смерть Брежнева у меня – такое первое воспоминание о явлении, которое было освещено по телевизору.

Вы смотрели похороны?

С: Смотрел. Я помню, как его уронили. Выронили, там шарф вырвался, и он туда...

Гроб ухнул.

С: Ухнул, да. Я боюсь, что этот кэгэбешник дослуживал на Таймыре. Так вот, я помню, я тогда много времени у бабушки проводил. Потому что у родителей не было телевизора, они придерживались... И газет советских они тоже не выписывали.

Не читали перед обедом советских газет.

С: Не-не-не, нет, и после обеда тоже, и телевизор не смотрели, они считали, что там нечего ни читать, ни смотреть. А у бабушки с дедушкой телевизор был, и дед газету выписывал. Он как «Правду» выписывал с начала 50-х годов, так до сих пор и выписывает. Ну, телевизор там работает, ребёнок изредка смотрит, что происходит. И вот я помню: «Бабушка, а правда Рейган – осёл?»

Осёл?

С: Вот точно осёл, осёл. Я пытался вспомнить, козёл или осёл. Осёл. Бабушка мне говорит: «Да, конечно, он такой плохой и так далее». Я – ну...Что-то интересно. Родители пришли. Я говорю: «Пап, вот правда, что Рейган осёл?» Отец как-то неодобрительно на меня посмотрел и потом говорит: «Ну, как ты думаешь, глава государства другого, большого, который возглавляет много миллионов людей, может ослом быть? И кто ты после того, как называешь человека ослом?»

Так, тут у Вас критическая мысль зашевелилась.

С: Да. Я понял, что, ну... В принципе, ну, хорошо, предположим, мне он враг. Ощущение того, что это враг, оно существовало, оно никем особо не подпитывалось, но, видимо, такой милитаристский дух витал в воздухе, что обязательно нужен был враг. Без врага как-то, ну... Всю жизнь живём в окружении врагов. Вся история там, войны и т. д. Плюс мальчишка всё-таки, тоже там... Пострелять, побегать...

Война.

С: Конечно.

Войнушка.

С: Да. Чёткое осознание, что Америка – это враг.

Это у нас 82-й год.

С: Ну да, где-то такой, типа. Вот. Ну, с другой стороны, враг может быть какой? Разные могут быть враги. Могут те, которые придут, начнут тебя убивать, вот всех, и женщин, и детей, выжигать всё. Это какие-то неправильные враги. А бывают враги, с которым подросток...

Отбуцкали друг друга?

S: That's an interesting one. Actually, I've been thinking about it, after the whole idea of this conversation was conceived. One of the first political things, I just remembered, I think, must have been in the year of 1982. For some reason, it is related to Brezhnev's death in my mind. And the death of Brezhnev makes my first memory of an event which was covered on television.

Did you watch the funeral?

S: I did. I remember how they dropped him. They let go of him, the scarf slid out and he just went in there …

The casket plummeted.[291]

S: Yes, it plummeted. I'm afraid that KGB man spent the rest of his career at Taimyr.[292] Anyway, I remember I used to spend a lot of time at my grandmother's. It was because my parents did not own a television, they believed that … They did not subscribe to any Soviet papers either.

They were not in the habit of reading Soviet papers before dinner.[293]

S: No-no, and not after dinner either; they did not watch TV, they believed that there was nothing worth watching or reading there. Now, my grandma and grandpa had a TV, and my grandpa had a newspaper subscription. He had a subscription to *Pravda*[294] since the early '50s, and he still subscribes. So, their TV would have been on, and the grandchild occasionally would stop by to see what's on. And I remember asking, "Grandma, is it true that Reagan is a donkey?"

A donkey?

S: Exactly, a donkey, a donkey. I was trying to remember whether I'd said a billy-goat or a donkey. It was a donkey. Grandma says something like, "Yes, right, he is a bad guy and so on …" I'm like, "This is interesting." My parents came. I asked, "Papa, is it true that Reagan is a donkey?" My father looked at me somewhat disapprovingly and then said, "What do you think? Can a head of another state, a big state, governing many millions of people, be a donkey? And what does calling someone a donkey make *you* sound like?"

Right, so it made you think critically about this.

S: Yes, I realized that, well … In principle, let's say he was my enemy, there was indeed the sense that he was an enemy; the feeling was not being fed by anyone in particular, but

291 During the funeral service on November 15, 1982 the funeral servants accidentally dropped the coffin into the grave hole with a loud crash.

292 The Taimyr Peninsula, frozen for the most part of the year, is in the extreme north of Russia.

293 In *The Heart of A Dog* (1925) by the Russian writer Mikhail Bulgakov, one of the characters advises his colleague never to read Soviet newspapers before dinner to avoid indigestion. This advice is widely quoted in Russia in situations when one acts concerned over political news or events.

294 *Pravda*, first published in the Russian Empire in 1912, was the official newspaper of the Communist Party of the Soviet Union.

С: Да, да. И вроде как-то и тот, и другой доволен.

Конфликт разрешён.

С: Да-да! И вот было чёткое ощущение, что Америка именно вот такой враг. Не то, что они хотят у нас что-то забрать, а вот мы им просто не нравимся. Но и они нам тоже ни черта не нравятся.

Это какая-то дворовая вражда такая. Мальчишечья.

С: Да, да, да.

Такая дворовая мальчишечья вражда. Вот Васильев из второго подъезда, мы с ним чего-то никак...

С: Примерно. Не было ощущения, что они от нас чего-то хотят, а мы чего-то от них. То есть, при этом ощущения того, что Европа является игроком во всём этом, не было. Есть Советский Союз, есть Америка. Все остальные так... Союзники либо тех, либо других.

Это Вы потом всё это осмыслили, или это Вам в октябрятском возрасте было очевидно?

С: Очень сложно сказать сейчас. Я пытался восстановить, но очень тяжело восстановить такие вещи.

Наверно, надо идти по следам эмоциональных реакций, да? Если бы Вас поймали в восемь лет во дворе и сказали Вам следующее слово: «Америка»? Вы тут же испытали бы эмоцию номер один. Вам говорят: «Югославия». Эмоция совсем другая. Потом говорят: «Германия»...

С: Ну, Югославию не любили в Советском Союзе, Югославию...

Это они не любили, а Вы-то? Вы-то были маленьким.

С: Ну, я вот не могу сейчас сказать, про Югославию ничего не могу сказать.

Ну, оставим её тогда. То есть, если бы Вам сказали «Америка», это прямо – ух! А сказали «Англия» – ну, ладно, вяленькое что-то такое...

С: Мелочь какая-то.

Мелочь какая-то, я правильно поняла?

С: Ну, примерно да, плюс ещё интересная вещь. Я вспомнил, что мысли были такие: ну, хорошо, вот здесь люди живут, там живут люди, люди-то нормальные, основная проблема-то между правительствами! Наше-то вроде нормальное, потому что мы здесь живём, в конце концов. Это свои.

Наши.

С: Наши, да. А там-то почему так? Наверно, потому что так сложилось, такое правительство. Ну, не повезло им. А так как мы же знали, что здесь изменить ничего нельзя... Вот у нас есть правительство, кем данное – непонятно, но вот оно есть, и менять его не получается.

От века пошло!

С: Так заведено. Ну, там, наверное, всё тоже так же, ну, не повезло им, у них такие правители.

apparently the militaristic spirit was somehow in the air, the idea that there necessarily had to be an enemy. What with our history, and the wars, etc. Additionally, I was a boy's boy, you see … I was all about running around and shooting.

All about war?

S: Of course.

About war games?

S: Yes. There was a clear understanding that America was an enemy.

This is 1982 we are talking about?

S: Yes, something like that. On the other hand, what kinds of enemies are there? Enemies can be of different kinds; there are those who will come and get down to killing you, all of you, women and children included, and then burn everything down. Those are the bad kind of enemies. On the other hand, there are enemies teenagers have …

Where you just pummel each other.

S: Yes, yes. And you are both fine afterward, sort of.

Your conflict is resolved.

S: Yes, yes! And I had this strong feeling that America was this exact kind of an enemy. Not that they wanted to take away something of ours; they just did not like us. And we did not like the heck out of them either.

It was some kind of a neighborhood fight, like, a thing that boys do.

S: Yes, yes.

A fight between boys in the neighborhood. Like, Vasilyev lives next door and we just don't get along with him.

S: That's about right. I did not have a feeling that they wanted something from us or we wanted something from them. Along with that, I did not have a feeling that Europe was a player in all this. There was the Soviet Union, and there was America. The rest of them were just … allies of one or the other.

Did you process this later, or did you see it as obvious when you were a little October Kid?

S: It's really difficult to say now. I tried to remember, but it's really hard to recall such things.

Perhaps we should track your emotional reactions, OK? If they grabbed you as you played outside, at age 8, and said the word "America" to you, you would experience an emotion right away. Then, they would say "Yugoslavia" and that would call for a completely different emotion. Then, they'd say "Germany …"

S: Well, Yugoslavia was disliked in the Soviet Union …

It was disliked by some, but what about you? You were little.

S: Well, right now I have nothing to add; I have nothing to say about Yugoslavia.

Let's leave it, then. So, if they said "America," that was, like, wow! And if they said "England," that would mean something, well, kind of weak …

Уродились такие.

С: Ну да. Я же ходил с родителями на выборы советские.

Очень хорошо.

С: Ну вот, и это... Дают бумажку, я смотрю: там одна фамилия. Я говорю: «Мам, это же выборы, почему здесь одна фамилия?»

Правду говорите или придумали сейчас?

С: Говорил, по-моему. Они говорят: «Ну, так вот устроено». Как-то мне эти выборы не понравились.

Вот я-то как раз, когда ходила с родителями на выборы, меня момент выборов в выборах совсем не интриговал, а интриговало совсем другое: вот скатёрочка красная, вот тут — продуктовые наборы, тут пироги продают... Выборы, это было такое явление... Это было социальное сборище, это как на демонстрацию сходить. То, что политическая воля народа должна быть выражена таким образом, до меня не доходило вовсе.

С: Я помню.

Это что-то типа ежегодного освидетельствования у врача.

С: Я тогда ещё спросил, говорю: «Мам, а зачем там кабинки, если тут одна фамилия? Что, его можно зачеркнуть?» Я вот сейчас в точности не помню ответа. Ответ был, вроде бы: «А смысл в этом зачёркивании какой?»

Понятно, можно зачеркнуть, но ничего это не даст.

С: Можно, но зачем? Это просто к тому, что вот есть правительство, откуда-то взявшееся, и сменить его нельзя. Соответственно, если оно здесь так, то оно там так же.

А народ не виноват, нет, народ не виноват. Американский народ, он хороший.

С: Да, но я в то время очень много читал в библиотеке книжек по истории, по истории Второй мировой войны, так вот там как раз был такой враг, который совсем плохой. Вроде американцы тогда были союзниками, и вроде там читаешь, например, воспоминания маршала Жукова, и не пишет он, что американцы плохие. Вот, там, встречался он с таким-то маршалом американским, то-то вместе сделали, и это вместе сделали. На фотографии они улыбаются друг другу и жмут руки. Ну не мог же он быть таким же, как этот товарищ с карикатур Кукрыниксов![251]

Так. То есть, будто тогда были американцы во время Второй мировой войны положительные. А потом они как-то стали отрицательные.

С: Да, и вот как это произошло? Как-то не укладывалось.

Когда тушёнку по ленд-лизу поставляли — это были наши, молодцы. Ещё у Джека Лондона хорошие очень американцы, да.

С: Да, Джек Лондон мне всегда нравился.

---

251 Трио советских художников, известных своей политической карикатурой; начали работать под псевдонимом «Кукрыниксы» в 1920-х годах.

S: Small fry.

Small fry; so, am I getting it, overall?

S: Well, it is about right, and there was one funny thing in addition. I remember that my thoughts were along these lines: OK, we have people living here, and people living there, and the people are all fine, and the main issues are between governments. Our government is sort of fine, too, because we live here, after all, and they are our guys.

On our team.

S: Yes, on our team. Now, why are things the way they are in their country? Perhaps, it's because of their government; that's just how it all worked out, they were just unlucky. And since we knew that it was impossible to change anything on our end, since we had a government in its given shape, and I was not sure by whom it was given, but it was there, and it was never changing ...

It was just there from the beginning of times!

S: It was just the way it was. So, perhaps, over there they had the same situation; so, they were unlucky in their government as well.

Born that way.

S: Well, yes. I did go to the Soviet elections with my parents.

Very good.

S: And then ... They'd give you a piece of paper, and I'd look at it and see it only had one name on it. I'd say, "Mom, if these are elections, why is there only one name on the list?"[295]

Is it true, or did you just make it up?

S: I think I asked her. They said, that's how things are. So, I kind of did not like those elections.

Now, when I went to the elections with my parents, I was not at all interested in the electing component of elections, I was more intrigued by other things: the red tablecloths, the grocery packages[296] and hand pies that were sold there ... Elections were social events, social gatherings; attending them was the same as going to holiday rallies. The idea that elections were about expressing the political will of the people completely bypassed me.

S: I have those memories.

Elections were somewhat like the annual physical checkup.

S: I also asked then, "Mom, why do they have booths if there is only one name on the

---

295 In the USSR, the leader of the state was not an elected position; however, the population voted for delegates for the local Soviets (councils) and the Supreme Soviet. Most often, on the ballot one could vote for or against a single candidate, promoted by the Communist Party. In the course of Gorbachev's political reform, Russia introduced multi-candidate elections.

296 In the 1980s, polling stations began to sell certain rarely available kinds of food, such as canned meat, sausages and buckwheat, to entice people to attend and increase voter turnout.

Если бы Вас попросили в детстве американца описать, что бы Вам на ум пришло?

С: Я думаю, в первую очередь какой-нибудь персонаж из книжек. Каких-нибудь, я не знаю, Майн Рида...[252]

Фенимора Купера...[253]

С: Фенимора Купера, того же Джека Лондона, в зависимости от того, где он, этот американец. Там, на Аляске из Джека Лондона, а где-нибудь в Техасе из Майн Рида.

А из Кукрыниксов не примерещился бы? Такой в звёздно-полосатом цилиндре на ракете верхом.

С: Нет. Это президент у них такой.

А, это президент у них такой!

С: Да, это президент у них такой!

Понятно. А Мистер Твистер, бывший министр?

С: А я его никогда не читал!

Как так?!

С: Оказалось, так. Мы тут недавно выяснили, что я никогда это стихотворение не читал.

Ну вот, видите? А Вы говорите, пропаганда. Значит, американцы были так вообще ничего, но только правительство у них было по непонятным причинам неизменно плохое.

С: Ну, да.

А не было ли у Вас каких-то таких моментов в детстве, что Вы опасались за свою жизнь, за свой город, за свою страну, что вот... Пришлют сейчас американцы бомбу, да как шарахнут по селу! Не было таких моментов?

С: Нет, не было, таких не было. В первую очередь я, конечно, знал, что если они попробуют, то мы её собьём и свою им в ответ...

Вот, то есть, Вы были убеждены, что наша военная мощь позволит нам эту бомбу хитрым образом обратно отправить.

С: Почему? Нет, сбить, а свою туда закинуть.

А, свою туда закинуть!

С: Плюс в какой-то момент, когда я об этом много, видимо, говорил, мне объяснили, что такое доктрина гарантированного уничтожения и почему нету ядерной войны.

Это какой возраст примерно у Вас был?

С: Не знаю, лет шесть, семь, восемь.

Вот, в шесть лет Вам объяснили про доктрину гарантированного уничтожения. Родители?

С: Скорей всего, а кому ещё?

Ладно. И что же они вам сказали?

---

252 Американский писатель (1818 - 1883), автор приключенческих романов о Диком Западе.

253 Американский писатель (1789 - 1851), автор приключенческих романов из жизни первопроходцев.

ballot? Can one cross the name out?" And I do not remember the exact answer now. It was something like, what's the purpose of crossing it out?

Clearly, one could cross it out, but it would not achieve anything.

S: One could, but why do it? It just illustrates the idea that we had a government, which had sprung from who knows where, and it was impossible to change it. If the situation was like that at home, it must have been the same abroad, respectively.

Now, it's not the people's fault, no. They are good folk, the American people.

S: Right; but at the same time, I used to borrow many history books from the library, namely WW2 history books, and they were about the worst kind of enemy. It seemed that Americans were our allies at one point, and I would read Marshal Zhukov's[297] memoirs, and he never wrote that Americans were bad! He wrote that he met with a such-and-such US General, and they did this and that together. The photo would show them smiling at each other and shaking hands. The American General couldn't possibly be like that fellow from a Kukryniksy cartoon![298]

I see. So, during WW2 Americans were the good guys, it seems. And then for some reason they turned bad.

S: Yes; and how did that happen? It just did not compute.

When they were supplying us with canned meat according to the Lend-Lease agreements, they were good guys, on our team. Also, Jack London's books have good Americans in them.

S: Yes, I did always like Jack London.

If someone asked you to describe an American when you were a child, what picture would come to your mind?

S: I think, in the first place it would be a book character. From something, you know, by Thomas Mayne Reed[299]…

Or by James Fenimore Cooper[300] …

S: By Fenimore Cooper, or Jack London, depending on where this American guy is: if he is in Alaska, then it's Jack London, but if he is in Texas, then it's Thomas Mayne Reed.

Would there have possibly been visions of someone from a Kukryniksy cartoon? Someone wearing a starred-and-striped tall hat, and riding a nuclear warhead?

S: No. That's what their President was like.

---

297 Marshal Grigory Zhukov (1896-1974) was the Soviet Union's most important military commander in WW2. After the war ended in 1945, Zhukov's relationship with the Soviet government was predominantly difficult, but eventually Zhukov was decorated with the country's highest civilian award, the Order of Lenin, in 1966, and allowed to publish an autobiography in 1969.

298 Kukryniksy, a trio of Soviet cartoonists who began drawing under a joint signature in the 1920s, were famous for political caricature.

299 American writer (1818-1883), author of adventure novels about the American West.

300 American writer (1789-1851), author of adventure novels about the early American frontier life.

С: Сказали, что оружие устроено таким образом, что у тех и у других будет время его выпустить и уничтожить всех других. Ну, а смысл жить потом? Даже если кто-то один уничтожит чуть больше других, то у него самого в принципе ничего не останется. Зачем?

То есть, с одной стороны, Вы понимали уже в юном возрасте, что устройство вооружений таково, что войны не будет. С другой же стороны Вы понимали, что в случае чего мы их всё равно отбуцкаем. Я правильно это перевожу?

С: Ну, примерно да, это какой-то такой внутренний конфликт, который достаточно забавен.

Ага.

С: Но при этом, ну, как... Ну, грубо говоря, в Афганистане же мы их, это... Во Вьетнаме тоже. То есть, на самом деле подтверждения были такого типа, что вот есть локальный конфликт... Тогда в новостях очень любили разные локальные конфликты показывать, с акцентом на то, что вот американская военщина...

Хорошее слово.

С: Отличное слово. Залезла вот туда-то, и такие полунамёки, что эти вот, которые борются, их Советский Союз, конечно, поддерживает. Мы, конечно, открыто не говорим, что там специалисты, войска ввели и так далее. Но, как говорится, сарафанное радио, что там наши есть — обязательно кто-нибудь скажет. Ну вот, как раз были качественные подтверждения того, что в случае чего...

Мы их отбуцкаем.

С: Победим.

Так, победим. Правильно.

С: Но проблема вся в том, что, если ядерное оружие использовать, то тут мало никому не покажется.

Ну, Вы так-таки и не боялись.

С: Нет, нет.

Хорошо. А Вам в школе случайно не показывали, к примеру, документальных фильмов о том, как происходит атомный взрыв и чего от него ожидать?

С: Показывали.

Показывали. И не страшно было?

С: Я достаточно быстро выяснил, что, если мы живём в Москве, на Москву упадёт, скорее всего, хорошая большая бомба. Ну, в общем, никто ничего не успеет почувствовать.

И это не страшно.

С: Да, но что мне действительно не нравилось, это всякие там последствия лучевой болезни, люди с облезающей кожей и так далее. Это как-то неприятно. А то, что сгоришь мгновенно в случае чего, так это ж мгновенно будет!

Ah! That's what their President was like.

S: Yes, that's what their President was like!

I see; what about Mister Twister, former Minister?

S: I never read that one!

How come?!

S: It just happened that way. We found out only recently that I have never read that poem.

Imagine that! And we keep blaming propaganda ... To sum up, Americans were generally OK, it's just that their government was invariably bad, for unclear reasons.

S: Well, yes.

OK. Were there any times or instances when you were a child that you were afraid for your life, your city, your country, or worried that Americans might send a bomb over, and drop it on the village? Anything like that?

S: No, nothing like that. I knew it in the first place, of course, that if they were to try that, we would shoot their bomb down and send them one of our own in response.

Right, so you were sure that our military force would make it possible for us to send them back their own bomb in some cunning way ...

S: Why? No; we would shoot down theirs and send back our own.

Oh, we'd send back our own bomb.

S: In addition, at one point, when I must have been talking about this issue a lot, it was explained to me what the assured mutual destruction doctrine was, and why there was no nuclear war.

What was your age then, approximately?

S: I don't know, 6, 7 or 8.

OK, so at age 6 you were told about the assured mutual destruction. Was it your parents who told you?

S: Most likely, since who else would have?

OK; and what did they say to you?

S: They said that the weapons were built in a way that both the sides would have the time to launch them and eradicate the other side. And what's the sense in living after that? Even if one of the two would destroy a little more than the other, that side would have nothing left intact either. So, why do it?

That is, on the one hand, you understood it as a young child that the weapons were built in a way that precludes a war; on the other hand, you understood that, in case something did happen, we would have beat the other side anyway. Am I interpreting this correctly?

S: That's about right, it was an inner contradiction which was rather amusing.

OK.

Последствия лучевой болезни, значит, Вам тоже показывали.

С: Показывали. Плакаты были красивые, всё, вообще!

В школе висели?

С: В школе висели. Был кабинет такой, гражданской обороны, по-моему, я уж не помню, как они в точности назывались. Был такой кабинет, при нём был такой старый-старый полковник, с трудом ходящий, и там всё было увешано этими плакатами.

Начальная военная подготовка была у Вас?

С: Нет.

Не застали?

С: Мимо меня прошла.

А что же Вы там в этой «гражданской обороне» делали в таком случае? Раз у Вас занятий не было?

С: Ну, водили туда, там какие-то уроки политические, плюс там часто класс, просто обычный урок проводили учителя...

В нём география проходит, к примеру.

С: Не то, что на регулярной основе, но как-то бывало, что мы попали, там, такой-то класс ремонтируется или занят... Достаточно часто туда попадали и вполне себе вместо того, чтобы заниматься, рассматривали плакаты.

Виды оружия массового поражения.

С: Последствия. Последствия его применения.

Политинформации были у Вас в школе, или Вы их тоже не застали?

С: Что-то у меня ничего не отложилось. Может, и не было такого в явном виде.

В явном виде — это когда Вам говорят: «Степан, на следующей неделе ты ответственный за политинформацию, будешь читать из газеты о международном положении».

С: Нет, такого не было.

Такого не было. Хорошо. Тогда вернемся обратно в то колечко, где мы начали говорить об эволюции Вашего отношения к капиталистическим странам. В детстве знали ли Вы лично каких-нибудь иностранцев, заграничных людей с Запада? Либо знали ли Вы каких-либо людей, или Ваша семья, которые хотели уехать на Запад или уехали на Запад?

С: Из знакомых вроде никто не уехал, то есть, скорее всего, родители знали, круг общения у них был достаточно большой. Я никого не знал, но при этом иностранцев... Ну, так, чтоб много раз видеть, я не помню, но... Совершенно точно я помню, что в год 80-й, наверное, 81-й к отцу приехал поработать человек из Японии. И он достаточно часто у нас в гостях бывал, он приехал с женой и сыном, они достаточно часто у нас в гостях бывали. Общаться я с ними не мог по причине языкового барьера, но видеть — видел. Потом... Сейчас мне больше... Наверное, больше я не помню.

S: And along with it, well … to put it crudely, we did get them beat in Afghanistan, as well as in Vietnam. That is, there was a confirmation of this idea, as in, there were local conflicts … At that time they really liked to show local conflicts on the news, to emphasize what was being done by the warmongering militaristic American government …

That's a nice expression.

S: That's a great expression. So, it interfered with this or that country, and there were half-hints to the effect that those who were fighting it were actually supporters of the USSR. They, of course, did not openly say that we had also sent military experts and troops there, and so on. But there was the gossip mill, and someone would necessarily mention that our troops were there on the ground. And so, there was substantive confirmation that in case anything happened …

We would knock them down.

S: We would win.

Right, we would win.

S: But the problem was, if we were to use nuclear weapons, both sides would be in a world of hurt.

And still, you were not afraid.

S: No, I was not.

Good. Were you shown any documentary films at school, by any chance, about what happens in a nuclear explosion, and what to expect from it?

S: I was.

You were. Was it a scary experience?

S: I found out rather quickly that since we were living in Moscow, it was most likely that Moscow would be hit by a nice big bomb. And, all in all, no one would have the time to feel anything.

And that was not frightening.

S: No. But what I really did not like were all kinds of radiation sickness effects: all those people with peeling skin etc. Very unpleasant. Now, if you are going to burn up in a flash, then, well, that's just one flash!

So, you were also introduced to the effects of radiation sickness.

S: I was. There were very illuminating posters!

Were they displayed at school?

S: They were displayed at school. We had a classroom, I think it was a Civil Defense classroom, I don't remember exactly what they were called then. So, we had the room, and the room came with a very old retired army colonel, hardly able to walk, and the whole room was papered with those posters.

Понятно. Вы, конечно, маленький были, но вот помните Вы что-нибудь про Олимпиаду в Москве?

С: Нет, про Олимпиаду не помню.

Про Олимпиаду ничего не помните. Про Фестиваль молодёжи и студентов[254] тоже ничего не помните?

С: Нет, никаких таких воспоминаний ярких именно с этим связанных нету.

Понятно. Если у Вас какая-нибудь информация сохранилась в голове, какое было отношение в Вашей семье, в Вашем круге к людям, которые уехали или хотели уехать за границу на постоянное место жительства?

С: Нормальное. Не было того, что они «предатели Родины, поехали за колбасой», как любят говорить, да?

Любят очень, да.

С: Нет, не было.

А что было тогда вместо?

С: Всё было спокойно, вроде, человек имеет право выбирать, где жить. Если он выбрал так, значит, он так решил.

Хорошо. Значит, сначала Америка была такая плоховатая. Потом настали времена перемен, да?

С: Подул ветер перемен.

Подул ветер этот самый. Как, если оно изменилось вообще, как изменилось Ваше отношение к западным странам, к Америке в частности?

С: Просто начал более или менее реально воспринимать, что люди везде более или менее одинаковы, да и государства более или менее тоже большей частью одинаковы. Понятно, что каждый блюдёт свои собственные интересы, что беззаветных радетелей за счастье всего человечества нету и быть не может. Что государства устроены определённым образом, в соответствии с некими историческими законами, что в одних одна система, в других другая, и живут они в соответствии с этой системой, одна хуже, а другая лучше, с разных точек зрения. Более-менее стало понятно, что интересы России и Америки могут быть разными. Я говорю «России», потому что я привык, я даже Советский Союз на самом деле считаю Россией, просто с чуть большими границами. А дальше постепенно эволюционировал к тому, что в данный момент я считаю, что с прагматичной точки зрения России и Америке делить в общем-то нечего. И, в принципе, с точки зрения внешнеполитических интересов для России одним из самых ближайших союзников должна быть Америка.

Это уже взрослое, зрелое, конечно, мнение.

С: Ну да, это уже последних, не знаю, десяти лет, может, больше.

---

254 Всемирный фестиваль молодёжи и студентов проводился в Москве два раза, в 1957 г. и в 1985 г.

Did you have the Basic Military Training class?

S: No.

You missed it.

S: It passed me by.

In that case, what did you do in the Civil Defense room, if you did not take the class?

S: Well, they took us there for any classes related to politics. Also, we often just had regular classes there, with regular teachers.

Like, it was used for geography classes?

S: Not on a regular basis but occasionally we would end up there, if other classrooms were occupied or undergoing repairs. We ended up there quite often, and it was not unusual that we would stare at the posters instead of paying attention to the classwork.

Different weapons of mass destruction.

S: The consequences. The consequences of their use.

Did you have political information sessions at school, or did they pass you by as well?

S: For some reason, I have no recollection of them. Perhaps we did not have any clearly designated ones.

The clearly designated ones would look like this: someone would say to you, "Stepan, next week you will be responsible for the political info, and you will be reading about foreign affairs from a newspaper."

S: No, there was nothing like that.

Nothing like that; good. Let's circle back to us talking about the evolution of your attitude toward capitalist countries. As a child, did you personally know any foreigners, aliens from the West? Or, did you or your family know any people who wanted to leave for the West, or who left?

S: No one we knew left, I think. I mean, my parents probably knew some people like that, they had a pretty big social circle. I did not know anyone, but as to foreigners … I don't remember seeing them many times, but … I remember very clearly that in 1980 or 1981 my father had a specialist from Japan come to work with him. And he came to visit our home quite often; he had brought his wife and his son, and they came over often. I could not communicate with them because of the language barrier, but I did see them. Then … Right now, I'd say … I perhaps do not remember anyone else.

I see. You were little at the time, of course, but do you happen to remember anything about the Moscow Olympics?

S: No, I don't remember the Olympics.

You don't remember the Olympics. Do you remember nothing about the Moscow Youth Festival[301] *either?*

S: No, no vivid memories about those particular things.

I see. If you have retained any information on the topic, what was the attitude, in your family and your

---

301 Moscow hosted the World Youth Festival in 1957 and in 1985.

А если отмотать в подростковый возраст? Не было периода увлечения, к примеру, Америкой или идеями демократии, или чем-нибудь ещё таким?

С: Идеи демократии были, но понимание того, что в Америке не та демократия, идеальная демократия, которой хотелось бы, у меня было сразу. Я довольно много... Я историей много интересовался, и достаточно быстро, когда начал изучать времена становления американского государства, мне было поразительно, что все эти фермеры вдруг заговорили языком древнегреческих философов. Законы были такие, как мог предложить какой-нибудь Солон, например. При этом половина отцов американской демократии были рабовладельцами, что совершенно не вязалось. И, соответственно, светлого образа как-то не получилось. Увлечение идеями демократии было, но увлечения именно Америкой, всего этого – не было, потому что я очень чётко понимал, что она не соответствует тому идеальному... Идеальной картине демократического государства.

Вот какой Вы прямо были рассудительный юноша! А не было ли увлечения вещным миром Запада, вот этой всей красотой, сияющими Бродвеями, синими джинсами и белыми кроссовками?

С: В пределах разумного.

В пределах разумного. Что манило, что интересовало?

С: А всякие электронные в основном вещи, начиная от магнитофона и потом, когда стали доступны компьютеры, такого типа. И в то же время это удачно, потому что одного компьютера достаточно, в отличие от того, что, когда увлекаешься джинсами, их нужно сразу много и разных. А компьютер, он что? Он один.

Если бы Вам случилось в четырнадцать лет – сейчас соображу, какой это год, 90-й, что ли, – поехать в Америку, чего бы Вы натащили домой?

С: Впечатлений в первую очередь.

Впечатлений; что бы хотели посмотреть, что бы хотели увидеть?

С: Я точно помню, что, когда я первый раз попал в Америку, именно в Нью-Йорк, первое, что я сделал, я рванул в музей Метрополитен[255]. Ну, и провел там не знаю сколько... Три дня.

Вот что бывает, когда родители научные работники, с людьми.

С (*смеётся*): Ужасно! Нет, чтобы пойти в какой-нибудь магазин, да? Нет, не было такого.

Хорошо. Эта эйфория проамериканская, которая какое-то время протекала в медийном пространстве, Вас не захватила. Когда случился так называемый путч, сколько Вам лет было?

С: Пятнадцать. Да ещё пятнадцати не было!

Пятнадцать. Не опасались ли Вы случайно, что сейчас вот ка-ак всё вернётся на круги своя?

С: Нет, не было у меня ощущения. У меня было ощущение, что всё уже необратимо.

Всё уже необратимо?

255 The Metropolitan Museum of Art, один из крупнейших художественных музеев мира.

social circle, to people who left, or wanted to leave the country to live abroad permanently?

S: It was fine. There wasn't any talk, like, they are traitors of Motherland, they left in pursuit of sausages, as some love to say, right?

Some really do love to say that.

S: No, nothing like it.

In that case, what was it like instead?

S: Quiet acceptance; it seemed that any person had the prerogative to decide where to live, and if he made a certain choice, then that was his decision.

Good. To recap, in the beginning America was kind of bad. Then the times of change arrived, right?

S: The wind of change started blowing.

Yes, that very wind started blowing. If at all, how did your attitude toward the Western world, and in particular toward the US, change?

S: I just started to accept more or less realistically the fact that people are more or less the same everywhere, and so are the countries, more or less. It's clear that everyone defends his own interests, that there are no selfless benefactors of humankind, and there cannot be. That governments are built a certain way, according to certain historical determination, and some have one type of political system. and others have others, and they live in accordance with their systems, some better and some worse, depending on the viewpoint. It became more or less clear that Russia and the US can have different interests. I say Russia because it's a habit, I even consider the Soviet Union to have been the same as Russia, except with longer borders. And then I steadily evolved to a point where now I believe that, from the practical standpoint, Russia and the US have nothing to fight about. And in principle, from the point of view of foreign policy, Russia's interests would be best served if the US were one of its closest allies.

This, of course, is an adult and mature opinion.

S: Yes, it has formed over the past 10 years or maybe more.

What if we rewind the tape back into your teen years? Did you perhaps go through a stage when you were taken by the US, for example, or democratic ideas, or something of that kind?

S: There were democratic ideas, but right from the beginning I understood that the US did not have the right democracy, the kind of democracy I would want. For quite a long time … I took a great interest in history, and very soon after beginning to study the times when American statehood was established, I was struck by all those farmers suddenly speaking like Ancient Greek philosophers. The laws they had were the same as Solon would have introduced. And along with that, half the founding fathers of American democracy were slave-owners, which totally did not add up. Because of that, I just did not get that glowing image. I was into the ideas of democracy, but I was not into the US specifically, not at all, since I clearly understood that the US was not a picture of the ideal democratic state.

С: Я чётко помню вот этот вот... Когда показывали этих, сколько их там было? Семь-девять путчистов. Вот они сидят за этим столом и рассказывают, что они ввели чего-то, куда-то, зачем-то... И кто там, Янаев[256] был, у которого руки вот так вот ходили? Ну, эти люди ничего не могли.

То есть, Вам было очевидно, что ничего из этого не выйдет. И Ваше окружение, семья, друзья разделяли эту точку зрения, или были люди, которые... Я почему спрашиваю: у меня были люди, которые очень сильно радовались, достали всю водку и начали кричать: «Ну, наконец-то!»

С: Нет, не было. Среди... Нет, ну... Дедушка! Дедушка.

Дедушка-коммунист, партийный, или просто так, принципиально?

С: Ну нет, в партии он состоял, да, но это никогда не было его карьерным...

Понятно. То есть, коммунист не только по убеждениям , но и собственно по партийной принадлежности, с карточкой. У Вас с дедушкой не было никаких расхождений по никаким принципиальным вопросам, например, отъезда на Запад или светлого образа Америки?

С: Нет, по поводу отъезда на Запад, ну, что... Ведь я отъехал на Запад, когда уже всё сильно было по-другому. И дедушка прекрасно понимал, почему я это сделал. Да, серьёзные были, по поводу...

Прения? Дискуссии?

С: Да, и по поводу Америки, и так далее. Я и шпионом ЦРУ побывал, и американским наймитом.

Расскажите же скорее!

С: Нет, ну, стандартный набор, абсолютно стандартный набор в России я не знаю ещё с каких времён, может, ещё с Ивана Грозного. Официальная пропаганда. Есть официальная и, предположим, оппозиция. Что официальная делает с оппозицией? Она, во-первых, говорит, что они изменники Родины, наймиты кого угодно.

Продажные девки капитализма.

С: Да, примерно так, плюс, ко всему прочему, они исповедуют идеологию, которая абсолютно не подходит России.

Наймиты исповедуют?

С: Да. Да-да. Ну, оппозиция. Если, грубо говоря, вообще времена Ивана Грозного брать, какие два обвинения основных? Измена Родине плюс ересь. С тех пор ничего не изменилось.

Так. То есть, дедушка считал, что это как раз измена Родине?

С: Ну, не то, что он куда-то бежал, заявление писал, но просто...

Высказал своё мнение. А для истории, вообще: почему Вы уехали? Дедушке Вы что говорили? «Дедушка, я в Америку отъезжаю, потому что вот...» А дедушка говорит...

С: Почему? Потому что в России научному работнику платят столько, что на это семью прокормить невозможно.

---

256 Геннадий Янаев, советский государственный деятель (1937 − 2010).

Weren't you a young man of reason! But were you, by any chance, into the material world of the West, with all its glamor, and its glowing Broadways, its blue jeans and white sneakers?

S: Within reasonable boundaries.

Within reasonable boundaries. What interested you, what attracted you?

S: Mostly, all kinds of electronics, from stereos to computers, when computers became available; things of that kind. At the same time, I was lucky to be into that, because one computer is enough computers, while if you are into jeans, you need many different pairs at once. Now, with a computer, you only need one.

If it so happened that at age 14 (let me figure out the year, I guess it would be 1990) you could visit the US, what would you haul back home?

S: In the first place, my own impressions.

Your impressions; what would you have liked to see?

S: I remember clearly that when I came to the US for the first time, to New York, the first thing I did was rush to the Metropolitan Museum and spend, like, three days there.

That's what happens to people whose parents are scientists.

S: *He laughs.* The horror! Could have gone to a store, right? But no, I didn't.

OK, so the pro-American euphoria, which was prevalent in the media for a while, did not affect you. Now, how old were you when the so-called coup took place?

S: Fifteen. I was not even 15 yet.

Fifteen. Did you by any chance fear that things would go back to the way they had been?

S: No, I didn't have that feeling. I had a feeling that the change was irreversible.

Irreversible?

S: I remember clearly that ... when they showed them on TV, how many were there? Seven or nine coup masters. They sat at their table and talked about occupying whatever, with whatever troops, for whatever reason ... And one of them was Yanayev[302] whose hands were just shaking ... No, those people were not capable of anything.

That is, it was evident to you that nothing would come out of it. Did the people around you, such as your family or friends, share your opinion, or were there any people who ... Here's why I'm asking: I knew people who got really excited, who dug up all their vodka and started to shout, "Finally, finally!"

S: No, no one. Well, among ... My grandpa did! My grandpa.

Was your grandpa a Communist, a Party member, or was it just about his principles?

S: Well, he was a Party member, but it was never a career thing for him.

I see. So, he was not only a Communist in his views, but an actual card-carrying Party member. Did you and grandpa have any differences in opinion regarding important questions, such as emigrating to the West, or the bright image of the US?

---

302 Soviet politician Gennady Yanayev (1937-2010).

Так, значит, чтобы иметь возможность заниматься наукой. А дедушка Вам на это говорит...

С: Дедушка говорит: «Отлично!»

Отлично. А по какому поводу тогда дискуссии были? Я, наверное, потеряла нить?

С: Ну, во-первых, отъехал я в 2005 году.

Ну, это уже совсем недавно.

С: Вот. А дискуссии с дедушкой были в начале 90-х.

В начале 90-х.

С: Когда были активные события с коммунистами и так далее... Я где-то, наверное, с середины 90-х с дедом перестал спорить. Понял, что это бессмысленно, чего зря нервы трепать.

Дед жив ещё?

С: Да.

До сих пор коммунист?

С: Да.

На демонстрации ходит?

С: Силы уже не те, ему всё-таки 94.

Понятно. Ну и, наверное, можно тогда экстраполировать, не знаю, можно или нет, но мне почему-то показалось, что можно, что раз семья Ваша не считала Ваш отъезд чем-то постыдным, то, наверное, и друзья, и всё окружение в общем и целом благосклонно отнеслось?

С: Да. Нету никого, кто бы мне говорил: «Ты, это, страну предал!» Единственно, споры, которые у нас возникают с моими друзьями, это есть такая вот вещь, что, грубо говоря, раз ты уехал, то по поводу ситуации в России – молчи.

Как Вы считаете, это справедливо?

С: Я думаю, что нет. Ну, грубо говоря, если у меня есть мнение по некоторым вопросам, то я имею право его высказывать вне зависимости от того, где я нахожусь. Но, собственно говоря, такое же мнение существует здесь в Америке, что раз ты сюда приехал, то не смей говорить ничего отрицательного по поводу Америки. А лучше всего голосуй за республиканцев! *(Смех)*

Ну, уж прямо я не знаю, где Вы вращаетесь! А друзья, которые считают, что раз Вы уехали, то Вы не имеете морального права возникать? Они считают: если ты хочешь строить гражданское общество в России, добро пожаловать в Россию и прилагай усилия. Я правильно интерпретирую?

С: Нет, нет. «Тебе там хорошо, ты занимаешься тем, чем хочешь, мы очень рады, что у тебя всё хорошо, ты приезжай, мы, там, не знаю, сходим в поход, водки выпьем, вспомним молодость...» Вот, и ничего более.

Ага.

С: А наукой здесь заниматься пока нельзя.

Ага, но мнения-то почему нельзя высказывать? Почему нельзя мнения высказывать? Чем это

S: Well, with regards to the move to the West, what can I say … When I moved things were already very different. And my grandfather understood it perfectly why I did it. Yes, we had serious …

Talks? Discussions?

S: Yes; about America and so forth. I've been called a CIA agent, and an American hireling.

Do tell!

S: Well, it was a standard set of accusations, it's been absolutely standard in Russia since I don't know when, possibly since the reign of Ivan the Terrible.[303] The official propaganda. There is the official propaganda and then there is, say, the opposition. What does the official propaganda do about the opposition? The first thing it does is claim that the opposition are traitors of Motherland and hirelings of who-knows-who.

The whores of capitalism.

S: Yes, approximately so. To top it off, they adhere to an ideology which does not suit Russia at all.

You mean, the hirelings do?

S: Yes, yes, yes. The opposition does. Roughly, since the times of Ivan the Terrible, what have our two main accusations been? Treason and heresy. Since then, nothing has changed.

I see. So, your grandfather believed you to be a traitor of Motherland?

S: Well, it's not like he rushed off to write a letter of denunciation, but …

He just expressed his viewpoint. To establish context, though, why did you leave? What did you tell your grandfather? "Grandpa, I am leaving for the US because of fill-the-blank." And what was your grandpa's reply?

S: Why leave? Because in Russia a scientist is paid such pittance that it's impossible for him to support his family.

So, you needed the opportunity to do research. And to that, your grandfather would reply …

S: He'd say, great!

Great! What were the disagreements, in that case? I must have lost the thread here.

S: For one, I left in 2005.

Right, that was pretty recently.

S: Right. But my arguments with grandfather took place in the early '90s.

The early '90s.

S: At that time, stuff was actively happening on the Communist front, and so on. Somewhere around the mid-'90s I stopped arguing with my grandpa. I realized it was pointless; why get riled up?

---

303 Ruler of Russia between 1533 and 1584.

обосновывают Ваши друзья?

С: Ну, это вообще сложно вычленить из всего этого... Но, грубо говоря, нехорошо. А самое жёсткое, что про это можно сказать – ну, обидно людям. Они в принципе понимают, что моё мнение от их... Практически у нас нет расхождений по большинству принципиальных вопросов. Ну, просто обидно.

Понятно. Ну, и последний вопрос тогда. Друзья друзьями, семья семьёй, а дед – дедом. А самого не точит вот этот иррациональный червяк патриотизма? Обратно не собираетесь на постоянное место жительства когда-нибудь в светлом будущем, строить гражданское общество?

С: Не знаю. То есть, я считаю, что то, чем я занимаюсь, чем я продолжаю заниматься, приносит достаточно много пользы России с точки зрения престижа. Я везде подчёркиваю, из какой научной школы я вышел.

Так...

С: Я не говорю, что вот я работаю здесь в Америке, всю жизнь здесь работал, и я отсюда. Я даю понять, откуда я, что я российский учёный, и я считаю, что это для престижа России достаточно много. Плюс, занятия наукой сейчас такая очень интернациональная вещь. Учёные намного более космополитичны, чем кто-либо другой.

Это да.

С: Ну, будет работа в Европе, будет интересное место, куда меня пригласят или я захочу поехать, я туда поеду и буду там работать. Будет такое место в России и все условия, которые меня будут устраивать, много факторов... Это же не только интересная работа, хорошая оплата. Нужно, чтобы и семье было хорошо, чтобы дети могли ходить в хорошую школу и гулять во дворе спокойно. Будут такие факторы в России – я туда поеду.

То есть, из этого я заключаю, что престиж России Вам всё-таки не по барабану?

С: Нет, нет, я не собираюсь забывать, откуда я, я прекрасно понимаю... Я себя ощущаю именно русским.

Ну, какая самая лучшая страна-то в мире?

С: Лучшей страны не существует, существует родина. Это вопрос такого типа, как «какая мама самая лучшая в мире?» Сложно. Тут не совсем правильно. Самая лучшая мама, конечно, ответ очевиден, моя. Правильней было бы сказать: «Вот, в мире есть много женщин, какая из них может быть лучшей матерью? Или является лучшей матерью?» Вопрос не имеет смысла. Для кого? Ну вот, как есть у человека родители, которых не выбирают, так и родину не выбирают.

Я, собственно говоря, об этом и спрашиваю. Такой детский вопрос. Спасибо большое, Степан, всего хорошего!

Is your grandfather still alive?

S: Yes.

Is he still a Communist?

S: Yes.

Does he attend Communist rallies?

S: He is not as strong as he used to be, he is 94.

I see. Then, possibly, we can extrapolate; I'm not sure if we can but, for some reason, I got the impression that we can extrapolate that since your family did not consider your departure shameful, then probably neither did your friends, and your social circle in general took a benevolent stance toward it?

S: Yes. There wasn't anyone who would say to me, you know, you betrayed your country. The only debate I have with my friends involves their belief that once a person has left Russia, generally speaking, they forfeit the right to talk about the situation in Russia.

Do you think it's fair?

S: I don't think I do. Overall, if I have an opinion on an issue, I have the right to express it regardless of my location. But, to be honest, there is a parallel belief here in the US: since you are an immigrant here, you can't speak ill of America. Best of all, vote Republican! *He laughs.*

Well, I don't know who you have been hanging out with. Do your friends who think that you lose the right to speak up once you've left Russia believe that if you want to build a civil society in Russia, you should come back and make an effort? Is that a correct interpretation?

S: No, no. It's like, "You have a good life over there, you work where you want to, we are very glad that everything's OK with you, come visit, we'll go hiking, drink some vodka and talk about our youth!" Nothing more than that.

OK.

S: And it's still no place to practice research.

OK; but why can't you make your opinions known? Why can't you have opinions? How do your friends support that idea?

S: Well, it's hard to single out a reason … But, roughly speaking, it's just not cool. And the worst thing I can say about it is, people feel slighted. They do understand that my opinion is not that different from theirs … We don't have any appreciable differences on most big issues. They just feel slighted.

I see. Now, on to my last question. Friends will be friends, family will be family, and grandpas will be grandpas; but do you ever feel bothered by your own irrational worm of patriotism? Do you ever plan to go back to live there and build civil society, sometime in your bright future?

S: I don't know. I think that my work here, my continuing work, is useful to Russia in giving it more prestige. I always emphasize that Russia was where I was trained to be a scientist.

OK …

S: I'd never say that since I work in the US, I have always been working here, or that I am from here. I let people know where I'm from, I tell them I am a Russian scientist, and I think it's adding to Russia's prestige enough. Additionally, scientific research is such an international occupation now. Scientists are much more cosmopolitan than anyone else.

That's true.

S: Well, if there is ever work in Europe, if there is an interesting place where they invite me to, or where I want to go, then I will go and will work there. If there is such a place in Russia, and if there are conditions which work for me, various factors … It's not just interesting work we are talking about, or good pay; I need my family to be happy, my kids to be in good schools, and safe enough to play outside, etc. If all these factors are present in Russia, I will go there.

So, from all this I can conclude that you actually do give a damn about Russia's prestige?

S: Right, I am not going to forget where I come from, I am fully aware that … I feel I am Russian.

OK, so what's the best country in the world?

S: There is no such thing as the best country; there is such a thing as one's home country. It's the same kind of question as "Which mom is the best in the world?" It's difficult and not exactly correctly posed. The best mom is obviously mine. A better way to ask would be: there are many women in the world, so which one of them can be the best mother? Or is the best mother? It's a meaningless question. Best mother to whom? So, just like we have parents we do not choose, we have motherlands we do not choose.

That's exactly what I was asking about. I was asking a childish question. Thank you very much, Stepan!

Пятнадцать сестёр

Сегодня 7 февраля 2010 года. Я разговариваю с Анной. Здравствуйте, Анна!

А: Здравствуйте!

Анна, скажите, пожалуйста, для истории, в каком году Вы родились и в какой стране?

А: Родилась в 1978 году в Советском Союзе, в республике Армении.

В Советском Союзе, в республике Армения; там же прошло Ваше детство?

А: Там прошло.

А до скольки лет Вы прожили в Армении?

А: До шестнадцати лет не выезжала, потом путешествовала туда-обратно. До двадцати одного года жила.

До двадцати одного года жили в Армении, через все изменения, социальные, политические, то есть, через всё то безобразие, которое там происходило?

А: Да, да.

Вы жили, родились и провели раннее детство в Советском Союзе. Что Вы думали о Советском Союзе? Как Вам казалось, хорошая эта страна, в которой Вы живете, или нет?

А: Очень хорошая! Казалось, что это самая лучшая страна на свете, самая большая, самая сильная.

А родители Ваши как считали, так же?

А: Родители, если они так и не считали, то мне никогда бы об этом не сказали. Я до сих пор точно не знаю, что родители считали, но я ходила в пушкинскую школу, у нас всё это было: звёздочки, октябрята, комсомольцы, всё такое. Очень по-коммунистически воспитывались.

Очень по-коммунистически воспитывали. И Вам это нравилось?

А: Очень нравилось, было чувство единства, общества, того, что мы принадлежали

16

Fifteen Sisters

Today is February 7, 2010. I am speaking with Anna. Hello, Anna!

A: Hello!

To establish historical context, will you please tell me in what year you were born, and in what country?

A: I was born in 1978 in the Soviet Union, in the republic of Armenia.

Soviet Union, Armenia; was that where you spent your childhood?

A: Yes, it was.

Till what age did you live in Armenia?

A: I had not left it until I was 16, and then I traveled back and forth, but I lived there until I turned 21.

You lived in Armenia till you turned 21, through all the social and political changes, through all that awful upheaval that took place there?

A: Yes, yes.

You were born and raised in the USSR. What did you think of the USSR; did the country you lived in seem to be a good country to you, or not?

A: A very good one! It seemed to be the best country in the world, the biggest and the strongest.

Did your parents feel the same way?

A: Even if my parents did not feel the same way, they would have never said that to me. I still do not know for sure what my parents thought, but I went to my school named after Aleksandr Pushkin,[304] and we had all those things there: red star pins, October Kids, Komsomol Youth and so on. It was a very Communist upbringing.

Did you like this very Communist upbringing?

A: I loved it; we had a sense of community, of unity, of belonging to something very good.

---

304 Russian poet, playwright, and novelist (1799-1837) widely considered to be the founder of the modern Russian literature.

к чему-то очень хорошему.

Не было ли какого-то... Было ли у Вас это чувство национального единения, «пятнадцать республик, пятнадцать сестёр», то, что писали в учебниках, что, мол, и русские, и армяне, и азербайджанцы, и вообще все мы – друзья, и всё у нас хорошо?

А: Было чувство, было. Я вот помню, когда меня в пионеры принимали, к нам приехали солдаты из Узбекистана нам завязывать галстуки. Мы все так гордились собой, только отличникам узбекские солдаты повязывали, а остальным наши учителя. Мы очень гордились! В общем, это чувство было, но это не значит, что наш конфликт с Азербайджаном... Этого мы не забывали. Как-то чувство было больше по отношению к другим тринадцати республикам, но Азербайджан как-то стоял отдельно, да.

Узбекские солдаты – это очень интересно. Они приехали вообще и их зачем-то попросили завязать галстуки, или их специально импортировали из Узбекистана завязывать галстуки, Вы не знаете?

А: Нет, по-моему, они приехали по другой причине, то ли в стройотряд, то ли картошку собирать, что-то в этом роде.

Хорошо, и заодно галстуки!

А: И заодно галстуки! *(Смех)*

Замечательно, значит, Вы успели побыть октябрёнком, успели побыть пионеркой, а комсомолкой, наверное, нет?

А: Нет.

А комсомолкой нет. Какие у Вас были октябрятские дела? Были какие-нибудь, Вы помните?

А: Были звёздочки по пять человек в классе, я была лидером нашей звёздочки, мы там ходили собирать сучки в садике, прибирать мусор, макулатуру собирали. А всё остальное было в школьных рамках. Ещё мы маршировали на Первое мая по площади.

Хорошенькие, наверно, такие, махонькие!

А *(смеётся)*: Да. Каждый класс был одет в какую-то форму. Мы были моряками, там были пехотинцы, те, другие, третьи...

Это была такая маленькая военная мощь Советского государства.

А: Ага! *(Смех)*

Очень интересно. У Вас был октябрятский отряд имени кого-нибудь? Не помните?

А: Нет. Звёздочка «Восток» называлась. Мы сами выдумывали имена, я была лидером моей звёздочки и я решила, что «Восток» хорошее имя, и друзья поддержали. Может быть, другие звёздочки были имени кого-то. Я не знаю. Сами что-нибудь выбирали.

А потом, когда Вас приняли в пионеры, Вы гордились своим пионерством?

А: Очень гордились. В нашей школе это ещё всё подмаслили тем, что отличников

Did you by any chance have any kind of … Did you have the feeling of inter-ethnic unity, with the 15 republics as 15 sisters, as they put it in textbooks; a feeling that all of us, the Russians, the Armenians, the Azerbaijani, all of us were friends and things were good between us?

A: I did, I did have that feeling. I remember that when I was joining the Young Pioneers, army soldiers from Uzbekistan came to put our red neckerchiefs on us. We were so proud of ourselves, as the Uzbek soldiers only did the top students' neckerchiefs, and our own teachers put the neckerchiefs on the rest. We were so proud! In general, we had that feeling, but that does not mean that our conflict with Azerbaijan … We never forgot it. The feeling was more toward the other 13 republics, and Azerbaijan stood apart in our minds, somehow.

OK, it's very interesting, what you said about the Uzbek soldiers. Did they just come because they came and for some reason were asked to tie the neckerchiefs on you, or were they imported from Uzbekistan specifically to tie neckerchiefs on you? Do you happen to know?

A: No, I think there was another reason why they came, maybe as a youth construction brigade, or to harvest potatoes, something along those lines.

Good, and they did your neckerchiefs while at it!

A: Yes, right, while at it! *She laughs.*

Wonderful, so it means you had the chance to be an October Kid and a Young Pioneer, but probably not the chance to join Komsomol, right?

A: Right.

OK, so not Komsomol. What October Kid activities did you have, do you remember any?

A: We had our Little Star Teams[305] with five members each, and I was the leader of ours, so we went to pick up sticks in the school's front yard, to clean up trash and to collect paper for recycling. The rest was within the school's usual activities. We also marched on the town square on May 1st.[306]

You must have been so cute and teeny!

A: *She laughs.* Yes. Every class was dressed up in some kind of a uniform. We were the Navy, some classes were the Infantry, and some were something third, etc.

You were the tiny huge military power of the Soviet state.

A: Yep! *She laughs.*

Very interesting. Was your October Kid regiment named after anyone? Do you happen to remember?

A: No. Our Star Team's name was *The East*. We made up the names ourselves, and I was the leader of the team; I decided that *The East* was a good name and my friends supported

---

305 *Zvezdochka*, or a Little Star Team, was the smallest October Kid unit. Each had five members standing for the five points of the Red Star, which was a Soviet symbol.

306 International Workers' Day, or May Day, established in 1904 by a pan-national organization of socialist and communist parties.

принимали раньше других, и узбекские солдаты повязывали галстук, так что мы очень гордились.

Чем конкретно Вы гордились, можете сейчас попробовать восстановить? Что это была за гордость? За что?

А: За принадлежность к такой великой стране, за то, что мы часть этого всего, что происходит. Где-то в это время мы впервые, по-моему, не читали всю книгу, но были маленькие такие отрывки в учебнике про «Молодую гвардию», и я очень хорошо помню, что вот я думала: «Если б мне пришлось, я тоже бы так поступила!»

Пошли бы защищать Родину, сделали бы подпольную организацию. Вы, в общем, были такой ребёнок общественный, да, как я понимаю? Очень общественный; участвовали в делах школьных, октябрятских, пионерской организации, и всё это Вам очень нравилось, и ничего не вызывало протеста.

А: Да, да.

То есть, не было никаких таких мыслей вроде «а чего это мы заседаем», например? Вы заседали, были у Вас собрания пионерского отряда, пионерской дружины?

А: Особо не было, потому что я пионером всего только год была, потом началось[257] всё...

То, что началось, да?

А: Поэтому мы особо не успели. Там октябрятское всё было менее серьёзное, такое всё со своей учительницей, в своём классе... Так что да, особо заседаний у меня не было.

А политинформации были у Вас?

А: Нет, не особенно.

Как хорошо! Школа, наверное, Вас не очень мучила идеологической борьбой?

А: Нет, школа не очень мучила. Ну, конечно, мы проходили всё, что в учебнике было, и всё такое. И песенки пели про Советский Союз, но мне всё это нравилось. Но всё это было легко, это не было нудно, и мы не учили заседания съезда и всё такое, поэтому я не дошла, я, наверное, просто не доросла до этого.

А если Советский Союз в Вашем детском понимании был страной самой прекрасной, самой великой, самой сильной, самой чудесной, то тогда какими Вам представлялись, если вообще они когда-нибудь Вам снились и мерещились, капиталистические страны, в частности США?

А: Представлялись... Я, наверное, особо не представляла, как там, но чувство, которое я испытывала к кому-либо, кто не жил в Советском Союзе или в других коммунистических странах, это было, наверное, чувство жалости, что они живут в худшей среде, что у них нет того, что есть у меня. Это никогда не было чувством злости или обиды, чувством вражды, это только, может быть, было чувством жалости, что вот я так хорошо живу, а бедные американские дети – вот им не

---

257 Годы перестройки были отмечены этническими беспорядками, конфликтами и войнами во многих регионах СССР, наиболее серьёзными в Армении и Азербайджане.

that. Other Star Teams may have been named after people. I don't know. They chose names themselves.

Afterwards, when you joined the Young Pioneers, were you proud of being a Pioneer?

A: Very proud. In our school, they sweetened the deal with letting the top students join first and have their neckerchiefs done by the Uzbek soldiers, so we felt hugely proud.

Can you now recall what specific things you were proud of? What kind of a pride was it; what was it about?

A: It was about belonging to such a great country and being part of everything that was happening in it. At that time, I think, we began reading not the entire *Young Guard* but excerpts from it, in our textbooks, and I remember very well that I thought, if I had to, I would do the same thing!

So, you would defend your country, and you would set up an underground resistance group. Now, if I understand correctly, you were a very social child, right? You were socially involved, took part in all activities at school and within the October Kid and Young Pioneer organizations, you liked all of it and nothing made you feel rebellious?

A: Yes, yes.

That is, you never had any thoughts like, why do we spend all our time in meetings? Did you have meetings, such as your Pioneer group meetings, or all-school Pioneer meetings?

A: We did not really, since I was only a Pioneer for one year, and then it all began to …

Everything that happened in those days began to happen.[307]

A: Yes, so we did not really have the chance. All the October Kid work was a lot less serious, we just did things with our teacher, in our own classroom … So, no, we did not really spend time in meetings.

Did you have political info sessions?

A: No, not really.

How nice! Your school must not have fed you too much ideological struggle talk!

A: No, it did not really. Well, of course, we studied all that, it was in textbooks, etc. And we did sing songs about the Soviet Union, but I actually liked them. It was all easy, it was not boring, we did not have to memorize the minutes of the Party Congress sessions and other such stuff, and so I did not get to that part; I think I was simply too young.

Now, if the Soviet Union was the most wonderful country in your estimation when you were a child, the most powerful country, the strongest and the best, then how did you see, if you imagined them in any visions at all, the capitalist countries, and the US specifically?

A: I saw them as … I don't think I had a good idea of them, but the feelings I had towards any people who did not live in the USSR or in another Communist country were the

---

307 The perestroika years were marked by ethnic turbulence, violence, and wars in many regions of the Soviet Union, with Armenia and Azerbaijan particularly affected.

повезло. *(Смех)*

А им не повезло. А в чём, по-Вашему, не сейчас, а вот тогда, как Вы думали, в чём именно им не повезло, чем их жизнь хуже Вашей?

А: Ну, во-первых, много неравенства и поэтому половине народа там вообще кушать нечего.

Бедность.

А: Бедность, да. А те, которые богатые, у них, значит, моральные стандарты плохие, они живут по неправильным... *(Смех)* Неправильно живут. Они свою жизнь тратят на то, что неважно.

А что неважно?

А: Ну, там, деньги, всё материальное очень, у них нету такой страны, нету...

Стяжание богатства. А это цель нестоящая, Вы тогда думали?

А: Это нестоящая, да. Вот равенство есть, есть три платья в доме, и вполне достаточно. Зачем больше?

А на что надо тогда потратить жизнь свою, если не на накопление денег и не на постройку дворцов? На что тогда надо её потратить?

А: На благо народа! Я правда так думала! Ну, конечно, на своё личное там, чтоб семья была, дети... Я всегда этого хотела, я думала, что вот, стану учительницей, может быть, буду детишек учить, и это хорошо. Потом буду, может быть, в комсомоле, может быть, в партии там, внесу какой-то вклад в общество. И всё, и этого достаточно.

А каким будет этот вклад? Он Вам конкретно представлялся, или что-то такое смутное?

А: Нет, конкретно не представлялся. Я, наверное, слишком маленькая ещё была тогда.

Но что-то Вы были готовы сделать на благо Родины.

А: Да. Обязательно.

Обязательно. В этом, значит, была Ваша предполагаемая цель жизни: сначала нужно сделать что-то на благо Родины, а потом нужно позаботиться о своих небольших потребностях, которые состоят в семье, детях, трёх юбках...

А *(смеётся)*: Правильно. Ага, точно вот так.

Ну и, наверное, в каких-то культурных потребностях: книги читать, в театр сходить.

А: Да, да, книги читать, в театр сходить.

Американцы — они, значит, были одни бедные, а остальные бездуховные.

А: Да! *(Смех)*

Понятно. А Вы помните, когда Вы были ребёнком, помните ли Вы что-нибудь о ситуации тогдашней политической напряжённости, в частности, о возможном ядерном конфликте, о предполагаемой третьей мировой войне?

А: Нет.

feelings of pity, I guess, since they lived in an environment worse than the one I lived in, and they did not have what we had. I never felt any anger, consternation, or animosity, I felt only pity, because I had such a good life and poor American children were so unlucky! *She laughs.*

They were unlucky. Why, according to the opinion you held then, not the one you hold now, were they unlucky? In what ways were their lives worse than yours?

A: Well, one thing was that there was a lot of inequality, which meant half the population there had nothing to eat.

So, poverty.

A: Yes, poverty. And those who were rich, they had poor moral standards, and lived according to the wrong … *She laughs.* They lived the wrong way. They spent their lives on unimportant things.

What things were unimportant?

A: Well, money, and they were all about the material things; they did not have the country that we had.

So, accumulation of wealth. Did you think at the time that it was not a worthy goal?

A: Right, not a worthy one. Now, when you have equality, and three dresses per household, those are quite enough, so what more would you need?

In that case, if you are not spending your life accumulating wealth and building mansions, what should you spend your life doing, instead?

A: Working for the good of the people! I truly thought that way! Well, of course you have to take care of your personal needs as well, get married, have kids … I always wanted that for myself. I thought that I would become a teacher, perhaps, and I would teach little kids, and it would be a good thing. Then, perhaps, I would be part of the Komsomol or the Party, maybe, and I would make some contribution to the society. And that was it, that would suffice.

What contribution would that be? Did you have a specific idea or was it vague?

A: No, no specific idea. I must have been still too small then.

Yet you were prepared to do something for the benefit of your Motherland.

A: Yes. Certainly.

You certainly were. So, to sum it up, the intended purpose of your life was this: first, you had to do something for the benefit of your Motherland, and then you had to take care of your own modest needs, which included a marriage, children, and three skirts …

A: *She laughs.* Right. Yes, that's exactly it.

And then, of course, there must have been some cultural needs, like reading books or going to the theater.

A: Yes, yes, reading books and going to the theater.

Ничего не помните?

А: Нет. Меня полностью оградили от этого родители, наверное, тоже. Я не знаю, но нет, ничего такого до меня не дошло.

До Вас ничего такого не дошло. Вы совсем не знали, что там где-то Америка гонку вооружений учинила? Вы совсем не знали, или это Вас как-то не задевало?

А: Нет, я не знала, я правда не знала.

И в школе Вам тоже не рассказывали, что вот, де-мол, гонка вооружений, договор по ПРО...[258] Не смотрели, в газетах не видели карикатур со страшным Дядей Сэмом?

А: Ну, газет я тогда не читала, ещё маленькая была. «Мурзилку», может быть, но там такого не было. Нет. Учителя не говорили это всё...

То есть, это совсем мимо Вас прошло и никаких страхов Вы не испытывали?

А: Да.

Это замечательно. А потом, когда Вы немного подросли, тут и перестройка началась, пионерия закончилась и началась совсем другая жизнь. А какая она вдруг стала? Что Вы помните?

А: С самого начала помню, что было много возмущения за всю ту ложь, которую нам сказали, было много национального, много того, что вот, были армянские поэты, которые были запрещены, мы вдруг о них услышали. Было много вот именно армянского, национального, что вдруг уже азербайджанцы и узбеки нам не братья, в частности, азербайджанцы. Ну, потом произошёл Сумгаит[259] и Карабах[260], и всё такое, и после этого была злость и обида за всё, и обида на русских в частности тоже, за то, что они нам лгали столько лет, за то, что пытались замазать все эти конфликты.

То есть, это понятие о Советском Союзе, конечно, перевернулось с ног на голову, да?

А: Знаете, нет, не совсем. Я до сих пор благодарна за своё счастливое детство, я до сих пор думаю, что Советский Союз имел очень-очень много хороших сторон, и при всём при этом, конечно же, тоже обида параллельно всему.

Ну, это сейчас уже Вы, как взрослый человек, рассуждаете и к этому пришли. А в то время, когда Вы были подростком и как раз всё это происходило, всё это тяжёлое, что происходило, в тот момент Вы тоже были способны подумать, что «что-то было хорошее, за что-то я благодарна», или..?

---

258 Договор об ограничении систем противоракетной обороны (1972 – 2002) между США и СССР.

259 27 февраля 1988 г. в азербайджанском городе Сумгаите толпа агрессивно настроенных этнических азербайджанцев приступила к погромам квартир, избиениям, убийствам и изнасилованиям этнических армян. Насилие прекратилось через три дня, после того, как власти ввели в городе комендантский час.

260 Территориально-этнический кофликт между Арменией и Азербайджаном в Нагорном Карабахе, территории со спорным статусом, начался в 1988 г. и длится до сих пор, время от времени доходя до полномасштабных военных действий.

And all Americans were of two types: one poor and the other soulless.

A: Right! *She laughs.*

I see. From the time you were a child, do you remember anything that had to do with the politically charged situation of the time, and in particular anything about the possible nuclear conflict or the anticipated Third World War?

A: No.

Nothing that you remember?

A: No. My parents must have protected me from all those things, as well. I don't know. But no, nothing of the kind came to my attention.

Nothing came to your attention. So, you had no idea at all that somewhere out there, America instigated an arms race. Did you not know about it, or did it simply not concern you?

A: No, I did not know, I really did not know.

And you were never told at school that there was an arms race, or an anti-ballistic missile treaty,[308] you never read anything in the newspapers, never saw any political cartoons featuring a scary Uncle Sam?

A: Well, I did not read newspapers then, I was still small. I may have read *Murzilka*[309] but there was nothing like that in it. No. Our teachers did not talk about this …

So, all of that went right past you and you were not feeling any fear?

A: Correct.

That's great! And later, when you grew up a little, Young Pioneers were done with, perestroika started, and with it a completely different life began. Now, what was that life like? What do you remember?

A: To begin with, I remember there was a lot of outrage when we found out about all the lies we had been told, and the many ethnic concerns; many things came to light such as there had been Armenian poets whose works were banned, and suddenly we found out about them. There were many specifically ethnic, Armenian issues: suddenly the Uzbek and the Azerbaijani were not our brothers anymore, especially the Azerbaijani. Then, there were the events in Sumgait[310] and Karabakh,[311] and all of that, and we felt angry and hurt, and we were particularly angry with Russians for the lies they had been telling us for so many years, trying to conceal all the ethnic conflicts.

So, was your idea of the Soviet Union turned upside down, then?

---

308 ABM Treaty (1972-2002), an arms control treaty between the US and the USSR.

309 Popular children's magazine established in 1924.

310 On February 27, 1988 in the Azerbaijan town of Sumgait, mobs of ethnic Azerbaijanis gathered to beat, rape, and kill ethnic Armenians in the streets and their residences. The violence ended in three days after the government imposed a state of martial law in the city.

311 Territorial and ethnic conflict between Armenia and Azerbaijan which began in 1988 over the disputed region of Nagorno-Karabakh and continues to this day, with some flare-ups amounting to full-scale war.

А: Да!

Или какие-то были более радикальные чувства?

А: Нет. Радикальные чувства были более по отношению к тому, чтобы признать, что я армянка; Советский Союз — это хорошо, но есть ещё и республики, мы разные нации, надо признать, что у меня своя культура, надо мне разрешить читать своих поэтов и знать свою историю. Если бы всё это нам разрешили, дали бы нам соответственную свободу, против Советского Союза как такового у меня ничего бы не было. Это было просто против ограничения моей свободы. Если бы у меня была свобода читать, что я хочу, знать, что я хочу, то я бы согласилась, чтобы остаться в Советском Союзе. Я не думаю, что это плохая страна, я просто думаю, что слишком много ограничений.

Вы говорите, что родители в детстве Вас как-то от всего оградили, от этой политической напряжённости, вообще особых разговоров с Вами политико-идеологических не вели.

А: Не вели.

А вообще Вы знаете, какие у них были убеждения? Может быть, потом это выяснилось, в более зрелом возрасте? Как они относились к Советскому Союзу, верили ли они в неизбежность победы коммунизма?

А: По-моему, это немного похоже на мои чувства. Они были благодарны за то, что у них была спокойная, хорошая жизнь, за то, что они дали образование двум детям, хоть какое-то, и всё такое. Но в то же время они опять-таки были очень патриотичны, они были армяне, они тоже... Я помню, что сначала это всё были листовки, наши стихотворения, всё это было подпольное сначала. Их папа приносил домой, читал, мне не давал.

Сам читал, Вам не давал? Сколько Вам было лет на тот момент?

А: Сколько было? Десять-одиннадцать.

Не давал, потому что мала еще? Или потому, что это опасно?

А: Может, потому что мала, считал трудным, опять-таки... Но долго это не продлилось, потому что через пару месяцев стало ясно, что всё... Что Советский Союз, наверно, уже... Что была гласность, что это уже не опасно. Так что я тоже до этих листовок дорвалась, но на первых порах — не давали.

Понятно. Значит, пришла перестройка, пришёл подростковый возраст, многие вещи встали с ног на голову, понятия поменялись. Изменился ли в Вашей голове образ западных стран в этот момент как-то? Америки, например. Я знаю, что у многих людей... Им Америка вдруг стала казаться чем-то образцовым, очень положительным, чему стоит подражать.

А: Нет, наверное, так не было со мной, но, по-моему, я просто поняла, что там немного лучше, чем мне казалось. Я вот помню, Катя Лычёва на учёбу в Америку приехала, Саманта Смит к нам приехала. Я подумала, что, может, они не такие уж моральные уроды, что, может быть, когда-нибудь мы найдём общий язык. Была какая-то надежда, но вот чтобы так, «это образцовая страна»? Нет. Я считала, что

A: You know, no, not completely. I am still grateful for my happy childhood and I still think the Soviet Union had many, many good aspects; yet, along with that, I still feel anger.

Well, this is how you think right now, it's a reasoned opinion at which you arrived as an adult; but at the time, when you were a teen, and all those events, all those difficult events were taking place, were you able to see the good and feel gratitude, or … ?

A: Yes!

… Or did you have more extreme feelings?

A: No. Rather, I had more extreme feelings about acknowledging that I was Armenian; that the USSR was fine, however, it was made of its republics, and we were of different ethnicities, and we had to acknowledge that we had our own cultures, and I had to be allowed to read my poets and know my history. Had we been allowed those things, and given our respective freedoms, I would not have objected against the Soviet Union as such. I was only against it curbing my freedom. If I had the freedom to read what I wanted, to know what I wanted, I would have agreed to remain in the Soviet Union. I don't think it was such a bad country, I just think it had too many limitations on freedom.

You mentioned that when you were a child, your parents protected you from political stresses, and never had any special conversations about politics or ideology with you.

A: They never did.

Do you know anything about their beliefs? Perhaps something that came to light later, when you were more mature? What did they think about the USSR, did they believe that communism would inevitably prevail?

A: I think their feelings were somewhat similar to mine. They were grateful for their good, quiet lives, for being able to give education to their two kids, whatever that education was, and things like that. At the same time, they were very patriotic, they were Armenian, and they also … I remember when at first all those flyers with our national poems were illegally printed, my papa would bring them home and read them by himself, he wouldn't let me read them.

He read them but would not let you read them. How old were you at the time?

A: How old? Ten or 11.

Was he not letting you read them because you were too young? Or because it was too dangerous?

A: Maybe he thought I was too young, he thought it was all too complex for me … But that state of things did not last long because in a couple of months it became clear that it was over … That the Soviet Union was probably done with. Glasnost came, and it was no longer dangerous to read them. So, I was also able to get to those flyers; it's just that they would not let me read them before.

I see. So, with the arrival of perestroika and the arrival of your teen years many things were turned upside down, and certain notions changed; did the image of Western countries that you had change for you in any way? Let's take the US for instance. I'm aware that for many people at the time America began to look as an example of something very positive, something worth imitating.

наша страна лучше, а там всё не так уж плохо, как нам говорили, и они помогут нам воодушевить свободную форму. До этого мы думали: «Как это можно, в своей одежде прийти в школу? У кого-то больше, у кого-то меньше!» А потом, когда всё это произошло, мы поняли, что не так это уж и плохо, и мы всё равно остались друзьями, то есть, критики стало меньше по отношению к США, наверное, вот.

Критики стало меньше где, в прессе?

А: Нет, у меня в голове. Я поняла, что, если мы одеваемся все по-разному и делаем всё по-разному, и больше индивидуальности, и уродами мы не стали, то, наверное, да, они не такие уж уроды, как мы думали.

Понятно. Вы говорите, что прожили сначала в Армении значительную часть своего детства, а потом стали путешествовать, да? А где Вы стали путешествовать?

А: Я в Америку приехала на год.

А сколько Вам было лет?

А: Мне было шестнадцать, пятнадцать с половиной.

Шестнадцать, пятнадцать с половиной, так. Хорошо. Вы приехали. Год у нас на дворе был...

А: 95-й.

95-й, то есть, вся уже перестройка была позади...

А: Перестройка была позади, 95-й год был один из худших экономически, в Армении ничего не было. У нас не было света практически, мы учились при свете свечек, кушать было нечего, давали талончики на масло, в общем, было очень плохо экономически.

Было очень плохо и Вы, значит, в таком нежном впечатлительном возрасте приехали в Америку. Что Вы про неё подумали?

А: Мне понравилось тут. Конечно, культура другая. Я в школу здесь пошла, школа мне не очень понравилась, не понравились взаимоотношения.

В десятый класс пошли или в девятый?

А: Junior[261].

Ага, понятно. Не понравились взаимоотношения между детьми?

А: Взаимоотношения между детьми и взрослыми, между родителями. Я вот тогда хорошо отзывалась о своих родителях, говорила, как я по ним скучаю. На меня так смотрели, типа: «Ты что, с ума сошла? Вот мы никто родителей...» Тут как-то непрестижно любить своих родителей в этом возрасте, у всех конфликты с родителями. Вот это мне не понравилось. А понравилось многое другое, понравилась свобода. Понравилось то, что можно задать учителю вопросы, за это не поругают, а попытаются ответить на твой вопрос.

Эта Америка, которую Вы увидели, она была такая, какой Вы её себе представляли, или какие-то были разительные отличия? Что-нибудь потрясло?

---

261 В старшей школе, 11 класс.

A: I guess it's not what happened to me; I just understood that living there was somewhat better than I had believed. I remember Katya Lycheva's study abroad trip to the US, and Samantha Smith coming over to our country. I thought that perhaps they were not so morally degenerate, after all, and that perhaps one day we would be able to find common ground. There was a hope, but it wasn't as though I thought it was an exemplary country. I thought that our country was better, and their country was not as bad as we were led to believe, and that they could inspire us to introduce casual clothes for schoolkids.[312] Before that time, we thought, how could children be allowed to wear regular clothes to school, not a uniform? Some of us had more money and some less! And later, after the fact, we realized that it was probably no so bad after all, and we all still remained friends at school; so, there was less criticism directed at the US, I guess.

Less criticism in the press?

A: No, in my head. I realized that since we were allowed to dress differently, and do things differently, and have more individuality, yet we did not become morally degenerate, then they might not be the degenerates we had believed them to be either.

I see. You mentioned that you lived in Armenia for a significant part of your childhood, and then you began to travel; where did you travel to?

A: I went to the US and spent a year there.

How old were you?

A: I was 16; 15-and-a-half.

Ok, so 16 or 15-and-a-half. What was the year that you came?

A: 1995.

1995 means that perestroika had come and gone …

A: Yes, it came and went. The year 1995 was one of the the worst economically, we had nothing in Armenia. We practically never had power, we had classes in candlelight; there was nothing to eat, we were given ration cards with which to buy butter, and the overall economic situation was very poor.

It was very poor. So, you arrived in the US at a young impressionable age. What did you think about the US?

A: I liked it here. Of course, it was a different culture. I went to school here and I did not like the school, I did not like the relationships.

Did you go to ninth grade or 10th?

A: I was a junior.

OK, I see. You did not like the relationships between the kids, right?

---

312 Since the 1920s, Soviet schoolchildren had to wear uniforms at school. In the late '80s, the uniform began to be seen by many as oppressive and totalitarian, and a possible introduction of casual clothing for students was a subject of heated public debate.

А: Она оказалась намного более обыкновенная и похожая на нас, чем я думала. Конечно, различий очень-очень много, культура совершенно другая, но при всём при этом, если вдуматься, я очень удивлялась, что в конце концов не такие мы все разные, что в принципе все мы люди, и все мы очень похожи друг на друга. Вот это меня удивило. Я думала, что какие-то они в корне другие, я не знаю... Ну, конечно, я так не думала, но казалось, что это как-то с молоком матери впитавшаяся разница. А потом, когда я приехала, наверное, самое большое, что меня удивило, это то, что мы всё-таки очень похожи друг на друга во многом.

Если описывать ту картину Америки, которая существовала у Вас в мозгу до того, как Вы приехали, ну, просто набором слов можно, чего Вы ожидали? Америка – это что? Небоскрёбы?

А: Небоскрёбы, да. Деньги, деньги, всё-всё про деньги.

То есть, они ходят и разговаривают исключительно про деньги друг с другом?

А: Да, да.

«Билл, здравствуй, как твои деньги? Вот мои деньги! Подержись за мои деньги. Сколько ты заработал денег? Покажи мне, какие у тебя деньги! А вот мои деньги!» Так, да? Небоскрёбы, деньги...

А: Да. Небоскрёбы, деньги. Мне казалось, что всё будет намного ярче. Я, наверное, представляла себе Нью-Йорк и потом, побывавши в Нью-Йорке, я действительно представляла, что везде и вся Америка – это как в Нью-Йорке: дискотеки, цвета, реклама световая... А я сама попала в такую деревеньку маленькую, меня встретили, я в семье американской жила. Вот меня встретили, и первое, что сказали: «А у нас три барана и корова!» Я такая: «Здрасьте!» Приехали, да? *(Смех)* Я поняла, что Нью-Йорк Нью-Йорком, а на ферме люди такие же, как и у нас дома, наверное.

Может, Нью-Йорка у нас и нету, а ферма-то у нас точно есть!

А: Да, ферма у нас есть, и коровы американские те же самые, что и наши советские были коровы.

Вам в этой семье уютно было жить, понравилось? Или напрягало что-то?

А: Понравилось... Наверно, прошло какое-то время, пока я почувствовала себя более комфортно. Больше всего меня, наверное, удивило, какие они были беспардонные, все кричали. Разговаривали, использовали грубые слова. Я очень стеснялась, а потом тихо-тихо привыкла. Как-то в Советском Союзе нас учили и в Армении нас учили задумываться о чувствах других: «Вот ты так скажешь, а что о тебе подумают?» А тут что хочешь, то и говоришь; не нравится, не слушайте. Мне пришлось привыкнуть к этому. Моя семья говорила, что я слишком застенчивая, что мне некомфортно там, а это я просто воспитывалась так. Я не была застенчивой, я просто пыталась культурно себя вести.

Произвести хорошее впечатление.

А: Да. Мне, например, сказали: «Зачем ты застилаешь свою постель каждый день? Вот видишь, девочки этого не делают и тебе не обязательно!» Я хотела хорошее

A: The relationships between kids and adults, kids and parents. At the time, I spoke about my parents nicely, I said that I really missed them. The kids gave me looks that said I must have been nuts. Now, none of them here liked their parents ... It just was not done, loving your own parents at that age; everyone had conflicts with their parents. I did not like that. I did like many other things. I liked the freedom. I liked being able to ask my teachers questions, and getting answers, and not being berated for asking.

Was the America that you saw close to the America you had imagined, or was it drastically different in any respect? Was there anything that stunned you?

A: It turned out to be a lot more regular and a lot more like our own country than I had thought. Of course, there were many, many differences, it was a completely different culture; yet with all that, once you thought about it, it was very surprising that we were not so dissimilar after all, we were all basically people and all very much like each other. That surprised me. I had thought before that they were somehow fundamentally different from us ... Well, naturally I was not thinking that, but rather it seemed that we had differences absorbed with the milk of our mothers. And then later when I came, the most striking thing to me was how much like one another we were, in many ways.

If we describe the image of America you had in your mind before you came, what did you expect to see? You can simply list attributes, if you want. What was America? Was it skyscrapers?

A: Yes, skyscrapers. And money, money, it was all about money.

A: Meaning, they walked around talking to each other about money all the time?

A: Yes, yes.

Like, "Hello, Bill, how's your money doing? Here's my money! Hold my money. How much money did you make? Show me what kind of money you got! And here's my money!" Like that? Skyscrapers and money ...

A: Yes. Skyscrapers and money. I thought everything would look a lot brighter. I suppose I was thinking about New York, and later, having visited New York, I really thought the entire America was like New York: a disco full of colors and glowing advertisements. But I landed in a small tiny village, and the American host family which housed me came out to meet me ... So, they picked me up and the first thing they said to me was, "We have three sheep and a cow!" I was like, really? This is where I end up?! *She laughs.* I realized that New York was like New York, but the farm people were probably the same as we had back home.

Perhaps, we did not have a New York, but we for sure had farms!

A: Right; we also had farms, and American cows were the same cows as our Soviet ones.

Did you like living with that family, were you comfortable? Was there anything that was hard to take?

A: I liked it ... I guess it took me some time to start feeling more comfortable. The thing that surprised me most was probably how crude everyone was, and that everyone shouted. They spoke to each other using rude words and I was very shy at first, and then, little by little, I got used to it. For some reason, they taught us in the USSR and in Armenia that we

сделать, чтобы себя культурной девочкой показать. Потом поняла, что лучше не отличаться, что, если там девочки в семье этого не делают, то я тоже...

И тоже перестали застилать!

А: Тоже перестала застилать.

К своему дискомфорту, или привыкли не застилать?

А: Нет, привыкла. Потом в Армении пришлось обратно привыкать. Я приехала, мать моя в ужасе была, что у меня манеры ужасные. Меня перевоспитывать опять начали.

Чтобы Вы опять стали негромко разговаривать и застилать постель.

А: Ага.

Понятно, значит, семья... Было сначало странно, потом привыкли. А школа? Чем поразила, чем порадовала, потрясла, ужаснула?

А: Поразила отсутствием какого-то знания моих одноклассников о Советском Союзе и об Армении в частности. Мне задавали вопросы, типа, ходим ли мы на охоту и есть ли у нас магазины.

Ну, Вы им сказали: «Да и да!»

А: Ну, да! Спрашивали, почему я не еду домой на машине, если у меня нету денег на билеты на самолет. Я так говорю: «А океан? Как я на машине поеду?» То есть, они тоже... Не было никакой вражды, никто не спрашивал про КГБ. По-моему, не было знания какого-то...

Они не знали ничего.

А: Чего-то вообще, кроме их деревни. Они, по-моему, вообще ни про что не знали, очень ограниченный взгляд. Вот – наша деревня, кто с кем пошёл «аут»[262] и кто что одел. И этим всё и ограничивалось. Вот эта ограниченность меня угнетала сначала. А с академической точки зрения всё очень понравилось: сколько можно разных уроков взять, и что не надо брать того, чего тебе не хочется, что нету нашего советского, что все берут те же самые уроки, нравится тебе или не нравится. Тут можно было взять, что хочешь. Учителя были очень хорошие, помогали всегда, можно было подойти к учителю после урока, поднять руку во время урока. Намного больше свободы.

А когда Вы приехали домой обратно из Америки, Вас народ, наверное, стал расспрашивать, друзья, что там, да как там, в Америке?

А: Да.

Вы заметили, был ли тот же градус невежества по отношению к Америке среди Ваших соотечественников, или всё-таки люди знали больше?

А: Нет, люди знали больше, намного больше. И не все американцы такие невежественные. Когда я приехала в этот раз, я уже приехала в Бостон, большой <u>город</u>, там люди всё знали и таким образом невежества не показали. Всё было

262 На свидание.

had to think about other people's feelings: before you speak, think about the opinion that people will make about you! Now, here you can say anything you want, and if someone doesn't like it, they are free not to listen. I had to get accustomed to it. My host family used to say I was too shy, that I looked uncomfortable, but it was just in my upbringing: I was not shy, I was only trying to behave like a cultured person.

To make a good impression.

A: Yes. For example, they asked me why I made my bed every day. They said their girls were not doing that, and that I did not have to either. I wanted to behave well, to show myself as a cultured girl. Later I realized that it's better not to stand out, and if their girls were not doing it, then I was not going to either.

And you stopped making your bed!

A: I stopped making my bed.

Was it causing you discomfort, or did you get used to not making your bed?

A: No, I got used to it. Later, back in Armenia, I had to get used to making it again. I came home, and my mother was appalled at my terrible manners. They began to re-train me.

Teaching you, again, to speak softly and make your bed.

A: Yup.

I see. The family appeared … strange at first, but then you got used to it. What about your school? What was surprising, happy, astounding, or horrible about it?

A: I was stunned by the fact that my classmates had no knowledge whatsoever about the USSR and specifically about Armenia. They asked me questions like, whether we went hunting, or if we had stores.

And you must have said, yes, and yes!

A: Well, yes! They asked me why I didn't just drive back home when I did not have enough money to buy a plane ticket. I said, what about the ocean? How do I drive a car across it? So, they weren't either … There was no animosity, and no one asked me about the KGB or anything. They weren't at all aware …

They weren't aware of anything.

A: Not of anything outside their own village. I don't think they knew anything about anything, they had very limited interests: their village, who was going out with whom, who was wearing what, and that was it. At first, I was depressed by how limited they were. From the point of view of the academics, however, I really liked everything. I liked that we could take many different classes, we did not have to take classes we did not like, and it was not like the Soviet system where everyone takes the same classes whether they like them or not. Here, we could choose anything we wanted. The teachers were good and always helpful. We could approach the teacher after the class or raise our hands and ask questions in class. There was a lot more freedom.

очень по-другому.

А друзья в Армении о чём Вас спрашивали, когда Вы из Америки приехали?

А: В этом возрасте, знаете, больше спрашивали о том, какие взаимоотношения между парнями и девушками, всё было очень неполитическое: что там одевают, как с учителями взаимоотношения. Поболтать, посплетничать в основном.

Конечно, а как же? Это же главное. Вы им рассказывали, какие отношения между парнями и девушками, да? Ну и как им было, удивительно или нормально?

А: Удивительно.

А что было удивительно?

А: Слишком много свободы, конечно. У нас, если папа не разрешит, то даже в кино пойти нельзя, какое уж там... В Армении, наверно, тем более. Но вообще в Советском Союзе у нас всегда были моральные стандарты: то нельзя, это нельзя... А тут какая-то вседозволенность.

Всё можно.

А: Всё можно!

Так, понятно. В общем, когда Вы в Америку съездили, отучились и поехали обратно домой... Ну, понятно, он у всех бывает; у Вас тоже, наверное, был сначала при въезде в Америку культурный шок, потом при въезде из Америки опять культурный шок...

А: Был, был...

Вам в то время, в семнадцать лет, как показалось, где лучше?

А: Трудный вопрос, потому что мне здесь очень понравилось, я думала, что, может быть, когда-нибудь я вернусь. Мысль уже была когда-нибудь переехать сюда в будущем. Но, по-моему, в глубине души я подумала и осознала, что я ещё не готова принять это решение. Я скучала по родителям, по стране своей, и я просто поняла, что я не готова ещё принять это решение. Поэтому... Нас же спрашивали, хотела бы я поступить здесь в университет и остаться. Я решила поехать обратно, подрасти ещё немного, а там потом...

Сообразить что-нибудь.

А: Я помню, что, по-моему, нас много было в разных штатах, в разных семьях. Мы потом все вместе собрались в аэропорту и вместе в Армению обратно вернулись. И, по-моему, мы все думали, что здесь будет намного больше разницы, что мы здесь все очень изменимся, и потом мы такие все, ну, не очень изменились, не так, чтобы... По-разному оказалось, поэтому мы вот как-то насильно себя пытались американизировать. Вот весь год я здесь жила и ничего с собой не сделала! И в день перед выездом в Армению я решила покрасить волосы, думала, поеду в Армению такая, а то что обо мне скажут? Поехала и ничему там не научилась. Все как будто в этот день специально вырядились в какие-то порванные джинсы, непонятно во что, вообще, чтобы как-то показать, что вот, мы в Америке были, мы изменились! *(Смех)*

Now, when you came back from the US, people like your friends probably started asking you what things were like in America?

A: Yes.

Did you notice the same degree of ignorance regarding the US among your compatriots, or were people more knowledgeable?

A: No, people were more, much more knowledgeable. Also, not all Americans were that ignorant. When I came back the next time, I came to Boston, which is a big city where people knew everything and showed no ignorance; things were quite different.

What did your friends in Armenia ask you about after your return from the US?

A: You know, at that age they were mostly asking about relationships between guys and girls, all the questions were very apolitical; they wanted to know what people wore, or how teacher-student relationships worked. Those were mostly chatty, gossipy conversations.

Of course, how could they not be? These are the most important things. Did you tell them about relationships between girls and guys? Did your stories surprise them or not?

A: They surprised them.

What was surprising about them?

A: All that excessive freedom, of course. At home, we were not even allowed to go to the movies without Papa's permission, to say nothing of other things … It was all the truer in Armenia. But overall, in the USSR we had strict moral standards: you can't do this, you can't do that … And here, they had an anything-goes attitude.

Everything is allowed.

A: Everything is allowed!

I see. So, after you've gone to the US to study and came back home … Everyone gets a culture shock, I think, and you must have had one when you arrived in the US, and probably had another one when you left the US …

A: I did, I did.

At the time, at 17, which country appeared to be a better place for you?

A: It's a difficult question, because I really liked it here [in the US] and I thought that perhaps I was going to return one day, I did have thoughts about moving here permanently sometime in the future. But I think deep down I realized that I was not ready to make that decision at that time. I missed my parents, my country, and I simply realized I was not ready to decide. And that was why … They did ask us whether we wanted to go to college here and stay in the country, and I decided to go back home, grow up a little, and then when the time came …

You'd figure something out.

A: I remember there were many of us, in many states, staying with different families. And afterwards we all gathered in one airport and went back to Armenia together. And I think

Надо чем-то доказать!

А: Надо чем-то доказать! Была нужда доказать, потому что на самом деле мы не очень так, наверное, изменились, как мы хотели этого, или как мы думали. Поэтому все вырядились в ужасные наряды, я помню. В аэропорту, наверное, мы очень нелепо выглядели.

В какой цвет волосы покрасили?

А: В почти рыжий, такой коричневый, но рыжеватый.

Но всё равно достаточно консервативно.

А: Да, они не были фиолетовые, а то моя мама вообще меня выругала бы! *(Смех)*

Понятно.

А: Ну, были у нас дети и посмелее, нос прокалывали и всё такое, я не знаю... *(Смех)*

А потом, конечно, насколько я понимаю, Вы выросли, у Вас появилась возможность жить в Америке и Вы возможностью этой воспользовались.

А: Да, да.

Помните, когда Вы были ребёнком, что-нибудь... Я понимаю, что Вас родители берегли от всякого такого ненужного... Слова «эмиграция» и «эмигранты» какой имели оттенок? Если Вы их вообще слышали, или если у Вас были какие-нибудь знакомые, которые уехали, или семьи, которые уехали?

А: Нет, не было такого до начала гласности. Потом, после Карабаха, первые эмигранты были именно оттуда. Даже если они могли попасть в хорошую страну, всё равно как-то это были люди, которые потеряли членов семьи, потеряли свой дом, поэтому ничего особо хорошего эти слова не вызывали. Эмиграция – это было насильственное переселение, большей частью.

Для Вас, для человека...

А: Да, сначала да, это была моя ассоциация с этим словом, потому что эмигранты были в основном выселенные из Карабаха. Из Армении люди стали уезжать после. Это уже были люди, которые выехали потому, что они этого хотели, а не потому, что были вынуждены.

Понятно, то есть у них-то, на самом деле, было горе и ничего постыдного в этом не было. А в школе были у Вас уроки по литературе, по истории? Вот это послереволюционное время описывалось, по крайней мере, у меня в школе, с таким сожалением и лёгким презрением к людям, которые уехали: Бунин – эмигрант, Аверченко – эмигрант, кто-то там ещё эмигрант... Вот у меня лично... Из средней школы я вынесла такое убеждение, что эмигрант – это что-то такое печальное-печальное, печальное, ничтожное и предательское. У Вас не было такого?

А: Нет, такого не было, наверное, потому что когда я была в школе, об эмигрантах ещё вообще не говорили, это была как бы запретная тема. А потом, когда стали говорить, к этому времени в Армении столько всего произошло, что мы уже поняли, что ничего постыдного там нету.

Понятно, то есть у Вас, когда Вы переехали и стали в Америке жить, у Вас не было этого

we all believed we'd feel a lot more different than we did, and that we would all change a lot … And it turned out we did not change all that much, not so noticeably … well, it was different for each of us. So, we tried to force ourselves to look more Americanized. I had spent a whole year here and done nothing new to myself. So, the day before I was to leave for Armenia, I decided to dye my hair. I thought, I'd return to Armenia, and what would they say about me? That I went to study and learned nothing new. On that day, everyone intentionally costumed themselves in ripped jeans and what not, to show that we'd all gone to America, and look how we'd changed! *She laughs.*

You had to have proof!

A: We had to have proof! We needed to prove something because in actuality we did not change as much as we wanted, or as we had thought we would. That's why we all got dressed up in crazy getups, as I remember. We must have looked pretty funny in that airport.

What color did you dye your hair?

A: Nearly ginger; it was brown, but slightly reddish.

It was still rather conservative.

A: Right, it was not purple; if I did that, my mother would totally give me the what-for! *She laughs.*

I see.

A: Some kids among us were braver than that, they got nose piercings and I don't know what else. *She laughs.*

As far as I understand, later in life when you grew up you got an opportunity to move to the US and you took that opportunity.

A: Yes, yes.

As a kid, do you remember anything about … And I understand that your parents protected you from all kinds of unnecessary information but … What meaning did the words "emigration" or "émigré" hold for you? Did you ever hear those words, did you have any friends who left, families you knew who left?

A: No, nothing like that before glasnost. Later, after Karabakh, our first immigrants were from there specifically. Even if they could have landed in a nice country, they were still people who had lost their family members, who had lost their homes, and that's why the words meant nothing good. Emigration mostly meant forced displacement.

And so, for you, as a person from that area …

A: Right, in the beginning those were the associations I had with the word "emigration" since our émigrés were mostly persons deported from Karabakh. People started to leave Armenia later. Those were people who left because they wanted to and not because they had to.

I see; it's clear that in the first case it was a tragedy, and there was no shame associated with it. Now,

шизофренического когнитивного диссонанса, который у многих людей бывает, — это не значит, что у всех, — что «я что-то такое неправильное сделала по отношению к своей стране, к своей идентичности».

А: Нет, не было, наверное, потому что я в молодом очень возрасте переехала и у меня был очень аналитический подход вообще к жизни, наверное, всегда, и в частности к этому вопросу. Я в Армении пыталась в общественной... Внести свой вклад там, пыталась сделать разные вещи. Не очень это всё получалось, и потом я поняла, что особый вклад я, наверно, внести не смогу в эту страну. Я так подумала: «Моё присутствие в этой стране что-то для моей страны делает или нет, что-то даёт или нет? Нет, на данный момент не даёт». А вот я поеду в Америку, я буду посылать деньги своим родителям. Это вклад в экономику Армении, так что я ничего плохого не делаю, я поехала, я помогаю своей семье, помогаю экономике своей страны, это та помощь, которую я могу оказать. Мне не дали больше, я больше не могу. Если б я была ядерным физиком, то, может быть, всё было бы по-другому, но я простой обыкновенный человек, который такого огромного вклада в развитие Армении внести никогда не сможет. А так вот по телевизору иногда показывают, вот раз — деньги на развитие Карабаха. Вот я пошлю двадцать долларов. В Армении не смогла бы двадцать долларов.

Я такой вопрос задаю: если вдруг, не дай Бог, возникнет новый железный занавес, я не могу представить, что должно произойти, но вдруг что-то невообразимое произойдёт и Вам придется выбирать, где жить, в Армении или США, что Вы выберете?

А: Я выберу США. Мне будет очень больно, я буду много плакать, я выберу США, потому что мой сын родился здесь, он американец. Я не могу разбить его жизнь, вернувшись в Армению. Если бы я была одна, может быть, я бы и вернулась, но сейчас у меня здесь семья. Мне было бы очень больно, конечно.

Понятно. Спасибо, Анна, было очень интересно!

А: Пожалуйста!

in school, in literature or history class, at least in my school as far as I remember, when they discussed the first years after the revolution, people who left the country were talked about with slight derision and pity: Bunin was an émigré, Averchenko[313] was an émigré, someone else was an émigré ... From my own secondary education, I personally derived the idea that an émigré is something very, very sad, insignificant and traitorous. Did you have a similar experience?

A: No, I must have not, because when I was a schoolgirl, no one said anything about émigrés at all, it must have been a forbidden topic. Later, when they did start to talk about it, so many things happened in Armenia that we realized there was nothing shameful about it.

I see. That means, when you came to live in the US, you did not experience the kind of a crazy-making cognitive dissonance which many (not all) people have, and which says that [by immigrating] they had somehow treated their home country and their identity wrong?

A: No, I did not, maybe because I moved when I was very young, and I had a very analytical approach to life in general, perhaps, and to this issue in particular. In Armenia, I tried to contribute to the society in different ways. It was not working out very well, and later I realized that perhaps I was not going to be able to make any special difference in that country. I thought, what was my presence in the country doing for the country, was it doing anything? No, at that moment it was not. If I went to the US, I was going to be able to send money to my parents. It would be a contribution to Armenia's economy, so I would not be doing anything bad; I would leave, and by helping my family I would be helping my country's economy, and that would be the help I could give. I can't do more because I was not given more; if I were a nuclear physicist the situation might have been completely different, but I'm a regular person, who would never be able to make some huge contribution to Armenia's development. Every once in a while, they have donation drives on TV, asking for money towards the development of the Karabakh region, and then I send 20 dollars. If I lived in Armenia, I would not be able to spare 20 dollars.

Here's a question I'm going to ask: if by any chance, Lord forbid, there is another Iron Curtain, I'm not sure what would bring it on, but if that unfathomable thing did happen and you had to choose whether to stay in the US or return to live in Armenia, what would your choice be?

A: I would choose the US. I would be very hurt, I would cry a lot, but I would choose the US because my son was born here, and he is American. I cannot ruin his life by returning to Armenia. If I were by myself, it's possible that I would choose to go back, but as it is, I have a family here. Of course, it would be very painful for me.

I see. Thank you, Anna, this was very interesting!

A: You are welcome!

---

313 Russian writers who fled the country in the aftermath of the 1917 Bolshevik revolution.

Режьте провод

Сегодня у нас 14 июня 2010 года и я продолжаю[263] разговор с Мариной. Здравствуйте, Марина!

М: Снова здравствуйте!

В прошлый раз нас с Вами так жестоко оборвали технические трудности, но я помню, что мы говорили о том, что по отношению к Советскому Союзу Вы испытывали двойственные, двоякие чувства, в частности, в связи с тем, что, несмотря на провозглашаемый интернационализм, Вы наблюдали такой... Выраженный антисемитизм.

М: Да на самом деле я его не наблюдала. Вот это тоже интересный момент. Значит, я лично просто его очень боялась, а родители его наблюдали по полной программе: их не приняли ни в какие там институты-университеты, ну, то есть, ни в какие престижные... Не приняли и, в общем, они всю жизнь страдали от этого антисемитизма. А я лично училась в математической школе. Там ничего такого я не чувствовала особого – но я просто боялась. Вот один момент, который мне запомнился: один раз в спортивном лагере, где я была в команде девочек, соответственно, какая-то девочка почему-то, несмотря на мою фамилию и достаточно нейтральную какую-то внешность, сказала: «Ты, небось, еврейка?» И я сказала – нет. И вот это мне до сих пор очень стыдно: почему это я должна бояться сказать, что я еврейка?

И тогда было стыдно?

М: Нет, нет, тогда мне было страшно сказать, страшно сказать, что я еврейка. Поэтому я сказала, что я русская, а тогда... Но, наверное, раз мне это запомнилось и по сей день, значит, наверное, даже тогда уже что-то было...

Осадок.

М: Да. Остался, конечно, осадок стыда. Да. А почему это я должна вообще

---

263 Первая, более короткая часть записи была утрачена по техническим причинам. Марина родилась в Москве в 1959 году.

Cut the Cable

Today is June 14, 2010 and I am continuing our conversation with Marina.[314] *Hi, Marina!*

M: Hello, again.

Last time, we were so cruelly stopped by tech issues, but I remember that we spoke about the fact that you had split, ambiguous feelings about the Soviet Union, in particular because, despite its ostensible internationalism, you saw observable anti-Semitism.

M: In actuality, I did not really observe it. It's a very interesting point. I personally was simply very afraid of it, but my parents observed it in the fullest: they were not accepted in certain universities and colleges, I mean the prestigious ones. They were not accepted, so for their entire lives they were suffering from anti-Semitism, but I myself was a student at an intensive math school. There, I experienced nothing special like that, but I still feared it. There was one moment I still remember: one time, in a sports camp where I was on the girls' team, one of the girls, for some reason, despite my [non-Jewish] last name and my rather neutral appearance said to me, "You must be a Jew?" And I said—no. And I am still ashamed of it: why did I have to be afraid to say I am Jewish?

Did you feel ashamed then?

M: No, I was scared, scared to say I am a Jew. So, then I said I was Russian, and it must be ... Since I still remember that incident, there must have been some feeling like that even then ...

An aftertaste.

M: Yes, there remained an aftertaste of shame. Why did I have to be embarrassed or afraid to say who I was? Why is it that neither I nor my parents ever did anything bad to anyone, yet I had to be embarrassed and afraid? It must have been nagging me, all that ... Somewhere in the back of my mind.

It nestled there.

M: Yes, it stayed in my brain and tormented me, and so, when I became an adult, I sort of

314 The first, short segment of the recording could not be salvaged due to tech failure. Marina was born in Moscow in 1959.

стесняться или бояться сказать, кто я? Почему ни я, ни мои, там, родственники никому ничего плохого не делают, почему это я должна бояться или стесняться сказать? И вот это меня, видимо, мучило, всё это... Ну, на заднем плане.

Гнездилось...

М: В голове, да, оставалось и меня мучило. И поэтому, когда я уже стала взрослой, я... Ну, как бы восполняю это и всегда, если такого плана вопросы возникают, в таких ситуациях я, конечно... *(Смеётся)*

А чего конкретно боялись тогда?

М: Что меня побьют!

Что побьют? Прямо физического воздействия?

М: Да! Да, да, да. Ну и, к сожалению, я с тех пор уже даже разговаривала с разными людьми, и их таки били! Ну, вот у меня есть друзья и здесь, которых вот и в России, и в разных республиках – били! Просто, когда узнавали, что они евреи, их били! И один парень участвовал в соревнованиях чуть ли не по фехтованию, что ли, он был очень, очень на высоком уровне и ему пригрозили, что, если ты сейчас отсюда не уедешь – он чуть ли не должен был вообще быть победителем или занять какое-то место точно в этих соревнованиях, – ему пригрозили, что, мол, убирайся отсюда. А то мы тебя... И он ведь уехал-таки, потому что, к сожалению, это очень серьёзно и может быть что угодно. И другой там, сын однокурсников моих родителей, попал в армию и там антисемитизм его довёл до того, что он спрыгнул там из окна чуть ли не второго или третьего этажа, поломал руки и ноги. Так что, к сожалению, мои опасения были с одной стороны, ну, не...

Обоснованы...

М: Ну, напрасны, да, но с другой стороны, это была команда девочек. Но девочки тоже могут, наверное, прекрасно побить другую девочку.

Обязательно.

М: Да! Да, да. Так что, в общем, это было неприятно, и вот из-за антисемитизма, конечно, у меня отношение к России было очень даже двойственное. И после того, как я уехала, как моя семья уехала, потом, уже в 80-е годы появилась возможность приехать обратно. В Россию. Я очень... Я много лет туда не ездила именно потому, что я думала: «Вот, они антисемиты, меня что, выгнали оттуда, а я приеду и здрасьте? Вы меня выгнали, а я к вам приехала всё равно?» Вот это меня очень терзало и я из-за этого не ездила в Москву обратно, и только вот в 2001-м, по-моему, году я первый раз поехала в Москву. Ну, тоже, там никаких приключений, но неважно. И, в общем, мне очень там всё понравилось...

Не побили?

М: Нет-нет, но я, соответственно, ездила к друзьям, к одноклассникам. Но я, на самом деле, не знала, как мои одноклассники вообще относятся и отнесутся ко мне лично и к евреям, но всё оказалось очень хорошо и я поняла, действительно, что...

always make up for it, and if anyone asks the question in situations such as this, I always ...
She laughs.

What specifically were you afraid of?

M: That I would get beaten up.

Beaten up? As in, actual physical violence?

M: Yes, yes, yes! And, unfortunately, I have met people since then who said they had been beaten up! I have friends here who have been beaten up, both from Russia and the republics. Simply, once people found out they were Jewish, they would beat them! One guy was in a fencing competition of a very, very high level, I think, and he got threats, "If you don't leave at once!"—he was poised to either win or get one of the top spots in the competition—they threatened, "Get out, or else!" And he did leave, because unfortunately all of this was very serious, and anything could have happened. Another guy, a son of my college friends, was drafted into the army, and the anti-Semitism was so bad there that he jumped out of the window on the second or third floor and broke his arms and legs. So, regrettably, my own fears were, on the one hand, not ...

Without merit?

M: Well, not empty, but on the other hand ... It was a girls' team, but girls may also be perfectly capable of beating up another girl.

Of course.

M: Yes! Yes, yes. So, it was in general very unpleasant, and because of the anti-Semitism my attitude towards Russia was very ambiguous, and after I left, after my family left Russia, later in the '80s we had the opportunity to come back and visit Russia. And I ... For many years I would not go, specifically because I thought, they are anti-Semites, they kicked me out of the country, and should I be like, "Hey, you kicked me out but here I am visiting anyway?" All of this tormented me very much, and I kept not coming back to Moscow, and I only went back in 2001 for the first time. And it went quite smoothly, but that does not matter. Overall, I liked everything there ...

You didn't get beaten up?

M: No, no, but I, of course, went to visit my friends and classmates. Still, I had no idea how my former classmates felt about me and about Jews in particular, and everything turned out fine and I understood that really, friends are a separate thing. Undoubtedly there are anti-Semites around, but my personal friends, classmates, and relatives are completely different.

I see. When you were a child still living in Moscow, do you remember, perhaps, what the attitude was in your family and your circle of friends towards emigration and change of citizenship?

M: It was very unusual, unheard of, to do so when I was a kid in Moscow, and an act of incredible betrayal. Simple travel abroad was more or less OK, I had a boy in my class whose family went to Bulgaria; that and things like that were OK. But changing your

Ну, что друзья — это одно, и антисемиты, безусловно, есть, но мои лично друзья, одноклассники и родственники — это, конечно, совсем другое.

Понятно. А в Вашем детстве, пока Вы жили ещё в Москве, не припомните ли Вы, какое было отношение у Вас в семье и в Вашем кругу, или среди Ваших друзей, к эмиграции и к смене гражданства?

М: Тогда это было неслыханно и невиданно, в моём детстве в Москве, и это было невероятным предательством... Значит, поездки за границу — это ещё ничего, вот был там мальчик, одноклассник, и его семья поехала в Болгарию. То есть, вот такого типа вещи — всё нормально. Но смена гражданства — такого вообще ничего не существовало, вообще. И, в общем, только предатели могли поехать в капиталистическую страну, и подавно в страну, с которой нет дипломатических отношений, как, например, Израиль.

Так. Как же мы поженим это с тем фактом, что Вы уехали, когда Вам было четырнадцать лет? Какие у Вас были по этому поводу мысли? Переживания?

М: Мысли-переживания? Мне было, естественно, очень любопытно посмотреть, как живут за пределами Советского Союза, то есть, любопытство было невероятное, интересно было очень. Было очень страшно, потому что когда узнали там соседи, а потом и одноклассники, что мы собираемся уезжать, нам ночью выбили стёкла камнями в квартире на третьем этаже. Потом, как я только вот узнала буквально полгода назад, когда я была в Москве, это был один одноклассник. Мой одноклассник, который теперь живёт в Австралии, русский парень, который на самом деле... Я с ним лично этого не обсуждала, он живёт в Австралии, он один раз приезжал в Америку и мне звонил, мы с ним три часа беседовали по телефону. Этот парень ещё в детский сад даже со мной ходил. Со мной, с моим братом. Он ходил с нами в детский сад и узнал в школе...

Он не признался?

М: Нет, ну, просто мы это не обсуждали, я тогда этого не знала! Он разбил нам окна и перерезал телефон. Но, вернее, телефон он перерезал соседям. Он хотел нам, но нечаянно перерезал соседям. Но...

Из патриотических чувств?

М: Ну, видимо, да, что мы таки предатели, да! Но, глядя назад, на самом деле я, в принципе, даже не могу его винить, потому что многие жили в совершенно другом мире, можно сказать, в мире представлений о том, что происходит, где правда и где неправда; может быть, если бы я была на его месте, может быть, я бы сделала то же самое! Я не могу ничего сказать. Так что люди были, в общем, ослеплены там какими-то... Теперь уже мы знаем, что это всё...

Ну, это был ребёнок в идеологически выдержанном обществе.

М: Да, да-да! Так что... Ну, это всё было очень страшно. Было страшно тогда уезжать.

citizenship—that was something that did not exist, and only traitors could move to a capitalist country, and especially to a country which had no diplomatic relations with the USSR, such as Israel.

OK, how do we marry it to the fact that you left the country when you were 14? What thoughts did you have about it then, what feelings?

M: Thoughts and feelings? On the one hand, I was very curious to see how people lived outside of the Soviet Union, my curiosity was incredibly strong, I was very interested. It was also very scary because when the neighbors and later my classmates learned we were leaving, someone broke the windows of our third-floor apartment with rocks in the middle of the night. As I learned later, only half a year ago, while I was on a trip to Moscow, it was one of my classmates who did it. My classmate, a Russian guy who now lives in Australia. I have not talked to him about it, he lives in Australia now, he came to the US once and called me; we talked on the phone for three hours. He went to the same daycare that I did, me and my brother both. He knew us from daycare, and so he learned at school ...

Did he make a confession?

M: Well, we simply did not discuss this matter, I had no idea at the time! He broke our windows and cut the phone cable. More exactly, he cut our neighbor's phone cable; he was going for ours and accidentally cut theirs.

Was it done out of patriotic feelings?

M: Apparently yes, because we were traitors, yes. But, looking back, I do not even blame him, because many of us lived in a totally different world, with a different idea of what's true and what's not and what's going on, and perhaps, had I been in his place, I would have done exactly the same! I can't be sure. So, people were mostly blinded by these things ... Now we know that all of it is ...

He was a child in an ideologically rigid society.

M: Yes, yes! So ... It was all very scary. It was scary to leave then.

Was it difficult for your family to leave?

M: This question is formulated a little incorrectly. My family spent time doing long and meticulous preparations, because my parents, for instance ... My mother had a job that was not exactly classified but near that, if you could say so ... And so that is why she left her job and started teaching correspondence courses at college, so she would not ... In order to separate herself from it.

She did not have to wait five years?

Трудно было Вашей семье выехать?

М: Ну, это вопрос как бы немножко неправильный. Значит, моя семья долго и тщательно готовилась, потому что там, например, у моих родителей... Значит, у моей мамы была работа не связанная с секретностью, но тем не менее немножко, можно сказать, на границе. Да, и поэтому она ушла, перешла на другую работу, в заочный институт преподавать, чтобы не было... Так, чтоб отковырнуться.

Ей не пришлось ждать пять лет?

М: Нет-нет, мы в отказе не были, нет, у неё секретности не было, в том-то и дело, у неё не было секретности...

Ага, вот я про это как раз спрашиваю, потому что...

М: Нет, у неё секретности не было, но секретность была у моего дедушки, который никуда не уезжал, но тем не менее, тем не менее, ведь тогда могли отказать по любой причине или без причины, поэтому моя семья постаралась, естественно, всё, что от нас зависит, сделать. Так что дедушка бедненький ушёл на пенсию для того, чтобы спустя пару лет мы могли подать на вот это заявление об отъезде.

Когда выйдет срок, истечёт срок...

М: Ну, на самом деле я не знаю точно, что там истекло или не истекло, потому что настолько заранее...

Это была длительная подготовка?

М: Ну, подготовка, скажем, подготовка длилась примерно два года, вот такого плана, так что я не думаю, что за два года могли истечь сроки, но дедушка, собственно, никуда не уезжал, он оставался там. Просто, чтобы у него не было неприятностей, он ушёл на пенсию. Мой папа ушёл с работы в какой-то момент тоже, потому что его брат работал на той же работе... Но это уже потом, по-моему, когда... Может быть, нет, но наверное, когда мы...

Он ушёл с работы, чтобы не подвести брата?

М: Чтобы не подвести брата, да, который работал в той же организации. Это тоже были советские дела, что вина брата распространяется на брата, родителей – на детей. Детей – на родителей, что вот... Это ни в какой стране другой, неслыханно-невиданно, чтобы вина любого родственника...

Ну, может, в Северной Корее где-нибудь.

М: Да! Да. Действительно. Но вот такое распространение на всю семью: если ты предатель, то и твой муж предатель, и твой брат предатель, и твои родители предатели, вот так!

Подозрительные личности.

М: Да-да. Вот это всё... И поэтому некая подготовка была, но потом, когда уже подали заявление на выезд, в течение нескольких месяцев получили разрешение по непонятной причине, то есть, соответственно, так же, как и отказ давали по непонятной причине, так же и нам дали быстро разрешение по совершенно

M: No, no, we were not refuseniks,[315] her work was not classified[316] per se, that's what I am saying, it wasn't classified …

Right, that's what I am asking about, because …

M: So, her job was not classified by my grandfather's job was. He himself was not going anywhere, and still they could refuse the exit visa in those times for any reason, or for no reason, and that was why my family tried to do everything in their power to avoid it. So, my poor grandfather had to retire specifically so that in two years we could apply for an exit visa.

When the term for keeping classified info would be over …

M: I really do not know if the term was or was not over, because they started out so far in advance …

Were there long preparations?

M: Well, the preparations lasted about two years, I am not sure it was long enough for the classified status to expire, but our grandfather was not leaving, he was staying, he simply retired to avoid trouble at work. My dad also left work at a certain point, because his brother was working in the same place. But that, I think, was later, when … Perhaps not …

Did he leave work to keep his brother out of trouble?

M: Yes, so it would not affect his brother who was working for the same organization; that was also a Soviet thing, the theory that when a person is guilty of something, so is his brother, when parents are guilty, so are their children, and when children are, so are their parents. In no other country would you see or hear that all relatives are implicated by one.

Perhaps, in North Korea.

M: Yes, yes! Right. So, it is spread over the entire family: if you are a traitor, then you husband is a traitor, your brother is a traitor, you parents are traitors, just like that!

They are suspect.

M: Yes, yes, all of that … So we did spend time to prepare for it, and then, when we applied for an exit visa, we received one within a few months, for no clear reason; just like they could deny a visa for no clear reason, they gave us one rather quickly for no reason we could discern.

While all these lengthy preparations were going on for two years, did your parents inform you that you were about to leave, that it was in your future?

M: Yes.

---

315 In Russian, *otkaznik*, from the word *otkaz*, which means refusal. The unofficial term was applied to individuals, typically but not exclusively Jewish, who were denied permission to emigrate by the Soviet government.

316 In the USSR, individuals with jobs requiring government clearance, or "classified jobs," were not allowed to leave the country for various periods after the clearance expired.

непонятной причине.

Вас, пока велась вся эта длительная артподготовка два года, Вас родители информировали о том, что вы собираетесь уехать, что вот это вот грядёт?

М: Да.

То есть, Вы знали.

М: Да, да, постепенно знали.

Ну, и как у Вас это увязывалось с тем советским понятием, что эмиграция – это предательство, смена гражданства – это невероятное предательство?

М: Нет, нет, вот смена гражданства, там как было: смены гражданства не было, лишение гражданства. Тех, кто уезжали в Израиль, лишали гражданства, так что это была не смена, а, считайте, это было позорное лишение гражданства! Так что это было, с одной стороны, хуже, а с другой стороны – не то, что мы сказали, что мы не хотим быть, то есть, наоборот – нас ещё и лишали!

То есть, вам давали разрешение на то, чтобы вас потом с позором лишили гражданства?

М: Ну, в общем-то, да, потом надо было ещё заплатить...

Чтобы с позором лишиться гражданства, надо было заплатить денег и разрешение на это сделать?

М: Да, да.

Понятно.

М: Так что, в общем, вот так было. Естественно, я тогда, ну, вот это я точно не считала предательством никаким...

То есть, не было у Вас конфликта?

М: Нет, нет, совершенно нет. Нет, самое большое чувство было – любопытство и интерес к тому, что происходит за пределами Советского Союза. Это было очень интересно, безусловно, как живут в других странах.

Хорошо. И вот, когда Вы уехали в четырнадцать лет, Вы уехали в какую страну сначала? В Израиль?

М: В Израиль, да.

Ну и как Вам там показалось?

М: Значит, во-первых, переезд как таковой был ещё через Европу, потому что дипломатических отношений не было с Израилем, не было самолёта Москва-Израиль. В общем, через Европу, ну, не важно... Но в Израиле было всё очень интересно и хорошо, и мне там очень нравилось. Я, надо сказать, что мы с братом – у меня брат-близнец, поэтому он фигурирует везде, мы всегда в одном классе были, везде вместе – короче говоря, у нас была компания в основном из тоже русских эмигрантов, но и были израильтяне-друзья тоже, одноклассники, с которыми мы учились. Но всё нам очень нравилось, всё было очень хорошо. Мы там ходили в походы... На самом деле, израильская культура, может быть, из-за того, что

So, you knew.

M: Yes, eventually.

For you, how did this tie in with the Soviet idea that emigration is an act of betrayal, and a change of citizenship is an unimaginable betrayal?

M: No, no, there was no change of citizenship, the way it worked then was it was not a change of citizenship; you were stripped of your citizenship. Those who left for Israel had their citizenship taken away, it was not a change, it was a shameful stripping of citizenship! So, on the one hand it was even worse, and on the other — it's not like we said we did not want to be citizens, no! They took our citizenship from us!

So, you applied for permission to be shamed and stripped of your citizenship?

M: Generally, yes, and we also had to pay for it.

To be shamed and deprived of citizenship, one had to file a form and pay some money.

M: Yes, yes.

I see.

M: So, that's what it was like, in general. Naturally, I did not, at the time for sure, I did not think it was a betrayal of any kind.

So, you were not conflicted.

M: No, no, absolutely not. No, my most significant feeling was curiosity and interest in what was going on beyond the Soviet Union. It was, without a doubt, very interesting to see how people lived elsewhere.

OK. So, when you left at the age of 14, which country did you go to first? To Israel?

M: Yes, to Israel.

And what did it look like there, for you?

M: Well, first, there was a trip across Europe, because Israel had no diplomatic relations with the USSR then, and there were no flights from Moscow to Israel, so, we went through Europe, which is not that important ... But Israel was very interesting, and it was nice, and I liked it very much. It must be said that I have a twin brother, and he is in all my stories, we were always in the same class at school and generally went everywhere together; so, my brother and I, we had a group of friends who were mostly fellow immigrants from Russia, and some Israeli kids as well, who went to our school. And we liked all of it very much and it was great. We often went hiking ... Actually, the Israeli culture, maybe for the reason that there are a lot of people from Russia there, from different immigration waves, has something in common with our culture, like, a soulfulness, a shared stream; there is a commonality with Russia. For instance, we would go hiking, and we sang in chorus on tour buses; I have not observed anything like it in the US.

A collective life.

M: Yes, exactly, a group life, a collective life. What friendship means, the role of the

там много выходцев из России разных времён, но есть нечто общее, как вот эта душевность; есть общий поток, есть общность с Россией. И там, например, мы ходили в походы, в автобусах пели песни, в общем, например, в Америке я такого не наблюдала.

Групповая жизнь какая-то.

М: Да, да, вот именно, групповая, коллективная, понятие дружбы, коллективная роль и даже понятия типа «отряд» и «класс», всё это было там намного сплочённее, чем в Америке, скажем. И чем-то напоминало Россию, безусловно, и понятие дружбы, безусловно, было больше схоже с Россией.

И сколько Вы прожили в Израиле?

М: Полтора года.

Полтора года. И потом Вы переехали опять, правильно?

М: Да.

И куда Вы переехали?

М: И потом мы переехали в Америку и, как ни странно, это было тоже большим позором, потому что уезжать из Израиля, в те времена особенно, ну, и сейчас, конечно, уже всё это намного улучшилось, но было так, что те, кто уезжает из Израиля – тоже предатели. Потому что это еврей, покидающий свою страну, свою историческую родину.

То есть, переезд в Израиль можно рассматривать как репатриацию? А вот когда уже репатриант уезжает из Израиля...

М: Нет, любой человек, любой гражданин Израиля, это не относится к репатриантам. Любой гражданин Израиля считался, а в те времена и подавно, предателем. Даже есть такое слово специальное на иврите, обозначающее такое, в прямом смысле обозначает «опустившийся». То есть человек, опустившийся...

А которые приехали – это взошедшие?

М: Да. Да-да.

Взошедшие и опустившиеся; то есть, Вы взошли сначала в Израиль, а потом – опустились?

М: Да, но опустившиеся – это все, кто уезжает из Израиля. Наш переезд из России не имеет отношения к опусканию.

Ну, я просто за Вашей биографией слежу, за тем, что там произошло. По этому поводу Вы опять не переживали или переживали всё-таки?

М: По этому поводу я, может быть, даже больше переживала, потому что мне в принципе в Израиле нравилось, у нас была очень хорошая компания друзей, так что я, наверное, не уезжала бы из Израиля. Решения, соответственно, были все моих родителей и в частности моего папы, и я бы, наверное, осталась в Израиле, я бы не ехала в Америку. В Израиле было очень хорошо, были друзья, был класс, всё было как-то налажено и в общем замечательно.

Понятно. И вот, когда Вы приехали в Америку... Вы приехали в Америку, а это совсем другой

collective, and even such notions as "team" or "class" mean a much tighter organization than they have in the US, for instance. In some respects, it was more like Russia, and the definition of friendship was more like the Russian one.

How long did you live in Israel?

M: A year and a half.

A year and a half. And then you moved again, correct?

M: Yes.

Where did you move to?

M: Then we moved to the US, which, strange as it may seem, was again a big shame, because leaving Israel, especially in those times—and it has become much better now—meant that those who left Israel were traitors as well. Because a Jew leaving his land, his historical home ...

So, going to Israel could be viewed as repatriation? And when a repatriate left Israel, it was viewed as ...

M: No, that was true for any Israeli citizen, anyone, not just the repatriates. Any citizen of Israel was considered, especially in those times, to be a traitor, there is even a special Hebrew word for it, the direct meaning of it is "one who has descended." So, it is a person who has gone down.

And those who came to Israel have ascended.

M: Yes, yes.

The ascended and the descended; so, it turns out you ascended to Israel first and then went down?

M: Yes, but the descended are all people leaving Israel; our move from Russia had no bearing on the descent.

Well, I am only trying to follow your biography and what happened. So, were you not upset about that move either, or were you, perhaps, upset?

M: I was probably more upset about that move, because I liked Israel in general, I had a great group of friends, so if it were up to me I would have probably stayed; all the decisions were my parents', of course, and in particular my father's, and I would have probably stayed in Israel and not gone to the States. It was great in Israel, I had friends, classmates, everything was going smoothly and quite wonderfully.

I see. So, when you came to the US ... You came to the US, and it was a different system; everything was different. What was the year you moved?

M: 1976.

1976; capitalism, and arms race in full swing.

M: Yes.

OK. How did America treat you and how did you like America?

M: America was also very interesting. First, we stayed in New York for a bit with our

строй, другое всё... Это какой год был примерно?

М: 1976.

76-й год. В общем, полный разгар капитализма и гонки вооружений.

М: Да.

Хорошо. Как к Вам отнеслись в Америке и как Вы к ней отнеслись?

М: В Америке всё было тоже очень интересно. Сначала мы были в Нью-Йорке немножко, приехали к родственнице, а потом мы жили в Северной Каролине, где я заканчивала школу, в маленьком городке, тоже университетском, в Северной Каролине. Отнеслись к нам великолепно совершенно, наши одноклассники нас с братом везде возили, приглашали, тут очень-очень хорошо отнеслись, надо сказать, даже лучше, чем в Израиле. В Израиле к иммигрантам относятся скорее плохо, к иммигрантам из России особенно, а вот в Америке ко всем иммигрантам — у меня сложилось такое впечатление — относились очень хорошо, и в школе... Ну, мы же, собственно, приехали по туристической визе, но всё равно мы имели право бесплатно учиться в школе, в американской, городской, государственной, и в школе всё было очень хорошо, нас везде приглашали, всё было замечательно.

Эта Америка 76-го года Вам какой показалась? Так ли Вы ожидали её увидеть? Удивило ли что-нибудь?

М: Да, удивило. Ну, первое впечатление, когда мы пошли в школу, связано с... Значит, в школе учились, соответственно, и белые, и негры. И меня поразило, что негры всегда сидели сзади, не смешиваясь совершенно с белыми, и сидели сзади на задних рядах, и у многих из них были косички с цветными какими-то штучками, вплетёнными в эти косички, в общем, выглядело это очень странно. Меня удивило, во-первых, что они все не перемешанные, чёрные с белыми, а что какое-то разделение происходит, и с другой стороны то, что они очень странно выглядели с этими косичками, с цветными какими-то штучками в волосах. В общем, я почему-то не ожидала этого, я почему-то ожидала более равномерную, более однородную публику, что ли, что чёрную, что белую...

А Вам разве в Советском Союзе не рассказывали, что в Америке негров угнетают?

М: Я как раз угнетения не видела, угнетение уже было тогда... Хотя это был южный штат. Там, может быть, к этому привычка была.

Там всё же сегрегация была.

М: Я, между прочим, такую сегрегацию тогда... Может быть, действительно, это было из-за этого, я не знаю, но я также заметила, что желания учиться там у этих негров не было, было, скажем, намного меньше, чем у белых. Так что я тогда, да и сейчас объясняю то, что они сидели на задних рядах тем, что они не хотели учиться. Это традиционно в любой стране, что тот, кто не хочет ни слушать, ни чего-то делать, а хочет развлекаться, тот садится сзади, а спереди садятся отличники. Так что я почему-то отнесла это не к сегрегации расовой, а

relative, and then we lived in North Carolina, where I went to high school, in a small campus town. They treated us absolutely great, our classmates invited us everywhere and took us everywhere, they treated us really, really nicely, perhaps even better than in Israel. In Israel, the attitude towards immigrants was rather poor, especially towards immigrants from Russia, but in the US, my impression was, all immigrants were treated nicely, even in school. We, actually, came on a tourist visa but still we had the right to free education in American public schools. The school was great, we were invited everywhere, it was wonderful.

How did the America of '76 seem to you? Was it as you expected it to be? Were you surprised by anything?

M: Yes, I was surprised. My first impression when I went to school was ... So, the school had a mix of white and black kids. And it struck me that the black kids all sat in the back, not integrating with the whites at all, and many of them had little braids with colorful things braided into them, and it all looked rather strange to me. I was surprised that they did not mix, the whites and the blacks, but kept separate, somehow, and on the other hand, they looked very unusual, with their braids and colorful things, so I was not expecting this. For some reason, I was prepared to see something more homogeneous, I guess, be it white or black.

Weren't you told in the USSR that blacks were oppressed in the US?

M: I have not seen any oppression, actually, I think the oppression was gone by then ... Although it was a Southern state. Perhaps it was customary there.

They had had segregation there.

M: As to segregation ... Perhaps it was truly because of it, I do not know, but I also noticed that the black kids did not show any desire to learn, or at least it was much less than with the white kids, and so then, as I do now, I thought that the reason they selected to be in the back of the class was that they did not want to study. It is traditional in any country that those who do not want to listen or participate and only want to have fun, they sit at the desks in the back, and the front desks are usually chosen by A-students. For some reason, I did not think the explanation was the racial segregation, I just thought they absolutely did not want to study. With that, I must say that perhaps the best teacher I have had in school was a black woman, she was an outstanding history teacher and a very good woman, quite young; and so, she was a completely wonderful teacher and all the kids loved her, and she loved all the kids. And that was something that I remembered very well: that a black woman could be a teacher, a respected and beloved teacher.

What did you think of the abundance of money and consumer goods and services?

M: The material abundance, or rather the abundance of consumer goods still astounds me. Although it is now present in Russia as well, everywhere, it did strike me then, and still, to this day, when I go to the store it strikes me, this abundance. Though I do not like shopping in general, but the abundance is striking. And at that time, it was even more so, naturally. I mean, back then we took a photograph in one of the superstores and sent it to

просто к тому, что им совершенно не хотелось учиться. При этом надо сказать, что моя, пожалуй, лучшая учительница в школе была негритянка, учительница истории, потрясающая, очень-очень хорошая и женщина, и учительница, довольно молодая, и вот она была совершенно замечательной учительницей, и к ней очень хорошо относились все ученики, и она очень хорошо ко всем относилась. И это тоже мне очень запомнилось, что негритянка, во-первых, была и учительницей, и очень уважаемой и любимой учительницей была.

Как Вы отнеслись к товарно-денежному, к материальному изобилию?

М: Материально-денежное изобилие, то есть, товарное изобилие меня поражает до сих пор. Хотя оно теперь есть даже и в России, и везде, но да, оно меня потрясло, и до сих пор, по сей день, каждый раз, когда я хожу в любой магазин, меня это потрясает, это изобилие. Хотя я вообще не люблю магазины, но изобилие меня поражает. А тогда – подавно, естественно. То есть, тогда мы сфотографировали и послали родственникам в Россию: в магазине, в одном из больших магазинов, была просто целая стена крышек для унитазов. Разноцветных, разных материалов, наверное, штук тридцать разновидностей крышек для унитазов, и мы вот сфотографировали эту целую стену крышек для унитазов, потому что нам казалось – вообще, кому это нужно и... Ну, такое вот изобилие.

То есть, родственникам из своей новой жизни Вы послали стену с крышками от унитазов?

М: В частности.

В частности. То есть, фотографировали магазины и...

М: Да, да, потому что... Да.

И им было интересно?

М: Я не знаю. Я не помню никаких комментариев.

А что там у них было в Советском Союзе, у родственников, с крышками для унитаза?

М: У родственников к этому времени наверное, были талоны, как они назывались, я... Я уже тогда уехала. То есть, была нехватка всего, и были даже талоны.

Крышки для унитазов распределяли.

М: А крышки для унитазов вообще были где-нибудь... Я не знаю именно про крышки для унитазов, поэтому это был парадокс, как бы...Такая вполне ненужная вещь, а здесь завались этих крышек для унитазов! Хотя это, собственно, даже вещь такая... Не особо нужная.

Нет, ну дома-то в Москве унитаз был с крышкой?

М: Ну, да.

Ну вот, он был с крышкой, как-то там эту крышку добыли. А какие вещи, может быть, предметы одежды или что-то ещё, Вам хотелось купить, приобрести?

М: Дело в том, что, когда мы приехали в Америку, мы приехали по туристской визе, у нас были... И у моих родителей не было даже права на работу, так что нам было на самом деле ни до одежд, ни до чего. Мы жили впроголодь и ни о какой

our relatives in Russia: there was an entire wall of toilet lids. They were of all colors and different materials, must have been about 30 kinds of toilet lids, and so we took a picture of that toilet lid wall because we thought, "Who needs this?" Such abundance.

So, you sent your relatives a photo of a wall of toilet lids from your new life.

M: It was a part of what we sent.

It was a part. So, you took photos in stores ...

M: Yes, yes, because ...

Were they interesting to your relatives?

M: I don't know, I don't remember any comments.

How were your relatives doing in terms of toilet lids back in the Soviet Union at that time?

M: Our relatives must have had food rationing by that time, or whatever it was called. I was gone by then. There was a shortage or everything, and they even had ration cards.

Toilet lids were distributed by the state.

M: Toilet lids were somewhere, I don't know ... I don't know anything about toilet lids specifically, because it seemed like a paradox of some sort ... They are not exactly what people really need, and yet there was a whole load of these toilet lids here. Though they are not exactly a necessity.

Well, did your toilet at home in Moscow have a lid?

M: Well, yes.

So, it had a lid which means the lid had been obtained somehow. What things, maybe items of clothing or anything else, did you want to buy?

M: Really, when we came to the US, we came on a tourist visa, and we had ... Our parents did not even have the right to work, so we did not even think about clothes or anything else. We were living hand to mouth and could not even dream of clothes, until the immigration issues of my parents were resolved, and they started working. It took about a year, I think, or something like it, about one year was spent on settling the job issues. It must have cost my father years of his life, and lots of blood and sweat. But anyway, it did get ...

I understand that things did get settled eventually; but what did you personally want to have?

M: What did I want? I was at the age when I was growing, and I was always really hungry, and we were destitute. And I dreamed that some American family would invite us for dinner, which occasionally happened, various people invited us ... So, I personally wanted to eat.

All kinds of food.

M: Yes, simply because I was a growing child, and I also remember that, because of my Soviet upbringing, I thought to myself, I can't believe I have food on my mind! I need to think about lofty things, I need to think about poetry, for instance, or something else

одежде речи быть не могло, пока не устаканилось с иммиграционными делами и с работой. На это ушёл, наверное, год, такого плана, ушёл год на то, чтобы у моих родителей утряслось с работой. Моему папе это стоило, наверное, полжизни, много крови и пота тогда. Но тем не менее оно всё...

Понятно, что оно всё устаканилось; а чего хотелось?

М: Чего хотелось? На самом деле я была в таком возрасте, когда я росла, мне очень хотелось есть, а мы жили впроголодь. И я всё мечтала, что нас пригласят на ужин какие-нибудь американцы, что иногда и происходило, нас приглашали разные люди...Так что мне лично хотелось есть.

Еды всякой...

М: Да, просто потому, что я росла, и я ещё помню тоже, в связи с советским воспитанием, я думала про себя: «Как это я думаю о еде?!» Ведь надо думать о возвышенном, надо думать, например, о стихах, или что-то такое возвышенное, размышлять о математических каких-то задачах, а я, понимаешь...

Да, стихи... Вот тут поели — потом о стихах. Потом опять о еде.

М: Да! В общем, я помню, что мне было очень стыдно, я даже никому не говорила, что я вот мечтаю, когда бы поесть, потому что я была всё время голодная. И мне было это очень стыдно. И в этом смысле, может быть, даже лучше, что у меня такое было, что я считала, что надо думать о возвышенном... Может быть, это даже неплохо, я не знаю. Но мне было стыдно, что я, вместо того, чтобы думать о возвышенном, думаю о еде.

Что только подросткам, девицам молодым, в голову не придёт, честное слово! Какая у Вас была связь с Советским Союзом? Вы писали письма?

М: Да, Советский Союз; соответственно, у меня не было контактов с одноклассниками, хотя одна одноклассница ещё при нашем отъезде умоляла чуть ли не на коленях, чтобы ей писать письма, а её мама потом ещё больше на коленях умоляла, чтобы мы ни в коем случае ей ничего не писали из-за границы. И мы в итоге выбрали пожелание её мамы, всё-таки она была взрослым человеком, и не писали, так что контакт потерялся на много лет. Так что у меня практически, наверное, лет двадцать или двадцать пять не было контакта с московскими одноклассниками.

Это как раз потому, что Вы были персона нон грата, или что?

М: Нет, нет, ну, сначала это было вообще просто опасно говорить и, соответственно, мы сначала, во-первых, не знали, кто как воспримет этот отъезд: одни нам кидали камни в окна, а другие умоляли на коленях писать письма. И на самом деле, зная и имея в виду опыт моих родителей, я, естественно, тогда решений сама ещё не принимала, родители решили, что даже та, которая просила письма, всё равно, что не стоит; раз её мама была настолько против, то лучше не писать. Так что сначала просто контакт потерялся из-за того, что мы не хотели никого подвести там. Потом просто до того, как появился интернет, уже было, наверное,

elevated, ponder mathematical problems, yet here I am ...

Oh yes, poetry. First, we eat, and then we think about poetry. Then we think about food again.

M: Right! So, I remember being very ashamed, and I did not even tell anyone that I was dreaming of eating food, because I was hungry all the time. I was very ashamed of that. In that sense, it might have been even better that I had that experience, that I thought one had to think about lofty matters. Perhaps, it is not a bad thing, I don't know. But I felt shame when I was thinking about food instead of having refined thoughts.

Honestly, the things that occur to teenage girls! What connection did you have with the Soviet Union? Did you write letters?

M: Well, with regards to the Soviet Union, I, of course, had no contact with my former classmates, although one girl from my class practically begged me on her knees to write, when we were leaving, and then her mother begged me on her knees even harder not to write anything to her daughter from abroad under any circumstances. In the end, we went with the wishes of the mother, as she was the grown-up. I did not write, and the contact was lost for many years. So, for practically 20 to 25 years I had no contact with my classmates.

Was it because you were a persona non grata, or for another reason?

M: Well, no, at first it was simply dangerous to talk about it, and so at first we did not even know how different people would take our departure; some threw rocks at our windows, others begged on their knees that we would write, and really, having taken into account the experiences of my parents, as I was naturally not a decision-maker at the time, my parents decided that it was not a good idea to write even to the girl who begged us to write, since her mother was so adamantly against it. So, at first, we lost contact because we did not want to endanger anyone *back there*. Later, before the internet, it was quite impossible to find those people, or at least very difficult, and so we were not in contact for a long time. We had no connection to my classmates, but we did have contact with my grandparents, we had to send them letters post restante, general delivery, because they were afraid to receive letters at their home address.

And did they write to you?

M: They wrote to us, yes.

I see; but they must have sent letters to your home address?

M: Well, they sent us letters to our home address, but I think they stated their return address as "general delivery."

I see. So, your only contact was with close relatives?

M: Yes, yes.

And only in the form of letters.

M: Yes, yes. We also sent them packages, parcels with clothing, general delivery as well.

невозможно этих людей найти, или, по крайней мере, очень трудно, так что долгое время контакта не было. Так что с одноклассниками контакта не было, а был контакт с родственниками, с бабушкой и дедушкой, которым мы писали письма «до востребования», потому что они боялись получать письма на домашний адрес.

И они вам писали?

М: Они нам писали, да.

Ага, понятно, но не до востребования, на адрес, да?

М: Ну, они сюда нам писали, естественно, на адрес, да, но свой обратный, по-моему, указывали просто «до востребования».

Понятно, то есть, только с близкими родственниками сохранялся контакт?

М: Да, да.

И только вот такой, эпистолярный.

М: Да, да. И мы им посылали посылки, тоже до востребования, посылки с какими-нибудь вещами.

Понятно. Телефон, звонки? Нет?

М: Н-нет, может быть... Поскольку домой мы им всё равно не могли звонить, потому что они боялись... Но, может быть, они нам с главпочтамта пару раз, но это было, может быть, раз в год или меньше, я даже не помню.

По сверхъестественным поводам?

М: Да, да. В общем, практически не было звонков.

А с друзьями родители сохраняли контакт?

М: Тоже переписка какая-то была с некоторыми, да, да, но, по-моему, достаточно мало, с какими-то близкими друзьями, да.

Ну, не тяжело было разрывать эти связи?

М: Эти связи было разрывать чрезвычайно тяжело, потому что мы, когда уезжали из Советского Сюза, мы не знали, увидим когда-нибудь этих людей или нет, то есть, мы... Это были как похороны. Мы уезжали, думая, что навсегда, что не только мы туда никогда не вернёмся, что мы никогда не увидим никого из этих людей. И одно тоже очень яркое для меня воспоминание: один близкий друг из друзей моего папы, мужчина, когда он с нами прощался, он плакал, и я тогда ещё никогда не видела, чтобы мужчина – а причём он был сильный, большой! – и вот он плакал, когда прощался с нашей семьёй, и я поняла тогда, что мы уезжаем навсегда, что мы не увидимся никогда с теми, с кем прощаемся. Это было очень страшно, больно и грустно. И я также помню, что я с момента отъезда каждый день перед сном перечисляла своих родственников в голове, всех, кто там остался, и мечтала когда-нибудь с ними увидеться.

При такой травматичности отъезда что, если Ваши родители это с Вами обсуждали, конечно, что подвигло их уехать?

I see. What about phone calls?

M: No ... Maybe ... Since we could not call them at home anyway, because they were afraid, perhaps they called us once or twice from the central post office, but it must have been once a year or less frequently. I don't even remember.

On extra-special occasions?

M: Yes, right. So, there were practically no phone calls.

Did you parents stay in touch with their friends?

M: They kept some correspondence, yes, but I think it was rather scant, with some close friends, yes.

Was it hard to sever connections?

M: Severing these connections was extremely hard, because when we were leaving the Soviet Union, we did not know whether we would see those people again or not, I mean ... It was like a funeral, we were leaving with a belief that we were leaving for good, not only would we never return, but we would never see any one of those people. And here is one of my most striking memories: one close friend of my father's, a man, was crying as he was saying goodbye to us, and I had never before seen a man cry, a big strong man like he was. He was crying, saying farewell to our family, and I understood then that we were leaving forever, that we would never see the people we were parting with. It was very frightening, painful, and sad. And I also remember that, from the day we left, I counted all my relatives in my head before I went to sleep every night, everyone who stayed behind, and dreamed of seeing them again sometime.

Given how traumatic the departure was, what was the motive behind the move, if your parents ever discussed it with you?

M: Uh-m ... Running away from the Soviet power. Freedom. I mean, freedom in the first place. To gain freedom.

What was the essence of that freedom? What did they want to do that was unavailable to them in the Soviet Union?

M: Travel.

OK, traveling.

M: Yes, traveling, and also being able to express their opinions openly and freely, on any subject from Pushkin's *Captain's Daughter*[317] to political issues.

I see. Freedom of speech and freedom of movement.

M: Yes, and the freedom to read whatever they wanted. It must be a part of freedom of speech. Freedom of speech, of movement and, originally, anti-Semitism must have played a huge role in our departure, so we were running away from anti-Semitism, although you could say that when we were leaving ...

---

317 An 1836 historical novel by the Russian writer Aleksandr Pushkin.

М: Э-э-э... Убежать от советской власти. Свобода. Ну, то есть, свобода на первом месте стояла. Обрести свободу.

В чём заключалась свобода? Что они хотели делать, чего они не могли делать в Советском Союзе?

М: Путешествовать.

Так. Путешествовать...

М: Да, путешествовать, а также свободно и открыто выражать своё мнение по любому вопросу, начиная от «Капитанской дочки» Пушкина и до каких-то политических вопросов.

Понятно. Свобода слова, свобода передвижения.

М: Да, свобода читать всё, что захочется. Ну, это тоже относится к свободе слова. Свобода слова, передвижения, а также первоначально наверняка антисемитизм играл огромную роль в нашем отъезде, так что мы уезжали от антисемитизма, хотя можно сказать, что, когда мы уже уезжали...

Ну, предполагалось, что в Америке нет антисемитизма?

М: Нет, этого не предполагалось, предполагалось, что в Израиле его нет.

В Израиле нет...

М: И поэтому мы уехали в Израиль, а таки что делать в Америке — не совсем предполагалось, были очень противоречивые у нас впечатления или представления, что у меня, что у моих родителей. С одной стороны, мы слышали, как хорошо здесь живётся всем, включая евреев, а с другой стороны, мы знали, что были по крайней мере когда-то надписи «Евреям и неграм вход воспрещён». Так что мы точно не знали, чего здесь ждать, мы... У нас были какие-то знакомые и даже родственники, которые здесь жили и которые были евреями и, по крайней мере, мы знали, что с ними всё хорошо, что ничего не случилось. Но что именно и как здесь проявляется, антисемитизм или какое бы то ни было отношение к евреям, мы точно не знали. И это входило в тот риск, и я помню даже, что мой папа пытался нам объяснить, что некий риск в этом есть, конечно, в отъезде из Израиля в Америку, что мы точно не знаем, будут ли там надписи «Евреям и неграм вход воспрещён», или что.

То есть, Ваши родители уезжали в Америку, имея о ней самое приблизительное представление?

М: Ну, наверное, скажем, не самое точное представление. Потому что мои родители достаточно ответственные люди, и здесь были некие друзья и родственники, так что не то, что они совсем шли на какие-то рискованные шаги, но, действительно, неопределённость была большая в том, что нас здесь ждёт.

А вот эти рассказы о том, что в Америке хорошо живётся — в каком смысле хорошо? Что хорошо?

М: Опять-таки, свобода...Что это страна неограниченных возможностей.

Ну, это правда или нет?

М: Да, это правда.

Was it expected that there was no anti-Semitism in the US?

M: No, nothing like that was expected; it was expected it did not exist in Israel.

Not in Israel.

M: And that was why we moved to Israel. As to what we would do in America, there wasn't a specific plan; we had very contradictory impressions of it, or ideas about it, both I and my parents. On one hand, we heard how well everyone lived here, Jews included; on the other hand, we knew that at least at some point in history, they had signs that said, "No Negroes or Jews." So, we did not know what exactly to expect. We had some friends and even relatives who lived there and were Jewish, and we knew that they, at least, were doing well and nothing bad was happening to them. But what specifically it looked like, and how it manifested, whether it was anti-Semitism or whatever other attitude to Jews, we did not know for sure. That was part of the risk, and I even remember that papa tried to explain it to us that there were certain risks involved in our move from Israel to the US, and that we could not know for sure if they had "No Negroes or Jews" signs or not.

So, your parents moved to the US with only an approximate idea of what it was like?

M: Well, it must have been not the most accurate idea. Since my parents are rather responsible people, and they had certain friends and relatives over here, we can't say they were taking some really risky steps, but there was definitely a lot of uncertainty about what awaited us here.

When you heard stories that people lived well in the US, what did they mean? What was the description of living well?

M: Again, freedom; and that it was a country of unlimited possibilities.

Is it true or not?

M: Yes, it's true.

A country of unlimited possibilities ... Did it mean that you could come to the US where everything was available? Or, at least, where you could achieve everything?

M: Yes, achieve, that's the correct word. It's a country where you can achieve everything you have the energy to achieve. You will not be impeded by external constraints. There are freedoms, there is some semblance of equality, and everyone has a chance to make it.

Did your parents achieve what they wanted?

M: Yes. In particular, my father has without a doubt achieved what he wanted in terms of his work; he was a university professor, which in Israel ... He wouldn't have gotten tenure. In the US, he got tenure quickly, in a good university, and right away he could ... It does not matter how, but as soon as he started working, he got it, he didn't have to work for six years before receiving it. It does not matter. In terms of work and career, he achieved his goals. He traveled all around the world.

Except for back to the Soviet Union?

Так. Страна неограниченных возможностей... То есть, предполагалось, что Вы можете приехать в Америку, и там — всё. Или, по крайней мере, добиться всего?

М: Вот добиться, да. Это страна, где можно добиться всего, чего есть силы добиться. Какие-то внешние факторы не будут вас ограничивать. Есть эти свободы, есть какое-то подобие равенства и у всех есть шанс пробиться.

Ну, они добились, чего хотели?

М: Да. В частности, мой папа безусловно добился, он хотел и он добился в смысле работы. Он был профессор в университете, чего он в Израиле... Ему бы не давали постоянной так называемой tenure[264]. А в Америке ему сразу дали tenure в хорошем университете, и сразу, соответственно... Ну, не важно. В общем, сразу в смысле «как только он поступил», он не должен был шесть лет работать, чтобы его получить. Ну, не важно. В смысле карьеры и работы он добился всего, чего хотел. Он путешествовал по всему миру.

Кроме Советского Союза?

М: Нет, он ездил туда обратно тоже. Потому что у него там родители оставались. Потом они через много-много лет переехали сюда, уже будучи совсем старыми и больными. Но он таки ездил туда, увидеться с ними. Но вот я не знаю, вспомню сейчас такое слово или нет, но мой папа, при всём его желании уехать от советской власти, сейчас недавно, когда появился интернет, нашёл какие-то сайты с музыкой патриотической, типа, Второй мировой войны, там, «Песня о Москве», и вот он, оказывается, моим детям, своим внукам, ставит всю эту музыку российскую, всю эту патриотическую песню Второй мировой войны о Москве, например, и он с такой гордостью, с такой гордостью говорит: «Я — москвич!» И он так этим гордится! Я была поражена. Буквально год назад это было. Он очень гордится тем, что он москвич. Всё-таки у него, даже при всём его отношении к советской власти, при том, что он претерпел тоже, его как раз и били из антисемитизма, и никуда не приняли из антисемитизма, в общем, это было совершенно ужасно, через что он прошел, ужасно... Но, тем не менее, даже для него это была его страна. И он чувствовал какую-то, видимо, ностальгию, и он любил, видимо, свой город и свою страну.

Ну, жизнь — сложная штука.

М: Да, да.

Вот Вы когда приехали в Америку, Вы говорите, что к Вам отнеслись очень хорошо.

М: Да.

Дети, взрослые...

М: Да.

Все практически?

М: Да.

---

264 Бессрочный контракт преподавателя в высшем учебном заведении.

M: No, he went back there as well. He went because his parents stayed there. Then after many, many years they moved here [to the US], when they were already very old and frail. But he did go there to see them. I am not sure if I can recall the term for it now, but my father, with all his desire to move away from the Soviet rule, after we got on the internet, recently found some websites with patriotic songs, such as WW2 songs, the *Moscow Song*,[318] etc. It turns out he plays this music to my children, his grandkids, this patriotic Russian music, about the war and about Moscow, and he says with such pride, "I am a Muscovite!" He is so proud of it! I was stunned. This was just a year ago. He is so proud to be from Moscow. Still, given his attitude towards the Soviet regime, given what he had to go through, as he was beaten up because of anti-Semitism, and not accepted to college because of anti-Semitism, the horrible things he had to go through, completely horrible ... Yet, for him, it was his home country. And he felt nostalgic, I think, and loved his country and his city.

Well, life is complicated.

M: Yes, yes.

So, you mentioned that when you came to the US, people treated you well.

M: Yes.

Both children and adults.

M: Yes.

So, practically everyone?

M: Yes.

Have you come across any distorted ideas about the Soviet Union? Did anyone ask you if you had bread lines and bears walking in the streets?

M: Yes, without a doubt, there were questions like these; people here had a completely wrong idea about Russia, or, rather, no idea. There were indeed questions about whether we had bears and whether we had stoplights. So, on the one hand, people knew nothing. On the other hand, since we lived in a college town at first, the locals were educated people, and the children in our school were children of educated people, so at least they did not think all Communists should be executed. Because here in the US they have such a negative, fearful attitude towards communists and atheists.

In some places.

M: Yes, and I would say, possibly, in all places, because here in Ann Arbor, which is considered to be a liberal and progressive college town, my son is afraid to wear a certain T-shirt to school. The T-shirt was a gift from my co-worker, and it has a picture of a rainbow on it, and the words "Imagine No Religion." And my son is wary of wearing this shirt to his Ann Arbor public school.

Is he concerned that someone will beat him up?

318 Likely *My Moscow*, a war-time song which became the official song of Moscow in 1995.

Не сталкивались ли Вы с какими-нибудь искажёнными понятиями о Советском Союзе? Не задавали ли Вам вопросов типа: «Правда ли, что у вас там очереди за хлебом и медведи на улицах?»

М: Да, безусловно, такого плана вопросы были, и у людей здесь было совершенно неправильное представление, то есть, никакого представления о России. Было, действительно, что там медведи ходят, и есть ли там светофоры. Такого плана вопросы были, естественно. То есть, ничего не представляли, с одной стороны. С другой стороны, может быть, из-за того, что мы жили в первое время в университетском городе, всё-таки это люди были образованные и дети, с которыми мы учились, были дети образованных людей. Они, по крайней мере, не считали, что всех коммунистов надо расстрелять, потому что здесь в принципе в Америке есть такое, что... Боязнь, плохое отношение к коммунистам и к атеистам.

В некоторых местах.

М: Да, и даже, я бы сказала, может быть, и везде, потому что здесь в Энн-Арборе, который считается прогрессивным университетским либеральным городом, мой сын боится в школу надеть маечку – мне подарил сотрудник такую маечку, – на которой нарисована радуга и написано "Imagine No Religion". И вот мой сын боится надеть такую маечку в школу в свою, в городскую школу города Энн-Арбора.

Что, боится, что побьют?

М: Да. Потому что здесь очень много есть религиозных людей. И христиан, естественно, в основном, которые могут воспринять это очень плохо, потому что вот мой сын сам считает себя атеистом, ему эта идея очень понравилась, такая маечка, "Imagine No Religion", но он...

Ну, это цитата из Леннона[265].

М: Естественно! И ещё и радуга...

Эта маечка про музыку, на самом деле.

М: Но и про радугу! Написано "Imagine No Religion", а в песне, по-моему, поётся совсем другое...

Есть.

М: "No Religion"? Такие слова есть, да?

"Imagine there's no countries/It isn't hard to do/No need of something-something/And no religion, too..."

М: А правда, да?

Да.

М: Так что, у него это тоже есть?

Да.

---

265 «Представь себе», песня Джона Леннона, выпущенная в 1971 г., содержит слова «Представь себе, что нет никаких государств, это нетрудно; незачем ни убивать, ни умирать, и религии тоже нет».

M: Yes, because there are a lot of religious people here. Mostly Christians, naturally, who might take a very dim view of this, since my son considers himself an atheist. He really liked this idea of a shirt that says, "Imagine No Religion", but ...

Well, this is a John Lennon quote.

M: Naturally! Plus, the rainbow ...

This shirt is really about music.

M: And about a rainbow! It says, "Imagine No Religion," and I think the song is about something entirely different.

No, it's in the song.

M: No religion? Are there those words in it?

"Imagine there's no countries/It isn't hard to do/No need of something-something/And no religion, too ..."

M: Is it true?

Yes.

M: He had it there?

Yes.

M: I did not know that word was there; wonderful! It's even worse now that he won't risk wearing this shirt so far.

Well, he respects the feelings of believers.

M: Well, you could say that, maybe, yes, he respects them, but I still think ... Well, I don't know. I don't know.

I see. So, you were asked strange questions; what did you answer? And with what feelings?

M: We answered ... For example, I remember a specific question, "Do you have elections in Russia?" Yes, we do. And? And everyone voted for Brezhnev at the time. And people said, "If things are so bad there, if there is nothing to buy and in general everything is so bad, why did you vote for Brezhnev? Why, why on earth did you do it, if things are so bad, and he is so bad?" When someone asked a question like that, and indeed there were such questions, I would simply have no words. It still happens, because to explain this, where do you start? One must study this issue for several years, and it is impossible to explain it in two words to an uninitiated person. There is no simple answer to this question.

It's because the question comes from a different perspective.

M: Yes, and it would always bring me down very much. And I really wanted to explain many things, I remember I wanted to translate the lyrics to certain songs, but the problem was that translating them without providing context would achieve nothing anyway. So, I was always saddened by this, by how different the worlds and the systems of coordinates were. And it was very hard to explain things, and it seemed that there was no sense in trying to explain.

М: Я вот не знала, что это слово у него там есть. Чудесно! Это ещё хуже, что даже и такую маечку он не рискнул пока что надеть в школу.

Ну, уважает чувства верующих.

М: Да. Ну, это можно сказать, может быть, да, уважает чувства верующих, но по-моему, всё-таки... Ну, я не знаю, не знаю.

Ну, понятно. В общем, Вам задавали странные вопросы, на которые Вы отвечали – что? И с каким чувством?

М: Отвечали... А вот, например, этот вопрос я вспомнила, конкретный: «Выборы там, например, есть в Росии?» Да, есть. И что? И все вот проголосовали тогда за Брежнева. И, соответственно, спрашивали: «Если там всё так плохо, и ничего нет и т.д, и вообще всё плохое, зачем вы за Брежнева голосовали-то? Чё вы голосовали-то за него, если там всё плохо, если он такой плохой?» Вот такого типа вопрос и, на самом деле, когда такое слышала, до сих пор всё опускается, потому что с чего начать даже объяснять? Невозможно же. Надо, наверное, несколько лет это изучать, постороннему человеку объяснить это просто в двух словах и ответить на вопрос просто невозможно.

Это потому, что они из другой исходной точки спрашивают.

М: Да, и вот это меня очень удручало, что... А мне как раз хотелось объяснить многие вещи, хотелось, я помню, тогда перевести слова каких-нибудь песен тоже, но дело в том, что перевод как таковой без контекста всё равно ничего не даст, так что вот это меня удручало, насколько это всё же разные миры и разные системы отсчета даже. Поэтому очень трудно что бы то ни было объяснить и получается, что практически не имеет смысла ничего объяснять.

Это как у Гиппиус: если надо объяснять, то не надо объяснять[266].

М: Да, да, да.

В общем, Вы даже не пытались?

М: Нет, я пыталась, почему? Я пыталась, скажем так, какое-то время я пыталась, потом я просто сочла, что это бесполезно.

Вы разработали какой-то список ответов, общих?

М: Со одной стороны. С другой стороны, я всё время это обрабатывала для себя и для общей публики, то есть, я каждый раз по-разному, по-новому отвечала. Мне как раз не нравится идея всё время повторять и повторять, наоборот, я, в общем, видела реакцию и потом придумывала что-нибудь более доступное или более доходчивое. То есть я всегда, наоборот, меняла ответы и пыталась найти что-нибудь, что, может быть, лучше подойдёт. Но, безусловно, это поражает, наколько

---

266 Данная цитата приписывалась современниками как русской писательнице, драматургу и литературному критику Зинаиде Гиппиус (1869 – 1945), так и менее известному автору Григорию Ландау.

As Zinaida Gippius[319] said, if you need to explain, there is no point in explaining.

M: Yes, yes, yes.

So, you didn't even try?

M: No, I did try, and I kept trying for some time, I would say, and then later I simply decided it was no use.

Have you developed any generic answers?

M: On the one hand, I did. On the other hand, all this time I had been working on the answers, both for myself and for the general public; each time I had a new, different answer. I do not really like the idea of repeating the same thing over and over. Quite the opposite; I saw the reactions and afterward I would think of something more easily understandable or digestible. So, I kept changing my answers and trying to come up with something that would perhaps work better. But it is certainly mind-boggling how different our perspectives are. People asking why we voted for Brezhnev![320]

Did this question make you look at the absurdity of the Brezhnev elections from a new angle?

M: Yes, of course it did, to the degree that now, having lived in the US for so many years, I myself am ready to ask a question like that.

You've morphed.

M: No, I have not morphed, but truly, everything looks different from the outside. When you live in a different world, not knowing the entire underlying structure, it is impossible to judge anything or talk about anything.

I see. Have you had any interesting observations, or any facts about the US that you wanted to share with your Moscow schoolmates? I know that you had no contact, but did you have anything to tell that would interest them?

M: Yes, let me begin with ... At one point, and I said it last time, I was scared from time to time that Americans would attack Russia and start bombing Moscow and all that; I remember that when that question was discussed, my mother said to me once, for some reason, "Americans are very honest people." I don't know why she said that, probably just to soothe me, but it stayed with me, for some reason. And one of my first impressions here in the States was this: when I was a schoolgirl, I attended math classes at the university. There, during a written math test, the professor left the classroom. He gave out the assignments, wrote them on the blackboard, said he would be back at the end of the class in 45 minutes, and that we should get to work, and he left. Not a single person took out the textbook to copy the answer from it, no one even peeked, and they all sat just

---

319 Russian poet, playwright and literary critic (1869-1945); the popular quip "If you need to explain, there no point in explaining," was attributed by contemporaries both to her and to a less famous author Grigorii Landau.

320 Leonid Brezhnev, like all other Soviet state leaders, was not elected in a popular election; rather, he was promoted from within the Communist Party.

это разные системы координат. Вопрос «почему вы выбирали Брежнева?»...[267]

Ну, этот вопрос Вас саму не заставил переосмыслить абсурдность выборов Брежнева?

М: Да, да, безусловно, заставил осмыслить настолько, что, прожив в Америке уже вот столько лет, наверное, я теперь уже сама могу вопрос примерно такого плана задать.

Перековалась...

М: Нет, не перековалась, а просто действительно со стороны всё воспринимается совсем по-другому. Когда живёшь в другом мире, просто, не зная всю подоплёку, невозможно ни о чём судить и ничего говорить...

Понятно. А было ли что-нибудь такое, какие-то такие вещи, факты, интересные наблюдения в Америке, которые Вы хотели бы рассказать своим московским одноклассникам? Я знаю, что у Вас не было контакта, но что-то такое поведать, дабы их заинтересовало?

М: Да, я начну, значит... Когда-то... Я рассказывала в прошлый раз, что мне иногда было страшно, что американцы нападут на Россию, будут там, скажем, бомбить Москву и всё; я помню, когда вопросы заходили об этом, моя мама почему-то мне зато как-то сказала, что американцы зато очень честные. Я не знаю, почему она мне такое сказала, может, чтобы меня утешить, и я почему-то это запомнила. И одно из моих первых впечатлений здесь в Америке: когда я училась в школе, я посещала курсы математики в университете, и в университете на экзамене письменном по математике профессор вообще вышел из класса. Он задание раздал, написал на доске и вышел из класса, сказав, что вот, значит, решайте, и я вернусь в конце урока через сорок пять минут. И ни один человек не вытащил учебник, не подсмотрел ничего, то есть, вообще все сидели, как будто... Я была поражена. Я сама, по-моему, таки что-то подсмотрела, мне что-то... Я что-то одно такое сделала. Но я была поражена: никто не посмотрел в учебник, ничего не сделал, ничего не списал.

Понятно, это было интересно.

М: Так что они очень честные, американцы. Естественно, конечно, нельзя, наверное, про всех прямо сказать, что все сто процентов, потому что я потом уже слышала, что бывает всякое здесь тоже. Но тогда моё личное впечатление – я в этом сидела классе. Где профессор вышел, и никто ничего не списывал ниоткуда и никуда не подглядывал...

И вот Вы бы позвонили и написали в свою школу, и сказали: «А тут-то у них не списывают!» Да? И шпаргалок не делают, да?

М: Да, да, это было поразительно. Такая честность, когда никто не видит! Никто не видит! Вот это меня поразило, да.

А когда Вы в Америке жили, Вы опасались вооружённого конфликта, ядерной катастрофы? Как раз годы такие нехорошие были; начались 80-е, там что-то такое было совсем невесёлое?

---

267 Как и прочие главы Советского Союза, Л.И. Брежнев получил должность не в ходе общенародного голосования, а в ходе партийного назначения.

like ... I was stunned. I myself did look up something, I think, some little thing, but I was astounded that no one looked in the books, no one cheated or plagiarized.

I see how that was curious to you.

M: So, they are very honest, I mean Americans. Naturally, it is probably impossible to say that it applies to each and every one of them, the entire 100%, and later I heard that funny things did happen here as well, but my personal impression at the time was this: I was in that classroom myself, the professor left, and no one cheated, copied or looked up any answers.

So, you would call or write to your old school and say, "No one cheats on tests here!" Right? "And no one makes crib notes!"

M: Yes, yes, that was astounding. Such honesty when no one is looking! No one is looking! It blew my mind.

When you lived in the US, were you afraid of an armed conflict or a nuclear catastrophe? The times were not the best, the early '80s, when things started to look grim ...

M: No, for some reason I was not afraid of anything, no.

Do you remember anything about the USSR on American TV or in the papers, any unflattering or flattering, for that matter, news or broadcasts?

M: Well, Reagan, for instance, declared that the Soviet Union was an evil empire.

He did say that, yes.

M: Yes, yes, I remember that one, but nothing else unflattering ... Well, it was on the news, of course, but to me it seemed ... Generally, I did not have any kind of reaction caused by what they broadcast about Russia, neither good nor bad, but I remembered one detail ... I don't know if it has to do with the question, but they were showing a film here in the US, historical fiction, not a documentary, about Lenin and the Russian revolution. There was an episode where Lenin and Krupskaya[321] were in bed; they talked about something and went to sleep. And I, again ... this again has to do with the cultural differences ...

It is such a down-to-earth detail.

M: Yes, so it was Lenin and Krupskaya, and they got the revolution going, and all that, but come evening, they went to bed! They talked and talked, and then they went to bed, and they continued to talk in bed, perhaps even discussing political topics—but nonetheless, they were in bed together, Lenin and Krupskaya, talking! In Russia, this absolutely could not have ...

It couldn't have happened.

M: Of course, not! This was the local idea of it ... They must have thought it was completely normal, and once you think about it, it was just the regular order of things, right? And there were no romantic scenes at all, they were simply going to bed at night,

---

321 Russian Bolshevik politician and wife to Vladimir Lenin (1869-1939).

М: Нет, я почему-то ничего не опасалась, нет.

В Америке по телевизору, в газетах не помните ли каких-нибудь нелестных, ну, или, не знаю, любых, лестных, передач о Советском Союзе, новостей?

М: Значит, так. Рейган, например, объявил, что Советский Союз – империя зла.

Рейган такое сказал, да.

М: Да, да, вот это я помню, а больше я ничего особо нелестного... Ну, новости передавали, конечно, но мне всё это казалось... В общем, у меня не было никаких реакций ни в ту, ни в другую сторону о том, что передавали здесь о России, но я вспомнила такой момент... Я не знаю, относится оно к делу или нет, но показывали здесь в Америке какой-то фильм исторический, не документальный, а художественный, о революции, о России, о Ленине, и там был такой момент, что перед сном Ленин с Крупской лежат в кровати и что-то обсуждают, и ложатся спать. И я, в общем... Ну, вот это опять к разговору о разности культур, разнице культур, то есть, вот они...

Такая житейская деталь.

М: Да, вот Ленин, Крупская, у них там революция и всё такое, но вечером-то они ложатся спать! И обсуждения, обсуждения, вот они уже и легли спать, но что-то там продолжают обсуждать, может, даже и на политические темы, но тем не менее они лежат в постели рядом, Ленин и Крупская, и что-то обсуждают! И абсолютно этого в России...

Этого быть не могло.

М: Ну, естественно! И вот их представление о... И они, видимо, думают, что всё в порядке, и действительно, если так посмотреть, это всё в порядке вещей, да? Причём там вообще никаких романтических сцен не было, они просто, ну просто ложились спать, чуть ли даже не политические вопросы обсуждали, но в постели! Они уже легли спать потому что! В общем, вот это мне запомнилось. Вот такое представление. Ну, то есть, они не задумываясь такую сцену включили, а на самом деле...

В Советском Союзе это было бы надругательство над святыней, практически.

М: Ну, конечно, да, да! Так что вот такое мне запомнилось.

А Вы или Ваша семья, будучи в Израиле и в Америке, следили ли как-то за советской культурой, за российской культурой, за книгами, за фильмами?

М: Нет. И у меня поэтому был огромный пробел в русской, советской культуре, и мы следили за политическими делами, я лично участвовала несколько раз в демонстрациях в Вашингтоне рядом с советским посольством, чтобы выпустили евреев, мы там ходили с плакатами, это было очень тогда... Мне тогда это было очень важно, произвело большое впечатление... А не следили... Я лично не следила долгое время за советской культурой из тех соображений, что эта страна меня выгнала. Мне это казалось абсурдом и парадоксом, что она меня выгнала,

still talking politics, probably, while in bed. Because it was bedtime and so they went to bed! So, that's what stuck with me. Their idea of it. They included this scene without giving it a second thought, but really ...

In the Soviet Union it would be considered practically an act of desecration.

M: Of course, yes, yes! So, that's what I remember.

Did you or your family follow the Soviet culture, literature, film while you lived in Israel and in the US?

M: No. That's why there was a huge gap in my knowledge of the Russian and Soviet culture. We followed political developments, I personally went to rallies in Washington by the Soviet Embassy several times, we marched with posters to make them let Jews emigrate. At the time, it was very important to me and left a big mark on me ... As to not following the culture ... I personally did not keep up with the Soviet cultural developments for a long time because of the idea that the country kicked me out. I thought it was absurd, a paradox, that the country kicked me out, that it was anti-Semitic through and through; why would I want to I follow their culture? But later, I ultimately processed it all ...

Did you change your position?

M: Yes, I did review my position and I reconsidered all that, many years ago and ... I am interested in all those things, and so I filled the gaps. Well, not all the gaps, I still have many, but I filled a lot of gaps, did so before and do so now; for years, I've been going to see all Russian theater productions and actors when they come on tour, and I visit Moscow as well, so yes, I mostly filled those gaps.

Now, about your breakup with the Soviet Union and its cultural space, with most people you knew in it—I understand you kept in touch with your grandparents—with the Soviet values ...

M: No, not with the values; why?

Well, with the political system then ... When everything that was yours suddenly became not yours—am I wrong here?

M: No, the thing is, I was raised in the belief that it was not mine anyway! Even in the Soviet Union they raised me as though it was not mine.

Not yours! What was yours then?

M: Now, this question bothered and tormented me for a very long time, and at one point, I thought that nothing was mine, and all for the better! I was very envious of people who had a home country and who loved their country; I remember I met some French people in the '80s in the Caribbean and they just couldn't wait to get back home to France. I envied them with a nice kind of envy, "These people have a country which they love and which they want to return to, and I have no country." Since Russia threw me out, it could not be my home; Israel was my theoretical historical homeland, but I only lived there for a year and a half and cannot say I feel such great closeness with its culture. I like it fine and it is interesting, but I cannot say its culture is mine. So, it turns out that ... The US is not mine either. I do not think of it as a homeland; I am very grateful to it, it's nice to

и они антисемиты там все, а я буду следить за их культурой?! Но потом я как-то, соответственно, всё это пережила...

И пересмотрела?

М: И пересмотрела, да, пересмотрела всё это, начиная уже много лет назад я таки... Меня всё это интересует и я восполнила пробелы. Ну, не все пробелы, многие остались, но массу пробелов я восполнила, и потом, и сейчас, последние много лет, когда сюда приезжают какие-то российские актёры, театры, я хожу, ну, и бываю в Москве тоже. Всё-таки восполнила, в основном я восполнила эти пробелы.

Этот развод с Советским Союзом и с его культурным пространством, с практически всеми людьми... То есть, связь поддерживали с бабушкой-дедушкой, да? С его ценностями...

М: Нет, не с ценностями, почему?

Ну, с политическим строем. В общем, как-то практически вот так раз — и всё, что было моё, вдруг стало не моё. Нет?

М: Нет, в том-то и дело, что меня воспитывали же, что это всё равно не моё! Меня даже там воспитывали, что это не моё.

«Не моё!» А что же тогда моё?

М: Вот, этот вопрос меня очень долго мучил, терзал, и в какой-то момент я думала, что ничего не моё, и тем лучше! И я очень завидовала людям, у которых есть родина и которые любят свою страну. Я помню, наверное, годах в 80-х я познакомилась с французами на Карибском острове, и они вот очень как-то не могли дождаться, как вернутся в свою Францию, и я им какой-то хорошей завистью позавидовала: у людей своя страна, которую они любят, куда они хотят вернуться, и всё. А у меня нету своей страны, потому что Россия меня выгнала, значит, это не моя страна, а Израиль — моя историческая теоретическая родина, но я там прожила полтора года и я не могу сказать, что у меня прямо уж такая близость с израильской культурой. Мне там всё интересно и хорошо, но я не могу сказать, что это прямо вот моё. Так что получается, что... И Америка тоже мне не... Я не считаю её своей, я очень ей благодарна, здесь хорошо и легко живётся, и здесь свобода слова, и можно путешествовать, куда хочешь, и я действительно считаю, что при желании, было бы желание, здесь можно получить образование в любой специальности, и потом найти, действительно, работу и всё что угодно, наверное, в разных областях с разной степенью трудности, но тем не менее, действительно, я ощутила всю эту свободу всего и возможность всего добиться... Но американская культура мне скорее чужда и, окунувшись в неё, и даже пройдя через периоды, когда я общалась исключительно с американцами, дружила с американцами, я всё-таки ощутила, что эта культура мне чужда. И я не хочу даже считать, я не хочу, чтобы кто-то даже считал, что я американка. И чтобы даже американцы считали, что я американка и что я принимаю все их культурные ценности и их жизненные принципы.

Так где же у Вас дом?

М: Дома нет.

live in and very easy, it has freedom of speech, and you can travel wherever you want, and I really think that if you want to, as long as you want to, you can receive education in any field, and be able to find a job in your field, anything, although different fields may present different challenges. But nevertheless, I myself experienced this freedom and all the possibilities I could have to become successful in life, but the American culture is rather alien to me, and, having immersed myself in it, after periods of time when I only spent time with Americans and all my friends were American, I still felt that the culture was foreign to me. I do not want to consider myself American, and I do not want anyone to consider me an American. Nor do I want Americans to think that I am American and that I accept all their cultural values and rules of life.

So, where is home for you?

M: I have no home.

Who are you then?

M: Me? Well, just to enumerate, I am a person who was born in Russia and whose native language and culture are Russian, whose theoretical historical homeland is Israel, who has lived in the US and blah-blah; to make it short, I am composed of these components, the sum of my experience, and that's that. But I am rather unsure if it is cause for regret or no; I still cannot tell. Because culturally, of course, I am closest to Russia, to the Russian culture. But the anti-Semitism which pervades the Russian culture and the Russian society is unacceptable to me. Without a doubt, this remains a very touchy subject for me. It turns out that I cannot say Russia is my home country because of its anti-Semitism. I was born there, and its culture is native to me, but I can't say it, for some reason. Though, of all these places, I would like to pick Russia as my home. But the anti-Semitism prevents me from calling it that.

And I think—and please correct me if I am wrong—that the fact that you were born during the Cold War in a socialist country, and then moved to a capitalist country, thereby being forced to cut practically all ties with your home, that this fact of your biography had an effect on the making of your personality. Meaning, this Cold War, to which you did not pay much attention in terms of the supposed bombings, did play a large role in your life.

M: I would say that anti-Semitism played a large role, not the Cold War.

Anti-Semitism, you say? Yet, if you'd moved away and left Russia when the borders were open, and you could communicate with your old friends, your new friends, your relatives, travel back and forth without any obstacles, would you say you would have different feelings about the world? A different view of the world? In the event that you did not have to break up with your home once and for all?

M: Well, I am afraid in my case anti-Semitism played a larger role than the Soviet government, even. I don't know, I may be wrong.

Well, of course you know better about this.

M: For one, if the borders were open it would not even be the Soviet Union anymore, it

И кто же Вы?

М: Я? Ну, вот, по перечислению, человек, родившийся в России, у которого родная культура, родной язык — русский, человек, у которого историческая и теоретическая Родина — это Израиль, человек, который прожил в Америке, тра-ля-ля-ля-ля-ля, короче говоря, я составлена из этих всех составляющих, из своего опыта, вот и всё. Но я, наверное, скорее, даже и не знаю, к сожалению или не сожалению, но я не могу до сих пор, не могу сказать. Потому что ближе всего по культуре мне, безусловно, русская культура и Россия. А антисемитизм, которым пронизана всё-таки русская культура и, наверное, российское общество мне, конечно, неприемлем. То есть, безусловно, до сих пор это остается таким моментом для меня очень тонким. Так что получается, что из-за антисемитизма я не могу сказать, что Россия моя страна. Я там родилась, да, и это моя родная культура, но я как-то не могу сказать. Хотя, пожалуй, изо всего, что существует, мне бы очень хотелось казать, что Россия — моя страна. Но антисемитизм меня останавливает.

Как мне кажется — поправьте меня, если мне неправильно кажется — тот факт, что Вы родились в эпоху холодной войны в социалистическом государстве и затем переехали в капиталистическое государство, тем самым будучи вынуждены порвать практически все связи со своим домом, что этот факт в Вашей биографии, он какой-то личностнообразующий. То есть, вот эта война холодная, которую Вы не сильно заметили с точки зрения предполагаемых бомбёжек, сыграла на самом деле большую роль в Вашей жизни.

М: Я бы сказала, что большую роль сыграл антисемитизм. А не холодная война.

Антисемитизм, да? А вот если бы Вы переехали, если бы Вы уехали из России, но при этом были бы открытые границы, Вы могли бы общаться со своими бывшими друзьями, со своими текущими друзьями, родственниками, ездить туда-сюда беспрепятственно, как Вы думаете, по-другому сложилось бы Ваше мироощущение? Мировоззрение? Если бы не надо было разводиться вот так, раз и навсегда?

М: Ну, я боюсь, что в моём случае большую роль играл антисемитизм, чем советская власть даже. Я не знаю, может быть, я не права.

Нет, ну, конечно, Вам видней.

М: Ну, во-первых, если бы границы были открыты, уже не был бы Советский Союз, даже трудно предположить...

Ну да! Если бы Вас не выгоняли, а, например, отпустили.

М: То есть, если бы я родилась в России, но можно было бы свободно ездить обратно, я думаю, что эмиграции было бы намного меньше, если бы всё было открыто и можно было бы ездить туда и обратно. Безусловно, потому что приезжать в чужую страну с чужой культурой и, главное, с чужим языком, который ещё очень трудно основной массе населения постичь — в общем, это очень трудно, это очень тяжело, это ломает и людей, и семьи, и всё, что угодно. Это очень тяжело, эмиграция. Так что, безусловно, если бы границы были открыты, эмиграции было бы меньше. И не было бы так травматично, да.

is even hard to imagine ...

Right. If you were not thrown out, but simply allowed to go.

M: Oh, if I had been born in Russia but could travel back there freely, then, I think, there would be a lot less emigration, if everything was open and one could travel back and forth—absolutely! Since moving to a foreign country with a foreign culture and a foreign language, which is hard for the majority of people to master, is very difficult, and it wrecks people, families, you name it. Emigration is a very difficult thing. So, obviously, if the borders were open, people would emigrate less. And it would not be so traumatic, yes.

It would be less traumatic.

M: And really, perhaps, you are right, perhaps, really, there is some truth to it. Yes, yes! The breakup itself played a huge role, of course. The fact that it took a breakup.

Yes, a breakup ...

M: Yes. So, you are perhaps right. The very fact that it was during the Cold War, and that we truly had to actually sever ties and actually bury our past, almost—that was really very scary, and it must have been a scary defining moment.

OK. So as not to end on this note, here is one last question just off the top of my head: what is your best, most vivid, most favorite memory from your Soviet childhood?

M: A favorite Soviet childhood memory ...

Or the worst one; that's also OK.

M: No, generally, I have good memories about my Young Pioneer childhood, and Pioneer camps. I used to go to Young Pioneer camps and I liked those song contests they had very much. I was made a Young Pioneer on the Red Square near the Lenin Tomb, and all of that was very important to me at the time, and I loved it. So, my Pioneer memories are quite nice.

When you joined the Young Pioneers and they tied your red neckerchief on you for the first time in your life, on the Red Square, how did you like it? Did you feel proud?

M: I liked it very much. I liked it that we were at the Red Square. Even though I did understand at the time that it was somewhat hypocritical. The things we discussed and the Pioneer Oath[322] we took when we joined, the promises that were contained and repeated in it—it was impossible to know whether they would be kept. These words were mouthed, and love for the Soviet government was declared, yet even at that time I already knew that the Soviet government was responsible for a lot of horrors. The hypocrisy of the oath must have been repulsive to me even then, but I found the rest of it quite nice, all the symbols. We already covered it that I was among the first to join Young Pioneers, and

---

322 Also known as the Solemn Promise: *"I, (last name, first name), joining the ranks of the Vladimir Ilyich Lenin All-Union Pioneer Organization, in the presence of my comrades solemnly promise: to passionately love and cherish my Motherland, to live as the great Lenin bade us to, as the Communist Party teaches us to, as require the laws of the Pioneers of the Soviet Union."* This is its last, 1986 revision.

Не было бы так травматично.

М: И на самом деле, может быть, действительно, да, наверное, наверное, Вы правы, что в этом есть что-то. Да, да. Вот этот разрыв сыграл огромную роль, конечно, да. Вот именно что понадобился разрыв.

Разрыв...

М: Да. Так что, наверное, Вы правы. Именно что была холодная война, и что нужно было действительно порвать, и действительно похоронить всё прошлое почти что — вот это было, действительно, очень страшно и это был, наверное, очень страшный определяющий момент, да.

Ага. Значит, чтобы не заканчивать на этой ноте, последний вопрос навскидку: самое яркое, самое любимое воспоминание из Вашего советского детства?

М: Любимое воспоминание советского детства...

Или можно, например, какое-нибудь самое ужасное.

М: Нет, в общем, у меня воспоминания хорошие о пионерском детстве, и о пионерских лагерях, я была, опять же, в пионерских лагерях, и там все эти конкурсы песен мне очень нравились в лагерях, и в пионеры меня принимали на Красной площади около Мавзолея Ленина, так что это всё для меня тогда было важно и это всё нравилось. Так что воспоминания пионерские у меня вполне хорошие.

Вот когда Вас принимали в пионеры, повязывали Вам галстук возле Мавзолея Ленина, как Вам было? Гордились?

М: Мне это очень нравилось, да. Что мы на Красной площади — мне это очень нравилось. Хотя я тогда, безусловно, сама понимала, что это всё некое лицемерие. Вот то, что мы обсуждали, вот эту клятву, когда принимают в пионеры, так конечно, там совсем... То есть, там говорятся и повторяются вещи, которые заведомо неизвестно, будет ли человек это делать или нет. Так что это говорится и, в общем-то, объявляется любовь к советской власти, которая, как я, наверное, уже тогда знала, сделала много ужасов. Так что лицемерие этой клятвы мне наверняка уже тогда не было приятно, но всё остальное, вся эта символика мне нравилась даже. Вот мы уже говорили, что одной из первых меня приняли в пионеры, и на Красной площади! Это мне было вполне приятно.

Вы галстук свой в порядке содержали? Стирали, гладили?

М: Да, да. Как раз эта вся атрибутика мне вполне нравилась и я ничего против этого не имела.

Какие-нибудь занимали активные позиции в пионерской дружине, в пионерском отряде?

М: Не занимала, но я думаю, что с удовольствием бы заняла, если бы меня выбрали, там же выбирали всяких. Я просто была очень стеснительной девочкой тогда. То есть, меня просто не выбирали особо никуда. И я помню, что я с удовольствием участвовала, тогда устраивали такие монтажи, переклички, стихи надо было читать, такое на советские темы. Я с бы удовольствием даже участвовала в этом,

it was at the Red Square! That felt very pleasant.

Did you keep your neckerchief neat? Did you wash and iron it?

M: Yes, I did. I quite liked all the attributes, I had nothing against them.

Did you occupy any active positions in your Pioneer troop?

M: I did not, but I think I would have liked to, had I been elected. All those positions were elected. I was just a very shy girl at the time. So, no one elected me to be anything. I remember I liked to be part of those little performances they had, where we had to take turns reading poems on Soviet topics. I would have loved to take part in everything, but I was just never elected.

What is your favorite Soviet song?

M: There are many Soviet songs that I love, and even my children know those songs. My favorite is this, "The fragrance of poplars and lilacs floats over Moscow in May/All the children in the world love Lenin, because Lenin loved them as well."[323] The tune of the song is beautiful. My children know this song.

What do your kids think about this song, and about its lyrics?

M: Well, my children must find the lyrics absolutely ridiculous, my children have strange and contradictory ideas about Russia, because, on the one hand, they are filled to the brim with stories of anti-Semitism, the KGB, and other horrors that they have heard from me and especially from my parents. On the other hand, when we went there, my classmates and relatives greeted us with open arms, it was all so great, and my kids, they loved everything. Well, there were certain details that were funny to them, but overall their impressions were very unexpected. As a result, one of my children, the oldest, is a patriot of Russia these days. He is a patriot of Russia, he is glad that I have come from Russia, he loves it, and even ... I actually am one-fourth Russian, and he is happy that he has some Russian blood.

About one-eighth.

M: Yes, right, and still, he is very happy about it.

I see. The child has developed a paradoxical Russian patriotism.

M: Yes, yes. I would even say, unhealthy patriotism!

Unhealthy?

M: Yes, it so robust that he said he would have been glad to be a citizen of Russia. That is for sure unhealthy patriotism!

Wonderful!

M: So, life is full of contradictions.

---

323 *A Conversation with Lenin*, 1968, music by V. Loktev, lyrics by V. Kryuchkov.

но меня никогда не выбирали.

Какая Ваша любимая советская песня?

М: Советских песен очень много любимых, да и мои дети даже знают эти песни. Моя любимая песня такая: «Запах тополей и дух сиреневый над Москвою майскою поплыл. Все на свете дети любят Ленина, потому что Ленин их любил»[268]. У неё мелодия очень красивая. Мои дети знают эту песню.

А дети что думают об этой песне? Об её словах?

М: Ну, детям, наверное, её слова кажутся совершенно смешными, у детей очень странное и, соответственно, противоречивое теперь представление о России, потому что они, естественно, напичканы с одной стороны рассказами и моими, и моих особенно родителей, о КГБ, и о антисемитизме, и обо всяких ужасах. С другой стороны, когда мы туда приехали, нас принимали мои одноклассники и родственники с распростёртыми объятиями, и всё было так хорошо, им так всё понравилось, детям моим. Ну, там были некоторые детали, конечно, обязательно смешные, но у них очень получилось впечатление странное. Ну, они в итоге... Один, старший ребёнок – патриот России на сегодняшний день. Он патриот России, он очень рад, что я эмигрант из России, он очень её любит, и он даже... У меня есть на самом деле четверть русской крови, и он очень рад, что у него есть русская кровь тоже.

Осьмушка какая-то.

М: Да, да, он всё равно этому рад.

Понятно. Парадоксальным образом образовался у ребёнка патриотизм к России.

М: Да, да. Так что у него, я бы даже сказала, нездоровый патриотизм.

Нездоровый патриотизм?

М: Да, настолько, что он даже сказал, что был бы рад, если бы был гражданином России. То есть, у него нездоровый патриотизм, безусловно.

Замечательно!

М: Да, так что жизнь полна противоречий.

Жизнь полна противоречий. Спасибо Вам, Марина, очень было интересно побеседовать. Эту машинку я выключаю. Если есть что ещё сказать, сообщайте, пока я не выключила её.

М: Хорошо. Было что-то, но я уже забыла. Выключайте, я потом, если вспомню, скажу.

---

268 «Разговор с Лениным» (1968), музыка В. Локтева, слова В. Крючкова.

Life is full of contradictions. Thank you, Marina, this was a very interesting conversation, I will turn off this machine now. If you have anything else to say, say it while it is still on.

M: Oh, OK. I had something but forgot it already. Turn it off, and I'll say it later if it comes to me.

Ковбойцы и индейцы

Сегодня у нас 27 октября 2010 года, почти закончилось уже. Я разговариваю с Дмитрием. Здравствуйте, Дмитрий!

Д: Здравствуйте, Анна.

Дмитрий, скажите мне, пожалуйста, в интересах истории, в каком году Вы родились?

Д: Я родился в 1975 году.

И где?

Д: В Чите.

В городе Чите, в Советском Союзе.

Д: Город Чита, Читинская область, Советский Союз.

Скажите, пожалуйста, где Вы провели своё детство, там же или где-то ещё?

Д: Детство я провел там же, в городе Чита. За исключением пары лет, когда я жил в Братске, но это было в таком молодом возрасте, примерно с 77-го по 79-й год. Потом я вернулся обратно.

Понятно. Наверное, к братскому периоду никаких зрелых воспоминаний не относится?

Д: Нет, там какие-то горки, танк, бабушки, петушки...

Танк — это наше всё, танк — это хорошо. Скажите, пожалуйста, когда Вы слышите словосочетание «холодная война», какие у Вас возникают ассоциации, мысли, что приходит на ум?

Д: Ассоциация возникает следующая: была какая-то картинка в журнале «Крокодил», и там была политическая карта мира, и такой американский, очевидно, солдат стран НАТО, такой сидит на этом танке с наглой мордой, к танку приделана куча ракет и прочих орудий массового уничтожения, и вот он едет куда-то в сторону Советского Союза, то есть Восточной Европы, и в общем-то всё, наверное. Не знаю, насколько это холодная война, скорее, к гонке вооружений относится. Что было написано на этой карикатуре, тоже не помню. Просто ассоциация у меня такая.

Cowboys and Indians

Today is October 27, 2010, and it is nearly over … I am speaking to Dmitry. Hello, Dmitry!

D: Hello, Anna.

Dmitry, will you state your year of birth, to establish historical context?

D: I was born in 1975.

Where?

D: In Chita.

In the city of Chita, in the Soviet Union.

D: In the city of Chita, Chita oblast,[324] Soviet Union.

Will you tell me whether you spent your childhood there, or somewhere else?

D: I spent my childhood there, in the same city of Chita. We can exclude the couple years I spent in Bratsk, because I was so young then; it was between 1977 and 1979. After that, I went back.

I see. You don't, perhaps, have any mature memories pertaining to the Bratsk period …

D: I do not, except for memories of some playground slides, tanks, old ladies, lollypops …

Tanks are good, tanks are our everything.[325] Tell me, please, what associations or thoughts you have when you hear the expression "Cold War"? What comes to mind?

D: The following associations develop: there was a drawing in the *Krokodil* magazine which featured the political map of the world, and an American GI, presumably a NATO soldier, sitting on top of a tank with a smug face. There was a bunch of missiles and other weapons of mass destruction tied to the tank, and the tank was moving somewhere towards the Soviet Union, or rather towards Eastern Europe. And that's it, I think. I am not sure how much this relates to the Cold War, it is perhaps more about the arms race. I do not remember what the caption for the cartoon was, either. It's just this association I have.

---

324 An administrative region or district in Russia.

325 Joke, a variation on the Russian phrase "Pushkin is our everything," in rotation since the mid-1800s.

Журнал «Крокодил» Вы выписывали?

Д: Нет, ни в коем случае, я его так, периодически где-то читал. Я выписывал вообще-то «Пионерскую правду»! *(Смех)*

Хорошо, очень хорошо. Вот эта картинка, где солдат, ну, в каске, наверное – в чём солдат? С бомбами?

Д: Конечно, в каске.

Солдат в каске, такой GI Joe[269]*, едет, значит, куда-то. Эта картинка вызывала у Вас эмоции, мысли: «Вот какой плохой!» Или никаких?*

Д: Да никаких, в общем-то. Я был уверен, что советская армия меня защитит.

Да? Вот если бы спросили Вас в первом классе... Ну, не знаю, в первом, может быть, рановато. В третьем. В третьем классе Вас бы спросили: «Если вдруг случится противостояние, ядерная война, что-то такое, кто кого сборет, если кит на слона налезет? Кто кого сборет: мы ли их, они ли нас, всем ли нам конец?»

Д: Конечно, мы их. Даже и сомнений быть никаких не могло.

А почему?

Д: Как почему? Потому что я смотрел по воскресеньям программу «Служу Советскому Союзу!», вот. Я знал, какая у нас сильная армия, как у нас всё здорово, об этом регулярно печатали в журналах и газетах, и сомнений у меня быть не могло никаких.

А какие-либо технические познания у Вас были по поводу того, как вообще всё это устроено, что такое атомная бомба?

Д: Ну, это не к третьему классу, по-моему, к девятому, когда у нас были «основы безопасности жизнедеятельности»... НВП у нас не было, у нас были ОБЖ, и там про всё рассказывали: как правильно надевать противогаз, куда бежать в случае ядерного взрыва, какие типы ядерного взрыва бывают, то есть, надземный, подземный, воздушный; какие бывают поражающие факторы ядерного взрыва: ударная волна, вспышка, электромагнитный импульс, по-моему, собственно сам взрыв, точно не помню, надо будет посмотреть, там было пять факторов точно, абсолютно. А, радиация! Радиация – точно.

Ну да, то есть, в старших классах Вам это ещё рассказывали, а год на дворе был уже какой?

Д: В старших классах – это был, соответственно, 89-й, 90-й.

Ну, в 89-м, 90-м, казалось бы, уже не предполагалось более никаких военных действий, да?

Д: Ну как же! Я просто был уверен, и сейчас уверен, что военные действия, они предполагаются, и США до сих пор наш вероятный противник, как бы они от этого не старались уйти.

То есть, они не отменились вообще совсем, вероятность военных действий до сих пор где-то висит?

---

269 «Солдатик Джо».

Were you a Krokodil subscriber?

D: Not at all, I just read it somewhere from time to time. I was a *Pionerskaya Pravda* subscriber! *He laughs.*

Good, very good. Now, the drawing of the soldier, who must have been wearing a helmet—was he? The GI with the missiles?

D: Of course, he had a helmet.

So, this soldier with a helmet, this GI Joe, is going somewhere. Did this drawing make you feel anything, or think anything, "Oh, he's such a bad guy!" Or no thoughts?

D: No thoughts, as a rule. I was sure that the Soviet Army would protect me.

Really? If someone were to ask you when you were in first grade … OK, perhaps first grade is a little too early. Let's take the third instead. If someone had asked you when you were in third grade: in case of a conflict, in case of a nuclear war, or something like it, who is going to defeat whom? If a whale and an elephant got into a fight, who would beat whom? Do we win, do they win, do we all die?

D: Of course, we'd beat them. There could be no doubt.

Why is that?

D: What do you mean, why? Because I watched the TV show *I Serve the Soviet Union!*[326] every Sunday morning, that's why. I knew how strong our army was, and how great everything was, because they regularly wrote about it in newspapers and magazines, and there was no room for doubt for me, at all.

Did you have any technical knowledge about the whole setup, and about the atom bomb?

D: Well, that would refer not to the third grade but more to the ninth grade, I think, when they introduced Basics of Everyday Safety[327] … We did not have Basic Military Training, just Basics of Everyday Safety. In that class, they told us all those things: how to put on a gas mask properly, and where to run to in case of a nuclear explosion, and what kinds of nuclear explosions there existed, such as air, land, or subterranean; about the kinds of kill effects of a nuclear explosion, such as the blast, thermal radiation, electromagnetic impulse, I think, maybe the explosion itself, I don't remember for sure, I will have to look it up, they definitely had five factors there. Oh, radiation! Definitely radiation.

Right, so they taught you this in high school, but what was the year then?

D: In high school, which means it was 1989, or 1990.

It would seem that we were not expecting to see military action anymore in 1989 or 1990, right?

D: Oh no, I was certain then, and I'm certain now, that we should expect to see military action even today, and that the USA is our likeliest adversary, no matter how much they

---

326 Soviet TV program for and about the armed forces, airing nationally at 10:00 a.m. on Sundays from 1967.

327 School subject introduced in 1991 nationwide, in elementary school and continuing into college, to teach safety in emergencies and everyday situations.

Д: Конечно, нет. И более того, я считаю, что та самая холодная война, о которой мы разговариваем, она в принципе идёт до сих пор. Просто меньше накал или меньше об этом сообщают в прессе. Тем не менее, эта идеологическая война США против России, она проводится до сих пор.

Хорошо, очень интересно. А в начальной школе ничего Вам не рассказывали, ни про что не показывали фильмов документальных, о военных действиях, про устройство бомбоубежища, ну, про всякие такие штуки? Куда Вам идти в случае?

Д: Ну, про бомбоубежища ничего не показывали. Я помню только, пожалуй, картинки про Хиросиму, легенду о девочке, которая сделала тысячу журавликов[270], вот, и так далее, такие вот вещи.

Откуда легенды о Хиросиме? Ой, подождите, девочка — это легенда, а про Хиросиму — правда. Откуда были познания про девочку с журавликами? Откуда они взялись? Про Хиросиму — откуда, из каких источников?

Д: Так, у нас были политинформации. Это такая штука, которая проводилась, если мне не изменяет память, по вторникам перед уроками. По-моему, мы начинали учиться в 8:30, а на политинформацию предлагалось приходить в 8:10 или 8:15. Там десять-пятнадцать минут или учитель, или кто-то из учеников, кто был ответственный, рассказывали что-то из политической обстановки. Кроме этого, насколько я помню, везде, во всяких разных детских лагерях пионерских, или в школе, в летнем лагере, были один-два в сезон политических таких концерта, где рисовали всякие картинки и пелись песни. Там тоже что-то зачитывали, какие-то, не знаю, как назвать... В общем, рассказывали нам о международной политической обстановке, собирали деньги в Фонд Мира[271], и так далее, и так далее.

Хорошо. Кстати, про деньги в Фонд Мира поподробней: сколько собирали, как часто, и куда, по-Вашему, эти деньги потом делись?

Д: Честно говоря, собирали там какие-то сущие мелочи, десять-пятнадцать копеек, столько стоил один коржик в школьном буфете, вот.

А вообще было какое-нибудь понятие в этот момент, на что Вы сдаёте, куда пойдут эти деньги, по каким каналам, как это всё будет выглядеть, или никаких?

Д: Система воспитания в те годы была такова, что я безгранично доверял партии и правительству, поэтому, ну, надо денег, ну — дал. Куда эти деньги шли, писали в «Пионерской Правде» порой.

(Смеётся) И что, например, там было сказано?

---

270 История о Садако Сасаки, японской девочке, пострадавшей от радиации после взрыва в Хиросиме. Согласно рассказам, Садако начала делать бумажных журавликов-оригами в больнице, когда ей рассказали японскую легенду о том, что 1000 бумажных журавликов могут принести мир и исцеление больному.

271 В данном случае имеется в виду Советский Фонд Мира, созданный в 1961 г. в целях содействия миру во всем мире.

might try to escape that.

That means, the likelihood of military action is still out there somewhere, and it was never completely canceled?

D: Of course, it wasn't. Moreover, I believe that the very Cold War we are talking about still continues to this day. It's just that it's less intense, or less often reported in the press. Nevertheless, the ideological war of the US against Russia continues to be conducted.

Good, this is very interesting. When you were in elementary school, did anyone ever teach you or show you educational films or documentaries about war, or building bomb shelters, or any such things? About where you should go in case of an attack?

D: Well, there was nothing shown about bomb shelters. The only thing I remember were, I think, pictures of Hiroshima, and the legend about a girl who made a thousand origami cranes,[328] and things of that kind.

Where were the Hiroshima legends coming from? Sorry, the legend was about the girl, while the Hiroshima stories were facts. Where did you learn about the girl with the cranes? Where did that story come from? What were the sources of the Hiroshima-related information?

D: Well, we had political information sessions. Those were the events which, if memory serves, were held every Tuesday before class. I think, our classes started at 8:30 a.m., and we were supposed to come attend the political info at 8:10 or 8:15 a.m. There, a teacher or one of the students, whoever was assigned to do it, spoke about the political situation for 10 or 15 minutes. Besides, as far as I recall, in all places such as summer camps, Young Pioneer camps, day camps at school, there would be a couple politically focused shows per season; we would draw all kids of posters and sing songs, and we were lectured on things like, I'm not sure what to call them... In general, they would tell us about the international political climate, collect money for the Peace Fund,[329] etc.

Good. By the way, can you give me more detail about the Peace Fund money? What amounts were they collecting, how often, and where do you think that money eventually went?

D: Honestly, the sums they asked for were paltry, about 10 or 15 kopecks, maybe. It was the cost of a pastry in the school cafeteria.

At the time, did you have any idea what you were donating money for, where the donations were expected to go, what channels they would go through? Or did you have no idea?

D: The system of upbringing at the time was such that I had boundless trust in the Communist Party and our government, and therefore, once they said money was needed, I gave, and that was all. As to where the money went, they occasionally wrote about that in *Pionerskaya Pravda*.

---

328 The story of Sadako Sasaki, a 12 year-old-girl exposed to radiation in Hiroshima. She allegedly began folding paper cranes while hospitalized, inspired by a Japanese legend that said 1,000 origami cranes would help heal a person and bring peace.

329 Here, the Soviet Peace Fund, founded in 1961 to promote peace in the world.

Д: Столько-то денег или столько-то вещей куплено для детей, пострадавших, допустим, от агрессии сомосовцев[272] в Никарагуа, или, например, построена пара школ для афганских детей.

А Вы в это время уже как бы и знали, что такое Никарагуа и кто такие сомосовцы?

Д: Да, и кто такие сандинисты[273]. *(Смех)* В «Пионерской правде» об этом достаточно подробно писали, и это было хорошо, потому что сейчас дети девяти-десяти лет, они вообще понятия не имеют, что такое политическая обстановка. И тем более Никарагуа, землетрясение в Гаити и так далее. Зато отлично знают, кто такие бакуганы и чем они отличаются от покемонов. Я так и не понял. Они и те, и другие живут в шариках.

Вы подписывались на «Пионерскую Правду» и читали-таки от корки до корки, да?

Д: Мне был более интересен еженедельник «Футбол-хоккей» в те годы; это мы имеем в виду третий класс. «Пионерскую Правду» я читал почти всю, я вообще читать любил.

«Пионерскую зорьку»[274] слушали по утрам?

Д: Нет.

Как?! А как же завтракать без неё?

Д: Я не знаю. Она по проводному радио была или по обычному?

По проводному.

Д: Тогда понятия не имею, у меня был проводной приемник. А-а, я вспоминаю, что, когда я был маленький, у меня была обязанность: с утра встать, умыться, сделать зарядку, приготовить завтрак себе и младшему брату, проконтролировать, чтобы он портфель не забыл, и мы вместе шли в школу. Иногда он уходил раньше, а я позже, но тем не менее.

Понятно, не до «Зорьки» было. Вы тогда читали «Пионерскую правду» от корки до корки, да?

Д: Я ещё наврал. Возможно, мне повезло. Я жил около школы, где-то пять минут ходьбы до школы, может быть, «Пионерская зорька» была в семь утра, когда я в принципе ещё спал, мне достаточно было встать в полвосьмого.

Она уже в полвосьмого заканчивалась.

Д: А-а! Ну всё, только вставал в момент, как заканчивалась «Пионерская зорька», собирался и шёл в школу.

Повезло! Так вот, когда читали «Пионерскую правду» или журнал «Крокодил», читали и думали: «Надо же, какая полезная информация, как интересно написано!» Или читали и думали: «Ну что за чушь?» Или ещё что?

Д: Ну, про чушь я, конечно, не думал, но в детстве читалось всё. Потом просто

---

272 Семья Сомоса управляла Никарагуа с 1936 по 1979 г.

273 Сандинистский фронт национального освобождения, социально-демократическая партия, которая свергла режим Сомосы в Никарагуа.

274 Ежеутренняя радиопередача для школьников, впервые вышла в эфир в 1925 г.

(The interviewer laughs.) And what would be some examples of what they wrote?

S: Like, that a certain amount of money or a certain amount of clothing was donated to help the children who were victims of the Somoza[330] aggressors in Nicaragua, or, as another example, that two schools were built for kids in Afghanistan.

And did you already know at the time what Nicaragua was and who Somoza supporters were?

D: Yes, as well as the Sandinistas.[331] *Laughter. Pionerskaya Pravda* gave rather detailed accounts of those things, which was good, because the 9 and 10-year-old children of today have no idea what a political climate is, to say nothing of Nicaragua, or the earthquake in Haiti, etc. To compensate for that, they know full well what a Bakugan is, and how it is different from a Pokémon. I myself never got the difference. They both live in small balls.

So, you subscribed to Pionerskaya Pravda and read it front page to back, right?

D: I was more interested in *Football and Hockey Weekly* in those days, if we are speaking about me being in third grade. I did read *Pionerskaya Pravda* in its near entirety, I loved reading in general.

Did you listen to Pionerskaya Zor'ka[332] in the morning?

D: No.

What?! How was it possible to have breakfast without listening to it?

D: I don't know. Was it on the wired radio,[333] or the regular radio?

The wired radio.

D: In that case, I have no idea why; I did have a wired receiver. Oh, I remember it now: when I was little, I had chores. They were to get up early, wash up, do my morning exercises, make breakfast for myself and my kid brother, make sure that he does not forget to bring his schoolbag, and then walk him to school. Sometimes he would leave earlier, and I would leave later, but still.

I see, you had no time for Pionerskaya Zor'ka. But you did read Pionerskaya Pravda front to back.

D: Also, I lied. Perhaps I was just fortunate. I lived close to my school, it was a five-minute walk, or about that. Maybe *Pionerskaya Zor'ka* came on at 7:00 a.m. when I was still sleeping. I was on time for school if I woke up at half past seven.

It ran till half past seven.

D: Ah! OK then; I woke up the moment it was over, got my things together and left for school.

---

330 The Somoza dynasty remained in power in Nicaragua from 1936 to 1979.

331 Sandinista National Liberation Front, democratic socialist party in Nicaragua which overthrew the Somozas.

332 *The Pioneer Reveille*, daily morning radio show for schoolchildren, first broadcast in 1925.

333 Generally, in the years under discussion, all homes in the Soviet Union had wired radio units pre-installed; many households never turned them off.

в более старшем возрасте, лет в двенадцать, просто пропускалось то, что часто писалось одно и то же.

Ну, сколько собрали макулатуры, сколько металлолома привезли, всякое такое... Проходные материалы.

Д: Ну, про макулатуру, кстати, интересно было, но вот всякие политические вещи – они да.

(Смеётся) Ладно.

Д: Макулатура – это материальная вещь, а когда слышишь одно и тоже, одно и то же на протяжении пяти лет, пяти, шести, семи, то перестаёшь это воспринимать как правду. Постоянно должны были идти более интересные факты. У нас же были тогда ещё времена застоя, поэтому всё время содержание статей о противостоянии двух миров, оно мало чем отличалось.

Понятно, вот – о противостоянии двух миров. Ну, можно экстраполировать, что, если армия наша такая здоровская и всех отбуцкает в случае чего, что в то время думалось, что страна наша самая лучшая, и что вообще нам лучше всех живётся... Или были какие-то критические помыслы, зачатки, зародыши? Ну, спросили бы Вас, Дима, в третьем классе: «Какая самая лучшая страна на свете?»

Д: Да, я бы сказал, что наша. Более того, я боюсь, если бы меня сейчас спросили, какая лучшая страна на свете, я бы сказал, что это, возможно, СССР в начале 80-х годов. *(Смех)*

Хорошо, а чем бы тогда мотивировали?

Д: Чем тогда мотивировали? Тогда давались... О базовых вещах не приходилось задумываться вообще. То есть, как обеспечить воспитание, питание, образование, дальнейшую работу...

Я думаю, что в третьем-то классе у Вас всё-таки не было соображений о том, что «я считаю, что моя страна самая лучшая, потому что мне не надо в дальнейшем обеспечивать свою работу». Нет же, наверное, в третьем классе какие-то другие были аргументы?

Д: Мы говорим про третий класс?

Мы всё в нем, да.

Д: Да Бог его знает... Потому что...

Можно про пятый, если третий совсем не припомните.

Д: Вообще, тот возраст я воспринимаю как единое целое. Сложно сказать. Я боюсь, если бы меня спросили, чем наша страна лучше, я бы как раз привёл примеры из всяких таких статей, в которых говорили, что в США большая безработица, что негров угнетают, что где-то ещё в Африке кто-то голодает, вот, в Европе забастовки, а у нас всё хорошо. Поэтому мы – лучшая страна.

Понятно. Опять возвращаюсь к армии, сильной и самой экипированной, да? Было когда-нибудь... Я правильно поняла, что Вы реально предполагали, что военный конфликт возможен?

Д: Конечно.

Lucky you! Now, when you read Pionerskaya Pravda or Krokodil, did you think to yourself, oh, what useful information, and how interestingly written! Or, did you think, what kind of garbage is this? Or, did you think something else entirely?

D: Well, I certainly did not think it was all garbage, as a child I read everything. Later, though, when I became older, like, 12, I would simply skip the things which were repetitive.

You mean, how many tons of scrap paper were collected, and how much scrap metal, and all of that … The boring everyday things.

D: Actually, what they wrote about scrap paper was interesting, but I did skip reading all kinds of things about politics.

(The interviewer laughs.) Alright.

D: Scrap paper is material, but when you hear the same things over and over, over and over for five, six, seven years in a row, you cease to accept them as true. They had to constantly offer gripping facts. We were in a period of stagnation, though, and that was why the contents of articles written about the conflict of two systems stayed pretty much the same.

I see. Let's talk about the conflict of the two systems. Well, we might extrapolate that since our army was so awesome, and able to kick anyone's butt in case it was needed, then we might have thought at the time that our country was also the best and that we had the best life of all… Or, were there any sprouts, any embryos of critical thought instead? What if someone asked you, Dima the third-grader, what the best country of the world was?

D: Yes, I would have said it was our country. More than that, I'm afraid if someone asked me now what the best country in the world was, I would say that it was possibly the Soviet Union in the early '80s! *He laughs.*

Good; what would have your reasoning been at the time?

D: My reasoning? They gave us … We did not have to think about basic things at all. I mean, things like being provided food, schooling, future job opportunities …

I think in third grade you may not yet have had ideas like, "I believe my country is the best because I will not have to look for a job in the future." Wouldn't you have had some other arguments, while in third grade?

D: Are we talking about the third grade?

Yes, that's where we still are.

D: Oh, God knows … Because …

We can talk about the fifth grade if you have no memories of the third.

D: Overall, I remember that age as one solid block. It's hard to say. I'm afraid, had someone asked me why our country was better, I would actually cite different examples from newspaper articles of that kind which said there were great unemployment rates in the US, and that they oppressed black people there, and that somewhere in Africa people were starving, and there were labor strikes in Europe, while in our country everything was

Было ли в какой-то момент страшно?

Д: Военный конфликт в принципе реально существовал в Афганистане, и всем прекрасно известно, что это была именно борьба двух систем, то есть, воевали афганцы, но обучение они проходили под руководством военных специалистов стран блока НАТО, то есть, военный конфликт тогда имел место... Ядерный конфликт, конечно, возможен. Когда тебе минимум раз в год проводят учения, заставляют бегать в бомбоубежище, надевать противогаз и оказывать первую помощь, то, конечно, ты будешь считать, что он возможен.

Да, Вы верили, что мы поэтому бегаем с противогазом и разбираем «калашников»? Вы разбирали «калашников»?

Д: Конечно.

Разбираем «калашников» — значит, действительно возможен военный конфликт?

Д: Я считаю, что он и сейчас возможен.

Но было ли страшно? Страшно было или нет?

Д: Нет.

Как? Вот этого я не понимаю. Значит, военный конфликт возможен, бомба летит, но не страшно?

Д: Но вообще-то ты не думаешь о том, что тебя окружает. Ты думаешь, что ты маленький, если что случится, тебя там спасут, и так далее... У тебя нет ещё жизненного опыта. Это, в частности, очень сильно проявляется в экстремальных видах спорта, когда дети в тринадцать лет садятся на маленький кроссовый мотоцикл, 85 кубиков, и на равных летают с трамплинов с большими дядьками лет, там, двадцати пяти, тридцати пяти. В детстве страха нет, это очевидно. Ну, он есть, но гораздо меньше, чем у взрослых.

Ну, у Вас не было?

Д: Любой перелом заживает буквально за неделю, за две недели, например. Растяжение мышц тоже, один день, и ты дальше бегаешь...

А как же взрывная волна? А радиация, а все остальные три фактора?

Д: А это же никак на себе не ощущал, поэтому думаешь: «Ну, в крайнем случае, случится война и я умру. Больно не будет».

И это не страшно? В войнушку во дворе играли?

Д: Конечно.

Какую? Ну, кто кого воевал? Кто с кем? Наши, немцы?

Д: Все подряд.

Перечислите, пожалуйста.

Д: Наши — немцы, наши — американцы, красные — белые.

И наши — немцы, и наши — американцы, и красные — белые? Хорошие — кто?

Д: Ковбойцы и индейцы.

good. Therefore, we were the best country.

I see. Let's turn to the army again, our strongest and best-equipped army. Was there ever … Did I understand you correctly that at the time you really considered a military conflict possible?

D: Of course.

Were you frightened, at any time?

D: There was a real military conflict occurring in Afghanistan, and everyone knew full well that it was truly a conflict of two systems; I mean, the Afghan army was fighting, but they had received military training from NATO military specialists. So, there was a military conflict taking place then … As to a nuclear attack, of course, it was possible. When they have you go through training once a year, where they teach you to run to a bomb shelter, wear a gas mask and give first aid, then you will naturally believe that a war is possible.

OK, so, you thought that was why we ran around in gas masks and disassembled Kalashnikovs? Have you ever disassembled a Kalashnikov?

D: Of course, I have.

So, since we were disassembling Kalashnikovs, a military conflict was possible.

D: I think it is possible even now, as well.

But were you scared? Were you scared or not?

D: I wasn't.

But why? This is something I do not understand. So, we could have a war, and there's a bomb flying over here, and yet it is not scary?

D: Well, generally, you don't think about what's around you. You think you are little, and should something happen, someone will save you, and so on, and so forth. You don't have any life experience yet; it is very clear, in particular, if we look at extreme sports, where a 13-year-old gets on a small 85cc motocross motorbike, and leaps off the board alongside big, grown 25, 35-year-old men, as an equal. It is obvious that children feel no fear. I mean, they do feel it, but a lot less than adults do.

Well, you did not feel it, right?

D: When any bone fracture heals in a week or two, literally, and a muscle sprain heals in one day, and then you continue to run around …

Well, what about the shock wave? What about radiation and the remaining three factors?

D: It's something you would have had no personal experience with, and so you thought, well, worst case scenario, there is a war, and I will die. It won't hurt.

Was that not scary? Did you play war outside, with your friends?

D: Of course, I did.

What kind of war? Who was at war with whom? Us against Germans?

Ковбойцы и индейцы. Хорошо. Хорошие – это кто? За кого охота играть?

Д: Ну, это или наши, или красные, или индейцы. *(Смех)*

И наши, и красные, и индейцы. А ковбойцы-то чем провинились?

Д: Ну, они же угнетатели.

Ничего себе. А откуда такие сведения?

Д: Ну, в «Пионерской правде», и мы смотрели кино по книгам Карла Мая[275].

В немецком кино?

Д: Да. В немецком кино с югославским актёром...

Да-да-да, Гойко Митич[276]. Понятно. То есть, это из кина было почёрпнуто, что ковбойцы, они нехорошие. Ну, значит, в войнушку играли и в школе, и дома, войнушка, тем не менее, не пугала, и смерть не пугала тоже. Хотелось ли побывать за границей, в странах капитализма?

Д: Разумеется.

Да? Почему?

Д: Потому что было интересно.

Что именно? Там же ковбойцы и безработица сплошная.

Д: Я же не один бы поехал, нас было бы много, мы могли дать отпор, тем более военный опыт присутствовал уже! *(Смеётся)*

Ладно, а в каком возрасте хотелось и куда?

Д: А как бы без... Оно же тогда, выезд за границу – это просто было интересно, это всё равно, что сейчас, например... Я просто думаю, что за границу попасть хотелось примерно в той же степени, что и, например, слетать на Луну или, там, пошариться по дну мирового океана. Любопытно было, что там на Луне и что в США. Это было одно и то же.

Ну, примерно, поездка за границу...

Д: Я, примерно, знал, что туда особо не попадёшь.

Ну, поездка за границу по вероятности равняется ядерной катастрофе примерно. Но хотелось-то куда, всё равно? Если хотелось, то куда? Вообще?

Д: Ну, хотелось вообще, если честно, куда-нибудь... Посмотришь передачу «Клуб кинопутешествий» и да, например, хотелось куда-нибудь на Гаити или в Австралию. Неинтересно особо было посещать какие-то капиталистические страны, смотреть небоскрёбы. Интересна всякая там природа, на Эверест залезть, возможно. В джунгли.

А в «Клубе кинопутешествий», или «путешественников», как он ещё назывался... Он сначала

---

275 Карл Май (1842 – 1912), немецкий писатель, автор приключенческих романов о Диком Западе.

276 Гойко Митич (р. 1940), актёр, каскадёр и режиссёр, наиболее известен своими ролями в восточногерманских «красных вестернах», фильмах, в которых положительными героями выступали не белые поселенцы, а коренные жители Америки.

D: All kinds.

Would you name them, please?

D: Us against Germans, us against Americans, Red Army against White.

OK, so with us against Germans, us against Americans and the Red against the White, which were the good guys?

D: Also, cowboyans[334] against Indians.

Cowboyans and Indians. OK. Which were the good guys? Which side did you want to be in the game?

D: Well, it had to be us, or the Reds, or the Indians. *He laughs.*

Us, the Reds and the Indians. What was the cowboys' fault?

D: Well, they were the oppressors.

Oh, wow. Where did you find out about that?

D: From *Pionerskaya Pravda*, as well from movies based on Karl May's books.[335]

Were those movies German?

D: Yes, German movies with a Yugoslavian actor.

Yes, right, with Gojko Mitić.[336] That is, it came from a movie that cowboyans were not good guys. OK. So, you played war at home and at school, and in the meantime, war did not scare you, and neither did death. Did you ever want to travel abroad to capitalist countries?

D: Naturally, I did.

You did? Why?

D: Because it was interesting.

What specifically? They had cowboys, and total unemployment.

D: I would not be going alone, there would be many of us, and we would be able to fight back, especially since we had prior military experience! *He laughs.*

Right; at what age did you want to go, and where?

D: It kind of didn't … The way it was then, a trip abroad was simply interesting by itself, as much as now we'd be interested in, for instance … I just think that I wanted to go abroad to about the same degree as I wanted to fly to the Moon or walk at the bottom of the ocean. I was curious about the Moon, and I was curious about the US. It was the same exact thing.

Well, to take a trip abroad, for instance …

---

334 Soviet children reimagined the word cowboy as "kovboyets" to rhyme it with "indeyets" (American Indian).

335 Karl May (1842-1912), German writer of adventure novels set in the American West.

336 Gojko Mitić (b. 1940), actor, stuntman, director, best known for his roles in East German-made Red Western films, in which Native Americans rather than the white settlers were portrayed as heroes.

так назывался, да, а потом вот этак?

Д: По-моему, именно «кинопутешественников»...

Нет, было два, по-моему, названия, сначала он назывался «Клуб путешественников», а потом «Клуб кинопутешествий»[277]. Я боюсь ошибиться, но это не важно. Показывали ли там какие-нибудь капиталистические страны, или всё в основном Гаити?

Д: Честно говоря, не помню, по-моему... Хорошо помню, показывали программу про Тура Хейердала, вот как они там, господи, лодку «Кон-Тики»...[278]

Да, да. Обиделись и сожгли[279].

Д: Да, вот. А вот про другие такие страны развитого капитализма – вряд ли, их просто идеологически не показывали, я думаю. В основном показывали именно про путешественников.

Были ли у Вас какие-нибудь знакомые, родственники, которые либо за границу ездили, либо за границу эмигрировали?

Д: Нет.

То есть, ни в ближних, ни в дальних?

Д: Первый раз о случаях эмиграции за границу я узнал в 90-м, по-моему, году.

Понятно.

Д: Каких-то там мне показали: вот эти люди, и то не у нас, а в Новосибирске, эти люди уезжают в Штаты завтра или через неделю.

Живых, настоящих. И что Вы подумали? «О, молодцы!» или «фу, предатели!», или вообще ничего?

Д: А ничего не подумал.

Ну, уже 90-й год, наверное...

Д: Уезжают, да, уезжают, то есть... Потому что все остальные-то были здесь, тогда ещё были перспективы дальнейшего научного развития страны, это было в Новосибирске, и у меня в том числе...

Хорошо, ладно, из 90-го года мы ещё пока вернемся обратно в застой. Какое у Вас было отношение к пионерской организации, участвовали ли Вы в её делах, верили ли в её идеалы, как вообще всё это происходило? Формальная официальная школьная жизнь, она занимала какое-то значительное место во внутренней, или хотя бы в событийной, или вообще никакого?

---

277 Советская, позже российская телепередача, выходила с 1961 г. с целью популяризации туризма среди населения. Первоначально называлась «Клуб кинопутешествий», позже переименована в «Клуб путешественников».

278 Норвежский путешественник и этнограф (1914 – 2002), наиболее известный своей тихоокеанской экспедицией на «Кон-Тики» (1947), плоту из бальсовых брёвен, построенном при помощи древних полинезийских техник.

279 На самом деле судном, который сам Хейердал сжёг в 1978 г. в знак протеста против войны, был «Тигрис».

D: I approximately knew that one could not really get there.

A trip abroad was about as likely to happen as a nuclear catastrophe. Still, where did you want to go? If you wanted to go, then where? In general?

D: Well, in general, if I'm being honest, I wanted to go somewhere … I would watch the *Travelers' Club*[337] TV show and then want to go to Haiti or Australia. It was not really interesting for me to visit any capitalist countries, to see skyscrapers. I was interested in all kinds of nature, in climbing the Everest, perhaps. In seeing the jungle.

Now, Film Travels Club, or Travelers' Club, I think it was called once … First, it had one name, and then they changed it, right?

D: I think it was definitely *Film Travelers* …

No, I believe there were two names, at first it was Travelers' Club, and then Film Travels. I'm afraid I could be wrong, but that is inessential. Did they ever feature any capitalist countries on the show, or was it mainly Haiti?

D: I honestly do not remember. I remember it well how they had a show about Thor Heyerdahl[338] and his, whatever you call it, Kon-Tiki boat …

Yes, yes. They got mad and burned it down.[339]

D: Yes, right. As to the other ones, the various countries of developed capitalism, that's unlikely. They were simply not doing shows about them for ideological reasons; I think they mainly did shows about world travelers.

Did you have any relatives or acquaintances who went abroad, either to travel or to stay?

D: No.

No one close nor remote?

D: The first time I heard about people emigrating was, I think, in the 1990s.

I see.

D: Some people were pointed out to me: these guys, and they are not even from our town, they are from Novosibirsk, are leaving for the United States tomorrow, or maybe in a week.

Real live people. What did you think then? Was it "good for them!" or, "ew-w, traitors!" or nothing at all?

D: I did not think anything.

Well, since it was 1990 already …

D: They were leaving, and so they were, I mean … The rest of us were staying, there

---

337 Soviet/Russian TV show started in the 1960s to popularize tourism, originally *Film Travels Club*, later the name was changed to *Travelers' Club*.

338 Norwegian adventurer and ethnographer (1914-2002), known for his Kon-Tiki expedition (1947) in which he traveled the Pacific on a reed raft built with ancient Polynesian methods.

339 The burned boat was actually the Tigris (1978) which Heyerdahl himself burned in a war protest.

Д: Боюсь, что никакой, то есть, сначала, конечно, хотелось попасть в пионеры.

Почему?

Д: Ну, потому что никто не был пионером, и вот ты становился пионером... Я помню, что меня принимали первым, ну, одним из первых в школе, у нас была группа в девять человек в третьем классе, отличников боевой и политической подготовки, вот... Сначала было интересно, я гордился и так далее, а потом, когда приняли всех, я считаю, что это был неправильный абсолютно подход, всех принимать в пионеры. Так же, как не всех принимали в партию, так и не надо было всех в пионеры принимать, а примерно процентов 30-40-50, может быть. А у нас, получается, всё равно, кто мог не быть отличником политической подготовки, того в пионеры принимали. В скауты не всех принимают, в комсомол не всех принимали, в партию не всех принимали, а по отношению к пионерам допустили такую уравниловку, я не знаю...

В октябрята...

Д: А поэтому тот, кто попадал после третьего класса, допустим, в четвёртом, пятом классе в пионеры... В принципе, ношение красного галстука ничем тебя не отличает от других людей, да? Для человека же зачастую самое главное – проявить свою индивидуальность.

Короче, пионеры не оправдали надежд.

Д: Да.

Ну, Вы выполняли какие-нибудь функции, были ли у Вас какие-нибудь задания там, не знаю, что-нибудь делали такое, пионерское?

Д: Точно помню Пост №1.

Это что?

Д: На этот вопрос я отвечу уже, наверное, завтра.

(Запись №2)

Первое ноября 2010 года, мы продолжаем беседовать с Дмитрием. Здравствуйте, Дмитрий!

Д: Здравствуйте, Анна, очень приятно!

В предыдущей части нашей беседы, я помню, мы говорили про пионерскую работу и активное или неактивное, безынициативное в ней участие, и Вы, по-моему, сказали, что она как-то прошла мимо Вас, правильно?

Д: Да. Она прошла мимо меня. Я насколько помню, мы что-то делали, мы ходили в какие-то младшие классы, вели уроки, мы собирали металлолом, но активно я не принимал участия в пионерской работе, потому что в детстве я в шахматы играл же много лет. Поэтому я каждый день занимался, ездил на соревнования, защищал честь школы...

От нападений...

Д: В шахматных баталиях. Поэтому, скорее всего, мне ничего серьёзного не поручали.

were still some prospects for the country's scientific development, Novosibirsk still had prospects, and so did I.

OK, good. Let's leave the year 1990 for now and go back to the stagnation years. What was your attitude towards the Young Pioneer organization, did you take part in its activities, did you believe in its ideals, and how did it all work in general? Did the formal official school life occupy any significant space in your interior life, or at least some space at the level of events, or no space at all?

D: I'm afraid none at all; I mean, in the beginning I did, of course, want to become a Young Pioneer.

Why?

D: Well, because when no one was a Pioneer yet, and you became one ... I remember I was the first, I mean, I was in the first batch of kids in our school to be accepted. There were nine of us, we were in third grade, we earned distinctions in our political and military preparedness, and so ... At first it was interesting, and I felt proud, etc.; and later on, when they accepted everybody else, I think, that was absolutely the wrong move to make everyone Pioneers. Just like they did not allow just anyone to join the Party, they should have not allowed just anyone to join Young Pioneers, they should have capped it at 30 or 40 percent, or 50, perhaps. Now, what we had was, they still enrolled kids who could not have earned any distinctions in political preparedness. Not everyone can be a Boy Scout, not everyone could be in the Komsomol, not everyone could join the Party, yet they allowed this leveling approach with the Pioneers, not sure why ...

And the October Kids.

D: So that's why those who ended up in the Pioneers' organizations after the third grade, say, in fourth or fifth grade ... In principle, wearing a red neckerchief did not make anyone any different from the rest of the people, you know? But often it's the most important thing for a person to express his or her own individuality.

In short, the Young Pioneers failed to meet your expectations.

D: Yes.

Well, did you perform any functions, or have any tasks, or in general do any Pioneer things?

D: I remember Post #1 very clearly.

What was that?

D: I will answer this question tomorrow, I guess.

[Second session recording]

This is November 1, 2010, and Dmitry and I continue our conversation. Hello, Dmitry!

D: Hello, Anna, pleased to be here!

OK, previously in our conversation, if I remember it correctly, we talked about Young Pioneer activities and about your active, or not-so-active, or lacking initiative, participation thereof. I think you said that the activities kind of happened without you, didn't you?

Если мы ещё задержимся в третьем классе, ну, в четвёртом-пятом, какие Вам были известны подробности о коммунистических идеалах, что Вы о них знали, и какие у Вас были по этому поводу мысли? Если вообще какие-нибудь были?

Д: Мысли были, что всё будет замечательно, потому что о коммунистических идеалах мне было известно, что от каждого по способностям, каждому по потребностям. Никто не сомневался, что так оно в конце концов и будет. Всё было хорошо. Ну, то, что всё было хорошо... Я даже не задумывался, что, например, можно было жить как-нибудь по-другому, например, иметь личный цветной телевизор. Большой. Потому что цветной телевизор тогда уже был. Нет, цветного не было в пятом классе ещё...

Не у Вас. У Вас не было.

Д: Был чёрно-белый.

У Вас лично не было в семье цветного телевизора. У меня тоже не было в тот момент. Были ли у вас знакомые товароведы[280], у которых был?

Д: Ну, конечно, был Евгений, который сидел со мной за одной партой. Правда, у него мама была не совсем товаровед, она же была тогда преподавателем. Сейчас она бессменный начальник этого учебного учреждения. Ну вот, у него был цветной телевизор.

А не было завидно или как-нибудь ещё: «Почему у товарища Евгения есть цветной телевизор?»

Д: Знаешь, мне было завидно, что у него книжек до фига было. Я у него брал их почитать, он мне их давал. Вот это было завидно. Телевизор – вообще по барабану, там же ничего интересного не показывали, ну, кроме хоккея и футбола! *(Смех)* И то редко. Так что абсолютно было пофигу.

Ну, то есть, вообще, это социальное неравенство, оно такое минимальное совсем, да?

Д: Оно было минимальным, да.

Оно не беспокоило нигде?

Д: Не-а, потому что, скажем так, я всегда был уверен, что, например, в данный момент у кого-то есть джинсы или кожаная куртка, у кого нет, но это потому, что купили родители. Потом я же выучусь, буду зарабатывать много денег и сам себе всё приобрету! Вот так оно, в общем-то, и получается. *(Смех)*

У Вас родители были политичные, аполитичные, члены партии, не члены партии, вообще – как?

Д: Папа – член партии, партбилет до сих пор где-то лежит, он его не сдавал, в общем-то. Более того, папа как раз занимался какой-то работой, но в силу того, что он с нами не жил, много очень времени я его не видел. Лет, наверное, восемь он работал на каких-то коммунистических стройках на Крайнем Севере, и всё такое,

---

280 В СССР человек, получивший профессиональную специальность «товаровед» и поступивший на государственную должность, зачастую получал доступ к товарам и услугам, недоступным остальному населению.

D: They did. They went without me. As far as I remember, we did some things, we went to elementary grades to help teach lessons, we collected scrap metal, but I did not take an active part in Pioneer work because from a young age I played competitive chess. For many years I practiced every day, I went to tournaments, I defended the honor of our school …

From attacks …

D: In chess battles. That's why I was not given any serious tasks, most likely.

If we focus on third grade a little longer, or fourth and fifth, how much did you know about communist ideals at that age, in what detail, and what thoughts did you have about them, if any?

D: My thoughts were that everything would be fine in the future, because as far as I knew, the communist ideals promised, "From everyone according to his ability, and to everyone according to his need." No one had any doubt that eventually things would work out that way. Everything was good. Well, what I mean by everything was good is … It did not even dawn on me that there were other ways to live, that it was possible, for instance, to own your own personal color TV. A big one. Because some already had color TVs at the time. No, not the color ones yet, not in fifth grade …

Well, you did not. You didn't have one.

D: We had a black-and white TV.

You family, specifically, did not own a color TV. My family at the time did not either. Did you know any consumer goods specialists[340] who owned one?

D: Well, of course, there was Evgenii, who was sharing a desk with me. His mother, however, was not exactly a consumer goods specialist; rather, she was teaching them at college. And now she is the perennial boss of that educational facility. And he did have a color TV.

Did you ever feel envy, or anything else, as in, "Why does Comrade Evgenii own a color TV?"

D: You know, I felt envy because he had a ton of books. I borrowed them from him to read, and he let me. That was what caused me envy. The TV was of zero importance, since there was nothing interesting on TV anyway, except, maybe, football or hockey! *He laughs.* And rarely even those. So, I couldn't have cared less.

Overall, then, the social inequality was pretty minimal, right?

D: Right; it was minimal.

And it did not bother you in any sense?

D: Nope, because, let's say, I was always sure that if at that moment some kid owned a pair of jeans or a leather jacket, while some other kid did not, it was only because their parents bought those things. Meanwhile, when I'd eventually graduate and start making

---

340 A professional specialty in the USSR. When one got a degree in Consumer Goods and became employed by the state, one often gained access to goods and services unavailable to regular people.

я ничего не могу по этому поводу сказать, но членом партии он был. Мама членом партии не была принципиально.

Принципиально?

Д: Нет, не принципиально, я оговорился. Просто не была. У неё времени, скорее всего, на это не было, потому что нас было двое детей, нас надо было накормить, одеть, обуть, и ещё преподавать в институте, поэтому...

Родители вообще транслировали как-то или нет своё отношение к Советскому Союзу, социалистической системе, телевизору товароведа, возможности светлого будущего, вообще к чему-нибудь? Какие-нибудь обсуждались такие вещи, крупномасштабные, геополитические, или хотя бы мелкомасштабные?

Д: Нет. Практически, насколько помню, не было вообще ничего.

Вообще ничего. В оболочку семьи это всё не проникало?

Д: Не проникало.

Не проникало. Остаётся, значит, школа: политинформация, конкурс мира, ну, как-то так...

Д: Да.

Хорошо. Ну, в пятом классе, если я правильно помню, всё было нормально: коммунизм должен был состоятся, все люди равны, каждому по потребностям, всё вроде бы нормально... В какой-нибудь момент, можно уже перейти в шестой, седьмой и т.д., какое-нибудь посетило разочарование или критическое отношение к действительности? Вообще какая-то сломка, ломка этого образа светлого будущего, когда была, если была, и какая?

Д: Ломка, ломка, ломка... Знаешь, ломка была, пожалуй, в районе института уже.

Уже даже так...

Д: Да, в 91-м, 92-м году, когда, условно говоря, обнаружилось, что можно не работать и при этом иметь много денег, что-то вроде этого. Когда стало уже ясно, что правительство несколько не контролирует ситуацию в стране, это как раз был ГКЧП и ещё Бог его знает что такое там было, на самом деле. Пожалуй, 91-й год, когда все уехали учиться в институт, тогда вот как раз происходило деление на богатых и бедных, и всё такое. А вот в школе, седьмой класс — это у нас был, соответственно, 88-й год — да, в общем-то, ничего там такого не было. То есть было, конечно, там, сахар по талонам, насколько я помню, выдавали, перестройка, всё такое, но это воспринималось как временные трудности.

То есть, Вы всю школу полагали, что с социализмом ничего не произойдёт, так, что ли? Или нет?

Д: Почему? Где-то начало проявляться лет в четырнадцать, да. Как-то начались эти перестройки, программа «Взгляд»[281] по телевидению, тогда стало понятно, что социализм, возможно, не самый совершенный строй из существующих на

---

281 Программа «Взгляд» (1987 – 2001) была революционной для своего времени; от традиционных советских телепередач её разительно отличали живой эфир, раскованные ведущие и использование поп-видеоклипов в качестве «музыкальных пауз».

a lot of money, I would be able to buy everything myself! That's basically what ended up happening. *He laughs.*

Were your parents interested in politics or apolitical, members of the Party or non-members? How were things at home in that regard?

D: My dad was a Party member, his Party card is still around somewhere, he never turned it in,[341] actually. What's more, my father did do some Party work, but since he did not live with us, I spent long stretches of time without seeing him. He spent about eight years working at some Communist construction sites in the Far North, and things like that, and I have nothing to tell about them, but he was indeed a Party member. My mother did not join the Party on principle.

On principle?

D: Well, not principle; I misspoke. She just didn't. Most likely, she simply had no time for that, since she had two kids, who had to be fed, clothed and shod, plus she had her teaching job at the college, that's why.

Did your parents in any way broadcast their attitude toward the Soviet Union, the socialist system, the TVs of the consumer goods specialists, the likelihood of a bright future, or anything of that order? Were any large-scale geopolitical issues discussed, or even small-scale ones?

D: No. As far as I remember, practically nothing.

Practically nothing; so, none of that penetrated the family bubble?

D: It did not.

It did not. What's left is your school, the political information sessions, the Peace contests, etc. ...

D: Yes.

Good. If I remember it correctly, everything was OK in fifth grade: communism was scheduled to happen, all people were equal, "to each according to his needs," and everything was sort of fine ... Were you ever visited by any disappointment, or started to think critically of reality, as we move up to grades six, seven and onwards? Did the image of the bright future ever fracture or break, and if it did, then in what way?

D: Fracture; did it ever fracture ... You know, when it fractured, it was closer to college for me, I think.

That late?

D: Yes. It was 1991 or 1992, when it became apparent, I'd say, that it was possible to have a lot of money without working. When it became clear that the government was somewhat not in control of the situation in the nation; when we had the coup, and God knows what else we had at the time. It was probably 1991 when we all left for college and the separation of the rich from the poor began. At school, though, in seventh grade, which would have been 1988, I did not experience anything of that nature. I mean, we

---

341 During perestroika, many people became disillusioned with the Communist Party and got rid of their Party cards, whether by turning them in or burning them.

земле, ну, по крайней мере, тот социализм, который у нас был в государстве. Но тем не менее надежды на светлое будущее оставались, все думали же наоборот, что: «О, зашибись, сейчас вот мы оставим самое хорошее от существующего строя, возьмём всё самое хорошее ещё из развитых капиталистических стран, такие вещи, как свобода слова, конкуренция, и на этой базе построим ещё даже более светлое будущем, чем...» Может, наоборот, тогда как раз... Тогда же был у нас научно-технический прогресс, то есть, например, появлялись японские магнитофоны, появлялись видеомагнитофоны, тогда было вообще замечательное время, это конец 80-х, начало 90-х. Там появилась первая иномарка, например, все посмотрели: «О, вот это да, это, оказывается, можно сейчас купить, за дикие деньги, но вот и такую штуку, например!» Компьютер тогда у меня дома появился, самый первый такой, не то, чтобы действительно был, да? Но я на нём, по крайней мере, занимался. Вот тоже самое, как бы, каждый год... Вот сейчас, например, сидишь, у меня ноутбуку три с лишним года, ну и, в принципе, он выполняет те же задачи. У него, там, Центрино Дуо, дома какой-нибудь Коре Два Дуо[282], дай Бог, но он в принципе показывает те же фильмы, он так же входит в интернет, а тогда-то было вообще, раз – вместо монитора телевизор, затем раз – отдельный монитор, затем раз – опа, цветной монитор, затем диск не на какое-то виртуальное, а сразу на целых десять мегабайт, а потом диск на двадцать мегабайт! То есть, буквально даже не каждый год, а каждые полгода были какие-то технические новинки, и так далее. Такое виделось светлое будущее человечества, вот, сейчас – зашибись же, люди работают, изобретают, причем компьютеры были... Ну, IBM – это, конечно, было... 276-е, пожалуй, прочно окопались в нашей жизни где-то к 91-му году, а все остальные компьютеры – это были отечественные разработки, то есть, Нейрон там какой-нибудь, Искра 10-30М, Искра ТУРБО, то есть, вполне себе отечественные компьютеры, на которых вполне можно было работать, писать программы, и всё было чудесно просто. Вот, как бы, в то время упадка страны в школе не было.

В связи с гласностью, которая как раз настала, как Вы справедливо упомянули, когда Вам было лет четырнадцать, а также с появлением иномарок и прочих штанов «адидас», не было ли периода очарования капитализмом, Западом, ну, вообще всяким таким, чего раньше не показывали?

Д: У меня – нет, у меня был период очарования всяко-разной там, даже не знаю... Математикой, экономикой, и всё такое. Ну, потому что я считал, скажем, так: у нас действовали какие-то... Ну, социалистическая система организации труда, например. Я считал, что, если внимательно... Учебников, грубо говоря, по западным вещам не было вообще. Просто я считал, что, изучив нормально экономические процессы, такие, как маркетинг, менежмент, статистику, экономическую теорию и т. д., можно делать то же самое. Раньше у нас да, не допускались, а сейчас можно брать откуда-то из-за границы какие-то западные образцы, ну, и поэтому всё будет хорошо.

---

282 Процессоры Centrino Duo, Core 2 Duo, продукты корпорации Intel.

did have ration cards for sugar,[342] and perestroika, and all that, but all those hardships seemed to be temporary.

Does it mean that through your secondary school years you believed that nothing was ever going to happen to socialism? Or was it not so?

D: Why, no! Things started to pop up when I was about 14, when perestroika was initiated, and *Vzglyad*[343] the TV show came on TV, it became clear that socialism was perhaps not the most perfect system of all existing on the planet, at least the kind of socialism we had in our country. And yet, we had hopes for a bright future, we all thought, "Hey, cool, we'll just keep the best parts of our existing system, then add the best things from the developed capitalist countries, things like competition and freedom of speech, and use this as a basis for building an even brighter future!" Maybe, on the opposite, that was the time when ... It was the time of technological and scientific progress. For instance, we began to see Japanese-made stereos, then VCRs; those were generally great days in the late '80s and early '90s. We saw our first foreign-made car then and we all thought, "Oh wow, here's what you can buy now; it costs crazy amounts of money, but still!" At that time, I got my first personal computer, my very first one, and it's not like it was outstanding, right? But at least I was able to work on it. And in the same vein, every year they had ... Like, now I'm sitting in front of my laptop, which is over three years old, and in principle it still performs the same exact tasks. The laptop is fitted with, say, a Centrino Duo, and my home computer has a Core 2 Duo, if that, but it still plays the same movies and connects to the internet in the same way. But in those days, it was like—boom, we use a TV for a monitor, then boom, they make a separate monitor, then, lookie, we have a color monitor, and then, a hard drive, and not of some virtual capacity, but a 10Mb hard drive, and then a 20Mb one! Literally, the technical advancements came so fast, not even annually, but every six months. The future of humankind looked very bright: awesome, we thought, people are working, they are inventing things, and as to the computers ... Well, of course there were IBMs, and ... IBM 276 computers had become a fixture by about 1991, but the rest of our computers were domestic, like Neyrons, Iskra 10-30Ms, Iskra TURBOs, which were all fully domestically manufactured and quite suitable for working with and writing programs for. Everything was just peachy. It's like, at that time, while I was a school student, the decline of my country was not something I saw.

In connection to the arrival of glasnost, which came, as you've justly mentioned before, when you were about 14, and with the appearance of foreign-made cars and such things as Adidas pants, did you ever temporarily fall under the spell of the West, or capitalism, or any of the things which had been kept from

---

342 The USSR's last years, marked with a nationwide economic crisis, saw the reintroduction of the rationing system, limiting the monthly amount of basic foodstuffs and personal care items allowed per individual.

343 *Vzglyad*, or *Outlook* (1987-2001) was revolutionary for its time in that it employed live broadcasting, pop music for musical breaks, and informal hosting style, which was a marked departure from the typical Soviet programming.

Но хотелось, тем не менее, брать западные образцы за образец?

Д: Конечно, потому что очевидно же было, что компьютеры PARC[283] – это не совсем то же самое, что Искра ТУРБО, и по надёжности, и по внешнему виду, и так далее. У них там эти вещи делаются лучше. При этом я не особо завидовал, я чётко понимал, что автоматы Калашникова-то лучше делаем мы! *(Смех)* Просто там много усилий на разработку ширпотреба тратится, здесь у нас много усилий тратится на разработку оружия и прочей всякой ерунды, вот.

Понятно. То есть, весь этот ветер перемен не развеял никаких кудрей на голове, Вы продолжали жить хладной жизнью ума, да?

Д: Ну конечно, то есть, никогда не было желания уехать за границу.

Ага. Ну, был поток информации, которой не было сначала, а потом раз, шлюзы открылись и всё: ГУЛАГ, сталинизм, война, и всё это очень нелицеприятное... Не было ли такого разочарования в Родине, где думаешь: «Ах ты, япона мать, да что же это, как же всё хреново-то было?»

Д: Знаешь, не помню. У меня вообще почему интервью получается такое восторженное, да? Потому что я плохих вещей обычно не запоминаю вообще! *(Смех)* Обычно люди злопамятные, а у меня...

Нет, на самом деле все говорят совершенно разное, это просто удивительно. Как будто все жили в разных галактиках.

Д: Это как-то от людей зависит. Например, у меня был случай такой в институте: товарищ дал мне в глаз ни с того, ни с сего, у меня был такой здоровый синяк, и так далее, вот. Потом мы ещё с ним даже вместе год жили в общежитии и у нас были настороженные отношения. Когда я в первый раз приехал после института во Владивосток, буквально через год после окончания, этот товарищ меня встретил, обнял, накормил, напоил – всё, забыли старые вещи, ничего между нами не было! Зато он прекрасно вспоминает какие-то дискотеки, какие-то посиделки, с тех пор он и в Читу приезжал, то есть, то, что он дал мне в глаз – это рабочий момент, всё остальное классно!

Понятно...

Д: Поэтому я не запоминаю плохих вещей обычно. Да, наверно, были там какие-то ужасы сталинизма и прочее.

Не только даже, и не... Сталинизм – это одно, а когда происходило всё это крушение системы и развал, я не знаю, помните ли Вы или нет, несколько лет было совершенно кровавых: этнические конфликты постоянно, Карабах, одно за другим, какой-то был чернушный достаточно период.

Д: Это было настолько далеко, что просто мимо прошло, вот действительно! Ну, армяне и азербайджанцы, они да, дерутся где-то в Армении, да и Бог с ними.

И даже сахар по талонам, и отсутствие зубной пасты не задело, и программа «Взгляд», которую

---

283 Продукция американской компании PARC, внёсшей большой вклад в раннее развитие компьютерных технологий.

us before?

D: I did not; I temporarily fell under the spell of, I'm not even sure how to term it ... Of math, economics and so on. Well, it was because I believed that, let's say ... We had a a socialist system of labor organization, for instance. I thought that with an attentive... Roughly speaking, we did not have any textbooks on the Western system at all. I just believed that if we had properly studied normal economic processes, such as management, marketing, statistics, economic theory and the like, we would be able to achieve the same results. Before that, we had not been allowed to, that much is true, but later, when we could already borrow certain Western templates from abroad, everything was supposed to work out fine, in my view.

Still, you wanted to use Western templates as templates?

D: Sure, because it was obvious that PARC computers were not equal to Iskra TURBOs in either reliability or appearance, and so on. They made those things better in the West. Given that, I was not particularly envious, because I clearly understood it that we were better at making Kalashnikovs! *He laughs.* It was just that they spent a lot of effort making consumer goods, and we spent a lot of effort making weapons and other stuff like that.

I see; the wind of change did not ruffle any hair on your head, and you continued to live a cool life of the mind, right?

D: Of course; I mean, I never wanted to move abroad.

OK. There was a flood of information of the kind we had not had before; the floodgates were opened all at once, and out came stories of GULAG, Stalinism, war, and all of that was very unpleasant ... Did you ever feel disappointed in your Motherland, thinking, damn, what's been going on here, why did it turn out so crappy?

D: You know, I do not remember. You know why my interview is turning out so ecstatic? Because I generally do not remember anything bad! *He laughs.* People are usually vindictive, and I'm not ...

You know, actually, all people say absolutely different things, it simply makes you wonder. It's like they all lived in different galaxies.

D: It depends on the person, somehow. For example, when I was in college, there was a time when one dude punched me in the face, just out of the blue, and I got this huge shiner and all that. After that, I lived in the same dorm with him for a year, and our relationship was guarded. Later, when I returned to Vladivostok for the first time after graduating from college there, just a year after graduation, that guy met and greeted me, hugged me, wined and dined me—and it was over just like that, bygones were bygones, as though there hadn't ever been anything between us! Now he mostly fondly remembers the parties and the discos, and he even came to visit me in Chita once, and the fact that he punched me in the face was just something we worked through, and the rest was all awesome!

взапой некоторые смотрели, просто взапой, не пропускали, бежали по часам?

Д: А я тоже не пропускал. Ты знаешь, я помню, что там был Александр Любимов, Владислав Листьев и Анатолий Политковский, по-моему, или Александр Политковский, но вообще не помню, про что там рассказывали.

Хорошо, значит, так: система обрушилась, да и Бог бы с ней, всё прошло нормально. В глаз дали — никто не помнит. Вы раньше упомянули, что холодная война, тем не менее, ну, или её можно называть не так, а противостояние систем, оно не закончилось?

Д: Конечно, нет.

А что с ним случилось?

Д: Она просто менее явно продолжается. То есть, я уверен, что до сих пор есть... Я не знаю, кто это борется, кстати. То есть, бороться с Россией, то есть, элементарно, у России до сих пор есть ядерные ракеты, да, какие-то? Всё-таки мы представляем какую-то угрозу, есть вполне боеспособная армия, может быть, она не в состоянии полностью защитить страну, однако поотбиваться какое-то время и ощутимо ударить в ответ до сих пор российская армия всё ещё может. Поэтому ведётся какая-то пропаганда. По-моему, всё это направлено на расчленение страны, вот. Особенно... Как бы я поступал на месте того, кто хочет страну расчленить? При этом я не уверен, что это Штаты, Соединённые Америки; это может быть блок НАТО вообще, могут быть отдельно Штаты, может быть вообще некая третья сила, например, какие-нибудь международные финансовые организации, которым нужно стабилизировать обстановку, или дестабилизировать, или взять под контроль, или, там, захватить нефть... *(Смех)* Ну, и проводится идеологическая работа по-прежнему, которая направлена на... Ну, не знаю, как бы это объяснить-то. Короче, на расшатывание устоев, на поддержку коррупции в обществе, финансирование каких-то правозащитников и т. д., и т. д. Финансирование организаций, которые дестабилизируют обстановку в стране. Да. Ни для кого не секрет, что всякие разные боевики в Чечне, в Дагестане и так далее, они финансируются тоже вряд ли за счёт исламского мира. Потому что на кой исламскому миру в целом, такому огромному исламскому миру вот эта маленькая Чеченская республика — это вообще непонятно. Почему они не финансируют каких-нибудь боевиков где-нибудь в Индонезии так активно, где тоже ислам и всё такое, тоже непонятно. Интересует именно война на границах России кого-то там, вот. Так на чём мы остановились, я даже мысль потерял? Какой там был вопрос? Почему продолжается холодная война?

Я сейчас немножечко суммирую, если можно. Значит, в рамках Вашей теории некоторым мировым игрокам, которых мы не обязательно готовы назвать, выгодно — что? Слабая Россия? Я правильно излагаю? Правильно?

Д: Да. По какой-то из причин: либо ядерный щит, скажем так, то есть, либо ядерное оружие, либо полезные ископаемые, либо, возможно, территории какие-то.

Территории... Хорошо. Мы не знаем, кто это, но знаем, что они ведут подрывную работу. Я

I see ...

D: That's why I usually do not remember bad things. Yes, there must have been some horrors of Stalinism and all that ...

It wasn't that, it wasn't only that ... Stalinism was one thing, but if you do remember the collapse of the system, and everything falling apart, I'm not sure if you remember that there were several years in a row which were absolutely bloody: we had constant ethnic conflicts, like the Karabakh conflict, one after another. It was a rather dark period.

D: All of that was so far from me that it simply passed me by, it did! Armenians and Azeri were fighting, true, but they were fighting somewhere far away in Armenia, so let them, I thought.

Not even the rationed sugar registered, nor shortages of toothpaste, nor the Vzglyad TV show which some people were watching fanatically, simply fanatically, setting their alarms not to miss it when it came on?

D: I never missed it either. You know, I remember its hosts, they were Aleksandr Lyubimov, Vladislav Listyev, and either Anatolii or Aleksandr Politkovsky; yet I completely forgot what the show was about.

OK, to sum up: the system collapsed, we let it go, it all went fine. Someone got punched in the eye, but no one held any grudges. Earlier, you mentioned that the Cold War, even if we do not call it that but call it a conflict of systems instead, never ended.

D: Of course, it didn't.

What happened to it?

D: It continues, in a less obvious form. I mean I'm sure there still exist ... I do not know who's whose enemy, by the way. I mean, someone is an enemy of Russia, that's elementary, because Russia still possesses some nuclear arsenal, right? We are still kind of a threat, we still maintain an army able to fight, which perhaps would not be able to protect the country completely but would still be able to put up a fight and perform a tangible counterstrike. That's why there is some kind of propaganda against us which, I believe, is aimed at fracturing the country. Especially ... This is what I would do if I wanted to fracture a country. I am not sure, by the way, that it is done by the USA. It could be the NATO countries, or just the US by themselves, or a third party altogether, for instance, some international financial organizations which need to stabilize the situation, or destabilize it, or control it, or control the oil reserves ... *He laughs.* So there is still an ideological offensive aimed ... I don't even know how to explain this. It is aimed at loosening our foundation, at supporting corruption in our society, at financing certain human rights activists etc. At financing organizations which destabilize our country. It's not a secret to anyone that all kinds of terrorists in Chechnya, Dagestan, etc. are unlikely to be financed by the Islamic world, because what in the world would this big, enormous Islamic world want with the tiny Chechnya? It is completely unclear. It is also completely unclear why they would not just as actively finance fighters somewhere in Indonesia, where they also have Islam and all that. Some entity is interested specifically in a war happening on the border with

правильно излагаю?

Д: Да.

Так. Мне интересно немножко, что в рамках этой подрывной деятельности были названы следующие операции: поддержка коррупции в стране, наряду же с ней поддержка правозащитников. А что они, правозащитники, они особо как-то влияют? Я просто не задумывалась над этим вопросом.

Д: Ага. Да-да-да. Потому что видишь, вот есть, допустим, например, у нас милиция, да? Ну, какой-то институт, который худо-бедно всё-таки работает, криво, косо, взятки там, всякая ерунда, но тем не менее всё это работает. Вдруг внезапно где-то с начала прошлого года изо всех щелей любой журнал, начиная от какой-нибудь мелкой газеты типа «Комсомольской правды» и заканчивая журналом «Эсквайр», так сказать, транснациональным изданием, любое печатное издание начинает публиковать пачками случаи, когда милиционер кого-то расстрелял, милиционеры избили, милиционеры взяли взятку, милиционеры — вот это, вот это, вот это... Зачем финансируются правозащитники, да? Правозащитники просто... У них задача выкопать какой-то факт нарушения прав человека и затеять судебный процесс, да? При этом не совсем понятно, откуда это всё может финансироваться. То есть, не сидит же... Я же не скажу «я — правозащитник!» и пойду всех защищать? Очевидно, что товарищ, которого защищают, ну, условно говоря, таджик, которого побили где-нибудь в отделении милиции, очевидно, что он профинансировать мою деятельность не сможет никак. Кто этим занимается? Финансированием?

Но мы не знаем, кто?

Д: Государство? Да нет, государству это не выгодно абсолютно. Соответственно, некие зарубежные организации, которым нужно развалить существующую систему... Как это называется, забыл. Короче, милиция. «Сейчас мы её переименуем в полицию»[284]. Ну, вообще полная ерунда! К этому оно всё и пришло.

А переименование в полицию — это, по-Вашему, местный идиотизм или тоже происки врагов?

Д: Это как бы следствие происков врагов. Местный идиотизм, он уже не знает, что делать. Да, два года милицию все ругали и хаяли на каждом углу, и всё такое. Соответственно, нужна кардинальная чистка, то есть, всех разогнать и наиболее достойных взять обратно. А что ещё, например? У милиции негативный имидж. А давайте переименуем в полицию? Позитивный имидж. Потому что есть два-три фильма или сериала, где милиционеры молодцы, а фильмов, где полицейские являются положительными героями, их просто тысячи. Естественно, это не наши полицейские, а тамошние какие-то.

Ну да.

Д: Но тем не менее просто слово «полиция» вызывает положительную реакцию <u>среди населения</u> обычно. Ну что, давайте переименуем всех в полицию? Какая-то

---

284 Российские правоохранительные органы были официально переименованы в полицию правительственным указом в марте 2011 г.

Russia. So, what were we talking about? I lost thread. What was the question? Why was the Cold War still going?

If you'll allow, I'll make a short summary. Within your theory, there are certain world players, although we may not be ready to name them, who would profit from—what? From a weak Russia? Am I correct here?

D: Yes. The reasons may include our nuclear shield, or rather our nuclear arsenal, or our natural resources or, possibly, our territory.

Our territory … Good. We do not know who they are, but we know that they are working to undermine us. Am I saying it right?

D: Yes.

OK. I am kind of interested in the fact that you named the following actions as parts of this tactic: promulgating corruption in the society, as well as supporting human rights activists. Does it mean that human rights activists make a special impact here? It's just that I never thought about this question.

D: Yup. Yes-yes-yes. You see, let's talk about, for instance, our militia,[344] right? So, we have an institution which is more or less functional; it's working poorly, it's all rickety and backwards, they take bribes and all that, but still, it works. Then, all of a sudden, from the beginning of last year, it starts coming out of all cracks; every magazine, every print publication, starting with the small fry like *Komsomolskaya Pravda* and up to such transnational publications as *Esquire*, begin to print scores of stories of militia officers shooting people, militia officers beating people, militia officers taking bribes, militia officers doing this, that and the third thing … How are human rights activists financed? Human rights activists are simply there to … They have a task of digging up a human rights violation and initiating a court case, right? And it is not entirely clear where the financing comes from. I mean, a person doesn't sit there and … I'm not going to announce, "I'm a human right activist!" and up and go defend everyone's human rights. It is obvious that the citizen which had gotten beaten up in a militia precinct, let's say he is from Tajikistan, well, he would not be able to finance my activity in any way. So, who does it? Who does the financing?

So, we do not know who it is?

D: Is it the government? No, the government would not profit from it at all. Ergo, it must be some foreign entities which need to dismantle the existing system … I forgot what it is called. Anyway, back to our militia. It is being currently renamed police. That is complete nonsense! This is what we've come to.

Do you think that changing its name to police is due to the local idiocy, or to the meddling of our enemies?

D: It is kind of a consequence of the meddling of our enemies, because our local idiots,

---

344 In the Soviet Russia and the USSR, the law enforcement authority was named милиция (militia) to emphasize its rootedness in self-organization of the people and to distinguish it from the полиция (police) of the Czarist times. Functionally and structurally a police organization, Russia's law enforcement was officially renamed "police" by a government decree in March 2011.

бредятина. Вот.

Хорошо. В рамках вашей теории Россия ведёт какие-нибудь встречные диверсионные мероприятия и подрывную работу? Ну, туда, этим, которых мы не можем назвать?

Д: Я думаю, что нет.

Почему?

Д: Скорее всего, не хватает сил, средств, да и смысла, в общем-то, нет. То есть, какие-то старые виды деятельности наверняка остались, то есть, всё равно выделяются какие-то средства на поддержание имиджа страны за рубежом, но успехов пока никаких.

Ну, поддержание имиджа за рубежом – это одно дело, но засыл этих-то, злодеев, которые, как его?

Д: Шпионы.

Разведчики, диверсанты.

Д: Разведчики – они тоже есть. И разведчики, и диверсанты, это всё есть, оно осталось, но я-то имею в виду идеологические акции, например, подобные тому... Кто там у нас был, доктор Хайгель тогда[285], да? Который из Америки, ему не давали работать и он приехал в Советский Союз. Таких вещей уже давным-давно не было.

Вы помните, в каком это было году?

Д: Это где-то конец 80-х.

С женой, по-моему, да?

Д: Возможно.

И всё это очень по телевизору много показывали....

Д: Да, в том-то всё и дело, что, если такая акция проведена, нужно немедленно показать по всем средствам массовой информации. А таких сообщений сто лет уже не было, чтобы кто-то... Даже и вот сейчас, например, учёных пытаются возвращать, обещают им там какие-то миллионные гранты на исследования, но пока тоже безуспешно это дело проходит.

Когда Вы стали говорить про этих мировых игроков, которых мы пока не готовы назвать, то целью их недружественной России деятельности Вы назвали, раз – территориальные интересы, возможные...

Д: Возможно, территориальные, возможно, это полезные ископаемые.

Второй вопрос – вопрос, возможно, ресурсов...

Д: Что?

Возможно, это всё про ресурсы, но явно же это не должно иметь никаких политических целей? Ведь противостояния систем-то нету больше, да?

Д: Противостояния систем? Нету, да. Есть противостояние российской и канадской

---

285 Доктор Арнольд Локшин получил политическое убежище в СССР в 1986 г.

they don't know what to do anymore. Yes, two years ago our militia was cursed and berated on every corner. It followed that it needed to be radically purged of all officers, and then the worthiest were to be hired back. And what else could be done? The militia's image was negative. Shall we rename it police? The police image is positive. It's because we have only two or three films or TV shows in which the militia are great guys; however, there are simply thousands of films in which the police are the good guys. Those are not our local police officers, of course, but some foreign ones.

Well, yes.

D: Nevertheless, the word "police" by itself causes a positive reaction among the populace, as a rule. So, shall we just rename everybody police? That's just crazy stuff. So there.

OK. Within your theory, does Russia conduct any countermeasures, to sabotage and undermine? I mean, aimed at those entities out there, which we cannot name?

D: I don't think so.

Why not?

D: Most likely, there is not enough energy and money, and overall, there is probably no sense in doing it. I mean, some old methods of operating must remain, for instance, there must be some financing given to support a better image of Russia abroad, but so far, it has not brought results.

Well, supporting the image of Russia is one thing, but what about sending those evil guys over, whatever should we call them?

D: Spies.

Intelligence, or infiltrators.

D: Intelligence also exists. Both intelligence and infiltrators are not gone, they are still there, but what I meant was ideological work, similar to when … What was his name, a Dr. Heigl,[345] or something? He was from the US, they wouldn't let him work there, and he moved to the USSR. Nothing like this has happened for a very long time.

Do you remember the year of that event?

D: It was near late '80s.

I think he brought his wife, right?

D: Possibly.

All of that was excessively shown on television …

D: Yes, and the whole point is, when such actions are carried out, they have to be immediately broadcast via all mass media. And it's been a hundred years since we saw messages such as these … Even now, when they attempt to bring our scientists back, they promise them, I don't know, millions in grants to fund their research, and it's not getting any results so far.

---

345 Actually Dr. Arnold Lockshin, who was granted asylum in the USSR in 1986.

хоккейных школ, а систем, я думаю, нет.

Понятно.

Д: То есть, я затрудняюсь сказать, какая у нас система вообще.

А вот такой личный вопрос: Вы по социализму не скучаете?

Д: Нет. Там была ситуация какая? В принципе всё было здорово, но была некая уравниловка. У нас, кстати, на мото-форуме на одном, где я постоянно присутствую, год назад была такая тема: наиболее социально активные люди стали кричать «ребята, Путин скотина, давайте, идём на демонстрацию, идём на площадь!» и так далее, и так далее. Я написал ответный пост, говорю, мол, ребята, ну вот, смотрите, десять лет назад мы ездили в таких полуразваленных аппаратах, в обычных кожаных куртках, и всё вроде было нормально. Сейчас у каждого по два мотоцикла, дорогая экипировка, гаражи, квартиры, машины, но при этом мы всё больше и больше машем флагом и лезем на баррикады. То есть, социализм — это была такая система, при которой очень удобно было жить основной массе народа. То есть, у тебя была гарантированная работа, заработная плата, пенсия, ты мог не беспокоится о детях, что у них будет досуг, у них будет хорошее образование и всё такое. Как только ты хотел чего-то чуть побольше, чем все, ты натыкался сразу на какие-то бюрократические и иные преграды.

Вам это не подходит.

Д: Угу.

Вопросы вразбивку сейчас начнутся, наверное, не связанные ни с чем. Со времён падения железного занавеса, будь он неладен, Вы встречались, конечно, с многочисленными иностранцами, я думаю, да, американцами в том числе?

Д: Когда?

Ну, в период с 90-х и по нынешний год.

Д: 90-х? Ну там, честно говоря, было дело, но как-то не сильно активно. То есть, с китайцами-то мы общались периодически, даже учитель китайского была из Китая в институте. Ты знаешь, с английским языком… Короче, у меня в институте в общежитии был такой интересный социальный феномен: с нами даже жил южнокореец из Южной Кореи, из Сеула. Он с нами жил в одной комнате где-то полгода, потом в другой комнате, но тем не менее мы с ним близко общались. Но конкретно, знаешь, компьютерная грамотность, скажем так, и иностранный язык мне потребовались примерно в году… Ну, году в 91-м это всё закончилось, а потребовалось мне это всё обратно году в 95-м. С иностранцами я особо-то и не общался, кроме нашего знакомого южнокорейца.

Ну, и в тысячных годах тоже нет, не особо? Китайцев мы оставим пока.

Д: Нет, потом общались. Вот сейчас, например, всякие мотопутешественники. В Монголию мы ездили, там тоже было много всяких иностранных граждан.

С американцами встречались?

When you began talking about the world players, whom we are not yet ready to name, you said that the goals of their unfriendly activities in Russia included, for one, a possible interest in our land ...

D: Possibly in land, and possibly in natural resources.

So, the second aspect may be about our natural resources ...

D: Come again?

It could all be about the resources, but it's clear that it should not have any political goals, correct? As we said, there is no conflict between systems anymore.

D: A conflict between systems? No, there is none. There is a conflict between Russian and Canadian hockey schools, but I don't believe there is a conflict between systems.

I see.

D: I mean, it's hard for me to say what system we even have now.

Here is a personal question I have: do you miss socialism?

D: No. What was life like at the time? Everything was fundamentally great except there was a certain forced equality. By the way, in one of the internet biking forums where I constantly spend time there was a thread about a year ago, where the most socially active people started to shout, "Guys, Putin is a jerk, let's do a rally, let's go to the city square!" And so on, and so forth. I wrote a reply to that saying, guys, look, 10 years ago we rode half-broken bikes and wore regular leather jackets, and we felt fine. Right now, each of us has a couple of motorcycles, expensive gear, garages, houses, cars, and yet we wave our flags more and more actively, and we climb barricades. I mean, socialism was a system which was very convenient for the majority of the people. They had guaranteed employment, salaries, pensions, they could feel secure about their children, knowing they would have good education, and free time, and things like that. The moment a person wanted something more than the rest were getting, he would immediately run into red tape and other obstacles.

And it does not work for you.

D: Nope.

Now I will start asking random questions, unrelated, I guess. Since the fall of the Iron Curtain, may it rot, you must have run into multiple foreigners, Americans possibly among them, I think ...

D: When?

Well, starting in the '90s and up to now.

D: The '90s? At the time, to be honest, it did happen, but not too much. I mean, we did hang out with Chinese people from time to time, even my college Chinese professor was from China. As to the English language ... In the dorm at college we saw an interesting social phenomenon: we had a South Korean roommate, from Seoul. He shared a room with us for about half a year, and then he stayed in another room, but nonetheless we were in close contact with him. But I only really needed to use my computer literacy and

Д: Да.

Какова Ваша личная степень подозрительности по отношению, например, к гражданам США, которые приезжают зачем-то в Читу? «Скорее всего, шпион; скорее всего, не шпион; что бы я вообще об этом стал думать?»

Д: Какой, на фиг, он шпион! Ну, какой нормальный человек будет посылать шпиона в Читу? Один американский гражданин, два американских гражданина на весь город, да? Что они тут могут нашпионить? Естественно, у каждого есть какой-то куратор из ФСБ, который следит за всеми передвижениями: куда поехал в отпуск, куда поехал отдыхать и всё такое. Что там можно нашпионить, я не представляю, поэтому вряд ли это можно называть шпионажем.

Значит, подозрительность нулевая.

Д: В Чите нету. Если бы я жил, например, в Екатеринбурге, тогда бы, наверное, была подозрительность. А в Монголии, ну, вообще, какая там подозрительность может быть?

Хорошо.

Д: Я уже рассказывал, что этот Корпус Мира[286] так называемый стал наращивать сферу влияния. Скорее всего, тоже не могу найти ему оправдания пока.

Это неэтично, Корпус Мира, или как?

Д: Почему? Это этично, там же народ работает, учит детей английскому языку, работает в госпиталях, во всяких там социальных учреждениях, и всё такое. Всё здорово, замечательно, но, кроме всего прочего, это как бы некий инструмент, который позволяет увеличить сферу влияния тех же Соединённых Штатов Америки в данном регионе.

Ну, равно как и всякие образовательные программы, обменные программы, гранты и т. д., и т. п. По которым народ ездит в США обучаться американскому образу жизни. Это понятно.

Д: Да, да.

А надо ли России развивать экспорт национального имиджа? Ну, или не экспорт имиджа, а поступать по образцу США, учинять как можно больше государственных программ, грантов, чтобы народ ездил сюда?

Д: Надо, только не туда. Надо заниматься этой фигнёй всей, скорее всего, в пределах бывших союзных республик, раз! И, пожалуй, Восточной Европы, что там у нас есть: Болгария, Сербия, Хорватия там, что-то ещё, Румыния, например, те же Польша, возможно, ну, Словакия...

Почему? Почему этих, почему не тех?

Д: Ну... Славяне, общий язык, какие-то там разные национальные корни... То есть, само собой, условно говоря, если вдруг потребуется союзник, например, ну, для рынка сбыта, чтобы продавать им газ или нефть, проще искать государства,

---

286 Независимое федеральное агентство США, гуманитарная организация, отправляющая добровольцев в бедствующие страны. Существует с 1961 г.

foreign language skills in the year of … Well, first it was in 1991, and then I needed them again in 1995. And I was not really exposed to foreigners, with the exception of our South Korean guy.

Not in the 2000s, either? Let's leave the Chinese out for the time being.

D: No, later I did, like, now I hang out with all kinds of bikers. We went to Mongolia, and there were a lot of foreign citizens there.

Have you met any Americans?

D: I have.

What is the degree of your personal suspicion towards, let's say, US citizens who, for whatever reason, come to Chita? Do you think, "That's likely a spy," or, "That's likely not a spy," or, "Why should I think about it at all?"

D: Oh, please! Why would it be a spy? What sane person would send a spy to Chita? We have one or two Americans in the whole town, so how much spying can they really achieve here? Naturally, they each have an assigned supervising officer from the FSB,[346] keeping track of their every move: where they went to relax, where they went for a vacation etc. I can't imagine what spying can be done in this situation, so I doubt we can call it espionage.

So, your suspicion level is at zero.

D: In Chita, yes. If I lived in Yekaterinburg, for instance, I would be somewhat suspicious. And what kind of suspicions can we talk about when in Mongolia?

OK.

D: I already said that the so-called Peace Corp began to enlarge its sphere of influence. I rather cannot find any justification for this, yet, either.

Is the Peace Corp not an ethical organization, or?

D: Why, yes, it's an ethical organization, folks work there, they teach kids English, they work in hospitals and social organizations, etc. It's all great and wonderful, and at the same time, it is sort of a tool which allows to enlarge the sphere of influence of, say, the US in a given region.

Well, it's like various educational programs, exchange programs, grants, etc. which people use to go to the USA to learn about the American way of life. That's obvious.

D: Yes, yes.

Does Russia need to work on exporting its national image? Well, maybe not exporting its image, but, following the lead of the US, establishing as many government programs and grants as possible to help people come here?

D: It needs to do it, but in a different arena. This whole thing needs to be done in, let's say, the former Soviet republics, for one! And, possibly, in Eastern Europe, as in Bulgaria, Serbia, Croatia, Romania, and, what have you, Poland, and Slovakia, perhaps …

---

346 Federal Security Service, successor of the KGB.

с которыми есть общность хоть какая-то, чем, например, взаимодействовать с китайцами, у которых всегда будет своя культура.

Понятно, на весь мир замахиваться не надо, как бы? Вот США замахиваются на весь мир, а лучше бы озаботится территориальным, приграничным и общекультурным союзничеством с реально возможными союзниками, да?

Д: Ага.

Хорошо. Вопрос такой: если бы в пятом классе к Вам, к Диме, приехал типа Саманты Смит, но только мальчик, из Америки, что бы Вы ему показали, рассказали, куда бы сводили, чем бы стали заниматься?

Д: Я думаю, что перед мальчиком ко мне пришли бы два дяденьки и сказали бы: «Его нужно сводить туда, показать вот это, вас там будут ждать...» Такой ситуации не могло быть в принципе. Я сомневаюсь, что Саманта Смит шарилась по России, как у себя там в Мичигане[287], или откуда она. *(Смеётся.)*

Она погибла, бедняжка, к сожалению, совсем в юном возрасте. Откуда она была, я толком не знаю. Но я спрашиваю не про это.

Д: Если допустить, что мне была представлена полная свобода действий...

Да, вот если так допустить?

Д: Как обычно: школа, краеведческий музей, музей в ОДОРА[288], боевой славы забайкальцев, что ещё... Природные какие-то вещи, Сохатино[289], вроде этого. Машин не было, далеко не смогли бы поехать.

Если бы, как у Кати Лычёвой, возникла возможность в двенадцать лет поехать в Америку, что бы хотелось посмотреть, что бы хотелось сделать?

Д: Не помню, не могу ответить на этот вопрос. Не помню, что меня тогда особо интересовало.

А в четырнадцать-пятнадцать? Образ был?

Д: Ну, я уже говорил, правда, к девятому классу меня интересовали всякие природные вещи, какие-то интересные места, какие-то национальные парки, острова и всё такое. Поэтому, если это можно было посмотреть, то Бог его... Что покажут, наверное, всё было бы интересно.

Чего-нибудь хотелось в детстве особенного из материального изобилия: штанов синих, жвачки?

Д: Ага.

Чего конкретно?

Д: Не помню. Тогда много чего хотелось, ну, знаешь – хочется, а потом оно появляется через год.

Понятно. Ну, и это... Бредовый прогноз в виде Нострадамуса: в этом противостоянии, которое

287　Штат Мэн.

288　Окружной Дом офицеров Российской армии.

289　Также Сухотино, горный утёс в окрестностях Читы.

Why? Why these countries, and not other ones?

D: Well … We are Slavs, we have a common language, various national roots, kind of … I mean, it stands to reason that we might need an ally, so to speak, maybe as a market to sell gas or oil; and it's easier to look for nations with which we have some commonality, rather than trade with China, which will always keep its own culture.

I see; so, we should not try to reach for the whole world, right? As in, the US reaches for the world, but we best look into creating territorial, border, and cultural alliances with actually viable allies, right?

D: Right.

Good. Here's another question: if you, Dima, while you were in fifth grade, got visited by a kid like Samantha Smith, except it was a boy, what would be the things you would have shown him and told him, where would you have taken him, and what activities would you have done?

D: I think, before the boy came, two big uncles would have come to me, and said that I'd have to take him here or there, show him this and that, and that someone would wait to meet us at a third place … A situation such as that could not have been possible. I doubt that Samantha Smith roamed free around Russia like it was her home state of Michigan,[347] or wherever it was she was from. *He laughs.*

The poor girl died very young, unfortunately. I am not fully sure where she was from. But that's not the question I'm asking.

D: If we allow that I had complete freedom to act …

Yes, if we allow that.

D: It would have been the usual; my school, our regional museum of natural history, the Army Museum at the Russian Army Club, the Military Glory of the Trans-Baikal Museum, and what else … Some nature sites, like the Sokhatino Cliffs. We did not have cars and so we would not have been able to drive somewhere far.

If you, like Katya Lycheva, had the opportunity to visit the US at age 12, what would you have wanted to see or do?

D: I don't remember, I can't answer that question. I do not remember what specifically I was interested in.

What about ages 14 or 15? Did you have an idea then?

D: Well, I already mentioned, that by ninth grade I was interested in nature, landmarks, national parks, islands, and so on. That's why, if those were available to see, then who knows … I suppose I would be interested in seeing everything they showed me.

Did you ever wish for anything material as a child, like, for blue jeans or for bubble gum?

D: Yep.

What specifically?

D: I don't remember. There were many things I wanted then, you know how it is: you

---

347 Maine.

никак не закончится, по-Вашему, кто должен победить? На кого ставить, что будет, чем дело кончится, чем сердце успокоится?

Д: Хм-м... Прекрасный вопрос. Я думаю, что эта ситуация рассосётся сама собой.

Отчего? От прошествия времени или чего?

Д: От прошествия времени, да. То есть, допустим, скорее всего, пройдёт ещё лет пять-десять; просто, во-первых, появится какой-то новый враг, либо исламские страны, либо Китай, у которого к 2020 году будут проблемы жуткие от перенаселённости, что-то в этом роде, поэтому не знаю... Возможны какие-то акты отчаяния типа военных действий или покупки каких-нибудь территорий у других стран с целью выселения своего населения, точно я не знаю.

Ну, Китай как-то конкретно назревает нехорошо, да?

Д: Да. То есть, появится более влиятельный внешний враг и противостояние, холодная война СССР и США, просто так сойдёт на нет.

Сама собой сойдёт на нет. Ресурсы кончатся, и всё.

Д: Да, ресурсы кончатся.

Китайцев станет много совсем, и получится...

Д: Ну, по-моему, так. Я не политолог. Могу ошибиться.

А я и не требую точного предсказания, чтобы его потом показывали по каналу «История». Мне интересны личные конспирологические теории. Значит, Вы полагаете, что кончится всё тем, что снова, как когда-то в девятнадцатом-двадцатом веке, выйдут на арену истории территориальные претензии, и это будет, скорее всего, связано с Китаем.

Д: Ага.

Ага? Ну всё, я так и запишу. Спасибо, Дима, спасибо, что согласились побеседовать. Вопросов больше у меня нет.

want something and then it becomes available in a year.

I see. And now, I'll ask for a delirious future forecast in the style of Nostradamus: who do you think is slated to win in this conflict which, according to you, is yet to be over? Who do we place bets on, what will happen, how will things end and how will our hearts find peace?

D: Uh-m … That's a great question. I think this situation will dissipate all by itself.

Because of what? Because of the simple passage of time, or anything else?

D: Yes, the passage of time. I mean, let's give it another five or 10 years, and then, first of all, we will have some new enemy, either the Islamic countries or China, which by the year 2020 will have horrible overpopulation issues, or something else like this, I don't know … Certain acts of desperation are possible, like, military action or buying territories from neighboring countries on order to remove a portion of their own population. I don't know for sure.

So, something bad is definitely ripening in China, right?

D: Right. It means, we will have a more influential external enemy and the conflict, or the Cold War between the US and the USSR, will gradually turn into nothing all by itself.

It will turn into nothing all by itself. It'll run out of resources, and it will be over.

D: Yes, it'll run out of resources.

There will be much too many Chinese people, and …

D: Well, that's what I think. I am not a political scientist. I could be wrong.

I do not ask for an accurate forecast good enough to be shown on the History Channel; I'm interested in people's personal conspiracy theories. You posit that, like earlier in the 19th or the 20th centuries, territorial issues will again show up on the historical agenda, and they will be most likely related to China.

D: Yep.

Well, that's how I'm going to write it down, then. Thank you, Dima, for agreeing to talk to me. I have no further questions!

Спаситель мира, спаси Россию!

Сегодня 2 января 2011 года, я беседую с Кэтрин и... Вы предпочитаете, чтобы Вас называли Чарльзом или Скипом?

Ч: Чарльз вполне подойдёт.

Ладно, тогда Чарльз. Здравствуйте, Кэтрин, здравствуйте, Чарльз!

К: Привет-привет!

Ч: Привет!

Кэтрин, давайте начнём с Вас. Для установления исторического контекста скажите мне, в каком году Вы родились?

К: 1943.

1943. И где Вы родились?

К: Детройт, Мичиган.

Детство Вы провели там же?

К: Да.

Чарльз, в каком году Вы родились?

Ч: 1943.

1943. И где Вы родились?

Ч: Детройт, Мичиган.

И Вы тоже там же провели детство?

Ч: Да.

Хорошо. Значит, Вы одногодки?

Ч: Да.

В 40-х годах в Детройте, штат Мичиган, когда вы оба были маленькими, если обратиться к начальным классам, знали ли вы что-либо, и если да, то что, о мире, США, других странах и о том, как они взаимодействовали?

Savior of the World, Save Russia!

*Today is January 2, 2011. I am talking to Catherine and …
Would you like to be called Skip or Charles?*

Ch: Charles is fine.

Charles. Hi, Catherine, hi, Charles!

C: Hello, hello!

Ch: Hi!

*Hi! Catherine, let's start with you. For the sake of the historical
context, what was your year of birth?*

C: 1943.

1943. And where were you born?

C: Detroit, Michigan.

Is that where you spent your childhood?

C: Yes.

Charles, and what was your year of birth?

Ch: 1943.

1943. And where were you born?

Ch: Detroit, Michigan.

And is that where you spent your childhood, as well?

Ch: Yes.

Alright. So, you were born the same year?

Ch: Yes.

When you were growing up in Detroit, Michigan, in the '40s, if we look back to your years in elementary

К: Боюсь, что я была прискорбно невежественна.

Правда?

К: Я тогда просто думала... Я не думала о других странах. Как будто я спала или не жила толком.

Хорошо. Значит, только США и были мерой Вашего мира.

К: Да, мерой моего мира. Я не задумывалась... Единственной другой страной, о которой я могла что-то знать, была Италия, так как мне было известно... Ещё Ирландия и Англия, ведь я знала, что мои родители были оттуда, я слышала, как отец говорил, что они в своё время бежали в Шотландию, а потом в Англию от картофельного голода[290]. Вот примерно и всё.

Ладно. А Вы, Чарльз?

Ч: Ну, когда я был ребёнком, о географии и политике я задумывался меньше всего. И газет я не читал... Телевизор тогда отсутствовал как таковой. Вся политика и география исчерпывались Детройтом, где я жил в школьные годы, и ребятами, с которыми я играл. Такие у меня были в детстве соображения.

Таким был Ваш мир.

К: Но одно хотелось бы упомянуть. В школе в своё время я училась в третьем или втором классе, точно не помню, наверное, во втором. И вот Вы говорите – мир. Когда мы пошли в новую школу, нам дали заполнить анкету. Я принесла анкету домой, мама её заполнила, я вернула её в школу, а учительница сказала мне: «Ты не американка!» Я её совсем не поняла. Я не знала, что такое «американка». В общем, она отправила анкету со мной обратно домой, чтобы мама её исправила, и мама пришла в гнев. Я её раньше в таком состоянии не видала! Она кричала: «А ну, иди назад в школу, скажи своей учительнице, что ты американка, и всё!» И я потом долго не догадывалась, что учительница на самом деле хотела, чтобы мама записала меня итальянкой, я ведь была совсем не похожа на типичного белокурого голубоглазого американского ребёнка. Тогда я единственный раз с этим столкнулась и подумала: «Что это вообще сейчас было?» А позже, гораздо, гораздо позже, во взрослом возрасте я узнала, что против итальянцев тогда было сильное предубеждение. В детстве я этого, естественно, не знала.

Но Вы считали себя в детстве американкой, так?

К: Я не думала о том, американка я или нет, я думала, мол, вот тут я живу. Мне не приходило... Не думаю, что у меня было какое-то понятие... Я была всего-то во втором или третьем классе, так что не знаю! Не думала, и всё.

Были ли у Вас в школе дети из других стран, недавние иммигранты?

К: Я помню, что были дети из других стран, и они мне, честно говоря, казались

---

290 Великий голод в Ирландии в 1845 – 1849 гг. Монокультурные картофельные поля, занимавшие треть всех пахотных земель в Ирландии, пострадали от эпидемии фитофтороза, что привело к катастрофическим экономическим последствиям.

school, did you have any idea, and if yes, then what idea, about the world, and the US, and what other countries there are, and how they work together?

C: I'm afraid I was pitifully ignorant.

Yeah?

C: I just thought … I didn't really think about other countries. I just wasn't very awake or alive, I guess.

OK. So, there was the US, and that was the scope of your world.

C: The scope of the world, right. I didn't think of … I think if I thought of any country, it was probably Italy, because I knew my … And Ireland, and England, because I knew my parents were from there, and I heard my father saying [they had been] moving from the potato famine to Scotland to England. So, that was, kind of, the extent.

OK. And what about you, Charles?

Ch: Well, geography and politics were probably the furthest thing from my mind as a child. And I didn't get involved with reading the newspapers, or … TV wasn't an issue at that particular time. So, as far as politics and geography, it was Detroit where I went to school and the kids I played with; it was on my mind as a child.

That was your world.

C: I have one thing, though. When I went to school, I think I was maybe in third grade, maybe second or third grade. I can't remember. It must have been second. And you talk about the world. And when we were in school, we went to a new school, and we had to fill out a form. And when I brought the form up home, my mother filled it out, I was a kid, and brought it back to school, and the teacher said, "You're not American!" And I did not know what she was talking about. I didn't know American meant anything. So, she sent the form home for my mother to fill it out again, and my mother got into a rage. I never saw her like that before! And she yelled, "You go back to school, and you tell that teacher you ARE American!" And I didn't realize for a long time it's because they wanted her, the teacher wanted my mother to put "Italian" because I certainly did not look like your blond-haired blue-eyed American kid. So that was my only brush with, "what-is-this?" And I found out later, much, much later, as an adult, there was a lot of prejudice against Italians. But as a child, of course, I didn't know that.

But as a child, you thought you were American, right?

C: I didn't really think "American," I just thought, "This is where I live." I mean, I didn't … I don't think I had the sense of … This is, like, second or third grade, and I don't know! I just didn't.

OK. Did you have, in your school, any kids from any other countries, or recent immigrants?

C: I remember having children from other countries, but frankly, I related more to them, because I knew I was different, and at a young age, but I did not know why. And then, as I got older, I realized that … It was explained to me that there was a lot of prejudice against

ближе, потому что я с раннего возраста знала, что отличаюсь от других, я просто не знала, чем. А потом я стала постарше и поняла... Мне объяснили, что против иммигрантов существует сильное предубеждение. А родители моей матери были явными иммигрантами. Некоторым детям, которые отличались от прочих ещё больше, чем я, было труднее, чем мне, так что я осознавала, что я и к ним не принадлежу, но вряд ли я толком понимала, почему. Если рассматривать это как мироощущение... Но я была тогда маленькой и не думала в таких терминах.

Ладно. Позже, по мере того, как Вы росли, в средних классах школы и позднее, начали ли Вы считать себя американкой, и если да, то что это понятие для Вас значило?

К: Боже мой, ну, что тут скажешь, ну, я не думала об этом совсем! Это всё равно, что спросить кого-нибудь, задумывается ли он о том, что является членом какой-то семьи. Он просто им является, и всё! Поэтому я, скорее всего, не подвергала этот факт осмыслению.

Хорошо. Не подвергали.

К: Нет, и я не знала никого... Я знала людей из других стран, но не думала о том, что они из других стран, в отличие от некоторых моих соучеников. Я знала, что у нас разная внешность, но не задавалась вопросом, откуда эти дети. Я знала, что мои дядья были на войне, потом вернулись с войны, и я знала, что они воевали в какой-то другой стране. Но, когда они вернулись домой, был уже 1946 год, и я была ещё мала.

А Вы, Чарльз? Считали ли Вы себя в детстве американцем?

Ч: Я-то всегда себя считал американцем, но мои родители мне всё время напоминали о моих этнических корнях. Мать мне всегда говорила: «Ты француз, ирландец, итальянец и пенсильванский голландец!»[291]

К: Точно, они нам об этом напоминали.

Ч: Мой отец родился здесь, в этой стране, но его родители оба приехали из Сицилии. Так что я был даже не итальянцем, а сицилийцем. Со стороны матери у нас в роду были французы, ирландцы и пенсильванские голландцы, но это были всё просто слова. Я считал себя таким же, как все. Просто американец! Рождённый в США.

К: Можно кое-что добавить? Скип мне сейчас напомнил. У нас происхождение было важным вопросом, так что мы с детства заучивали: «Я англичанка, ирландка, шотландка и итальянка». Это надо было просто оттарабанить. Так что я ею и была. По-моему, я тогда не говорила: «Я американка!» *(Смех)* Я англичанка-шотландка-ирландка-итальянка.

С учётом этого были ли ваши семьи, особенно ваши родители, патриотами, по-вашему? Если

---

291 На самом деле пенсильванские голландцы – это пенсильванские немцы, потомки переселенцев XVII-XVIII в. Название Pennsylvania Dutch восходит к оригинальному Pennsylvania Deitsch, Pennsilfaanisch-Deitsche.

immigrants. And my mother's parents were clearly immigrants. And some of the children, who looked much different than I did, had a worse time, so I knew I was something else than these other children, but I don't think I really understood it. If you think of that as a worldview … But I was a little kid, I didn't think of it that way.

Alright. But as you were growing older, into middle school and all, did you begin to think of yourself as an American, and if yes, then what did it mean to you?

C: Gosh, I have to tell you, I just never thought of that! I think it's just like, if you say to someone, did you ever think of yourself as being in this family. We just are! So, I don't think you really question that.

OK. You didn't.

C: I didn't, and I didn't know people from … I knew people from other countries, but I didn't think of them as being from another country, like some of the kids at school. I know we looked different, but I didn't think, now, where are they from? I knew my uncles were in the war, and they came back from the war, I remember they came back from the war, and I knew they were in another country, but it was 1946 when they came back, and I was still a little kid.

What about you, Charles? Did you think of yourself as an American, as a child?

Ch: Well, I always thought of myself as American, but, you know, the parents always reminded you of your ethnic background. My mother always used to tell me, "You are French, Irish, Italian, and Pennsylvania Dutch!"

C: That's right, they did, didn't they?

Ch: My father was born in this country, but his parents were both from Sicily. So, in effect, I wasn't even Italian, I was Sicilian. And then the French, the Irish and the Pennsylvania Dutch were on my mother's side, and those were just labels. You just thought of yourself as just like everybody else. You're American! Born in the USA.

C: Could I add something? Skip is reminding me. I had forgotten all about that. It was a big issue where you came from, and I remember so learning as a very young kid. "I'm English, Irish, Scottish, and Italian." It was something you rattled off. And that's what I was. So, I don't think I said, "I'm American!" *She laughs.* I'm English-Scottish-Irish-Italian.

If that, then were your families, your parents in particular, patriotic, would you say? And if yes, then of what? And if not, then, of course …

C: My father always put an American flag out on the 4th of July, if you consider that patriotic. What would your definition of being patriotic be?

Being proud of your country, thinking your country is the best, or worthy, translating that to your children, perhaps. Cultivating the pride of being American, or whatever your country of origin is.

C: I don't think so. Not with my parents. I don't … I think there was only the flag that went out on the 4th of July, but that was kind of typical for everyone. But we didn't … I don't remember anything. I think we were more religious than patriotic, let me put it that

да, то патриотами какой страны? Ну, если нет, конечно...

К: Мой отец всегда на Четвёртое июля[292] вывешивал американский флаг, если это можно считать проявлением патриотизма. Как Вы определяете патриотизм?

Гордость за свою страну, оценка своей страны как самой лучшей или достойной, передача этого мнения детям, возможно. Воспитание гордости по поводу своего американского гражданства или гражданства страны происхождения.

К: Вряд ли. К моим родителям это не относилось. Не было... Только разве что флаг вывешивался на Четвёртое июля, но это вообще было типично для всех. Но мы сами не... Ничего такого не помню. Мы были, скажем так, скорее религиозны, чем патриотичны.

Хорошо. А как было у Вас в семье, Чарльз?

Ч: Ну, думаю, дело было не в патриотизме или его отсутствии. По-моему, всем было просто понятно, что это наша страна, что она такая, какая есть, и мы ею гордимся. Но никто не ходил и не говорил друг дружке на постоянной основе: «Гордись тем, что ты американец!» Это не являлось темой бесед!

Ни в той, ни в другой семье.

Ч: Мы знали, кто мы такие, так что никто не говорил, мол, вот, я американец, я, мол, такой-этакий. Просто люди говорили «я такой, какой я есть», и от этого танцевали.

Ваши родители, те либо другие, интересовались политикой? Имели ли политические убеждения, передавали ли их своим детям?

Ч: Если они их имели, они их очень хорошо скрывали. Я о политике вообще ничего никогда от них не слышал.

К: Я бы сказала, что Скип жил в более однородном белом американском районе, чем мой, наверное. И я знаю, что наша мать, из-за того, что её собственные родители были иммигрантами – опять же, в раннем возрасте я до этого ещё не додумалась, не таким уж я была одарённым ребёнком, – но я знаю, что она чрезвычайно тщательно учила нас ко всем относиться с уважением. И мой отец тоже. Думаю, по какой бы то ни было причине, может, из-за того, что она приехала... Наверное, ребёнком ей пришлось это испытать. И отцу, наверное: тогда к ирландцам относились с предубеждением, а он на вид был типичным ирландцем. Так что, может, оттого, что им самим пришлось на своей шкуре испытать всё это, они нам с детства очень-очень чётко... Не помню, что они конкретно говорили, но в то время у многих были предрассудки по отношению к чёрным, а у моих родителей их не было. Это было необычно. Значит, в этом смысле они довольно-таки... Они хотели, чтобы мы понимали и уважали других людей.

Но интересовались ли они политикой?

К: Нет. Нет.

---

292 День Независимости в США.

way.

OK. And what about your family, Charles?

Ch: Well, I don't think it was a matter of being non-patriotic, or patriotic. I think it was just understood that this was your country, and that was the way it was, and you were proud of it. But you didn't have anybody saying to you on a constant basis, "You should be proud you're American!" It was not a topic!

Not in either of your families.

Ch: It was understood that you are what you are, and so we didn't say, "Well, I'm American, I'm, you know, whatever." You just said, "I'm me, and this is what I am," and you'd go on from there.

Were either of your sets of parents political? With convictions, or translating their convictions to their children?

Ch: If they were, they hid it very well. Politics was nothing that I'd ever heard.

C: And could I say that Skip lived in a neighborhood that was, maybe, more apple-pie than my neighborhood? And I know that my mother, because her parents were immigrants, again, I didn't figure that out at that age, not that I was precocious—but I know that she was extremely conscientious about having us treat everyone with respect. My father was like that, too. And I think, for whatever reason, maybe because she went ... I'm sure she did as a child. And perhaps, my father; there was a lot of prejudice against the Irish, and he was a typical Irish-looking guy. And it may be that, because they had those experiences, they were very-very clear from the time I was a kid ... I don't remember them saying anything, but this was the time when they may have been prejudiced against blacks; not in my family. That was unusual. So, in that sense, I think they were pretty, I don't know ... They wanted us to be aware and to treat everyone with respect.

But would you say they were political?

C: No. No.

If I asked you now, do you think your parents were conservative, or socialist, or liberal ...

C: I think they were liberal, but I don't think they would have thought of themselves as liberal. I don't remember them ever talking about politics or engaging in anything political, but I could say for certain that they were liberal. Absolutely liberal. Because it was very unusual for other ... I remember being with my father at one time, and someone used the n-word, and he said something back to them. And he was like that. And that's just ... It was unusual for that time, it was very unusual. But if you think of that as political, I never thought of that as political. But I would say yes, to answer your question, they were probably pretty liberal. You know, when you are a kid, you don't think of that. That's the world you live in.

Alright. So, as you were growing up, and we are out of the elementary school area now, more into middle school, high school, did your understanding of the world and its geography and politics mature in some way,

Если я спрошу Вас, были ли Ваши родители консерваторами, социалистами, либералами...

К: Я думаю, что они были либералами, но не думаю, что они сами себя так бы назвали. Я не помню, чтобы они говорили о политике или занимались какой-то политической деятельностью, но точно могу сказать, что они были либералами. Совершенными либералами. Потому что для других было необычно... Помню, я была с отцом, кто-то при нём сказал слово на букву «н»[293] и отец сделал тому человеку замечание. Таким уж он был. Это было совсем... Тогда это было необычно, совсем необычно. Но не знаю, относится ли это к политике, я никогда не думала, что это политика. Но да, скорее, ответ на Ваш вопрос будет таким: они были довольно либеральны. Знаете, дети о таких вещах не думают. Просто живут в предложенном мире.

Хорошо. Значит, по мере вашего взросления, и нам можно уже покинуть начальную школу, перейти к средним и старшим классам, созревали ли как-либо ваши понятия о мире, мировой географии и политике, и если да, то как?

К: Как они менялись? Что-то могло измениться разве что тогда, когда я училась в старших классах и Кеннеди выдвигался в президенты. У меня был к нему большой интерес, потому что я училась в католической школе[294], а если ещё вернуться в более дальнее прошлое, то, когда Стивенсон был соперником Эйзенхауэра[295], я тогда всё время читала газеты, я их читала лет с семи. И вот когда Стивенсон выдвигался против Эйзенхауэра, я очень хотела, чтобы победил Стивенсон; как бы ни шёл у меня мыслительный процесс, я его считала человеком более... Не скажу, что я тогда знала слово «либеральный», но мне было известно, что Эйзенхауэр был за войну, что он был армейским генералом, а Стивенсон был интеллектуалом. Так что я была за Стивенсона. И пережила по этому поводу большое горе... И потом плюнула на политику! *(Смеётся)* Из-за того, что он проиграл. Помню, я тогда подумала, а год это был 1952-й, я тогда подумала: раз мир вот так устроен, я не согласна ни в чём участвовать, ни в какой политике. Помню, такие у меня были мысли. В девять лет я подумала: «Если так устроен мир, если так устроена политика, то со всеми этими людьми что-то не в порядке».

Значит, вот так, в девять лет, Вы закончили свою политическую карьеру?

К: Ну, я помню... А к какому ещё выводу можно прийти в девять лет? Сейчас, когда я вслух это произнесла, я могу себе это представить, но, по моим воспоминаниям... Скажем так: я помню, что у меня было ощущение, что что-то пошло не так, раз люди не рассмотрели того, что он был даже не либералом, а просто более достойным человеком. Я знала, что это неправильно, но не потому, что я знала все факты. Я просто чувствовала, что так быть не должно.

---

293 Табуированное в современных США оскорбительное название чёрных американцев.

294 Президент Джон Кеннеди был католиком по вероисповеданию.

295 На президентских выборах в 1952 г. основными кандидатами были республиканец Дуайт Эйзенхауэр и демократ Эдлай Стивенсон.

and if yes, then how?

C: How did it? I think the only thing that may have changed was in high school when Kennedy was running for office. There was a big interest in that, I think, because I was in a Catholic school, and if we back up in time, when Stevenson was running against Eisenhower, I was someone who read the newspaper all the time, since I was about seven. I would read the paper before I went to school. And when Stevenson ran against Eisenhower, I really wanted Stevenson to win, and whatever the thought process that was going on, I thought of him as more ... I don't think I knew the word "liberal," but I knew Eisenhower was a warrior, and he was a general, General Eisenhower, and I knew Stevenson was an intellectual. And so, I was for Stevenson. So, I was devastated ... In fact, I gave up politics! *She laughs.* Because he didn't win. And I remember thinking, that was 1952, I remember thinking if that's the way the world runs, I don't want to be a part of that, of the politics. I remember thinking that. Being nine, I remember thinking, "If that's how the world works, politics works, then there is something wrong with all those people."

And so, when you were nine, that ended your career in politics?

C: Well, I remember thinking ... I mean, how can you think of that at nine? When I say it out loud right now, I can imagine that, but I remember ... Let's put it this way, I remember being aware that something was wrong, if people couldn't see that he was the more, I wouldn't say, liberal, but that he was the better person. And I knew something was wrong. But not in a sense that I knew all that; I just knew that can't be right.

"If this isn't fair, then I will not be part of this."

C: Yes! Exactly. Right.

OK.

C: I mean, in the same way when a lot of blacks were being ... I know this is more political than, maybe, what you wanted to get into ... That I had an awareness that something was deeply wrong, and when I would hear that on the radio, because mostly we listened to the radio, not TV, when I heard that on the radio, and there was a trial, I would think of, for certain, they are gonna be found guilty, because they can't treat a man this way, they hung him, and then he would be not guilty, I just, I couldn't ... I knew something was horribly wrong. And I think that was my family.

OK. From this, can I infer that your view of the American government and laws or policies was, even at that time, somewhat critical?

C: Probably jaded.

Jaded.

C: At a young age! *She laughs.* Unfortunately, really.

Alright. And ... what was the original question now? Oh, the development of your idea about the world. Charles?

Ch: Well, my first encounter with war, because I was born in '43, was probably the Korean

«Раз тут всё так нечестно, я не согласна участвовать».

К: Да! Точно. Верно.

Ладно.

К: То есть, и с чёрными тогда тоже было похоже... Наверное, это более политизированная дискуссия, чем та, на которую Вы рассчитывали... Я тогда понимала, что что-то устроено сильно несправедливо, и как-то по радио передавали судебное заседание, а мы в основном слушали радио, телевизора не было... Так вот, я слушала передачу из зала суда по радио и думала, что приговор точно будет обвинительный, ведь нельзя так с людьми обращаться, нельзя их самовольно вешать, и вдруг приговор выносят оправдательный, я просто не могла... Я знала, что что-то где-то пошло чудовищно плохо. И я думаю, что причина тут в моём воспитании.

Хорошо. Основываясь на том, что Вы сказали, могу ли я заключить, что даже в то время Ваши взгляды на законы, политику и правительство США были несколько критичными?

К: Наверное, циничными.

Циничными.

К: В столь юном возрасте! (*Смеётся*) Жаль, конечно.

Ладно. На какой же вопрос мы начали отвечать? Ах да, о развитии ваших взглядов на мир. Чарльз?

Ч: Ну, поскольку я родился в 43-м, в первый раз я столкнулся с войной в начале 50-х, в 53-м, это была война в Корее. Ведь у меня был дядя, младший брат матери, он служил в морской пехоте и попал на корейский фронт. И поэтому я знал, что в Корее шла война. И она не была... Знаете, для меня не было никакой холодной войны, горячей войны, или как её там. Я тогда в первый раз столкнулся с понятием войны, потому что мой отец не воевал, он был освобождён от службы по форме 4-F[296]. Он перенёс травму и был освобождён от военной службы. Он в юности ломал запястье. А потом, уже ближе к старшим классам, у меня появился отчим, который воевал во Второй мировой, так что в то время я стал уже больше понимать про войну. Однако...

К: Ты узнал о корейской войне из-за дяди?

Ч: Из-за дяди, ну, и ещё из газетных заголовков, и телевидение тогда уже было более доступно и стало преобладать, а до того, в детстве, я имел доступ к информации только по радио, а новостей мы не слушали.

К: Или из газет.

---

296 Квалификационная форма, по которой Служба избирательного призыва США может признать лицо негодным к военной службе.

War, in the early '50s, '53. Because I had an uncle, my mother's younger brother, who was in the Korean War, he was a Marine. So that was what made me aware of the Korean War. And it didn't make ... You know, there was no such thing as Cold War, Hot War, or whatever. That was my first idea of war, because my father was not a military person, he was 4-F,[348] he had an injury that prevented him from serving. It was, his wrist was broken one time when he was younger. And, I guess, more into high school, I was involved with a stepfather who was actually in the War, WW2, so that was when I became a little bit more aware of the war. But ...

C: You were aware of the Korean War because of your uncle?

Ch: Because of my uncle and because of, you know, headlines, and now TV was becoming more prevalent and available, because before that, as a child, our only exposure was radio, and we didn't listen to the news.

C: Or the newspaper.

Ch: We just listened to *The Lone Ranger* and all those programs that were, like, serial stories that you just hunkered down and turned the radio on and listened in the evening. It was your entertainment, so we didn't have the electronics and all of the things we have today.

C: And could I just add one more thing to that? What Skip is saying reminds me: when I read the newspaper, I was always reading about the Korean War, and I still have a photo that I cut out when I was a kid, it's so beautiful, of one soldier comforting another. But anyway, I remember reading that too, and wondering, why are they killing each other? Like, I couldn't ... It was the same kind of issue, I couldn't figure out why this world was so cruel to each other.

Did either of you have an understanding of what the essence of the Korean conflict was, what it was about, why there was a war in the first place?

Ch: Well, actually, all we were aware of, it was a police action, it was not officially a war. Because of some technicality, it was never declared a war, it was a police action. But there were always limitations on how far the people could, the military could go, as far as the 38th parallel, and all that other stuff.

C: You didn't know that when you were a kid.

Ch: Well, no, they talked about it, but I didn't know what a parallel was! I remember hearing about that, but I wasn't aware of politics, or Truman, or anything. The only time I even thought about who was the President was when Eisenhower was elected President. Because they had those buttons, "I Like Ike." You know, that was their little slogan that they had.

---

348 Classification in the US Selective Service System qualifying a person as unfit for military service.

Ч: Мы слушали только «Одинокого Рэйнджера»[297] и другие подобные многосерийные передачи; вечером устроимся поудобнее, включим радиоприёмник и слушаем. Такие у нас были развлечения, у нас не было всякой электроники и всего того, что есть сейчас.

К: Можно, я ещё добавлю? Мне слова Скипа напомнили вот о чём: когда я читала газеты, я всё время читала материалы о войне в Корее, и у меня до сих пор есть фото, которое я в детстве вырезала из газеты, такой чудесный снимок, на нём один солдат утешает другого. И вот, как помню, я читала о ней и удивлялась: «Зачем они друг друга убивают?» Я не могла... Та же проблема: я не могла разобраться, почему люди в мире так жестоки друг к другу.

Кто-либо из вас понимал суть конфликта в Корее, по какому поводу он начался, почему там вообще велись военные действия?

Ч: На самом деле мы знали только то, что официально этот конфликт не назывался войной, он назывался полицейским вмешательством. По каким-то техническим причинам войну мы не объявляли, а называли всё это полицейским вмешательством. И там ещё были ограничения в том, насколько далеко могли заходить наши войска, не дальше 38-й параллели, и всё такое.

К: Ты не мог этого в детстве знать.

Ч: Нет, об этом говорилось, но я не знал, что такое «параллель»! Я помню, что всё это слышал, но при этом я не знал ничего ни о политике, ни о том, кто такой Трумэн[298], ни о чём другом. Я только тогда задумался о том, кто у нас вообще президент, когда избрали Эйзенхауэра. Потому что тогда носили значки с надписью «Я люблю Айка»[299]. Такой на них был простенький лозунг.

Вы знали, зачем потребовалось полицейское вмешательство? Кто кому служил вместо полиции и за какую провинность?[300]

Ч: Ни малейшего понятия не имел. Не имел никакого понятия, что там у них творилось, я просто... Ребёнку было невозможно в этом разобраться, и я в свои десять лет...

К: Мне человечество так же представлялось. Невозможно было понять, зачем люди убивают друг друга. Я думаю, это потому, что я из семьи пацифистов. Так что я не могла разобраться, почему люди не могли обойтись без убийств при

297 Герой комиксов, радиопередач и фильмов, вымышленный техасский рэйнджер в маске, который вместе со своим помощником индейцем Тонто борется с преступниками на Диком Западе.

298 Президент США с 1945 по 1953 г.

299 «I Like Ike»; Айк – прозвище Дуайта Эйзенхауэра.

300 В 1950 г. коммунистическая Северная Корея при поддержке Китая вторглась на территорию Южной Кореи. США направили войска на помощь южнокорейской армии. Президент США Харри Трумэн назвал этот шаг «полицейским вмешательством», так как Конгресс США не голосовал по вопросу официального объявления войны.

Did you know what the police action was against? Who was policing whom, and for what?[349]

Ch: I didn't have the foggiest. I didn't have any idea of what it was about, I just … It didn't make any sense to a child, and at my age, 10 years old …

C: That's how people were for me. People killing each other didn't make any sense. But, I think, it's because I came from a pacifist family. So, it didn't make any sense to me why they couldn't settle their differences without killing each other. Probably a child's view.

OK, you see, now we understand that your family was pacifist! Previously, we didn't know about that.

C: I guess, yeah!

Now, when did you first … It can be hard to pinpoint, but what is your earliest memory or idea of the Soviet Union, or the Soviet Union and the Eastern bloc, or Communism, or anything that pertains to that paradigm?

C: I have to laugh, because someone pointed out to me when we were in school, and I went to a Catholic school, so after the Mass, when we said the rosary and that kind of stuff, then they would say, "Savior of the world, save Russia!" And that, to me, was like saying the ABCs.

The end of the prayer.

C: Yeah!

"Savior of the world, save Russia!"

C: "Save Russia!" But I didn't know anything about that, it was something you said by rote. I knew Russia was a country, and when I got older I knew it was considered an atheistic country, and so, since we were Catholic, and we came from a Catholic family, but it wasn't the family, it was the school, because my family wasn't … We didn't say it or talk about things like that. It was the school. When I was a little kid, it didn't really make any sense to me, because I didn't know what that meant. It was just something they tacked on at the end of the prayer.

OK. So, they didn't explain it to you, you just said it.

C: They didn't explain anything to us! They didn't! You didn't ask questions.

Alright.

Ch: They didn't explain, and you didn't ever ask questions. My first inclination about what we refer to as the Cold War now is, as a child, when they had this … They had all these … It wasn't video then, it was film clips showing what the atom bomb looked like, and that, you know, Russia had the atom bomb and the US had the atom bomb. And then there was a lot of publicity about people who were building bomb shelters in their houses.

---

349 In 1950, Communist North Korea, aided by Communist China, invaded South Korea. The US sent military aid to the South Korean Army. President Harry S. Truman designated the military intervention "a police action" because there was never a Congress hearing to pass an official declaration of war.

разрешении своих споров. Наверное, это детский взгляд на вещи.

Хорошо. Вот видите, тут нам стало ясно, что Ваши родители были пацифистами! А раньше мы этого не знали.

К: Ну да, наверное, так!

А когда вы в первый раз... Может, трудно будет установить это точно, но какие у вас были самые ранние воспоминания или мысли о Советском Союзе, или о СССР и Восточном блоке, или о коммунизме и других составляющих этой парадигмы?

К: Здесь я не могу удержаться от смеха, потому что мне один человек напомнил, как мы учились в католической школе, где после мессы, когда мы читали молитвы по чёткам и всё такое, всегда говорилось «Спаситель мира, спаси Россию!» Для меня это было то же самое, что наизусть выученный алфавит.

Конец молитвы.

К: Да!

«Спаситель мира, спаси Россию!»

К: «Спаси Россию!» Но я совсем не знала, что это означало; мы это просто бездумно заучили наизусть. Я знала, что есть такая страна Россия, потом, когда я подросла, я узнала, что она считалась атеистической страной, а мы сами были католики, из католической семьи; правда, это пришло не из семьи, а из школы, моя семья не была... Мы ничего такого не произносили и не обсуждали. Это всё школа. Когда я была маленькой, я не понимала смысла этой фразы, не знала, про что она. Она была просто приделана к концу молитвы.

Хорошо. Значит, Вам не давали никаких объяснений, Вы просто произносили эти слова.

К: Нам вообще ничего не объясняли! Ничего! Вопросов задавать не полагалось.

Ясно.

Ч: Нам не объясняли, а мы не спрашивали. Я в первый раз что-то узнал про так называемую холодную войну в детстве в тот момент, когда была... Тогда были такие... Видео тогда не было, были кадры кинохроники, где показывалось, как выглядит атомная бомба. Ну, и у России, и у США были атомные бомбы. И потом много публично обсуждались люди, которые у себя в домах делали убежища.

К: Ой, правда! Я про это позабыла.

Ч: Тогда в 50-х об этом много говорилось; люди строили дома и сразу же рядом строили бомбоубежища, запасались водой, пищей и тому подобным. Мы этим сами никогда не занимались, но знали об этом из газет и радиопередач, и немножко из телевизора. И всё равно это было очень большой проблемой, ведь когда дети видели эти кадры, они пугались, кадры были довольно-таки жуткие. Задним числом могу сказать, что эти картинки демонстрировали то, что укрываться и прятаться под партой было практически бесполезно; разве что, может, под партой я бы не увидел, как меня уничтожают. Пригибаться и укрываться было бессмысленно.

C: Oh, that's right! I forgot about that.

Ch: It was in the '50s, it was a very big point: when people were building houses, they were building bomb shelters, and storing food, and water, and whatever. We never got involved in it, but we knew about it just from the newspapers and the radio, and what little there was on TV. But it was a real big issue then because, as a child, you just, you'd look at these film clips, and it was pretty horrific, it was something that made you scared. And in retrospect, after looking at those pictures, duck-and-cover under the desk wouldn't have done much except, you know, maybe not let me see me be disintegrated. Duck-and-cover wouldn't have done anything.

Did you practice duck-and-cover then, at school?

Ch: I don't remember practicing. I remember seeing film clips of it, but I don't remember ever doing it.

C: I don't remember either! I saw film clips, and I always wondered where they got them from, because I never, ever remember that.

Ch: Because … I was 10 years old in 1950, so, 1958 I was …

C: You were 10 in '53.

Ch: Yeah.

C: I remember when someone had a bomb shelter, like a friend of a friend of a friend, and all the kids went to see that.

So, you actually knew someone who built a bomb shelter.

C: Well, it was a friend of a friend of a friend. It was, like, "Oh my gosh! Let's go look at the bomb shelter!" Like, you know … It was something unusual. It was strange.

Did you go?

C: I went, but I didn't really see inside of it, because we weren't supposed to know. So, the girl whose family had one wasn't even supposed to be telling us. So, we just went to her house, and we were kind of looking in the yard, but it was more an oddity to me.

How did it look, what you saw?

C: It looked like it was grass-covered all over, and there was something coming from the top, but it didn't look like anything I would …

So, it looked like a bump in the ground?

C: Yeah, I thought I was gonna see something interesting, and I didn't! *She laughs.*

And you did not go inside.

C: Oh, we were not allowed. She wasn't even supposed to tell anyone. She would have gotten into serious trouble.

Did your parents ever consider building one?

C: Oh, absolutely not. Never.

Вас в школе тогда учили пригибаться и укрываться?

Ч: Не помню, чтобы меня этому учили. Помню, видел такие кадры из фильмов, но не помню, чтобы делал это сам.

К: Я тоже не помню такого! Я видела кадры из фильмов и всегда удивлялась, где их снимали, потому что я сама такого совсем, совсем не помню.

Ч: Потому что... В 1950-м мне было десять лет, значит, в 1958-м мне было...

К: Десять лет тебе исполнилось в 53-м году.

Ч: Да.

К: Я помню, как у кого-то был бункер, вроде бы у знакомых знакомых, и все дети пошли на него посмотреть.

Значит, у Вас лично были знакомые, построившие бомбоубежище.

К: Ну, это были знакомые знакомых знакомых. Мы такие, мол, «ничего себе! Побежали, посмотрим на бомбоубежище!» Будто бы, знаете... Это было необычно. Странно.

И Вы пошли туда?

К: Пошла, но вовнутрь я так и не заглянула, потому что нам не полагалось о нём знать. Та девочка, чьи родители его построили, не должна была нам ни слова о нём говорить. Мы просто пошли к ней домой и оттуда посмотрели куда-то во двор, но мне это было всё скорее в диковинку.

Как выглядело то, что Вы увидели?

К: Там было нечто, сверху покрытое травой, и на макушке что-то торчало. Всё выглядело совсем не так, как я себе представляла...

То есть, Вы увидели такой земляной холмик?

К: Ага. Я думала, что увижу что-то интересное, и не увидела! *(Смеётся)*

Вовнутрь Вы не заходили.

К: Ой, нельзя было. Ей даже не разрешали никому рассказывать. Ей бы здорово попало.

Ваши родители не подумывали о постройке бункера?

К: Совсем нет. Ни разу.

Что они думали обо всех этих страхах?

К: Они считали их смешными. Они считали их дурацкими. Когда кто-то начинал строить бункер или говорил о постройке бункера, мои родители считали это глупым.

Чарльз, Вы знали кого-нибудь, у кого было убежище, кого-нибудь, кто его себе построил?

Ч: Нет. Думаю, мы были не настолько зажиточны. В то время мы, наверное, считались низшим средним классом. Никто даже не думал о том, чтобы их строить, не считал их доступными по деньгам.

Хорошо. Боялись ли вы по-настоящему ядерного нападения, гибели в огненном аду?

What did they think of the whole scare?

C: They thought it was funny. They thought it was ridiculous. You know, when people were starting to have, or they talked about, bomb shelters, they thought it was silly.

Charles, did you know anybody with a bomb shelter, someone who built a bomb shelter?

Ch: No. I think that we weren't affluent. We would probably be at that time considered lower middle class. And that wasn't something that was even thought of as being an option, or affordable.

OK. Did you have any legitimate fears that there might be a nuclear attack, and that you might end your life in a fiery crash?

Ch: Well, certainly.

C: When you were a kid?

Ch: Yeah.

C: You did?!

Ch: You saw those film clips and stuff?

C: Oh my gosh! You must have been more advanced than I was.

Ch: Yes, they showed that somebody started to send some missiles, and somebody was sending counter-missiles back …

C: How old were you?

Ch: Maybe 13.

C: I don't remember any, any concerns whatever!

Ch: No, that's OK, I tell my life, and you tell yours.

C: No, I understand. I just don't remember any of that. I mean, I don't remember being afraid.

In your family, Charles, did your parents or, I don't know, your stepfather, did they have anything to say about the possibility of a war, or any of that?

Ch: They didn't talk about war or anything, but he was pretty patriotic, he had served in the US Navy on a destroyer that was attacked by kamikaze, and he was, probably, in retrospect … He probably had PTSD his whole life over that, because he saw hundreds of his fellow comrades killed.

C: He was at Pearl Harbor.

Ch: He wasn't in Pearl Harbor, he was out at sea. *Nashville* was the ship that he was on.[350] That was the one that was attacked by kamikazes who hit their ship. He wasn't injured, but al lot of people on the ship were killed, and I think that affected him deeply.

OK. But he didn't … Did I understand it correctly that he didn't talk at home about the whole explosions,

350 USS Nashville was struck by a kamikaze pilot attack on Dec 13, 1944, with 133 killed and 190 wounded in the resultant explosion and fires.

Ч: Ну, конечно.

К: В детстве?

Ч: Да.

К: Правда?!

Ч: Ты же сама тоже видела те кадры из хроники и прочее?

К: Боже мой! Наверное, ты был более развитым ребёнком, чем я.

Ч: Да, нам показывали, как одна сторона посылает боеголовки, вторая в ответ шлёт свои боеголовки...

К: Сколько тебе было тогда лет?

Ч: Примерно тринадцать.

К: Я не помню ничего такого, меня совсем ничто не заботило!

Ч: Нет, это же нормально. Я говорю о своей жизни, а ты о своей.

К: Нет, я понимаю. Я просто совсем ничего такого не помню. То есть, я не помню, чтобы мне было страшно.

У Вас дома, Чарльз, разговаривали ли Ваши родители, не знаю, может, отчим, о возможной войне или связанных с ней вещах?

Ч: Они не разговаривали ни о войне, ни о чём таком, но отчим был большим патриотом, он служил в военном флоте США на эсминце, который подвергся атаке камикадзе, и сейчас, наверное, уже понятно, что... У него, вероятно, остался посттравматический синдром потом на всю жизнь, ведь на его глазах были убиты сотни его товарищей.

К: Он был в Пёрл-Харборе.

Ч: Он не был в Пёрл-Харборе, он был в море в то время. Его судно называлось «Нэшвилл»[301]. Как раз тот корабль, на который напали камикадзе. Он сам не был ранен, но очень много народу на его корабле было убито и это на него сильно подействовало, по-моему.

Ясно. Но он не... Я правильно поняла, что он совсем не высказывался дома обо всей этой истории со взрывами и бомбоубежищами?

Ч: Знаете, люди той эпохи вообще о ней не говорили. Никто не рассказывал фронтовых историй.

К: Мы не знали ничего, пока он не умер и мы не начали разбирать у него дома вещи. Мы вообще совсем ничего не знали. Я его расспрашивала, но он отказывался об этом говорить.

Ч: Это очень типично для наших ветеранов Второй мировой, которым сейчас за девяносто, и так далее. Они всё держали в себе, ведь им пришлось увидеть столько

---

301 Лёгкий крейсер ВМС США «Нэшвилл» подвергся внезапной атаке японских лётчиков-камикадзе 13 декабря 1944 г. В результате взрывов и пожаров на судне погибло 133 человека, было ранено 190 человек.

bomb shelters deal?

Ch: You know, people from that era never talked about it. Nobody talked about war stories.

C: We never even knew till he passed away and we cleaned his house out. We never-ever knew. I asked him, but he wouldn't talk about it.

Ch: That's pretty indicative of the WW2 veterans who are now in their late '90s, and so on, and so forth. They just held that stuff within them, because there were so many horrific things that they saw that they just didn't wanna go there and open that page up again.

I see. What did you know about ... When, and if anything, what did you know about Communism, and what it was, and where it stood in relation to the US?

C: I think, for me, I only knew it religiously, because I went to a religious school and Communism meant atheism. And that's about it.

But you did not know anything about the economics of it, or anything like that.

Ch: No, we were just taught it was bad, and in the 1950s, when they had the McCarthy hearings, what we refer to as a witch hunt today was, you know, the House of Un-American Activities, and they'd say, "Are you now, or have you ever been a member of the Communist party?"

C: It was '52, because I watched that on the TV. And I used to come home from school at lunch time and turn the TV on to watch it.

Ch: Joseph McCarthy.

C: Yeah. And that was also when I was watching it and I would think, "Why did they let this man talk that way? Why doesn't someone stop him?" So, even at that age I knew that that was totally wrong. Not in a sense of, like ... I didn't think about politics. I just thought it was ridiculous.

Why did you think it was ridiculous? Because he was rude, or menacing, or why?

Ch: Both of those.

C: He was berating people. It didn't seem to make sense. People he was berating seemed like nice people to me! *She laughs.* So, they seemed like the people who were the nice people, the good people, and he seemed like a lunatic.

Ch: He was like a paranoid lunatic.

C: Like a bully. Bully is the word.

Ch: And history has proven this to be a fact.

C: Well, he was paranoid schizophrenic. But, anyway.

Ch: But we didn't know that as children.

C: Well, of course.

кошмарных событий, что они совершенно не хотели возвращаться в те времена и снова перелистывать те страницы.

Понятно. Что Вы знали... Что и когда Вам стало известно о коммунизме, о том, какова была его суть и какое отношение он имел к Соединённым Штатам?

К: Что касается меня, я знала о нём только то, что касалось религии, потому что я ходила в католическую школу, а коммунизм был синонимом атеизма. Вот и всё, примерно.

Но Вы ничего не знали о коммунистической экономике и тому подобном.

Ч: Нет, нас просто всех учили, что коммунизм – это плохо. В 1950-х, когда шли слушания Маккарти, которые мы теперь называем охотой на ведьм, знаете, в Комиссии по расследованию антиамериканской деятельности всегда спрашивали: «Состоите ли Вы в настоящем и состояли ли в прошлом в коммунистической партии?»

К: Это был 52-й год, потому что я видела всё это по телевизору. Я обычно приходила домой из школы в обед, включала телевизор и смотрела.

Ч: Джозеф Маккарти.

К: Ага. И тогда я тоже смотрела телевизор и думала: «Как этому человеку позволяется так разговаривать? Почему его никто не остановит?» Так что даже в том возрасте я уже знала, что так поступать совсем нельзя. Не в том смысле, что... О политике я не задумывалась. Мне это мероприятие казалось позорным.

Почему оно казалось Вам позорным? Из-за того, что он вёл себя грубо, угрожающе, или по другой причине?

Ч: И то, и другое.

К: Он там орал на людей. Непонятно, почему. Те, на которых он орал, на вид были приятными людьми! *(Смеётся)* Они-то как раз выглядели нормальными, хорошими людьми, а он был, похоже, психом.

Ч: Он был таким паранойяльным психом.

К: Он любил запугивать людей. Слово «запугивать» тут хорошо подходит.

Ч: История это подтвердила.

К: Он оказался паранойяльным шизофреником. Ну, да ладно.

Ч: В детстве мы этого не знали.

К: Разумеется.

Значит, вы оба помните слушания Маккарти, а Вы, Кэтрин, помните, что считали самого Маккарти плохим и ненормальным.

К: О, да. Большинство людей так считали!

Хорошо. Вы, Чарльз, помните слушания Маккарти?

Ч: О, да. Я смотрел их по телевизору.

Что Вы о них думали?

So, you do remember the McCarthy hearings, and you, Catherine, remember that you thought McCarthy was somehow bad and wrong.

C: Oh yeah, I did. Most people did!

OK. Do you remember the McCarthy hearings, Charles?

Ch: Oh, yes. I watched them on TV.

What did you think of them?

Ch: I thought it was just an eternal waste of time, because they would just, you know, accuse one of something, then "I take the Fifth Amendment," they don't have to say anything and stuff, people wouldn't defend themselves, they just wouldn't say anything.

OK. This is probably a question for Charles and not for Catherine, but I don't know, maybe for Catherine as well. As kids, did you play any war games?

Ch: As kids, yeah, those were fun kinds of things, when you were 7, 8, 9, 10 years old. I lived a couple houses away from a golf course that had a wooded area, and we would run and play in the woods, you know, bang-bang, that kind of thing, with wooden things.

C: Did you play cowboys, though?

Ch: We played war, and cowboys.

In those war games, who were the good guys and who were the bad guys?

Ch: We didn't really have sides. It was just, you know, Jimmy and Johnny, or Harry and Joe, or, "Sam, we are over here!"

But they weren't … Were they cowboys and Indians, or Germans and Americans? Who were they?

Ch: I don't think we even thought about what ethnicity it was, it was just playing war things, so I don't have a recollection of whether … You know, I wasn't really in tune to Germany, or Russia, or Japan.

Now, would you think that a great war was just over, and the bad guys, the Nazis, were defeated, and the good guys, America, won … I was just trying to see if you were playing any historical war games, or just war games without assignations of who is who.

Ch: No, it was just fun to run and hide. More like hide-and-seek with pretend guns.

C: And you threw grenades, because you told me one time that you knew those sounds, and the guns; but we were probably all dopey little kids.

Ch: You just made noises with your mouth, and stuff like that.

C: We probably weren't educated enough to have the sides.

Ch: It was just like softball, and soccer, and stuff like that. It was just playing.

OK. Do you remember the Cuban Missile Crisis?

C: I do.

What do you remember about it?

Ч: Я думал, что они там вечно только зря время тратили. Кто-нибудь там, не знаю, обвинит кого-то ещё, тот сразу сошлётся на пятую поправку[302], мол, ничего отвечать не обязан и прочая, никто не защищается от обвинений, все сидят и молчат.

Ладно. Наверное, следующий вопрос относится скорее к Чарльзу, а может, также и к Кэтрин. Вы играли в детстве в войну?

Ч: В детстве – да, играли, просто баловались, когда нам было лет по семь-восемь, девять-десять. Я жил за два дома от поля для гольфа, там был лесок, в котором мы бегали, играли, стреляли, пиф-паф, из палок.

К: Вы же в ковбоев играли, наверное?

Ч: Мы играли и в войну, и в ковбоев.

В Ваших играх в войнушку кто были «наши», кто враги?

Ч: У нас на самом деле не было противных сторон. Просто Джимми и Джонни, Харри и Джо или, там, «Сэм, давай сюда к нам!»

Но они не воевали за... Кто они были, ковбои и индейцы, немцы и американцы? Кто?

Ч: Наверное, мы даже не задумывались о национальностях, просто играли в военные игры, так что я не припомню... Знаете, я не знал толком ни о Германии, ни о России, ни о Японии.

Ну, можно же подумать, что тогда только закончилась мировая война, плохие, то есть фашисты, были разбиты, хорошие, то есть американцы, победили... Я пытаюсь установить, воссоздавали ли вы реальные исторические войны или просто играли в боевые игры, в которых роли не были расписаны.

Ч: Нет, нам просто нравилось бегать и прятаться. Это было больше похоже на прятки с игрушечными пистолетами.

К: Ещё вы бросали гранаты, потому что ты мне как-то рассказывал, что знаешь, как они свистят и как звучат выстрелы; а мы, наверное, были все просто маленькие дурачки.

Ч: Надо было ртом создавать шумовое сопровождение, и всё такое.

К: Мы, наверное, не были достаточно образованны для того, чтобы представлять себе какие-то противные стороны.

Ч: Мы играли так же, как играют в футбол, в софтбол и подобные игры. Это была просто игра.

Ладно. Вы помните Карибский кризис?

К: Я помню.

Что Вам запомнилось?

К: Я помню, что я невероятно испугалась.

Почему?

---

302 Пятая поправка к Конституции США гласит в частности, что лицо, обвиняемое в совершении преступления, не может быть принуждено свидетельствовать против себя.

C: I remember that it was incredibly frightening.

How so?

C: Because when Kennedy came on TV, you knew it was pretty serious. And from the way he talked, it seemed like we were on the brink of being annihilated.

By who?

C: By Cuba. I mean, I know Cuba was backed by Russia. But at that time, I thought of Cuba as Cuba, and that we were going to be attacked by Cuba. And I remember being aware or thinking that we weren't gonna survive, that there was a pretty good chance none of us would survive.

Ch: I didn't view it that way, I thought it was … The way I understood it, the Russian missiles were being put on Cuba as a deterrent for any anti-ballistic missiles exchange, so it was a lot easier for Russia to be closer, because it's pretty much 90 miles away from where we are now, off of Florida! So, it's a lot more imminent danger when you think about 90 miles away, rather than 10 thousand miles away! So, yeah, and that was kind of scary, because that was early '60s, '62, was it?

C: '63, wasn't it?

Ch: No, in '63 I was already in the military, but I graduated from high school in '61, so, between '61 and '63.

C: We were dating.

So, you were dating at the time?

C: Yes.

Ch: And that was fearful for both of us, because at that time there was conscription, the draft. I would probably be involved in going to war, because at that time, when you were 18, you had to register for the draft. And you could go in the military, if you are drafted, for two years, or you could join the military, and go for three or four years. You could choose the division you wanted to go to, where the other way you would just be going in the Army.

C: I think it was '62 because we were 19 and we were dating. And I specifically remembered feeling like we were gonna be killed, period, end of story, and that we would never be able to get married or have children. It just seemed like … I think, when you're 19, your world hasn't expanded, you are very self-centered, and I just remember thinking we would never be able to know what it would be like to be married or have children. Like, your future is gone.

How long did you walk around feeling like that?

Ch: Weeks.

C: Yeah, for that Cuban Crisis. It was terrifying, it was absolutely terrifying.

Ch: It was about three to four weeks because they had the military blockade. Whether

К: Потому, что когда Кеннеди стал выступать по телевидению, нам стало ясно, что всё очень серьёзно. Он говорил так, что, казалось, мы находимся на пороге уничтожения.

Уничтожения кем?

К: Кубой. То есть, я знаю, что Кубу поддерживала Россия. Но тогда я думала, что Куба – это просто Куба, сама по себе, и что сама Куба собирается на нас нападать. Я помню, что знала, то есть думала, что мы не выживем, что ни у кого из нас практически не было шансов выжить.

Ч: У меня было другое видение вопроса. Я полагал... Насколько мне было известно, российские боеголовки устанавливались на Кубе как средство помешать нашей противоракетной обороне, чтобы России стало куда проще подвинуться поближе к нам, ведь это же в каких-то девяноста милях от Флориды, где мы сейчас находимся! То есть, если подумать, угроза в девяноста милях куда конкретнее, чем та, что за десять тысяч миль! Так что страшновато было, правда. Это ведь было начало 60-х, 62-й год, что ли?

К: Или 63-й?

Ч: Нет, в 63-м я уже был в армии, а из школы я выпустился в 61-м, так что кризис был между 61-м и 63-м.

К: Мы тогда с тобой встречались.

Значит, вы в то время встречались друг с другом?

К: Да.

Ч: И нам обоим было страшно, потому что тогда проводили призыв в армию. Меня бы, скорее всего, отправили на войну, потому что в то время все, кому исполнялось восемнадцать, должны были зарегистрироваться для призыва. Можно было попасть в армию по призыву и отслужить два года, а можно было пойти добровольно и отслужить три-четыре года. В этом случае человек мог выбирать, в какие войска ему пойти служить, а по призыву все просто шли в армию.

К: Думаю, что шёл 62-й год, раз нам было по девятнадцать и мы встречались. Я особенно хорошо помню, как боялась, что мы погибнем и всё, точка, что нам так никогда и не пожениться, не завести детей. Нам казалось... Когда человеку девятнадцать, его мир ещё невелик, человек сильно сосредоточен на себе, и я помню, как я думала, что мы так и не узнаем, каково это: жить семейной парой, иметь детей. Наше будущее тогда как будто испарилось.

И как долго Вы прожили с этим чувством?

Ч: Несколько недель.

К: Да, пока длился этот Карибский кризис. Мы были в ужасе, в полном ужасе.

Ч: Примерно три-четыре недели, потому что столько длилась военная блокада. Было неясно, то ли всё было блефом, то ли что-то ещё могло случиться, если бы одна из сторон... Всё время... Всё это время было непонятно, кто из них первым

it was gonna be a bluff, or what it was gonna be, if one side … You always … You never knew whose side was gonna push the button first, or whatever. So yeah, that was frightening, because you figured all that stuff you remembered as a child, with all the movie clips of the atom bomb …

C: Besides, what does it matter who pushes the button first? You're all gonna be annihilated anyway. I mean, I remember thinking, we're gonna be annihilated, but I guess the only, maybe, perhaps the most mature thought I had, because I didn't really think—when you are 19 and you are engaged to be married, and the hormones are raging—is thinking of the girls my age in Russia who would be annihilated also. But it just seemed like it didn't matter who pushed the button; you're still all gonna be annihilated.

So, you thought that it was gonna be assured mutual destruction? Period?

C: Yes. Yes.

You did not think for a moment, "Well, we are better equipped, or whatever, we'll crush them?"

C: No, no. I thought we were all going to be annihilated. No, it never occurred to me! No, no, it never did occur to me that we were stronger. No! *She laughs.* I thought, you push the button, that's it! And when Kennedy came on TV, there was that build-up, blockade, and when he came on TV, I thought, "That's it." That's what I thought.

What did you do? So, you sat there, you watched Kennedy on TV and you thought, "My life is over."

C: That's right. My life is over.

What did you do? Now that your life is over, what do you do?

C: We're 19, we are engaged to be married, we're never gonna be married, we're never gonna have relations, we're not gonna have a life! We're not gonna have a life. And I thought, that's the end of it. What can you do?

Well, did you collapse and sob on the floor, or did you go make yourself tea, or what did you do?

C: No, I just remember being terrified, and I remember that when Skip left that night, I just remember saying "I love you," and I just thought it was kind of a given. I think when you're in a situation where there's no escape, you just say … I mean, I only know this now, psychologically speaking, I know there comes a point where there's no hope, and you just say, "OK." And that was how I felt. We were gonna be annihilated, and that was it.

And you said what you thought were your last goodbyes to your boyfriend.

C: Yes! Yes!

Is that how you felt, Charles, or was it a whole different story?

Ch: No. It was different. I was a little more in denial. My thoughts were, "Here we go, now I'm gonna have to end up going to war as a military person." I didn't think it was going to be totally over.

So, you imagined a land war, like, something more conventional, or a sea war, something like that?

Ch: I didn't think there was enough firepower for anybody to annihilate a whole country,

нажмёт на кнопку. Так что да, мы боялись, мы понимали, что, если исходить из того, что нам в детстве рассказывали, из всех этих съёмок атомного взрыва...

К: К тому же, какая тогда была разница, кто первый нажмёт на кнопку? В любом случае нас бы всех уничтожили. Я тогда думала о том, что нам всем суждено погибнуть, и единственная, может, самая зрелая мысль у меня была – вообще-то у меня с мыслями было плохо, как у всех девятнадцатилетних особ, которые обручены, собираются замуж и их обуревают гормоны, – так вот, я думала о девушках моего возраста, которые в России тоже должны погибнуть, как я. Но вопрос, кто первым нажмёт на кнопку, не представлялся мне значительным, ведь всё равно всем погибать.

Следовательно, Вы ожидали полного взаимного уничтожения, без вариантов?

К: Да. Да.

Вас ни на минутку не посещали мысли вроде: «Ну, у нас вооружение лучше, и вообще, мы их раздавим.»

К: Нет, нет. Я считала, что мы все погибнем. Нет, даже и в голову подобное не приходило! Нет, нисколько я не верила, что мы были сильнее. Нет! *(Смеётся)* Я думала, раз кнопка нажата, всем конец! А когда Кеннеди стал выступать по телевизору во время стягивания войск и военной блокады, я подумала: «Ну, всё!» Так я и подумала.

Что Вы стали делать? Вы сидели, смотрели Кеннеди по телевизору и думали: «Моя жизнь окончена».

К: Именно. «Моя жизнь окончена».

И что Вы тогда стали делать? Что делают люди, чья жизнь окончена?

К: Нам по девятнадцать, мы собирались пожениться, теперь мы никогда не поженимся, не приобретём опыта интимных отношений, у нас впереди ничего нет! У нас впереди нет ничего. «Конец всему», подумала я. Что тут можно сделать?

Я имею в виду, бросились ли Вы на пол и зарыдали, или, может, встали и заварили чаю? Как Вы себя повели?

К: Нет. Я помню, в каком я была ужасе, и помню, когда Скип в тот вечер пошёл домой, я сказала ему на прощанье, что люблю его, и подумала, что ничего уже не изменишь. Мне кажется, в безвыходных ситуациях можно только сказать... То есть, я сейчас уже это понимаю с психологической точки зрения, знаю, что в какой-то момент надежда покидает человека и ему остаётся только смириться. Вот такое у меня и было чувство. Что нас всех ждёт уничтожение, и ничего не поделаешь.

Вы попрощались со своим бойфрендом в последний, как Вам казалось, раз.

К: Да! Да!

У Вас тоже были подобные чувства, Чарльз, или совсем другие?

Ч: Нет. У меня всё было по-другому. Я скорее находился в стадии отрицания. Я думал: «Ну, вот, приехали, теперь мне придётся бойцом идти на фронт». Мне не

one, or the other, or both. But it was very … It was frightening. But, you know … You kind of wondered, how important it Detroit? How important is California? Or New York?

C: Did you think they wouldn't dive like that into where we lived?

Ch: No, because there is so much geography.

C: Oh, I didn't think that. I just thought that a button would be pushed, and the United States would be gone. And Russia would be gone. Like that.

So, you were thinking in terms of the metropolitan areas that would be hit?

Ch: I was thinking more strategically.

Strategically, like, "How close are we to Detroit?"

Ch: Yeah, we didn't live in downtown Detroit, which I thought might have been a bit of a target. And the suburbs where we were, or, maybe, Chicago, or New York, or whatever …

C: Oh, because of factories.

Ch: But we did have a lot of factories, because of the automotive industry. The automotive industry was converted during WW2 from automotive to military. As a matter of fact, my mother was a riveter.[351]

C: Rosie the Riveter.

Ch: She worked in the defense plants, riveting airplanes. That was formerly an automotive manufacturer. They didn't manufacture automobiles till 1946 again, because 1942 might have been the last year they had … No, 1941 was probably the last year. So, '42 to '46, there were no cars manufactured.

C: And when you think about, as far as … I mean, I didn't think about it at the time, talking about just knowing what I know now. The US, prior to WW2, didn't even have much of a military. I think we got eighteenth in the world, or somewhere really far down as far as our military power. So, perhaps, maybe I'm doing …

Ch: Because of geography, we were never threatened, because we have Mexico to the South, Canada to the North. So, you know, Europe and Russia and Japan were so far away, we just never thought about something like that, you know. When you read about conflicts, and things like that, and war …

C: They were somewhere else.

Ch: They were always someplace else. Maybe it was a way of blocking, or denial, but you just never thought that it would be you.

C: I think it's well-put, because you never do think it's gonna be you.

OK.

Ch: And I was right!

---

351 After Rosie the Riveter, a WW2 US propaganda icon; a woman working in a factory to produce munitions and war supplies.

казалось, что миру уже пришёл конец.

Значит, Вы воображали себе наземные военные действия, или морские, что-то такое, более привычное?

Ч: Я не верил, что у той или другой державы, или у обеих вместе, было достаточно пороху, чтобы уничтожить целую страну. Но всё равно было очень... Было страшно. Хотя, знаете... Я прикидывал, насколько важной точкой был Детройт. Насколько важной была Калифорния? А Нью-Йорк?

К: Ты считал, что на наш город так сразу не налетят?

Ч: Нет, потому что было много других географических точек.

К: Ой, а я вообще об этом не думала. Я представляла себе, что кто-то нажмёт на кнопку и США больше не станет. И России тоже больше не будет. Примерно так.

Значит, Вы оценивали ситуацию с точки зрения того, какие крупные города могли попасть под удар?

Ч: Я размышлял более стратегически.

Пример стратегической оценки: «Как далеко мы находимся от Детройта?»

Ч: Да, ведь мы жили не в центре Детройта, который мог бы стать целью удара. А в пригороде, где мы жили, в отличие от Чикаго, возможно, от Нью-Йорка, и так далее...

К: Понятно, из-за заводов.

Ч: У нас тоже было много заводов, потому что у нас тут автопромышленность. Во время Второй мировой автомобильные заводы переоборудовали в военные. Собственно говоря, моя мать тогда работала клепальщицей[303].

К: Клепальщица Роузи.

Ч: Она работала на оборонном заводе, клепала самолёты. До того завод делал автомобили. До 1946 года автомобили вообще не производились, начиная с 1942 года, наверное... Нет, последний автомобиль выпустили в 1941-м. Так что с 42-го по 46-й машины не выпускались.

К: Кстати, если говорить с точки зрения... Я тогда этого не знала, я говорю о том, что знаю в настоящее время. До Второй мировой у США даже армии особо не было. По-моему, мы занимали восемнадцатое место в мире по военной мощи, или где-то около того, были в самом низу списка. Так что я, может, поступаю...

Ч: Это из-за нашего географического положения, нам ничего никогда не угрожало, у нас на юге Мексика, на севере Канада. Так что Европа, Россия и Япония все были так далеко, что мы ни о чём и не задумывались. Когда мы читали о каких-то конфликтах, войне и всём прочем...

К: Всё это было не у нас.

---

303 Клепальщица Роузи, фигура пропаганды в США во время Второй мировой; женщина, работающая на оборонном предприятии.

And it wasn't you! So, well. That blew over, mercifully. What did you think of the Vietnam War?

Ch: Vietnam War was a little more scary, because that was the war that was televised.

Ah!

C: I remember that was horrifying.

Ch: That was. They didn't pull any punches. You saw the firepower, you saw people being killed …

C: On TV! Every morning, every night, all the time, 24/7.

Ch: And plus, that was the time that I was of draft age. And that had started in … Actually, it didn't. It was kind of before I went into the military, I went into the Air Force. But before I went into the military, they had advisors there. And I went in the military in 1963 to '67, and while I was in the military, that one started to kick up, a little bit more in '65, in '67, and I got out before the big push in '68. And '68 to '72 were probably the big Vietnam years.

C: And I can definitely say we were pacifist then, because we were against the war in Vietnam.

Did you know what the war was about?

C: Stupidity, probably, like all wars.

I mean, what the source of the conflict was, who was fighting whom, what they were hoping to achieve?

C: The Vietcong were Communist.

OK.

Ch: Well, the bad guys were always Communist.

C: But by then we were anti-war anyway, when I think back on it. We were definitely against Vietnam, because I remember there were marches, and I didn't go to marches, because I had young children, and we were in the military. And when they asked if he wanted to get a bonus and go to Vietnam, he wasn't gonna go, I mean, he didn't think about it at all, he just said … (To Charles) You told me about that, they passed the paper to you and you passed it back?

Ch: Well, they gave you an opportunity, they gave you a bonus if you re-enlisted, but if you re-enlisted, there'd be a good chance you'd go to Vietnam. And I had served my four years, and that was it. I had three children and no job, and that was better than getting a $2,500 bonus with a possibility of going to Vietnam.

C: And my brother-in-law was doing some work for the peace movement. It was at that point, that I recall, I was in school and working, and I was really, really, extremely over-committed, but I did some work for his group. So, we were definitely, definitely anti-war.

What work did you do?

C: He was getting together a peace rally, and I was making the … I couldn't go do

Ч: Всё это было где-то в других местах. Может, это психологическая защита, отрицание, но мы себе и не представляли, что подобное может когда-то случиться с нами самими.

К: По-моему, хорошо сказано: мы действительно не думали, что с нами что-то может случится.

Понятно.

Ч: И я оказался прав!

И с Вами ничего не случилось! Ну, ладно. Значит, к счастью, тогда пронесло. Что Вы подумали о войне во Вьетнаме?

Ч: Война во Вьетнаме была чуть пострашнее, потому что её больше показывали по телевизору.

Вот как!

К: Я помню, это было чудовищно.

Ч: Да. Телевизионщики тогда не стеснялись. Нам показывали бои, нам показывали, как убивают людей...

К: На экранах телевизоров! Каждое утро, каждый вечер, без конца. Двадцать четыре часа в сутки, семь дней в неделю.

Ч: Плюс к тому, возраст у меня тогда был призывной. И война началась, когда... Вернее, не началась. Это было до того, как я пошёл служить, я пошёл в Военно-воздушные силы. До того, как я пошёл служить, туда уже послали советников. А я был в армии с 1963-го по 67-й, и вот, пока я служил, всё начало более активно разворачиваться в 65-м, в 67-м. В 68-м был крупный толчок, но я успел уйти. Самые серьёзные действия во Вьетнаме шли где-то с 68-го по 72-й годы.

К: Я точно могу сказать, что мы в то время были пацифистами, потому что мы были против войны во Вьетнаме.

Вам были известны причины войны?

К: Идиотизм, вероятно, который является причиной всех войн.

Я имею в виду, что послужило источником конфликта, какие стороны воевали друг с другом, каких целей они стремились добиться?

К: Вьетконговцы были коммунистами.

Хорошо.

Ч: Плохие ребята всегда были коммунистами.

К: Но мы к тому времени были всё равно против войны, как мне сейчас кажется. Мы точно были против войны во Вьетнаме, потому что я помню, что тогда устраивались антивоенные марши. Я не ходила на марши, потому что у меня были маленькие дети и мой муж служил в армии. Когда его спросили, согласен ли он за дополнительное денежное вознаграждение пойти воевать во Вьетнам, он не согласился идти, то есть, он даже не раздумывал об этом, он просто ответил...

anything, because of my commitments, but I did a lot of telephone work to get people organized and ready for this rally that he was having.

Did you know more … You probably did; did you know more about communism at that point than you did in high school, when you thought Communists were atheists, and that's pretty much it?

C: I'm not sure I formulated it, because I just sort of had a blanket "war is not a good idea." I don't think I said, when Skip was asked to go to Vietnam, I think the major thing was, we didn't wanna be in a war. And, I think, it's probably not very useful to you, but I think I was just … Because of my parents, at a young age, just against war. I don't think I thought who were the good guys, who were the bad guys, just, we're all a bunch … The good guy or the bad guy, if you're in a war, people are getting killed on both sides.

What about you, Charles?

Ch: Well, 1962 and '63 were recession years in the US, and jobs were very scarce, and I had a military obligation hanging over my head. So, rather than wait for the shoe to drop and be drafted in the army, I decided that I would go into the Air Force. I'd join the Air Force for four years.

C: So, it was an economic thing.

Ch: And I went with every intention that this could be a career.

C: But a lot of people … I guess I'm clarifying this because a lot of people joined the military, we were certainly aware of that, they joined the military because they were military families. We were definitely not a military family. So, it wasn't an issue of "I think I'll join," or that you went in because of Vietnam, or "I want to be going to the war." It was strictly because we wanted to get married, and there was no way you could get a job, and a lot of people did that. It wasn't just us, a lot of people did that.

Ch: And at that time, I was living with my mother and my stepfather, and my stepfather, being a Naval person, wanted me to join the Navy, but more importantly, he wanted something better than joining the Navy. He wanted me to go to Annapolis to be an officer. And, as a matter of fact, I took some tests and interviews for Annapolis, you had to get a congressman or a senator to vouch for you, or something like that. But I went to a lot of tests, and stuff. As it turned out, I decided to go in the Air Force, much to his chagrin, because he was a Navy person.

Yes; I was just trying to gauge the level of how sophisticated, or not, your understanding of the world was, and the world politics, the place of the US in it, and …

C: Not very, as you can probably tell.

So, as you were in the Air Force, did you get any ideological instruction, or political instruction, or any sort of that stuff?

Ch: Yes. I can talk about it now, but I couldn't talk about it at the time. I had a top-secret security clearance at the time. And I was a Morse intercept operator. One of my major jobs was to intercept communications from Russia, because I was stationed in Anchorage,

(Обращаясь к Чарльзу) Как ты мне рассказывал, они тебе тогда придвинули бумагу с контрактом, а ты её отодвинул от себя?

Ч: Ну, они предлагали такую возможность, они давали вознаграждение тем, кто согласится возобновить армейский контракт. А если возобновить контракт, то с большой долей вероятности можно было попасть во Вьетнам. Я отслужил свои четыре года и мне хватило. У меня было трое детей и не было работы, и это было всё равно лучше, чем возможность получить лишние две с половиной тысячи долларов и оказаться во Вьетнаме.

К: Муж моей сестры помогал антивоенному движению. Как раз в то время, как я помню, я одновременно училась и работала, у меня было много, чрезмерно много обязательств, но я всё равно что-то делала для этого движения. Мы были точно, абсолютно точно против войны.

В чём состояла Ваша помощь движению?

К: Он организовывал акцию протеста против войны, а я... Я не могла туда ходить и помогать из-за прочих своих обязательств, поэтому я звонила людям по телефону, собирала их и готовила их к демонстрации, которую он проводил.

Вы уже больше в то время знали... Наверное, уже больше. Вы в то время больше знали о коммунизме, чем в старших классах школы, когда Вам было известно практически только то, что все коммунисты — атеисты?

К: Не думаю, что я для себя тогда что-то сформулировала, у меня была одна общая мысль: война — это глупо. Я не упомянула это, по-моему, когда Скип рассказывал, как его пригласили поехать во Вьетнам, но основным нашим соображением было нежелание воевать. Вам, может, это не особенно пригодится, но я просто была... Я с раннего возраста была против войны, меня так воспитывали родители. Кажется, я не раздумывала о том, кто прав, кто виноват, для меня все были в одной кучке... Прав ты или виноват, если ты вступаешь в войну, люди начинают гибнуть с обеих сторон.

А Вы что можете сказать, Чарльз?

Ч: Ну, в 1962-м и 63-м в США был экономический спад, работу было найти очень трудно, а у меня над головой висела военная обязанность. Чтобы не ждать, когда грянет гром и меня призовут в войска, я решил, что сам пойду в ВВС. Я собрался пойти в ВВС на четыре года службы.

К: Это было экономически мотивированное решение.

Ч: Я туда шёл, вполне предполагая, что смогу потом сделать службу своей карьерой.

К: Но для многих... Видимо, мне нужно пояснить, что многие шли на военную службу потому, что у них в семье были военные традиции, и мы это прекрасно понимали. Собственно в нашей семье не было традиции армейской службы. Так что дело было не в том, что у нас кто-то хотел пойти послужить, поехать во Вьетнам или повоевать на войне. Причина была только в том, что мы хотели пожениться,

Alaska. I went in the military, I took all kinds of tests, and one of the things I scored lowest on was radio operator. Morse code. But they needed Morse code radio operators, so they said, "That's what you're going to do." So, we went to Mississippi for six months to learn Morse code, and to march, and to type, and to do whatever things we needed to do. And then they said, "well, now you are gonna be in security service, so you're gonna be overseas. So, you get three choices of where you wanna go, and these are all the different places you can go." So, I said, "I wanna go to England, Scotland, or Germany." And they said, "OK, you're going to Alaska." They didn't really care what you wanted, they just thought maybe you'd get lucky and you would guess what you were gonna get. So, I spent two years in Anchorage, Alaska, copying Morse code, doing radio fingerprinting, looking at radar … It was like a game they played, because the Russians were the bad guys, and we were the good guys, and it was all electronics, and it was all in this big building so there isn't anything personal. You would tune the radios in and you would pick up the signals and just copy the Morse code. But it wasn't anything you could read, because it was just code! And then you'd take it, and you typed it up on a typewriter with all capital letters, in rolls of paper, and they would give it to the analyst, and they would do what they really did with it. And part of it was, checking to find holes in the radar systems of Russia, because the jets would fly, and then somebody else was copying all the code, so they were tracking the jets as they would go toward Russia or near enough, because from Russia to Alaska wasn't that far. So, the radar would go and then we would find out where they had holes in their radar, and then you would know where they are transmitting from, because you had direction finding. And then you had radio fingerprinting, so you'd know if you had a radio in Irkutsk, that radio had a certain fingerprint that was, like, you know, voice recognition. So, they looped it from that location to another location, and you'd know that they moved the actual radio. So, it was just like a game that they played, and, you know, it was very tedious and boring, and I couldn't wait to get out.

C: I remember you telling me that when we lived in Alaska. You weren't describing what you were doing, because, of course, you couldn't tell me anything, but you were … I remember you telling me it was like a game: they are spying on us, and we are spying on them.

Ch: Yeah, and I guess the thing that I was thankful for was that I didn't get a remote location on one of the Aleutian Islands, because I was fortunate enough to have my family with me, my wife and my two children, who were born in Alaska. And my last year-and-a-half I was in Texas, and that's where [my daughter] was born. So, we had three children born while we were in the military.

As you were doing all that James Bond stuff, which was incredibly boring, as you say, did you have a feeling that you were doing an important job, something right, protecting your country from the Red Scare, or anything like that? Or were you just going to work, and that's the job that you did?

C: Am I allowed to laugh? *She laughs.*

Ch: It was a clerical job, and it was the job that I did. So, it wasn't …

а устроиться на работу не было никакой возможности, так что многие прибегали к этому выходу. Не только мы, но и многие другие.

Ч: В то время я жил у матери и отчима, и мой отчим, будучи военным моряком, хотел, чтобы я пошёл в военный флот и, более того, он хотел для меня лучшей доли, чем простая флотская служба. Он хотел, чтобы я поступил в Аннаполис[304] учиться на офицера. На самом деле я даже сдавал экзамены и проходил собеседование в Аннаполис, но туда вдобавок требовалось личное поручительство какого-нибудь сенатора или конгрессмэна. Всё равно я ходил сдавать всякие экзамены и всё такое. В конце концов всё закончилось тем, что я решил служить в ВВС к большому огорчению отчима, который был моряком.

Ясно. Я просто пытаюсь выяснить, насколько детальными были ваши понятия о мире, мировой политике и роли США в ней...

К: Как Вы уже, наверное, догадались, не очень детальными.

Во время службы в ВВС у Вас проводили какой-либо политический или идеологический инструктаж, или что-то ещё в этом роде?

Ч: Да. Сейчас мне уже можно об этом говорить, а раньше было нельзя. У меня в то время был доступ к чрезвычайно секретным материалам. Я был радиооператором-перехватчиком, морзистом. Одним из моих главных заданий был перехват радиосообщений из России, потому что я служил в военной части в Энкоридже на Аляске. Я пошёл в армию, меня по всем направлениям протестировали и, среди прочего, самые плохие результаты я выдал по специальности радиста. По азбуке Морзе. Но радисты-морзисты были нужны, и мне сообщили, что этим я и стану заниматься. Так что на шесть месяцев я отправился в штат Миссиссиппи, учить азбуку Морзе, ходить строем, печатать на машинке и вообще делать всё, что там положено. А потом мне сказали, мол, мы тебя отправим в службу безопасности, поедешь за границу. Выбирай три страны, в которые тебе хотелось бы поехать, и вот тебе список всяких разных мест. Я сказал, что хотел бы поехать в Англию, Шотландию или Германию. Мне сказали, мол, ладно, поезжай на Аляску. Им на самом деле было плевать, куда нам хотелось ехать, они просто спрашивали на всякий случай: вдруг кто-то случайно угадает, куда его послали. И вот я провёл в Энкоридже, штат Аляска, два года, сидел, записывал морзянку, опознавал радиосигнатуры, смотрел на радар... Всё это было похоже на какую-то игру. Русские были плохими ребятами, мы были хорошими, все действия были электронными, мы сидели в огромном здании и ничего личного не ощущали. Мы настраивали радиоприемники, ловили сигналы и записывали их азбукой Морзе. Ничего прочитать и понять мы не могли, всё было зашифровано! Потом мы брали эти перехваченные сообщения, печатали их на рулонах бумаги заглавными буквами на машинке, их кто-то передавал аналитикам и уж те с ними делали то, что им там положено. Частью работы был поиск дыр в русской радиолокационной

---

304 В Аннаполисе, штат Мэриленд, находится Военно-морская академия США.

You didn't have any particular pride attached to it?

Ch: No pride, no animosity, it was just something that I had to do. It was a horrible job, because it was, you know, you have this great big tower of a radio, and you have these headsets on, and you have to be tuning in all the time, going for eight hours at a time, and then finally picking up a station. And then you have schedules, a certain frequency at a certain time, you gotta go copy these things … It was just tedious, and very boring, and very uninteresting, especially seeing as how you are typing code that didn't spell anything. The only time that was halfway decent fun was when I went to Texas; we weren't copying live then, they sent tapes in, so then we were copying Pakistan. And then they were actually saying words. You could type something. I remember there was a day they said they were talking about a movie *The Man Who Shot Liberty Valance*, and I'm typing it all up and looking at it. That was the most interesting thing in my four years.

C: The reason I asked you if I could laugh about this was Skip told me constantly how much he hated it, and how much … How, as I said, "They are spying on us, we are spying on them," and even since then, to this day, when I say to him, "Why don't you tell the grandchildren you were in the military? Tell them what you did!"—he still doesn't talk about it.

Alright. When you were grown-up, with family and jobs, basically, attached to no time in particular, if I say the words "the Soviet Union," what images do you have coming to you?

C: Hungry people. Because I know, from anything I knew about Russia or the Soviet Union, was that there were a lot of struggles, that food was hard to come by. I think I was aware of that for quite a while. So that's what I would have thought of: people who were really struggling.

Ch: Well, I have this image in my head: watching TV, and watching Khrushchev bang his shoe on the desk.

C: Oh, I remember that.

Ch: And not really understanding what it was all about; but he was not somebody you would be fearful of. He was fearful in the sense of, he was saying things that lead to some conflicts, and not unlike what you have today with Ahmadinejad[352] in Iran. People have those … You only need one crazy person to do something to start something, and that was, even though it was like a parody or something, it was something that was fearful, for someone who would be so loose to have so much power.

OK. So, we have hungry people and an unhinged politician so far. OK. Did you have any positive ideas or images of the Soviet Union at all?

C: I remember, I don't know if it was grade school or high school, but people in Russia were thought to be very industrious. They were very hard workers, because they always were shown building things, or studying, or … Things that, as a kid, I remember looking <u>at it and thinking</u>, that must be really hard work, that must be really difficult. Maybe I

352 Sixth President of Iran (2005-2013).

системе; это делают, когда самолёт летит, а кто-то другой перехватывает и копирует код, и отслеживает самолёт, летящий в сторону России или близко к её границам, ведь Россия от Аляски совсем недалеко. Значит, радар работает, а нам видно, где у них в радиолокации прореха, и ещё нам понятно, откуда они транслируют сигнал, потому что у нас работает поиск направления сигнала. Ещё мы опознавали радиосигнатуры: допустим, у них была радиостанция в Иркутске, у этой радиостанции была своя сигнатура, узнаваемая, как отпечаток пальца или голос. Если эта сигнатура перемещалась из одной географической точки в другую, мы знали, что перевезли собственно сам радиопередатчик. Короче, всё было точь-в-точь как какая-то игра, очень утомительная и скучная. Я просто дождаться не мог, когда меня отпустят.

К: Я помню, мы жили на Аляске и ты мне про это рассказывал. Разумеется, ты мне не говорил, чем ты именно занимаешься, это не разрешалось, но ты упоминал... Я помню, ты мне сказал, что вы будто бы играете: они шпионят за нами, мы шпионим за ними.

Ч: Ага, и главное, я был благодарен судьбе за то, что меня не послали в удалённую точку на Алеутских островах. Мне повезло в том, что моя семья была со мной, моя жена и двое родившихся на Аляске детей. Последние полтора года службы я провёл в Техасе, там родилась [моя дочь]. Пока я служил в армии, у нас родилось трое детей.

Пока Вы работали Джеймсом Бондом, что, по Вашим словам, было нестерпимо скучно, чувствовали ли Вы, что делаете важное дело, поступаете правильно, охраняете страну от «красной заразы» и тому подобное? Или Вы просто ходили на работу, потому что такая уж у Вас была работа?

К: Можно посмеяться? *(Смеётся)*

Ч: Это была офисная должность и я просто ходил на работу. Она не была...

Она не вызывала у Вас особого чувства гордости?

Ч: Ни гордости, ни враждебности. Просто работа такая. Работа была ужасная, потому что там, знаете, надо было сидеть в высоченной радиобашне, не снимая наушников, всё время прислушиваться по восемь часов без перерыва, пока не поймаешь сигнал. Ещё были расписания прослушек означенных частот в означенное время, всё это надо было записывать... Было утомительно, очень скучно, очень неинтересно, особенно с учётом того, что мы записывали код, который не могли сами прочитать. Когда меня перевели в Техас, там было всего один раз более-менее занятно. Мы там не ловили живых сигналов, нам присылали записи и мы прослушивали Пакистан. Они, по крайней мере, разговаривали человеческим языком. Можно было что-то записать. Я помню, однажды они беседовали между собой о фильме «Человек, который застрелил Либерти Вэланса»[305], а я печатал и потом читал распечатку. Это был самый увлекательный эпизод моей

---

305 Фильм-вестерн (1962), в главных ролях Джеймс Стюарт и Джон Уэйн.

thought we were softer, or something.

Ch: Well, my view, other than industrial, or industrious, was looking at the display of military power, because you'd see film clips now on TV, not at the movies anymore of, maybe, it was like May Day or some big holiday or something ... And they would show these trucks with missiles on them, and people marching, and stuff like that. It was more of a display of military might rather that showing anything about any cities, or anything. We didn't really see anything about the country. It was just like, that was your enemy.

C: But that was the plan, don't you think?

Ch: Well, I think that was the propaganda that we were seeing, so that's all we knew!

C: Yes, yes, that's what I meant. I'm sure it's typical of most countries, that you have your people know what you want them to know.

Would you say that, for either of you or for both of you, having been born at the end of a ginormous World War, and then living through the Korean War, and the Vietnam War, and the Cuban Missile Crisis, and the arms race of the '80s, has affected your life significantly, or marginally, or not at all? And if yes, then in what ways?

C: Significantly to me, because I figured any time it could all be over. Maybe that's that fear from childhood, still. I think, significantly in a good way, and in a negative way too, because I appreciate what I have, and I appreciate it for right now. And I feel, when I think about my grandchildren, not so much about my children anymore, because they are pretty well grown up, but my grandchildren, I wonder what their world will be like.

OK. And what about you, Charles?

Ch: I would say marginally for me, and I think that even though I spent four years in the military. But that was a personal decision, not a political decision. It was an economic decision in my life. But I was grateful that by the time my children became of military age the draft was already gone. So, I wasn't one of those people that felt like, "This is gonna make you a man, go in the military, this is something you should do!" I was just very pleased that my children didn't have to go through what I went through, because I felt like it was four years taken out of my life, because people who didn't go, their lives were advanced four more years economically. Because the military was not really a place where you made any money, or saved any money, it was an existence ...

C: Or were educated.

Ch: It was ... The military, to me, was Communism. Because they took care of me. Your health, your lodging, your whole life was ...

Arranged.

Ch: Plus, it was a job that you couldn't quit. You were there for four years.

OK, one last question. What's the best country in the world?

Ch: The United States!

четырёхлетней службы.

К: Я спросила, можно ли посмеяться, потому что Скип мне без конца жаловался на то, что он терпеть не мог свою службу, и говорил, как сильно... Как я уже сказала, «они шпионили за нами, мы шпионили за ними», и с тех пор, когда я прошу его рассказать внукам о службе в армии, о том, чем он там занимался, он по сей день всё равно отказывается об этом говорить.

Ладно. Вы выросли, завели семью и пошли работать; если я скажу «Советский Союз», какие образы Вас посетят, без привязки к определённому историческому периоду?

К: Голодающие люди. Потому что из того, что я знаю о России и Советском Союзе, мне понятно, что там было много сложностей, было трудно раздобыть еду. Я это уже давно знала. Так что я бы представила себе именно людей в очень тяжёлых обстоятельствах.

Ч: Ну, у меня в голове такой образ: я смотрю телевизор и вижу Хрущёва, стучащего ботинком по столу.

К: Ой, я это тоже помню.

Ч: Я тогда и не понял, в чём там было дело. Но он не был человеком, которого боялись. Его боялись только в том смысле, что его высказывания приводили к конфликтам, примерно так же, как сегодня Ахмадинежада[306] в Иране. У людей есть такое... Для того, чтобы устроить какую-нибудь неприятность, достаточно одного ненормального и, несмотря на то, что он выглядел вроде бы пародийно, было страшно, что у человека настолько неадекватного было столько власти в руках.

Хорошо. Значит, мы на данный момент имеем образы голодающих людей и одного чокнутого политика. Ладно. Были ли у Вас какие-либо положительные представления о Советском Союзе?

К: Не помню, в начальной ли это было школе или в старших классах, но мы тогда русских людей себе представляли очень трудолюбивыми. Они очень много работали, ведь нам всегда показывали, как они что-то строят, что-то изучают... Помню, в детстве я смотрела на всё это и думала: как им, должно быть, тяжело, как старательно они работают. Может, я считала нас самих более мягкотелыми.

Ч: Ну, с моей точки зрения, помимо того, что русские были промышленной нацией, то есть работящей, нам показывали демонстрацию военной мощи. Тогда уже по телевизору, а не в кино, мы видели киносъёмки то ли майских парадов, то ли каких-то других больших праздников... И нам показывали грузовики с ракетами, строевую ходьбу и всякое такое. Больше стремились показать военную мощь, чем что-то из повседневной жизни городов и так далее. На самом деле ничего о стране нам не показывали. Нам показывали, как выглядит враг.

К: Согласись, что это делалось запланированно?

---

306 Шестой президент Ирана (2005 – 2013).

OK.

Ch: I will say this because, not that I know the whole world, but we've been to Iran, we've been to Italy, I've been to Germany, I wasn't in France except stopping over for a flight, but I enjoyed Switzerland, I enjoyed visiting other countries, but I still feel that I wouldn't trade this country for anything in the world.

What about you, Catherine?

C: Well, I don't know, because I haven't … I've traveled, but I haven't stayed in one country for a long time. But as far as I know, this is the one I was born to, so … I wish I had had the finances and the ability to go to different countries, and maybe I'd feel differently, but this is all I know.

OK. The US, and the US. Thank you!

Ch: You are welcome!

Ч: Ну, я думаю, что нам показывали пропаганду, а больше мы ничего и не знали!

К: Да, да, именно это я и хотела сказать. Уверена, что в большинстве стран такая же ситуация, людей учат только тому, чему хотят научить.

Как вам кажется, тот факт, что вы родились незадолго до конца громадной мировой войны, пережили войну в Корее, потом войну во Вьетнаме, потом Карибский кризис, а потом гонку вооружений в 80-х, повлиял на ваши жизни, обе или одну из них, значительно или незначительно, или вовсе никак? И если да, то как?

К: На меня — значительно, потому что я считала, что в любой момент мне может прийти конец. Может, этот страх у меня остался с детства. Мне кажется, значительно и в хорошем смысле, и в плохом, ведь я ценю то, что у меня есть, ценю настоящий момент. А когда я думаю о своих внуках, даже уже не столько о детях, которые в общем-то давно выросли, сколько о внуках, я не знаю, в каком мире им придётся жить.

Хорошо. А Вы что скажете, Чарльз?

Ч: Я бы сказал, на меня это повлияло незначительно, я так считаю невзирая на то, что четыре года провёл в армии. Но я там служил по личным, а не по политическим причинам. Это было экономически мотивированное решение для меня. Но я был благодарен судьбе за то, что к тому времени, как мои дети достигли призывного возраста, призыв в армию уже отменили. Я не из тех родителей, которые говорят, вот, мол, иди в армию, ты должен пройти через неё, мужчиной станешь! Я был просто очень рад, что моим детям не пришлось проходить через то, что должен был пройти я, потому что по моим ощущениям у меня просто отобрали четыре года жизни; те, кто не служил в армии, экономически обогнали меня на четыре года. В армии невозможно было ни заработать, ни накопить денег, там просто выживали...

К: И образования не получали.

Ч: Там было так, что... Для меня армия была воплощением коммунизма. Обо мне заботились. Лечение, жильё, вся моя жизнь...

К: Были организованы за тебя.

Ч: К тому же с работы было невозможно уволиться. Четыре года я был обязан отработать.

Хорошо, задам последний вопрос. Какая страна самая лучшая в мире?

Ч: Соединённые Штаты!

Хорошо.

Ч: Я утверждаю это потому, что, хотя я и не скажу, что изучил весь мир, но я бывал в Иране, в Италии, в Германии; во Франции я был только проездом, ждал самолёта, но вот Швейцария мне понравилась, мне понравилось ездить туристом в другие страны, и всё равно я чувствую, что не променял бы свою страну ни на какую другую.

А Вы, Кэтрин?

К: Не знаю, потому что я... Я путешествовала, но ни в одной стране я долго не жила. Я знаю только ту, в которой я родилась, так что... Хорошо бы, если бы у меня были финансовые возможности и я могла поездить по разным странам; может, у меня бы тогда появилось другое ощущение, но пока я знаю только свою страну.

Ладно. Значит, США и ещё раз США. Спасибо!

Ч: Пожалуйста!

Хотят ли русские войны?

Сегодня 8 августа 2010 года. Я беседую с Лидией Никитичной. Здравствуйте, Лидия Никитична!

Л: Здравствуйте!

Здравствуйте. Лидия Никитична, в интересах истории — в каком году Вы родились?

Л: Я родилась 22 января 1957 года.

57-го года; и где?

Л: Я родилась здесь у нас в Читинский области, в очень глухом, далёком районе, который называется Шелопугинский, в глухой деревне.

В деревне. Вот в этой же деревне Вы и провели своё детство? Или Вы куда-то уехали?

Л: Я не могу сказать, что я детство провела здесь, потому что в возрасте трёх лет мои родители покинули Забайкалье и уехали на Урал. Это было связано с трудностями жизни здесь, с трудностями обучения детей, они их увезли, чтобы старшие дети могли получить образование. Уехали на Урал, в Свердловскую область.

То есть, Вы детство своё провели на Урале?

Л: Да. На Урале.

На Урале. Там в школу ходили, да?

Л: Там ходила в школу, там закончила школу, закончила музыкальное училище и потом консерваторию, Уральскую.

Хорошо. В Вашем детстве — ну, возьмём начальную школу, к примеру, сначала, — было ли у Вас какое-нибудь понятие об Америке, и если было, то какое?

Л: Ну, в начальной школе, я думаю, что не было об Америке никакого... Это возраст... Так, 50-е, 60-е годы... Ну, наверное, был как раз... У меня отец ветеран войны. И у меня больше озабоченность такая военным временем, почему-то. Видимо, дома всё время велись какие-то разговоры, воспоминания о войне, мама

Do Russians Wish For War?

Today is August 8, 2010. I am talking with Lidia Nikitichna. Hello, Lidia!

L: Hello!

Lidia, would you state your year of birth, for history's sake?

L: I was born January 22, 1957.

In 1957; and where?

L: I was born here in the Chita oblast, in a far-away God-forsaken corner of it called the Shelopugino district, in a small God-forsaken village.

It was a village. Did you spend your childhood in that village as well, or did you move?

L: I can't say I'd spent my childhood in it because my parents left the Trans-Baikal area and moved to the Urals[353] when I was three. Their move was caused by the difficulties of living here [in the Trans-Baikal], by the difficulties in trying to give their children an education; they took us where the older kids could receive a good education, so they moved to the Urals, to the Sverdlovsk oblast.

So, you spent your childhood in the Urals.

L: Yes, in the Urals.

Did you go to school there?

L: I went to secondary school from which I graduated, and then I graduated from a school of music, and later from the Ural Conservatoire.[354]

OK. If you take a look at your childhood, at the elementary school years to begin with, did you have any idea of America then, and if you did, then what was it like?

L: Well, if we are talking about elementary school, I don't think I had any idea of America at the time. That age was … OK, it must have been the '50s or the '60s, so it must have been really … My father was a war veteran, and I was more concerned with the past

353 The Ural Mountains in Russia are the geographical boundary between Europe and Asia.

354 Ural Mussorgsky State Conservatoire, founded in 1934, is a music university in Yekaterinburg, Sverdlovsk Oblast.

у меня жила в оккупации, и вот эти разговоры... Как бы, у меня больше связано, конечно, с немцами и с войной. Об Америке как-то я не помню, чтоб меня это сильно озабочивало – Америка.

Но Вы знали, что есть такая?

Л: Ну, есть, конечно. Да. Это уже потом, в средних, старших классах, конечно, мы понимали, что Америка – это наш потенциальный враг.

То есть, в средних классах, в «средней» средней школе.

Л: Да-да.

Что она – наш потенциальный враг. И чего же мы от нее ждём, от Америки от этой?

Л: Войны боялись. Не Америка, как таковая, но было воспитание такое, что оттуда могла быть война.

Идёт военная угроза.

Л: Да.

Боялись именно ядерного конфликта? Или как-то вообще?

Л: Ну, ядерного я не помню, чтоб я так уж сильно понимала ядерное, что – «ядерное». Хотя в школе, уже в средней школе нас же образовывали в этом смысле, то есть, что такое ядерный гриб, всё связанное с бомбардировками Хиросимы и Нагасаки, да, конечно. И этой войны... Я помню почему-то, что я вообще всегда войны боялась очень сильно. Мне страшные сны всё время снились в детстве о войне, ещё, может быть, потому, что родители мои прошли войну, дедушки в самом, так сказать, пекле были. Фронт. И потом, конечно, эта... Такая угроза, информационная. Ну, она, наверное, может, и была. Потому что да, действительно, ядерное оружие, бомбардировка Хиросимы и Нагасаки – это, конечно, впечатляло, да.

Вот эти сны, эти военные образы, они брались из рассказов, да? Семейных в основном? Или из чего?

Л: Ну, во-первых, фильмов было много раньше про войну. Конечно, семейные рассказы. Ну, если вот вообще все родственники прошли через войну! Даже если сейчас я очень хорошо помню, как мама рассказывала, как заходили немцы, она была на Украине, жила в то время, да? Как бомбили, как была моя бабушка ранена, как немцы заходили, и они прятались от них. Фронт проходил через их город! И они прятались в колодце, и вся семья мамы была меньше, мама была старшая, она с 24-го года, это ей шестнадцать лет, да? Семнадцать было. Как они прятались в колодце, и как немцы кинули к ним гранату в этот колодец, как их завалило в этом колодце, ранило бабушку, оторвало руку... То есть, это же всё страшно. И отец-фронтовик, который был танкистом, горел в танке, раненый. В общем, это... Сталинград, и все...

И Вы по-настоящему, реально опасались и ожидали военных действий?

Л: Конечно! Я их не то, чтобы ожидала, я их не ожидала, я очень просто боялась. Боялась. Это было всю жизнь, в общем-то. Да.

war, for some reason. It must have been because there was always war talk at home, war memories were brought up. My mother had lived in the occupied territory, so the conversations I remember were mostly about Germans, and about the war. As to America, I don't remember being particularly concerned with America.

But you did know of its existence.

L: Oh yes, of course, I did. It was later, in the middle and senior grades, that we understood the US was our potential enemy.

In the middle grades of secondary school.

L: Yes, yes.

It was a potential enemy. What was it that we expected the US to do?

L: Everyone was afraid of a war. Not of the US as such, but we were raised to believe that a war could come from that direction.

There was a military threat.

L: Yes.

Was it specifically a nuclear conflict that was scary, or something more general?

L: Nuclear weapons, as far as I remember, were not something I really understood, in terms of what "nuclear" meant, although they did educate us at school, in the middle grades, about the mushroom cloud and the bombing of Hiroshima and Nagasaki. They did that, of course. And that war … For some reason, I remember always being terrified of any war. As a child, I had nightmares about war all the time; I'm going to repeat that my parents survived war, my grandfathers were in the very furnace, so to speak, of the military action. But then again, there must have also been an informational threat, of course, because, really, nuclear weapons and the bombing of Hiroshima and Nagasaki indeed made a big impression.

Did the wartime images in your dreams come mainly from the family stories? Or did they come from other places?

L: One source was, we used to watch a lot of films about the war; and then, of course, there were family stories, and it couldn't have been otherwise because our entire extended family survived the war! To this day I remember a story my mother used to tell: how German troops were advancing, and she lived in the Ukraine at the time, and bombs were coming down, and my grandmother got wounded when Germans came into town and my family tried to hide … The front line went through the middle of their town. So, they tried to hide in the well, the whole family, whose children were all younger than my mother, my mother was the oldest child, born in 1924, which made her 16 at the time, right? Maybe, 17. They hid in the well, and Germans threw a grenade into the well, and they got buried under the debris there inside that well. My grandmother got wounded, her arm got torn off … All of that was terrifying. My father was in the war, too, he was in a tank brigade and he burned in that tank while wounded and all that, and then he was

У Вас была в школе начальная военная подготовка?

Л: У меня вот не было почему-то её.

У Вас не было.

Л: Я не помню. Вот не помню такого предмета. Вот я не помню. Потом, сын у меня уже когда вырос, у них что-то было. А вот у нас не было.

А вот Вы говорите, что в школе Вас образовывали, показывали про Хиросиму, про Нагасаки. Это в рамках какого предмета?

Л: Это, знаете, были классные часы и были так называемые, по понедельникам или по средам, политинформации они назывались. Ага. Вот, только так. Никаких специальных уроков не было.

Понятно. Это внеклассная работа такая велась. Вы в школе, вообще... Ну, Вы были пионеркой, да? Потом, естественно, Вы были комсомолкой?

Л: Да. А комсомолкой я не была.

Комсомолкой не были. А как так получилось? (Смех)

Л: Вот я не... Сейчас даже мне трудно сказать, как. Почему-то как-то так получилось. Я и в пионеры-то вступила... Как говорится, не судьба. Я училась хорошо. И в день, когда меня должны были принимать в пионеры... А мы жили далеко от школы. Значит, в день, когда мы были должны вступать в пионеры, страшный пошёл дождь! Была такая... Я не помню, какой это был... Это была весна, по-моему, да. В дни рождения Ильича[307] же у нас, Ленина же принимали в пионеры?

Да, где-то в это время.

Л: Я жила очень далеко от школы. Наверное, где-то километров пять надо было идти пешком. И бездорожье такое! И был такой ливень! И, в общем, я полдороги прошла, это было так... Интересно сейчас вспоминать! Я полдороги прошла, я вся промокла, обувь вся в грязи, в общем, я подумала: «Как же я пойду вступать в пионеры вот в таком вот виде?» Я вернулась домой. Я плакала, безумно переживала, что меня теперь не примут в пионеры, я вернулась... В общем, в первом потоке я не вступила. Мне учительница сказала, что, значит, я не доросла, вот. Такие трудности я не преодолела, чтобы, так сказать...

Недостаточно созрела идеологически.

Л (смеётся): Да, идеологически, да! И потом вот только уже к Седьмому ноября, видимо, меня приняли в комсомол, ой, в пионеры. А в комсомол я вот даже не помню, почему. Как-то так получилось. Хотя я хорошо училась, но как-то я не сильно старалась туда поступить, по большому счету, а потом про меня, видимо, забыли. И в школе я не вступила, и потом в музыкальном училище не вступила, а в консерватории секретарь партийной организации, помню, очень удивился, что я не комсомолка, сказал, мол, надо с тобою, типа, разобраться! И так опять про меня забыли.

---

307 22 апреля 1870 г.

in Stalingrad, etc.

Did you really, sincerely fear and anticipate military action?

L: Of course! It's not that I anticipated it; I didn't anticipate it, I was just afraid of it. Really afraid if it, my whole life, I'd say. I did.

Did they teach you Basic Military Training at school?

L: For some reason, they didn't.

You did not have that class.

L: I don't remember it. For some reason, I do not remember such a subject, I just don't. Later, when my son got bigger, he did study something like it, but we never did.

Now, when you said that the school educated you about Hiroshima and Nagasaki, what was the school subject you referred to?

L: You know, we had so-called Class Hours, and then on Mondays or on Wednesdays we had what was called political information sessions, and they were the only thing. We did not have a special discipline.

I see; it was part of the extracurricular activities. When you were at school ... you must have been a Young Pioneer, right? And after that, a Komsomol member, naturally?

L: I was, although I was never a Komsomol member.

You were not a Komsomol member? How come? (The interviewer laughs.)

L: It's hard for me now to explain why; it just worked out that way, somehow. Even the way I joined the Pioneers ... As they say, it was just not in the stars. I was a good student, and the day came when they were supposed to accept me into the Pioneer organization. We lived far from the school, and the day when we were to become Pioneers was awfully rainy! It was simply ... I don't recall, but it must have been in the spring, because they always scheduled these events on Lenin's birthday,[355] right?

Yes, around that date.

L: So, my house was very far from the school, it was a five-kilometer walk on foot, the roads were nonexistent, and it was pouring so hard! OK, so I walked halfway there ... It's so interesting to think back to it now! I walked halfway there, I got soaked, my shoes were caked in mud, and I thought, "How can I join the Young Pioneers when I look like this?" And I went back home. I cried, and I was incredibly anxious, thinking that I would not be allowed to join because I turned back ... So, they did not accept me in the first batch. My teacher told me afterwards that I was not worthy of becoming a Pioneer since I had not overcome the difficulties before me ...

You were not ideologically mature enough.

L: *She laughs.* Right, ideologically, right! So, it was only by November 7th that I was able to join Komsomol, oops, I mean Pioneers. As to Komsomol, I don't even remember why

---

355 April 22, 1870.

То есть, комсомол как-то прошел мимо Вас?

Л: Мимо! Мимо!

И у Вас не было никаких трудностей с поступлением, никаких, никогда? Никого не заинтересовало то, что Вы не комсомолка?

Л: Нет, нет.

Кроме секретаря партийной организации, и то на минуточку?

Л: Да-да-да.

Когда Вы были в школе пионеркой, Вы принимали, как это говорилось, активное участие в какой-нибудь работе?

Л: Нет, ну, конечно, принимали, мы вообще там... Может быть, уже следующее поколение не так серьёзно, но мы-то, наше поколение, серьёзно к пионерии относились, действительно. Я, может быть, до сих пор даже верю в то, что многое, может быть, потеряли сейчас детские организации. Что не было такого. Это же организация была, детей воспитывали! Там много, в общем-то, хорошего в пионерии было, и не только политика. Может быть, политика, она где-то там взрослыми придумывалась, а у детей-то взаимовыручка, ответственность вырабатывалась, так сказать. Конечно, я принимала участие всегда.

Ну, какую Вы пионерскую работу лично вели?

Л: Ну, я была даже одно время председателем совета отряда. Мы помогали отстающим. У меня всё время почему-то... Я, видимо... Педагогическая во мне ещё тогда была жилка. У меня всё время были подшефные какие-то мальчишки, которые не совсем, может, хорошо учились. Потом, значит, ну, такая общая... Сбор металлолома, например, организовать, сбор макулатуры, помочь бабушке какой-нибудь, соседке, защитить слабого. Какой-то глобальной работы там...

А никаких идеологических, или политических, или военно-политических мероприятий Вы не помните? «Мы – за мир!» Или, например, смотр строя и песни? Или кому-нибудь письмо протеста написать против чего-нибудь?

Л: Ну, насчет протеста не помню, но, конечно, «Мы – за мир»! К каждому празднику же были какие-то мероприятия, пионерские линейки, мы читали стихи, да? Мы Рождественского[308] там, к войне, к Дню Победы, и всё это было как бы... Ну, я не могу сказать даже, что это было плохо, потому что на самом деле это воспитывалось! Конечно, воспитывалась и память поколений, что была война, наша страна столько пережила много... Конечно, если взять, что да, и революция, да... Но мы же воспитывались как? В таком идеологическом плане, конечно. Конечно, это всё было. Но чтобы это сильно навязчиво было – я не особо помню. Может быть, оно так же, как комсомол, мимо меня прошло. Так что вот прямо это... Ну да, демонстрации трудящихся, Первого мая, Седьмого ноября, да? Но оно потом уже пришло как праздник, действительно, всё уже так было, ну...

---

308 Советский поэт Роберт Рождественский (1932 – 1994).

it worked out that way, it just did. I was a good student, but I did not really strive to join, if we look at the big picture, and I think they eventually forgot about me. So, I never joined in school, and I didn't join Komsomol in college either, and later, when I was a conservatoire student, the school's Communist Party secretary was quite stunned, as I remember, by the fact that I was not a Komsomol member. He said he had to investigate my case, but then they forgot about me again.

To sum it up, Komsomol passed you by.

L: It did, it did!

Have you ever had any issues with being admitted to college, of any kind? Did anyone ever become interested in why you were not a Komsomol member?

L: No, never.

Except for the Party secretary, who was only curious for a minute.

L: Yes, yes, yes.

When you were a Young Pioneer at school, did you actively participate, as the expression was, in any kind of Pioneer work?

L: Of course, we did. Back in those times, we generally were … Perhaps, the generation after ours did not take it so seriously anymore, but we did, our generation took Pioneer life seriously, it's true. I could say I believe it to this day that the kids' organizations sustained a big loss because they don't have anything like it now. It was an organization for children, children received moral instruction there! Pioneers were about many things, not just about politics. Perhaps, the political component was somewhere out there, made up by the grown-ups, but for kids, it was all about helping each other, it was about developing responsibility, so to speak. Of course, I took part in it.

Well, in what Pioneer activities did you personally engage?

L: For a while, I was the chair of the Pioneer Soviet,[356] we helped poor students catch up with the studies, and I, for some reason, must have had a little bit of a teacher in me even then. I always had to oversee some boys who weren't too great as students. Also, we did the general things, like collecting scrap metal, or scrap paper, or helping some old lady in the neighborhood, or protecting the weaker kids. But there was nothing global …

Do you remember any ideological, political, or military-political events? "We want peace!" Or, say, a March and Song Contest,[357] or signing petitions to protest something or other?

L: I don't remember anything about protest petitions, but yes, we wanted peace! To celebrate any holiday, we had special events, we had Pioneer assemblies where we declaimed poetry, right? We read Rozhdestvensky's[358] poems about war, to celebrate

356 Troop leader.

357 School-wide events in which each class has to show mastery in foot drills, marching, and shouting march cadences.

358 Robert Rozhdestvensky, Soviet poet (1932-1994).

Собраться вместе, отдохнуть, встретиться, пообщаться, да? Поэтому не знаю, я особого угнетающего на себя действия не чувствовала.

То есть, Вас не сильно мучили политинформациями? Про загнивающий образ жизни? Не было? Ну, про что-нибудь?

Л: Ну, они были... Может быть, вот сейчас, может быть. Я сейчас, как бы...

Или просто Вы как-то мимо них? Ну, вот они идут себе и пусть идут?

Л: Нет, я не могу сказать так. Я всегда очень серьёзно ко всему относилась, может быть, потому, что я верила в это всё. Ну, я не думаю, что это так уж всё было неправда. Наверное, были же и противостояния... Я не думаю, что где-то за границей Россия, или в тот момент Советский Союз тоже ведь, наверное... Раньше и по телевизору показывали, как нас боятся. Я помню, какой-то фильм был документальный, как в Америке строят люди бомбоубежища индивидуальные, землянки роют, чтобы прятаться на случай...

Это по телевизору показывали?

Л: По телевизору. Да-да-да. Вот я это помню. И тоже я всегда удивлялась: «Ну, что же нас-то бояться? Русские-то, мы же не хотим войны! Мы же на самом деле...»

«Хотят ли русские, хотят ли русские, хотят ли русские войны?»[309]

Л: «Хотят ли русские войны!» Да-да-да! И я думаю: «Ну, что же бедных американцев там так обманывают? Мы-то не будем воевать, мы-то не хотим воевать! Мы-то столько настрадались!»

Понятно. А помимо возможной военной угрозы, которую Вы, вроде бы, достаточно всерьёз восприняли, какие были понятия или мысли, идеи, о капиталистических странах, о лагере этом враждебном? Об Америке что-то знали? Что-то, может, додумывали, слышали?

Л: Ну, мне кажется, в юности, до перестройки, когда открылся железный занавес, я не думаю, что мы уж так много знали. Иногда мне даже казалось, знаете, как в песне какой-то: «Как хорошо, что мы родились в Советском Союзе и что здорово мы живём в мирной стране, где о нас заботятся партия и правительство! И бедные американцы, и бедные японцы, и воздуха-то у них чистого нету, и дыхнуть-то им нечем!» И я помню, на меня произвело впечатление... Это тоже был документальный фильм, как в Японии, в Токио там какие-то автоматы установлены, где люди могли зайти подышать свежим воздухом, и так далее. У меня не было враждебного и, может, даже где-то и сочувствующее: вот, бедные же люди, как же им плохо, что они живут в Америке! В этом капиталистическом страшном обществе.

Что им приходится на лавочке спать, прикрывшись газеткой.

Л: Да-да-да. А мы вот — у нас так всё замечательно! И хорошо.

А в годы советской власти Вам не доводилось за границу ездить?

Л: Нет. Вот чего не доводилось...

---

309 Популярная советская песня (1961), слова Е. Евтушенко, музыка Э. Колмановского.

Victory Day, and all of that was kind of … Well, I can't even say it was a bad thing, because in reality we were raised in those traditions, yes, we were given the memories of the generations, and taught that we had been in a war, and our country had to endure so much … Of course, if we account for the revolution, then yes, we did have that … We were raised with an ideology. Of course, we had all that. But I don't specifically remember it being too in-your-face, maybe it passed me by somehow, the way Komsomol did, and I wouldn't say it was exactly … Well, sure. The workers' marches on May 1st, on November 7th, right? But they eventually became just holidays, the days we could get together with friends, just meet, talk, relax together, you know? Yeah. And so, I don't know what to say, but I did not feel any oppressive effects.

Does that mean you were not particularly tortured by the political information sessions? Did you have to hear about the rotten Western lifestyle? Or anything like it?

L: Maybe, but right now, I am not sure …

Perhaps, you simply ignored those things: "They are happening, so let them happen …"

L: No, I can't say that I did, I always took things very seriously, perhaps, because I believed they were true. But I don't think they were really untrue, either, some parts must have been … There were, indeed, conflicts, and I guess the view on Russia, or the Soviet Union, in foreign countries must have been … We did see it on TV at the time that we were feared. I remember watching some documentary about Americans building individual bomb shelters for themselves, digging out earth shelters in which to hide just in case …

You saw that on TV.

L: Yes, on TV. Yes, yes. I do remember that, and I remember thinking, why would anyone fear us? We are Russians, we do not wish for war! None of us really do …

"Do Russians wish for, do Russians wish for, do Russians wish for war?"[359]

L: Yes, do they? Yes, yes! And I thought, why is someone trying to fool those poor Americans, when we would never go to war, we do not want to go to war, we suffered from war so much!

I see. Outside of the potential threat of war, which you seemed to have taken rather seriously, what ideas, thoughts or notions of the capitalist countries, the US and the enemy camp did you have at the time? Did you know anything, or hear anything, or figure anything out on your own, perhaps?

L: I would say that in my youth, before perestroika came and the Iron Curtain lifted, we did not know all that much. Occasionally I even thought, as though with the lyrics of a song, "How great it is to have been born in the USSR! How great it is to live in a peace-loving country, where the Party and the government take good care of us! Those poor Americans, those poor Japanese, they don't even have clean air, they can't even take a breath!" I remember being very affected by a documentary which showed special

---

359 Popular Russian song, lyrics by Yevgenii Yevtushenko, music by Eduard Kolmanovsky, first performed in 1961.

А хотелось?

Л: Вот сейчас мне уже трудно сказать. Сказать, что мне вот прямо хотелось? Ну, я, наверное, буду неискренна. Я не помню этого, чтобы мне так уж вот хотелось. Ну, наверное, была бы возможность – наверное, поехала бы, но... Видите, мне ещё не так много лет. Занавес... В первый раз я попала за границу в 92-м году. У нас тогда самое трудное время было, у нас вообще перестройка тут... Страшное, конечно, было время экономически, такие сложности были. И вот уже когда было такое послабление, я попала... Правда, в первый раз я попала, знаете, в Северную Корею.

Батюшки! Так...

Л: Вот! *(Смех)* Понимаете, на международный фестиваль, посвящённый восьмидесятилетию великого вождя Ким Ир Сена. Ему было восемьдесят лет.

Замечательно.

Л: И вот меня тогда... Мы уже тогда тоже многое понимали, да? Уже глаза были открыты, я тогда очень много читала газет этих всех, нашей перестройки, и вот тогда я как бы увидела, когда страна коммунистическая, сверхкоммунистическая, сверхтоталитарная, да? Сверхкульт личности. У меня было ощущение, что мы попали в 37-й год в Советском Союзе. Мне так казалось. Уже кое-что понимая и прочитав Солженицына, и так далее, да? И несмотря на то, что мы попали в такой замечательный праздник, они устраивают, конечно, исключительно замечательные праздники, посвящённые великому вождю, но... Мы проехали с Хасана до Пхеньяна на поезде. И вот что меня поразило: значит, едешь, в левую сторону посмотришь с поезда – там прекрасный вокзал, везде портреты Ким Ир Сена. Посмотришь в другую сторону – и там страшные разбитые вагоны. На меня впечатление произвело! Такое ощущение, что их бомбили или они, может быть, у нас из Советского Союза были привезены в 43-м году после бомбёжки какой-то, и сидели в этих... Без стёкол окна. И сидели в этих вагонах абсолютно замученные люди, замотанные жизнью, в каких-то несуразных одёжках, в платочках женщины... Вот просто измученные, измученные! И они, прижавшись к друг другу... Я когда увидела: прижавшись к друг другу сидят и их куда-то везут. Куда везут, я не знаю. Или на работу, или они, наоборот, с работы возвращаются, не знаю этого. Но это на меня произвело колоссальное впечатление. Ужасающее просто. В каждом вагоне – портрет Ким Ир Сена. Люди военные. Ну, ощущение такое, что ты оказался где-то в каком-то мире, где вот здесь, значит, всё здорово, великий вождь, красота, такой великолепный...

Потёмкинская деревня здесь стоит.

Л: Да, да! И тут же – страшное дело. Когда наши полуторки везли, мы видели, что они везли людей, и женщины... Довоенные какие-то наши, военные машины, по-моему, это были всё-таки советские машины, полуторки военного образца, да? И, значит, там стоя едут женщины с детьми привязанными, на сельхозработы

automatic air dispensers installed in Japan, in Tokyo, so that their people could step in and breathe some clean air, and stuff like that. I did not feel any animosity, I think I felt compassion instead: oh, those poor people, how unlucky they were to have to live in the US! In that horrific capitalist society.

They had to sleep on a bench, covering themselves with a newspaper.

L: Right, right, while everything we have is wonderful and great!

Have you ever had a chance to go traveling abroad during the Soviet time?

L: No, that's something I never had …

Did you want to?

L: It's hard for me to say now. It would probably be disingenuous to say that I wanted to. I do not remember really wanting to, but I guess if I'd had the opportunity, I would have gone. But you see, I am not that old yet, and the Iron Curtain … My first trip to a foreign country was in 1992, and our country was having such a hard time, we had perestroika and that was a scary place and time to be, we were experiencing such economic hardship … But they relaxed the rules at the time, and I happened to … You know, my first trip abroad happened to be a trip to North Korea.

Oh dear! OK …

L: *She laughs.* Yes, you understand. It was an international festival to mark the 80th birthday of the great leader Kim Il-Sung; he was turning 80.

Fantastic.

L: And I, at the time—and we knew a lot more at the time, right? We all had our eyes opened, I read a lot of newspapers during all of our perestroika developments, so when I saw a country that was Communist, super-Communist, super-totalitarian, with a super-big personality cult, I had the feeling that I ended up in the 1937 Soviet Union. That's how it seemed to me, and I really, having figured some things out, having read Solzhenitsyn and so on … Regardless of the fact that we were sent to a wonderful celebration—and they do throw an exceptionally amazing party dedicated to the great leader … We took the train from Khasan[360] to Pyongyang and here's what stunned me: as you go, if you look to the left of the train, you'd see a gorgeous train station decorated with the portraits of Kim Il-Sung all over; if you look to the right, you'd see ugly dilapidated train cars. My impression was, the trains looked like they had been bombed, like they had been brought over from the Soviet Union in 1943 right after an air raid … And the people who sat in the trains, seen through windows with no glass, looked absolutely worn down, beaten by life, wearing clothes that made no sense, heads covered with shawls, the women looking absolutely worn to the bone, and there they sat, pressed against one another, and they were being taken somewhere, I don't know where, maybe to work, or maybe they were coming back from work, I don't know—but they made a colossal impression on me. A

---

360 Russian-inhabited settlement on the border with North Korea.

едут... Вот у меня как-то ассоциация была с Россией! Я почему-то подумала...

30-х годов.

Л: 30-е годы. Да. Вот это моя была...И после этого мы, приехав из Пхеньяна, где там шикарный был абсолютно приём, мы жили в шикарных условиях просто, исключительно, исключительно красивый город Пхеньян, да? Нас там кормили — я не знаю... И в то же время я знала, что даже переводчики и все, кто нас обслуживает, они не едят с нами, они где-то там свой рис, и всё. Ну, как бы ассоциация у меня была с 30-ми годами. И тогда, буквально приехав из Пхеньяна и прожив здесь две недели, мы попали в Японию. Так, сразу же, да? И вот тут эта наша нищета — ну, всё же уже самосознание такое открытое... Вот эта экскурсия в историю, так сказать, это — в Пхеньян, и попали в Японию.

В будущее. Из прошлого — в будущее.

Л: В будущее. Да, конечно. Ну, тут даже слов нет. Конечно, Япония поразила своим уровнем жизни, культурой. А больше всего меня поразило, знаете, мы... *(Вздох)* У нас же тут нечего было купить, и мы пытались купить что-то, какую-то аппаратуру. Ну, денег у нас, конечно, мало было... Я тут — как раз эта инфляция была, и я помню, что все свои сбережения вообще сняла с книжки, нелегально, ещё тогда доллары не продавали у нас, и я нелегально купила. Что-то, по-моему, у меня сто пятьдесят долларов было, все мои сбережения вот в это превратились, в сто пятьдесят долларов, за всю жизнь. И вот мы, значит, там что-то пытались купить, и где-то на какой-то нас рынок привели. Видимо, там подержанную аппаратуру какую-то продавали, да? И меня почему-то так поразило: там японец, торговавший этой аппаратурой, как узнал, что мы из России, он так сказал, мол, «о, Руссия большая, Джапан маленькая» и вот, вроде, чего же так плохо-то у вас? Меня это так задело, я думаю: «Ну, погодите, мы всё равно выберемся!»

Вам покажем.

Л *(смеётся)*: Покажем, да. Восстанем из пепла! Было неприятно, конечно, вот так поразиться, что мы такая великая страна, и оказались...Вот тут мы, я лично для себя увидела, что или совсем всё не так, к сожалению... Ну, а потом как-то началось. Конечно, открывать глаза-то было страшно, но и интересно. Вот. И сейчас... Ну, и потом вот, я и говорю, что побывав, пообщавшись, а я же была на международных фестивалях, и совершенно все национальности, ну, абсолютно, и с Южной Америки, и с Индии, отовсюду, из Европы всей, и как бы мы все общались, и вдруг я как-то увидела, что за границей-то вообще-то живут очень милые, очень культурные, очень доброжелательные люди, и совсем они не хотят нам зла. И мы им не хотим, и никто нас не хочет убивать и воевать, и все мы хотим жить мирно. И это было такое хорошее, приятное открытие, и радость от того, что наконец-то и мы шоры эти скидываем со своих глаз; может быть, как-то вырулим.

Это было уже после перестройки, да? В 90-е годы?

Л: Да, в 90-е годы.

horrific impression. In every train car, a Kim Il-Sung portrait. The people looked like the military, and the feeling was, we found ourselves in a different world, where, on one side, everything was awesome, the leader was great, so fabulous, so fantastic ...

It was a Potemkin village.[361]

L: Yes, and the other side was frightening. When we saw our ton-and-a-half trucks carry people, women included ... Those trucks were our Soviet-made pre-war or wartime trucks,[362] I do think they were Soviet, military ton-and-a-half trucks, right? And women rode in them standing up with their children tied to them. They were being taken to work in the fields. Then, for some reason I thought ... I associated it with Russia.

Of the '30s.

L: Yes, for some reason I thought about the '30s. That was my ... And after that, after we came back from Pyongyang, where we enjoyed an absolutely luxurious reception, where we lived in luxurious quarters, and the city was exceptionally, exceptionally gorgeous, right? ... I can't even describe the meals that they gave us, and at the same time I was aware that even the local interpreters and everyone who were assigned to help us did not eat with us, they just had their bowls of rice somewhere in the back, and that was all. And it all kind of felt like the '30s to me. And then, literally two weeks after our return from Pyongyang, and spending some time at home, we went to Japan right away, and then it became clear how destitute we ourselves were. But at the time we had open minds already, and so we had a trip into history, to Pyongyang, and then, immediately, to Japan.

To the future. You went from the past to the future.

L: Yep, to the future. Certainly. Well, Japan left me speechless, of course, it was astounding to see the standard of living, the culture, but what was the most memorable was, you know, we had ... *She sighs.* We weren't able to buy anything at home because of shortages, and so we tried to buy some electronics over there; we had little money, and I remember the inflation we had then, and so I took all my savings out of the bank, and I bought about 150 dollars with all my savings, everything I had, illegally, because there was no legal currency exchange yet in our country. My entire life's savings amounted to 150 dollars. So, we tried to buy some things in Japan, and we were taken to what seemed to be a second-hand electronics market. And I was so affected when a Japanese man selling those goods found out we were from Russia and said, "Oh, Russia is so big, and Japan is so small! So, how come life is so lousy in Russia?" I was so offended, and I thought, just you wait, we will come out of this yet!

We'll show you how it's done.

---

361 Purportedly, when the Russian Empress Catherine the Great toured the Crimea in 1787, her lover Grigorii Potemkin had fake portable villages built in order to set them up along the route to impress Catherine and tear them down once she passed them. The veracity of this story is contested, but the term "Potemkin villages" remains in use in politics and economics.

362 GAZ-AA, built on the platform on the 1930 Ford AA, manufactured in the USSR from 1932.

А в 70-е, 80-е годы были ли у Вас какие-то знакомые, которые ездили за границу и сильно восхитились, или рвались туда очень сильно, или даже хотели эмигрировать?

Л: Знаете, у меня вообще... Я же сказала уже, что жила на Урале. Я жила в городе, в котором много было немцев. Они были все, это называется, «репатриированные», да? Выселены?

Репатриированные?

Л: Репатриированные, выселенные с Волги[310].

Из Поволжья?

Л: Ага. Я училась в школе, у нас очень много было немцев; я даже начинаю вспоминать своих одноклассников и в основном вспоминаю немцев. И, конечно, раньше особо это не афишировали, но, допустим, я узнала, что у моей подружки, оказывается, сестра жила в Германии. Она никогда не говорила о том, что у неё сестра в Германии, видимо, опасалась каких-то...

Последствий.

Л: Да. И потом как раз в 80-е годы я уехала. Где-то, наверное, в 85-м она ездила в Германию. И, конечно, приехала, конечно, у неё было впечатлений! И мы ходили с ней, разговаривали и, конечно, я это всё слушала под каким-то таким взглядом, наверное, политическим, я так думаю. Потому что я уже говорила, что немцы меня... Какая-то у меня всё-таки была на них обида.

За войну.

Л: За войну. И у меня отец – ветеран войны, и вот 85-й год-то тоже, мы уже жили плохо, на Урале было тогда трудно. Колбаса по карточкам, по талонам была у нас на Урале, здесь-то ещё не было, а там было уже. Ветеранам войны там давали, значит, без очереди килограмм колбасы какой-нибудь варёной, да? И я, побывав у этой Маргариты Винс в гостях, когда она мне рассказала, она мне показала эти прекрасные фотографии, как живет её сестра там в Германии...

Она жила в Западной Германии или в Восточной?

Л: В Западной. В Западной. И я, конечно, расстроилась, пришла и сижу так дома. На скамеечке возле дома так села, лето было, с мамой разговариваю и смотрю – идёт мой отец. У него ноги уже больные были, он так идёт, прихрамывая, и несёт в сеточке, в авоське, килограмм этой колбасы.

Ветеранской колбасы.

Л: И мне стало так неприятно, я говорю: «Папа, хочешь, я тебе расскажу, как твои фашисты живут, которых ты бил, да? Вот как они сейчас живут! Вот ты, победитель, идёшь...» И мне вот это было обидно. Обидно именно за свой народ, за свою страну. Ну, тогда мы уже всё равно начинали задумываться – почему так? Почему мы победили, мы прошли всё это, и вот мы так живём... А они вот раз, поднялись – и у них всё замечательно, всё хорошо! Вот мне тогда это было обидно.

---

310 Респондент имеет в виду слово «депортированные».

L: *She laughs.* Right, we'll show you, we will yet rise from the ashes! It was such an unpleasant discovery, to come from such a great country, and to find out what people thought about it … And I personally saw it that either things were not what they had seemed to be, unfortunately, or … And then it all started to come down. It was both scary and interesting to see the world with my eyes open. And, as I've said, I went to international festivals, where people of absolutely all nationalities met and spent time together, people from South America, from India, from Europe, from everywhere. And having been there, having spent time with people, I suddenly saw it that foreigners were actually very nice, very cultured, very well-meaning people who did not wish us any harm. And we did not wish them any harm either. And no one wanted to kill us or go to war with us, and we all wanted to live in peace. It was a very good, pleasant discovery. I felt joy knowing we were finally taking our blinders off, and so we were probably going to make it OK.

That was after perestroika, in the '90s, correct?

L: Yes, in the '90s.

In the '70s or the '80s, did you know any people who went to a foreign country and became enamored with it, or who really strove to go abroad, or who wanted to emigrate?

L: You know, I already mentioned that I lived in the Urals, and it was a city which had many Germans living in it. They were all, what do they call them, repatriated? If they'd been removed?

Were they repatriated?

L: They were repatriated,[363] removed from the Volga.

The Volga region?

L: Yes. I went to school, and we had a lot of Germans; when I start to think about classmates, I mostly remember the German ones. And they did not advertise such things in those times, of course, but I found out that my friend's sister lived in Germany. She never told me her sister lived in Germany, she must have been concerned about possible …

Repercussions.

L: Yes. So, sometime in the 1980s I moved, and then she went to Germany for a visit, must have been 1985. When she came back, she, of course, brought back so many stories! We'd take a walk and talk about things, and I listened to her stories with an attitude that I can probably call political. Since I'd already mentioned it that I had my own issues with Germans, I kept certain hard feelings for them.

Because of the war.

L: Because of the war. My father was a war veteran, and in 1985 our lives were already hard, the situation in the Urals was bad. We already had rations for sausage at that time, not all of the country did, but the Ural region did. War vets had the right to buy, maybe, a kilo of bologna per person, and they were sent to the front of the line according to the

---

363 The respondent meant "deported."

Конечно, я уже тогда понимала, знала, что да, там живут материально, во всяком случае, очень! Да и всегда меня поражает, даже до сих пор, сразу заметите, или нашу покажут какую-нибудь бабульку в деревне – всё равно видно. Хоть и скажи, что она из Западной Германии – ни за что не поверишь.

Не поверишь!

Л: Вот их видно! Их видно. Наши изработанные, усталые, измученные – и там в кудельках в беленьких бабулька сидит! Мы были в Швеции, везде, я смотрела: они приходят, там кофе, музыку сидят слушают, им это доступно, им не надо... Или наши пенсионеры, да? Чуть ли не до последнего вздоха должны пахать, работать, себе кусок хлеба зарабатывать. Вот это, к сожалению, обидно, хочется, чтобы это у нас изменилось. Я надеюсь, что это как-то будет. Или вот к нам недавно приезжал японец, смотрел. Он на пенсию пошёл, он путешествует по всему миру, да? У наших пенсионеров этой нет возможности. Пока, к сожалению. Сейчас нет, и когда это будет – не знаю. Чтобы мы жили хотя бы материально... Ресурсы в стране, я не верю, что они...Что-то где-то у нас пошло, по-моему, опять не так. Мне кажется, что-то опять не так.

А вот тогда, когда Вам Ваша подруга показала эти все фотографии, да? И Вам стало как-то сильно обидно за то, что там всё так богато, а тут как-то так всё не очень... Какое отношение было в Вашей семье, в Вашей среде, может быть, у Вас, у друзей, к людям, которые хотят уехать, к эмиграции, к эмигрантам?

Л: Ой, Вы знаете, в нашей семье не было никогда чего-то негативного такого.

Не было, да?

Л: Не было. В нашей семье не было. Вот. Не знаю даже. Ну, не было, я не помню, чтобы у меня или у кого-то... Мы, как бы, радовались.

То есть, не осуждали?

Л: Нет, нет. Ни-ни-ни.

Не осуждали за продажу Родины.

Л: Нет. Ну, я и не думаю, что это продажа Родины. Понимаете, я же музыкант, да? Я начала работать в 73-м году. Это как раз годы, когда уехали Ростропович и Вишневская[311]. Вот нас, конечно, обрабатывали. Я только начала, я была совсем молодая девчонка ещё, начала работать в музыкальной школе, я, конечно, восхищалась этими музыкантами, да? Что это – я тогда, конечно, ничего не понимала. Я помню, что к нам приходил товарищ из КГБ, на собрания нас собирали, и он начинал нас просвещать по поводу того, что они такие-сякие, вот они – предатели, вот они там, это самое... У меня был какой-то момент, я думала: «Боже мой, как они

---

311 Дирижёр и виолончелист Мстислав Ростропович (1927 – 2007) и его жена Галина Вишневская, оперная певица, сопрано (1926 – 2012) покинули СССР в 1974 г. и поселились в США. Лишённый советского гражданства М. Ростропович не имел возможности вернуться на родину до 1990 г.

rules. And when I went to this Margarita Vince's home and she showed me the beautiful photos from her trip and told me how well her sister lived over there in Germany …

Was it East or West Germany?

L: West. West Germany. So, I, of course, got very upset, I went home, and I just sat there. I sat down on the bench in front of our house, because it was summer. I was talking to my mother and then I saw my father walk up. His legs were bothering him already, and he walked, limping, carrying that one kilo of bologna in his little fishnet shopping bag.

His war veteran bologna.

L: And I felt so irked. I said, "You know, papa, I can tell you right now how the fascists that you have beaten live! This is how they live now! And look at you, victorious, walk back from the store …" I felt so bitter, bitter specifically on behalf of my people and my country. In those times, we already did begin to wonder why things turned out the way they did, why, although we survived and won the war, we lived so poorly … And they were able to up and rise, and everything was great and wonderful in their country! Of course, I was very bitter about it then. I already understood, already knew that they lived better abroad, at least materially better. And I am always struck by the difference when we compare our old people to theirs; if they show our old woman from a village on TV, no one would ever believe she was from West Germany, even if the TV said she was.

No one would!

L: They are recognizable, so recognizable! Our old women are tired, worn out by the lifetime of hard work—and compare them to the foreign white-permed old ladies! We went to Sweden and I saw them come to our shows, listen to music, drink coffee … They could afford it; they didn't have to … Our retirees have to work pretty much till they draw their last breath; to afford a loaf of bread, they have to keep earning their living. It is obvious, unfortunately, and I really wish for it to change. I hope that sometime it will. Or, we had a Japanese gentleman come visit us recently; he retired from work and went to travel the world. Our retirees do not have such opportunities. Right now, unfortunately, there are no such opportunities, and I do not know when the time will come that we can live like they do. So that we could have at least decent material opportunities. If it is about the resources in the country, then I don't believe we don't have them. I think something here went wrong again, somewhere, somehow. Something went wrong again.

At the time when your friend showed you the photos and you got really upset because their country was rich, and ours wasn't at all, what attitude did your family, or perhaps you yourself, or your friends and your circle have towards people who wanted to emigrate from the country, and the whole idea of emigration?

L: You know, there was never anything really negative said about it in our family.

There wasn't?

L: No. Not in our family. I don't know, but I do not remember anyone from among us, or anyone else … We were kind of happy for those people.

могли, ну, они же...» Я думаю, вот мы-то тут живём, да, действительно – но они же всё имели! Ну, по моим понятиям. Я же не понимала того, что у них не было свободы творчества, или ещё что-то. У меня чисто материальное: там наверняка квартира в Москве, наверняка там...

Машина.

Л: Машина, да. Ну то, чем для нас это было, да? Но меня это насторожило. Я думаю: «Боже мой, чего-то им не хватило? Ну, почему они уехали?» Ведь, кажется, всё, всё то, что мы связывали с благополучием, оно у них было, по нашим понятиям. И почему-то они уехали! И мне, конечно, не нравилось тогда, неприятно было, что этот человек из КГБ что-то там о них говорит плохо. Как он может? Он их не знает. Они такие великие люди!

А он из КГБ просто.

Л: А он из КГБ! Он вообще никто. Вот это меня внутри... Конечно, я об этом не могла сказать, я понимала, что это будет нехорошо. Мне было это неприятно. И я задумалась. Не то, чтоб я восхищалась их поступком, что они уехали, я не могу сказать, что это было так...

Профессиональной деятельностью.

Л: Да, да, но я вот думала: «Боже мой, значит, чего-то им не хватало?! Значит, что-то, что-то...» Меня это задело, мне было это интересно. Тогда, конечно, у нас... Я не знала же тогда, до нас не доносилось, не писали же в газетах, почему и как. Там же это связано было ещё и с Солженицыным, с их поддержкой Солженицына. Это уже потом я узнала, почему. А потом, когда Ростропович уже в перестройку... Я вообще восхищалась им, влюбилась, я думала: «Как хорошо, что я его не осуждала внутренне!» Мне очень было за себя радостно, что я хотя бы про него плохо не думала! Думала, что великий музыкант, значит, что-то не то, значит, что-то случилось. Почему же он уехал? Вот, не перестаю восхищаться этой парой. А так, конечно...Ну, благодаря таким, как они, наверное, и перестройка в своё время произошла. Потому что всегда есть люди, которые шевелятся и могут сказать «нет», могут сказать.

А в партию Вы не вступали?

Л: Ни в коем случае.

А Вас туда не звали?

Л *(смеётся)*: Думаю, нет! Меня бы не позвали! Нет! Вы знаете, был момент интересный... Вообще я патриотичный человек, я была всегда патриотичным человеком, и был момент, когда я партию связывала, любовь к партии связывала с патриотизмом. Был момент в молодости. Но меня почему-то всё время поражало: почему я, такой патриот, почему меня не приглашают, а вот, допустим, его приглашают, а я знаю, что он нечестный...

Нехороший человек.

You did not judge them.

L: No. No-no-no-no-no.

Not for betraying their Motherland.

L: No. Well, I do not think of this as betraying Motherland. I am a musician, you understand, right? I started my career in 1973, and right at that time Rostropovich and Vishnevskaya left the country.[364] And then, of course, we all got worked over. I was just starting my work life, I was a very young woman teaching at a music school for children, and I absolutely admired those musicians, right? And I, of course, did not understand anything that was happening. I remember we had a KGB comrade come to our work meeting, trying to lecture us on how bad they were, what traitors they were, etc. For a while, I was really wondering, I thought, "God! Why, why would they do it ... It would be one thing if they lived just like we did, OK; but they had everything!" Well, everything according to my standards. I did not yet understand that they had no creative freedom, or things like that, I only imagined the purely material things: they must have had an apartment in Moscow ...

And a car.

L: And a car, yes. Well, what we thought life was all about, you know. But it made me wary. I thought, oh, God, what were they missing? Why did they leave? It seemed that everything that signified a good life according to our imaginations was available to them. Yet they left, for some reason. And I, of course, didn't like it, and didn't find it enjoyable that the KGB man was talking badly about them. What right did he have? He did not know them. They were giants!

And he was just a KGB man.

L: And he was a KGB man! He was a nobody. I kept that inside ... I, of course, could not say it out loud, I realized it was not going to end well. But I was not pleased. It made me think. It's not that I admired their actions, their leaving; I can't say I was.

It was their professional achievements.

L: Yes, yes, and I just kept thinking, God, what were they lacking? There must have been something, there must have been something ... It bothered me, and I was interested in what it was. I did not know it at the time, we never got wind of anything; there was nothing in the papers regarding their whys and wheretofores. Their actions were in part related to Solzhenitsyn, to their support of Solzhenitsyn. I only found out later why, and when Rostropovich came during perestroika, I was absolutely in awe of him, I loved him. I thought I was so glad I had not judged him before; inside, I felt happy for never having thought ill of him. At the time, I thought, if a great musician did that, he must have had his reasons, something must have been wrong. Why else would he leave? And I never cease to admire this couple, and, of course ... It is people like them that made perestroika possible

---

364 Mstislav Rostropovich, conductor and cellist (1927-2007) and his wife Galina Vishnevskaya, soprano (1926-2012) left the Soviet Union in 1974 to settle in the United States. Stripped of his Soviet citizenship in 1978, Rostropovich could not return to his homeland until 1990.

Л: Нехороший человек, да! Меня это поражало, поражало, и потом я начала тоже об этом задумываться. Вдруг встречаю честного человека, интересного, умного — он не в партии.

Беспартийный.

Л: Да, понимаете! *(Смеётся)* Вот это было, вот!

С одной стороны, партия — наш рулевой, кристальные такие души...

Л: Да-да-да, ощущение такое...

А конкретные индивидуумы как-то не соответствуют.

Л: Да-да-да.

А у Вас не было затруднений на работе, с повышениями какими-то в связи с тем, что Вы беспартийная?

Л: Ой, знаете, у меня такая работа, что не было. Потому что у меня по профессии-то... Я и не стремилась никогда, наверное, потому что для нас, ну... Музыканты вот... У нас же, знаете, есть функционеры, которые неудачливые, а мы когда...

Администрируют?

Л: Да-да! А кто любит это дело, они же не становятся никем. Лишь бы им дали поработать, поиграть или попреподавать, или ещё что-то, поэтому — нет, не было.

Не было... А вот интересно отследить, в какой момент, или в течение какого периода времени, и в связи с какими событиями, часть которых Вы уже осветили, доверие к правительству и партии, полное и безоговорочное, начинает сменяться каким-то скептицизмом, то тут, то там? И настал ли такой момент, и в каком это было примерно году, когда Вы сели и подумали: «Ну нет, ребята, что-то мы тут как-то не так, неправильно у нас как-то всё...» Было такое или не было?

Л: Я не могу сказать, что конкретно в каком-то году это было.

Это было поступенчато, да?

Л: Это было поступенчато. Я думаю, что у меня папа тоже, хоть он и ветеран войны, он иногда, знаете... Я откровенно говорю, уже то, что я говорю сейчас, не боясь, это как бы говорит о чём-то! *(Смеётся)* Но и в детстве были моменты, когда я была, допустим, октябрёнком, да? Значит, Павлик Морозов и всё такое, как нас воспитывали... И иногда, допустим, папа, уже будучи, так сказать... Ну, какой-нибудь праздник, выпьют — и раз, в разговорах что-то такое проскользнёт! То про НКВД... Я помню, я... Вот знаете, ощущение интересное, вот маленькая я, воспитанная на Павлике Морозове, я думаю: «Почему он так говорит? Не могут...» Он говорил про пытки, например. Например, мой дядька, он, оказывается, был в лагерях. И они когда что-то вспоминали, возможно, маленькие дети, мы, слышали — и я не верила! Я думала — как?! Как пытки?! Не может быть! Это же наши, коммунисты! Не может быть! Да? Потом вдруг выясняется, что да. Я когда увидела этого дядьку, который действительно замученный вообще всеми этими делами, постепенно, раз за разом, раз за разом, особенно когда начинаешь... Вот мелочи, вот

in its time, probably. It means there are always some people who are doers, who can stand up and say "no!"

Did you ever join the Party?

L: I wouldn't under any circumstances.

Were you invited to?

L: I don't think I'd be the one to get invited! No. *She laughs.* You know, there was a funny moment there … I am generally a patriotic person, I've always been a patriot, and there was a moment when patriotism and the Party, or the love of the Party, were related for me. There was that time when I was young. And for some reason, I was always confused about why they never invited me to join, although I was such a patriot, but they extended an invitation to some other guy whom I knew to be so dishonest …

A bad guy.

L: Yes, a bad guy! I was stunned by that, stunned; and later I began to think about why. Whenever I would meet an honest, intelligent, interesting person, he was never a Party member!

Non-affiliated.

L: Yeah, that was something! *She laughs.*

On the one hand, Party was at the helm,[365] *they were supposed to be so pure of heart …*

L: Yes-yes-yes, that was the sense …

Yet, the actual individuals did not match that description.

L: Yes, yes, yes.

Now, have you ever experienced career difficulties with promotions and such, related to you not being a Party member?

L: Oh, you know, with the kind of work I do, I never have. My profession is such that … I never even wanted to, probably because among us musicians, those who are unsuccessful become functionaries, and …

They do managerial work?

L: Yes, yes! Those who love their work never occupy any positions. The only thing they ever want is to be given opportunities to do their work, to play music, or to teach music, and all that. That's why I never had problems.

You never did … It would be interesting to me to pinpoint the time or the period, and the attending events, a portion of which you already shed some light on, when the trust in the Party and the government, so full and unequivocal, began to be replaced with a skeptical attitude, a little bit here and a little bit there. Was there ever such a moment for you, and if yes, could you approximately identify the year when you sat down and thought, you know, guys, something is off here, somehow things are not working right? Have you ever thought that, or no?

365 Widely quoted line from Sergey Mikhalkov's 1952 poem.

мелочи... Ну, например, у меня подружка была, у неё родился, а мне было-то тогда восемнадцать лет, у неё родился ребёнок. Ребёнок родился, инвалид. Свекровь у неё была верующая. Свекровь ей сказала: «Если ты не окрестишь ребёнка, я с ним сидеть не буду. То есть, ты не выйдешь на работу». И вот она, значит, крестит этого ребёночка, и вдруг её вызывают! Вот тогда я возмутилась, я тогда встала на её защиту и получила за это. Её вызывают и начинают: «Как Вы могли окрестить!» Вызывают, а она не член партии, никто, просто педагог музыкальной школы. Её вызывает секретарь парторганизации и начинает... Которая, кстати, была... Мы тогда относились к музыкальному училищу, не в нашей даже школе она вообще была... И она начинает говорить такие вещи, значит: «Вы! Вы идеологический враг! Да индивидуальные у Вас уроки, значит, Вы там детей, Вы вот..!»

Воспитываете.

Л: Да!

В духе нелюбви.

Л: Да, да! То есть, «Вы религиозная, Вас нельзя допускать, Вас надо выгонять с работы!» Вот тогда я и помню, что я на собрании выступила, мол, что за глупости вообще! Ну, такая идиотия!

Выступили в защиту, да?

Л: Конечно! Вот, вот эти моменты.

И что Вам за это было?

Л: Ну, меня ничего, не выгнали, ничего...

Говорили что-то?

Л: Ну, чтобы я не лезла.

Нелицеприятные слова.

Л: Да. Да-да-да. Меня вызвал директор, сказал, что я вообще ничего не понимаю, что я выступаю и лезу не в свои дела. Что нужно было её воспитать, проработать. Ну, я же говорю, что я была на такой должности! Как говорится, дальше Сибири не сошлют и дальше Урала тоже. Слава богу, я вообще ещё и специалист-то единственный, у нас специальность такая, флейта, не на каждом углу есть педагоги! Ну и вот...

То есть, в этом смысле Вас трогать не стали. Потому что Вы были нужны на производстве.

Л: Да! Да! Я думаю, меня и тут часто из-за этого не трогают. *(Смех)* Потому что я единственная здесь!

Так, вот такой ещё... Мы всё про островки скептицизма, да? Вот такой момент был.

Л: Ну, и потом они постепенно были. Где-то что-то прочитала, особенно, конечно, когда я прочитала... Ну, я уже была готова, конечно, к тому. Я Солженицына прочитала, "Архипелаг ГУЛАГ", я его, наверное, читала раз десять. Причём были моменты, когда я его где открою, там и начинаю читать. Я была вообще в шоке, для меня это было открытие.

L: I can't say it was a specific year.

Was it a step-by-step process?

L: It was a step-by-step process. And think that my papa, too, a war veteran that he was, did something occasionally … I am speaking openly now, what I am saying now I am saying without fear, and that must mean something! *She laughs.* But even when I was a child, there were moments like that; when I was, let's say, an October Kid, and we were raised to praise Pavlik Morozov and all that, and sometimes my papa would say, while under, so to speak … Well, it would be some holiday, they'd have some drinks, and then oops, something would slip out in conversation! Sometimes, they mentioned the NKVD.[366] One time, I remember … You know, it was a funny feeling, when the small me, raised to love Pavlik Morozov, would think, "Why is he saying those things? They can't be true." For instance, he talked about torture. For instance, I would find out that my uncle had been in a labor camp! When they sat down to share memories, we the little kids overheard them, and I did not believe my ears! I thought, how was that possible?! Torture?! That could not have been true! They were talking about the guys on our team, about Communists! That could not have been true! Right? And then it suddenly turned out it was all true. When I eventually met that uncle, who had been truly martyred by all that's gone down, I steadily, step by step, step by step, began to see … A small thing here, a small thing there … For instance, I had a friend who had a baby when I was 18. She had a baby who was born disabled. Her mother-in-law believed in God. The mother-in-law said to my friend that she would only agree to babysit if my friend had the baby baptized. And unless she did, my friend would not be able to go back to work. So, my friend took the baby to church to get him baptized, and then she got called in for an official chat! That was when I got enraged, and I defended my friend, and got in hot water for doing that. They called her in the office and started in on her, "How could you have had your baby baptized!" They called her in even though she was not a Party member, she was just a music school teacher. The Party secretary had her come, and started talking … Which was not even our school's Party organization, as we worked for the music college at the time! Not even ours. So, she starts saying things like, "You are an ideological enemy! We leave you one-on-one with young students, and you use the individual lessons to influence children, you, so-and-so …"

To indoctrinate them.

L: Yes!

In the spirit of un-love for your Motherland.

L: Yes, yes! Meaning, "You are religious, we can't allow you to have access to children, you need to be fired!" That made me speak out at the meeting. I said, "How stupid is this! What an idiotic thing!"

You spoke in your friend's defense, right?

L: Of course! So yes, it was moments like that one.

---

366 National security service from 1934, successor of the OGPU, predecessor of the KGB.

Это в каких, в 80-х?

Л: Это 80-е годы.

Вы читали его, когда он уже был издан, или из-под полы?

Л: Нет, вот из-под полы у меня его не было. Вот именно когда в первый раз издан был, в такой мягкой обложке...

Серенькой.

Л: Серенькой, ага.

Вот, я тоже такого читала.

Л: Ага! *(Смех)* Ну, а постепенно недоверие именно... Мне казалось, что недоверие к партийным, я о чём говорила... Почему-то я сталкивалась всё время с непорядочными функционерами невысокого уровня, на уровне таких секретарей разных парторганизаций. И ещё раз повторяю, что меня поражало, что почему-то в партию не меня, правдолюбку, приглашают, а приглашают таких, которые или молчат всё время, как бы не имеют своего мнения, или вообще так, откровенно...

Карьеристов подколодных.

Л: Да, да. Вот это была некая... Это нашу партию подорвало. Если бы она была более... Действительно людей бы принимали, которые созидательные, которые, может быть, верили, так сказать, в идеи, в идеологию, не ради себя собственного, да, чтобы как-то себя пристроить? А чтобы именно изменить мир, может быть. Но партия себя сгубила! *(Смех)* Потому что все начальники хотели, чтобы все были послушные внизу, удобные такие; зачем таких людей, которые будут критиковать?

А в какое время Вы перестали бояться военной угрозы?

Л: А Вы думаете, мы её перестали бояться?

Вы не перестали? Так и надо говорить: «Аня, мы не перестали её бояться!»

Л: Я думаю, что нет. Ну, она просто сейчас изменилась, я, допустим, понимаю, что, наверное, Америка, Европа, я не думаю, что они на нас будут нападать и так далее. Но вот эти конфликты, которые сейчас локальные, которые происходят везде и всюду, и терроризм, и вот это всё... И какая-то жизнь, она становится...

Опасной?

Л: Неприятной. Ну, по-другому надо жить!

А глобальной войны миров, этого столкновения, когда? Перестали бояться?

Л: Ну, думаю, что да.

Что с Америкой, всё у нас? Мы не будем больше с ними?

Л: Ну, я думаю, что достаточно там разумные люди, и у нас – разумные. Потому что всё-таки ядерное оружие... Все прекрасно понимают, что ни нам это не надо, ни им. Я просто сейчас уже взрослый человек, я понимаю, что у всех там живут родители, тут живут родители, мамы, папы, никто же не хочет смерти своих детей, внуков, своих правнуков, что американцы, что русские, что немцы, что китайцы.

Did you get into any trouble for that?

L: Well, I didn't get fired, or anything like that.

What did they say to you?

L: They told me to stick to my own business.

They said unfriendly words.

L: Yes. Yes-yes-yes. The Director called me into his office and said that I did not understand the situation at all, that I shouldn't have piped up and stuck my nose into something that did not concern me. That my friend had to be admonished, she had to be dealt with. But, as I said, consider the job I had! They say one can't be exiled any further than Siberia, and that also applies to the Urals. Also, praise be to God that I was a one-of-a-kind specialist in the school. My instrument is the flute, and it's hard to find a flute teacher just anywhere! So, there we were.

It means, they couldn't do anything to you because of this, since they needed you at work.

L: Yes! Yes! I think that must be why they never bother me here either. *She laughs.* There is only one of me!

So, there was that detail … We are still talking about twinges of skepticism, right? There was that story.

L: Yes, and then they kept appearing; occasionally I would read something or other, and I was especially affected by reading … Well, I'd been prepared for it. I read Solzhenitsyn. I must have read *The Gulag Archipelago*[367] about 10 times. There were times when I would just open the book to any old page and start reading from there. It shocked me; it was a revelation.

Did you read it in the '80s?

L: In the '80s.

Did you read the officially published edition, or the underground one?

L: No, I did not have access to the underground one, I read it when it was first published in paperback.

With a gray cover.

L: Yes, a gray cover.

That was the one I read as well.

L: Yep! *She laughs.* And my distrust came gradually, yes … It was a distrust of the Party types, and I mentioned it already … Somehow, I kept running into dishonest mid-level functionaries, all kinds of small-time Party secretaries. And I will repeat it that I was struck by why no one ever invited me to join the Party, although I always spoke the truth, and the only people invited were either the silent types who never expressed an opinion, or people who were openly …

---

367 Three-volume text written between 1958 and 1968 by Aleksandr Solzhenitsyn, *The Gulag Archipelago* covers life in the Soviet forced labor camps.

Мне кажется, это никому не нужно. Ну, насчет китайцев – не знаю! *(Смех)*

Насчет китайцев мы не уверены. Но американцы нас пока не беспокоят.

Л: Да! *(Смех)*

Ну, а когда перестали беспокоить, в 80-е или когда? Когда падение Берлинской стены случилось? Или когда? Когда Вы поняли: «Ну нет, всё, не будет войны с Америкой, не прилетит в меня ядерная бомба!»

Л: Ну нет, это, я думаю, я раньше поняла.

Раньше, да?

Л: Конечно, раньше, когда уже начала соображать, как бы сама понимая, что... И сама уже стала мамой. Мне кажется, раньше я начала понимать это. Что нет, наверное, не прилетит, а если уж прилетит, то это будет слишком большая глупость со всех сторон. Конечно, не исключено случайности, наверное, сбоя, так сказать. Лучше бы его, конечно, не было.

Кто-нибудь сядет на эту кнопку, да?

Л: Да. Лучше бы его, конечно, не было, этого ядерного оружия. Но вот уже даже когда оттепели всякие, даже уже когда с Брежневым встречался, Никсон, по-моему, с ним встречался... Ну, уже возраст такой, не детский, я же ведь говорила о каких-то детских страхах. А уже когда всё равно видишь, что да, приоткрывался же этот занавес, и уже понимаешь...

Ну, оно было как-то так: виток, потом послабление, потом виток, потом послабление...

Л: Да-да-да.

Карибский кризис, потом расслабились, потом в 80-х опять, потом расслабились немножко...

Л: Да-да-да.

Ну, и как-то Вы за это время решили, успели понять, что – нет, однако, не будет.

Л: Ну, надеюсь, что не будет! *(Смех)*

Ну и вот! И кто нам теперь Америка? Друг она нам или она нам противник на данный момент? Как Вы это лично рассматриваете? Или никто она нам? Или наплевать нам на неё?

Л: Нет. Нет. Мне кажется, нет, нельзя на них наплевать. Ну, во-первых, я, чисто я, отдаю, конечно, Америке приоритет знаете сейчас какой? Мне кажется, где-то надежда на Америку в том плане, что она всё же мир держит в каком-то равновесии.

Это про террористические моменты, да?

Л: Да, да. Ну, и вообще! Страна большая, страна, богатая ресурсами, и людскими, и всеми-всеми, страна богатая, интеллектуальная, да? Там много нашего народа! *(Смех)* Вы знаете, как мне кажется? Всегда кто-то должен... Вот раньше, как нас по

Calculating careerists.

L: Yes, yes. And that was the thing … That was the thing that undermined the Party. If they invited people who were truly constructive, who truly believed in the ideas, the ideology, who would not be joining self-servingly, just to arrange their own cozy lives, right? Who wanted to change the world, perhaps? But the Party killed itself! *She laughs.* All the bosses wanted nice and obedient subordinates; who'd want to hear criticism?

At what time did you stop fearing a war?

L: Do you think we stopped fearing it?

You did not? Then, that's the answer I want to hear, "We never stopped fearing it!"

L: I don't think we have. It has changed shape now, and I do understand that America or Europe, perhaps, wouldn't attack us now, and so forth. But the conflicts which are local happen all the time, everywhere, terrorist acts and things like that. And life is becoming…

Full of danger?

L: It's not nice. It's no way to live!

Now, what about the global war of the worlds? When? Or did you at all stop being afraid of that collision?

L: I think I did.

So, would you say the US and our country are done? We won't tussle anymore?

L: Well, I think they are reasonable enough, and we are reasonable. It's nuclear weapons we are speaking of, you know … Everyone understands it perfectly that neither side wants anything to happen. You know, as an adult, I understand that people have parents, they do, we do, it's their moms and their dads, and no one wants their kids to die, or their grandkids and great-grandkids, nor the Americans, nor the Russians, nor the Germans nor the Chinese. I don't think any of us want it. Well, I'm not sure about the Chinese! *She laughs.*

We are not certain about the Chinese. But Americans don't trouble us so far.

L: Right! *She laughs.*

But when did they stop troubling you, was in in the '80s or at some other time? Was it caused by the fall of the Berlin Wall? Or what? When did it sink in for you that we were done, there would be no war with the States, there would be no bomb falling on your head?

L: No, I'd say I realized it earlier.

Earlier?

L: Earlier, of course, when I had already started thinking and I started realizing it on my own … When I became a mother myself. It seems that I realized it earlier that no, perhaps it wouldn't fall on my head, and if it did, it would be too stupid of all the involved parties. Of course, an accident couldn't be ruled out, or a malfunction, so to speak. It certainly would be best if there weren't any.

истории учили, Россия жандарм[312] была, да? Царская Россия считалась жандармом. Не знаю, была она этим жандармом или нет.

Ну, в Литве, может быть.

Л: Да, да. Но я думаю, что всё равно какой-то жандарм должен быть. Как в любой семье: вот, папа главный должен быть! Прав он, не прав, но – должен быть главный! *(Смех)* Так, наверное, может быть, и в мире. И основная проблема, мне кажется, конфликтов – когда все хотят быть главными. Все хотят быть главными. И я думаю, что сейчас, наверное, надо ставить вопрос так: есть какая-то угроза от Америки? Мне кажется, надо дружить с Америкой. Потому что Россия, как бы там ни было, страна огромная, по территории огромная, по возможностям, да? Потом, народ у нас привыкший к трудностям, если что-то сложное, то мы выдержим.

Переживём.

Л: Переживём, да. Мы уже все переживали и переживём. Они с нами всё равно будут считаться. Ну, я думаю, и нам надо считаться со всеми и жить в паритете, нормально. Я не считаю, что Америка прямо такой друг большой, ну – просто партнёр. Вот. Надо партнёрствовать.

Уживаться.

Л: Да! Конечно! Тем более они там на другом континенте находятся, чем мы им мешаем? *(Смех)*

Границы наши они нарушать не станут, и мы их тоже. Ну и всё! Я вопросов на данный момент не имею, они у меня кончились. Разве что Вы хотите что-то дополнительно сообщить?

Л: Нет, спасибо за интервью, желаю удачи Вам!

Вам спасибо!

---

312 Прозвище «жандарм Европы» консервативное правительство царя Николая I (1796 – 1855) получило за то, что предлагало европейским государствам свою помощь в подавлении революций.

Like, if someone sat down on the button?

L: Yes. It would have been best if there weren't any nuclear weapons. But even when we had the Thaw and whatnot, when Nixon or whoever had meetings with Brezhnev, even then … Well, I was of a different age then, not a child anymore, and we were talking of childish fears … But even then, when we saw the Curtain open a little, we realized …

Well, the way it developed was, there would be a round of tension, then it would lessen, then another round of tension, and then it would lessen …

L: Yes, yes, yes.

There was the Cuban Missile Crisis, then we relaxed a little, then came the eighties, after which we again relaxed a little.

L: Yes, yes, yes.

And at some point in that timeline you managed to figure out that no, nothing would come of it.

L: Well, I hope nothing comes of it! *She laughs.*

OK, then! So, what is America to us now? Is it our friend or our adversary at this point? What is your personal evaluation? Could it be nothing to us? Do we not care?

L: No. No. I don't think it's a good idea not to care. For one thing, I personally currently acknowledge the US's role in you know what aspect? I think we somehow rely on the US in the sense that it keeps the world in a state of a certain equilibrium.

Are you talking about things related to terrorism?

L: Yes, yes. And in general, as well. It's a big country, it's rich in resources, both human and other different kinds, it's a rich and educated country, right? And there's a lot of our folk there! *She laughs.* You know what I think? There must always be some party … As they used to teach us in history class, the tsarist Russia was the gendarme, right? It was called the gendarme; I am not sure it was truly the gendarme.[368]

Perhaps, for Lithuania it was.

L: Yes, yes. But I do believe there must be a gendarme of some sort. Just like in any family, where the father is the main authority! He could be right, he could be wrong, but there must be some authority. *She laughs.* That's probably true for the world as well. I think the main reason for all conflicts is everyone wanting to be the main guy. Everyone wants to be the main guy. I think the question we must ask now is, what threats do we see coming from the US? I think we need to be friends with the US. Since Russia, no matter what happens, is a huge country in its territory and its opportunities, right? And our people are used to hardship, so if we come into some difficulties, we will endure.

We will live through them.

---

368 Referring to the nickname "Gendarme of Europe" earned by the politically conservative government of Emperor Nikolai I (1796-1855) for its offers to help suppress revolutions on the European continent.

L: Yes, we'll live through them. We lived through so much and we can live through more. We are going to be reckoned with, no matter what. And I think we need to reckon with every country, too, and live in a state of parity, without incidents. Well, I don't think the US is a great friend of ours, but they can simply be a partner. We need to be partners.

We need to get along.

L: Yes! Sure! All the more so since they are on another continent; why would we bother them? *She laughs.*

They won't violate our borders, and we won't violate theirs. OK, that's it! I have no further questions right now; I'm out of questions. Was there anything you'd like to add?

L: No, thank you for the interview, and good luck.

Thank you!

Слова благодарности

Спасибо всем респондентам, которые согласились рассказать о себе под запись и чьи рассказы вошли в эту книгу.

Спасибо всем респондентам, чьи рассказы были записаны, но не вошли в книгу.

Спасибо Дмитрию Барвинку и Саре Кендалл, которые вместе со мной взялись за этот проект.

Спасибо Арине Карташёвой, Маргарите Романо, Наталье Крушельницкой и Ярославе Паллас за помощь в расшифровке записей.

Спасибо Арине Карташёвой и Маргарите Романо за помощь в составлении сносок.

Все эти люди работали над книгой бесплатно или практически бесплатно.

Спасибо моей семье и моим друзьям за то, что верили в ценность этого проекта.

А если они в неё время от времени и не верили, они всё равно не мешали мне проводить несчитанные часы в подвале за работой над этой книгой.

Спасибо!

Acknowledgements

Thank you to all the respondents who agreed to go on record with their personal stories which were made into this book.

Thank you to all the respondents whose stories were recorded but could not be included in this book.

Thank you to Dmitri Barvinok and Sara Kendall for taking on this project with me.

Thank you to Arina Kartasheva, Margaret Romano, Natalia Krushelnitskaya and Jaroslava Pallas for their assistance in transcribing the recordings.

Thank you to Arina Kartasheva and Margaret Romano for their help with the footnotes.

All these people worked on this book for no pay or nearly no pay.

Thank you to my family and friends who believed this project to be worthwhile.

And even if they sometimes didn't, they still let me hide in the basement for hours untold so I could work on this book.

Thank you!

CPSIA information can be obtained
at www.ICGtesting.com
Printed in the USA
BVHW012121131019
560992BV00005B/21/P

9 781641 800501